Hoch Hinaus

Touren und Einkehren im Südschwarzwald

Wolfgang Abel

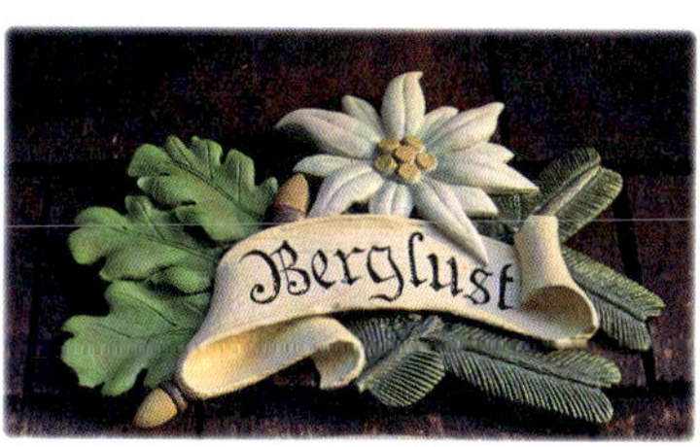

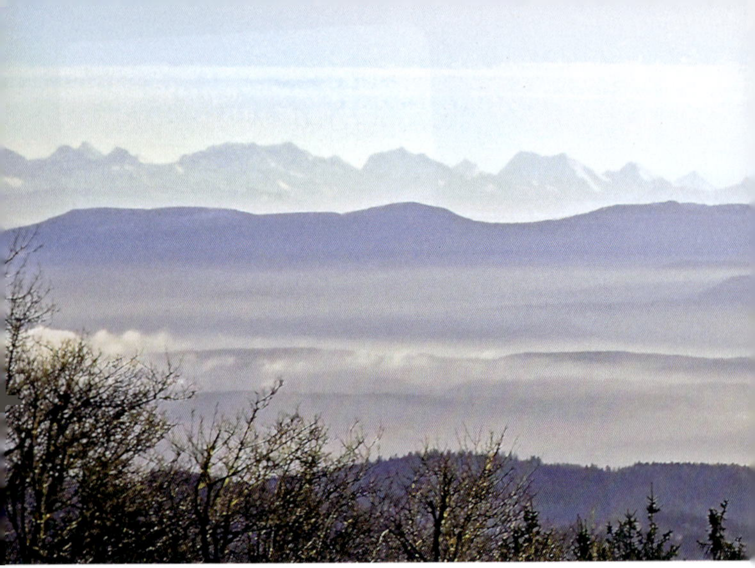

Inhalt

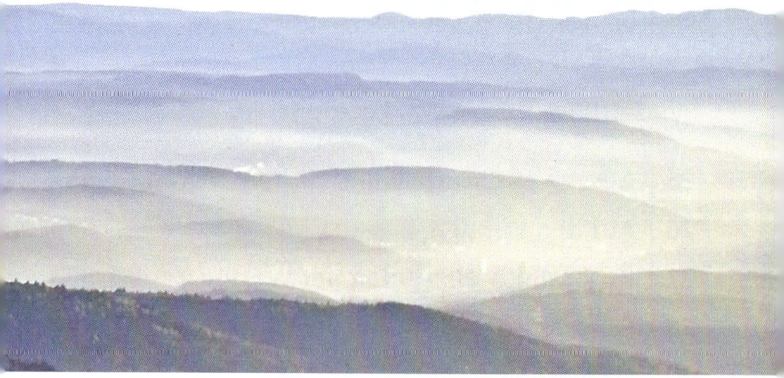

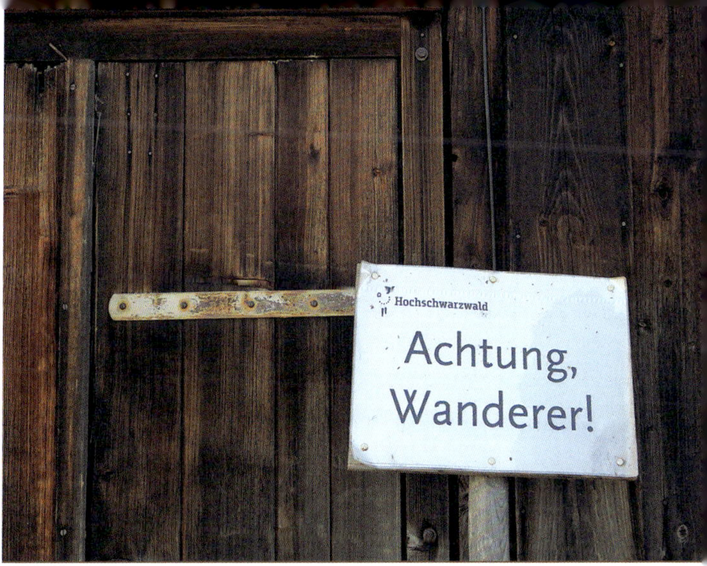
Hochschwarzwald
Achtung,
Wanderer!

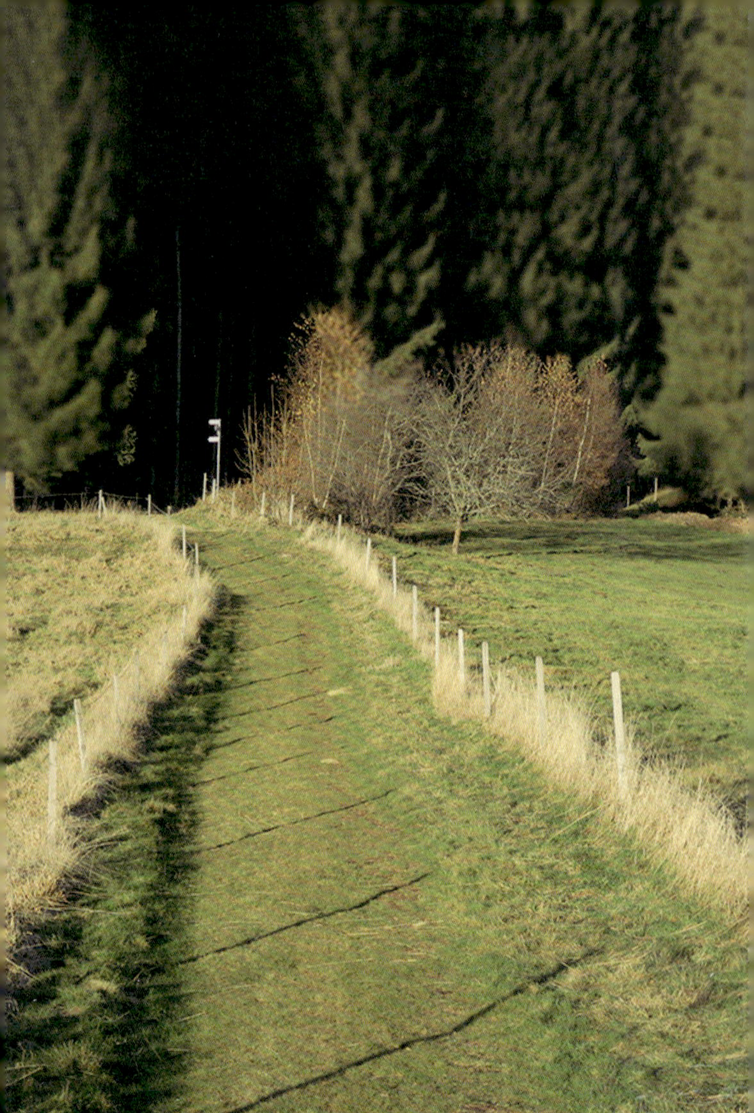

Alpenblick und Suppenschüssel
Hoch hinaus mit Bodenhaftung – das ist mein Südschwarzwald.

Hoch Hinaus

Weil es oben eine Sonnhalde, ein Hirschmättle oder einen Panoramaweg mit Graspolstern gibt. Weil Alpenblick zum Vesperbrett paßt, weil sich die Weidbuchen am Knöpflesbrunnen als Rückenlehne eignen, auch als Therapie gegen Verspannungen aller Art.

Hoch hinaus, weil das Schwimmen und Wolkenzählen im Freibad von Lenzkirch-Kappel ein Hochamt ist. Kleine Buchten zur Feier des Hochsommers gibt es auch am Klosterweiher, ja sogar am Titisee. Aber nur hinten, beim Sandstrand ums Eck.

Manchmal fahre ich ohne Ziel los und sage zur Belchen-Südwand guten Tag. Weiter in weichen Schwüngen über Böllen bachab ins Wiesental. Von Präg über den Hochkopf nach Herrenschwand. Ein paar Höfe, ein Gasthof namens Waldfrieden und Gelände ohne Ende. Ein Schlepper kreuzt, Wild wechselt, Wald duftet. Später gibt es Nudelsuppe aus der Terrine und eßbare Landschaft zum Hauptgang. Weiderind, Holzofenbrot, Vesperteller. Das ist mein Südschwarzwald.

Aufgetakelte Stuben, Wälderpfännle und Windmühlen vergrämen mich. Im Gleichschritt links ab wandern mag ich auch nicht. Wer es ähnlich sieht, kann mitkommen. Wir gehen hoch hinaus – und halten Bodenhaftung.

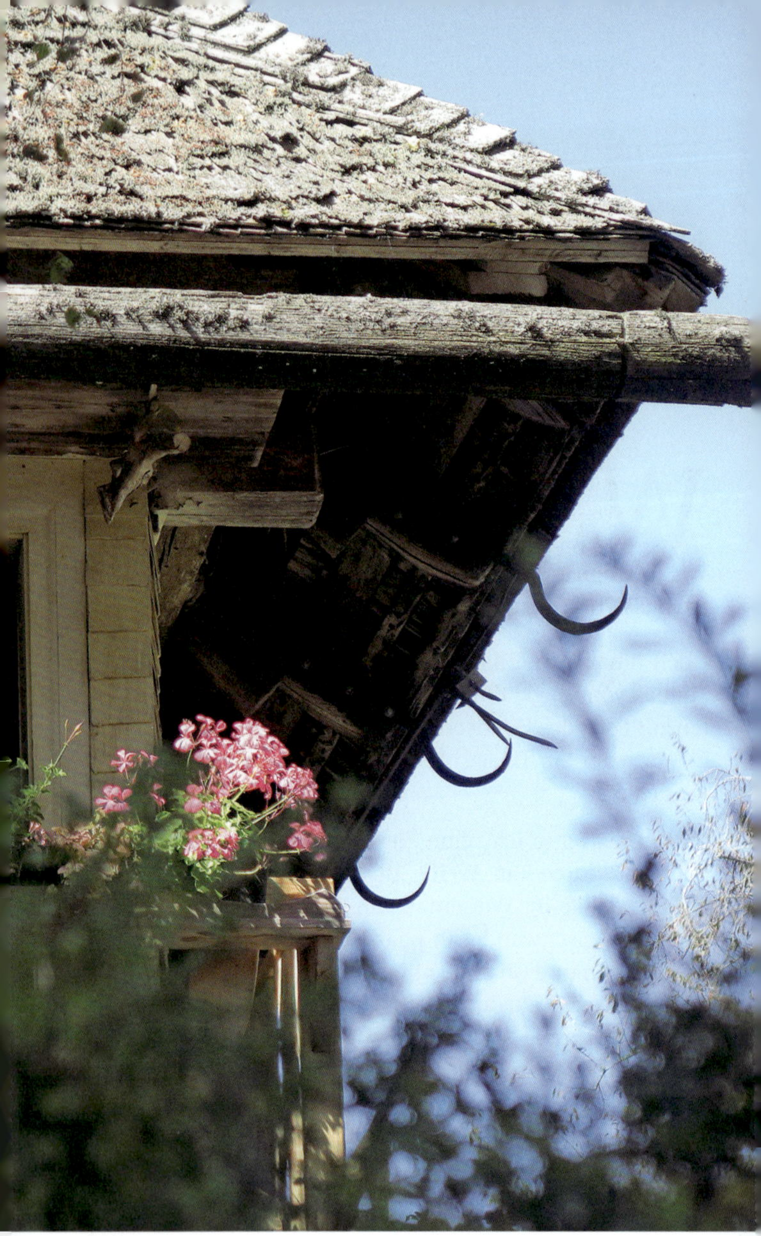

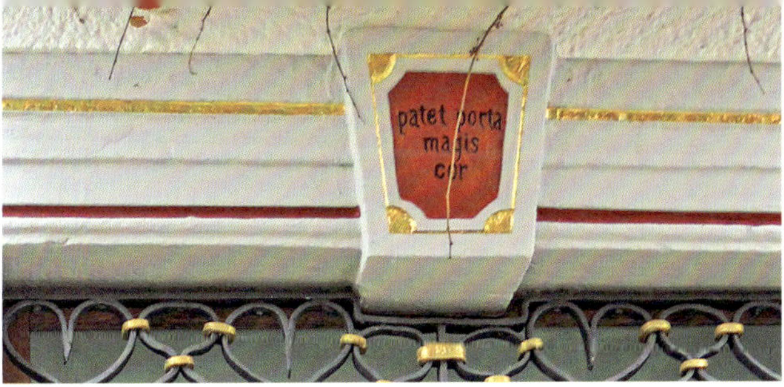

Dieses Buch führt auf 32 Streifzügen durch den Südschwarzwald. Ich habe es für Freigänger geschrieben. Wir besuchen entlegene Winkel und lohnende Ziele. Betreute Freizeit und Orte, die man gesehen haben muß, interessieren mich nicht.

Jedes Kapitel bietet Ansichten und Anregungen für sinnenfrohe Tage auf lichter Höhe. Dazu gehören reelle Einkehren und Hinweise zu günstig gelegenen Ausgangspunkten für Wanderungen.

Mancherorts bietet eine stille Sonnenbank mehr Wohlbefinden als der überlaufene Gipfel nebenan, manchmal verspricht ein Vesper mehr Genuß als ein halbgares Menü. Auch solche Gedanken leiten mich beim Ausgehen und Einkehren.

Nach Jahrzehnten Südschwarzwald kreuz und quer habe ich über der Tür des Pfarramtes von Waldkirch bei Waldshut vier Worte entdeckt, die am Anfang – und hoffentlich auch am Ende – jeder Runde im Südschwarzwald stehen können:

Porta patet, cor magris.

Die Tür steht offen, das Herz noch mehr.

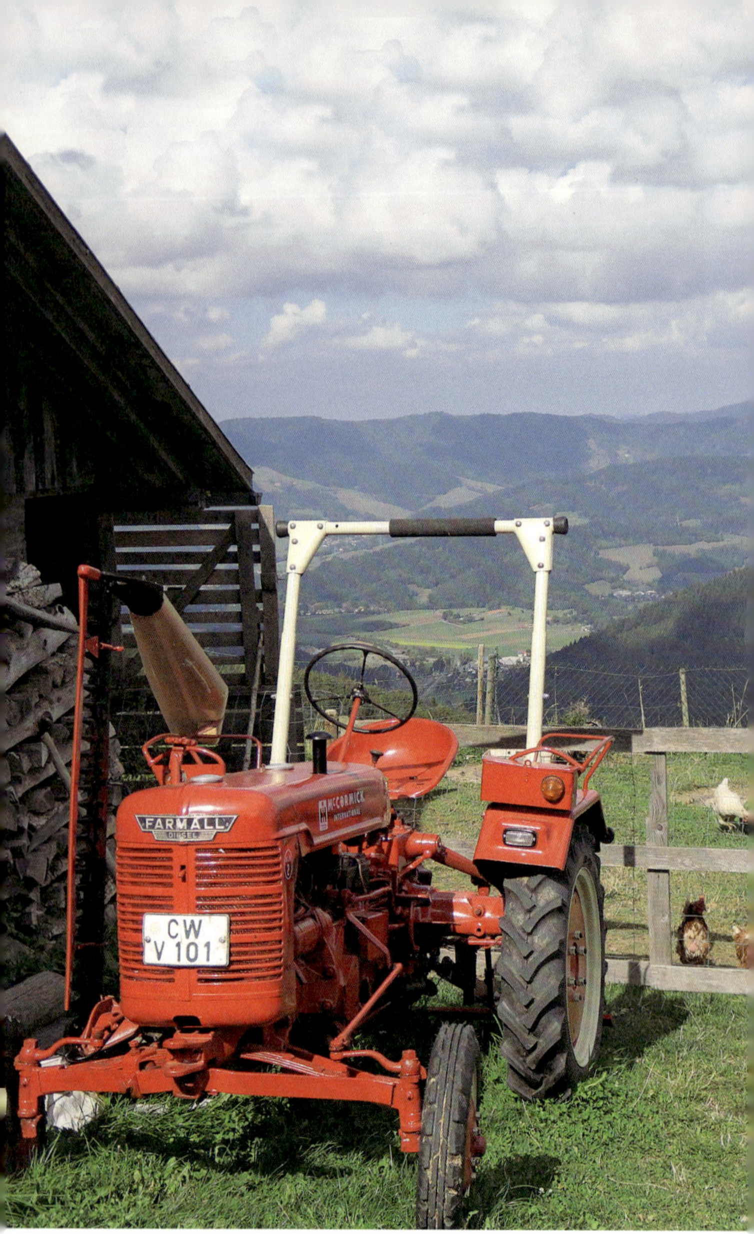

Entschleunigt – Willkommen auf der Höfener Hütte

1

Nischen über dem Dreisamtal

Die Bundesstraße 31 durchs Höllental nach Hinterzarten und Titisee ist eine Renn- und Staustrecke in einem. Ortskundige meiden mit gutem Grund den direkten Weg gen Hochschwarzwald. Die *Spirzenstraße* über Buchenbach führt ungleich reizender und schwungvoller hinauf zur Schwarzwaldhochstraße am Thurner; auf der L 126 über Oberried und Notschrei kommt man angenehm gen Südschwarzwald und Wiesental.

Auch wer nahe Freiburg hoch hinaus möchte, sollte die B 31 meiden. Panoramawege, Hüttenwinkel und Sonnenplätze liegen auch im Dreisamtal im Windschatten der stark befahrenen Fernstraße. Spätestens in der kilometerlangen Tempo-30-Zone bei Falkensteig lockt eine letzte Ausfahrt vor dem Höllental auf die Höhe. Auf der unerquicklichen Ortsdurchfahrt markiert ein bescheidenes Hinweisschild an der Brücke über den Rotbach den Beginn der knapp sechs Kilometer langen Waldfahrstraße zur Höfener Hütte.

Leichte Erreichbarkeit, begnadete Lage und menschenwürdige Bewirtung sprechen für eines der attraktivsten Hüttenziele im Großraum Freiburg. Eine reizende Hintertür in den Südschwarzwald, hausgemachte Knödel gibt es auch noch.

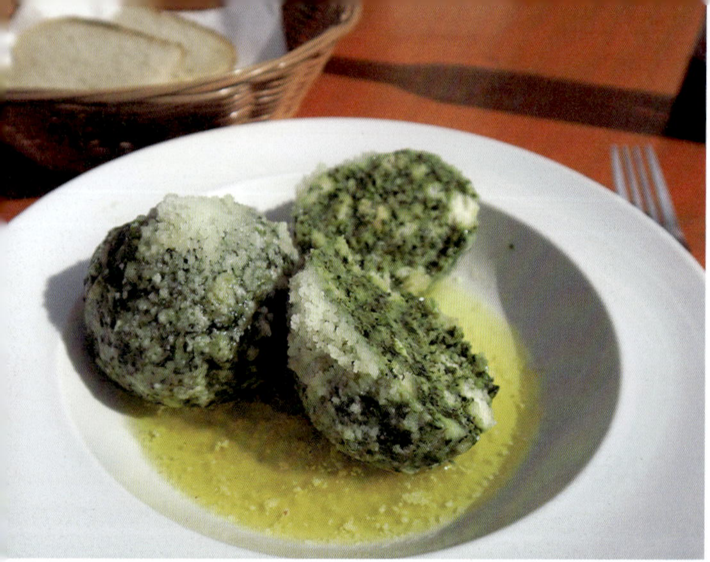

Im Dreisamtal weltberühmt, Spinatknödel der Höfener Hütte

HÖFENER HÜTTE, über Kirchzarten-Höfen Wahrlich kein geheimes Versteck, sondern eine Schatzinsel in Panoramalage fast 600 Meter über dem Dreisamtal. Antizyklisches Besuchsverhalten erhöht auch hier, gerade hier den Reiz der schönen Stunden.

Die Zufahrt mit dem Kraftwagen führt über die B 31 und das Tempo-30-Nadelöhr bei Falkensteig. Der Abzweig von der Höllentalstraße führt zunächst wenig auffallend über den Rotbach, es folgen erste Spitzkehren auf Asphalt, später dann fünf recht unspektakuläre Kilometer auf einem staubgebundenen Forstweg, der sich über die Nordhänge am Schulterdobelbach nach oben schraubt.

Der dichte Nadelwald lichtet sich zu guter Letzt zur Hochweide und endlich liegen die Höfener Hütte und die Häusleberg-Kuppe (1002 m) vor einem, ein Ensemble wie fürs Kalenderblatt arrangiert. Die großzügige Sonnenterrasse liegt frank und frei über dem Dreisamtal, umfassendes Panorama und Lösung vom Alltag sind in so einer Gunstlage garantiert.

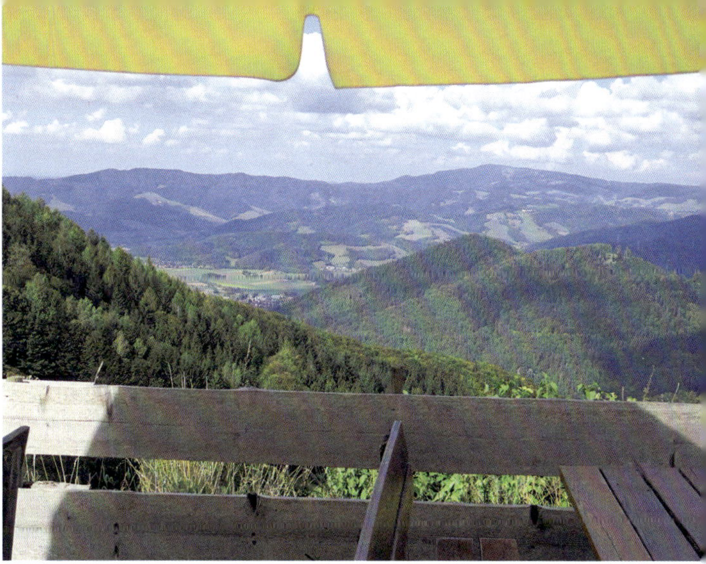

Sie haben Ihr Ziel erreicht – auf der Höfener Hütte

Man merkt den Gästen an, daß der Platz Sanatoriumsqualität hat.

Von der Höfener Hütte zur Freiburger Innenstadt sind es Luftlinie keine 15 Kilometer, direkter geht es aus der Stadt kaum auf die Höhe. Als kleine Flucht ist die urig und solid bewirtete Höfener Hütte eine sichere Bank. Auch weil mit dem Nordschwarzwälder Forstwirt Markus Schroth eine Persönlichkeit wirtet, die dem Gunstplatz ein Gesicht gibt.

Balkon-Lage, Terrasse nach Westen, ein angenehmer, schlicht-gemütlicher Hüttenraum mit Holzbank über Eck, Kruzifix und rehbraunem Kachelofen. Aufrichtig einfache, aber nicht primitive Bewirtung. Schöner als von hier oben das Dreisamtal nicht leuchtet, dazu kommen Wandermöglichkeiten vom Teller weg. Eine Dame spricht zum Gesamtereignis: „Ich komm' hier hoch und bin zufrieden."

Höfener Hütte, Zufahrt über 79256 Falkensteig an der B 31, Tel. 07661-3324; hoefener-huette.de, Unterkunft in einer Ferienwohnung, große Freiterrasse mit weitem Panorama ins Dreisamtal.

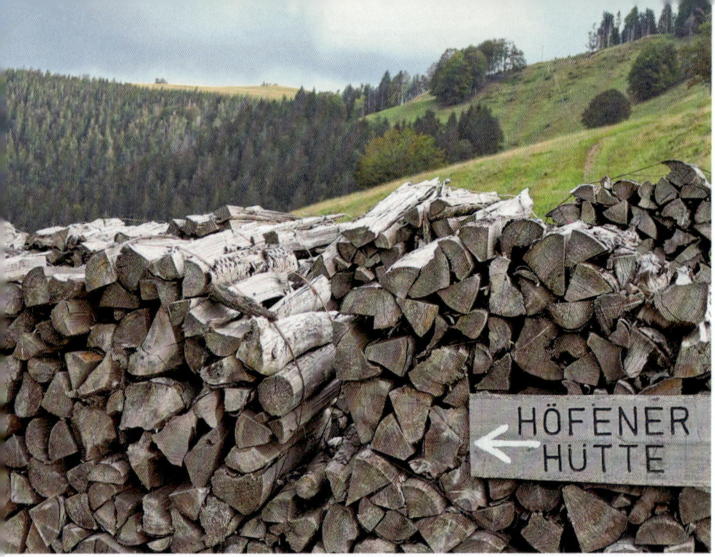

Beliebtes Biker- und Wanderziel – Höfener Weide & Hütte

Touren und Ziele ab Höfener Hütte Hinterwaldkopfhütte 2,2 km; sehr lohnender Weg über den Rotecksattel und Hinterwaldkopf (1.199 m); nach Hinterzarten 9,5 km. Holzeck 1,6 km, Kasteleck 3,5 km (oberhalb Weilersbach).

Zugang zur Höfener Hütte: Der verschiedentlich empfohlene Wanderzugang zur Höfener Hütte vom Giersberg bei Kirchzarten zieht sich eher eintönig dahin. Kürzer und landschaftlich abwechslungsreicher ist der Aufstieg über das Seitental am Weilersbach (4 km, über Wegweiser Holzeck). Einkehrmöglichkeit in Weilersbach im Gasthof Schützen.

Fast schon alpinen Charakter hat der Zuweg aus dem Zastler Tal in Richtung der Häusleberg/Höfener Weide; Beginn an der Talstraße nach der Ortsdurchfahrt Zastler bei den Wegweisern Sägplatz oder Sommerhaldenweg/Bushaltestelle.

Oberried und Erlenbacher Hütte Auf der Höhe von Kirchzarten lohnt ein Seitensprung via Oberried und Vörlinsbach auf die weitläufigen Hochweiden an der Westflanke des Toten Mannes. Die längstenwegs asphaltierte Waldfahrstraße führt in 7,5 Kilometern direkt zur Erlenbacher Hütte, die auf immerhin 1.100 Metern Höhe liegt. Ein Jammer, daß eines der beliebtesten Höhenziele nach dem jüngsten Pächterrückzug

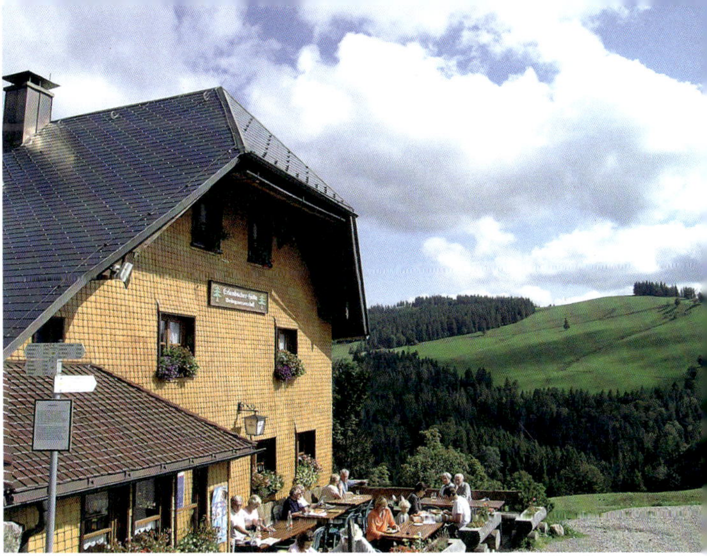

Hoffentlich bald wieder bewirtet – Erlenbacher Hütte

Herbst 2021 noch ohne Bewirtung ist – das Potential als Einkehrziel, aber auch als überlegener Tourenausgangspunkt, ist unbestritten. Umso trauriger ist die lange Vakanz.

So bleibt nur der Wusch, daß die Möglichkeiten des Ortes bald von einem Unternehmergeist entdeckt werden. Die *Erle* ist und bleibt ein holzgemütliches Nest mit Vollausstattung, Ofenbank und Veranda vor der geschützten Südwand und Umschwung für Veranstaltungen. Ein ruhiger Sommervormittag unter der Woche ist dort oben immer etwas Besonderes, ein Vesper an der Südwand ebenso. Danach dann losziehen in Richtung Stollenbacher Weide, Ahornkopf, Toter Mann, Immisberg – wenn es unbedingt sein muß, weiter zum Feldberg.

Gleich wohin, wer antizyklisches Einkehren und Ausgehen kultiviert, wird hier mit besonderer Ausbeute belohnt.

Erlenbacher Hütte, Erlenbach 1, bei 79254 Oberried, acht Kilometer Zufahrt ab Campingplatz/Vörlinsbachstraße.

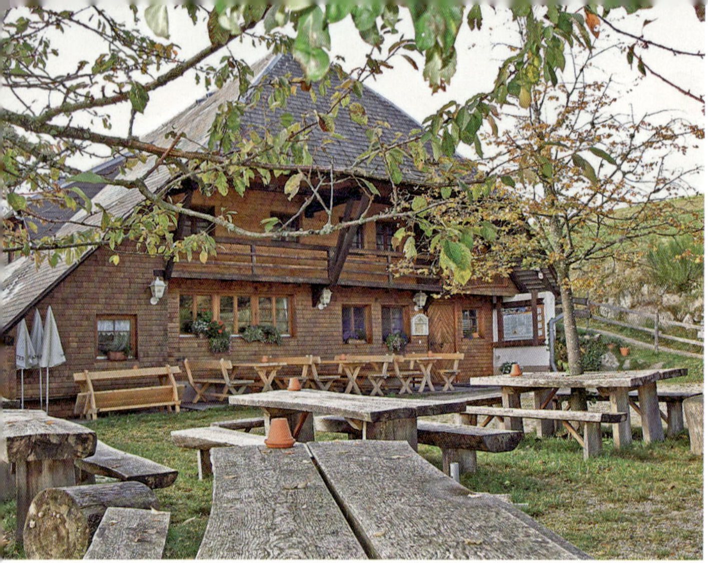

Rastplatz über Oberried – Rappenecker Hütte

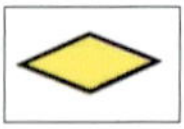

Touren Ein zentraler Wanderwegweiser direkt bei der Erlenbacher Hütte. Lohnende Wege über sonnige Hochweiden in Richtung: Stollenbacher Weide und Toter Mann (2,4 km), Hüttenwasen (4 km, Schutzhütte), Immisberg (5,5 km). Auf den Hochweiden der Umgebung wird Jungvieh von Höfen um Oberried gesömmert; 2 km langer Weidelehrpfad ab Erlenbacher Hütte. Fußweg zur Stollenbacher Hütte 1,4 km.

Hütte, Bergfahrt & Charakter Über dem Dreisamtal bei Kirchzarten und Oberried liegen vier Berghütten. Neben der Höfener und Erlenbacher gibt es noch die *Rappenecker Hütte* auf gut 1.000 Metern, sie ist zu erreichen ab Oberried-Obertal auf fünf Kilometern eingeschränkt befahrbarer Waldfahrstraße. Beliebte MTB- und Wanderrouten führen vom Schauinsland oder auch aus dem engen Kappler-Tal zur Hochweide und dem Wegkreuz am Rappenecksattel. Der liegt nur wenige Schritte oberhalb der Hütte mit Veranda, großer Freisitzfläche und einem Vesperangebot mit Regionalprodukten vom Metzger Reichenbach in Oberried; rappenecker-huette.de.

Ein größeres Hütten-Gasthaus (Zimmer und Lager) liegt

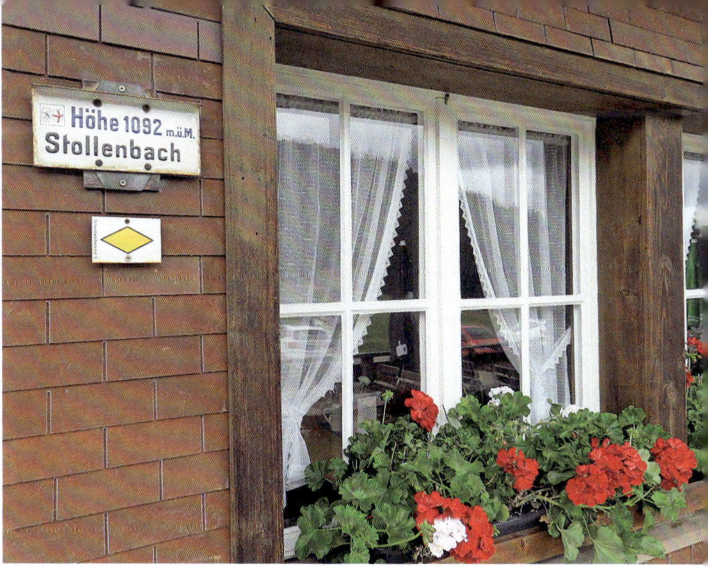

Mehr praktisch als idyllisch – Gasthof am Parkplatz Stollenbach

am Fuß der Stollenbacher Lifte und Weiden. Die schmale und sechs Kilometer lange Zufahrt mit gut zwei Dutzend Steilkehren beginnt im Hinteren Zastler Tal an der Bushaltestelle unterhalb der Scheibenfelsen, die über der linken Talflanke stehen.

Die großen Lift- und Wanderparkplätze beim Stollenbacher Gasthof liegen einerseits tourengünstig auf knapp 1.100 Metern; in Richtung Immisberg und weiter zur Feldbergregion geht man kaum zwei Stunden. Andererseits wirkt der direkte Umschwung am Gasthof wegen der angelegten Flächen aber nicht sehr idyllisch. Mit dem natürlichen Reiz und Panorama von Höfener- und Erlenbacher Hütte kann die Stollenbacher jedenfalls nicht mithalten.

Alle Hütten zwischen Dreisamtal und Feldbergregion gehören seit jeher zu den beliebten Ausflugszielen im Großraum Freiburg, was Folgen hat: zur Ferienzeit und an Wochenenden kommt es zur Koalition von lange frühstückenden Wohngruppen aus Freiburger Milieustadtteilen, Bundho-

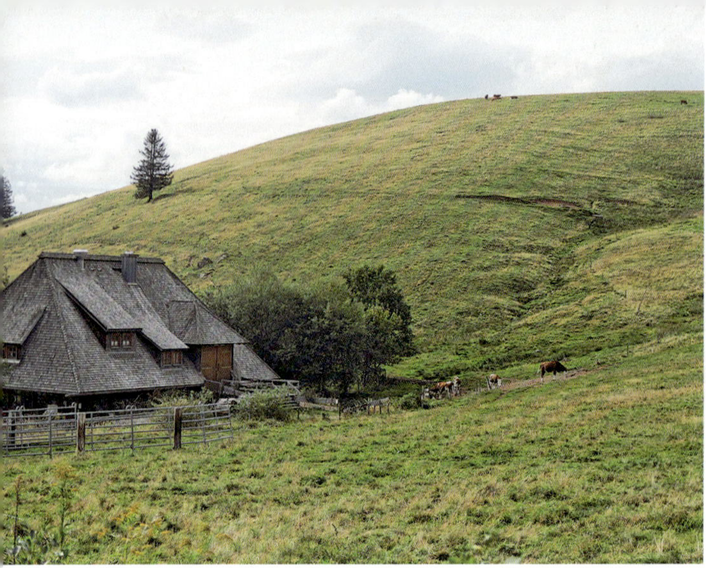

Im ruhigen Abseits – Hinterwaldkopfhütte

senwanderern und Bergradfahrern. Befestigte Forststraßen erschließen die meisten Hüttenziele, also begibt man sich auch aus verkehrsberuhigten Spielstraßen mit Kind, Hund und Kegel auf die Höhe, gerne allradgetrieben oder e-korrekt. Wenn sich Freiburger Altbau-Bohème mit libertär erzogenen Kindern einstellt, entstehen mitunter lebhafte Sittenbilder, wie sie ein zeitgenössischer Genremaler nicht treffender skizzieren könnte. Bergfrieden ist an solchen Tagen nicht zwingend garantiert.

Zur rechten Zeit, also antizyklisch unter der Woche besucht, taugen die Hütten durchaus als stille Rastplätze. Für mich haben die Erlenbacher und die Höfener Hütte wegen ihrer solitären, sonnigen Panoramalage nochmals eine Sonderstellung; ähnlich die nicht direkt mit Kfz anfahrbare, mit Sorgfalt bewirtete Hinterwaldkopfhütte (vgl. S. 248), die etwas abseits der großen Trecks liegt.

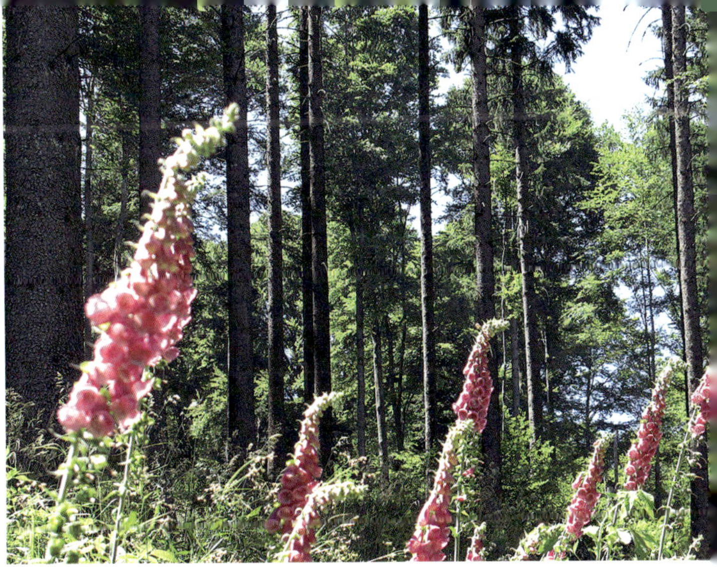

Rot-Grün mal anders – Fingerhut und Nadelwald

Stille Sensationen Nicht nur das Hüttenziel, auch der Zugang auf den streng ansteigenden Holzfuhrwegen kann zum Erlebnis werden. Wobei auch dort mancher Moment gegen das Auto spricht: etwa wenn ein Greif abstreicht oder Schillerfalter im Halbschatten der Waldwege gaukeln. Auch ein frischer Holzschlag mit blühendem Fingerhut vor dunklem Tann gibt ein Bild ab.

Kolonien vom roten Fingerhut *(Digitalis purpurea)* gehören im Schwarzwald zur auffälligen Sommertracht auf frischen Waldblößen. Die bald mannshoch aufragenden Blütentrauben mit den purpurnen Glocken sind nicht nur prächtig, sondern auch ein Zeiger für saure Böden. Fingerhut gehört zu den dekorativen Wildstauden im Schwarzwald, neben Tollkirsche und Seidelbast aber auch zu den giftigsten.

Das Purpur der Digitalis-Blüten, der harzige Duft eines besonnten Kahlschlags, umfaßt von der Kühle des Nadelwaldes. Das ist Hochsommer im Südschwarzwald; ein samtiges Waldklima, das einen berührt und auf der Haut zu fühlen ist.

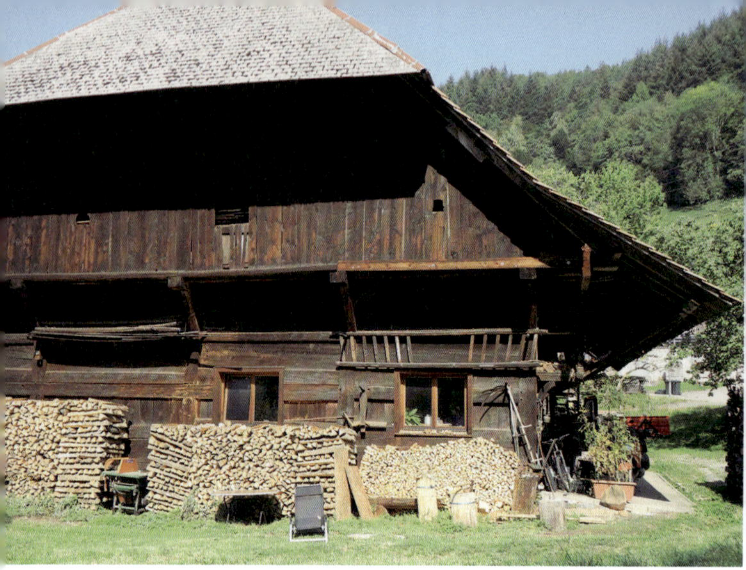

Holz am Haus – im Zastler

Holz und Hof im Zastler Über Oberried-Zastler führt die K4960 ins Zastler Tal. Steile Mischwaldflanken, Fels- und Geröllhalden, Einzelhöfen und letzten Apfel- und Mostwiesen. Ein ursprüngliches Tal, je weiter hinten, je mehr. Gastronomisch ist allerdings auch bald Talschluß, kulinarische Gründe für eine längere Rast sind mir nicht bekannt.

Umso mehr lohnt ein Blick auf Details in einem Tal ehemaliger Wälder, Holz- und Bürstenmacher. Manche Brennholzbeuge zeugt von Akribie, auch von einer Arbeitsweise, die nicht dem Ego dient, sondern der Sache.

Zuletzt fuhr ich an einem stillen Tag im Oktober durchs Zastler-Tal. Die wenigen Erwachsenen, die nicht zur Arbeit talauswärts pendeln, waren bei der Apfelernte. Säcke, prall gefüllt mit Mostäpfeln, standen im tiefen Licht, darüber herbstfarbene Wälder. Die Kraft und Harmonie dieser Szenen hat mich so eingenommen, daß ich das Fotografieren vergaß. Autorenpech im Zastlertal oder Glück?

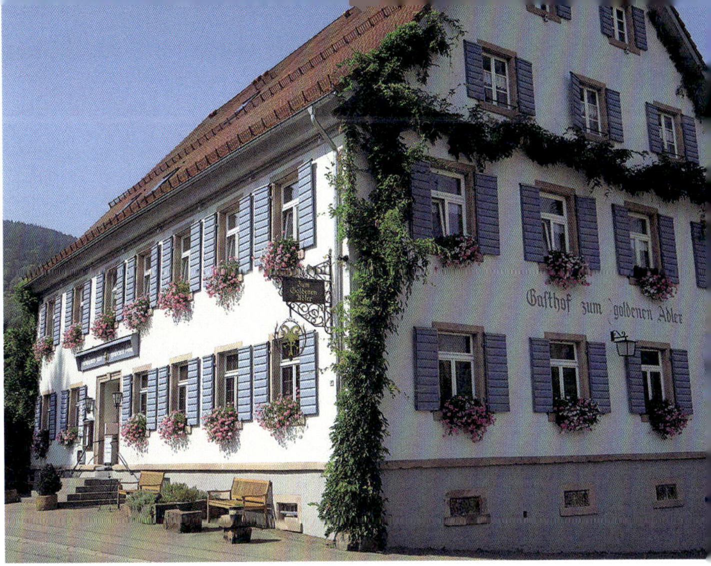

Ortsbildprägend – der Goldene Adler in Oberried

Oberried, Klosterscheuer & Markthock Oberrieds längs der Brugga gestrecktes Ortszentrum ist erwähnenswert, weil nicht selbstverständlich. Die Hauptstraße heißt hier nicht nur so, sie ist es auch. Platz, Schule und Dorfbrunnen bilden Bezugspunkte. Die zentrale Achse der Kerngemeinde bietet zudem eine ansehnliche Gasthausdichte, aber nicht nur das.

Neben dem feinbürgerlichen *Gasthof Sternen-Post* gibt es noch die reichhaltig sortierte *Bäckerei Steimle,* wo sich auch der Wanderproviant komplettieren ließe. Auch für eine spontane Kaffee- oder Vesperpause eignet sich der aufgeweckt geführte Betrieb mit großer Kuchentheke, modernem Innenbereich und einigen geschützten Gehsteigplätzen allerbestens.

Ein paar Häuser weiter aufwärts erscheint mit dem *Goldenen Adler* ein weiterer Bezugspunkt. Die Fassade ist strahlende Pracht. Gartenwirtschaft und Festscheune gehören zum Ensemble wie die drei Holzbänke vor der Schaufront, die zur Observation des lokalen Geschehens laden. Eine Hausbank ist immer auch Geste, einst selbstverständlich, heute Rarität.

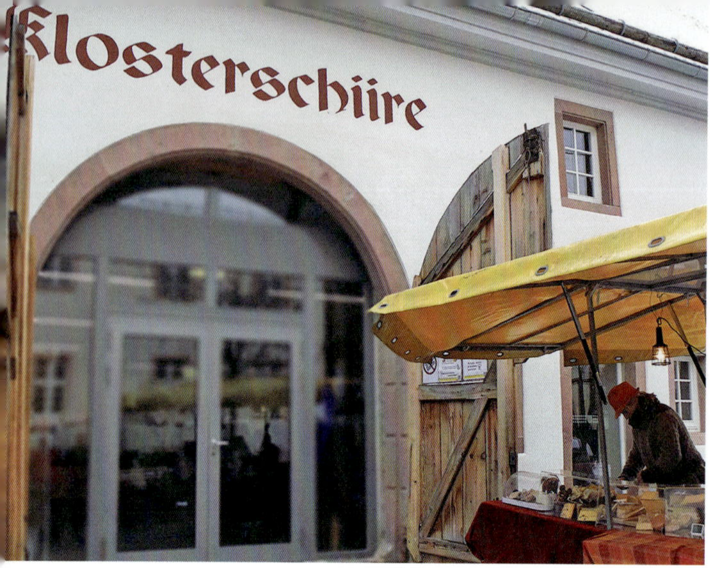

Erzeugermarkt und Treffpunkt – Klosterscheune Oberried

Bemerkenswert, wie vitale Gasthöfe, Infrastruktur und eine Handwerksbäckerei eine Gemeinde stabilisieren und beleben können. Und erstaunlich, wie viele Gemeinden diesen Aspekt vernachlässigen oder durch funktionsarme Symbolbauten kaschieren wollen. Mehr Bäcker und Metzger und weniger Betonpflaster täte mancher Gemeinde gut.

Mit der 2012 erfolgten Sanierung der historischen *Klosterscheuer* haben Oberried und sein Vereinsleben einen weiteren Fixpunkt. Der Erzeuger-Markt am Freitagnachmittag mag recht klein sein, für das Dorf ist er ein Gewinn. Vor dem Scheunentor wird verkauft, dahinter wird gelebt, gesessen und gegessen. In der Scheune Vereinsbewirtung mit Kaffee & Kuchen, manchmal zeigen lokale Handwerker, was sie können, etwa frische Bauernbratwürste. Eine Gemeinde kann planen (und verplanen), ihre soziale Mitte muß gelebt werden. In Oberried gelingt es und der Besucher schmeckt es.

Oberried, Klosterschiire, Klosterplatz 1, Markt am Fr ab 15 Uhr; Veranstaltungen etc.: klosterscheune-oberried.de

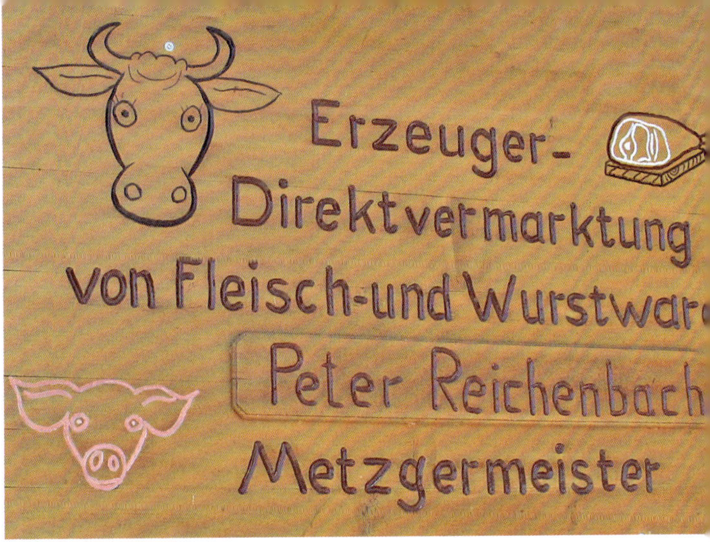

Aus erster Hand – Fleisch, Speck und Wurst aus Oberried

Kräutergarten am Ortseingang, nahe der Straße ins Zastler. Klassisch angelegt mit Wegkreuz und vier Segmenten, 200 Kräutern und Küchengartenpflanzen; das gemeindeeigene Gelände wird ehrenamtlich betreut, frei zugänglich; kraeutergarten-oberried.de. Jährlich um Mariä Himmelfahrt ein Kräutertag.

Landmetzgerei Peter Reichenbach Das äußerlich unscheinbare Ladenlokal liegt etwas versteckt am Hang, aber eine treue Kundschaft findet auch dorthin. Vorzüglich sind etwa die groben Bratwürste, die frischen, kleinen Weißwürste, Lyoner und Leberwurst, das Schäufele. Außerdem ein nach alter Manier kalt geräucherter und sodann ausgereifter Speck und Schinkenspeck. Natürlich gibt es auch gut abgehangenes Rindfleisch aus der näheren Region – und einen Metzger, der aus dem gleichnamigen Glottertäler Metzgeradel stammt und mit dem man auch über Extrawürste reden kann; solange die Schlange hinter einem nicht unübersehbar anwächst. Somit eine Adresse, die einen Umweg lohnt. Oberried, Obertal 10, Tel. 07661-5653 (an der Auffahrt zur Rappenecker Hütte). Das unscheinbare Ladenlokal liegt hinter dem Birkenmeierhof, gegenüber vom Baggerbetrieb Kult. Geöffnet: Freitag und Samstag vormittags.

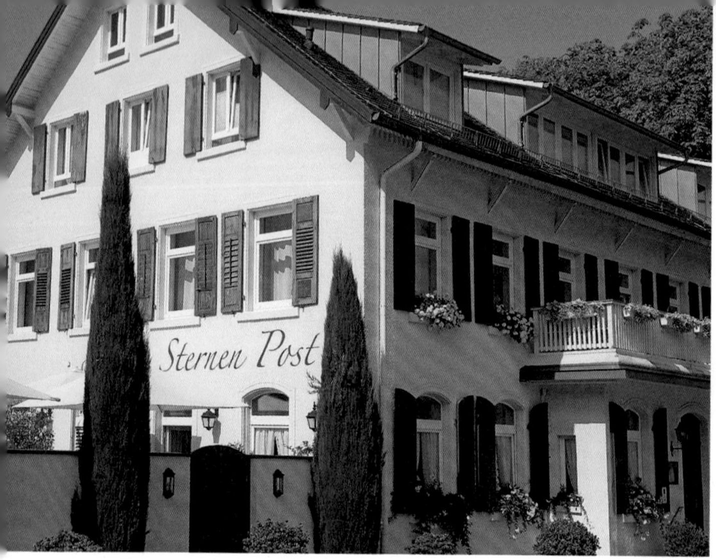

Kulinarische Insel – Sternen Post, Oberried

STERNEN POST, Oberried Das Traditionshaus in der Ortsmitte wurde vor Jahren vom Eingang bis unters Dach renoviert. Dielenboden und Kachelofen, Holzkassettendecke und großzügig gestellte Tische sorgen für ein gediegenes Raumgefühl, das hierzulande selten ist. Man hockt nicht, man sitzt gut und speist ebenso. Die beiden großzügigen Gaststube sind ein Garant für eine feinbürgerliche Gastlichkeit – man fühlt sich rundum gut aufgehoben.

Serviert werden renovierte Klassiker, wie sie mittlerweile zur gehobenen Landgasthofküche gehören: Tafelspitzbrühe mit Maultäschle, Dreierlei vom gebeizten Saibling mit Avocado, Maispoularde mit Limonensauce und Blattspinat, Gnocchi aus der Pfanne mit Lammstreifen und Gemüse. Die Jungrindleber mit Cassissauce und Mangold kommt vom Altvogtshof nebenan, hinterm Haus rauscht die Brugga, frische Forellen gibt es Müllerin Art oder als Tatar zur Vorspeise.

Auf der mit Sachverstand komponierten Weinkarte stehen viele offen ausgeschenkte Positionen sowie Flaschen von

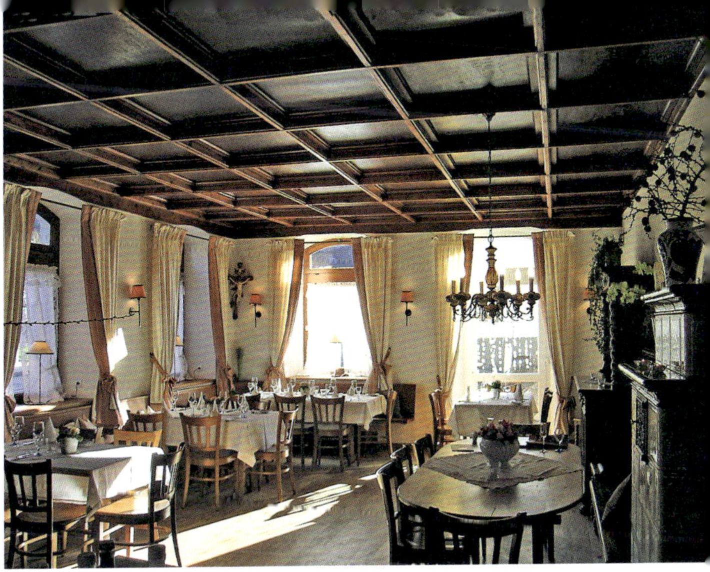

Stimmige Stube, gute Küche – Sternen Post in Oberried

bewährten und neuen Winzern, die Preise sind anständig. Extrapunkte gibt es für den regionalen Einkauf von Qualitätsprodukten, für anspruchsvolle Vorspeisen ebenso wie für jene ambitionierten Gerichte von Bernd Lutz, bei denen das Gemüse nicht als lästige Zutat, sondern als kulinarische Chance behandelt wird.

Summe der Eindrücke: Hier wird sorgfältig und produktbewußt gekocht, daran ändert ein Huhn im Brik-Teig sowenig wie Pulpo mit Paprika-Fenchelgemüse, weil solche Gerichte mittlerweile als gut integriert gelten. Eine Erwähnung verdient der Service der Gastgeberein: freundlich, unangestrengt, souverän wie selten in dieser Klasse. Nach längeren Abendsitzungen warten im ersten Stock die freundlich möblierte Doppelzimmer.

Sternen Post (Fam. Lutz), 79254 Oberried, Hauptstraße 30, ♠ rundum eingefaßte Freiterrasse am Haus, Gästezimmer, eine Ferienwohnung. Tel. 07661-989849; gasthaus-sternen-post.de

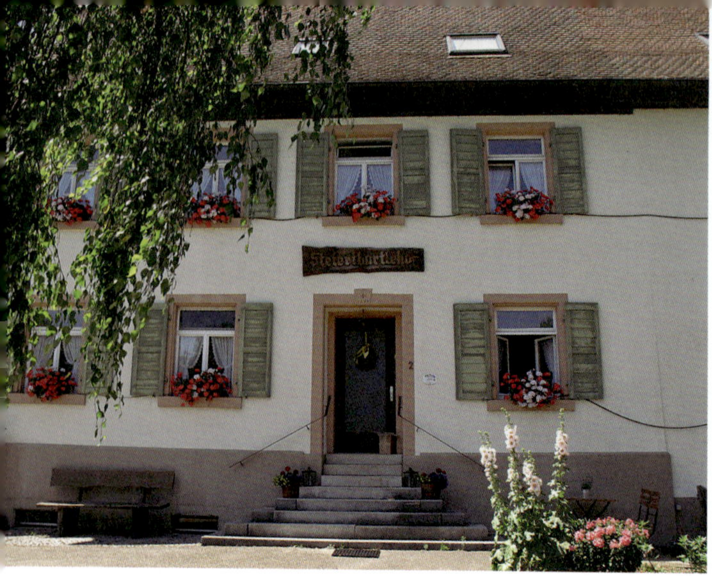

Bildhübsch gelegen – Steierbartlehof bei Geroldstal

STEIERBARTLEHOF, Hofladen Geroldstal Ferienwohnungen. Auf halbem Weg zwischen Kirchzarten und Oberried liegt der Weiler Geroldstal. Schon die Zufahrt von der Landstraße 126 macht Laune: fette Wiesen mit Obstbäumen, gepflegte Hofgärten, ein freundlicher Fleck. Mittendrin bietet Familie Riesterer Ferienwohnungen und einen Selbstbedienungs-Hofladen: Immer freitags gibt es ein bemerkenswert gutes Bauernbrot, Käsekuchen, Marmeladen und Eingemachtes, Milch, Eier, Nudeln etc., und die gute Wurst von der Metzgerei Reichenbach (vgl. vorige Seite). Die Ferienwohnungen verteilen sich auf den eigenen Hof und den zugepachteten Küchlehof nebenan – eine ideale Basis für Touren zwischen Freiburg und Hochschwarzwald. Steierbartlehof (Fam. Riesterer), Geroldstal 2, zwischen Kirchzarten und Oberried. Ferienwohnungen. Tel. 07661-1462.

Napf im St. Wilhelmer Tal Was ein Talschluß doch ausmacht: kaum Verkehr, kein Souvenirstand am Parkplatz. Abseits der Durchgangsroute zu Schauinsland und Notschrei gelegen, ist das St. Wilhelmer Tal ein ruhiges Revier am Beginn eines reizvollen Naturschutzgebiets geblieben.

Wegen seines tief eingekerbten Talgangs am Nordwestfuß des Feldbergs ist der Talschluß bei Napf freilich auch

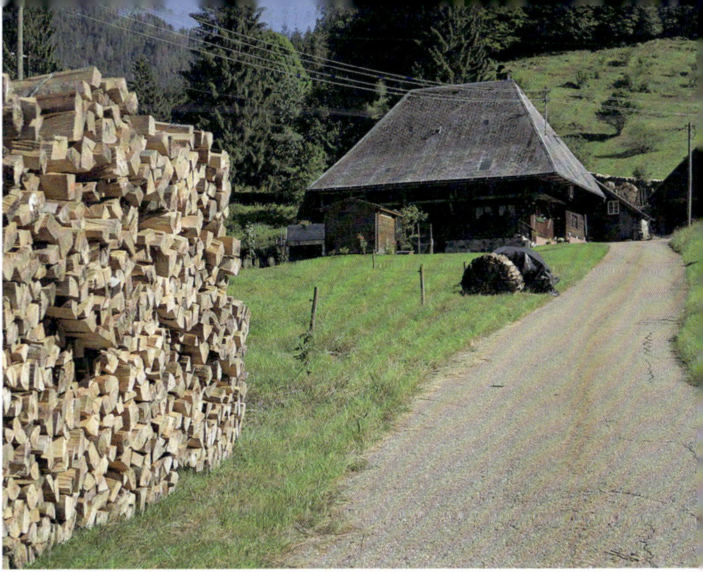

Verkehrsberuhigt – Napf im St. Wilhelmer Tal

ein herber Fleck: die einladende Weite der Höhen auf dem Schauinsland oder um Breitnau fehlt hier. Das Hintertal bei Napf ist dennoch ein brauchbarer Tourenausgangspunkt, gerade für ambitionierte Berggänger. Sportlicher und direkter als von hier aus führt kaum eine Route zum Feldberggipfel.

Die schmale Feldbergstraße (K 4959) führt ab Landstraße 126 Oberried - Schauinsland ins bescheiden besiedelte Tal. Nur linkerhand beginnt das Grübeln, ob ein Ferienhauskomplex so unvermittelt ins Gelände gestellt werden muß. Ansonsten sind es die wenigen Hofstellen zu beiden Seiten des Talbachs, die Akzente setzen. Ihr Name war einst Programm: Wolfsgütle, Schneeschneidershof, Hinterer Maierhof; der Küfermatteshof wurde zur beliebten *Linde*.

Ein Ende und ein Anfang Vom Hintertal aus führt die öffentliche Feldbergstraße nur noch wenige Meter den Talbach aufwärts und damit geradewegs bis *Napf*, wo ein klassisches Talschlußszenario mit Gasthaus, Wanderparkplatz und naturkundlicher Infotafel zum Naturschutzgebiet wartet. Mehr

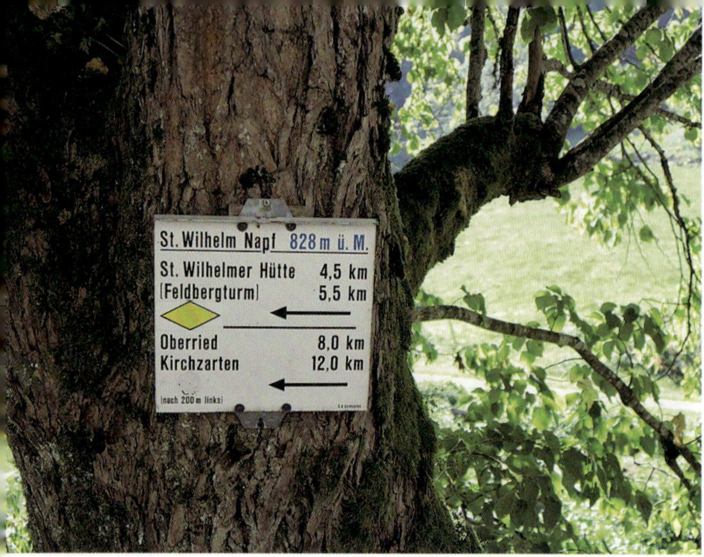

Knackige Tour – von Napf zum Feldberg (auf 1.492 m)

Südschwarzwald auf kurzem Weg ist nahe Freiburg schwer zu finden.

LINDE, St. Wilhelm/Napf „Man sagt es wären die besten Cordon-bleus im Schwarzwald" – steht jedenfalls auf der Karte. Im hinteren St. Wilhelmer Tal werden zudem "Spare Rips" und „Argent. Rumpsteak" angeboten. Eine dezidierte Regionalküche wird man der Linde somit kaum unterstellen, Schmankerlpfanne und Zanderknusperle erweitern das internationale Spektrum. Flaschengrüner Kachelofen, tiefe Decke, Nudelsuppe und Speckeier sorgen andererseits für lokale Akzente.

Gleichwie, der Salatteller ist bunt, die Forelle frisch und der Elsässer Wurstsalat kommt nicht aus Übersee. In der Summe also ein Wander- und Wochenendziel für Basisansprüche. „Die Linde ist halt die Linde", sagt mancher Stammgast und spricht damit aus, daß einige Dinge im Schwarzwald sind, wie sie sind. Außerdem ist die Linde bekannt für hoch bauende Käsekuchen und Schwarzwälder.

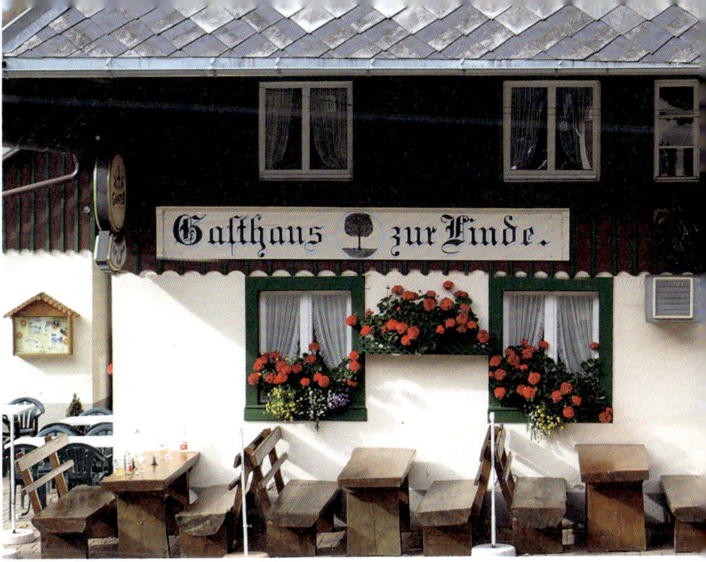

Basislager für die Feldberg-Westroute – Linde in Napf

Vom herben Freisitz aus wäre eine Kontrolle aller Verkehrsbewegungen im Napf möglich, auch der *Motorsportclub Freiburg Haslach 1953 e.V.* unterhält bis heute einen Außenposten im Anwesen direkt gegenüber. Außerhalb der allgemeinen Ausflugszeiten ist es in Napf am reizvollsten: vielleicht an einem Sommerabend nach einer Feldbergtour, wenn alle an den Baggerseen rumnudeln, oder bei Neuschnee im Hochwinter, Wange an Wange mit Rotbäckchen.

Zur Linde, 79254 Napf, Tel. 07602-944690, gemütliche Stube, betonsteingepflasterte Freiterrasse. Ferienwohnungen.

Touren ab Napf Der St. Wilhelmer Talgang liegt zugleich Freiburg nah und tief im Schwarzwald, zum Feldberg-Gipfel sind es vom Talschluß Napf (840 m) aus nur 5,5 Kilometer, aber fast 600 Höhenmeter! Der Abschluß einer forschen Gipfeltour ab Napf wäre also schon vor dem Zwölfeläuten möglich, ohnehin gibt es ab Napf herrliche Wandermöglichkeiten.

Hüttenziele ab Napf (830 m): Erlenbacher Hütte 4,5 km; St. Wilhelmer Hütte 4,5 km; Stollenbacher Hütte 4,5 km; Zastler Hütte 3,5 km; bis Todtnauberg sind es nur 7,5 km.

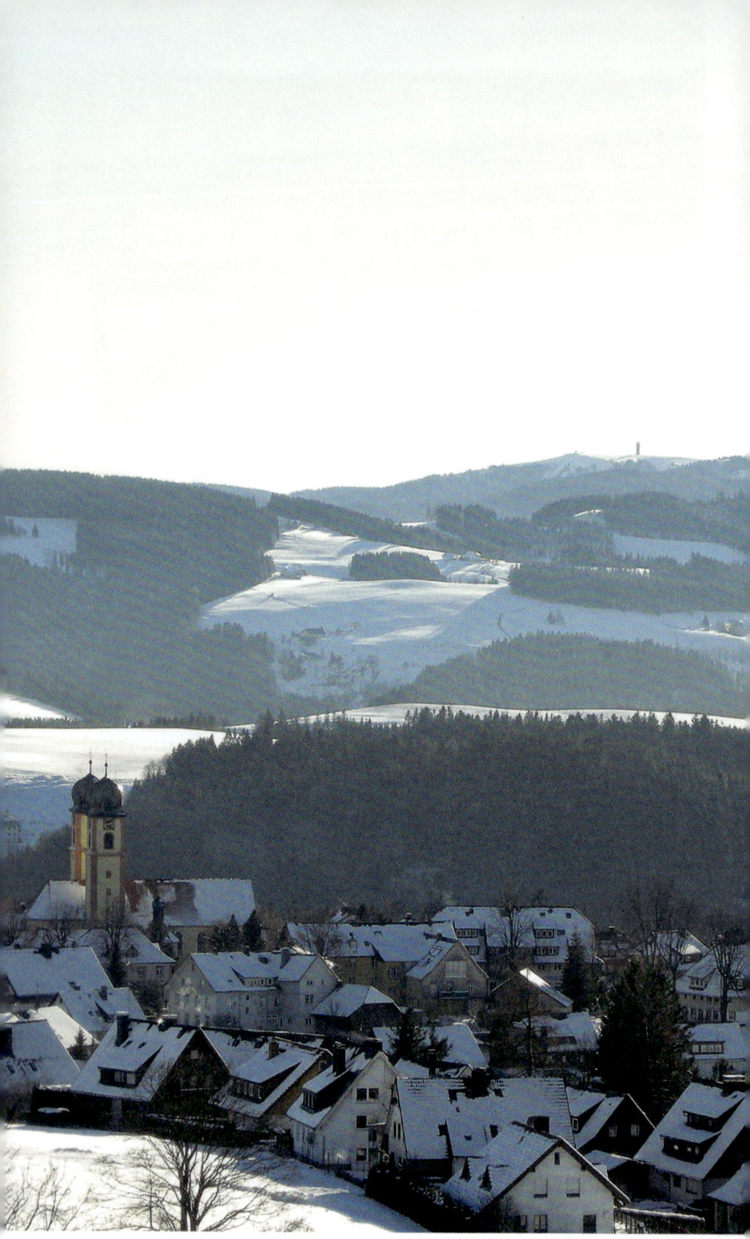

Feldbergblick statt Nebeldecke – St. Märgen

2

Himmelweit – St. Märgen & St. Peter

Wenn zäher Nebel wie eine nasskalte Wolldecke über dem Rheintal liegt, fühlt man sich auf den weiten Hochflächen um St. Märgen und St. Peter wie befreit. Schon die Zufahrt bei Inversionswetter ist ein Genuß, über der Nebelgrenze wird die Höhenstraße zwischen Sankt Peter und Sankt Märgen zum Schwebebalken, die Kurvenradien muß ein Könner gezirkelt haben.

Später dann ein befreites Gehen über weiche Grasbuckel oder auf den wintersonnigen Panoramawegen. Oben am St. Märgener Kapfenbergweg stehen ein paar Bänke am Waldrand. Feldbergblick und Vesperplatz, Sonnenbank und stille Insel. Weiter unten grauer Alltag in Watte verpackt.

Sonntag auf dem Bertoldsplatz Kaum 20 Kilometer sind es von Freiburg bis zum markanten Doppelturm der ehemaligen Klosterkirche in St. Peter, doch zwischen Stadt und Dorf liegen Welten. Am Sonntagmorgen vor 10 Uhr, wenn die Stadt noch döst, kommen Schwarzwälderinnen in Tracht zur Barockkirche. Es ist ein stilles Fest, wenn diese Frauen

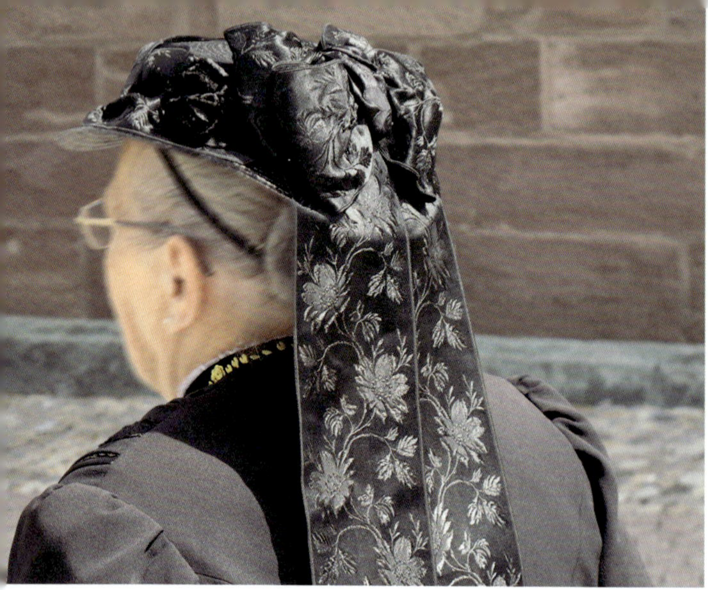

Ein ganzes Leben – in St. Peter

über den Vorplatz gehen. Mit Schritten, in denen ein ganzes Leben liegt. Voll Mühe, Haltung und Würde. Klarer sind traditionelle Schwarzwälder Lebenslinien selten zu sehen. Wer das Schauen vor lauter Wischen nicht verlernt hat, sieht an einem Sonntag um 10 Uhr auf dem Bertoldsplatz in St. Peter die Bilder einer Epoche, die langsam aber sicher verlöscht. Kein großes Kino, gelebtes Leben.

Um wieder im Hier und Heute anzukommen, genügt eine kleine Inspektion der nächstgelegenen Speisekarten. In St. Peter im Schwarzwald gibt es vieles fast immer, so ähnlich wie in St. Peter-Ording – auch daran wäre der kulinarisch-säkuläre Wandel zu erkennen. Aber lassen wir das.

Landschaft wie komponiert Die Landstraße 128 führt in geschmeidigen Kurven von St. Peter weiter nach St. Märgen. Eine besondere Partie, mehr Schweben als Fahren. Im Süden aufkommendes Feldbergpanorama, davor Schwarzwälder Kulturland wie auf dem Kalenderblatt. Wälder, Weiden, Grün-

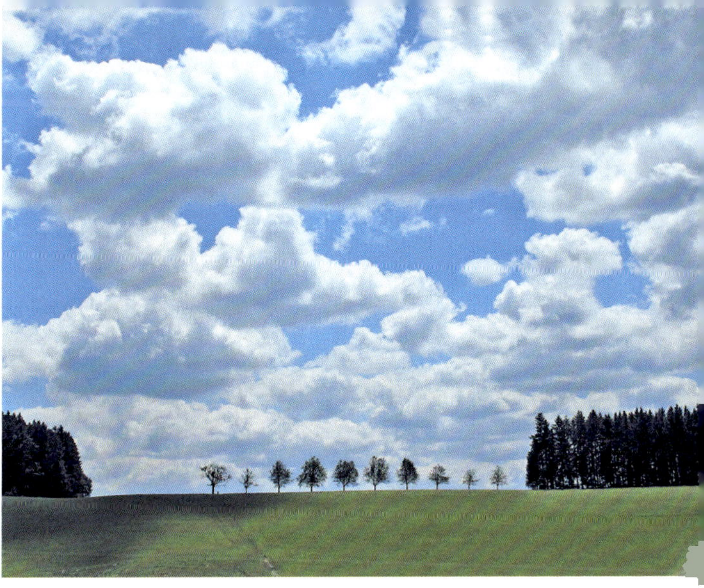

Bühne frei – bei St. Märgen

land, solitäre Feldbäume. Eine Landschaft wie komponiert, etwa der Blick nach Süden oberhalb vom Kapfenhof. Oder einfach so: Wer erhabenen Hochschwarzwald schätzt, sollte die Bühne zwischen St. Peter und St. Märgen nutzen – der Südschwarzwald wird dort zu einem einzigen weiten Landschaftspark.

Selbstverständlich sehen das nicht nur Landschaftsfreunde so, auch Motorradfahrer schätzen den reizenden Kurvenverlauf hier oben. An Sommerwochenenden gilt also speziell tagsüber: Vorsicht Wildwechsel!

Späte Beeren, dicke Blätter, ernste Fassaden Auch wenn manche Szene auf den Klosterhöfen von St. Peter und St. Märgen besonders authentisch erscheint, Andacht und Tradition, Handwerk und Wälderkultur bestimmen nur noch bedingt den Alltag auf dem Wald. Längst ist der industrielle Landbau nicht nur in der Holzwirtschaft angekommen, wo Harvester ganze Waldarbeiterrotten ersetzen. Auch Son-

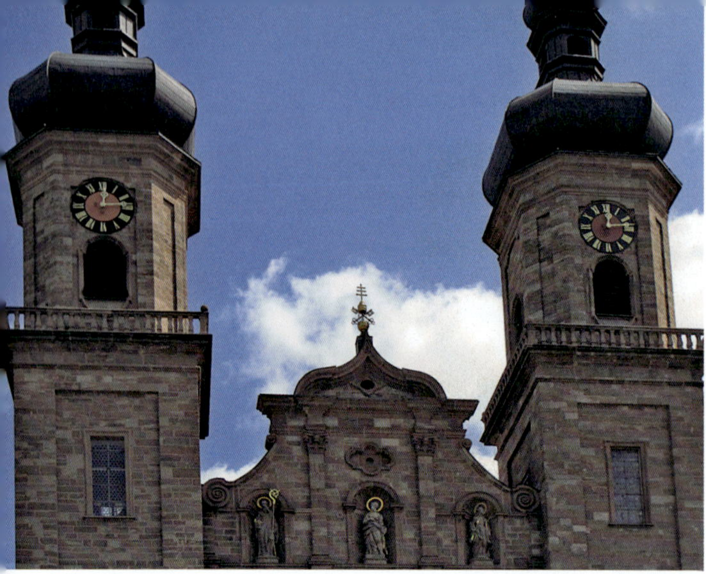

Außen ernst, innen üppig – Klosterkirche St. Peter

derkulturen, Erdbeerfelder und Himbeerplantagen werden mittlerweile bis auf 800 m Meereshöhe angelegt und von osteuropäischen Kolonnen abgeerntet.

Saisonverlängerung und Renditemaximierung dank Höhenkultur. Die Erdbeere ist auf dem Weg zur Ganzjahresfrucht, dank andalusischer Importe, auch dank Plantagen, wie sie auf den Höhen um St. Peter angelegt wurden. Wobei ein Blick auf die überdüngten Felder genügt, um zu ahnen: Nicht jedes heimische Obst ist gutes Obst. Dunkelgrüne, handtellergroße Erdbeerblätter sprechen für sich.

Zwei Klöster, eine Kultur Gleich, ob Sonntagsmesse oder Alltag, an St. Peters Klosterkirche kommt man kaum vorbei, ebenso wenig am Kloster- und Uhrenmuseum von St. Märgen, das reiche Einblicke zur Landschafts-, Kunst- und Uhrengeschichte des Hochschwarzwaldes vermittelt (vgl. S. 43).

Auf das Turmpaar des ehemaligen Benediktinerklosters in St. Peter „scheint etwas von der Herbheit der Landschaft

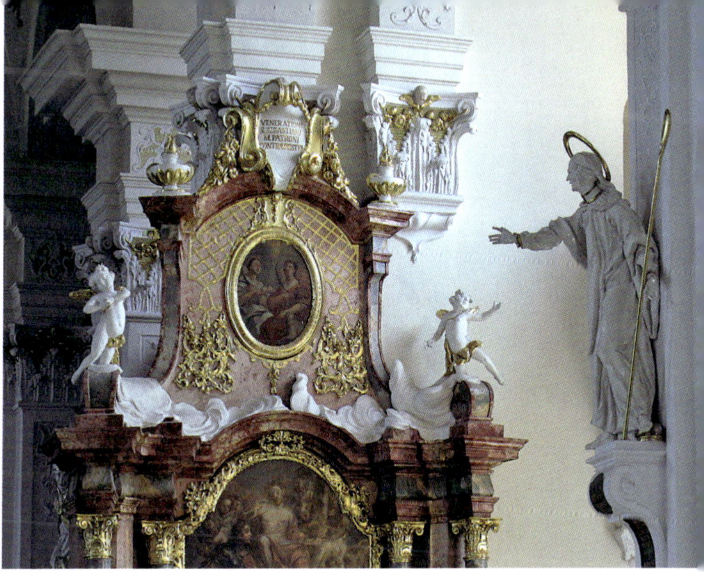

Blühender, taumelnder Rokoko – in St. Peter

übergegangen zu sein", schreibt Hauptkonservator Emil Lacroix in einem Kunstführer aus dem Jahr 1959. Der Bau wurde 1724 bis 1727 unter Leitung des Vorarlbergers Peter Thumb ausgeführt, der heute wohl Stararchitekt genannt würde.

Die anschließende Klosteranlage wurde – ähnlich wie St. Märgen – als geschlossenes Rechteck ausgeführt. Das Kloster entstand aber, wie die prächtige Bibliothek, erst nach Abschluß des Kirchbaus, wesentlich zwischen den Jahren 1750 und 1770. 1806 wurde St. Peter dann säkularisiert, bis 2006 befand sich in der Klosteranlage das Priesterseminar der Erzdiözese Freiburg.

Der Nüchternheit des äußeren Aspektes steht in Sankt Peter eine überbordende Innenausstattung gegenüber. Baumeister, Maler und Stukkateure haben es hier ikonographisch heftig krachen lassen: mal üppige, mal exaltierte Ausstattung, dazu kommen in der Vergangenheit nicht nur glücklich restaurierte Details: Engel mit goldenem Lenden-

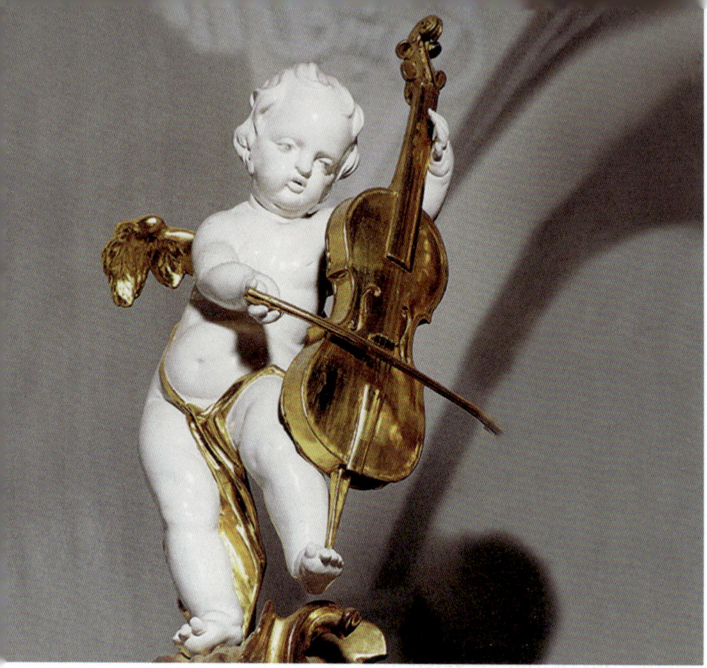

Knapp geschürzt – Rokoko in St. Peter

schurz stürzen vom Altargesims – blühender, mitunter auch taumelnder Rokoko.

Der Landeskonservator spricht nüchtern von einer „künstlerischen Verkleidung“ und „Drapierung“, die sich über der „architektonischen Rohform“ ausbreitet. Freunde einer kontemplativ-ruhigen Raumgestaltung werden nicht jedes Detail schätzen, sehenswert ist der entfesselte Prunk allemal. Wir sehen: Glauben schützt nicht vor Maßlosigkeit.

Prediger im Rausch Was die Bühnenshow angeht, sind Budget und Bereitschaft der Katholischen Kirche in den letzten Jahrzehnten ein wenig geschrumpft. Demonstrativer Luxus wird heute andernorts zelebriert. Musiker, Architekten und Akrobaten sind neuen Auftraggebern zu Diensten. Dombaumeister Peter Thumb würde heute eventuell Allianz-Arenen planen oder ein Museum, das um jeden Preis auffallen will.

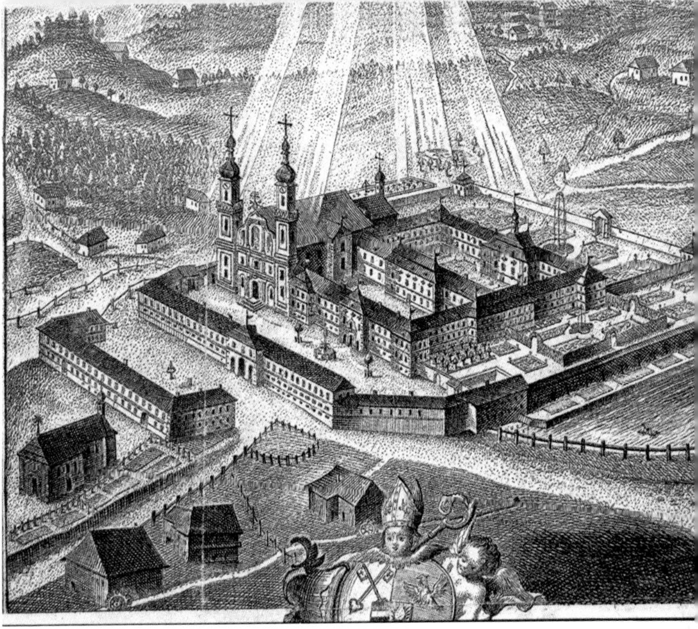

Stadion des Herren – Klosteranlage St. Peter

Auch die besten Rockmusiker arbeiten nicht mehr für die Kirche, obwohl sie an Prediger im Rausch erinnern.

Als stilbildende Instanz hat die Kirche an Bedeutung verloren, ebenso wie ein Erwerbsleben im direkten Umfeld auf dem Wald. Das Zweckdienliche hat ausgedient. Auch der Wälder entdeckt die Möglichkeiten, deshalb scheint mittlerweile fast alles möglich: Carpaccio in der Heimatstube, Oktoberfest im Glottertal, Tiroler Lüftlstil auf Titisees Souvenirmeile, ein palmengeschmücktes Badeparadies in Neustadt. Dazu paßt, daß ein Gasthof wie das Kreuz in St. Peter nach 100 Jahren auf Events und Weddings setzt. Immerhin der Bauernmarkt am Freitagnachmittag findet seit 1995 unter Schirmherrschaft des Allmächtigen statt.

Bauernmarkt St. Peter Mai bis Oktober, 15 bis 16.30 Uhr. Unter der Linde im Klosterhof (auf dem Stich auf der vorigen Seite als Bäumchen zu erkennen).

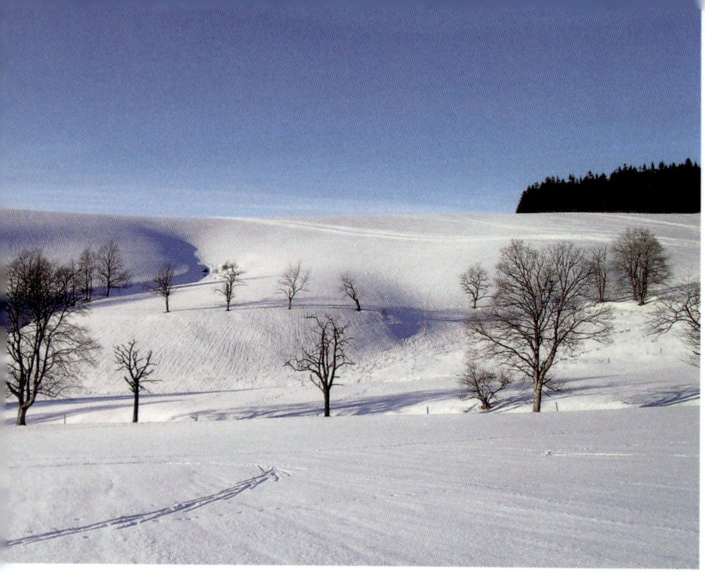

Spuren im Schnee – von St. Märgen zur Kapfenkapelle

St. Märgen tut gut Als es noch Kurgäste gab, die sich und andere Besucher wochenlang an einem Ort ertrugen, führten Gemeinden wie St. Märgen den Zusatz *Höhen-Luftkurort*. Mancherorts wird das mottenkugelige Prädikat heute noch bemüht, gerne mit dem Zusatz „staatlich geprüft" – was der moderne Staat doch alles prüft und bescheinigt.

Auch ohne staatliches Examen wirkt in St. Märgen nicht nur die Luft, sondern auch der weite Horizont und der sanfte Schwung der Berge. Selbst der Feldbergrücken bekommt vom Kapfenbergweg aus gesehen etwas Mildes.

So vereinen sich Atmosphäre, Blick und Horizont zu einer speziellen Kurpackung, die schon nach kurzer Anwendungszeit gut tut. Und wenn das Rheintal im Winterhalbjahr wieder mal unter kaltem Nebel liegt, wird Sankt Märgen erst recht zur Alternative. Klirrend kalt ist besser als kriechend kalt.

Es gibt hier oben winterhelle, wolkenlose Schneetage, auch stille Inversionslagen mit schier magischer Kraft. Frühlingsföhn mit zartgrünen Matten und weißem Feldberg wie auf

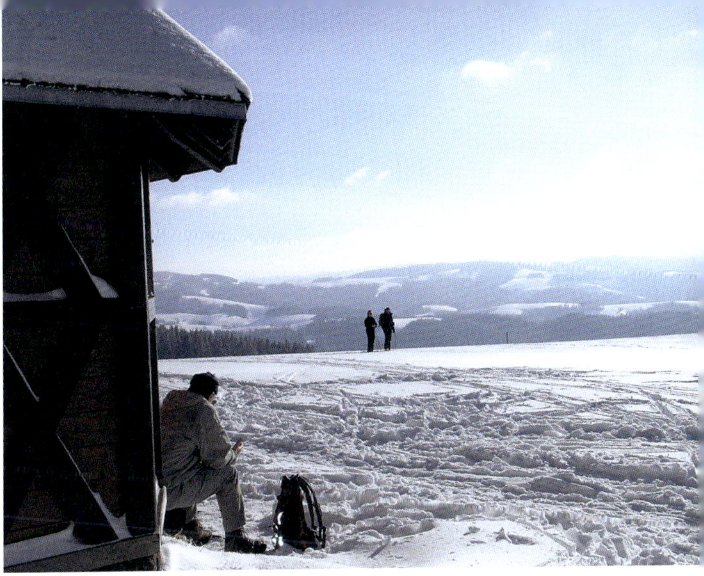

Lösung vom Alltag – bei der Kapfenkapelle

der nächste Seite zu sehen. Auch an einem Sommertag mit Wattebauschhimmel wird St. Märgen zum Gegenteil vom finsteren Schwarzwald.

Teufelsküche, Kaltenbach, Winterberg – die Schwarzwälder Kaltworte scheinen in St. Märgen weit weg, nur ein sogenanntes *Mörderloch* im Tal der Wilden Gutach liegt gleich um die Ecke. Aber egal, hier oben spürt man vom Depressionspotential des Fichtenschwarzwaldes rein gar nichts. Im Hochsommer lockt sogar einer der angenehmeren Badeweiher im Hochschwarzwald.

Von der Oberrheinebene aus gesehen ist Sankt Märgen jedenfalls mehr ein Gemütsort als ein Luftkurort. Man kurbelt hoch und lebt auf, der harmonische Schwung der Landstraße zwischen St. Peter und St. Märgen ist ein erstes Antidepressivum. Wer auf dem kleinen Sattel am Wanderparkplatz *Birkweghof* immer noch nichts fühlt, kann auch unten bleiben.

An Tagen mit Neuschnee wandelt sich der sonnige *Kapfenbergweg* endgültig zu einer Art Freiluftsalon. Häufig begegnet

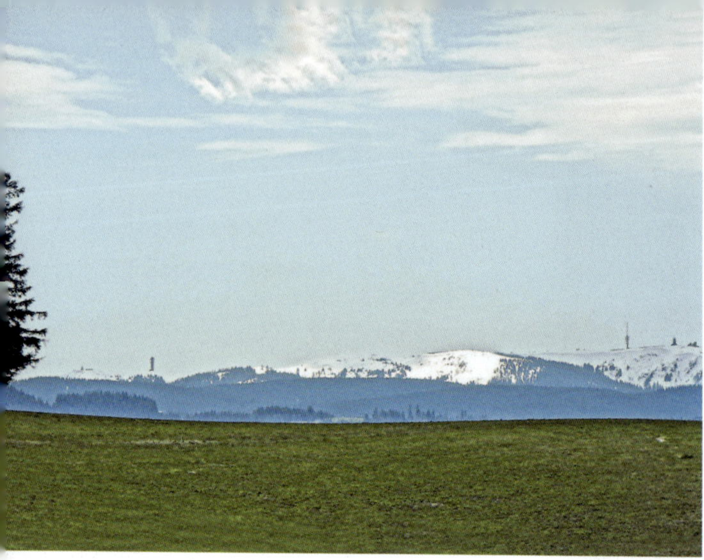

Feldbergblick von St. Märgen

man hier dem Personal der bildungsnahen Freiburger Altstadtviertel Wiehre und Herdern. Was kein Wunder ist, denn die Route ab Gasthof Hirschen auf dem Landfeldweg zum Birkwegeck und weiter zum Roten Kreuz am Kapfenberg vereint auf kurzem Weg vieles, was der Schwarzwald dem Hedonisten zu bieten hat: Panorama, Alpenblick, Sonnenbänke, Alltagsferne.

Wurzelgeäderte Waldwege führen durch den prächtigen Hochwald am Kapfenberg, an der kühlen Ibenbachquelle könnte man seine Flasche füllen. Alle paar Minuten wechseln die Bilder; mal ziehen Einzelgänger Spuren in den Schnee, mal glüht ein Reisighaufen von Holzmachern und es duftet nach frisch geschlagenem Holz. Auf dem flachen Buckel bei der Kapfenkapelle wäre dann nochmal ein Besinnungs- und Vesperplatz, Wendepunkt eines Spaziergangs oder der Beginn einer ausgiebigen Wanderung rüber zum Hirschmattenbach und seinen Wasserfällen, je nachdem.

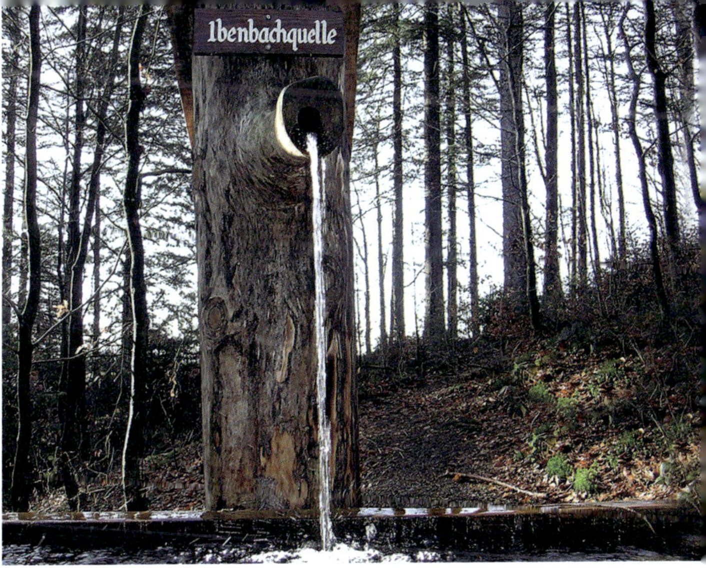

Ladesäule am Weg zum Kapfenberg

Refugium, Schnee- und Sommerfrische Gegen Ende des 19. Jahrhunderts wurde St. Märgen zum Künstlerrefugium und Gelehrtenversteck. (Anregend dazu: Sankt Märgen. Eine Spurensuche, Verlag DesignConcepts, 2004).

Auch die von einer regionalen Landfrauengenossenschaft wiederbelebte *Goldene Krone* war zunächst Pilgerherberge und Klostergasthaus. Zu Beginn des 20. Jahrhunderts wurde daraus ein ungewöhnlich komfortables Kurhotel mit Dampfheizung, Bädern, Lesezimmer und einem eleganten Jugendstilsaal. Dies zu einer Zeit, als in den Höfen ringsum noch offenes Feuer in rußschwarzen Küchen Standard war. Bis heute erinnert die repräsentative Fachwerkfassade der Goldenen Krone an die großbürgerliche Phase frühen Freizeitverhaltens.

Der bedeutende Schwarzwaldmaler *Hermann Dischler* verbrachte 1904 einen ganzen Winter oben in St. Märgen. Auch *Edmund Husserl*, anno 1916 an die Philosophische Fakultät der Freiburger Universität gerufen, schätzte die Höhen St.

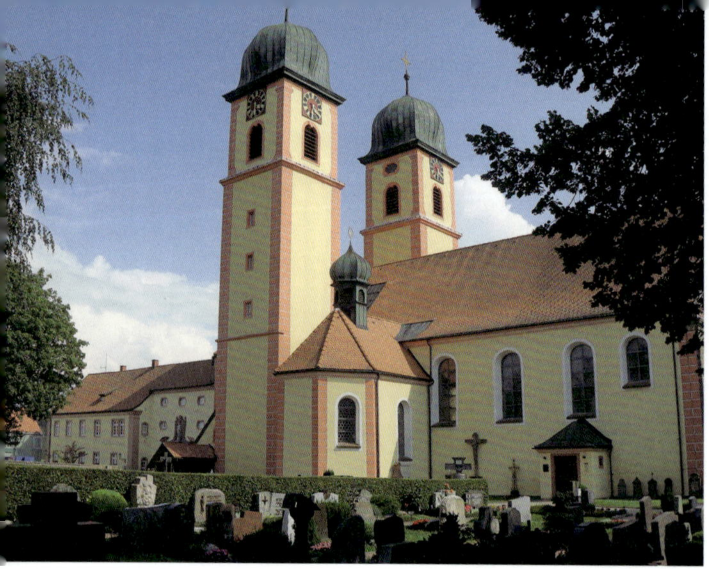

Landmarke in St. Märgen – die Klosterkirche

Märgens zur Klausur, auch zum Verfertigen von Gedanken. Das unter anderen Philosophen so beliebte Erwandern von Werken kam bei ihm freilich zu kurz. 1921 verbrachte Husserl zwölf „weltverlorene Arbeitswochen" auf der Insel St. Märgen. Nach sieben Wochen in der Sommerfrische schrieb er an einen Gönner: „Ich habe in glühendem Eifer täglich von 7 Uhr morgens an beim Arbeitstisch gesessen und – in herrlichster Berglandschaft – nicht einen einzigen größeren Spaziergang gemacht."

Gehen im Salon Noch im selben Jahr treffen sich Husserl und sein Schüler *Heidegger*. Ein Foto zeigt die beiden Großraum-Theoretiker in Loden und Kniebundhosen auf den Hochweiden um Sankt Märgen debattierend. Heideggers akademische Karriere in Freiburg nahm erst Jahre später Fahrt auf. 1928 übernahm er den Lehrstuhl Husserls, 1933 dann das Rektorat der Universität. Im selben Jahr geriet Husserl wegen seiner jüdischen Abstammung unter Druck. 1937 verbot die Freiburger Universität ihrem ehemaligen Ordi-

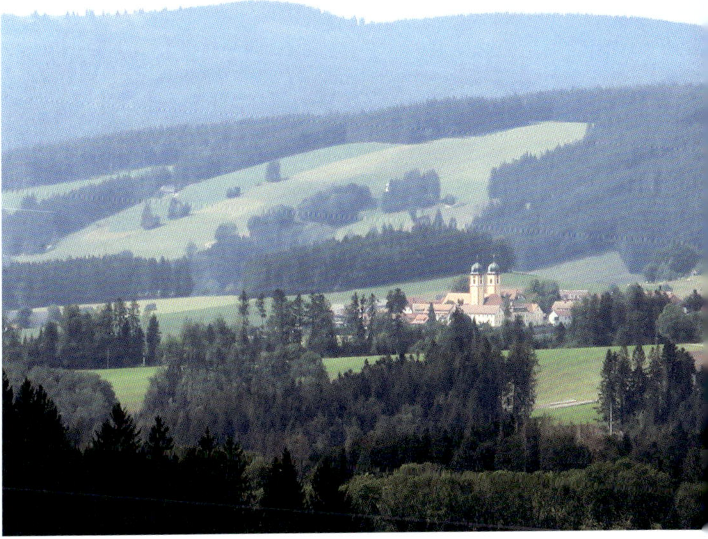

Landschaft himmelweit – St. Märgen und Kapfenberg

narius das Betreten ihrer Räume. Die schlimmste Phase der Nazizeit blieb Husserl erspart, er starb 1938.

Klostermuseum St. Märgen Mit Exponaten zur Schwarzwälder Uhren-, Kloster- und Kulturgeschichte eines der interessantesten Regionalmuseen im Hochschwarzwald: sankt-maergen-kulturwege.de

GOLDENE KRONE, St. Märgen „In unserer Küche und im Service arbeiten ausschließlich Landfrauen aus der Region. Alles, was Sie bei uns essen, ist frisch zubereitet und basiert auf regionalen und saisonalen Produkten." Erst Klosterherberge, dann großbürgerliches Kurhaus, jetzt Landfrauenküche – das klingt schon mal gut. Nachdem unser aller Carpaccio auch entlegene Täler erobert hat, erscheint ein geerdetes Programm wie in der Goldenen Krone fast überfällig. Die handwerklich und wertig renovierten Gasträume zeigen zudem, daß es hier nicht um Mottogastronomie oder Regiotümelei geht. Ein in der Bürgerschaft gewachsener, genossenschaftlicher Betrieb hat sein eigenes System. Das der Krone dient längst landauf, landab als Vorbild, wenn es

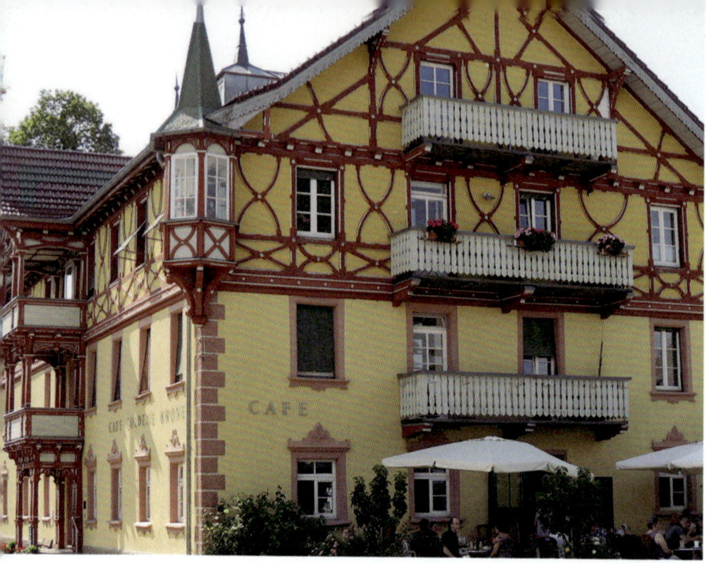

Landfrauenwirtschaft e.G. – Goldene Krone, Sankt Märgen

um Initiativen zur Belebung der Gastronomie im ländlichen Raum geht. Die gelingt freilich nicht überall so wie in St. Märgen (oder in Todtnau-Gschwend, vgl. dort). Zu beachten ist zudem, daß Landfrauen meist eine Familie an Herz und am Hals haben, was sich auf die Öffnungszeiten und das kulinarische Angebot auswirkt. Trotz solcher Limitierungen steht die Krone für ein nachhaltiges Erfolgsmodell.

Im hellen Gastraum mit solid verschaffter Holzmöblierung schmeckt es nach Menschenverstand – auch im Detail: Tafelwasser wird nicht zum Abkassieren mißbraucht, sondern aus lokaler Quelle gezapft, zu gastfreundlichem Tarif; Limonaden werden mit eigenem Sirup zubereitet. Über Mittag gibt es Suppe aus der Terrine mit Holzofenbrot oder auch anständige Vesper mit Salat. Die im Gasthaus gebackenen Kuchen sind aus guten Zutaten, rechtschaffen und üppig geschnitten. Die Traufhöhe der Schwarzwälder Kirschtorte ist Legende.

Gastronomie, getragen von Teilzeit arbeitenden Landfrau-

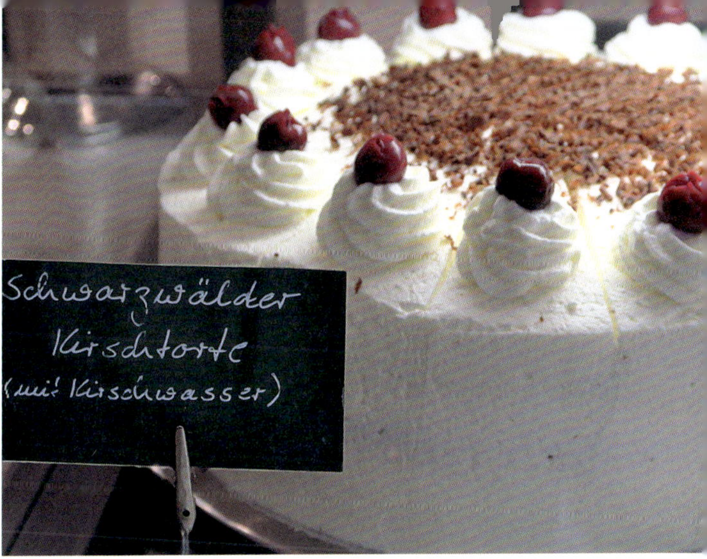

Hoch hinaus – Schwarzwälder in der Krone

en, heißt auch, daß ein Betrieb nicht allein nach Effizienz organisiert wird. Also gilt im Service: lieber mehr laufen, als mit hoher Nase die Reihen abschreiten, lieber echte Gastfreundschaft als Lichtschalter-Lächeln. Bei Hochbetrieb (der an Wochenenden die Regel ist) gehören Wartezeiten auch dazu.

Kachelofen statt Kuckuck Allein die Tatsache, daß es in der Goldenen Krone zum Stelldichein von Wald, Land und Stadt, von Promovierten und Exzellenzen aller Stände kommt, ist Beleg genug für das stimmige Konzept einer Austauschwirtschaft. Das Projekt wurde mittlerweile vielfach ausgezeichnet, Fazit nach fünfzehn Jahren Landfrauenwirtschaft: die Goldene Krone zeigt exemplarisch, wie wichtig vitale Dorfgastronomie ist und wie stark sie ins Umland ausstrahlen kann.

Zuletzt noch eine Frage: Könnte es sein, daß vor lauter Kuckuck-Eventmarketing die Ofenbank im Realgasthaus etwas ins Abseits geraten ist? Jedenfalls bringt ein bewirtetes Gasthaus einer Gemeinde mehr Impulse als mancher Wettbewerb zur Rettung des ländlichen Raums.

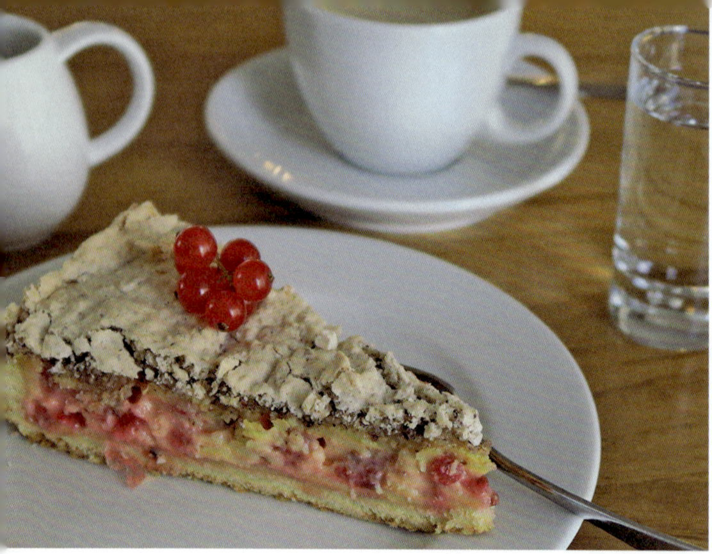

Alles am Platz – Kaffeepause in der Goldenen Krone

Café-Gasthaus Goldene Krone, 79274 St. Märgen, Tel. 07669-9399988. ♠ Gartenwirtschaft vor dem Haus; integriert ein Laden mit Regionalprodukten und Geschenken. Veranstaltungen, Termine etc. auf der informativen Homepage: cafe-goldene-krone.de

Gasthof-Hotel Hirschen, St. Märgen Die Geschichte der Liegenschaft reicht zurück bis ins 18. Jh.; nach einem Vollbrand im Jahr 1943 wurde das Ensemble mit Gästehaus 1951 als Hirschen neu eröffnet, danach mehrfach umgebaut und erweitert. Auch nach dem letzten Eigentümerwechsel 2015 wurde das Anwesen mit der mächtigen Walm über der Stirnseite teils renoviert und neu positioniert. Manches im Haus, Gästehaus und Nebenhaus wirkt nun frischer und eventgeneigter; auch das Publikum hat sich entsprechend verändert, es schätzt besonders das Angebot angenehmer Gästezimmer mit Frühstück zur Kurzvisite.

Der substanziell gediegene Speisesaal, auch ein paar Zitate und Bilder aus früheren Epochen, erinnern im Hirschen noch an die glanzvolle Zeit jener Hochschwarzwälder Dickschiffe, von denen heute nicht allzu viele mit voller Kraft voraus laufen. Nicht nur in St. Märgen, auch bei vergleichbaren Ikonen des Höhentourismus könnte in Zukunft noch manche Veränderung anstehen. Gleichwie, die ♠ Sonnenbänke vor der Längsfront sind ein geschützter Rastplatz am Ende einer Höhentour gen

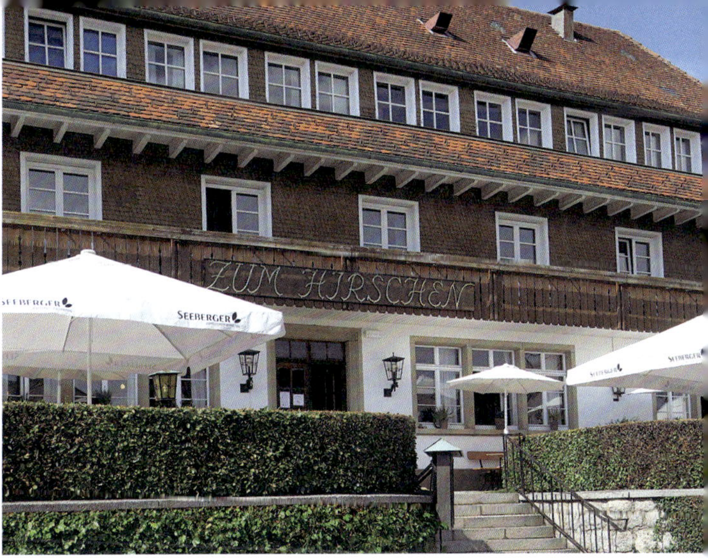

Geschichte und Geschichte – Hirschen St. Märgen

Kapfenkapelle, Hirschmatte und Zweribach-Wasserfälle. Feldbergstraße 9, 79274 St. Märgen, Tel. 07669-940680. Gästezimmer, üppiges Frühstück, großzügige Terrassen und Aufenthaltsräume. Am Hirschen genug Parkplätze sowie ein ergiebiger Wanderausgangspunkt am Beginn des Landfeldweges, vgl. unten

Touren ab St. Märgen (Wegweiser Hirschen, 892 m): über Kapfenkapelle (2,2 km), Rotes Kreuz und Vogesenkapelle bis St. Peter (8 km): Ein großartiger Panoramaweg, der die einmalige, passagenweise schon abgehobene Topographie der Region sehr gut erschließt, zugleich Freiluftsalon mit Alpenblick und sonnigen Sitzmöglichkeiten. Zahlreiche Varianten möglich, u.a. ab Rotes Kreuz zur Hirschmatte, Hirschbach- und Zweribach-Wasserfällen (vgl. nächstes Kapitel, ab Seite 51).

Der Höhenweg Richtung Kapfenberg, Rotes Kreuz, St. Peter eignet sich auch als Winterwanderweg (ebenso die Wege Richtung Thurner). Wichtige Wege sind meist gespurt, Infotafel zu regionalen Winterwanderwegen in der Ortsmitte am Rathausplatz oder: sankt-maergen.de.

Der **Panoramaweg** nach St. Peter beginnt als Landfeldweg unmittelbar am Wegweiser beim Gasthaus Hirschen, die erste halbe Stunde Weg über die Wegweiser Landfeld und Birkwegeck bis rauf zur Kapfenkapelle auf 1000 Meter scheint zunächst nicht viel mehr als ein Kaf-

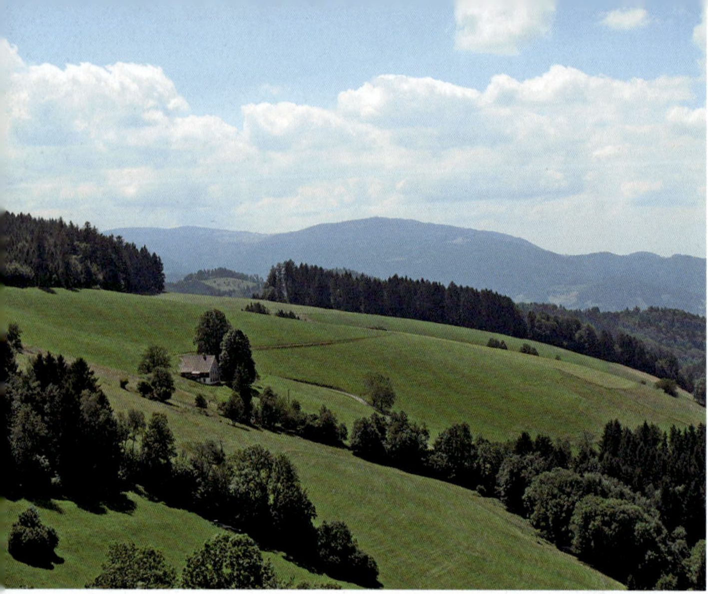

Komm' ins Offene – zwischen St. Peter und St. Märgen

feespaziergang. Aber dann öffnet sich schon nach wenigen Schritten dieser sagenhafte Doppelkirchturmblick auf St. Märgen, dazu das aufkommende Feldbergpanorama und die wunderbaren Sonnenbänke oben am Waldrand. Die stehen so etwa im Dreiminutentakt und öfter mal hat man das Gefühl, hierher finden bis heute jene, denen ein reiner, wintersonniger Schwarzwaldtag Animation genug ist; ohne Lift, Schneezirkus und so weiter.

Weitere **Distanzen** ab Hirschen St. Märgen/Landfeldweg: Zum Plattensee 6,5 km (dort Einkehrmöglichkeit), Höhenweg nach St. Peter 8 km, Kandel 13 km, über die Hirschbachfälle steil hinab ins Wildgutachtal 5,5 km, zu den Zweribach-Wasserfällen 6,5 km.

Naturfreibad St. Märgen Unter den naturtrüben Hochschwarzwälder Badegelegenheiten wäre das Naturfreibad St. Märgens eine der reizenderen. Nur an Hochsommerwochenenden gibt es hier, auf gut 900 m Höhe, einigen Ausflugsbetrieb. Ansonsten ein erfrischend altmodischer, rutschen- und paddelfreier Platz ohne inszenierte Animation, aber mit jenem Maß an Infrastruktur, die ein Freibad angenehm und

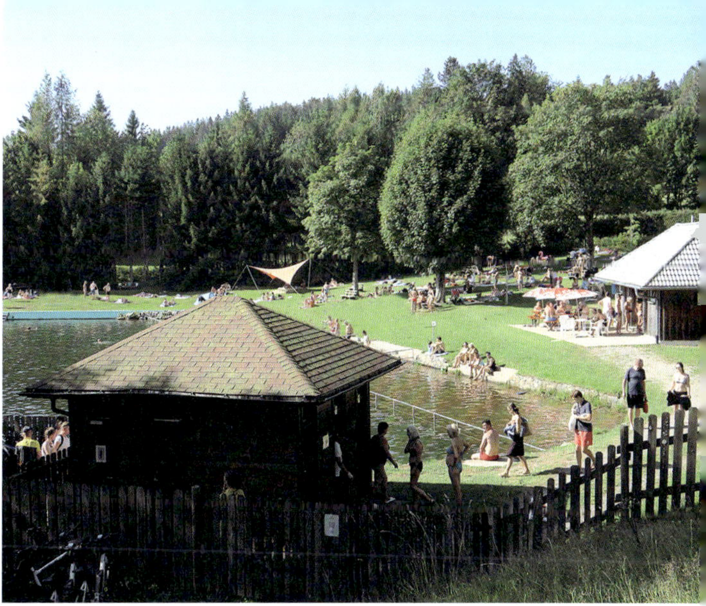

Sommerfrisch – Naturfreibad St. Märgen

erholsam macht, aber nicht zum Rummelplatz degeneriert.

Der teils mit einer Mauer eingefaßte See wird aus natürlicher Quelle mit weichem Wasser gespeist, die Anlage liegt wenig unterhalb der Landstraße 128 in Richtung Thurner. Das Gewässer wurde einst als Eis- und Brandweiher genutzt; es wartet eine lang geschnittene Liegewiese; Kiosk, Holzkabinen und rauschender Tann sorgen für eine Atmosphäre wie anno dazumal. Ein ideales Intermezzo im Hochsommer nach einer längeren Höhentour. Aktuelle Öffnungszeiten über die Gemeinde (sankt-maergen.de).

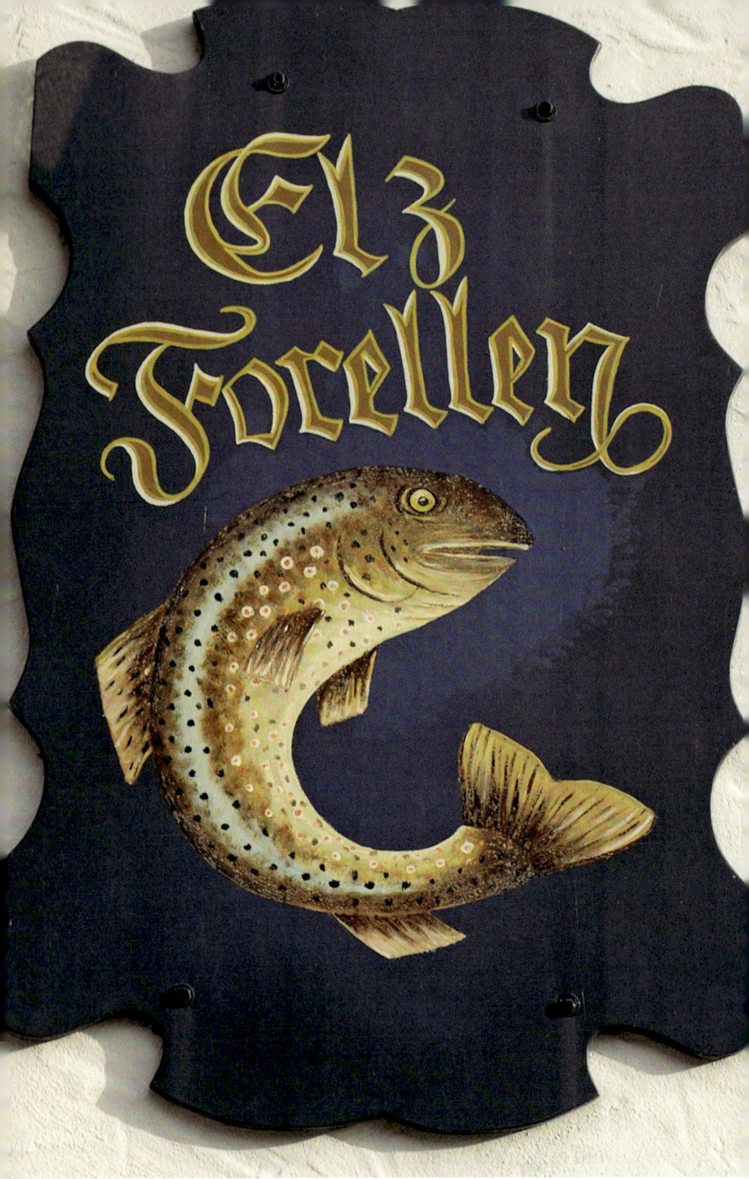

„Im Frühsommer sind sie freigegeben. Freundliche Wirtinnen servieren nacheinander, damit sie frisch aus dem Sud kommen.“

FRANZ KELLER SEN. (1923-2007)

3

Wildbach und Forelle

Wer wild und romantisch in den Hochschwarzwald kommen möchte, wählt krumme Nebenrouten. Eine kernige Landschaftsfahrt garantiert die Gutenstraße (K 5731) längs der wilden Gutach. Aus dem himmelweiten Simonswälder Tal geht es durch die enge Schlucht der Gutach hinauf zur B 500 beim Thurner. Dort ist es dann nicht mehr weit bis zu den luftigen Höhenwegen um St. Märgen, Breitnau und um die Weißtannenhöhe. Das ist zwar mehr Hochschwarzwald als Südschwarzwald, aber dennoch die Kurbelei wert.

Beginn im Zweitälerland an der gezähmten Elz, in Bleibach ab ins Simonswälder Tal und immer an der Gutach lang, bis sie wild wird. Unterwegs erscheinen zwei Einkehren am Bach. Frische Forellen sind garantiert, Lokalkolorit auch.

Die Reise ginge natürlich auch andersrum, also vom Thurner an der Schwarzwaldhochstraße in Richtung St. Märgen, wo die L 128 zur Panoramastraße wird: Hochweiden wie ein endloser Teppich, im Süden erscheint der lang gestreckte Feldbergrücken. Mehr Hochschwarzwald geht nicht. Bei der *Sonne* am Neuhäusle strikt s'Loch ab, wie man im Badischen Schwarzwald anschaulich sagt. Als krönender Anschluß dann wie empfohlen zur Forelleneinkehr. Was den Vorteil hätte, daß es danach nur noch talauswärts geht.

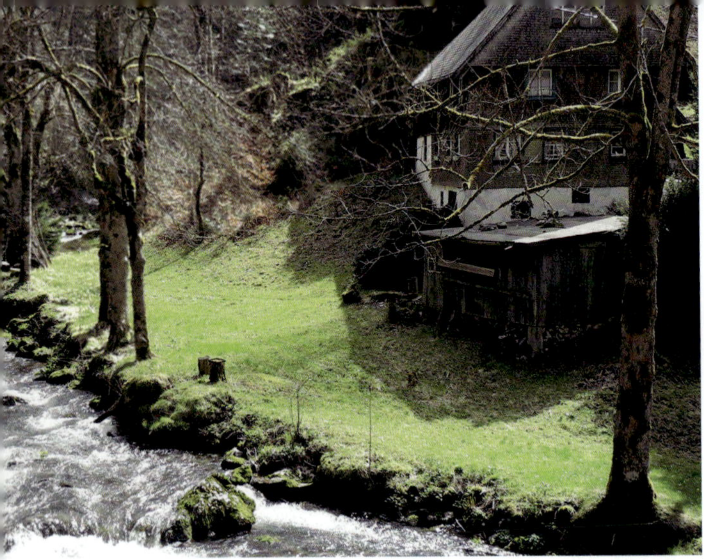

Zwischen Mörder- und Wolfloch – im Tal der Wilden Gutach

Die Gutenstraße (K 5731) zwischen Wildgutach und Hexenlochmühle/Glashütte war bis zur Sanierung der Fahrbahndecke ein wilder Ritt. Nun läuft es rund, es bleiben aber die nach wie vor eindrucksvollen Partien zwischen Felswand und tief eingeschnittener Wildgutach. Selten paßt ein Haus auf die winzigen Schwemmfächer zwischen Fels und Bachufer, selten wirkt der Wechsel zwischen Kerbtal und Hochplateau befreiender als beim Erreichen der Landstraße 128 an der Kreuzung bei Neuhäusle.

Wasserfälle, Sturzbäche, Birnenspaliere Die Kreisstraße führt vom Neuhäusle (bei St. Märgen) zunächst so steil wie reizarm runter nach Glashütte und zur Hexenlochmühle/Dreistegen, wo die Gutenstraße abzweigt. Die Namen sind hier Programm, der Talgang wird zusehends enger, stellenweise klamm und abweisend. Eine Passage heißt „Mörderloch", ein „Wolfloch" gibt es ebenfalls. In der Dämmerung möchte man hier keine Panne haben.

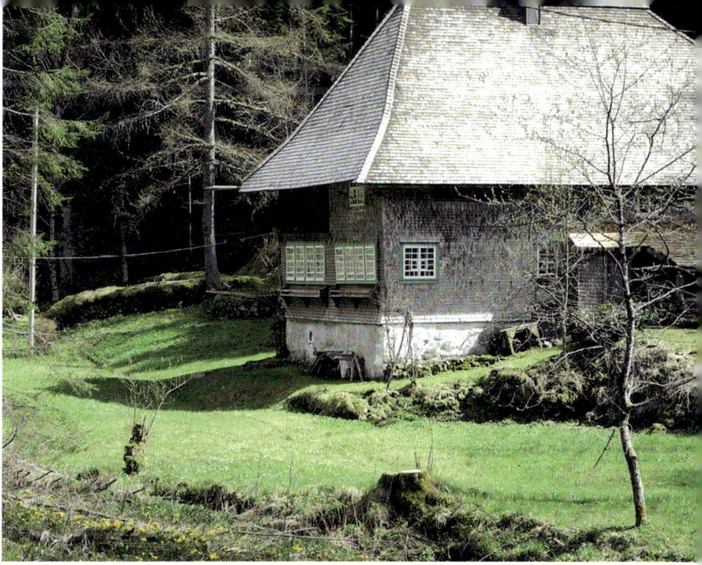

Das zarte Band des Frühlings – erstes Grün im Heubachtal

Routen zur Wilden Gutach Wie bereits erwähnt, eine Zufahrt nach Wildgutach führt vom Elztal über Obersimonswald. Oder, von der Schwarzwaldhochstraße kommend, abwärts über St. Märgen-Neuhäusle auf der K4987 nach Glashütte, Hexenlochmühle und weiter zur Wilden Gutach.

Eine Alternative (für MTB etc.) wäre die reizvolle etwa drei Kilometer lange und steile Abfahrt von der B500 bei der Kalten Herberge in Richtung Wolfloch und Heubach: auf der Nebenstraße (nur für Land- und Forstwirtschaft offen, asphaltiert, markiert als „Schwarzwald Radweg") geht es nach Westen in Richtung Wolfloch-Heubachtal-Hexenloch. Die praktisch verkehrsfreie Forststraße ins enge Heubachtal führt durch ein wundervolles, eschengesäumte Seitentals des Heubachs. Der Name Wolfloch trifft die landschaftlichen Verhältnisse. Der Bach poltert, ein Mühlenensemble verfällt, selten urwüchsiger Charakterschwarzwald.

Die Kreisstraße 5752 Neukirch-Hexenloch wird auf 895 m Höhe beim Wanderwegkreuz „Ehemalige Heubachsäge" erreicht. Von hier aus dem Heubach weiter abwärts zu folgen, ist ebenfalls ein Naturerlebnis: Die Straße folgt dem Bachlauf im extrem eingekerbten Tal, in dem sich nur wenige Einzelhäuser zwischen Bach und Fels klemmen, im Wortsinn eine Fahrt durch Urwald. Über die touristisch aufgemachte Hexenlochmühle wird dann das Wildgutachtal erreicht (wie gegenüber beschrieben).

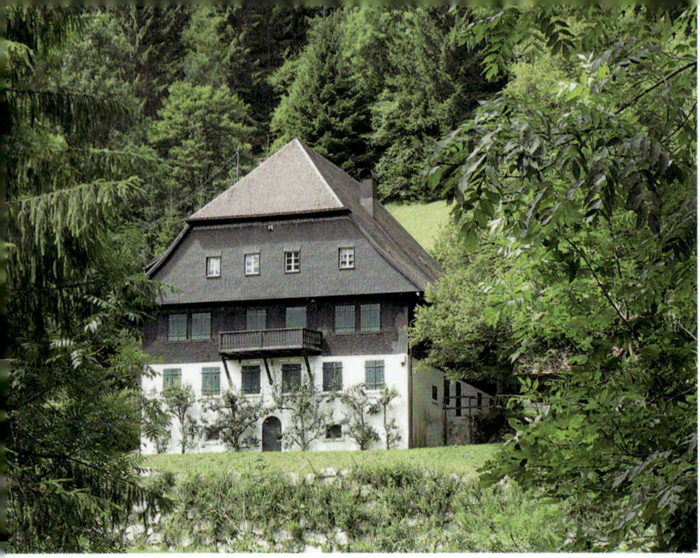

Klassisch mit Birnbaumspalier – im Tal der Wilden Gutach

Wildgutachtal ab Hexenloch Recht unvermittelt erscheint der Abzweig auf die Gutenstraße längs der Wilden Gutach. Nicht nur der Wasserlauf, auch die Straße nimmt einen spektakulären Verlauf: Die Trasse windet sich am bemoosten Fels lang. Man fährt über ein Hochparterre, darunter poltert die Wilde Gutach – Ausweichmanöver sind selten, allerdings mit Sorgfalt zu meistern. Eine Strecke, auf der das Wort Schwarzwald mit jeder Kurve anschaulicher wird: Die Enge wird erfahrbar, selbst bei geschlossenem Seitenfenster.

Blockhalden & Wasserfälle An der Brücke bei den Wanderwegweisern Säge/Löwen, spätestens ab Heiligenhof, gräbt sich die Wilde Gutach tief ins Tal. Das Gefälle der zufließenden Seitenbäche und Felsschluchten beträgt hier bis zu 20 Prozent. Aus der Sicht von Geographen klingt das so: „Junge, aktive Blockhalden sind zumeist frei von höherer Vegetation und fallen mit den Felsformationen als prägendes Landschaftselement auf. Ein weiteres geomorphologisches Merkmal des Engtals bilden die Wasserfälle und Sturzbäche."

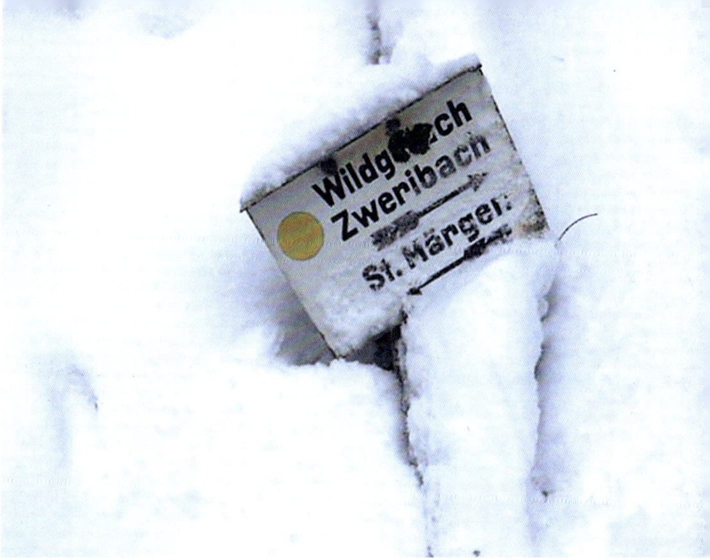

Heikles Gelände – am Zweribach im Winter

Die bekannteste Landmarke sind die bis zu 30 Meter hohen Wasserfälle im Naturschutzgebiet Zweribach, zu erreichen ab Obersimonswald/Obertal (z. B. ab der *Erle*, vgl. S. 57) oder auch von St. Märgen aus.

Über der Wilden Gutach stehen blanker Fels und schwarzgrüner Hochwald, nur vereinzelt leuchtet das frische Grün kleiner, sorgfältig gemähter Flußmatten. Fruchtbares Land mußte hier einst mühsam erschlossen werden. Weiter oben am Hang sind nur noch isolierte Weideflächen, die allesamt nach Schwerstarbeit aussehen.

Einzelhöfe und Steillagen Isolierte Hofstellen am Steilhang erinnern an die Pionierleistung der Bergbauern. Man sieht auf abgewetterte Fassaden und kleine Terrassengärten, die fetten, ertragreichen Böden der Ebene sind weit.

Manchmal reicht das Sonnenlicht für ein paar Mostobstbäume oder für eines der ehemals typischen Birnbaumspaliere, die längst eine Rarität sind. Birnen waren so etwas wie Hausreben der raueren Lagen. Mit ihren aufgefächerten

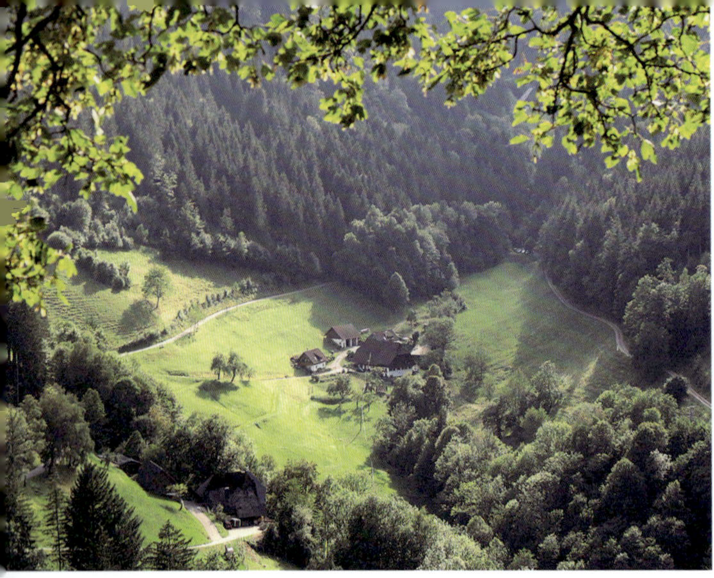

Es wird Licht – Haldenschwarzhof am Zweribach

Ästen ließ sich eine ganze Hausfront begrünen. Heute gibts harte Birnen von Edeka, im besten Fall süßlich schmeckend.

Spiel von Licht, Wald und Wasser Offen fahren (auf zwei oder vier Rädern) und die Dinge einfach mal laufen lassen wäre gerade längs der Wilden Gutach keine schlechte Idee. Auch die bachnahen Wanderwege erschließen das Tal und seine Elemente unmittelbar (vgl. S. 59). Bei passenden Rahmenbedingungen wirken die paar Kilometer längs der Wilden Gutach wie ein Espresso, sie schmecken lange nach.

Die Gegenwart wird schließlich wieder auf der Landstraße 173 erreicht, sie führt durchs lange Simonswälder Tal und mündet bei Gutach-Bleibach ins Elztal. Schon in Obersimonswald wäre eine gastronomische Station erreicht, die mit ihrer so hartnäckigen wie gediegenen Zeitferne zur Tour im Tal der Wilden Gutach paßt:

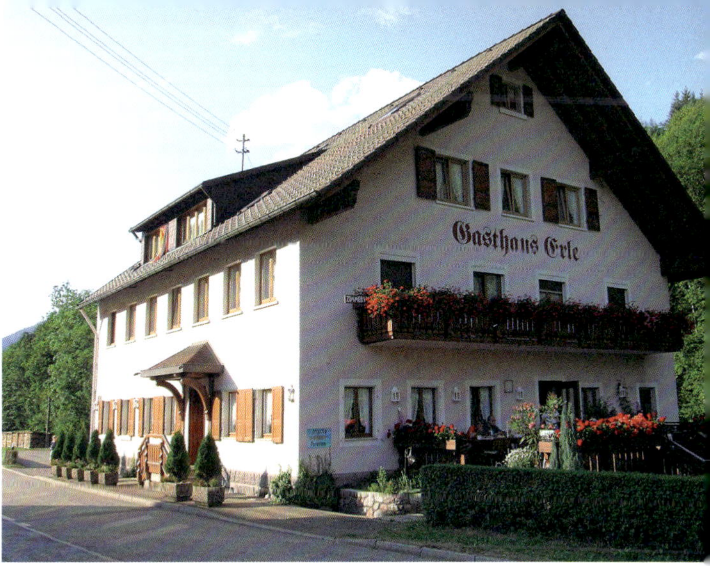

Ein Landgasthof ist kein Labor – Erle in Obersimonswald

ERLE, Obersimonswald Das letzte Mal saß ich an einem heißen Samstagabend während der Sommerferienzeit vor der Erle. Auf der Terrasse über der Gutach war es bald tropisch warm – und atmosphärisch anders als an allen Plätzen, die ich auf einer Tagestour besucht hatte. Kein Gedränge und Gehudel; zwei Tische besetzt mit Hausgästen, ein, zwei mit Simonswälder Vertretern von Handel und Gewerbe. Man kannte sich und man schätzte die Einkehr im Abseits.

Der Gast bemerkt bald, daß die Erle keine Abkochstation ist, auch keine Bühne für Schwarzwälder Spätbarock. Qualität und Stimmung im Hause spiegeln die Haltung der Gastgeber, die Raumwirkung im Restaurant wirkt konservativ wie die Küche: Zanderfilet gedünstet mit Blattspinat und Nudeln, Lachs im Brik-Teig mit Kerbelsauce, Hüfte oder Koteletts vom Weidelamm mit Tomaten-Zucchini-Ragout, ab zwei Personen wird Lammrücken serviert, zur Saison auch Wild.

Auch die Kultur der frischen Forelle wird gepflegt, was auch bedeutet, daß sie nicht immer angeboten wird, sondern nur zur besten Zeit, also von Ostern bis Oktober. Überhaupt steht die Erle für die Möglichkeiten eines Familienbetriebs, der bei sich bleibt (wer mehr Optionen möchte, findet sie in der *Sonne*, wenig weiter talaufwärts). Verschont bleibt man hier jedenfalls von allen Irrungen, die heute als kreative Küche ausgegeben werden. Eine Einkehr für Gäste, die nichts mehr beweisen müssen.

Zur Erle (Fam. Hornuß), 79263 Obersimonswald, Obertalstr. 36, Tel. 07683-494. Gästezimmer, ein Einzel, acht Doppel. Wirtsgarten, Balkon und Terrasse vor der Gaststube.

Die feine Stube im oberen Elztal Die zweite Einkehr, die auf Streifzügen im Zweitälerland seit Jahr un Tag Freude bereitet, ist ein kulinarischer Fixpunkt im oberen Elztal. Womit auch eine etwas längere Anfahrt durch das verkehrsreiche Elztal kompensiert wäre.

SCHÄCKS ADLER, Oberprechtal In der Klasse bachfrische Forelle, serviert in einer gepflegten Stube, ist der Adler seit jeher ohne Konkurrenz im oberen Elztal. Aber nicht nur die Forellen sind hier besonders, auch die gastfreundliche und gepflegte Atmosphäre im Haus sorgt für bekömmliche Stimmung. Nach dem letzten Pächterwechsel vor einigen Jahren hat der Gasthof zugelegt: Speziell die Stimmung in der prächtigen Kachelofenstube mit dem alten Tannenriemenboden ist eine Freude: traditionssatt, nicht verkitscht.

Die Fundamente sind historisch, Küche und Service wirken von heute. Das Spektrum der Karte deckt gehobene Ansprüche ab, es reicht vom Wildforellencarpaccio über lauwarmen Ziegenkäse bis zu regionalem Wild. Somit wäre der Adler ein Bild von einem Landgasthof, in dem die Ambition mit gastronomischem Können unterlegt ist. Voll befriedigend!

Schäcks Adler, Waldkircher Straße 2, 79215 Elzach-Oberprechtal, Tel. 07682-1291, schaecks-adler.de, Gästezimmer.

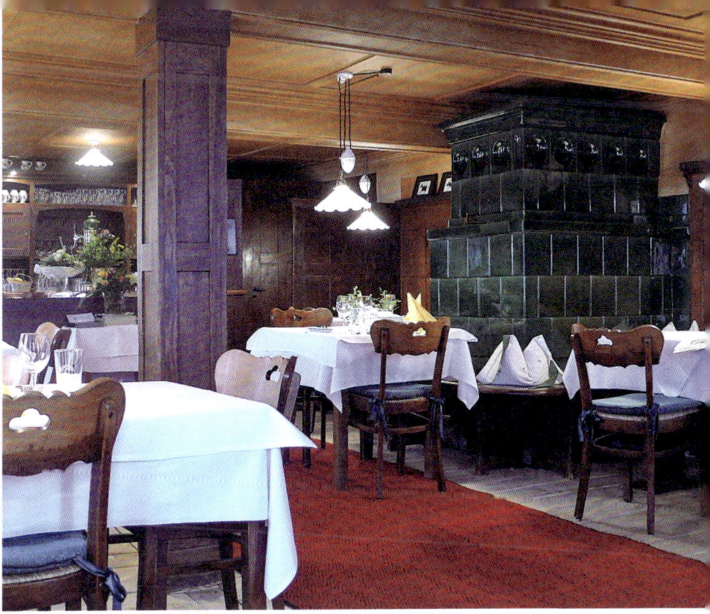

Feine Küche in guter Stube – Schäcks Adler in Oberprechtal

Touren an der Wilden Gutach/zum Zweribach Der kürzeste Zugang (knapp 1,5 km) zum NSG mit Bannwald, Schluchten und Felshalden um die Zweribach-Wasserfälle beginnt ab Parkplatz am Wanderwegweiser Bruggerhof.

Der Ausgangspunkt wird wie der wenig tiefer liegende Haldenschwarzhof (mit Ferienwohnung, vgl. Bild S. 56) über die Zufahrt Zweribachweg erreicht. Der Zweribachweg wiederum beginnt an einer Brücke über die Wilde Gutach bei den Wanderwegweisern Säge/Gasthaus Löwen.

Zum Höhenzugang ab St. Märgen (vgl. auch S. 47): Ein ebenfalls sehr eindrucksvoller Zugang ins NSG am Zweribach führt über die Hirschbach-Fälle im Gschwanderdobel (über die Wegweiser Hirschmatte und Gschwanderdobel), der Rückweg nach St. Märgen führt dann über die Zweribachfälle und Wegweiser Stockbühl. Bei den Wasserfällen ist ein Getränkeautomat; man gehe bei winterlichen Verhältnissen mit 'högschder' Vorsicht auf Zuwegen und Steigen durch vereiste Schluchten.

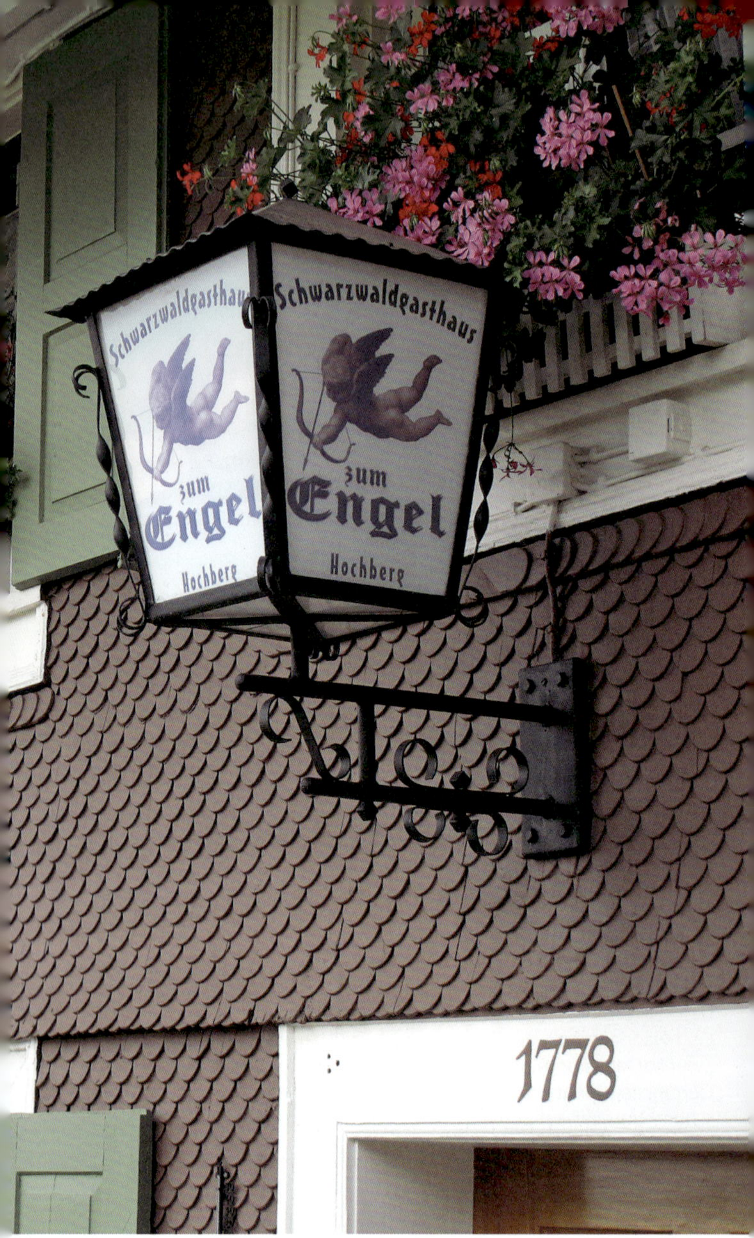

254 Jahre, 1.130 Meter über Meereshöhe

4

Vom Spirzen zum Hochberg

Landschaftsnah bergan gondeln, anstatt durchs Höllental im Konvoi fahren. All jenen, die eher schaulustig unterwegs sind, bietet die Spirzenstraße (K 4907) auf den Thurner mehr Genuß als die ausgefahrene Höllentalroute. Nomen est omen: Der Aufstieg von Freiburg über das *Wagensteigtal* auf die Kammlinie im Osten war über Jahrhunderte logistisch und damit auch militärisch von Bedeutung. Bevor das Höllental durch eine Bahnline erschlossen wurde, kamen Güter und Truppen über das Wagensteigtal auf die Höhe, die bei Breitnau mit kilometerlangen Schanzen gesichert war.

Anders als planierte Schnellstraßen machen historische Paßstraßen Landschaft erfahrbar. Anschauliche Worte wie Bergfahrt, Spitzkehre und Paßhöhe werden zum unmittelbaren Erlebnis. Dazu verlasse man die überfrequentierte Bundesstraße 31 auf der Höhe von Kirchzarten in Richtung Buchenbach-St. Märgen. Nach der Ortsdurchfahrt Buchenbach noch auf der Talstraße (L 128) Richtung Wagensteig bleiben. Gleich nach dem Sägwerk *Dold* geht es dann rechts ab ins Spirzental, wo eine markante Bergroute beginnt, die zur Paßhöhe Thurner an der Schwarzwaldhochstraße B 500 führt.

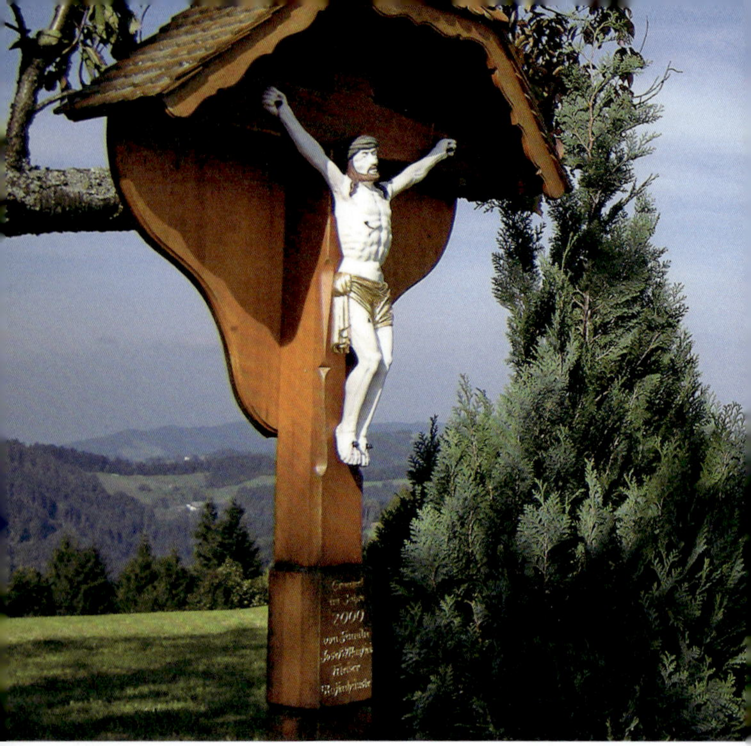

Altar für Radler – der Steigweg von Wagensteig zum Thurner

Die nicht überbreit, aber genügend ausgebaute Straße *In den Spirzen* folgt im Talgrund zunächst dem Bachlauf. Das Auge freut sich am freien Lauf des Wassers, auf den wenigen Hangterrassen kauern Eindachhöfe, mal mehr, mal minder gelungen renoviert.

Auf 800 Metern Höhe folgen dann zwei fulminant ausholende Spitzkehren über dem *Spirzjockelhof*; kurz danach wird die Route zur Panoramastrecke. So bleibt es bis zur Thurnerhöhe auf 1.020 Metern, wo die B 500 erreicht wird.

Im Vergleich zur Höllentalroute führt die Spirzenstraße dynamischer, auch natürlicher auf die Höhenzüge an der Schwarzwaldhochstraße. Diese führt einen nach Norden in Richtung Kalter Herberge und Hochberg (vgl. S. 65), oder

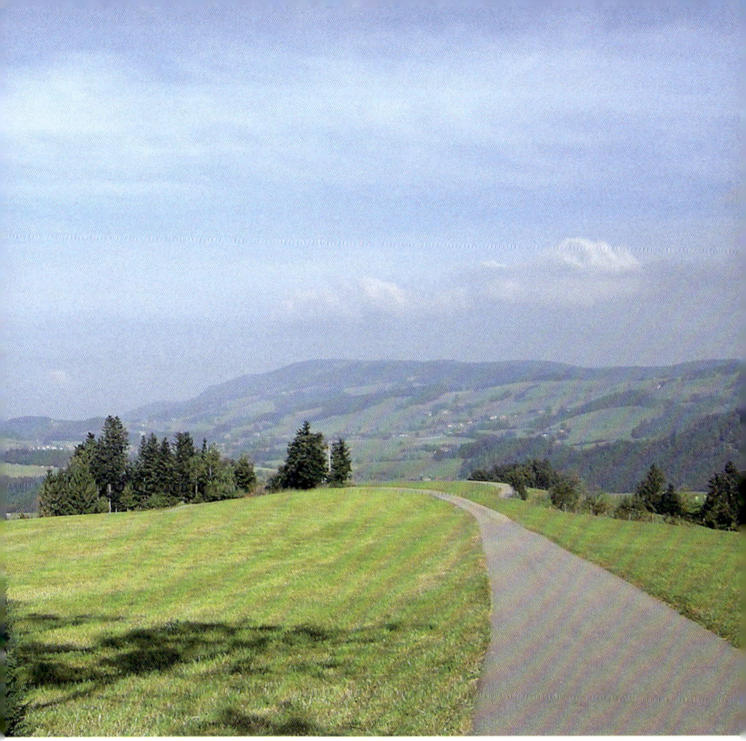

nach Süden auf die weiten Hochflächen um Breitnau (vgl. ab S. 73) und weiter bis Hinterzarten, wo die Höllentalroute B 31 erreicht wird, die eigentlich nur für Durchreisende Vorteile bringt.

Steigweg statt Spirzen Zur Spirzenstraße gibt es eine nahezu verkehrsfreie Alternative, recht unauffällig beginnend sowie durchgehend asphaltiert ab Ortsausgang Wagensteig. Die Route wäre somit ideal für sportive Radler: Zunächst auf der L128 von Buchenbach nach Wagensteig; hier en passant vielleicht mal ein Auge auf die Wandres GmbH am Ortseingang werfen und erkennen: Auch Gewerbebauten können eine Zier sein, wenn sie die regionale Formensprache und Bautradition neu interpretieren.

Am nördlichen Ortsausgang von Buchenbach-Wagensteig, nach der Brücke über das Herrenbächle, zweigt dann mit dem Steigweg eine

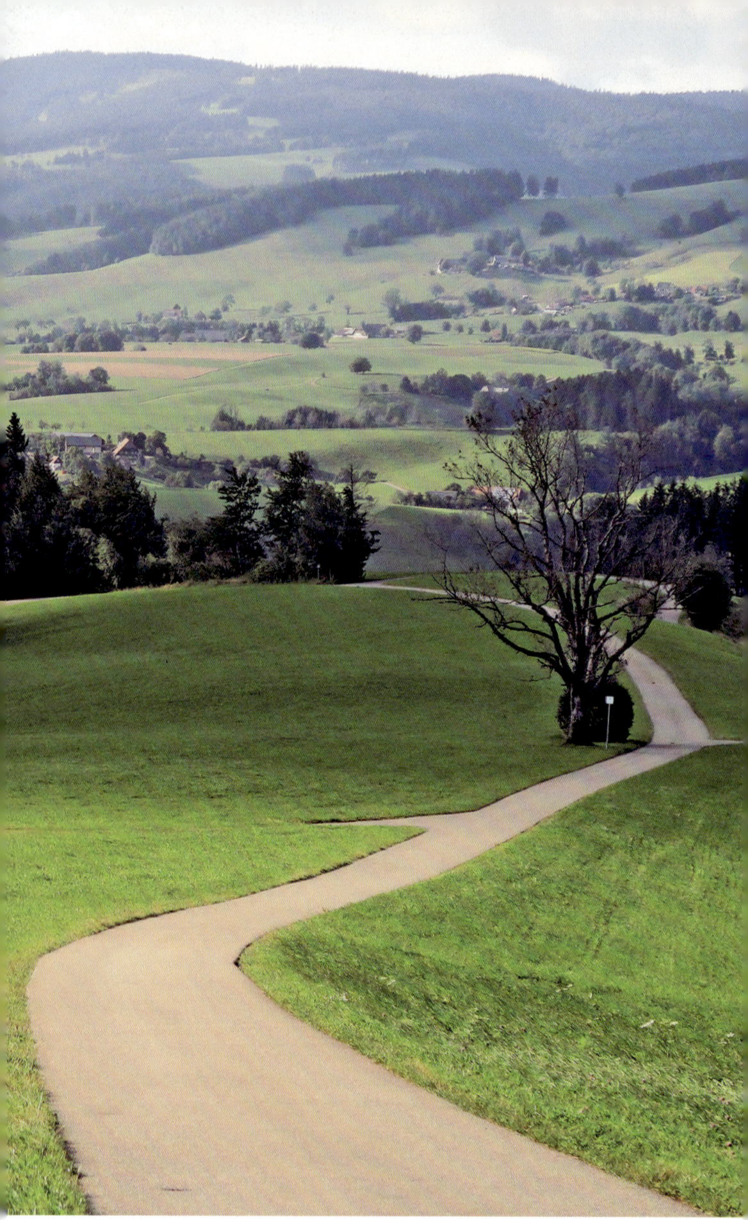

Hoch hinaus – Auf den Spirzen

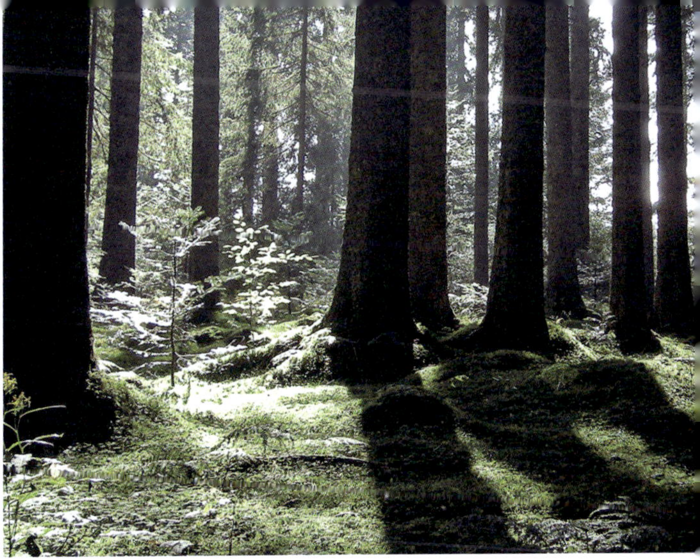

Der Wald, ein grüner Dom – beim Eckert Kreuz

kaum befahrene Nebenstrecke von der L 128 ab. Die Route (über die Wanderwegweiser Dörfle/Kohlergrundweg und Metzgerhäusle) führt ebenfalls direkt zum Thurner an der B 500. Zunächst ein gewundener, beißend steiler Anstieg aus dem Talgrund. Die ersten Kehren führen durch Wald, später und weniger steil dann Auf den Spirzen über das freie Weideland. Ruhiger und landschaftsverbundener kommt man kaum in den Hochschwarzwald (die fast verkehrsfreie Nebenstrecke sollte auch im Anliegerinteresse nicht mit Kraftwagen befahren werden).

Auf der Höhe von Steighof und Rotenbauernhof wird schließlich Weideland erreicht, ab hier erfährt man im Wortsinn ein Land namens Hochschwarzwald. Zwei Kilometer danach ist dann die Spirzenstraße (K 4907) erreicht, die weiter zum Thurner und in den Mittleren Schwarzwald führt (Einkehr Kalte Herberge, holzgemütliche Stube mit Dielenboden). In Talrichtung gesehen, also am Abzweig der Spirzen-Route von der K 4907, ist die Verbindung mit Wagensteig – zur Abwehr von Transitverkehr – als Sackgasse markiert; der Abzweig ist zu erkennen am Schild „Auf den Spirzen 1-5“.

Der Grüne Dom auf dem Hochberg Ein günstiger, hoch gelegener Ausgangspunkt für Exkursionen zwischen der B 500/ Kalte Herberge, Waldau und Hochberg ist das Wegkreuz am

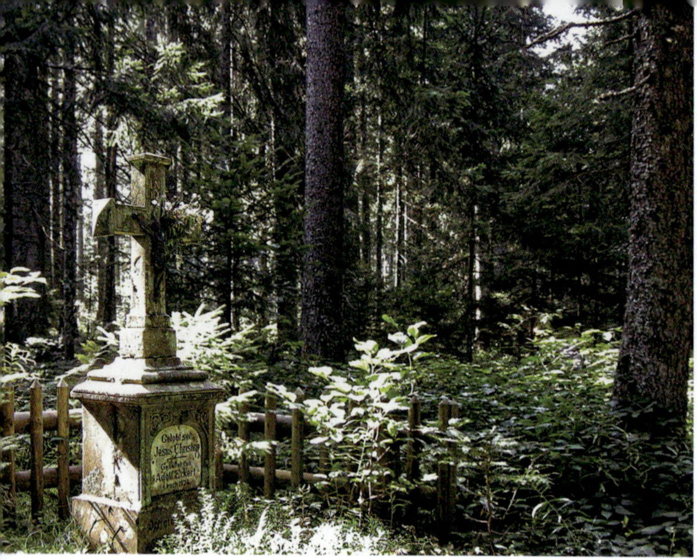

Am Weg zum Engel – Gedenkstein, gestiftet 1924

Widiwandereck (1.110 m, am Mittelweg) oder auch der kleine Parkplatz am Eckert Kreuz. Beide zu erreichen auf einer Waldfahrstraße ab B 500/Kalte Herberge oder auch über eine reizvolle Zufahrt von Waldau-Obertal über den Widiwandhof.

Vom Wandereck führt eine schmale staubgebundene Waldfahrstraße in knapp zwei Kilometern zum Gasthof *Engel* auf dem Hochberg (vgl. S. 69). Es ist eine etwas holprige, aber zauberhafte Strecke durch prächtige Nadelwälder, auf deren humusreichen Böden sich ein üppiger Unterwuchs entwikkeln konnte.

Außerdem sehen wir eine ideale Projektionsfläche für das neuerdings emotional so aufgeladene Verhältnis zu Baum und Wald. Die Naturentfremdung urbaner Wachtmeister, mitsamt ihrer abgöttischen Liebe zu Urwald, Bäume-Umarmen, Waldbaden, Wölfe retten etc. – da wären sie wieder, die beiden Seiten im großen Buch des New Age. Zentralbeheizt leben, im Wald baden.

Hohepriester wie Peter Wohlfahrt haben den Bedarf an

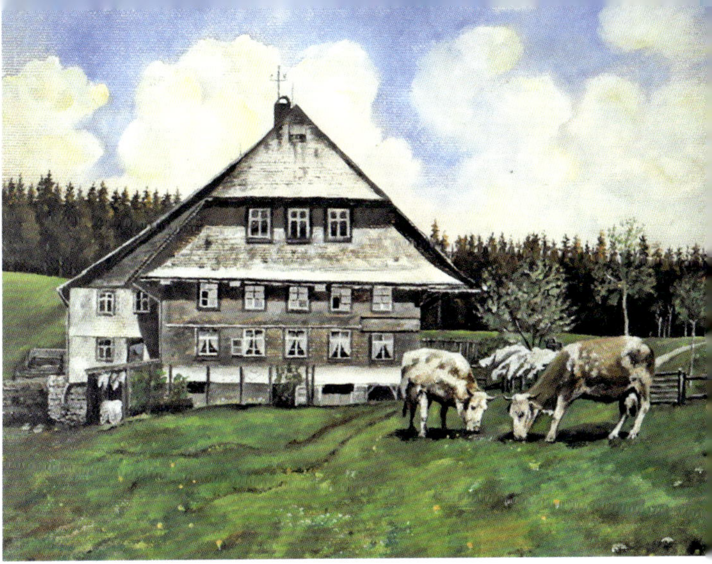

Bild aus alten Tagen – der Engel auf dem Hochberg

emotionalen Ausgleichsflächen erkannt und sie bedienen den boomenden Markt nach Kräften. Der Wald als moralische Hüpfburg für Digitalos, als „Grüner Dom" für Atheisten, als ein seit früher Kindheit mißbrauchtes Konstrukt für Bestmeinende. Wo Motorsäge oder Flinte erklingen, wird der Wald zum Empörungsraum, der nach Zuwendung ruft. Natürlich gewaltfrei und inklusiv bis zum Kerbtier. Ergo ist Forstwirtschaft böse, Jagd sowieso. Nur wer Hochsitze ansägt, kommt ins Paradies 2.0. Amen.

Um den Hochberg herum Nicht nur die kapitalen Stämme, auch die dicht bemoosten Waldböden sind eine Attraktion. Wanderer oder Radfahrer werden vom Wald regelrecht umfangen, fast verschluckt. Auf den feuchten Böden gedeiht eine reiche Krautschicht, Farne, Sauerklee, auch viele Pilze. Sorgsam bewirtschaftete lichte Dauerwälder, denen eben so viel Holz entnommen wird, wie natürlich nachwächst, sind auch im Südschwarzwald keine Ausnahme. Auch im Hotzenwald gibt es wieder mehr solcher *Plenterwälder*, die

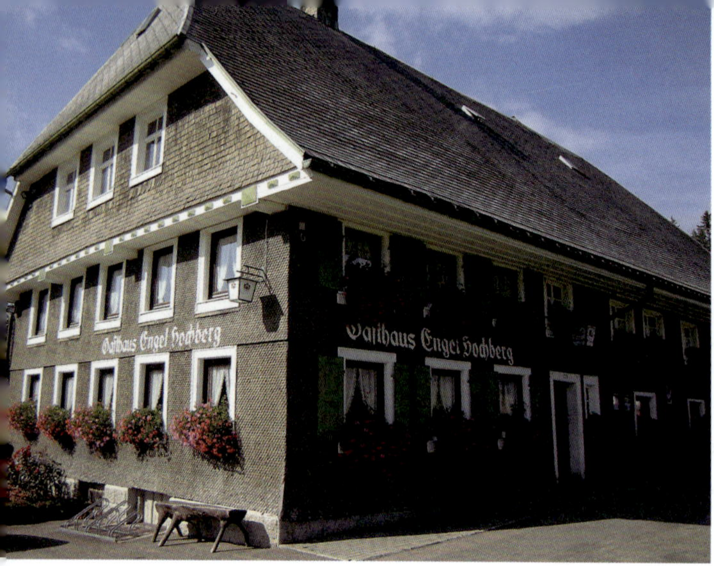

Vitale Höhengastronomie – Engel auf dem Hochberg

als Beispiel für nachhaltige Waldbewirtschaftung gelten (vgl. auch ab S. 505).

Der gut 1.100 Meter hohe Hochberg gehört nicht mehr zum Südschwarzwald, er liegt schon deutlich jenseits der Nordgrenze, die Dreisamtal und Höllental bilden. Aber die Wälder dort oben sind besonders; der betagte und zugleich aufgeweckte *Engel* auf dem Hochberg ist ebenfalls ein Einzelstück in der Klasse solitärer Höhengasthof und allein deshalb einen atmosphärischen Abstecher wert. Auch ein Ziel, das mit seinem Charakter gut zur oben beschriebenen Anfahrt über Spirzenstraße und Thurner paßt.

Abseits übertouristischer Routen bietet das gemischte Doppel Spirzen/Hochberg die Chance auf ein Stück konzentrierten Schwarzwald. Im Traditionshaus Engel könnte zudem der Zusammenhang zwischen niederer Decke und leutseliger Stimmung überprüft werden. Die verwunschene Anfahrt auf einsamer Waldfahrstraße bietet unterwegs einige weitere Tourenmöglichkeiten.

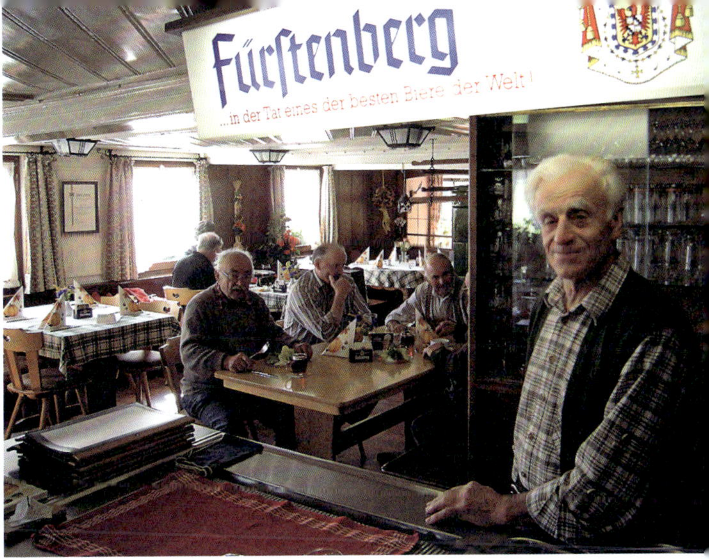

Wirtshaus seit eh und je – Waldvogel Senior

Wer den Allrad nicht nur als Elterntaxi nutzt, könnte hier im Hochwinter ein *Suppenfleisch* erbeuten und nebenbei die Traktion testen. Die Route führt zuletzt durch zauberhaften Hochwald, auch ohne Schnee und Allrad ein Erlebnis.

ENGEL, Hochberg Auf der Außenseite trägt der Engel Schindeln, über dem Eingang steht die Jahreszahl 1778, in der Stube mit der bescheidenen Raumhöhe sollten Gäste über 1,80 Meter Aufwuchs die Existenz von Deckenbalken respektieren. Die gefelderte, altweiß lackierte Holzdecke, der Tannenriemenboden, der Herrgottswinkel, der Stammtisch vor dem Kachelofen, der Windfang, der hier oben zum 1. Mai abmontiert wird. All das macht den Engel zum Außenposten, zur Wälderwirtschaft wie aus dem Bildband.

Das Betriebssystem wirkt auch nach 250 Dienstjahren nicht eingeschlafen. 2001 hat Küchenchef Thomas Waldvogel als jüngster von drei Söhnen den Betrieb von den Eltern übernommen, ein Blick in seine blitzblanke Küche zeigt, daß

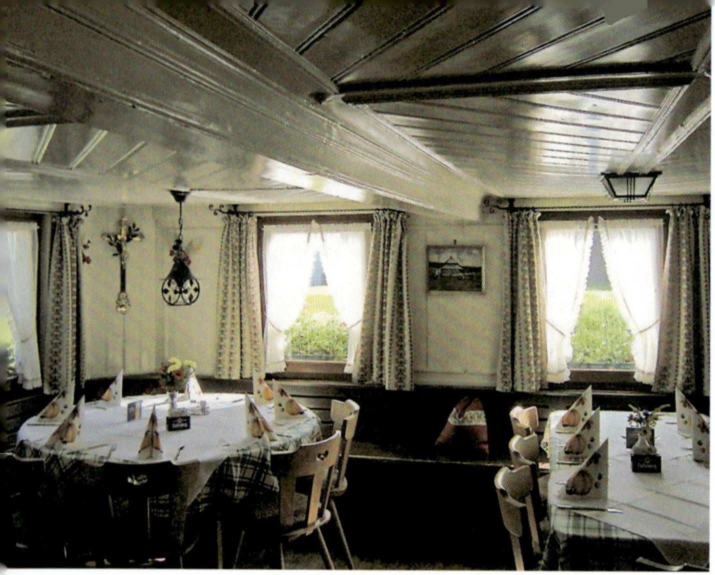

Altweiße Stube im grünen Wald – Engel, Hochberg

hier nicht mit halber Kraft gefahren wird. Waldvogels Frau Sonja kümmert sich um Gäste und Service; die Gastgeberin kam 2007 aus dem hohen Norden auf den hohen Schwarzwald und die Dinge passten. Somit wäre auch das Vorurteil widerlegt, in Extremlagen könne man keine bürgerliche Basisgastronomie bieten. Kann man doch, mit einer Karte, die auf Bewährtes setzt, mit Handwerksküche. Mit Suppenfleisch, Salzkartoffeln, Meerrettichsauce und apart servierten Preiselbeeren, mit Wild von nebenan, mit Kroketten wie bei Tante Gertrud. Dito Sauerbraten, Schnitzel – und alles auch noch zu volksnahen Preisen. Die groben Bratwürste sind so solid wie die geklärte Nudelsuppe, wie die ordentlichen Vesper. Zur Kernkompetenz des Hauses zählt außerdem ein herausragender Wurstsalat, Feinschnitt der Zutaten, saubere Abmischung, erste Liga im Hochschwarzwald.

Der Gast kommt aber nicht allein zum Essen auf dem Hochberg. Unvermurkste Stimmung, Insellage und eine gewisse Knarzigkeit machen den Engel zu einem Nest im Ab-

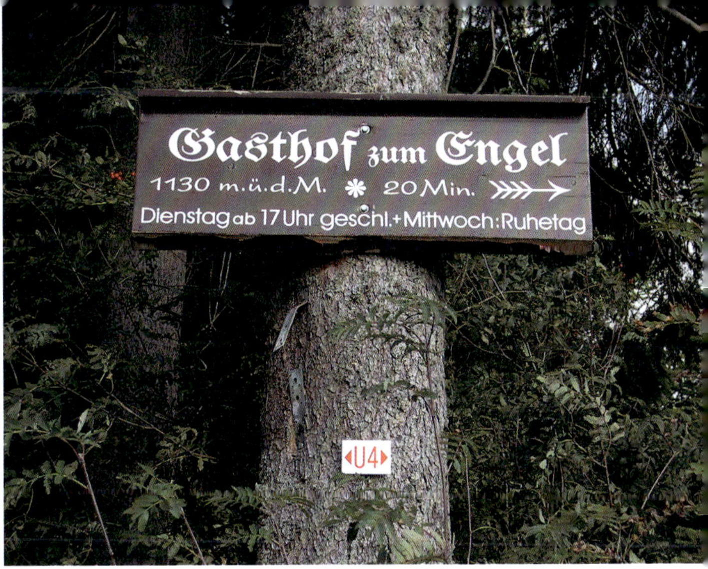

Ein Engel in Reichweite – am Wegkreuz Widiwandereck

seits des Gewöhnlichen. Ein Wirtshaus im Hochwald.

Engel (Fam. Waldvogel), Hochberg 393, 79871 Eisenbach bei Langenordnach. Im Gasthaus Zimmer, Ferienwohnungen im neuen Appartementhaus nebenan. Im Hochsommer stehen auch mal ein, zwei Tische im Freien; Küche durchgehend bis 20 Uhr; Tel. 07657-91 96 90; engel-hochberg.de.

Touren am Hochberg Gute Ausgangspunkte in der Region markieren die beiden Wegkreuze am **Widiwandereck** (1.111 m) oder, nur 800 Meter weiter, das Eckert Kreuz. Beide Ausgangspunkte liegen am Schwarzwald-Mittelweg (Pforzheim-Waldshut, Blaue Raute) sowie an der Auffahrt von der B 500-Kalte Herberge zum Engel auf dem Hochberg.

Vom Eckert Kreuz geht man noch einen Kilometer bis zum Hochberg, 2 km zur Kalten Herberge, 3,5 km nach Waldau; zur Hochebene 5,5 km und bis Eisenbach 8 km (vgl. auch Kapitel 19, ab S. 269).

Zum Hochberg kommt man auch aus dem Langenordnachtal (Abzw. bei Oberlangenordnach) oder höher, ab Waldau-Obertal; beide Strekken sind wenig befahrene Bergpartien, lohnend auch mit dem Rad. Entfernungen ab Widiwandereck: Kalte Herberge 1,2 km, Hochberg/Engel 1,8 km, Schollach 5,5 km, Eisenbach 8 km, Thurner 8 km.

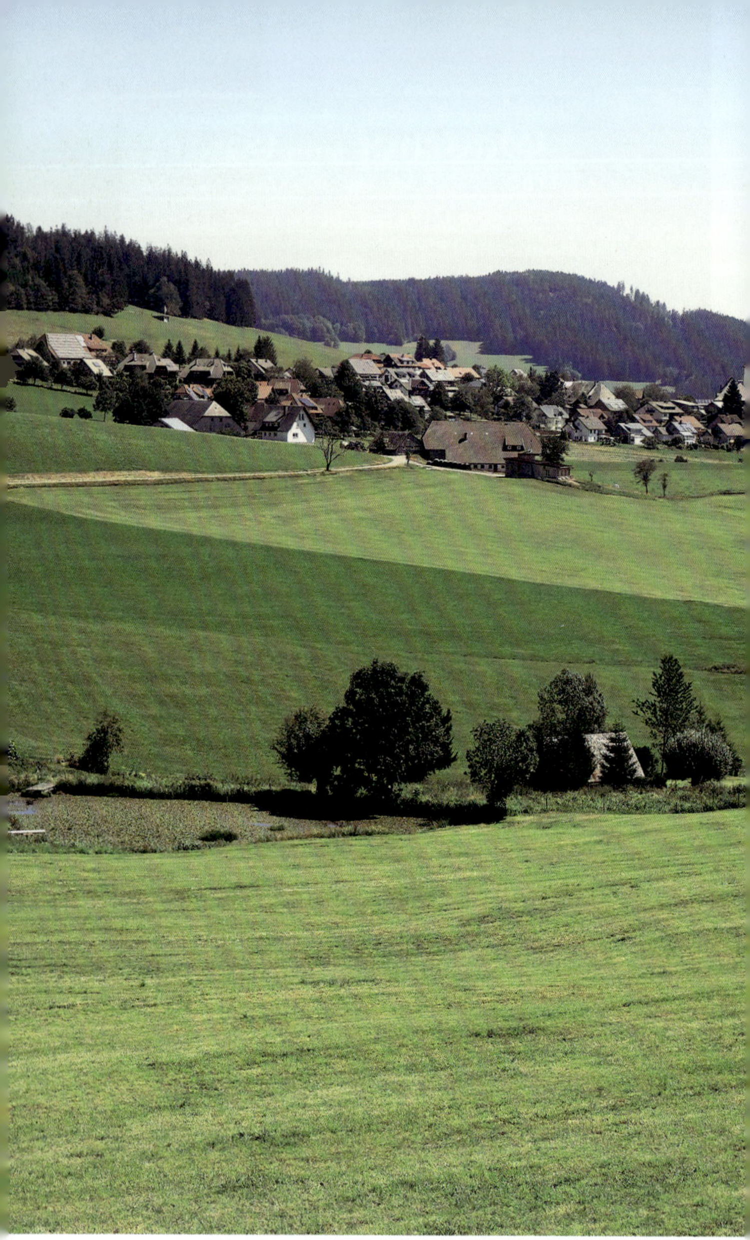

Kulturland seit tausend Jahren – die Auen bei Breitnau

5

Hoch hinaus um Breitnau

Immer im Hochsommer gibt es diese Tage zum Abwinken. Das Rheintal ertrinkt in der Schwüle, am Titisee herrscht Übertourismus. Auch andere Ziele auf der Höhe sind mehr besucht, als es ihnen gut tut. Also fuhr ich nach Breitnau und fühlte mich sogleich wie frisch geduscht.

Anfang August war der zweite Wiesenschnitt fast komplett unter Dach und Fach (oder in Folienballen gepresst). Trotz der Ferienzeit war an einem Samstagmittag auf der kilometerlangen Dorfstraße fast niemand zu sehen. Breitnau machte seinem Namen alle Ehre. Die Siedlung lag auf breiter Aue einfach so da, zufrieden und sich selbst genügend.

Breitnau hat Höhe und Platz Das eigentliche Ortszentrum um St. Johannes Kirche, Pfarrhof- und Gemeindehaus, Schule und Sporthalle steht kompakt auf immerhin 1.000 Metern Höhe. Die landschaftsprägenden Höfe mit langer Firstlinie und heruntergezogener Hochschwarzwälder Krüppelwalm verteilen sich verstreut über das Hochplateau beim Hinterdorf.

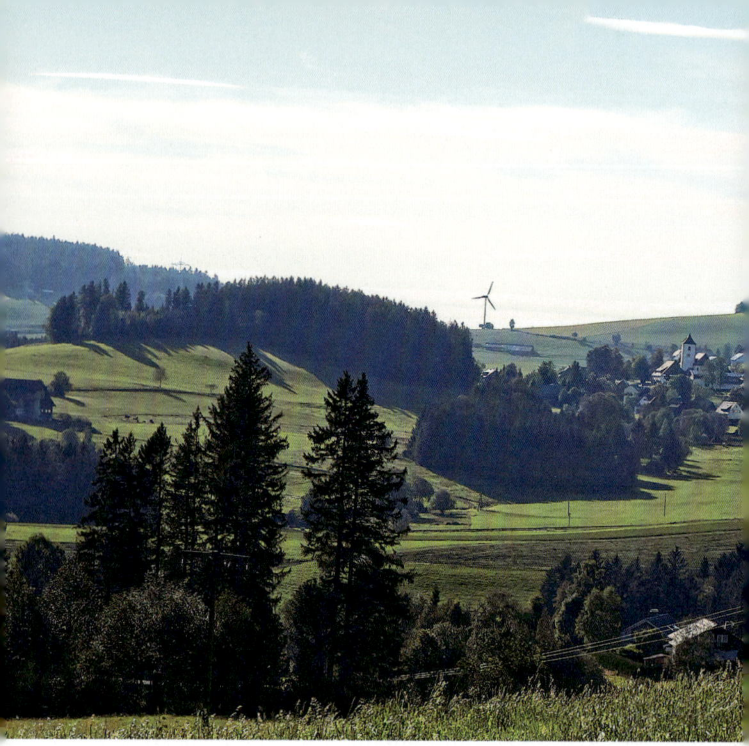

Die Tiefe des Raumes – in der Mitte Breitnau-Vorderdorf

Von der strategisch wichtigen Lage Breitnaus nahe der Schwarzwald-Kammline und dem einst wichtigen Aufstieg aus dem Wagensteigtal zeugen kilometerlange Wälle und Schanzen um Breitnau. Demnächst soll ein *Türkenlouispfad* die historische Befestigungslinie aus dem 17. und 18 Jh. wieder durchgehend zugänglich machen. Ähnliche Schanzen und Wälle reichten einst über die gesamten Schwarzwaldhöhen von Säckingen bis Pforzheim.

Grünlandwirtschaft als kulturelles Erbe Das Breitnauer Wechselspiel von Weitblick, Wald, Weide- und Grünlandstreifen sorgt für reizende Landschaftsbilder. Von der Ortsmitte führt der Panoramaweg in höhere Lagen, ein paar Meter

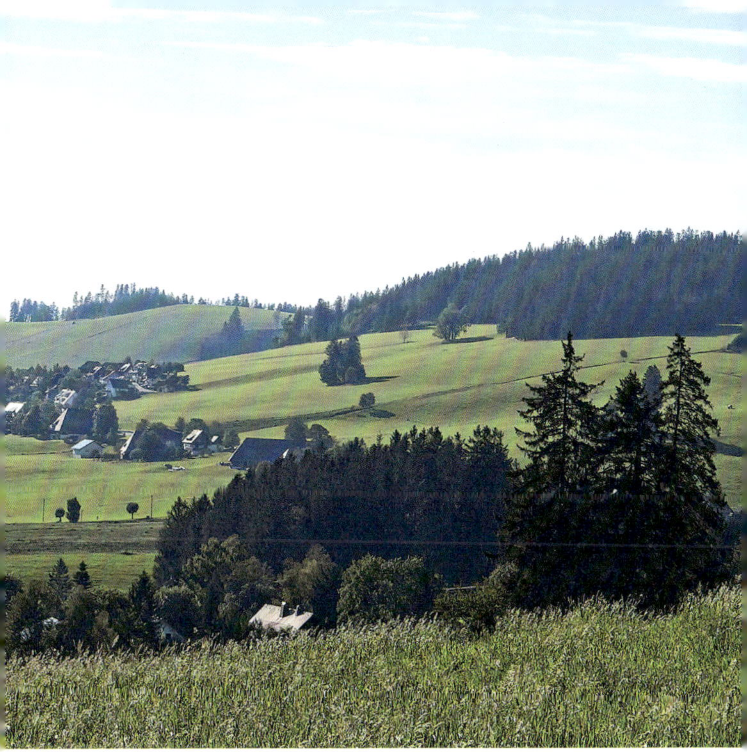

oberhalb, am Wegweiser Roßberg, beginnt ein herrlicher Weg, der am Pfarrwaldrand längs führt, mit Sonnenbänken und noch mehr Panorama.

Zum Erleben der Weite empfehle ich, Breitnau in seiner vollen Länge zu erkunden. Vielleicht vom *Löwen* an der B 500 ausgehend, dann auf der Dorfstraße immer weiter nach Westen. Zu Fuß, per Rad oder sonstwie offen, alles andere ergibt sich dann von selbst. Haldenmichelhof, Bartleshof, Vorderdorf – die Rindviecher grasen bis an die Vorgärten der Neubauten.

Weiter über Schumichelshof, Lorenzhof, Hinterdorf, hoch bis zum Windrad und dort rechts ab über den Howarth (1.120 m) ins Offene. Das Schanzenhäusle und das bewir-

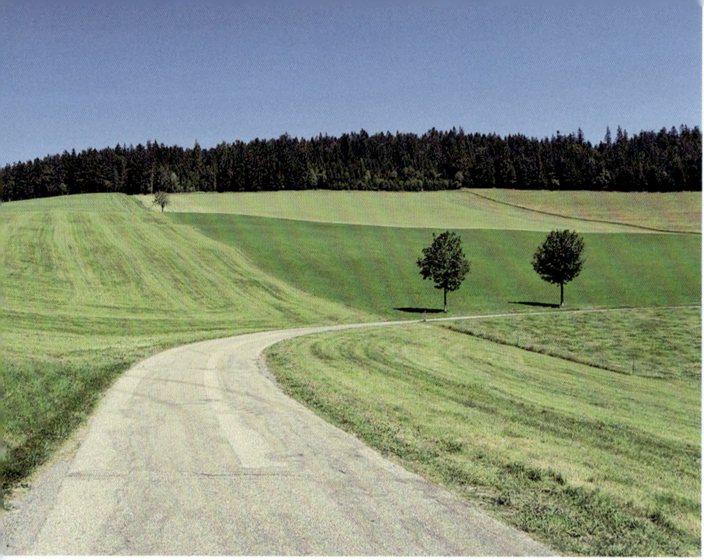

Hochsommer – blau-grün bei Breitnau

tete Naturfreundehaus am Oberen Fahrenberg wären zwei weitere Ziele auf breiter Aue.

Auf die andere Seite Der weite Westen um Breitnaus Vorderdorf wäre aber nur eine Seite, es gibt auch einen Breitnauer Osten in Richtung Tiefen, Winterhalden, Weißtannenhöhe und Heiligenbrunnen. Der ist ebenfalls vom Löwen an der B 500 aus über den Weißtannenweg zugänglich und wie geschaffen für eine Halbtagesstreunerei, bei der sich eins aus dem anderen ergibt.

Am lässigsten wäre es, die Gegend auf dem Netz schmaler, landschaftsnah geführter Nebenstraßen mit dem Rad zu durchmessen. Etwa von Breitnau-Tiefen über den zentralen Wander- und Landschaftsverteiler an der Fürsatzhöhe bis zur Klausenkapelle im Jostal bei Neustadt, zurück an der Südflanke von Dietschenberg oder Feuerberg, was aber nur eine von unzähligen Optionen wäre.

Gleich ob westlich oder östlich der B 500, Breitnau bietet dem Besucher eine Kulturlandschaft mit Ideallinien. Der

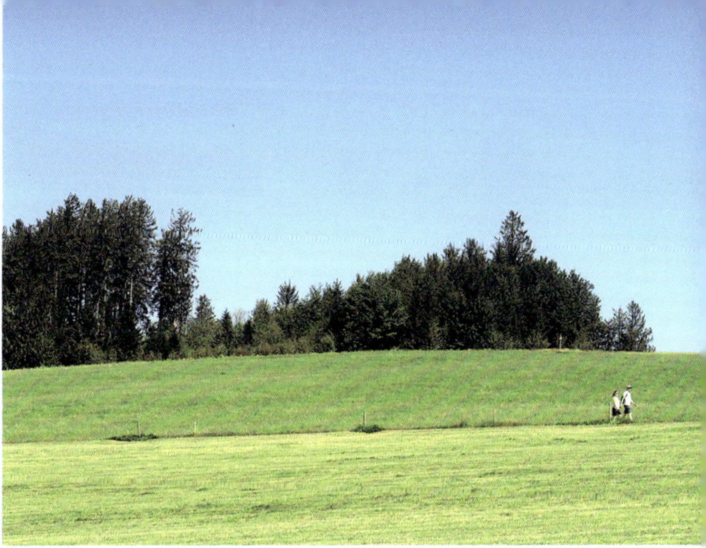

Gehen in der Tiefe des Raumes – am Hohwart bei Breitnau

Hochschwarzwälder Dreiklang von Waldnutzung, Viehhaltung und Grünlandwirtschaft sorgt für steten Wechsel der Bilder. Breitnau sehen heißt also auch, den Hochschwarzwald als Ensemble historisch verbundener Wirtschaftsformen zu verstehen.

Green Deal Natürlich lebt nur noch ein Bruchteil der Bevölkerung von der Bewirtschaftung des Lebensumfeldes in unmittelbarer Hofnähe. Aber dieser Bruchteil prägt seit Jahrhunderten und noch heute das Land um Breitnau.

Ohne diese mehr tätige als laute Minderheit, ohne Grünlandwirtschaft und Weideviehaltung wäre der weite Landschaftspark Südschwarzwald in einer Generation verschwunden. Erst verbuscht, dann verwaldet. Panoramawege würden zu Finsterholzwegen, lichte Wanderungen zu Schattentouren. Höhen würden zu Spekulationsflächen der Windindustrie, noch mehr Landwirte zu alimentierten Darstellern der Landschaftspflege.

Green Deal heißt auch: Breite Zufahrten für die Kompo-

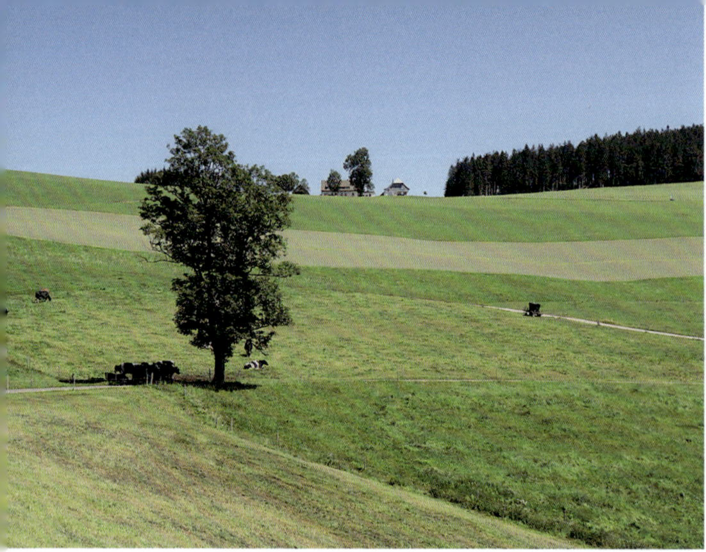

Wald, Grünland, Weide – zwischen Vorder- und Hinterdorf

nenten von XL-Windmühlen, Rückzugsgebiete und Erholungsräume werden zu Industriezonen mit Wald außenrum. Mit der neuen Grünen Energie kann man dann Kletterhallen bauen oder Therapiezentren für motorisch verkümmerte Digitalnomaden. In dem einen oder anderen Eindachhof wird sich im Vorfeld sicher ein *Erlebniszentrum-Energiewende* einrichten lassen. Das sollte dank EEG-Abgabe möglich sein.

Das Endziel naturfern lebender Eliten ist erkennbar: urbane Hafermilch-Konsument*innen erklären Landwirten, wie und wann sie nicht zu arbeiten haben. Vielleicht paßt in diesen Zusammenhang, daß auch die Weideflächen und Magerrasen der Schwarzwaldhöhen zu den gefährdeten Biosphären zählen. Wolfsrudel werden diese Landschaft kaum offen halten. Wenn die letzten Viehhalter und Schäfer vergrämt sind, gibt es in Breitnau vielleicht ein neues Hofmuseum. Initiiert vom Landesministerium für ländlichen Raum und Verbraucherschutz. Im Kanon der Aktivisten wird es jedenfalls kein Schutzgebiet für das kulturelle Erbe der Grünlandwirtschaft geben.

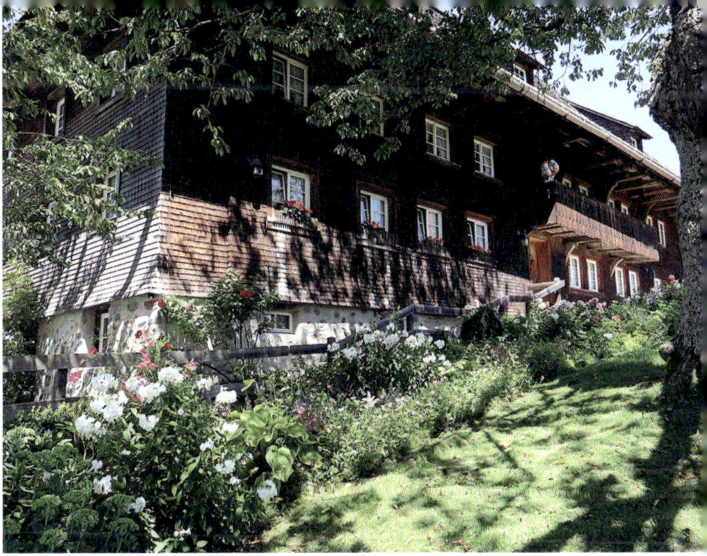

Erbaut 1669 – ehemals Pfarrhof, heute Gemeindehaus

In freier Landschaft muß ich immer öfter an die Volten, an Aus- und Umstiege, Begradigungen und Renaturierungen denken, die allein von den Moralgroßhändlern meiner Generation verfügt und exekutiert wurden. Auch an einem Samstagnachmittag im August, bei schier wolkenlosem Himmel, friedlicher Stimmung und bester Aussicht zwischen Breitnau-Hinterdorf und dem Wegkreuz an der Schanze, wo es selten so eng zugeht wie auf den Wanderpisten um Hinterzarten und Titisee. Gleiches gilt für den Weißtannenweg über Breitnau-Tiefen gen Fürsatzhöhe und Heiligenbrunnen.

Fordern versus arbeiten Das Biosphärengebiet Schwarzwald, gerade auch das bewirtschaftete Grünland um Breitnau, wurde von Generationen tatkräftiger Realisten geschaffen. Von Werktätigen, deren Hausform und Holzbauwerk bis heute Bestand haben. Von Landwirten, die ihr Hab und Gut einigermaßen nachhaltig bewirtschaften. Von Menschen, die ihr Lebensumfeld gestalten, bevor sie mit lauter Geste die Rettung des Planeten einfordern.

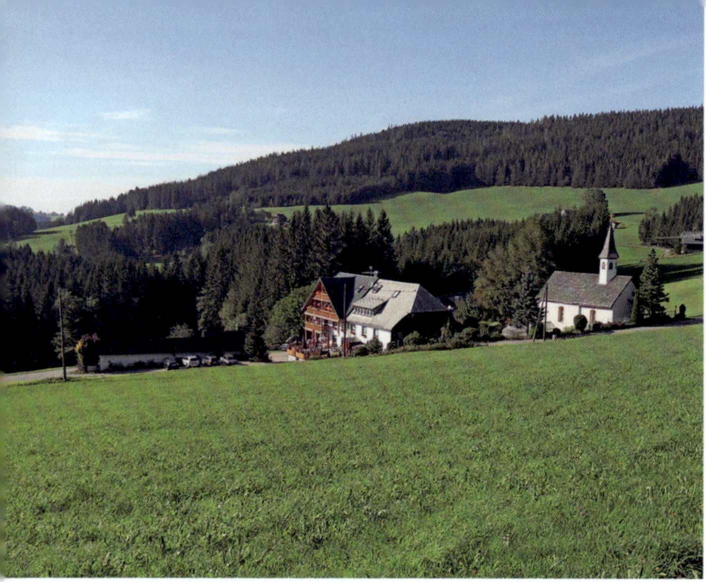

Umgrünt – Gasthof Heiligenbrunnen

Gleich welche ökologisch verbrämte Hypermoral sich durchsetzt, die breiten Auen des Hochschwarzwaldes werden sich in den nächsten Jahrzehnten radikaler verändern als je zuvor. Was ein Grund mehr wäre, sich unser kulturelles Erbe noch einmal anzusehen. Es gibt Landschaften, die kommen nicht wieder.

Touren und Einkehren um Breitnau Praktisch alle Einkehren in und um Breitnau-Vorderdorf und den Ortsteilen der Umgebung sind zugleich günstige Ausgangspunkte für Touren zwischen Spaziergang und Tagesrunde. Besonders reizvoll und abseits von Durchgangsrouten liegen die drei letztgenannten Adressen.

Mein Favorit auf einer großen Runde mit dem Rad wäre der Gasthof *Heiligenbrunnen*, der bereits auf der Gemarkung von Titisee-Neustadt liegt, zudem nahe der Fürsatzhöhe, wo gleich acht Wanderrouten aufeinandertreffen.

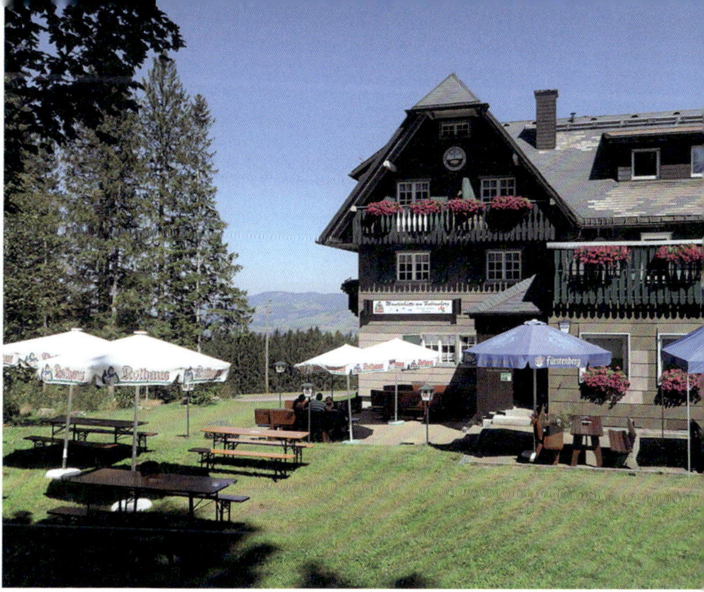

Basislager am Fahrenberg – Naturfreundehaus

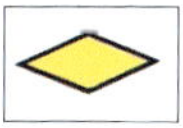

Die **Schwarzwaldhochstraße** B 500 durchtrennt von Nord nach Süd Breitnaus Gemarkung, unmittelbar an der Abzweigung der Zufahrt nach Breitnau-Vorderdorf liegt der Gasthof Löwen mit einer ♠ Sonnenterrasse nach Süden. Ein beliebter Rastplatz für Autowanderer und Zweiradler (mit und ohne Verbrenner), feriengasthof-loewen.de.

Auf einer teils bewaldeten Kuppe am weitläufigen Oberen Fahrenberg (Zufahrt ab B 500) liegt das Naturfreundehaus Breitnau auf 1.060 Metern Höhe; es gibt dort auch günstige Zimmer und Lager; ♠ sowie eine luftige Freiterrasse mit Grill- und Spielplatz, Brauereigarnituren auf Rasen, teils im Wald. Eine kleine Panoramarunde führt über die Wegkreuze Schanzwaldeck und Schanzenhäusle bis Breitnau-Vorderdorf; zurück über die Wegweiser Haldenmichelhof, Bartleshöhe, Hugenweiher.

Auf der Ostseite der B 500 der erwähnte zentrale Ausgangspunkt am Wanderparkplatz **Fürsatzhöhe** (1.070 m), wo acht Wanderrouten zusammenkommen. Nahebei das Gasthaus Heiligenbrunnen mit einer ♠ Terrasse und romantischer Wälder-Stube, Gästezimmer mit Südbalkon; heiligenbrunnen.de.

Nur wenige Meter darüber, einfach und kernig, Wanderheim Berghäusle des Schwarzwaldvereins Freiburg (1.050 m), ebenfalls mit ♠ kleiner Freiterrasse; berghaeusle-wanderheim.de.

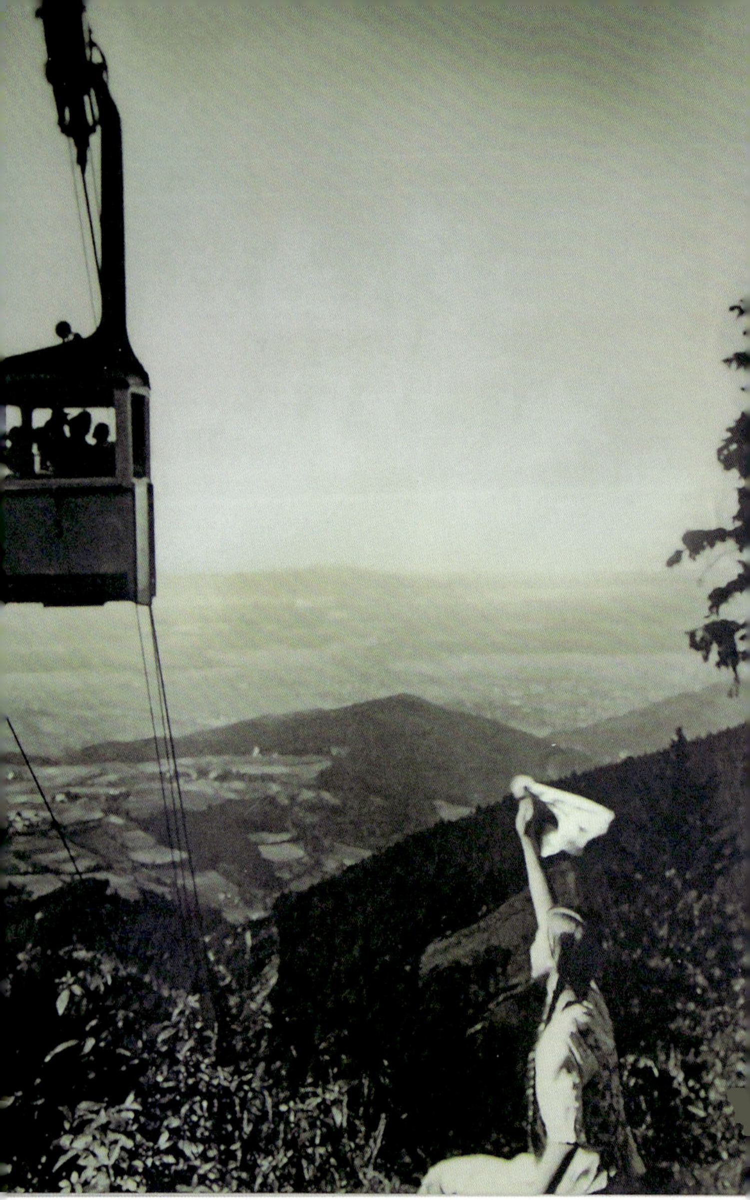

3,6 Kilometer, 747 Höhenmeter

Die Schauinslandbahn wurde 1930
als erste Großkabinen-Umlaufseilbahn der Welt eröffnet.

6

Kleine Fluchten auf dem Schauinsland

Tiefer Schwarzwald ist der Schauinsland nicht, aber hoch und Freiburg nah. Somit prädestiniert als städtisches Hinterland, ein Hochparterre mit weitem Auslauf. Flucht- und Treffpunkt in einem, für Autowanderer bequem erreichbar.

Mit 1.284 Metern Gipfelhöhe und einer bewirteten Seilbahnstation in Panoramalage auf 1.220 Metern garantiert der Freiburger Hausberg zudem Gipfelstimmung. Dazu kommen als bewährte Zutaten: windgebeugte Buchen an der Paßstraße, ein Netz an Panoramawegen, gute Einkehrmöglichkeiten. Also Berg und Freizeitpark in einem. Aus Freiburger Sicht wird der Schauinsland zum handlichen Ausflugsziel, das noch nach einem späten Frühstück infrage kommt, bei geistiger Verkaterung, Inversion und Talnebel.

An Nebenwirkungen wäre zu beachten: An Wochenenden herrscht konstanter Almauftrieb, auch Volkskundler werden reich belohnt: automobile Sonnenanbeter, die zur Bestrahlung nur eine Seitenscheibe runterlassen. Patchwork-Familien bei der Freizeitarbeit, komplett ausgestattet mit Kindern,

< Berg frei (Motiv in der Bergstation).

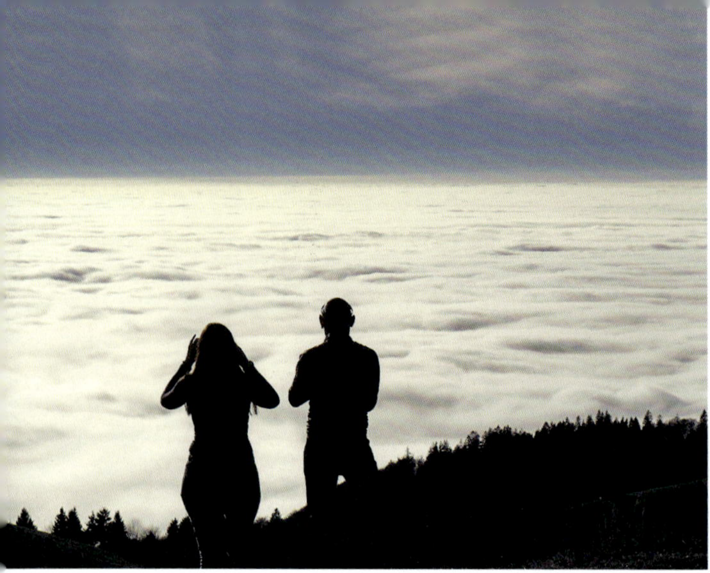

Paartherapie – Inversionslage auf dem Schauinsland

Zweitmann und Kraxe. Er: „Habt ihr die Bretter dabei." Sie: „Welche?"

Vielleicht gibt es doch einen Zusammenhang zwischen Stauraum im SUV und ADHS-Syndrom. Speziell wenn es um die Bewältigung von Wochenenden geht. Was außerdem auffällt: Viele Männer kommen in Funktionskleidung, wenige mit Haltung im Gang. Innenstadtranger tragen gerne was aus dem Modehaus Hans Wolfshaut. Als besonders praktisch gelten Jack-Wolfskin-Jacken mit integrierter Smartphone-Tasche.

Heilerde mit Fernblick Mir gefällt der Schauinsland zu ungewöhnlicher Zeit. Bei Neuschnee, nach langer Nacht, mit wunder Seele. Auf der exponierten Schauinsland-Paßstraße bilden sich im Winter Schneeverwehungen, mitunter bläst der Wind auf der Paßhöhe wie ein Sandstrahler. Zauberhaft zu fahren ist die Strecke am Morgen bei Neuschnee, in der Dämmerung nach dem Tagesrummel. An einem Sommermorgen wäre die Paßstraße übrigens eine ideale Strecke für

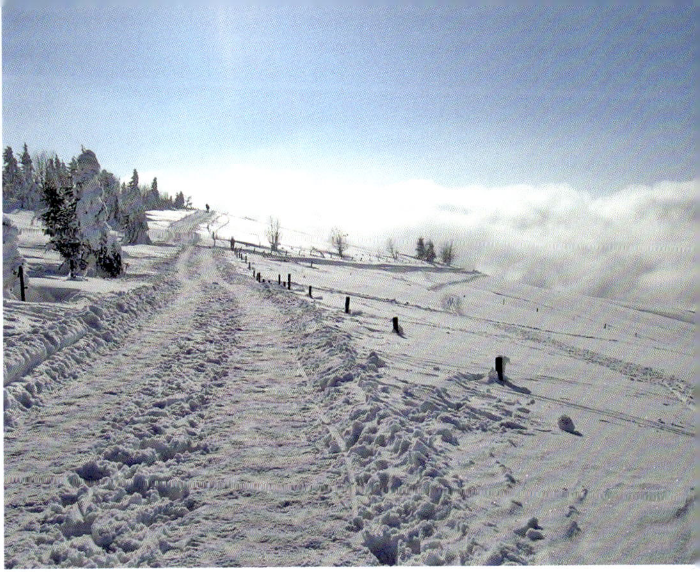

In eisiger Höhe – von der Halde gen Kaltenbrunnen

meditatives Rollen, als Begleitung vielleicht Debussy: Dialog des Meeres und des Windes.

Promenaden am Berg Im Winter ist der Höhenweg vom Parkplatz an der Paßstraße oberhalb des Hotels *Halde* rüber bis zum Wegweiser Kaltenbrunnen (1.179 m) und weiter zu Trubelsmattkopf und Wiedener Eck meist gespurt. Die Südwest-Route zählt im ersten Abschnitt zu den beliebtesten Freiburger Promenaden, die nicht in Freiburg liegen. Es geht zwei Kilometer über offenes Gelände. Ein Erlebnis, im Winter nach Neuschnee, wenn die Landschaft reduziert und aufgeräumt wirkt. Die wenigen Besucher gehen dann wie schwarze Nadeln über das Weiße; über ein gleißendes es Nichts, in dem alle Farben enthalten sind.

Schnee wirkt in allen Hochlagen des Schwarzwaldes wie ein optischer Verstärker, er reduziert die Details der Landschaft, schluckt Geräusche, verstärkt Konturen. Schnee betont wesentliche Linien wie im Holzschnitt. Das wußten auch Schwarzwaldmaler von Rang wie Karl Hauptmann oder

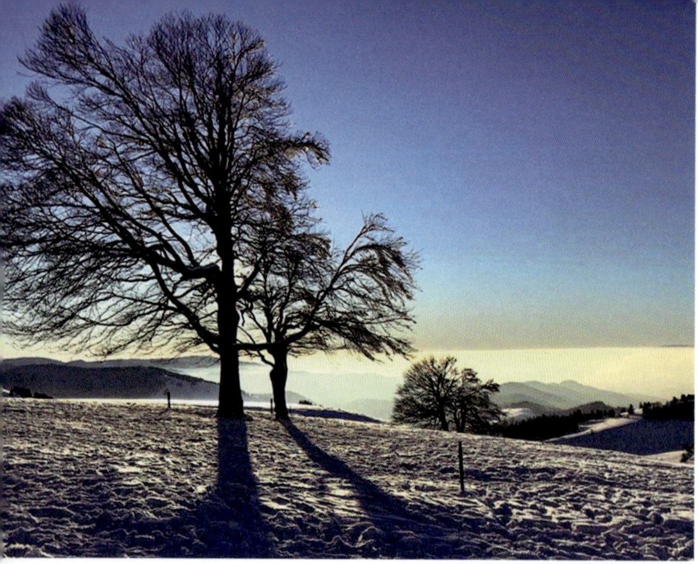

Am Abend wird es ruhig – an der Schauinsland-Paßstraße

Hermann Dischler, deren beeindruckende Winterbilder fast ausnahmslos Schneebilder sind (vgl. dazu auch S. 239).

Der Panoramaweg von der Halde gen Wiedener Eck wirkt natürlich auch bei Inversionswetter, wenn das Rheintal mit Nebel randvoll gelaufen ist. Der Abschnitt wäre auch eine ideale Strecke, um ein, zwei kleinere zwischenmenschliche Probleme zu lösen. Aber nicht nur im Talnebel und bei knirschendem Schnee, auch im Hochsommer haben Höhenwege eine besondere Qualität: Während im Tal Hitze lastet, ist die Wärme oben auf dem Berg wie eine zweite Haut, sie umschließt einen, sie belastet aber nicht.

Touren und Ausgangspunkte Ebenso zentral gelegen wie die Bergstation sind das Haldenhotel und der Wanderwegweiser Halde. Von der Paßstraße bei der Halde führt ein viel begangener Höhenweg (blaue Raute) zunächst noch über exponiertes Gelände mit freiem Vogesenblick. Die Strecke in Richtung der Wanderwegweiser Kaltenbrunnen, Oberer Wald, Trubelsmattkopf, Auf den Böden, Wiedener Eck ist ein Klassiker; besonders der erste Sonnenbänkle-Kilometer zwischen Paßstraße und Kaltenbrunnen wird

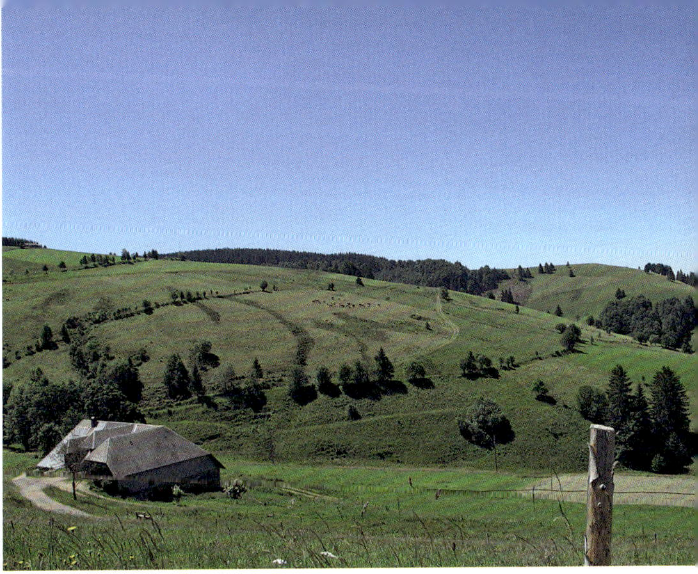

Harmonie in Grün –Weidewege beim Milchbuck

viel begangen. Wenn es kammnah zu windig wird, kann man auch beidrehen über den Wanderwegweiser Willnau runter in Richtung Stohrenstraße und zur Einkehr im Zähringer Hof; von dort dann über den ebenfalls bewirteten Giesshübel (Wanderwegweiser Farnacker) zurück zur Halde (insg. gut eine Stunde Weg; Höhenweg und Einkehrrunde in einem).

Nach Süden bis Wiedener Eck Lohnend wäre auch die Fortsetzung der Strecke über die Wegweiser Münsterweg, Glashofwald und Auf den Böden bis zum Wiedener Eck; ein Weg ab Halde 7,5 km. Auf den letzten zwei Kilometern vor dem Wiedener Eck (ab Auf den Böden/Hörnle) führt der Weg auf der Westwegroute über prächtige Hochweiden. Zuletzt auf dem Itzenwaldweg entlang windkrummer Weidbuchen. Insgesamt eine der schönsten, wegen der geringen Höhendifferenz erst noch bequemen Halbtages-Höhenwanderungen im Südwesten (hin und zurück mit möglichen Varianten gut 4-5 Stunden Weg).

Unter manch' anderer Option gibt es auch einen 14 km langen **Schauinsland-Rundweg**, der durchgehend beschildert ist. Eine Route, die unter den Aspekten, Panorama, Natur (und Einkehren) gelegt wurde. Zugang z.B. ab Wegweiser Bergstation-Seilbahn/Parkplatz oder ab Hotel Halde.

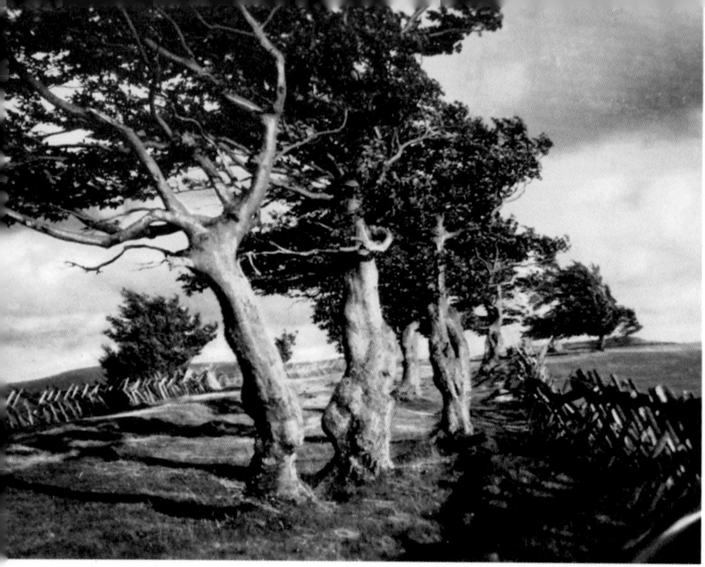

Ein Bild vom Schauinsland – Windbuchen an der Paßstraße

Loipen am Notschrei Am Notschrei ist einer der populärsten LL-Ausgangspunkte nahe Freiburg, bei guter Schneelage herrscht entsprechender Betrieb. Es gibt Loipen in West- und Ostrichtung, die über weite Strecken identisch mit dem Lauf des Westweges sind. Wenige Meter neben dem Waldhotel Notschrei liegt ein Berg- und Sportzentrum mit Trainingsstützpunkt und Loipenhaus (in der Saison Dusche und Wachsraum). Das Ensemble ist ein Förderprojekt von Land-BW und EU, es wurde zu Beginn der 2000er-Jahre mit Vorschußlorbeeren gestartet und ist nun im Alltag angekommen. Im ersten Stock das Bauerncafé mit ♠ Veranda. Das Gesamtkonzept bleibt entwicklungsfähig. Durch Subvention und fromme Wünsche ist noch kein zeitgemäßer Betrieb garantiert. Für LL-Sportler ist die Infrastruktur aber eine feine Sache. Öffentlich zugängliche WCs und Serviceräume.

Schauinsland-Gastronomie Die Gastronomie ist schnell erklärt. Platzhirsch und zentrale Anlaufstelle ist die HALDE wenig unterhalb der Paßstraße: eine Herberge für alle Fälle, mit legendärer Sonnenbank, selten stimmungsvollen Traditionsstuben, wohnlichen Zimmern, Spa-Bereich und einem Foyer zum Aufwärmen roter Sturmnasen.

Kleiner, auch kulinarisch individueller bewirtet wird der

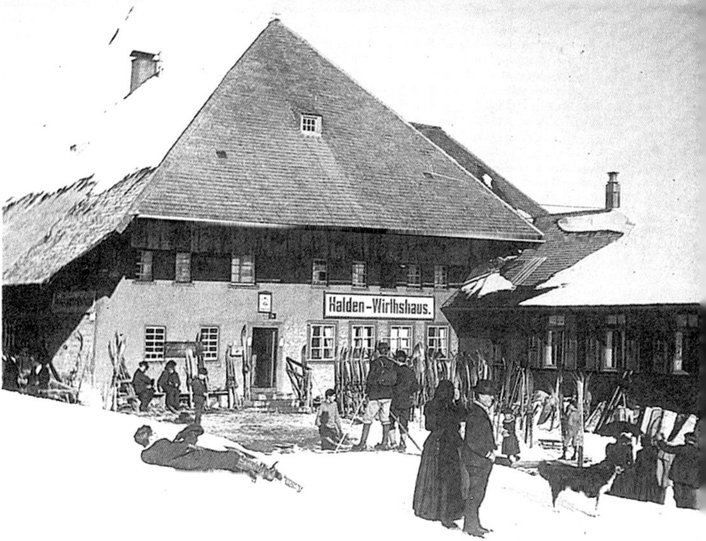

Treffpunkt der Freiburger Gesellschaft – Halde historisch

Zähringer Hof, nahe der Stohrenstraße ins Münstertal; mit engagiert regionaler Küche. Als brauchbare Vesperadressen und Etappe an der Zufahrt kämen *Holzschlägermatte* und *Gießhübel* in Frage; auch der Café-Bistrobetrieb in der Seilbahn Bergstation erfüllt Basisansprüche, die exponierte West-Terrasse liegt wie eine Empore über dem Oberrheintal.

Das jüngst komplett sanierte *Berghaus Schauinsland* nahe der Paßstraße wird als Apartment-Hotel betrieben.

HALDE, Schauinsland Mit einem lang heruntergezogenem Schindeldach schmiegt sich die Halde in eine Mulde neben der Paßstraße – eine Liegenschaft eins mit der Landschaft. Bis heute bietet der aufwendig sanierte Komplex Nostalgie und Moderne in einem: Geborgenheit in historischen Stuben wurde vereint mit zeitgemäßem Hotel- und Spa-Komfort. Ein Genuß am Winterabend, für Teestunden oder auch, um gepflegt aufzutauen. Eine historische Ikone der Höhengastronomie wurde zum gediegenen Resorthotel. Zweifellos eines der schönsten im Schwarzwald, sofern man auf

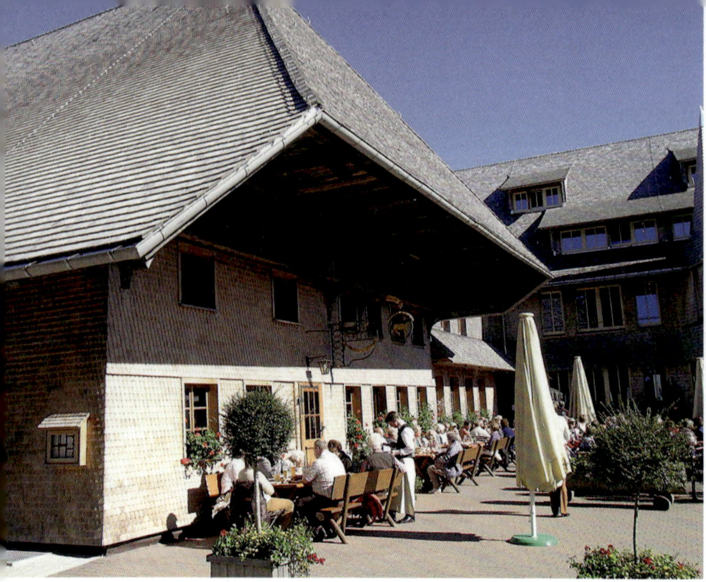

Die Sonnenbank in der Nähe Freiburgs – Haldenterrasse

Bollenhut und angeschraubte Romantik verzichten kann. „Heimelig und ruhevoll" wie der historische Trakt soll auch der Neubau wirken, ein Aufgehobenheitsgefühl ist jedenfalls garantiert. Zum Neubau gehört auch ein *Badehaus* mit Sauna, großzügigem Panorama auf den Feldberg und einem Naturschwimmteich.

Zu beachten ist freilich, daß der Ausflugsdruck Freiburgs unmittelbar auf der Halde ankommt, mitunter auch einschlägt und das Betriebssystem mit den Launen von Wetter und Gästen bis heute seine Mühe hat. Das Hinweis- und Gäste-Leitsystem wäre ein Thema für sich, es gibt strenge Hinweise und manche Bitte um „Verständnis und Rücksichtnahme". Sicher sind Gäste, die wie ein Schlagwetter hereinbrechen, eine gastronomische Herausforderung. Andere Häuser an touristischen Brennpunkten gehen damit aber gelassener oder professioneller um.

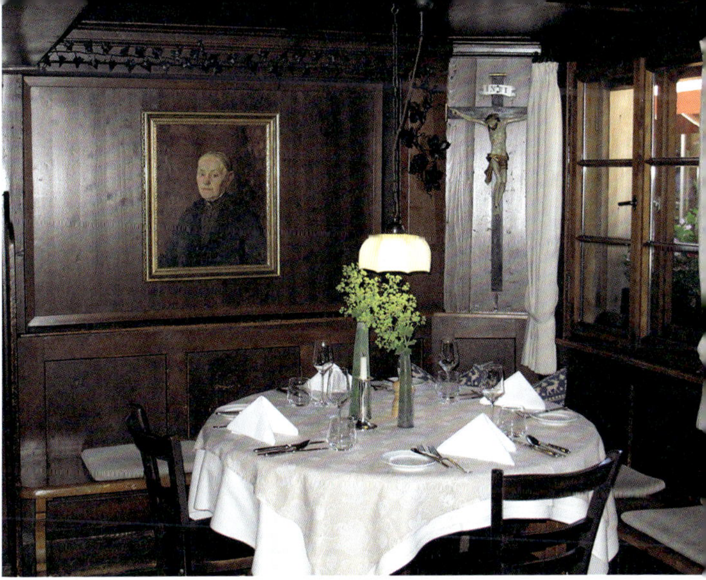

Feines Refugium – Haldenstube, Schauinsland

Gastronomie Das Angebot reicht vom gehobenen Wandervesper bis zum gepflegten Abendmenü; Schwankungen müssen bei einem Saisonbetrieb einkalkuliert werden. Das Konzept einer saisonbetonten Küche stimmt prinzipiell, der Service müht sich, manches wirkt (bei voller Last oder Leerlauf) gewollt, mitunter auch konfus. Oft schmeckt es eher nach Betriebswirtschaft als nach Gasthaus mit Leidenschaft, was auch für die Grundstimmung gilt. In der Summe bleibt die Halde einzig in der Region.

Die Halde (Familie Hegar), Halde 2, 79254 Oberried-Hofsgrund, Tel. 07602-9447-0; halde.com. Schauinsland-Badehaus mit Spa-Einrichtungen und Freibadeteich. wohnliche Zimmer im Hotelanbau, große Terrasse mit Sonnenbank.

ZÄHRINGER HOF, Schauinsland-Stohren Eine familiär geführte Berggaststätte in freier Lage auf 1.100 Metern Höhe. Die Raumwirkung des gepflegten Restaurants erinnert an ein großes Speisezimmer, eine breite Fensterfront nach Westen

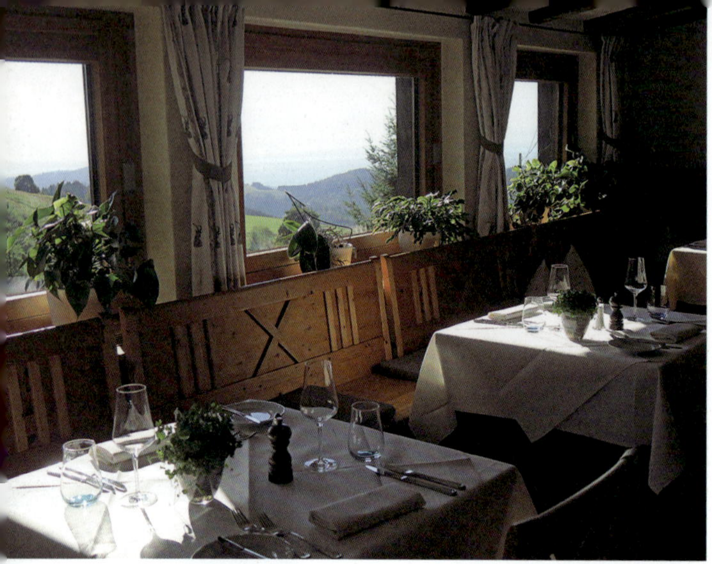

Kulinarisch und geographisch auf der Höhe – Zähringer Hof

sorgt für Licht und Panorama. Eine vergleichbar feinbürgerliche Berggasthof-Stimmung ist selten im Südschwarzwald. Seit Jahr und Tag gilt der Zähringer Hof als kulinarische Burg, in der weit über der banalen Ausflugsgastronomie gewirtet wird. Die Gäste passen zum Angebot, nur an Ausflugswochenenden wird der Platz mitunter zur belagerten Bastion.

Geboten wird eine ambitioniert besserbürgerliche Küche mit Regionalgerichten in beachtlicher Qualität, die freilich selbstbewußt kalkuliert werden. Bei Fleisch, Gemüse und anderen Basisprodukten wird auf regionale Lieferanten Wert gelegt, was – trotz aller frommen Sprüche – die Ausnahme bei Ausflugszielen im Schwarzwald ist.

Beispielhaft auch die Saisongerichte: darunter Wild aus der Belchenjagd, Lamm aus dem Schwarzwald, Hinterwälder Kalb- und Rindfleisch aus Weidehaltung. Die Zubereitung ist sorgfältig, kulinarischer Klimbim und tatöwierte Teller gibt es anderswo. Was auch für die Vesper gilt, darunter Spielweger Rohmilchkäse, gute hausgebackene Kuchen.

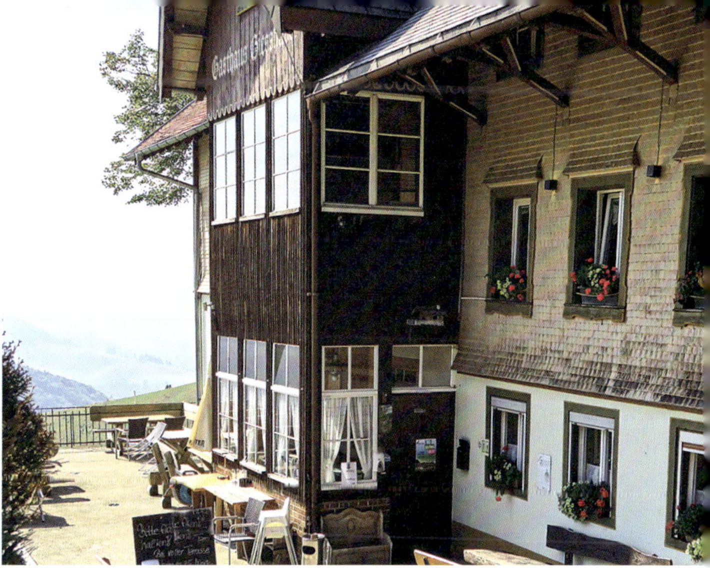

Bekannt, beliebt, bodenständig – Gasthof Gießhübel

Umfangreiche Weinkarte mit namhaften Erzeugern. Fazit: schöne Aussicht auf Land und Teller.

Zähringer Hof (Fam. Riesterer), 79244 Münstertal-Stohren. Tel. 07602-256; zaehringerhof.de. Die fünf Gästezimmer und zwei Appartements im Gästehaus nebenan sind komfortabel, einzelne mit grandioser Sicht. ♣ kleine Terrasse. Anfahrt: ab Schauinsland bzw. Gießhübel 1 km in Richtung Münstertal, markierte Abzweigung an der knapp 1 km langen Stichstraße.

Gasthof Gießhübel Das vielversprechend gelegene Traditionsgasthaus gehört zu den einfach-bodenständigen Schauinsland-Einkehren. Nach diversen Pächterwechseln haben sich die Verhältnisse in den letzten Jahren deutlich stabilisiert, die so initiative wie vielseitige Wirtsfamilie Brüstle, auch nebenan auf der Holzschlägermatte und dem Haldenkopf-Liftstüble engagiert, bietet gute Vesper, Basisgerichte, saisonale Extras und Events; die Freiterrasse mit Blick nach Süden bis zum Hochblauen ist ein weiteres Pfund.

Allerdings besteht im denkmalgeschützten, freilich bis in

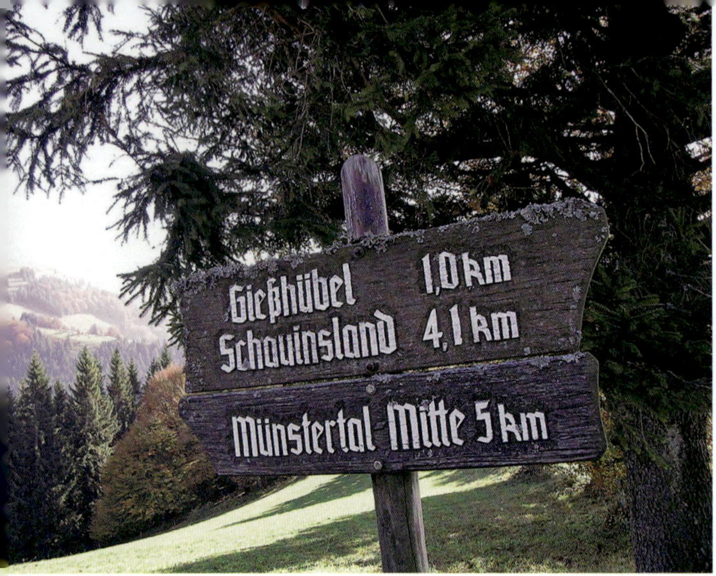

Reichlich Auslauf – zwischen Stohren und Münstertal

die Fundamente mürben Gasthaus einiger Renovierungsbedarf. Bislang waren die Pläne von Eigentümer und beteiligten Behörden alles andere als deckungsgleich. Die Zukunft der Liegenschaft ist zwar gesichert, wie die Situation in ein paar Jahren aussehen wird, ist derzeit aber kaum abzusehen. Also im Auge behalten oder bei Bedarf umgehend einkehren.

Gasthof Gießhübel, 79244 Münstertal-Stohren, Nr. 17, Tel: 07602-9209340; gasthof-giesshuebel.de.

Touren ab Gießhübel Etwas Parkraum und zwei Wanderwegweiser an den Zufahrten beim Gasthaus Gießhübel; von dort Möglichkeiten in alle Richtungen. Der Wegweiser Farnacker steht auf 1.060 m wenige Meter oberhalb vom Gasthaus an der K 4958 zur Paßhöhe. Gasthausziele ab Farnacker: Halde 2,5 km, Kohlerhof 3 km, St. Ulrich 5 km (mit den Gasthäusern Heinehof und Rössle, beide sehr lohnend!); Schauinslandbahn 2,5 km (mit Einkehr und Kiosk an der Bergstation). Zum Schauinslandgipfel 3 km, Ober- und Untermünstertal 7 bzw. 10 km, je nach Talstelle (zur Einkehr Spielweg, vgl. Foto S. 96 und S. 124).

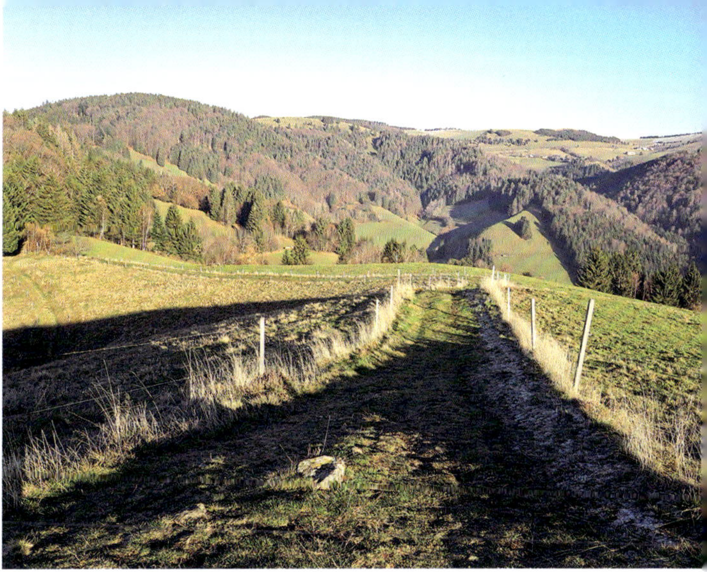

Schauinsland voraus – im Spätherbst am Sonnhaldeneck

Gießhübel - Sonnhalde - Obermünstertal Hundert Meter vom Gasthaus Gießhübel auf der K 4957 Richtung Holzschlägermatte/Freiburg gibt es eine weitere Parkbucht direkt an der Straße (dort der Wanderwegweiser: Am Gießhübel, 1.060 m). Von dort führt ein lohnender Höhenweg auf den Sonnenhaldeberg oberhalb von Obermünstertal: Über Stutz geht es zunächst zum Wanderwegkreuz am Sonnhaldenkreuzle, dort entweder weiter in Richtung Kohlerhöfe (3 km, Gasthaus Kohlerhof, vgl. S. 103); oder man bleibt auf dem Kamm und geht über einen zauberhaften Höhenweg über das Sonnhaldeneck hinaus zum Wegweiser Gstihlberg und Gipf bis Obermünstertal/Spielweg.

Leichte Schritte zur Sonnhalde Gleich auf dem ersten Wegabschnitt in Richtung Stutz und Sonnhaldeberg eine markante Passage am Rande eines Fichtenwaldes: mit mächtigen Stämmen, deren Zweige vereinzelt bis auf den Boden reichen. Zwischen Waldrand und Weide daunenweiche Graspolster und Rastplätze, ideal an einem Sommertag Ablegen und Treibenlassen.

Ähnlich die Passage am oberen Sonnhaldeberg, zwischen den Wegweisern Sonnhaldeberg und Gstihlberg. Der Abschnitt gehört für mich zu den reizvollsten Kammwegen im Südwesten. Man geht am Waldrand über durchwurzelte Pfade, dann wieder über weiche Weidewege wie im Bild oben, oft mit weiter Sicht, unterwegs genug Rastplätze.

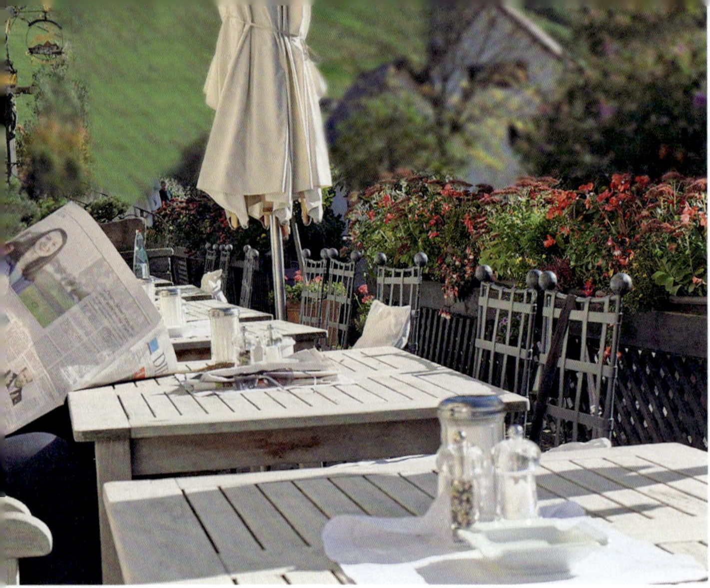

Ersetzt den Kurzurlaub – die Südwand am Spielweg

Schauinsland, Obermünstertal, Stohrenstraße Vom Giesshübel am Schauinsland führt die schmale Stohrenstraße (K 4957) als Direttissima ins obere Münstertal. Zunächst noch mäßig, später außerordentlich abschüssig. Andersrum gefahren, eventuell mit dem Rad – mit bis zu 18 % Steigung und engen Spitzkehren – eine Prüfung für Mensch und Material.

Gastronomisch bietet die Strecke zwei empfehlenswerte Etappen: Der nahe der Route liegende *Zähringer Hof* zählt zur Klasse „selten gutes Berggasthaus“ (vgl. S. 91); die lange Reihe breiter Sonnenbänke vor der Südfront des *Spielweg* in Obermünstertal gehört in die seltene Kategorie Himmlische Plätze, die einen Kurzurlaub ersetzen. Ein Vesperbrett, heller Himmel, Blick auf die Brandweide gegenüber, mehr braucht es nicht zum guten Leben. Draußen wird serviert, solange es geht, etwa von Anfang Februar bis in den November (zum Spielweg, vgl. S. 124).

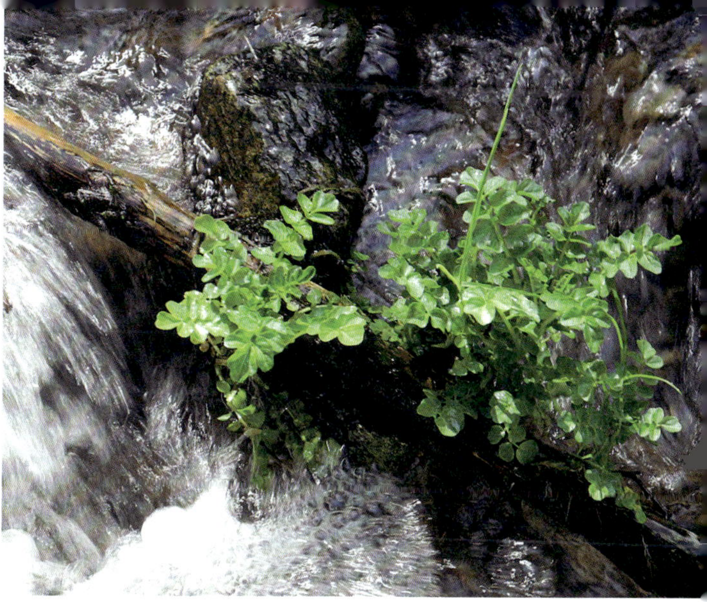

Bach rauscht, Bachkresse grünt – an der Stohrenstraße

Augen auf am Bach Wie an vielen Wegen gibt auch an der Stohrenstraße Schlüsselstellen. Oft sind es namenlose Orte, an denen man achtlos vorbeifahren oder genauer hinschauen kann. Wenige Meter unterhalb der ersten Stohren-Spitzkehre liegt das Wanderwegkreuz *Unterer Harzlochfelsen*. Es markiert eine spitzweghaft idyllische Engstelle. Ein Steg führt über den Neumagen-Bach. Der poltert wie im Heimatfilm über bemooste Findlinge, dahinter steht eine Felswand.

Wer im Frühling etwas genauer hinsieht, bemerkt auch die Nester mit frischer Kresse, die sich im Bachlauf festkrallen. Im feuchten Wald gedeiht eben nicht nur unser aller penetranter Bärlauch, sondern auch die würzig-scharfe wilde Bachkresse. Mit der könnte man im Blattsalat einen spitzen Akzent setzen, auch eine pikante Kressebutter zur Forelle läßt sich damit machen. Frische Bachkresse, umsonst und draußen, am Unteren Harzlochfelsen und an tausend anderen Plätzen. Und was bekomme ich an diesem Tag auf besseren

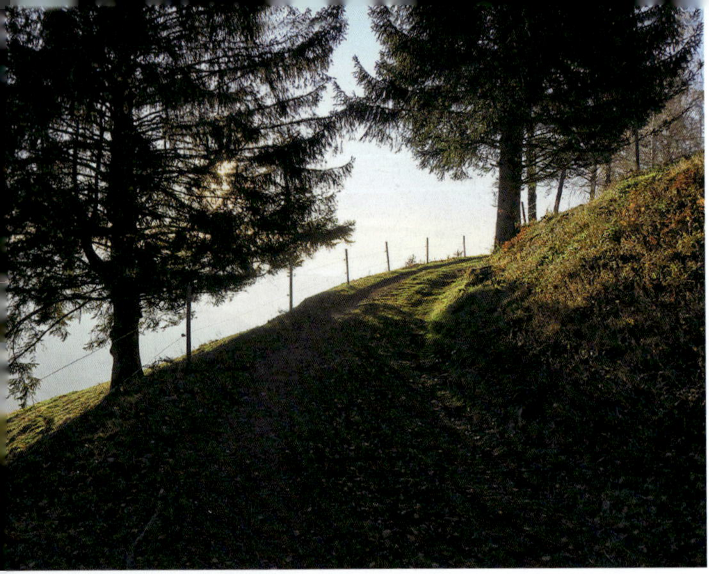

Zwischen Obermünstertal und Stohren – kein Betrieb, viel Weg

Karten im Südschwarzwald: vorgewaschene Beutelware, gerne mit zwei Blättchen Ruccola mediterran verhübscht. Oh Schwarzwald, oh Heimat!

Wanderwegweiser Unterer Harzlochfelsen, 871 m. Kleine Parkbucht in der U-Kehre, von hier zum Spielweg 3,5 km; über Stutz bis Gießhübel 2,5 km, Schauinsland 5,5 km.

Ruhige Tour über Hörhalde und Schöneck Im unteren Teil der Stohrenstraße wären noch zwei unauffällige Abzweigungen zu beachten: Sie führen zu Hochsommerfluchten im Abseits, man ist dort für sich und mit der Natur – ideal, wenn es um einen vertrödelten Nachmittag in der Klasse „Wolldecke am Waldrand" geht.

Schmale Nebenstraßen führen über Weidberge zu diesem reizend unsensationellen Südschwarzwald. Besonders lohnend im Frühsommer, wenn die Matten blühen, oder an einem Tag im Herbst, wenn ohnehin alles schön ist. Am Abzweig von der Stohrenstraße K 4957 ist die Nebenroute nur unauffällig beschildert, mit *Sittnerberg* bzw. *Hörhalde.* Im

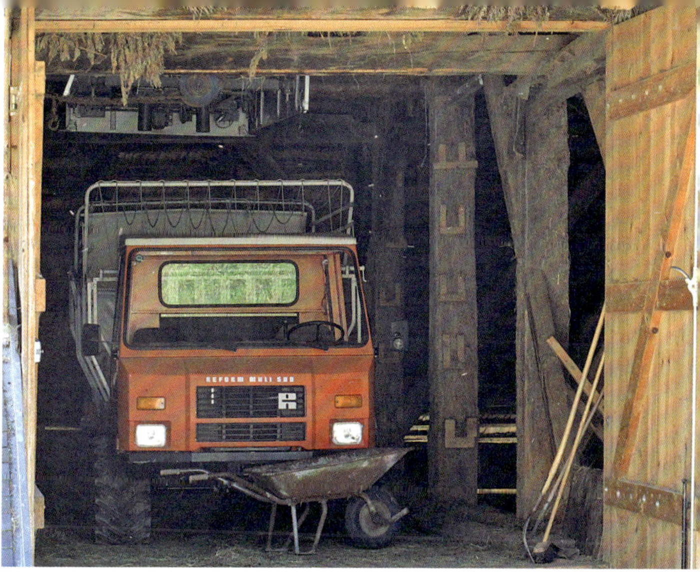

Mikrokosmos Scheunenboden – mit Reform Muli und Heurechen

Verlauf folge man einfach den Dingen respektive der Straße, wie sie ist.

Einzellagen am Sonnenhang heißen Milchmatt, Sattelgrund und Schöneck. Das sagt eigentlich genug. Nochmal: Es gibt keine Sensationen, sondern Miniaturen. Details, die auch zum Südschwarzwald gehören, aber nicht zum Titisee- und Feldberg-Schwarzwald der Busparkplätze.

Niemand schließt am Schöneck etwas weg, weil hier keiner was mitnimmt. Ausrangierte Badewannen dienen als Viehtränke. An der Wand hängen Rechen mit langen blanken Zinken, Mulis stehen in offenen Schuppen. Reform Mulis sind geländegängige Allradfahrzeuge, hergestellt von den Reformwerken in Wels/Österreich. Sie werden auf Steillagen eingesetzt, sind genügsam und hilfreich.

Unterwegs gibt es keinen angelegten Wanderparkplatz, sondern unmarkierte Anhaltspunkte, frei und absichtslos. Man sieht alles oder nichts.

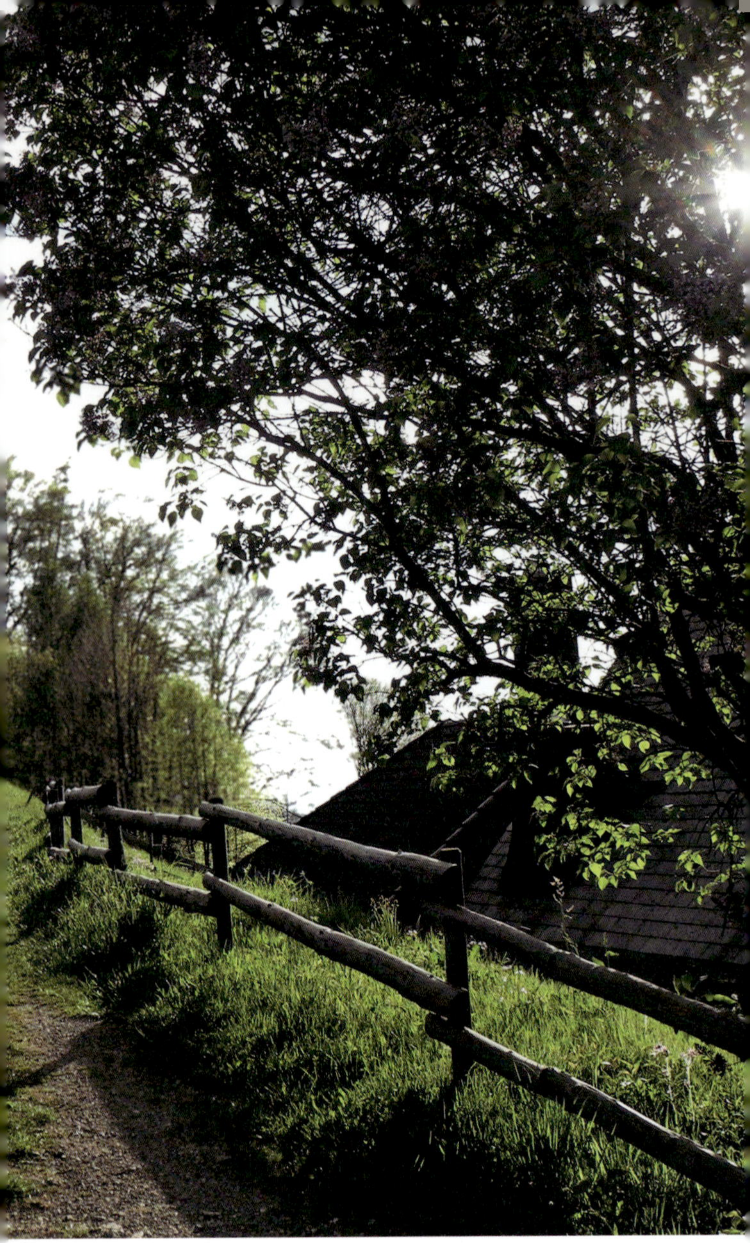

Einkehr und Ausgang in einem – bei den Kohlerhöfen

Leichte Touren am Kohler

Vom südlichen Breisgau aus gesehen liegt der runderneuerte Gasthof Kohler nahezu ideal für ein paar Stunden Südschwarzwald ohne große Umstände. Solitäre Lage, Tourenmöglichkeiten und Rundwege, darunter der großartige Kammweg über das Sonnhaldeneck nach Obermünstertal oder gen Schauinsland – und alles ohne lange Planung.

Nur Einkehren ginge natürlich auch. Auf der Kohlerhof-Westterrasse mit Vogesenblick und Sonnenuntergang oder nach einer Wintertour in der gemütlichen Holzkoje am Kachelofen. Der Kohler ist ein Ziel ohne Erschwerniszuschlag.

Die Auffahrt auf der gut sieben Kilometer langen, staubgebundenen Waldfahrstraße aus dem Ehrenstetter Grund ist kein Katzensprung, aber eine Einstimmung auf ein naturnahes Ensemble. Die für Kraftfahrzeuge offene (im Winter geräumte) Strecke verläuft zwar überwiegend durch Hochwald, auf halber Strecke öffnet sich der Forst aber unvermittelt und

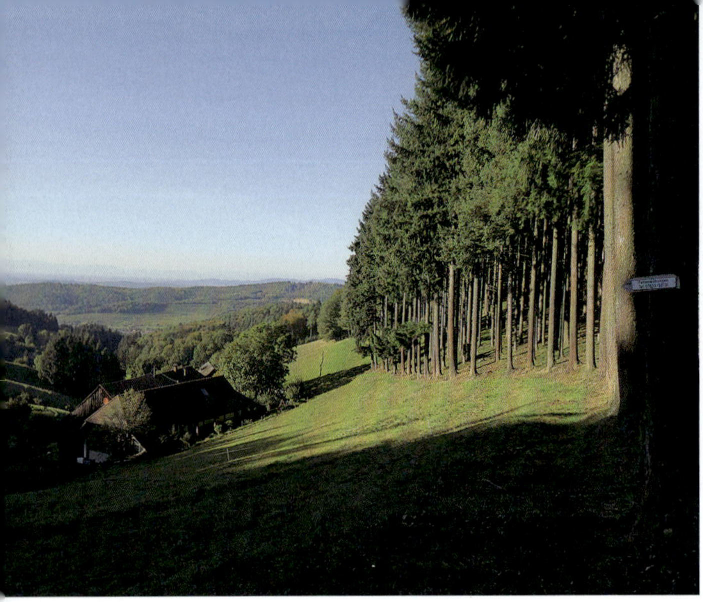

Plötzlich wird Licht – an der Auffahrt zum Kohler

die Weiden oberhalb der Höfe am Leimbach geben ein erstes Mal den Blick frei auf Schönberg, Rheintal und Kaiserstuhl.

An der steilen Schwarzwälder Westflanke treffen hier zwei Landschaftstypen aufeinander. Ein auffallend akkurat bewirtschafteter Fichtenbestand steht unmittelbar über der Vorbergzone. Das Hügelland des Breisgaus und der dunkle Tann bilden einen reizvollen Kontrast. Darauf folgt eine lang ziehende Passage auf der neu hergerichteten Waldfahrstraße.

Am Ende der Bergfahrt dann erneut ein plötzlicher Motivwechsel. Links und rechts der Zufahrt liegen die Weiden um die Kohlerhöfe, weiter entfernt im Norden erscheint das natürliche Amphitheater um Geiersnest. In der Mitte darüber als Trennlinie zum Münstertal der Kammweg zwischen Sonnhaldeneck und Gießhübel (siehe dazu die Touren S. 105 unten und S. 94-95).

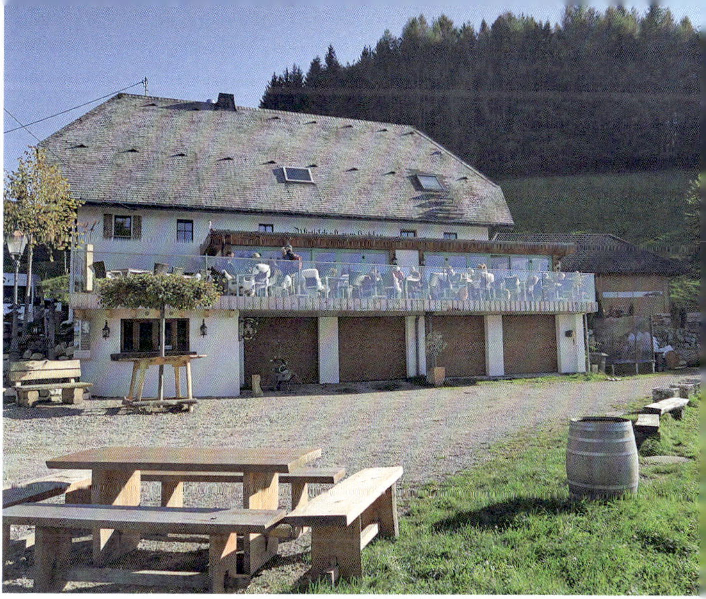

Frischer Wind am alten Platz – der erweiterte Kohler

KOHLER oberhalb Ehrenstetten Nach dem jüngsten Eigentümer- und Wirtswechsel firmiert die beliebte Einkehr nun betont nostalgisch als *Wirthschaft zum Kohler*, der Betrieb wirkt seit der Wiedereröffnung 2021 dennoch frischer und vitalisiert. Hierzu wurde die Freiterrasse vergrößert, unter anderem auch ein Außenkiosk integriert. Darüber kam ein moderner Wintergartenanbau auf die Westplattform, wodurch zwar die Ansicht des Anwesens leidet, aber nicht die Aussicht gen Rheintal und Vogesen.

Auch der nähere Umschwung zeigt sich nun freizeitaffin möbliert und gastgerecht hergerichtet. Die beiden urgemütlichen Kohler-Gasträume durften ihren Stubencharakter behalten, da und dort wurde mit etwas Schwarzwald-Pop zeitgenössisch aufgepeppt. Also gilt nun Spot on auf Bollenhut und Wäldermädel. Das kapitale Format der Bodendielen blieb aber ebenso erhalten wie der Nestcharakter der Gaststube mit flaschengrünem Kachelofen und behaglicher

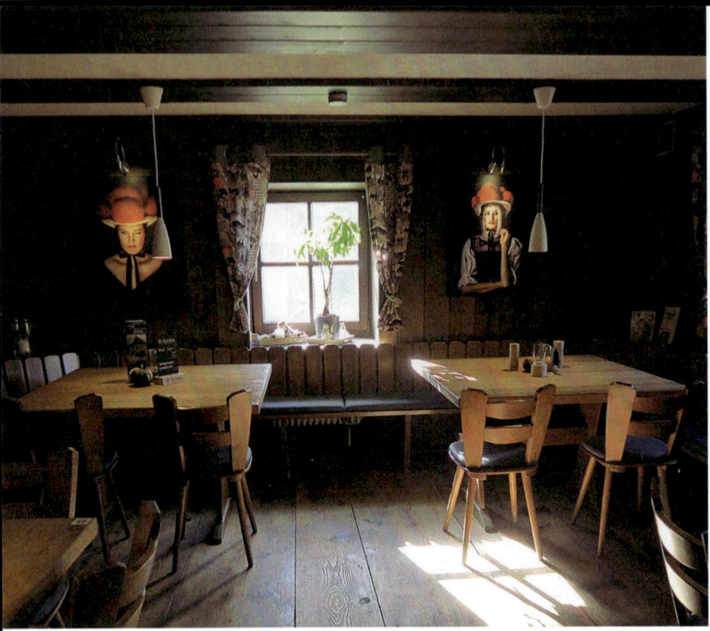

Spot on – Wäldercharme anno 2021

Raumwirkung. Man sitzt hier wie in einer Hütte draußen auf dem Wald. Außerdem ist das Gehen auf bald halbmeterbreiten Holzdielen zwar etwas ganz anderes, aber ebenso speziell wie auf weichem Waldboden.

In der Gesamtschau hat das bewährte Tourenziel an Kapazität und Drehzahl deutlich zugelegt. Das kompakte Speisen- und Vesperangebot ist wohl den Umständen der schwankenden Besucherzahlen angepaßt; man erwarte keine kulinarischen Klimmzüge, sondern Basisgerichte wie Tagessuppe, Badisches Dreierlei, Schnitzel und Steak. Vermutlich wird manche Sektion der Karte auch noch optimiert oder erweitert. Gesetzt bleibt die Funktion des Gasthofs als beliebtes MTB-, Touren- und Ausflugsziel auf 750 Metern Höhe. Ein Platz wie der Kohlerhof hat Qualitäten, die nicht vom Hemdenwechsel berührt werden.

Zu beachten wäre zudem: Trotz der immerhin 7,5 km lan-

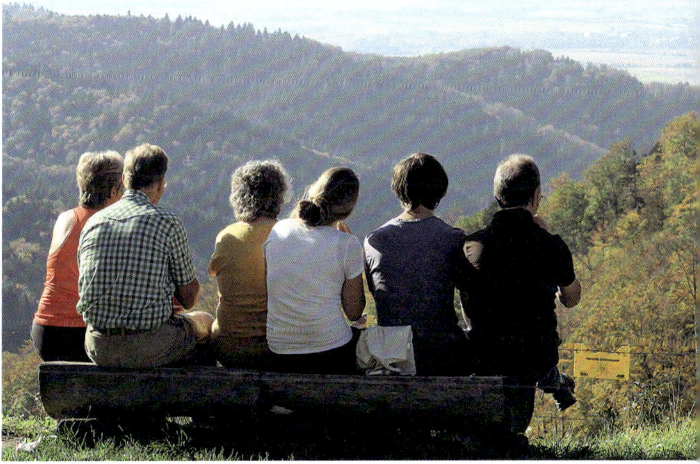

Rheintal voraus, Wirtschaft im Rücken – am Kohler

gen Zufahrt auf einer Waldfahrtsraße liegt der Berggasthof noch im Freiburger Ausflugsradius. Gleich wie sich Details entwickeln, eine stille Klause war der Kohler früher nicht und er wird es nach der jüngsten Ertüchtigung sicher nicht werden. Wie so oft hilft antizyklisches Verhalten. Zur rechten Zeit und bei passender Laune bleibt der Kohler eine Option über dem Gewusel im Tal.

Kohler bei 79238 Ehrenstetten, Tel: 07602-245; wirthschaft-zum-kohler.de, ♠ Terrasse und Wintergarten mit Vogesenpanorama. 30 min. Zugang zum Höhenwanderweg Schauinsland-Sonnhaldeneck-Münstertal-Staufen. KFZ-Zufahrt auf 7,5 km langer Stichstraße durch die Wälder des Ehrenstetter Grund (im Winter geräumt).

Touren ab Kohlerhöfe Der Kohler ist ein günstig gelegener Einkehr- und Ausgangspunkt für Rundwanderungen; auch bei mäßiger Wanderlust sollte man die paar Höhenmeter rauf zum Panoramaweg am Sonnhaldeneck auf sich nehmen; die

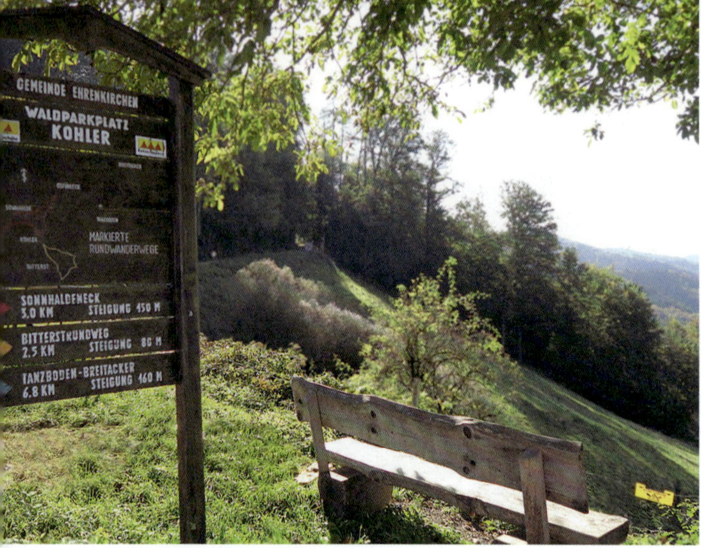

Start und Ziel am Kohler

Hänge um die Kohlerhöfe selbst bieten deutlich weniger freien Blick, zudem liegen sie in den Wintermonaten bereits früh im Schatten (was auch für Kohler-Terrasse und Wintergarten gilt). Weitere Rundumsicht bieten nur die Weiden oberhalb der Kohlerhöfe.

Ab Kohler Schon eine kleine Runde zum Panoramaweg am Sonnhaldeneck und weiter über den Wegweiser Gstihlberg zurück zu den Kohlerhöfen bringt viel Landschaftseindruck (Rundweg ca. 1 h). Der panoramische Weg am Sonnhaldenberg kann auch in Richtung Gießhübel und weiter zum Schauinsland verlängert werden, wie bereits auf S. 94-95 empfohlen (reizende Rastplätze direkt am Sonnhaldeneck sowie im weiteren Wegverlauf).

Distanzen ab Wegweiser Kohlerweg (735m)/Kohlerhof: bis zum Sonnhaldeneck 0,8 km, Gstihlberg 1 km, Gießhübel 3,5 km, Schauinsland 6,5 km, Spielweg 3 km, Eduardshöhe 4,5 km, St. Ulrich 3 km, Horben 8 km, Staufen 12,5 km.

Der Kohlerhof wäre auch eine Station auf einer ca. 20 Kilometer langen Höhenwanderung zwischen Freiburg-Horben (über Eduardshöhe, Priorsfelsen) bis nach Münstertal-Bahnhof oder Staufen (Endpunkte mit Anbindung an S-Bahn-Nahverkehr).

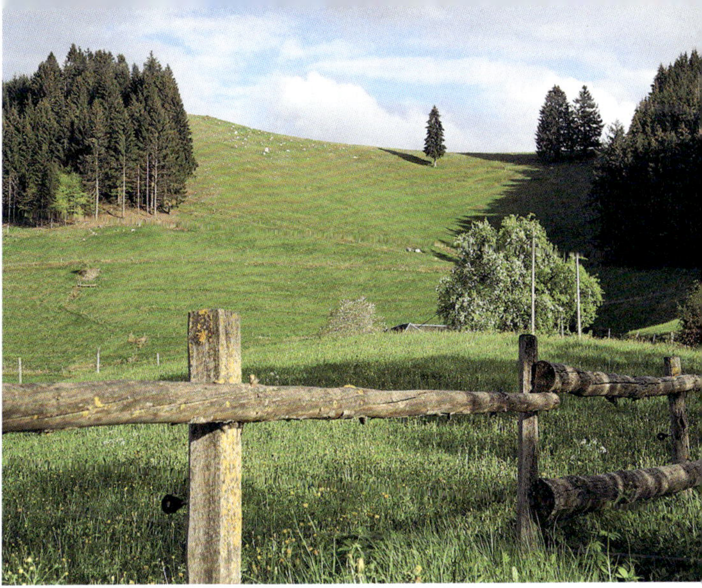

Lohnender Anstieg – vom Kohlerhof zum Sonnhaldeberg

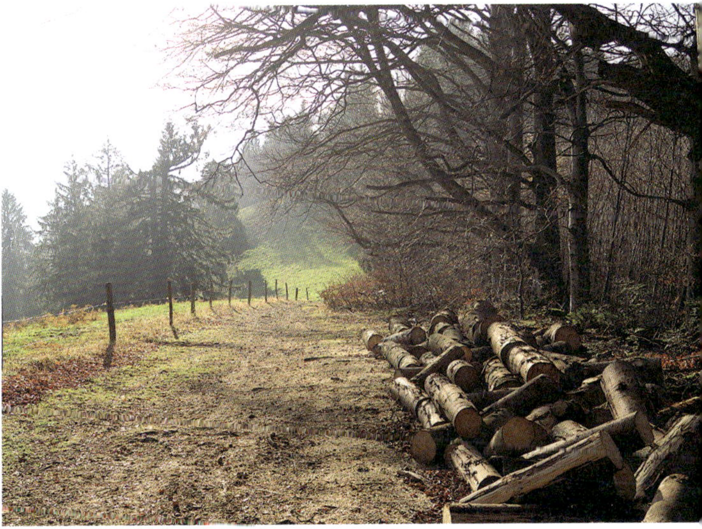

Goldener Dezember – zwischen Gstihlberg und Sonnhaldeeck

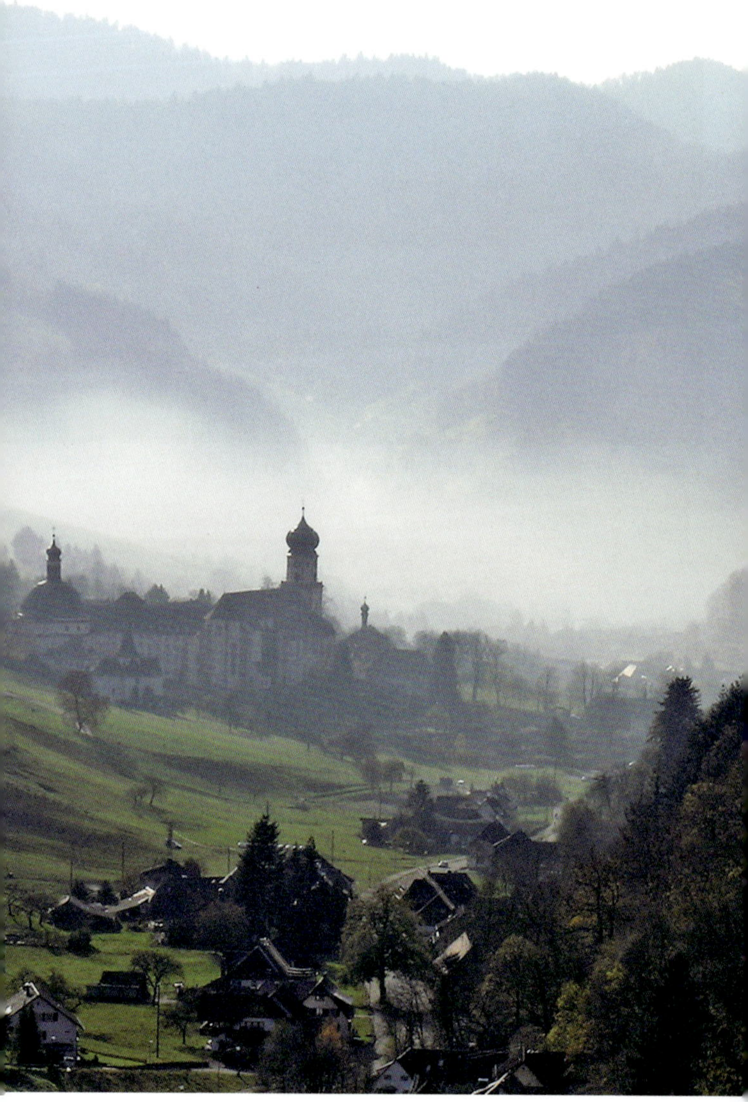

Verzaubert – St. Trudpert im Tal

Vom Münstertal ins Licht

Mit der Zeit etablieren sich neue Bräuche auch in einem Tal mit historisch beachtlicher Vergangenheit. Einst Bergbau, Waldwirtschaft und Klosterleben, heute Küchenstudio, Campingplatz und S-Bahn. Gleich nebenan ein *Belchencenter* mit Textil-Fabrikverkauf. Eine Generation später die obligatorische Flüchtlingsunterkunft, Praxen für Körperarbeit und eine heute ebenfalls systemrelevante Heitzmann-Bäckereifiliale. Ohne Aufbackstation und Nagelstudio fehlt etwas im ländlichen Raum.

Die neue Münstertäler Ortsdurchfahrt zieht sich. Auf bald zehn Kilometern längs der L 128 erscheint ein bunter Reigen, auch architektonisch ist alles dabei. Partien mit historischen Hofstellen, Allerweltsbauten, Getränkemärkte und eine neue Seniorenwohnanlage bei der evangelischen Kirche, deren Schauseite einer Drohung gleicht. Ich möchte lieber tot überm Zaun hängen, als im Wasen alt werden.

Andererseits hat jedes Tal mehr als ein Gesicht. Auf Münstertals Sonnenseite liegt ein neuer Bahnhofsplatz mit S-Bahn-Anschluß und einer beliebten Bahnhofsgastronomie

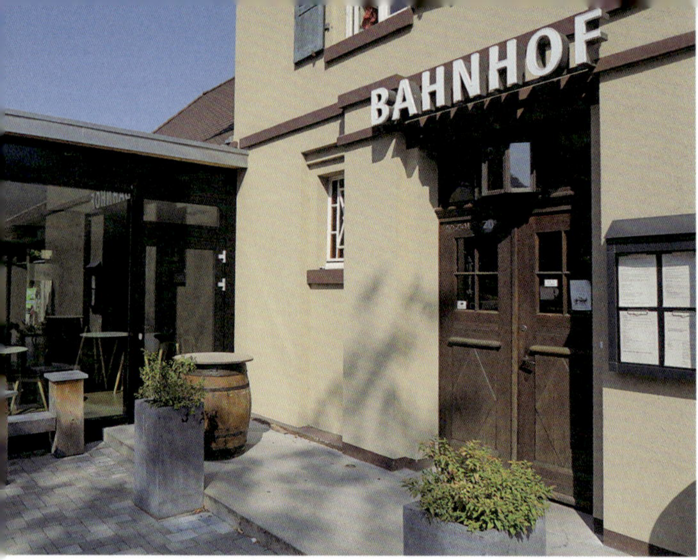

Alte Station, neue Einkehr – Bahnhof, Münstertal

im Café-Bar-Bistro-Hybridformat. Durch die Sanierung des lange Jahre verwahrlosten alten Stationsgebäudes hat das Tal seit 2015 wieder einen kommunikativen Treffpunkt, der von Einheimischen und Gästen gleichermaßen gerne besucht wird; mit Veranstltungs-Bühne und Freiterrasse, bahnhof-muenstertal.de.

Mit der neuen Gastronomie ist auf der sonnigen Talseite rund um das ehemalige Bahnhofsareal so etwas wie eine neue Ortsmitte entstanden. Die wirkt durchaus zeitgemäß, mit Bahnanschluß und stattlichem REWE-Markt. Moderne Zeiten, was früher der Dorfbrunnen an der Linde war, ist jetzt der Backshop im Kassenbereich.

Mitten im Münstertal, wo das Holz fast bis in den Kachelofen wächst, liegt heute Kaminholz in handlichen Säcken am Eingang des Supermarktes. In der Kühltheke gibt es irische Butter und nordischen Lachs und abends kommen die netten G'schichtle im SWR-Regionalprogramm. Ein bißchen emotionaler Zuckerguß dank unser aller Rundfunksteuer.

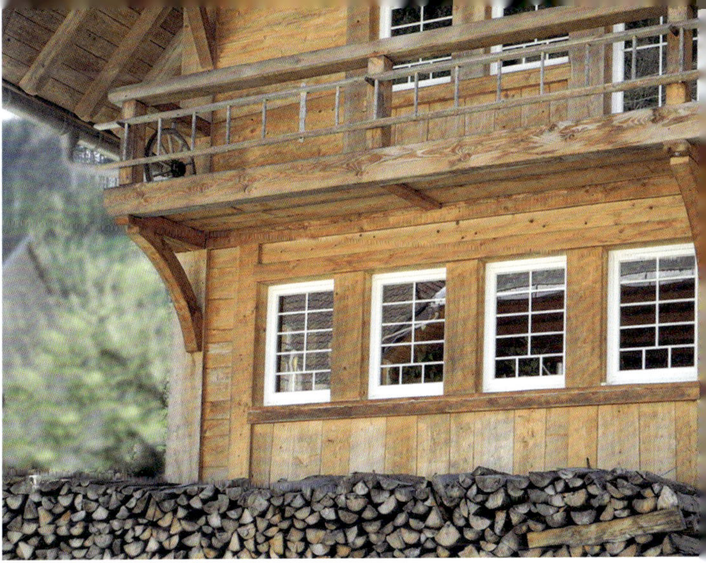

Gut Holz – in Münstertal an der L 128

An der Ortsdurchfahrt, wenig unterhalb von besagtem Seniorenzentrum, erscheint das geschlossene Gasthaus Löwen, dessen Umschwung in Filetlage sicher auch bald einem Baugebiet weichen wird. Immerhin gibt es vor dem Belchen noch zwei geöffnete Tankstellen. Zunächst erscheint die Freie bft-Tankstelle mit Car Wash, versteckt dahinter, im Hof 36, die KFZ-Werkstatt von Meister Arndt. Keine große Reklame, nur ein kleines Blechschild weist zur Werkstatt, die aussieht wie eine Werkstatt. Hier wird repariert, was zu reparieren ist. Statt Kindergarten-SUVs stehen Ladas im Hof, im Hinterhof die Werkhallen, ein leichter Ölfilm adelt die Dinge, dazwischen ein Wagenmeister, der ein Orchester dirigiert.

Meinen VW-TDI, den alle schon aufgegeben hatten, konnte Arndt mit einem minimalinvasiven Eingriff an der Pumpe-Düse-Einheit vor dem Libanon retten. Das ist praktizierte Ökologie und zudem nachhaltiger als alle paar Jahre einen subventionierten E-Zweitonner bestellen. Verglichen mit geknebelten Vertragshändlern sind solche Werkstätten ein

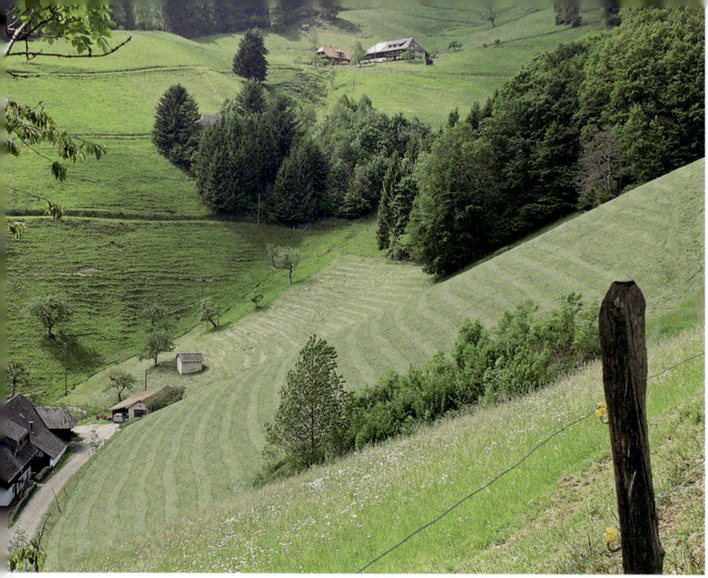

G'mähtes Wiesle im oberen Münstertal

Segen. Sie erinnern mich außerdem an Metzgereien, die noch selbst schlachten, wursten und Kunden für kleines Geld glücklich machen.

Münstertal, langes Tal Vom Taleingang bis rauf nach Obermünstertal, wo Untere Gasse, Armengasse und Hinteres Elend beginnen, zieht sich der Talgrund stetig ansteigend. An Zuflüssen und Nebentälern verstreut liegen die Ortsteile. Autofahrer Obacht, Radarfallen!

Abgesehen vom dominanten Klosterkomplex St. Trudpert ist längs der Durchgangsstraße kaum von Sensationen zu berichten. Gastronomisch zählt neben dem erwähnten *Bahnhof* die *Sonne* zu den gesetzten Adressen, namentlich bei Gästen, die Rechaud und gebundene Sauce mehr schätzen als Blümchenküche auf Schieferplatte.

Das interessante Gelände für Touren liegt weiter oben am Hang, wo alte Gewannnamen nach getaner Arbeit klingen: Laubdobel, Harzloch, Eisengraben, Kohlrain, Breitacker.

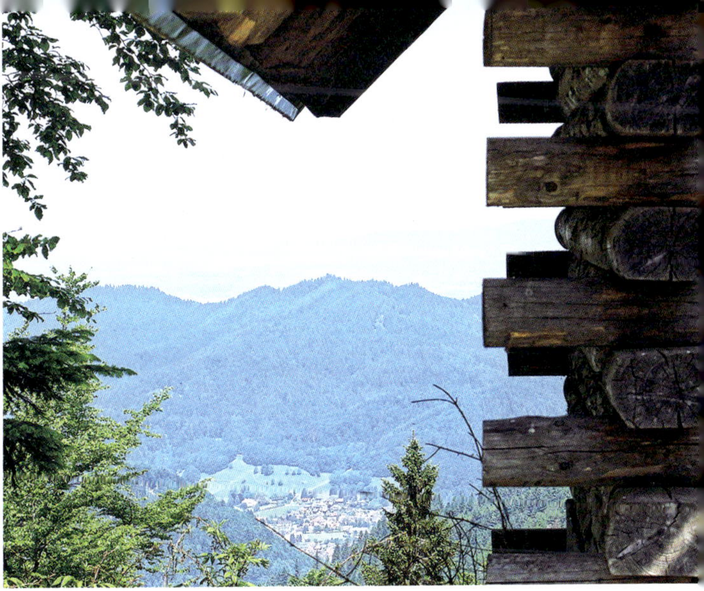

Blick von der Richtstatt (1.063 m) ins Münstertal

Heute locken Panoramawege, Sonnenbänke und autonome Weidberge (dank Elektrozaun, jedenfalls solange der Wolf nicht vorbeischaut). Dazwischen letzte Höfe, deren Steilhänge freilich ebenfalls nach Arbeit aussehen. Lichtnelken, Butterblumen und Margeriten begleiten einen auf Graswegen und über Weidberge, die einen Taleinschnitt mit dem nächsten verbinden.

Münstertal, steiles Tal An einem heißen Samstag im Juni gehe ich hier über steile Flanken, habe Respekt vor jedem Landwirt, der hier sein Land bewirtschaftet und die gemähten Schwaden so akkurat ablegt, als käme gleich nachher ein Inspektor vorbei. In der Schweiz ist es schon länger soweit, Wildheuen in Steillagen ist entweder therapeutischer Luxus für Senior Consultants oder eine staatlich exakt geregelte Maßnahme der Landschaftspflege.

Auf der Höhe vom Münstertäler Bahnhof erscheint am Talweg eine der auffallendsten Hofstellen am Fuße sonni-

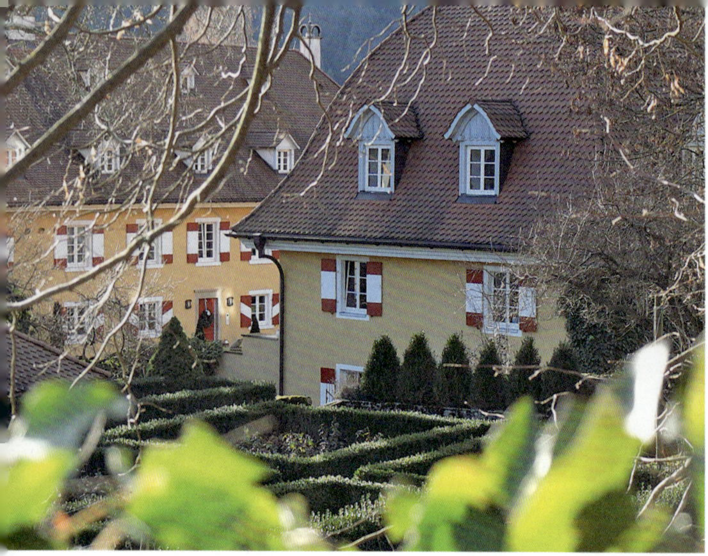

Prächtige Liegenschaft – Laisackerhof im Münstertal

ger Weiden. Der mit mächtiger Walm bedachte *Laisackerhof* liegt nur ein paar Hundert Meter oberhalb vom Wegkreuz am Bahnhof Münstertal. Die ehemalige Meierei des Klosters St. Trudpert wurde vom früheren Daimler-Manager und Osteuropapolitiker Klaus Mangold Ende der 90er erworben und überaus präsentabel saniert. Ein Landsitz als privater Think-Tank, sicher auch zum distinktiven Chillen geeignet. Hochmögende lassen vorfahren oder landen. Feiern, netzwerken, jagen und gehen wieder. Moderne Zeiten in einer alten Meierei.

Touren Laisackerweg und Hof liegen an einer der schönsten Stellen von Untermünstertal. Der Blick reicht vom Schwarzwald ins Rheintal, vom Belchen über das Kloster bis nach Staufen. Wenig oberhalb vom Laisackerhof steht der gleichnamige Wanderwegweiser auf 410 Metern. Ab hier Tal- und Panoramawege (und Ruhebänke) längs der sonnigen Talflanke. Entfernungen: Talweg nach Etzenbach 2 km, Kloster St. Trudpert 2,4 km, Spielweg/Obermünstertal 5 km, über die Wegweiser Laitschenbach und Breitacker zum Kohlerhof 8,5 km, Wiedener Eck 10 km, Schauinsland 14 km.

Der Talweg in Untermünstertal erschließt auch bergbauhistorische Schlüsselstellen der ehemals bedeutenden Erzgewinnung im Münstertal

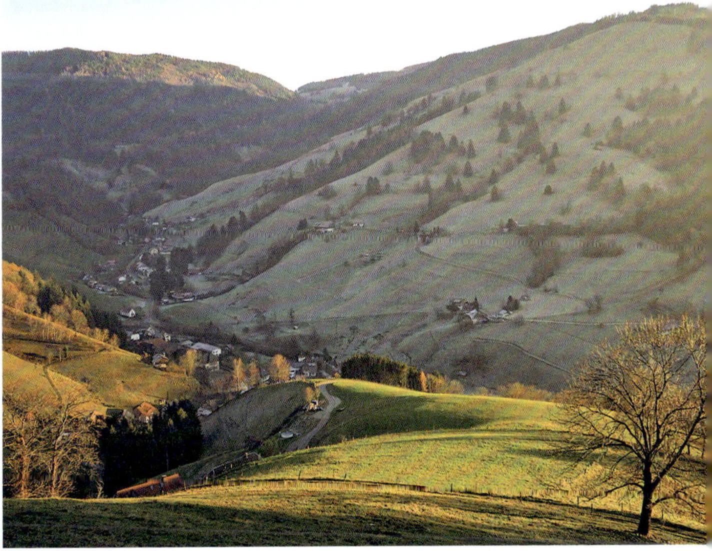

Stille Pfade im Obertal – zwischen Kapf und Steinbrunnen

(Info-Tafeln am Talweg, z.B. zwischen den Wanderwegweisern Laisakkerhof, Hammergründle und Schwärzhalde).

Ein Tal, zwei Seiten Mangold oder auch Spiegelhalter heißen jene, in deren Stube die Sonne scheint, der alte Familienname Winterhalter spricht eher für einen Nordseitenbauern. Ansonsten heißt man im Münstertal aber Pfefferle, Gutmann oder auch Ortlieb. Sprichwörtlich ist ein gewisser Eigensinn der *Däler*, was auch für die Windenergienutzung gilt. Pro und Contra bilden im Münstertal zwei Fraktionen, die sich wenig versöhnlich gegenüberstehen. Lange wurde debattiert, zweimal knapp abgestimmt. Momentan stockt die Angelegenheit noch, Fragen von Erschließung und Grundwassersicherheit bleiben vorerst offen. Auch landschaftsästhetische und touristische Einwände gegen die Windindustrie konnten die Münstertäler Planetenretter bislang nicht beeindrucken. Genug politisiert, wer im Tal eine ruhige Bleibe sucht, könnte im *Langeck*, oberhalb der L 30 nach Neuenweg, fündig werden:

Landhaus Langeck, Langeck 6, 79244 Münstertal, ☏ schöne Zim-

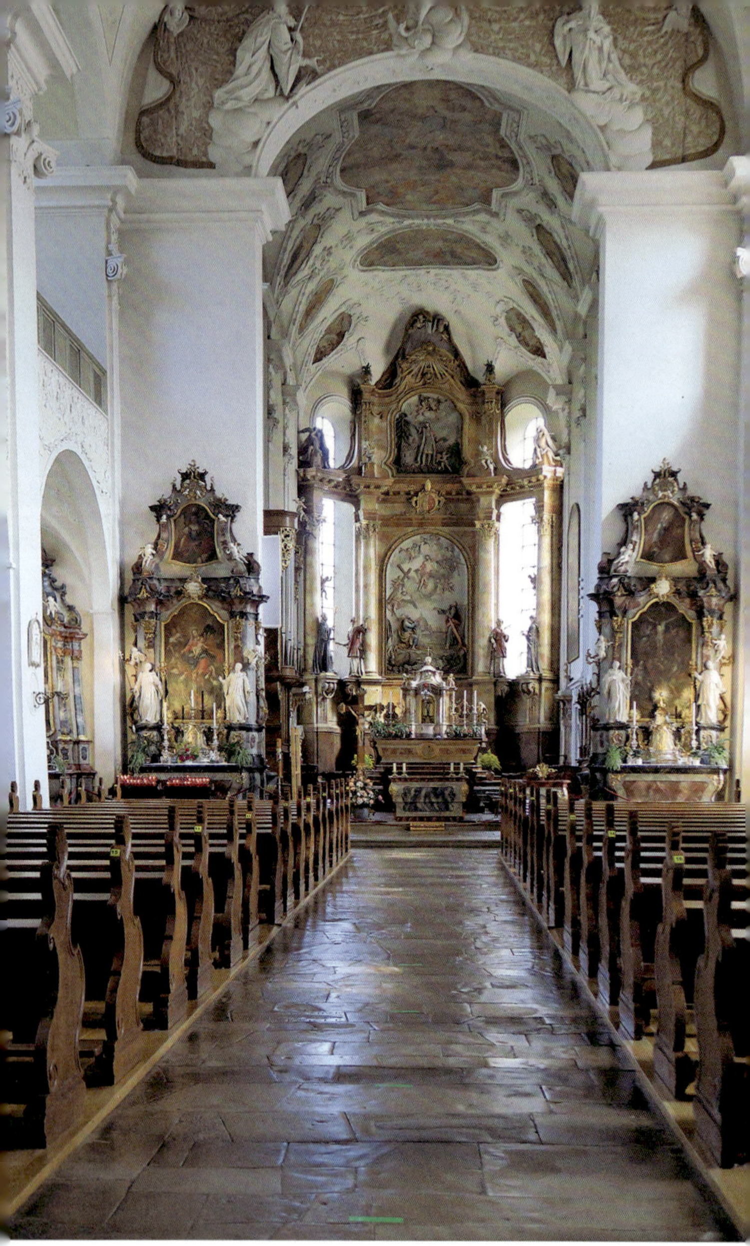

Sichere Wahl der Verhältniswerte – St. Trudpert

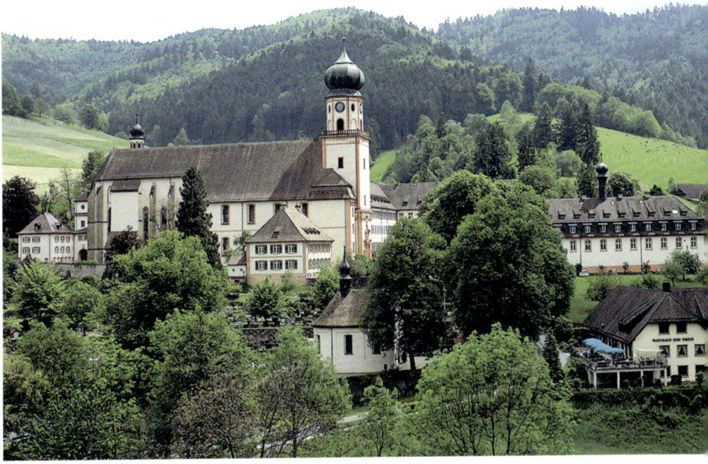

Barockes Meisterwerk: Klosterkirche St. Trudpert

mer in ruhiger, ringsum grüner Lage, guter Tourenausgangspunkt, Restaurant und Sauna im Haus, ♠ große Terrasse. Tel. 07636-787 75 80; langeck.de.

KLOSTER ST. TRUDPERT, Münstertal Dominierend und zugleich ansehnlich in der Landschaft, liegt das Kloster St. Trudpert mit der Zwiebelturm-Barockkirche auf der südlichen Talflanke. Das Ensemble wurde mit Gespür dem Talgang angepaßt, sein imposante Erscheinung erwächst aus der freundlichen Hanglage, die von bewaldeten Höhenzügen über dem Pfaffenbach gerahmt wird. In seiner heutigen Form wurde das Kloster ab 1709 gebaut. Reclams Kunstführer preist nicht nur die Außen-, sondern auch die Innenwirkung der barocken Klosterkirche: „Eine sichere Wahl der Verhältniswerte zeichnet das Raumbild aus."

Architekt der 1727 geweihten Kirche war Peter Thumb, der auch für St. Peter verantwortlich war (siehe S. 35). Thumb wird vor allem das Langhaus zugeschrieben. Innen beeindrucken die reiche Malerei und eine prächtige Altarausstattung aus den Jahren 1710-1722; regelmäßig Orgelkonzerte.

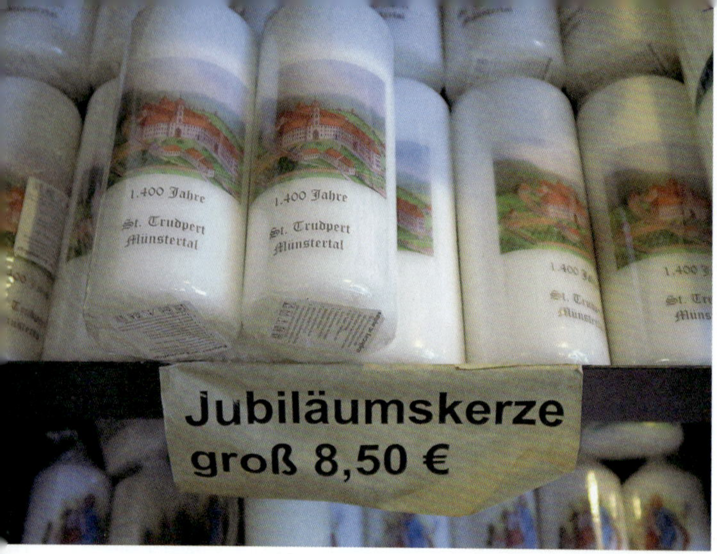

Heiliges Licht für jede Kammer – geweihte Kerzen aus St. Trudpert

Als Beobachter der Alltagskultur fällt mir beim Besuch barocker Kirchenräume auf, daß kein noch so bedeutender Politiker einen solchen Raum und schon gar keine Kanzel wie in St. Trudpert für seine Predigten beanspruchen kann. Einen kleinen Trost für Weltliche gibt es dennoch: Gleich am Eingang sind Kerzen in verschiedenen Formaten und Farben zu haben. Auch die in der Einstiegspreislage von 2,50 Euro sind geweiht, also kann schon eine kleine Flamme aus St. Trudpert die bescheidenste Hütte erleuchten.

Die anschließende Klosteranlage entstand größtenteils Mitte des 18. Jahrhunderts. Seit 1919 wirken die Schwestern vom Heiligen Josef in St. Trudpert, preiswerte Unterkunft und Pension in den Klostergebäuden ist möglich; auch Seminare etc.; kloster-st-trudpert.de. Direkt an der Auffahrt zum Kloster zur Rechten das Café-Restaurant *Kreuz*.

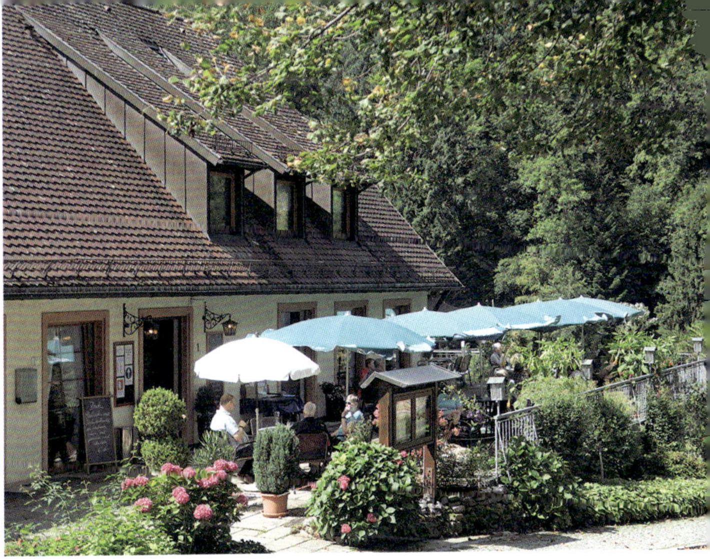

Kuchen am Klosteraufgang – Gasthaus Kreuz

Erhabene Gärten Die parkähnliche Gartenanlage mit den Küchengärten des Klosters ist bei respektvollem Verhalten tagsüber zugänglich. Die meisten Besucher der Kirche schenken dem stillen Ensemble aber kaum Beachtung. Dabei lohnt das Gelände um die Klostergärtnerei zumindest zur Blüte auch ein paar Schritte. Die Anlage wird im Westen, zum Tal hin, von einer Aussichtsbastion mit mächtigen Linden abgeschlossen. Im Wortsinn ein besinnlicher Platz.

Nachdenklich stimmt dann der Garten vor dem Pfarrhaus neben der Klosterkirche. Jahrzehnte war dort ein wohl bestellter Hausgarten, seit Jahren wachsen Gras und Hecken. Man muß sich tatsächlich Sorgen um die Kirche machen.

Café-Gasthof Kreuz (am Kloster), ♠ Sommerterrasse; hausgemachte Kuchen in der Vitrine (Spezialität u.a.: Schwarzwälder), eigenes Eis und eine Teeauswahl, Vesper und Tageskarte mit warmen Gerichten, Tel. 07636-818; cafezumkreuz.de.

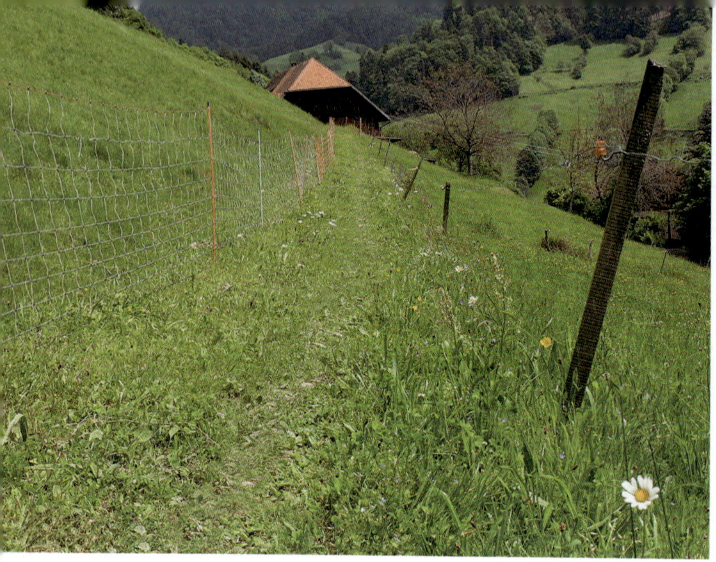

Pfade und Weiden – in Obermünstertal

Gehen auf der Sonnenseite Neben dem Talweg, der ab Münstertal-Bahnhof auch Höhenvarianten bietet, gibt es noch weitere lohnende Varianten über der Sonnenseite des Tals. Gleich, wo man losgeht, es lockt heiterer Südschwarzwald unterbrochen von Weiden, Mischwald und Nadelbaumsolitären, jedenfalls keine Fichtenschwere.

Schöne Touren- und Einkehrmöglichkeit auch ab Obermünstertal-*Spielweg*; oder höher am kleinen Parkplatz oberhalb vom *Gipfhof*. Hier wäre das Touristenaufkommen vom Rummel auf Belchen oder Feldberg himmelweit entfernt. Rechnen Sie an hellen Wochenenden dennoch mit Kolonnenverkehr auf der Talstraße gen Wiedener Eck. Wer ein Klumpenrisiko vermeiden möchte, wählt höher gelegene Ausgangspunkte vor der Paßhöhe Wiedener Eck. Ein sonniger und landschaftlich reizvoller Platz ist die oben erwähnte kleine Parkstelle beim oberen Gipfhof, am Fuß des Sonnhaldeberges.

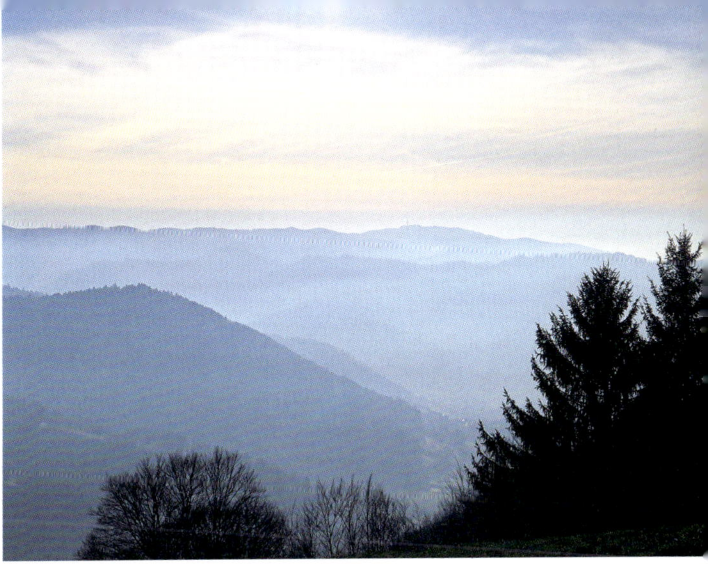

Hoch hinaus im Münstertal – am Gstihlberg

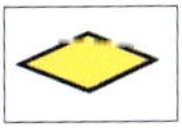

Touren ab Obermünstertal, Parkstelle Obergipf Neben den Parkplätzen im Tal bzw. Richtung Wiedener Eck lohnt die kurze Auffahrt vom Gasthaus Spielweg/Obermünstertal über den Kohlerweg zum Parkplatz beim oberen Gipfhof (680 m); er liegt noch 200 Straßenmeter oberhalb des Gipfhofes; man ist dann bereits auf 700 m Höhe, die Talsohle liegt auf gut 500 Metern; kein Massenbetrieb.

Ab hier bzw. weiter oben vom Wegweiser Gstilberg am Kammweg lohnende Wegvarianten. Eine kurze führt in einer Stunde rüber zum Kohlerhof (Einkehr, vgl. S. 103). Eine mehrstündige Rundwanderung führt über den Gießhübel und das Wiedener Eck wieder zurück zum Kammweg beim Gipfhof.

Kohler und Gießhübel Vom Gipfhof auf steilem kurzen Zugang zum Kammweg, der von Staufen zum Gießhübel führt. Man erreicht nach 15 min. den Wegweiser Gstihlberg (775 m) auf dem Sattel zwischen Obermünstertal und den Kohlerhöfen. Hier beginnt der Panoramaweg in Richtung Sonnhaldeberg und Gießhübel. Rastplätze und die Wege am sonnigen Waldsaum entlang haben etwas Besonderes, bei hellem Wetter ist praktisch rund ums Jahr eine Rast im Freien möglich. Auch die exponierten Sonnenbänke werden geschätzt, vom lesenden Rentner bis zum Studentenpaar ist der Sonnhaldeberg ein anziehender Fleck

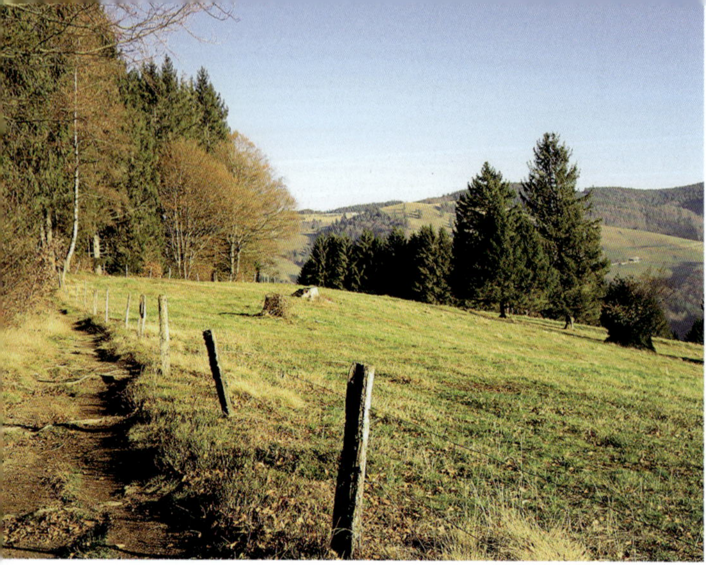

Begnadet – Kammweg vom Gstihlberg zum Schauinsland

zum einfach da sein. Einmal lag in der späten Wintersonne ein Paar in Hightech-Schlafsäcken, gut verproviantiert, lesend auf die Dämmerung wartend. Unter ihnen das Nebelmeer.

Am Wanderwegkreuz **Gstihlberg** (775 m) beginnt auch der Zugang zum Gasthaus Kohlerhof (ca. 20 min, meist im Wald); eine etwas weitere, aber landschaftlich offene Variante führt über das prächtig gelegene Wegkreuz am Sonnhaldeeck (865 m) in 2,5 Kilometern runter zum Kohlerhof. Auch Rundwegvarianten sind ab Gstilberg möglich mit Rückmarsch zum Parkplatz Gipfhof über einen der tiefer liegenden Wanderwege oder über Anliegerstraßen. Am interessantesten sind jedoch die kammnahen Varianten über das sagenhafte Sonnhaldeeck in Richtung Schauinsland.

Weiter bis Gießhübel Die Route zwischen den Wanderwegweisern Gstihlberg und Sonnhaldeberg, Sonnhaldenkreuzle und Stutz (am Gießhübel) verläuft über weite Strecken als Kammweg. Der bietet immer wieder Aussicht nach Südwesten über das Münstertal, besonders im Abschnitt vom Kohlbühl über Gstihlberg und Ahornwald bis zum Sonnhaldeneck. Über Kilometer hinweg verliert man kaum an Höhe und hat das Gefühl der erhabenen Perspektive. Schöne Passagen führen am Waldsaum entlang, vorbei an alten Weidbuchen, später über teppichweiches Gras rauf zur Herrgottsstelle am Sonnhaldeneck.

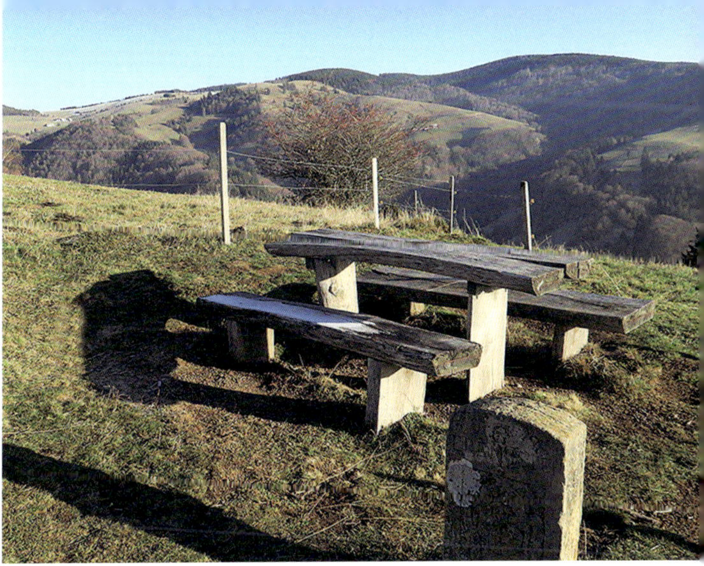

In erster Lage – Vesperplatz am Sonnhaldeeck

Entfernungen ab Wegweiser Sonnhaldeeck : Kohlerhof 0,6 km, St. Ulrich 3,0 km, Gstilberg, 1,2 km, Gießhübel 2,4 km, Schauinsland 5,5 km.

Vesperplatz am Sonnhaldeneck Ein besonderer Vesperplatz, der sogar an einem hellen Wintertag noch für ein Picknick geeignet wäre. Falls Sie sich (oder der Wanderbegleitung) imponieren möchten, hier wäre der passende Ort für eine spontane Brotzeit. Wenn's dort oben nicht funkt, ist eh alles zu spät. Oder man sitzt im trockenen Herbstgras, das in Südlage besonders flauschig gewachsen ist. Manche dieser natürlichen Sitzkissen haben fast schon Daunenqualität. Trotzdem bleibt man auf dem Kammweg oft für sich, obwohl die Passage gen Schauinsland zu den eindrucksvollen Höhenwegen im Südwesten zählt. Eine der schönsten, sonnigsten und auch noch aussichtsreichsten Partien im südwestlichen Schwarzwald.

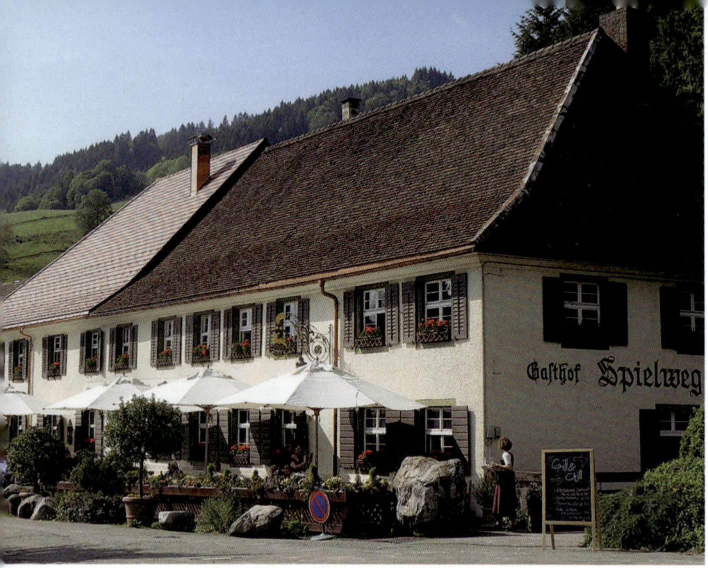

Alles unter einem Dach – Spielweg im Münstertal

SPIELWEG, Obermünstertal Platzhirschlage, Familienbetrieb seit 1861, eigene Jagd und Käserei, hochgemütliche Stuben, breit aufgestellte Küche von klassisch bis ambitioniert. Ein in Generationen gewachsener und gepflegter Gasthof wie der Spielweg hat mehr als einen Trumpf zu bieten. Im Skat würde man von einem Grand mit Vieren sprechen. Wer hier einkehrt, hat mehr als ein Dach über dem Kopf.

Ich komme dennoch fast ausschließlich wegen der kapitalen Südfront. Die Tische stehen fast rund ums Jahr vor der Sonnenwand und sie werden von kultivierten Tagdieben gerne besucht: zum Vespern nach einer Tour, zu Kaffee und Tee, zum Schauen und Lesen, zum Träumen im Südschwarzwald.

Man sitzt unprätentiös und doch gepflegt auf Teakholzmöbeln und bekommt von der Brotzeit mit Käse aus eigener Käserei, über ein XL-Vesperbrett bis zum kleinen Mittagsmenü so ziemlich alles, was es für zufriedene Stunden braucht, inklusive Stoffserviette zur Leberwurst. Die Vesperszene oben sagt eigentlich alles. Das Foto wurde an einem Wintertag

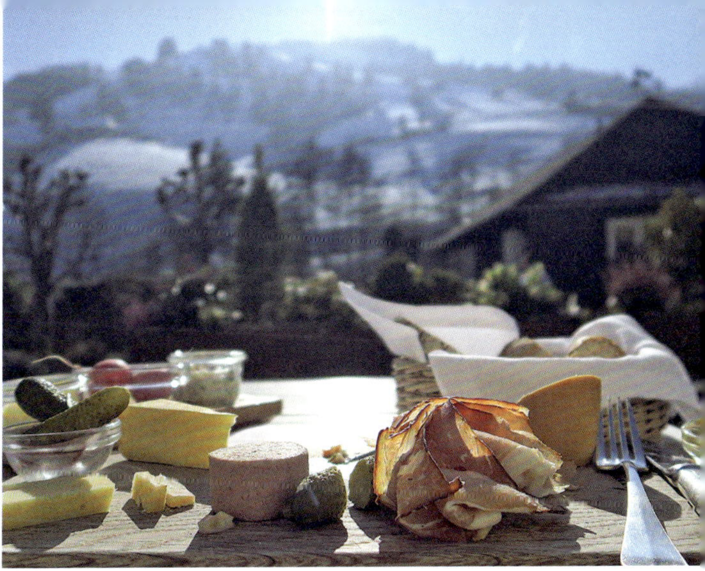

Ein Platz an der Sonne – Spielweg, Obermünstertal

aufgenommen, es wurde weder gestellt noch arrangiert, sondern so bestellt und genossen. Anfang Februar vor der hemdsärmelwarmen Spielweg-Südfront.

Der Vollständigkeit halber sei erwähnt, daß es im Spielweg natürlich höchst romantische Stuben gibt, viel Holz in der Hütte, Kachelofen und Herrgottswinkel, auch eine Lounge mit Kamin. Natürlich eine Sauna (diese schön und gut) mit Spa, Beauty etc.

Der gewagte Spagat der Küche reicht von der Wildbratwurst bis zur freien Münstertäler Interpretation asiatischer Kulinaria sowie weiteren Adaptionen aus dem großen Buch der Weltküche. Es fehlen weder der Markknochen am Stück noch Dim Sum. Wegen der forcierten Marketing-Küche der Juniorchefin zieht es mich ausdrücklich nicht in den Spielweg. Es ist und bleibt die Südfront, das Vesper, die kleine Karte, der gewöhnliche Wochentag, der hier leicht zum Feiertag werden kann, beiläufiger und entspannter als anderswo. Dafür ein Dankeschön!

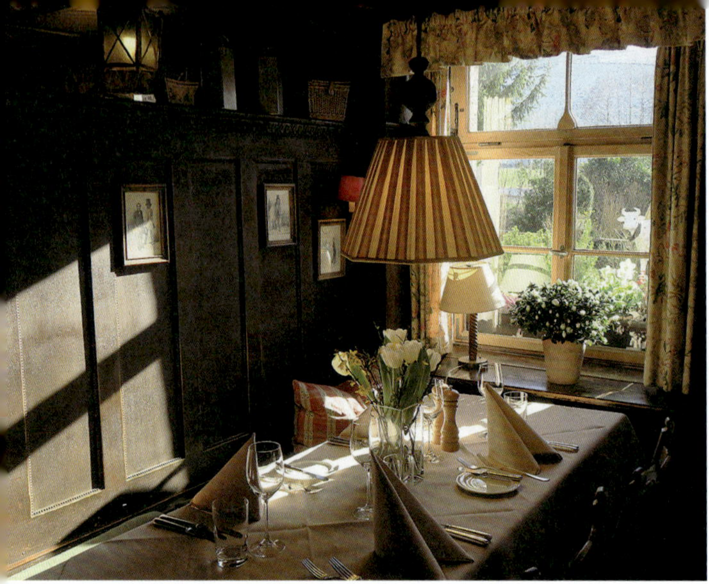

Hochgemütlich – in der Spielweg-Stube

Gasthof-Hotel Spielweg (Fam. Fuchs), 79244 Obermünstertal, Tel. 07636-7090; spielweg.com. ♠ zauberhafte Sonnenbänke vor dem Haus. unterschiedliche Gästezimmer und Appartements. Man beachte das weite Spektrum an Größen und Preisen. Tennisplätze, Sauna, Spa und Liegewiese.

Spielweger Käse aus der hauseigenen (Rohmilch-)Käserei gehört zu den Leidenschaften des Seniorpatrons Karl-Josef Fuchs. Das Sortiment – Frischkäse, Halbfeste und Hartkäse – kann auch anläßlich eines Vespers im Restaurant bestellt werden. Außerdem gibt es dort eigene Wurstkonserven.

Käse vom Glocknerhof Hinten im Ortsteil Kaltwasser, einem ruhigen Münstertäler Seitental am Fuß des Belchens, wo man fast noch das Gras wachsen hört (und das Heu trocknen), steht der 300 Jahre alte Glocknerhof. Schon seit der Jahrtausendwende wird die gesamte hofeigene Milch zu Käse und Milchprodukten verarbeitet, bereits seit 2001 gehört der Hof zum Bioland-Verband. Verarbeitet wird ausschließlich Heu- und Weidemilch, es wird also keinerlei Silofutter

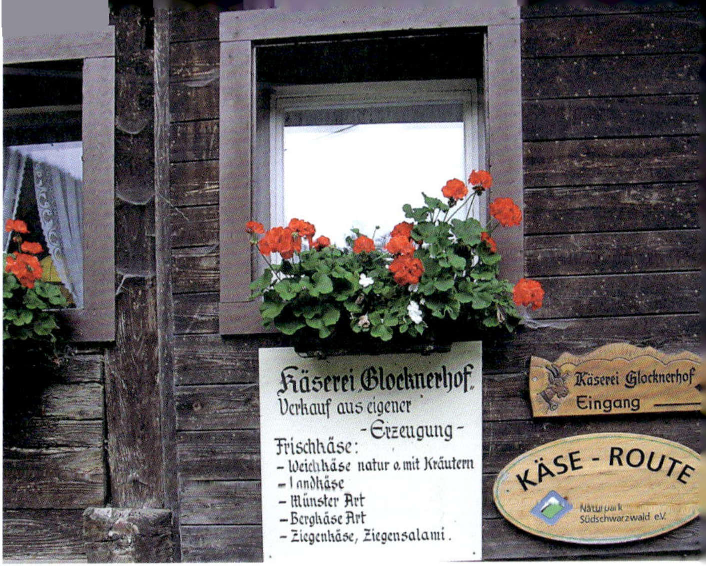

Nur Heu- und Weidemilch – Glocknerhof Käserei

verwendet, alle Kühe bleiben zudem behornt. Neben den Milchprodukten gibt es im Hofladen auch Ziegenwurst, auf Bestellung auch Ziegen-, Rind- und Schweinefleisch, alles stammt aus eigener Haltung und wurde mit eigener Haltung produziert.

Glocknerhof, Kaltwasser 2, 79244 Münstertal, Tel. 07636-518. Hofladen Montag, Mittwoch und Freitag von 11-13 und 15-18 Uhr, Sa. 9-13 Uhr, mit einem Marktstand auf einzelnen Wochenmärkten in der Region sowie auf dem kleinen Bauernmarkt in Münstertal am Rathaus (Mittwoch von 9-13 Uhr, Samstag von 8.30 bis 12-30 Uhr); alle Zeiten und Märkte: kaeserei-glocknerhof.de.

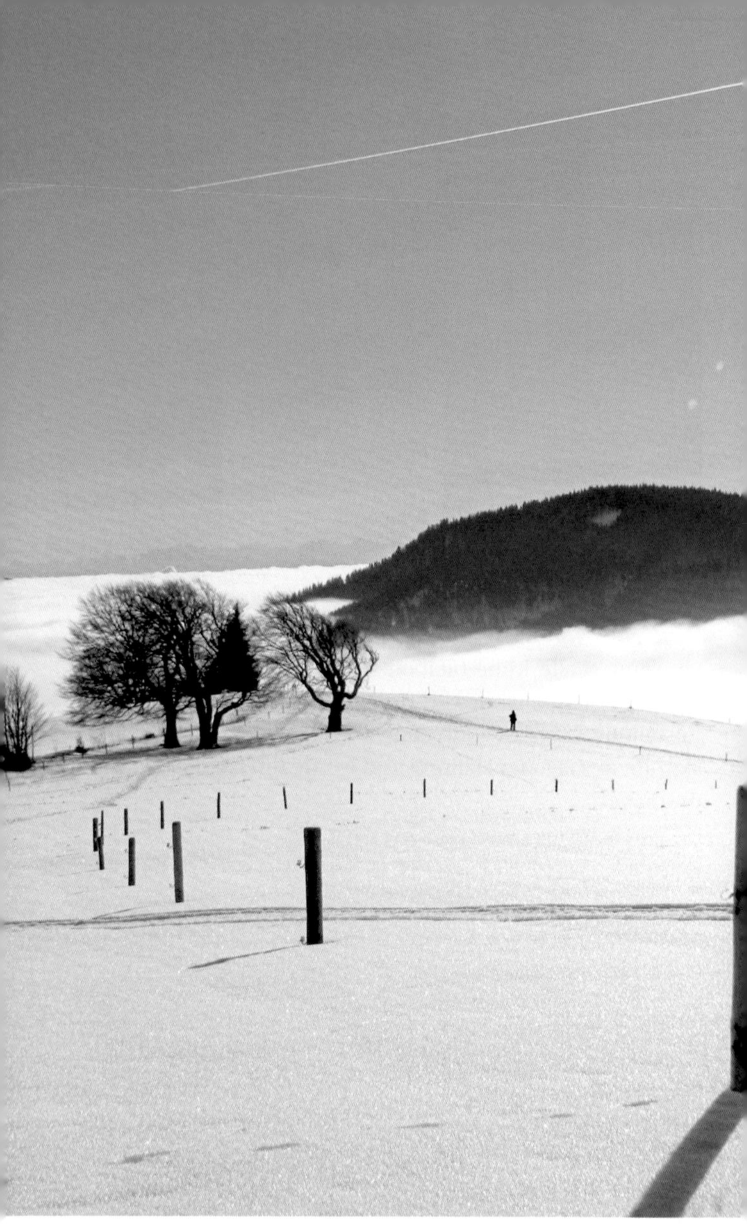

Vom Winter gezeichnet – Weidbuchen am Hörnle

9

Weidbuchen um Wieden

Auf den Höhen beim Wiedener Eck, am Hörnle und rund um Wieden erscheint der Südschwarzwald in beispielhafter Gestalt: sonnige Weiden, windkrumme Weidbuchen statt fichtendunkler Hänge, solitär gelegene Höfe. Im Süden steht das markante Profil des Belchen, dazwischen Höhenwege mit Alpenblick. Auch der Landschaftseindruck nach Osten gen Wiesental und Hochschwarzwald bleibt freundlich und hell.

Tage mit Neuschnee und Alpenblick können hier oben zur Offenbarung werden. Das Gehen, Schweben und Abheben beginnt schon wenige Meter abseits vom Parkplatz am Wiedener Eck. Ein idealer Auslauf, offener und zugänglicher zeigt sich der Südschwarzwald selten.

Im Westen gen Münstertal kündigt sich das Oberrheinland schon an; auf den Weiden am Itzenwaldweg stehen windgebeugte Weidbuchen als Landmarken am Weg, seit zwei-, dreihundert Jahren. Dazu von der Höhensonne getrocknete

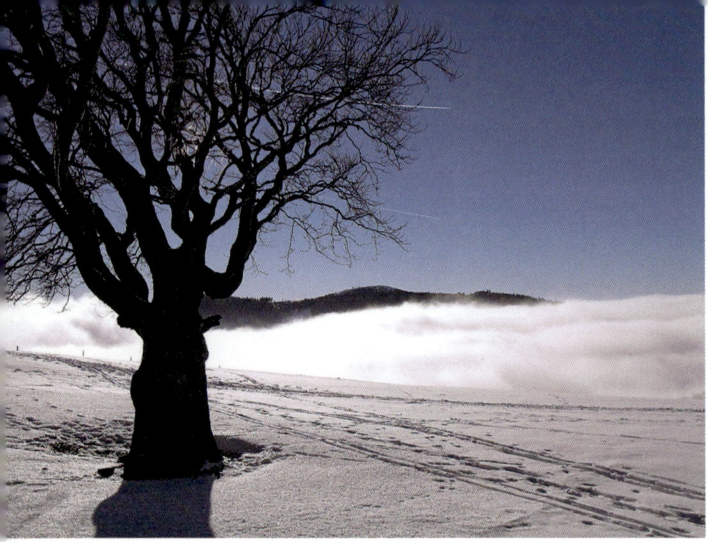

Nebelgrenze erreicht – am Wiedener Eck

Graspolster und immer mal wieder eine warme Nische am Waldrand. Zu allen Jahreszeiten ein Ziel, das einen auf kurzem Weg in andere Zustände versetzt. Gerade bei Neuschnee im Hochwinter, wenn im Tal der Nebel hockt und oben Plätze mit einer Weidbuche als Rückenlehne locken. Lektüre, Apfel und Sackmesser nicht vergessen.

Ideal zum Auslauf Die Wiedener-Region bietet einen Reigen sonniger Höhenwege, dennoch ist das Gebiet – abgesehen von der Wanderautobahn *Belchensteig* – weniger überlaufen als vergleichbar attraktive Regionen am Feldberg oder am Freiburg nahen Freizeitpark auf dem Schauinsland.

Allenfalls der Andrang auf dem Parkplatz an der Paßhöhe Wiedener Eck kann zunächst irritieren. Der 2020 als Premium Wanderweg ausgelobte Belchensteig hat allerdings den Vorteil der Konzentration, so bleiben Nebenschauplätze von Eventwanderern verschont. Auch das Gedröhn der Motorräder – alle Wochenenden wieder – kann nerven. Dennoch, schon ein paar hundert Meter abseits der Hauptroute L 123 vom Münstertal über Wieden ins Wiesental nimmt der Um-

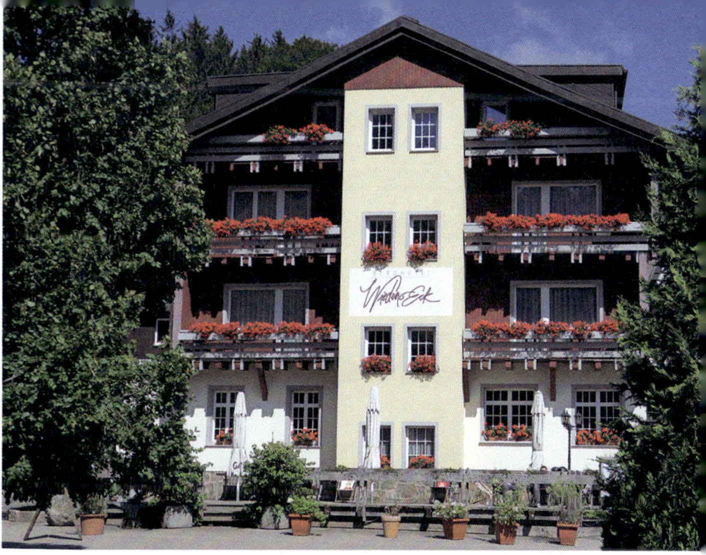

In Paßlage – Berghotel Wiedener Eck

trieb ab. Außerhalb der Saisonzeiten wundert man sich ohnehin, weshalb eine so attraktive Region so normal und bei sich blieb. Frei von Auswüchsen des Animationstourismus. Es mag das Fehlen großer, anziehender Namen sein.

So gönnt man einmal anderen Regionen ihren Auftrieb und freut sich über Flecken im Windschatten des Übertourismus. Das gilt auch für den Hochwinter bei guten Schneeverhältnissen: Die Lifte am Neuhof/Heidstein und Wieden/Rollspitz sind so gut wie nie überfüllt, unter der Woche kommt man sich dort wie in einem semiprivaten Skigebiet vor, dabei kann die Heidstein-Abfahrt durchaus mit Feldberger Pisten mithalten.

Touren ab Wiedener Eck Beliebtester Ausgangspunkt ist der belebte Parkplatz am Wiedener Eck auf 1.035 Metern an der Paßhöhe der Landstraße 123 zwischen Münstertal und dem Wiesental bei Schönau. Das Wiedener Eck bietet ein Komplettprogramm mit Gasthaus, Parkplatz, Aussicht, Motorradgedöns und allem, was sonst noch dazugehört.

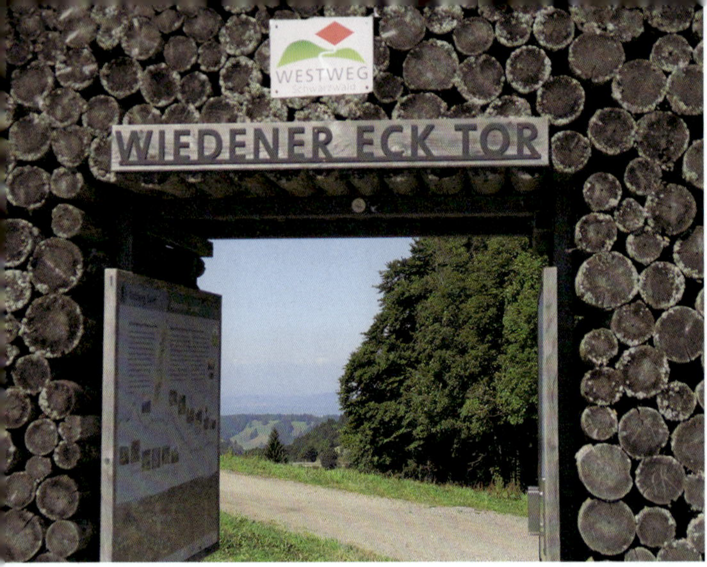

Kann man machen, muß man nicht: Selfierahmen am Wiedener Eck

Berghotel Direkt am Wiedener Eck liegt das gleichnamige Berg- und Ferienhotel mit gemütlicher Kachelofen-Stube, Glasfront-Speisesaal und ♠ großer Freiterrasse. Sauna und Hallenbad; wiedener-eck.de.

Außerdem führen die Routen des Westwegs und des populären Belchensteig über das Wiedener Eck, was besonders an Wochenenden für beachtliches Besucheraufkommen sorgt. Zu beiden Seiten der Paßhöhe, aber auch in Richtung Wieden, Multen und Belchen-Seilbahn gibt es weitere Möglichkeiten, die sich zum Tourenbeginn eignen. Auch die Talstation von Neuhof- und Heidsteinlift, sowie eine Straßenkehre oberhalb der (derzeit geschlossenen) Neuhof-Gaststätte sind als Tourenausgangspunkt geeignet.

Neuhof - Wiedener Eck Über Generationen ein klassischer Straßengasthof in der großen Kurve am Neuhof-Lift. Aber das ist Geschichte; die Wiedereröffnung ist derzeit nicht absehbar. Nur eine Kehre oberhalb Neuhof liegt an der L 123 ein großzügiger PKW-Parkplatz, zugleich ein Ausgangspunkt sonniger Weidewege: etwa in Richtung der auf freier Weide gelegenen **Itzenwaldhöfe** und weiter rauf bis zum **Hörnle** (1.189 m), einem famosen

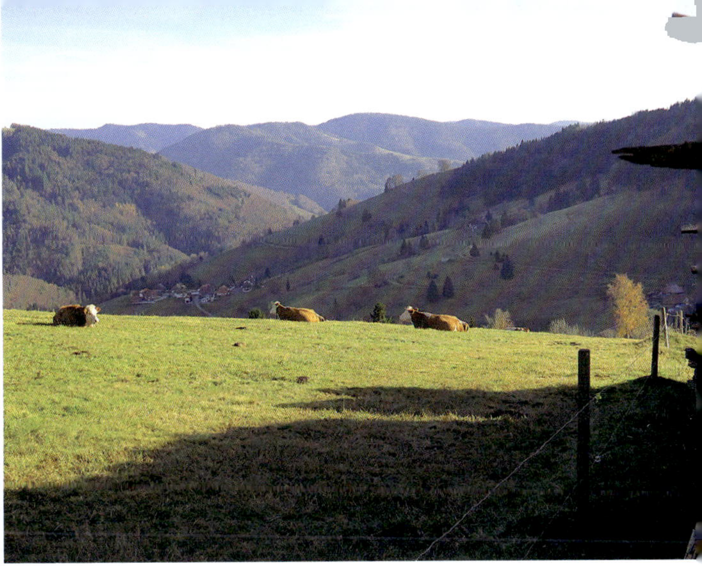

Verschnaufpause – an den Schafbuchen oberhalb Wieden

Aussichtsbuckel oberhalb des Wiedener Ecks. Man kann freilich auch bis zu den Itzenwaldhöfen hochfahren und spart sich dann einige Höhenmeter (bei den Höfen aber praktisch keine PKW-Parkmöglichkeit). Am Weg warten diverse winterwarme Sonnenbänkle – und wieder stellt sich die Frage: Muß der Sonnenbrand eigentlich immer auf den Seychellen erworben werden?

Auf Traumpfaden Anders als maschinell geschobene Waldfahrwege mit weiten Kurvenradien, die der Holzabfuhr dienen, haben historische Vieh- und Weidewege eine landschaftskonforme Wegführung. Ihr harmonischer Schwung entspricht dem Lauf des alten Viehtriebs, nicht dem Wendekreis der Langholztransporter.

Vieh paßt seinen Gang dem Gelände an, was man vom Menschen und LKWs nicht immer behaupten kann. Entsprechend sind die neueren Hangwege oftmals eher technisch als ästhetisch beeindruckend angelegt. Auch am Berg gilt, der gerade Weg ist der kürzeste, der dem Gelände angepaßte ist aber oft der praktischere, Kräfte sparende. Daß er auch der Schönste ist, ergibt sich von selbst.

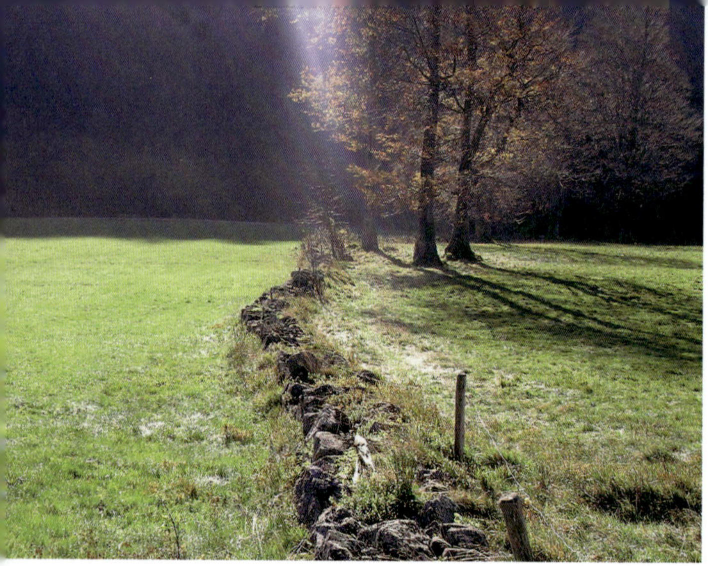

Spuren I – ein Lesesteinriegel zwischen zwei Flurstücken

Auffallend auf den Hochweiden zwischen Wiedener Eck, Hörnle und Neuhof sind die vielen Viehtränken. Ebenso markant wirken letzte Reste lose aufgesetzter Lesesteinriegel. Die bestehen aus groben, unbehauenen Findlingen, die früher aus den Wiesen geklaubt wurden. Mühsam mit der Hand am Arm. Solche Lesesteinmauern schmiegen sich regelrecht an den Grund, sie geben einem Hang Kontur, sie sind aber großen Maschinen im Weg. Deshalb verschwinden sie. Und natürlich verschwinden damit auch Lebensräume für seltene Arten von der Eidechse bis Fetthenne. Nur haben solche Mauern und ihre Bewohner keine Wolfslobby, die trommelt.

Weiter aufs Hörnle: Kurz vor Erreichen der buckelrunden Anhöhe Köpfle (1.089 m, derzeit noch ohne Windrad) wendet sich der Weg nach Osten, nun mit herrlichem Blick auf die Schauinsland-Hochflächen im Norden, den Blauen (mit markantem Funkturm) und natürlich stets auch mit Sicht auf den Belchenrücken nah im Süden. Mit jedem Schritt in Richtung Osten öffnet sich nun der Hochschwarzwald als

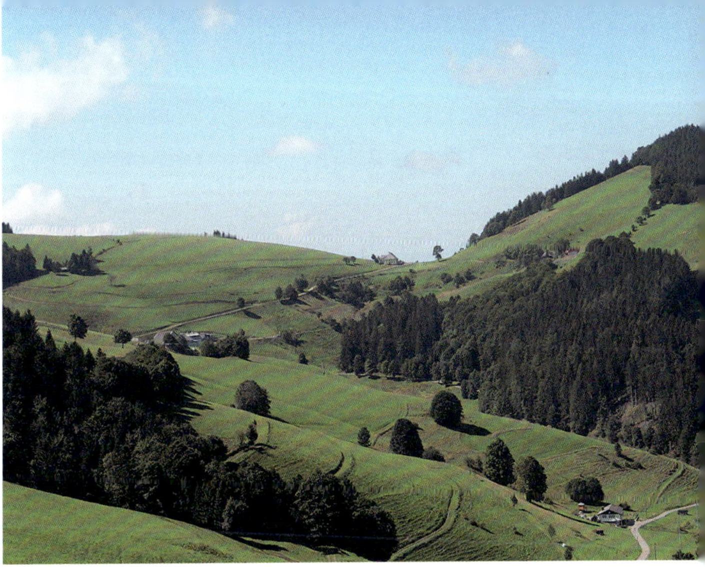

Spuren II – alte Weidewege am Neuhofwald

breiter werdende Szenerie, bei hellem Wetter mit Alpensicht.

Ausguck vom Hörnle Vom Wiedener Eck aus ist der kurze Weg auf den Panoramabuckel Hörnle fast Pflicht (grandios bei Neuschnee als Abstecher von der Notschrei-Loipe aus, die nahe vorbei führt). Das eigentliche Hörnle ist zwar nur eine mäßig ausgeprägte Kuppe inmitten einer rundum freien Weidelandschaft. Die Weite der heiteren, nach allen Himmelsrichtungen offenen Landschaft zeigt sich von hier oben aber am eindrucksvollsten. Der Südschwarzwald liegt vor einem wie ein offenes Buch.

Oben auf dem Hörnle oder auch nahe der Loipenspur am Itzenwaldweg würde sich eine Rast am Waldrand lohnen, wegen Südexposition, Alpensicht und so weiter. Volles Programm für alle jene, die tiefer schauen können.

Zurück in Richtung Neuhof oder Wiedener Eck dann auf dem Hauptwanderweg (entspricht der Westwegroute), die am oberen der Itzenwaldhöfe vorbei führt. Wie bereits erwähnt, alle drei Höfe sind auf einer Asphaltstraße auch von

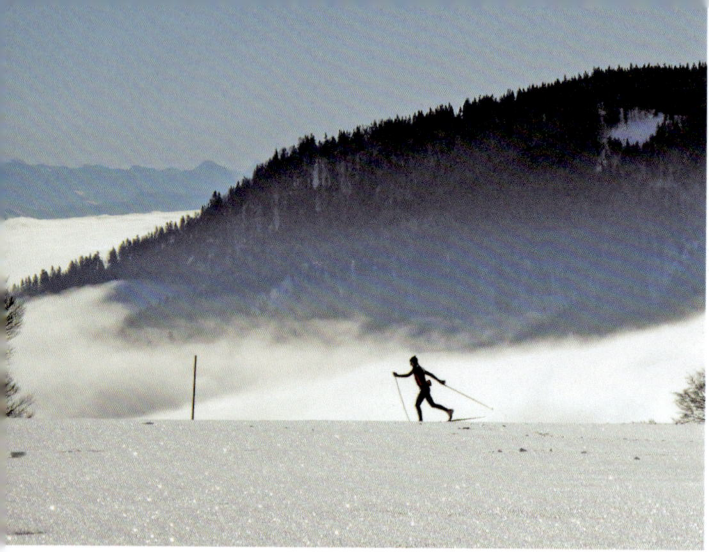

Gut in Form – am Hörnle

der L 123 aus zu erreichen (versteckter Abzweig zwischen Neuhof und der Paßhöhe am Wiedener Eck). Die Ferienwohnungs-Nebengebäude wirken neben den Traditionsbauten fremd.

Wandern/Touren Breite Auswahl an Möglichkeiten direkt ab Wiedener Eck, dort Wanderwegweiser zu allen wichtigen Nah- und Fernzielen. Für eine kurze Tour in Richtung Hörnle nimmt man den nach Nordosten und Schauinsland ziehenden Itzenwaldweg. Am Wiedener Eck beginnt auch der lohnende, 11 km lange Höhenweg zur Almgaststätte Knöpflesbrunnen (vgl. S. 390).

Im Schnee Besonders lohnende Wege – als Langlauf- oder Schneeschuhtour – führen in Richtung Trubelsmattkopf (ebenfalls über das Hörnle) und weiter in Richtung Schauinsland-Halde/Notschrei. Zu passierende Wanderwegweiser auf der Westweg-Route zum Schauinsland: Auf den Böden, Glashofwald, Münsterweg, Oberer Wald, Kaltenbrunnen, Schauinsland-Halde.

Distanzen ab Wiedener Eck nach Norden: Auf den Böden (Hörnle) 3 km, Notschrei 6 km, Schauinsland Halde 7,5 km, Stübenwasen 12 km, Feldberg 15 km. Nach Süden: Belchen 6,5 km, Blauen 24 km.

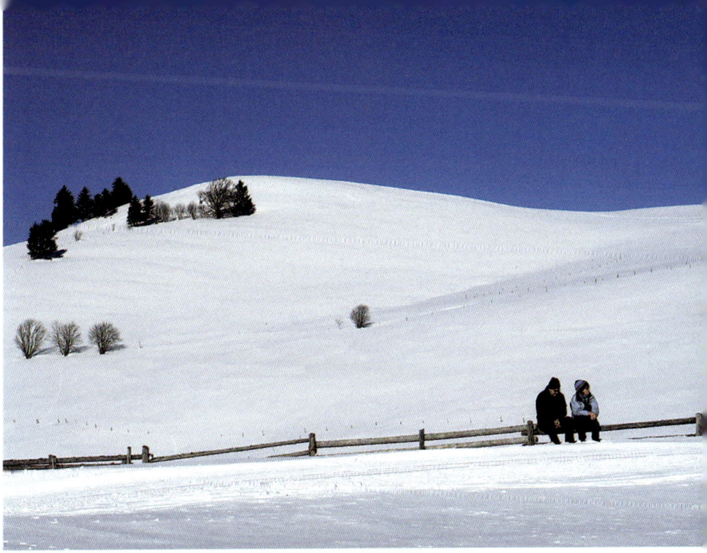

Verschnaufpause – am Hörnle beim Wiedener Eck

In Richtung Wieden Krumme Touren mit zauberhaften Stellen könnten von der Paßhöhe auch talabwärts in Richtung des Ortsteils Wieden-Rütte und Wieden führen, wo die Höhenzüge einige unterschätzte Passagen bieten, die typisch für den hellen Südschwarzwald sind: sonnige Weiden, schmale, kaum befahrene Panoramastrecken und immer mal wieder eine warme Bank. Hierzu in Wieden/Ortsmitte/Kirche auf die schmale Nebenstraße nach Laitenbach - Oberrollsbach abzweigen, wo sich alsbald eine Wundertüte öffnet (vgl. dazu auch das Kapitel ab S. 383, Auf den Winden)

Neuhof–Wiedener Eck im Winter Dank der miteinander verbundenen Skilifte zwischen Neuhof-Heidstein, Paßhöhe und Wieden-Ort das einzige größere Alpinskigebiet südlich von Freiburg. Kein alpiner Skizirkus, aber ein respektables Gebiet mit vergleichsweise variantenreichen Pisten. Die beiden Lifte östlich der Paßhöhe Wiedener Eck sind vom Heidstein-Lift ohne lange Schieberei zu erreichen. So ist hier eine kleine Skiarena, die zumindest für Schwarzwälder Verhältnisse Abwechslung bringt. Außerdem bleibt der Andrang weit hinter dem bekannter Ziele.

Für Touren zu Fuß oder mit Schneeschuhen bieten die wintersonnigen Weideflächen auf der Westwegroute in Richtung Auf den Böden - Trubelsmattkopf - Haldenkopf einen idealen Auslauf.

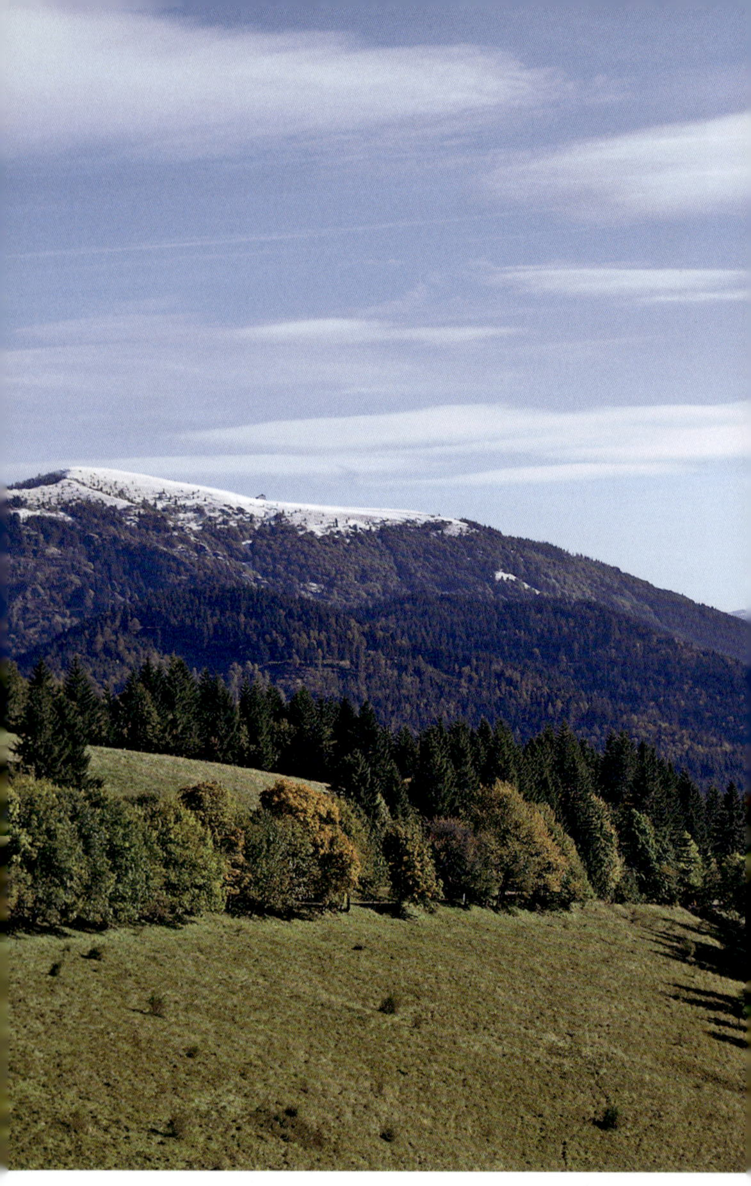

„Der Belchenrundweg und der Weg durch die Hochkelchfelsen gehört zu dem Schönsten, was der Schwarzwald zu bieten hat.“

„NEUESTER SCHWARZWALDFÜHRER“ 1918

10

Hoch und herrlich am Belchen

An Belchenlob ist kein Mangel, BAEDEKERS SCHWARZWALD schwärmte schon vor hundert Jahren: „Schönste Schwarzwaldrundsicht, zunächst in die malerischen umliegenden Täler, dann über vier verschiedene Gebirge, im Osten der vielköpfige Schwarzwald, im Westen die Vogesen, im Süden die Vormauer des Jura, über den bei hellem Wetter die schneebedeckten Alpen hervorragen."

Heute wäre im Baedeker-Ton festzuhalten: Ein autofreier, von Jung und Alt bevölkerter Aussichtsberg, der von einer gut ein Kilometer kurzen Seilbahn erschlossen wird. Gleich ob Kaffeeausflug oder Etappe einer ambitionierten Schwarzwaldtour, ohne Belchen fehlt dem Südschwarzwald etwas. Einmal sollte man schon oben gewesen sein. Manch' einer hat dann wegen des Ausflugsbetriebs genug, bei anderen beginnt eine gewisse Abhängigkeit.

Zwischen Waldesruh' beim Aufstieg (sofern der überlaufene Belchensteig gemieden wird) und Freizeitpark-Gefühlen am Gipfel ist alles dabei. Außerdem blühende Almen, subalpine Schotterhalden, sacksteile Nordhänge mit dunklem

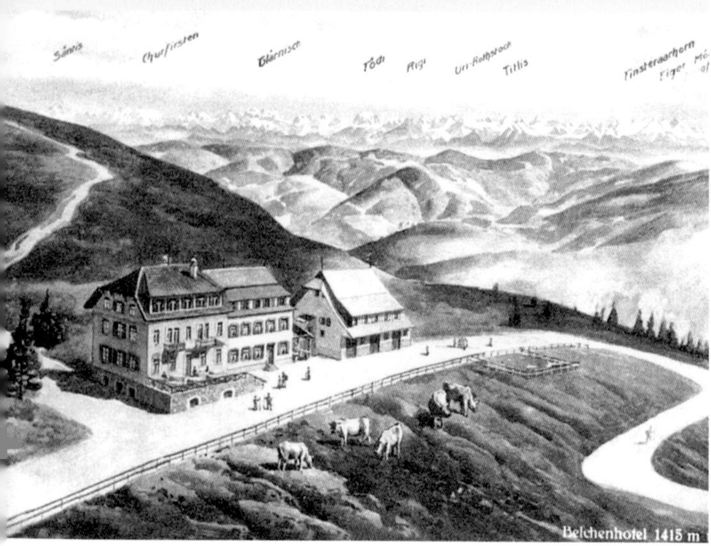

Vor 100 Jahren – Tourismus am Belchenhotel

Hochwald, die lichte Südwand mit famosem Tal- und Alpenblick. Wer konzentrierten Schwarzwald sucht, kommt am Belchen nicht vorbei.

Archetypen am Belchen Einmal bestand der Beifang meiner Belchentour aus einem jüngeren Paar, das an einem Sonntagvormittag nach seiner Ziegenherde am Heideckfelsen schaute. Die beiden reden nicht viel, aber sie wirken wie zwei, die gut synchronisiert sind. Über Paartherapie wird viel geredet. Paare, die sich sonn- und alltags um ihre Ziegen kümmern, sind kein Thema. Warum eigentlich nicht?

Weiter oben am Hochkelch-Sattel begegnet mir ein Bergfreund aus dem Münstertal. Der gute Mann am Hochkelch kannte sein Revier bis ins Detail. Ein Einzelgänger am Sonntagmorgen, ein lebenslänglicher Belchenfreund. Er erzählte mir, schon seine Mutter hätte mit dem Belchen zu tun gehabt. Als 18-jährige Serviertochter verdingte sie sich in den 1930er-Jahren oben im Belchenhaus. Nach einem halben Jahr ging die junge Frau zu Fuß nach Hause ins Münstertal.

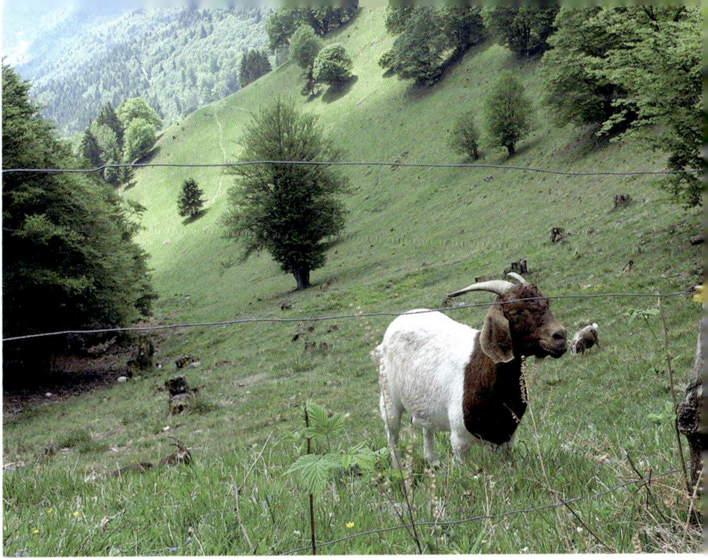

Landschaftspfleger – an der Belchen-Südwand

Warum? „Sie hat halt nichts G'scheites zu essen bekommen." Personalprobleme in der Gastronomie sind offenbar weder neu, noch unüberwindbar. Bis heute gilt: Leerer Bauch serviert nicht gerne.

Autofrei, aber nicht still Bis zum Jahrtausendwechsel stand der Parkplatz vor dem Belchenhaus oft voller Autos. Von der Ferne war die lange Reihe im Sonnenlicht gleißender Autoscheiben eine Landmarke, ebenso das historische Belchenhaus. Das Gasthaus ist das höchste im Ländle, rein geographisch betrachtet; die überragende Alpensicht von der Terrasse ist vom gastronomischen Angebot unabhängig.

Der Belchengipfel ist längst autofrei, aber nicht besucherfrei. Eine Gondelbahn sorgt für steten Nachschub an aufstiegsmüden Gipfelbesuchern. Bei Fernsicht ist die Alpenblick-Terrasse der abgewetterten und sichtbar in die Jahre gekommenen Einkehr auf 1.360 m Höhe ein beliebter Programmpunkt. Dann kurz die Füße vertreten und weiter gehts. Mancher Belchenbezwinger schafft nicht mal den ein

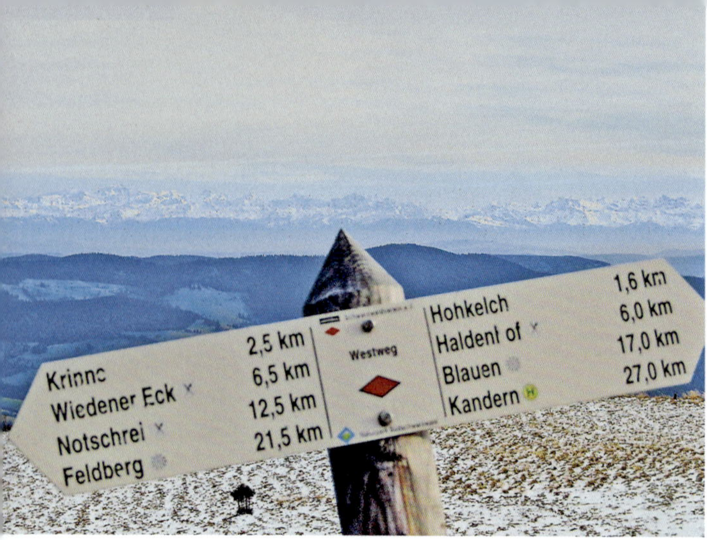

Oktoberschnee und Alpenblick – auf dem Westweg am Belchen

Kilometer kurzen Gipfel-Rundweg, obwohl die 360°-Sicht von ganz oben einzigartig ist.

Belchenbahn Die Ausflugs-Stimmung längs der Belchen-Zufahrt muß man mögen. Es gibt gewiß stillere Partien im Südschwarzwald als die zwischen der Talstation der Gondelbahn beim Hotel-Restaurant Jägerstüble und dem Belchenhaus. Seit 2001 überwindet die 1.150 Meter kurze Gondelbahn die letzten 262 Höhenmeter zum Belchengasthaus. Die letzten zwei Kilometer Fußweg ab Talstation/Jägerstüble dauern 30 min, der Wegverlauf nahe der alten Straße ist wenig reizend. Die Gondelbahn stammt ursprünglich von der Expo Hannover; Betriebszeiten, Wetterservice, Webcam: belchen-seilbahn.de; Belchenhaus und SB-Terrasse sind während der Betriebszeiten der Seilbahn geöffnet.

Subalpiner Freizeitpark Der autofreie Gipfel erspart dem Belchen manches, andererseits werden Seilbahn, Unterhalt und Parkverkehr nicht mit Butterblumen-Pellets betrieben. Der Gipfel wurde dank Seilbahn mehr zur Freizeitregion mit entsprechendem Publikum. An schneereichen Wintertagen wird die alte Landstraße zwischen dem Belchenhaus und der Talstation auch als Rodelbahn und Idiotenhügel genutzt. Wie bei allen Standardzielen gilt auch hier: Nutzen Sie die Gunst

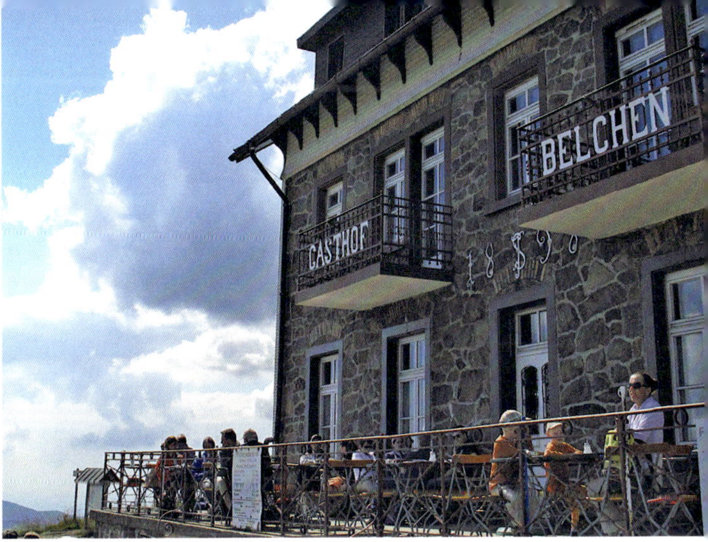

Tischnummer nicht vergessen – Gasthof Belchen

ungewohnter Stunden, beachten Sie die Wetterlage – ohne Sicht ist der Belchen kein Ziel, im eisigen Wind rumstehen kann man auch anderswo. Und zur Kernfreizeit im Sommer ist der Belchen kein Berg, sondern ein Freizeitpark mit Alpensicht und Selbstbedienung.

Die Belchenregel Mein Rat für den Belchen klingt etwas abweichlerisch, aber er funktioniert: Am schönsten ist der Belchen ein paar Schritte abseits von Gipfelbetrieb und Belchensteig. Besonders an der großartigen Südwand, also Richtung Hohfelsen oder Heideckfelsen, wird der Belchen zum Naturpark. Niemand muß zum umlagerten Gipfel, um den schönsten Schwarzwaldberg zu genießen.

Gute Tourenausgangspunkte Für kurze und aussichtsreiche Belchen-Aufstiege wären der Haldenhof bei Neuenweg-Hinterheubronn (Parkplatz und Wanderwegweiser: Haldenhof, Im Mond) geeignet; noch besser liegen die beiden Wanderparkplätze an der L 131 direkt oberhalb von Neuenweg: Auf dem

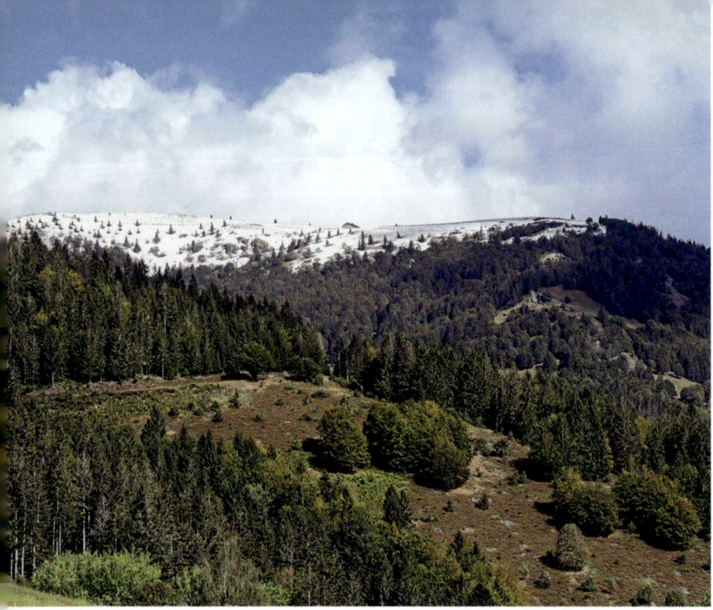

Hier gehts zur Südwand – Auf dem Eck bei Neuenweg

Eck, 847 m; bzw. Hau 825 m. Am Parkplatz Hau beginnt mit knapp 5 km ein sehr kurzer und reizvoller Zugang über Böllener Eck und Hohfelsen zum Belchen. Der Parkplatz liegt auf dem Sattel der Landstraße zwischen Neuenweg und Böllen. Alle o.g. Varianten bieten vergleichsweise staufreien Zugang zum Belchen durch die reizvolle Südflanke; dazu Variantenmöglichkeiten. Besonders lohnend wäre eine Querung auf dem Panoramaweg oberhalb der Oberen Belchenhöfe (Routen ab Haldenhof vgl. auch ab S. 154).

Weit, hoch, herrlich Auf der 1.414 m hohen Westkuppe steht die in Messing gestochene, ziemlich abgefingerte Rosette mit dem Gipfelpanorama. Das ins Rheintal vorgeschobene Massiv mit seinen exponierten Felsbastionen vermittelt am meisten Gipfelgefühl von allen Schwarzwaldbergen – oft bläst es oben auch entsprechend. Im Winter ist auf allen vereisten Gipfelwegen höchste Vorsicht geboten!

Jede Himmelsrichtung des Belchens bietet anderen Schwarzwald: an den Südhängen Sonnenplätze mit Sicht auf die Alpenkette. Perfekt, um sich der Weite zu überlassen.

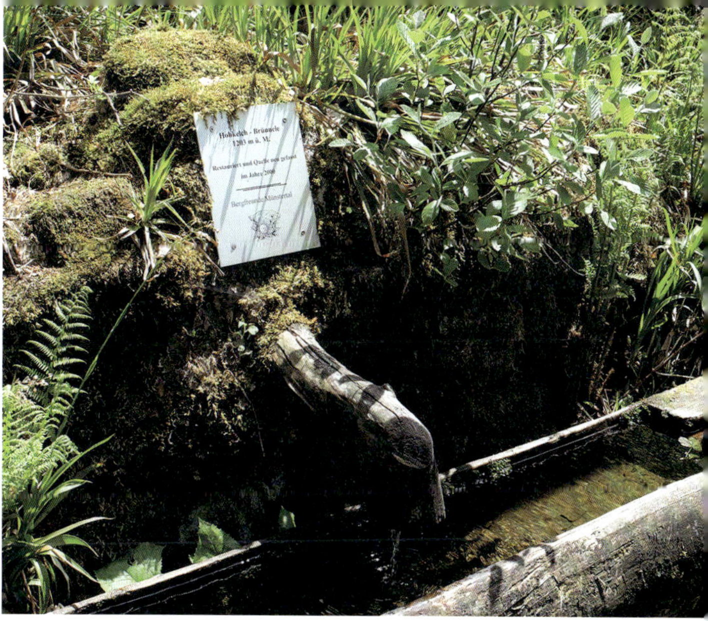

Ladestation – Quelle am Hochkelch, 1.202 m

Nach Nordwesten der jähe Abfall zur Rheinebene, über 1.000 Höhenmeter auf nur vier Kilometern Distanz. Rheinebene und Kaiserstuhl erscheinen als Reliefkarte.

Im Norden moosig-finsterer Nadelwald mit flechtenbesetzten Stämmen, der in Wellen bis hinauf zum Belchen wogt. Im Osten geht die Sonne auf und einen Sonnenaufgang auf dem Belchen vergißt man nicht. Auch noch wichtig: Der Belchen ist kein Schönwetterberg. Zu jeder Tages- oder Jahreszeit, auch bei vermeintlichem Allerweltswetter, ist der Gipfel für Überraschungen gut. Aus einem Reisebericht vom Sommer 1933:

„Vom Westen her, in Richtung der schwarzen Vogesenberge, aus der Rheinebene herauf, wälzten sich gewaltige schwarzgelbe Wolkenmassen heran. Bald lohte der Himmel in zuckenden Blitzen, die von allen Seiten den dunklen Himmel für Augenblicke taghell erleuchteten. Schon prasselte der Regen in schwe-

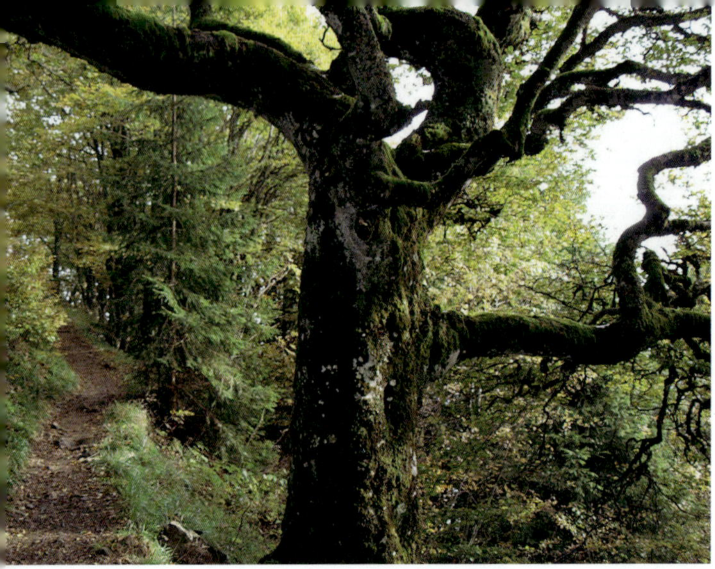

Einspurig unterwegs – in der Belchen-Südwand

ren und schwersten Tropfen hernieder. Mit einem Male – alle Belchenleute stürzten zur Tür – war das Wolkenmeer feuerrot. Gegen Osten – es war nach 20 Uhr – leuchtete ein gewaltiger Regenbogen (...). Von drei im Tale liegenden Städtchen wurde fernmündlich angerufen, ob es auf dem Belchen brenne."

Natur & Bewegung Die Südseite des Belchens bietet botanische Raritäten und Arten, die sonst nur in den Alpen vorkommen. Ende Juni die roten Blüten der Alpen-Heckenrose, im Juli die lila Blüte des Felsen-Ehrenpreis, darüber Bergahorn-Buchenwälder, die Licht für Staudenwuchs durchlassen.

Naturkundliche Infotafeln informieren am Belchenhaus und am 1 km langen Gipfelrundweg knapp über Besonderheiten. Der Gipfelbereich steht seit 1949 unter Naturschutz, die Fläche wurde bereits 1993 von 6 qkm auf 16 qkm erweitert. Rundwege erschließen den Gipfel auf unterschiedlichem Höhenniveau, die Weglängen zwischen 1,2 und 13,5 km; Höhenunterschied zwischen 50 und 400 Metern. Natürlich jockeln die meisten Belchenbesucher lediglich zur Stippvisite gen Gipfel. Bei so reduzierten Programm entgeht dem Besucher aber das Einzigartige. Zu erleben wäre ein Mosaik naturkundlicher Sehenswürdigkeiten, ergänzt

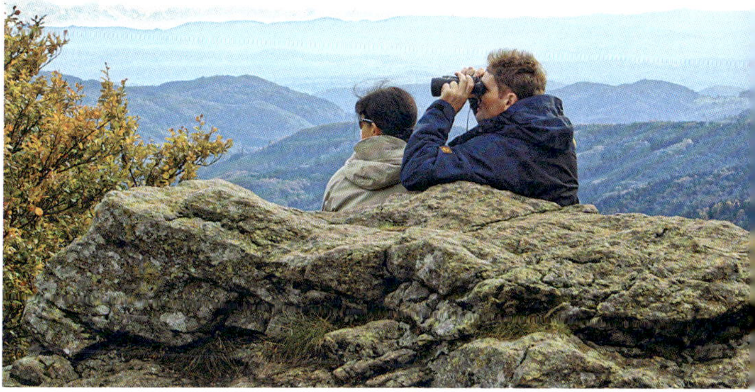

Die ruhige Tour – am Hohfelsen

um einen Rundblick ohnegleichen. Ein durchschnittlicher Oktober bietet immerhin zehn Tage mit Alpensicht, im gewitterreichen Juli sind es dagegen nur drei Tage.

Panorama-Rundweg Fast ein Halbtagesprogramm: Ab Belchenhaus über den Gipfel und danach über Hochkelch Abstieg zum Heideckfelsen, weiter – auf großartigem Weg oberhalb der Belchenhöfe die Südflanke querend – dann Wiederanstieg über den adlerhorstartig gelegenen **Hohfelsen** zum Belchenhaus. Meistenwegs sonnig mit Ruhebänken und Alpenblick. Im Wegverlauf interessante Botanik (darunter Trockenrasen, alpine Felsflora, Spezialitäten wie Belchen-Hauswurz, Fetthenne, Aurikel). Ideal bei hellem Wetter mit Fernsicht. Mit Rast ca. 2,5 h, gut 500 Höhenmeter Ab- und Anstieg.

Sonnige Belchenweiden Die Belchensüdseite um den Hochkelch war früher eine Weidelandschaft und damit Biotop für zahlreiche Tier- und Pflanzenarten. Würde diese Region nicht durch Landschaftspflege, auch durch wieder initiierte Beweidung offengehalten, wäre um den Hochkelch längst ein dichter Waldvorhang entstanden.

Wegen der Erosion wurden einzelne Gipfelzonen eingezäunt. Aber es ist wie überall: wenige Meter abseits der Hauptroute ist man allein. Dennoch auf markierten Wegen bleiben und bitte Hände weg von der Botanik!

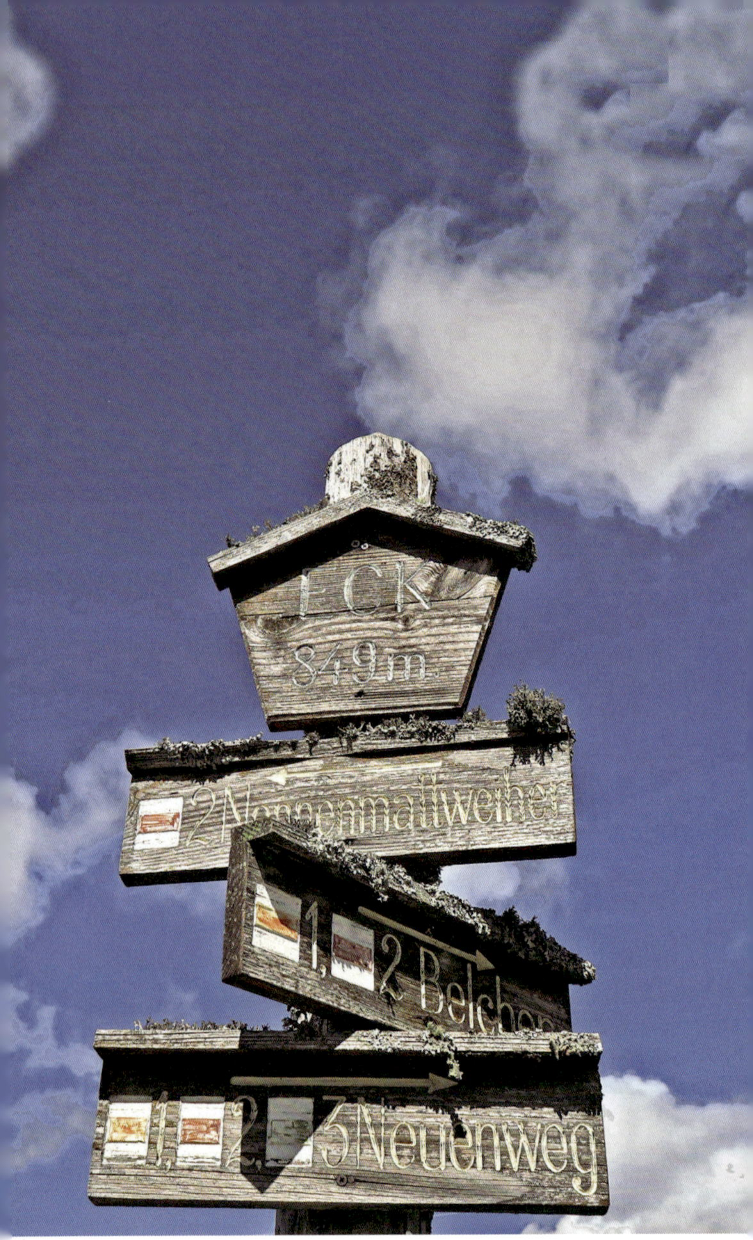

Hoch hinaus bei Neuenweg

11

Kreuzweg und Neuenweg

Das enge Klemmbachtal führt von Badenweiler auf kurzer, knackiger Paßfahrt mitten in den Südwestschwarzwald. Bei Wembach erreicht die verkehrsarme Landesstraße 131 die lebhafte Bundesstraße 317 vom Wiesental auf den Feldberg. Über weite Strecken gehört die Fahrt über die Paßhöhe *Kreuzweg* (1.071 m) zu den ruhigeren Routen im Südwesten.

Landschaftlich bietet die Strecke bis auf den Belchenblick wenig Herausragendes, aber genug interessante Passagen und Haltestellen unterwegs. Die Abwesenheit des Sensationellen hat auch Vorteile, unter anderem erscheinen kleine Dinge am Weg deutlicher und oft sind es gerade diese Nebenaspekte, die auf einer Bummelfahrt für reiche Ernte sorgen.

Feine Filets Am Beginn des engen Talgangs östlich von Badenweiler-Schweighof erscheint zunächst die *Forellenzucht Günther.* Zur Teichanlage gehört ein historisierendes Landhaus namens *Bergquell-Schlößle* direkt am Klemmbach. Eine

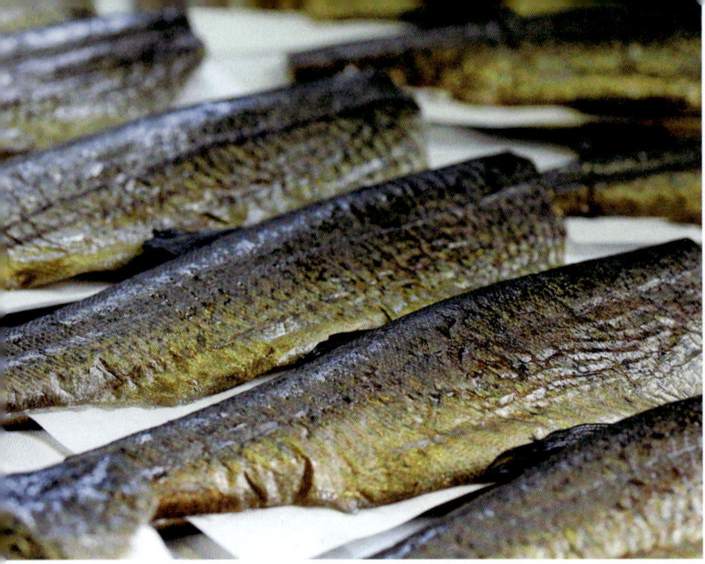

Delikatessen an der L 131 – Forellenfilets aus Schweighof

Spezialität sind die hervorragenden buchengeräucherten Filets. Forellenzuchten gibt es manche im Schwarzwald, ich kenne aber keine, deren Filets so gelingen; dezent im Rauch und im Salz, mit zartem Fleisch – eine Delikatesse; zum Thema Forellen vgl. auch S. 484.

Forellenzucht Günther, Badenweiler-Schweighof, am Ortsende (Bergquellschlößchen), direkt an der L 131 nach Neuenweg. Frische Forellen und Lachsforellen. Delikat, mild und nicht übersalzen, die geräucherten Filets in verschiedener Größe. Sie werden vakuumiert angeboten, somit gut haltbar. Man bekommt aber auch frisch geräucherte Ware aus dem Ofen nach Absprache. Direktverkauf zu üblichen Öffnungszeiten, 79410 Badenweiler-Schweighof, Klemmbachstraße 100, Tel. 07632-234.

Unmittelbar nach der Forellenzucht wird das Tal des Klemmbach zur Klamm, die L 131 gewinnt in engen Kehren und langen Gerade stetig aber nie giftig an Höhe, was auch Radfahrer anzieht. Eine Felskehre heißt unter Eingeborenen nur *die obere Jahreszahl.* Auf einem Findling steht 1887, was daran erinnert, daß der Übergang von Badenweiler über die Sirnitz

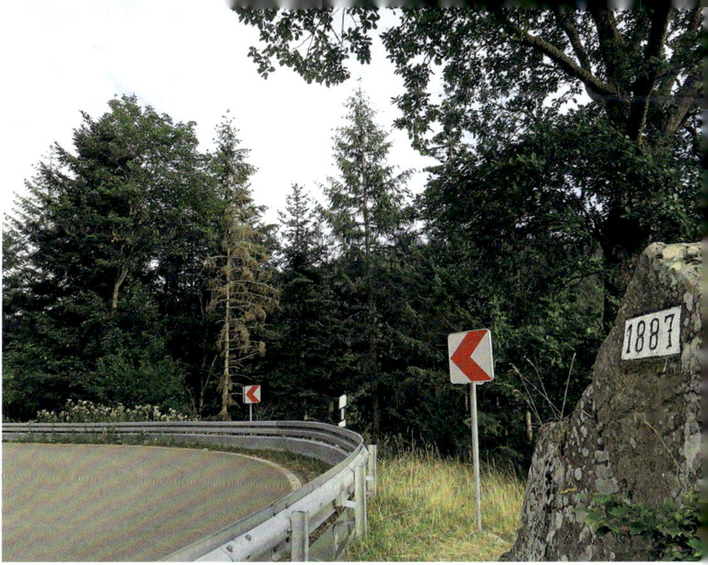

Merkwürdig an der Landstraße – die obere Jahreszahl

nach Neuenweg im kleinen Wiesental ein altgenutzter ist. Die erhöhte Leitplanke und eine käferdürre Fichte sind dagegen eher moderne Zeichen: Sie künden von hoher Geschwindigkeit der Motorradfahrer und geringen Niederschlägen. Drei sprechende Symbole in einer Kurve sind auch mal einen Absatz wert.

Autowandern-Fahrradwandern: Der streckenweise idyllische Verlauf der L 131 regt zu entspannter Fahrt an. Keine überflüssigen Begradigungen, dafür bemooste Alleebäume und Stützmauern aus behauenem Granit (anstelle häßlicher Gabionen), so auf der Passage zwischen Mittel-Heubronn und Neuenweg. Ebendort gibt es auch immer wieder Parkplätze und sonnige Haltestellen. Nur der letzte Streckenabschnitt zwischen Böllen und Wembach wurde stärker begradigt und um Böllen ausgebaut.

Paßhöhe Kreuzweg Obwohl der Belchenblick was hermacht, hält nicht jeder auf dem Kreuzweg. Mancher bucklige Kamptradler kurbelt hier nach 700 Höhenmetern Schinderei einfach durch. Ohne Halt und Durchatmen. Irgendwie war die Sache mit dem gesunden Geist im gesunden Körper aber anders

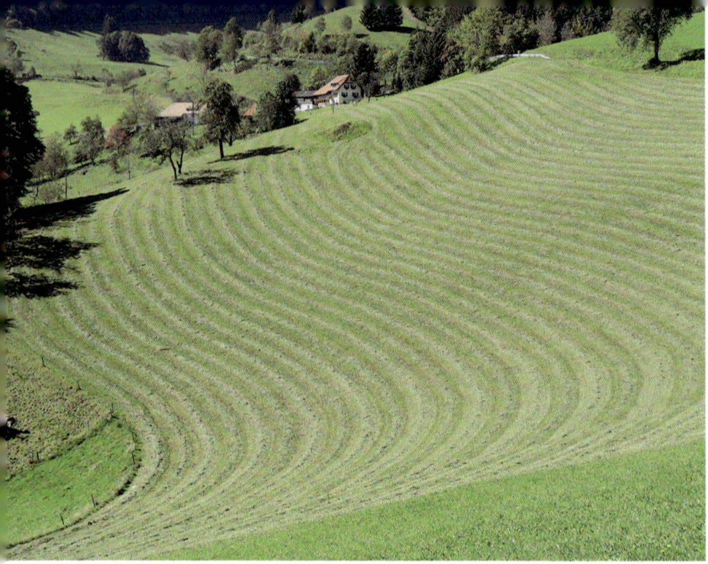

Grüner September – zweiter Schnitt in Hinterheubronn

gemeint. Das Gehen, Schauen und Freuen ist doch auch ein Sport. Erstaunlich welche Entfremdung bei der Körperarbeit heute Standard ist. Riecht von den verkapselten Athleten noch einer, wie ein frisch gemähtes Mättle duftet?

Kommen und Gehen Oben auf dem Kreuzweg also Belchenblick, eine Schutzhütte, ein Übungslift, der kaum noch in Betrieb ist, manchmal der übliche Honigstand mit Ambulanzware. Der große Parkplatz auf 1.071 m zeigt nebenbei auch, daß die Paßhöhe ein Fluchtpunkt jener ist, die aus dem Markgräflerland um Müllheim und Badenweiler ohne Umschweife in den Südschwarzwald möchten. Verglichen mit den Aufmarschplätzen um Freiburg geht es dennoch gelassen zu. Die Kreuzweg-Haldenhof-Region wäre somit eine Haltestelle für ein paar Stunden Südschwarzwald mit Weitblick. Mäßig spektakulär, ein wenig gestrig, wie der Kiosk an der Paßhöhe (dessen Ausbaupläne offenbar ruhen).

Der Sonnenhang am Kreuzwegpaß wird an Wochenenden gerne zum Auslauf in Halbschuhen genutzt, mit Kind und

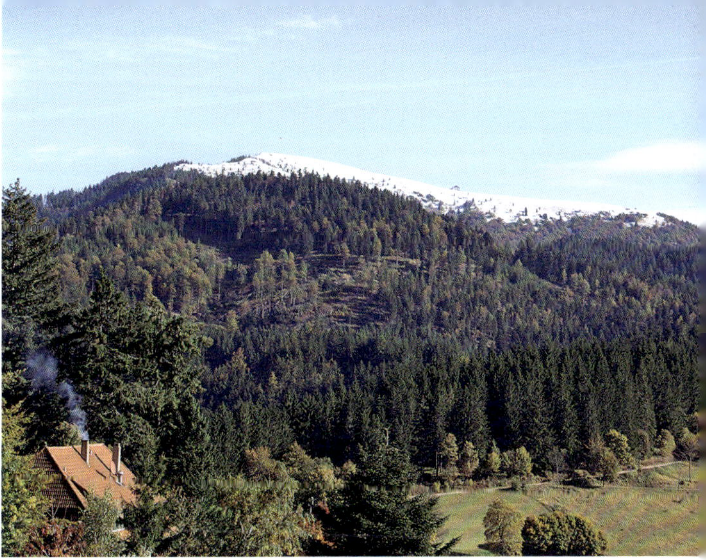

Goldener Oktober – Feuer im Ofen, Schnee auf dem Belchen

Hund an langer Leine (wenn überhaupt). Nur auf den ersten Blick wirkt der Hang am Fuß des Weiherkopfes (1.143 m) weitläufig, tatsächlich bleibt wenig Raum. Die anfangs sonnige Westweg-Route zum Weiherfelsen zieht sich nach einer Kehre in dunklen Hochwald zurück. So bietet der Kreuzwegbuckel an Sonnenwochenenden ein etwas rastloses Bild. Fleißiges Kommen und Gehen, Aus- und Einpacken, jeder Konstrukteur eines SUVs kann hier ergonomische Anregungen bekommen. Dem Freigänger bleibt die Einsicht, daß die moderne Familie zwar einen Kubikmeter Stauraum mit sich führt, aber in seltensten Fällen eine Wanderkarte besitzt. Geschweige denn, sie lesen kann.

Ausgehen und Einkehren Die Almgaststätte *Kälbelescheuer* und die bewirtete *Fischerhütte* am Nonnenmattweiher sind zwei urige Einkehren verschiedenen Charakters. Direkt an der L 131 liegt der *Haldenhof*, optisch und gastronomisch erinnert mich das Anwesen an die Kniebundhosenzeit. In und um Heubronn ist die Moderne eine Schnecke; in der

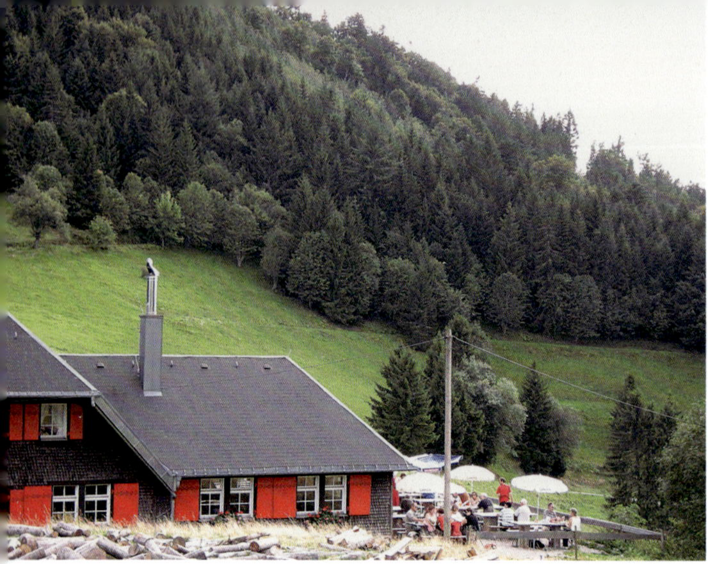

Schnitzel mit Vogesenblick – Kälbelescheuer

Summe bietet die Landstraße 131 bis Neuenweg dennoch oder gerade deshalb manche Option, in den Südschwarzwald reinzuschleichen. Auch für Bergziegen und Tourenradler, die das Absteigen und Innehalten nicht verlernt haben.

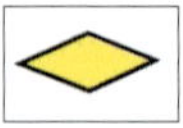

Touren ab Kreuzweg oder Haldenhof Weite und Blick versprechend, sind ab Kreuzweg bzw. Haldenhof die Routen in Richtung Südwesten, also auf den Köhlgarten und rüber zum Nonnenmattweiher. Wanderwegweiser: Althütte, Fischerhütte (zur Einkehr Fischerhütte vgl. nächste Seiten).

Vom Landschaftseindruck her interessant wäre auch die Rundtour vom Kreuzweg nach Norden über die Almgaststätte Kälbelescheuer, die idyllisch gebettet in einem Sattel des Sirnitzköpfle liegt; Rückweg dann evtl. über Gasthaus Haldenhof.

Vom Kreuzweg zur Kälbelescheuer Vom Liftkiosk an der Paßhöhe führt linkerhand der markierte Waldweg ansteigend nach Westen. Zunächst durch lichten Hochwald, nach einem Kilometer erreicht der Weg oberhalb eines markanten Sattels freies Gelände. Von hier herrlicher Blick nach Norden: Belchen, Schauinsland und in die Freiburger Bucht. Direkt vor einem und gut 150 Höhenmeter tiefer die Dächer der Kälbelescheuer. Abstieg in weiter Schleife zur Gaststätte mit Almflair,

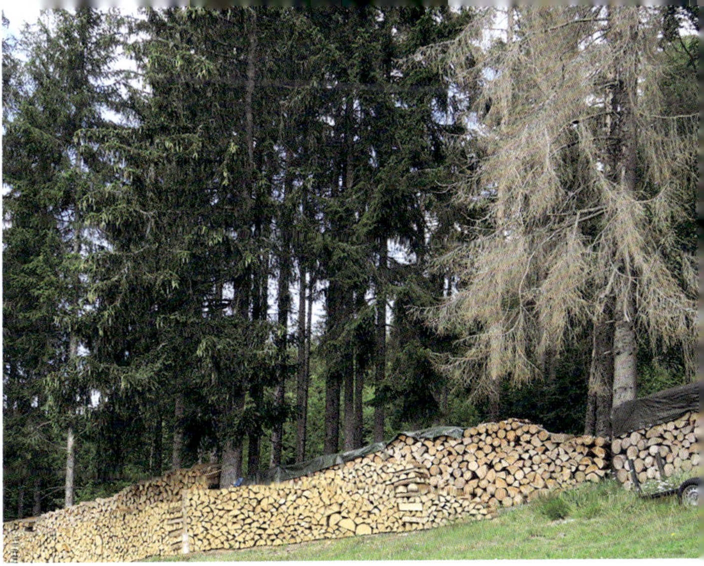

Schadbild – Käferbaum am Holzlager

die zu den beliebten Schnitzeladressen zählt, ♠ große, sonnige Terrasse mit Vogesenblick. PKW-Zufahrt über Haldenhof oder Münstertal-Münsterhalden; Tel. 07636-788887; kaelbelescheuer.de.

Waldsterben bleibt ein Thema Um Kreuzweg, Weiherkopf und Köhlgarten gab und gibt es flächige Waldschäden. Wenn diese vermeintlich kaum auffallen, liegt das oft daran, daß kranke Bäume konsequent herausgenommen werden, um weiteren Schädlingsbefall zu verhindern. Auf den lichten Stellen können sich dann im besten Fall neue standortgerechtere Waldgesellschaften etablieren.

Neben dem Borkenkäferbefall, der in den Trockenjahren 2018-2020 zum Problem wurde, ist die Übersäuerung von Böden und Gewässern eine weitere Schadensursache. Besonders im Schwarzwald, wo die Böden über geringe Kalkreserven verfügen, die als ph-Wert-Puffer dienen könnten. Die einzige Möglichkeit zur Abhilfe ist die Flächenkalkung der Böden vom Hubschrauber aus.

Auch der Stickstoffeintrag durch Regen verursacht Wald-

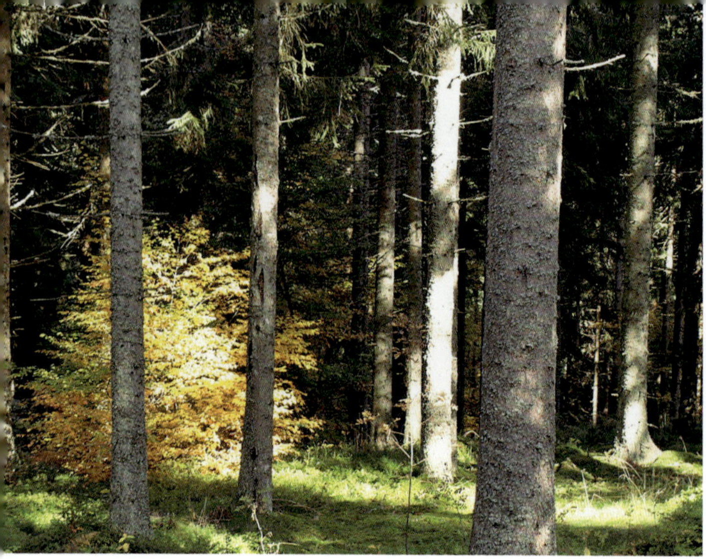

Neuer Baum braucht Licht – Naturverjüngung durch Buche

schäden. Auf manchen Flächen wurde ein Eintrag von bis zu 37 kg Reinstickstoff pro Jahr gemessen, das entspricht etwa der Menge, die Landwirte auf einer schwach beweideten Wiese an Dünger ausbringen. Bäume können eine permanente Düngung aber nur bedingt in Biomasse umsetzen. Auch wenn der Wuchs zunächst prächtig aussieht, Waldbäume sind für das Überleben auf stickstoffarmen, felsigen Böden ausgerichtet, sie können das viele Nitrat nicht aufnehmen. Folge: Die Nitratwerte im Grund- und Quellwasser steigen.

Köhlgarten und Kühlenbronn Durch Schadholzentnahme sind auch einzelne Partien des 1.224 m hohen *Köhlgartens* – gerade im Süden – zum Aussichtsplatz geworden. Von mancher Partie des Rundweges um den bewaldeten Gipfel und am anschließenden Kühlenbronner Hang wächst an klaren Tagen das Alpenpanorama ebenso wie die Stille. Hier wäre ein Zipfel des Südschwarzwaldes, der noch für sich bleibt, was auch für die beiden Taleinschnitte im Süden gilt (die mit dem Auto über Tegernau/Wies im Süden zu erreichen sind).

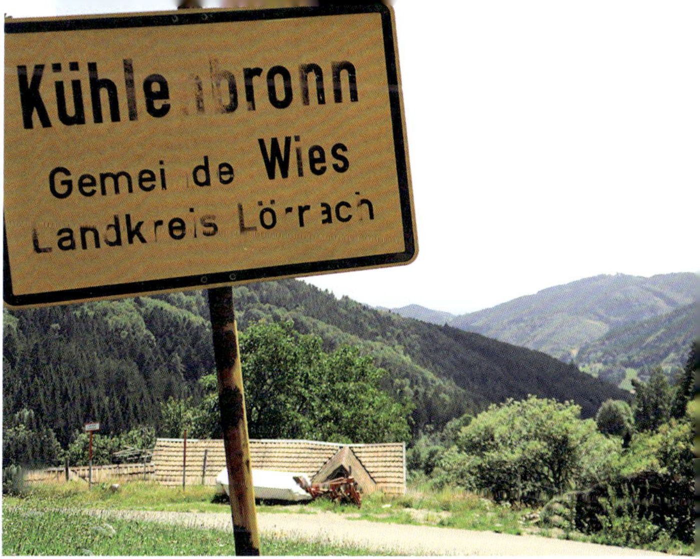

Nach Kühlenbronn muß man wollen

Selbst zur Ferienzeit im Hochsommer bietet die Region zwischen Köhlgarten und Wies schöne Aussichten und viel Raum für eigensinnige Touren: von Wies über den Spähnplatz rüber zum Blauen; hinab gen Süden in die eng eingekerbten Einschnitte des Kühlenbronner Baches und des Fischenberger Bächles. Das rauscht vom Sägengrund stracks gen Süden in die Sägmatt und weiter bis Wies – und so sieht der Outback am Köhlgarten auch aus. Viel Wald, viel Steilhang, dazwischen ein paar Wiesen und Matten.

Ein markanter Gipfel ist der Köhlgarten sicher nicht, eher ein wenig besuchtes Refugium, in dem es Einzelgängern und dem Auerhahn gefällt. Für Außenseiter also genug Gründe, die für einen Tourentag im stillen Südwesten sprechen. Oft rauscht der Bach, Vesperplätze und Bauerngärten gibt es auch genug. Die Weiler und Hofstellen zwischen Köhlgarten und Sägmatt bieten aber weder Ablenkung noch Gasthaus. Mehr muß man über solchen Urschwarzwald kaum schreiben, es soll ja noch Platz zum eigenen Erkunden bleiben.

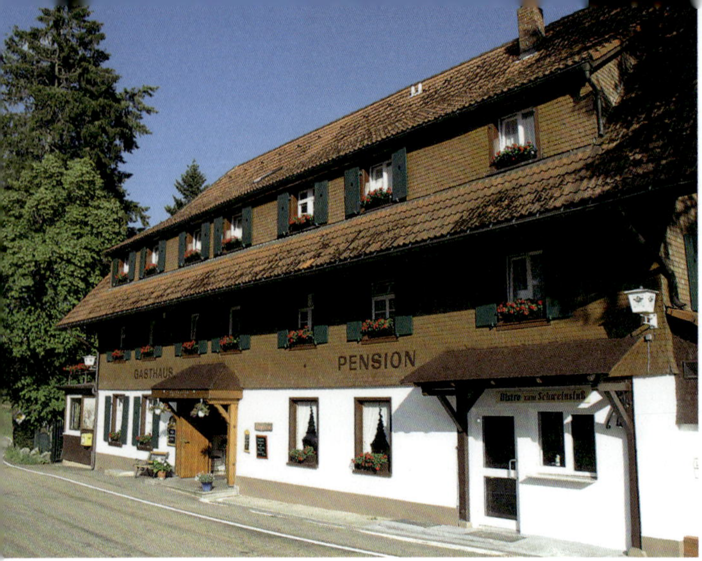

Hinterheubronn – Haldenhof bei Neuenweg

Günstige Ausgangspunkte für Touren zwischen Wies und Köhlgarten: Entweder ab Parkplatz Kreuzweg oder – deutlich ruhiger – über die Talschluß-Zufahrt bei Wies im Süden: der kleine Parkplatz am Wanderwegweiser Sägmatt (642 m) liegt 1,5 km nördlich von Wies an der Abzweigung der Zufahrten nach Fischenberg und Kühlenbronn (am weitesten aufwärts führt die Zufahrt über den Wegweiser Altes Forsthaus bis nach Kühlenbronn.

Am Haldenhof Der Traditionsgasthof in Neuenweg-Heubronn erscheint als betagtes Höhengasthaus in Landstraßenlage, hier wäre vor allem ein brauchbarer Ausgangspunkt für Touren gen Belchen und zum Nonnenmattweiher. Unter langem First sind Gasträume unterschiedlicher Art, zunächst die im Kern gemütliche Stube mit Kachelofen, angebaut eine Aussichtskabine mit Blick ins kleine Heubronner Tal. Das Haus erscheint mir – auch kulinarisch – wie ein Oldie des Schwarzwald-Tourismus. Für alle, die mit Clemens Wilmenrodt kochen und mit Horst Lichter lachen gelernt haben, sind das leckere Aussichten. Dank günstiger Verkehrslage kommen immer wieder welche, an Wochenenden auch viele.

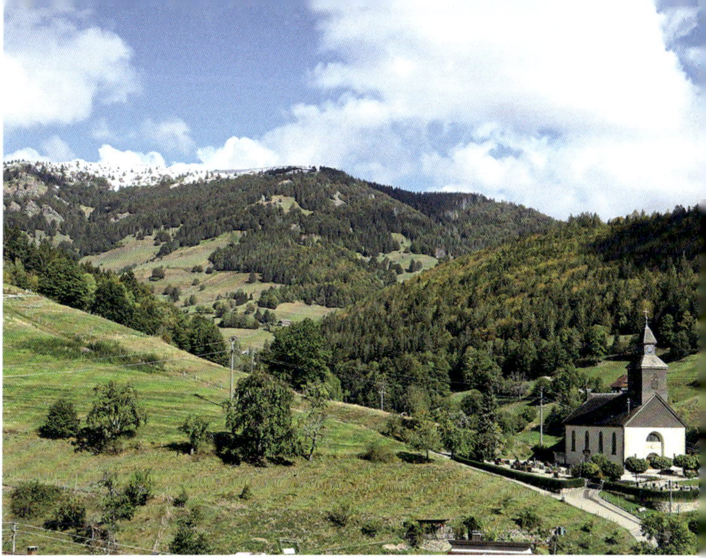

Nah an der Belchen-Südwand – Neuenweg

Mit Panorama zum Belchen Ansichtssache, ob der Belchen nun der allerschönste oder einer der schöneren Gipfel im Schwarzwald ist, sicher gibt die Belchenwand ein Bild über dem Kleinen Wiesental ab. Die gut 500 Meter hohe Südflanke ist eines der wenigen Reviere im Schwarzwald für Touren mit fast alpinem Charakter.

Ausgangspunkte Weil die Wege über die Belchen-Südflanke besonders offen und heiter sind (oft ist noch im Hochwinter ein schneefreier Aufstieg möglich); weil es Ausnahmewege sind, ausnahmsweise eine Beschreibung der Wege entlang der drei möglichen Aufstiege, alle Routen beginnen an Parkplätzen, die an der L 131 liegen. 1. Option: zum Belchen ab Haldenhof-Parkplatz beim Wegweiser: Im Mond. 2. Wanderparkplatz Auf dem Eck, 1 km westlich oberhalb Neuenweg sowie – kürzer und mindestens so interessant – der Aufstieg ab Parkplatz Hau, östlich oberhalb von Neuenweg, am Sattel der L 131 nach Böllen.

Haldenhof-Belchen (6 km, 550 Höhenmeter, Beginn am Parkplatz Heubronner Eck/Im Mond, wenige Meter östlich des Haldenhofes, (rote Raute, Teil des Westweges). Wegen der übersichtlichen Wegführung auch geeignet als Nacht- oder Frühmorgenwanderung, Ster-

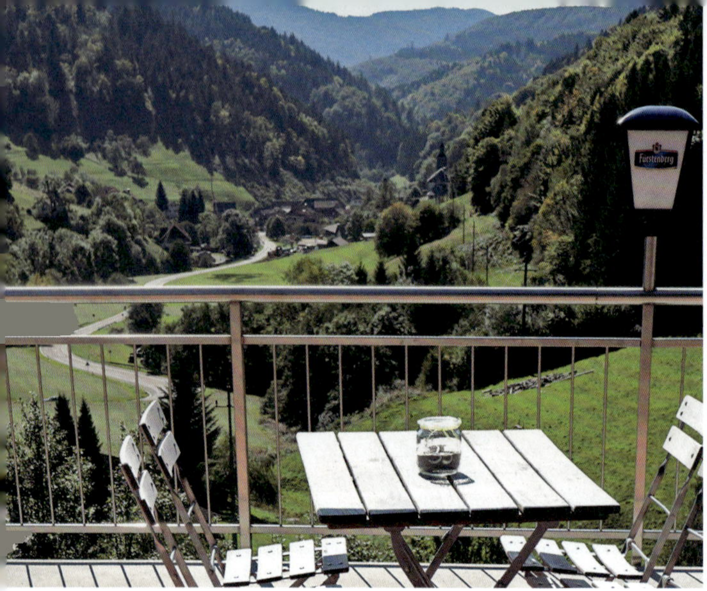

An der Belchen-Südwand – Maien, Neuenweg

nenbeobachtungen sind beim Aufstieg zum Belchen gut möglich. Der Sonnenaufgang auf dem Belchen ist eines der großen Schwarzwälder Naturerlebnisse.

Wegverlauf**:** Auf der Westwegroute ansteigend nach kurzer Waldpassage mit freier Sicht auf die Alpen (Wegweiser: Spänplatz, Richtstatt, Unterer Heideckfelsen). Nach wenigen Minuten kommt man zur Dekan-Strohmeyer-Kapellei, sie erinnert an den Seelsorger des Münstertals, der am 22. April 1945, Stunden vor Einmarsch der Franzosen, von der SS verschleppt und am Heubronner Eck erschossen wurde.

Nach der Kapelle Richtung Spänplatz eine freie Passage am Waldrand, darunter freie Weiden mit den Wacholdersäulen. Wacholder galt in heidnischer Zeit – wie die Zypressen Italiens – als Totenbaum. Die Hauptroute des Westweges quert ab Wegweiser Metzg die Südflanke des 1116 m hohen Stuhlskopfes**.** Weiter durch Hochwald bis zur markanten Wegkreuzung am Wegweiser Richtstatt. Weiter auf Waldfahrweg und mit Ausblicken bis zum Wegkreuz Hochkelchsattel oberhalb der Heideckfelsen. Diese wären ein erhabener Vesper- und Aussichtspunkt: Blick auf die Südwand des Belchens mit ihrem Mosaik botanischer Gesellschaften: Weiden, Geröllhalden, Felsfluren, im Herbst Färbung der Laubhölzer, Mehlbeere, Eberesche, Birke, Buche, Bergahorn, ein alpiner Wandereindruck.

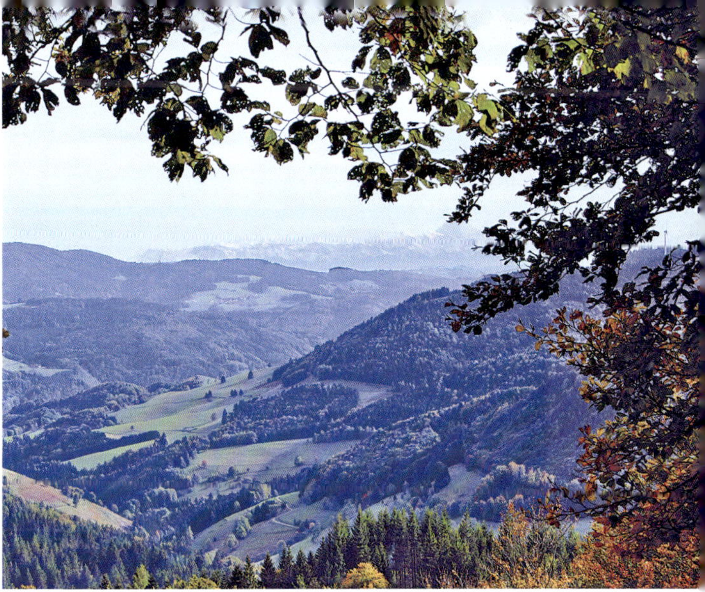

Tal total – Kleines Wiesental vom Böllener Eck

Unterhalb der Felsen sind die markant gelegenen Belchenhöfe zu sehen; ebenso eine mögliche Einkehr beim Abstieg: Der **Maien** liegt auf 900 m über Neuenweg; ♠ von der Terrasse Blick ins kleine Wiesental (Tel: 07673-7202, gasthaus-maien.com). Vom Heideckfelsen geht der Blick noch weiter nach Süden über das gesamte Kleine Wiesental mit seinen höher gelegenen Siedlungen.

Nun warten noch 200 Höhenmeter Anstieg bis zum Belchen auf schmalem Weg zur Waldgrenze, Sicht und Erhabenheit wachsen mit jeder Kehre. Um den Belchengipfel führen Rundwege (vgl. auch im Belchen-Kapitel, S. 146). Durch die nach Westen vorgeschobene Lage des Belchen ist der Gipfeleindruck so unmittelbar wie bei keinem anderen Schwarzwaldberg.

Zurück auf gleichem Weg oder – mit Zielpunkt Auf dem Eck bei Neuenweg – evtl. über die Belchenhöfe mit Einkehr Maien oder direkter Abstieg nach Süden mit herrlichem Blick über Hohfelsen und Böllener Eck bis zum Wanderparkplatz Hau.

Schöner Aufstieg zum Belchen ab Neuenweg Wenig oberhalb von Neuenweg liegt der Ausgangspunkt für einen besonders kurzen Belchenanstieg: Vom Parkplatz Hau (825 m) an der Paßhöhe zwischen Neuenweg und Böllen sind es nur

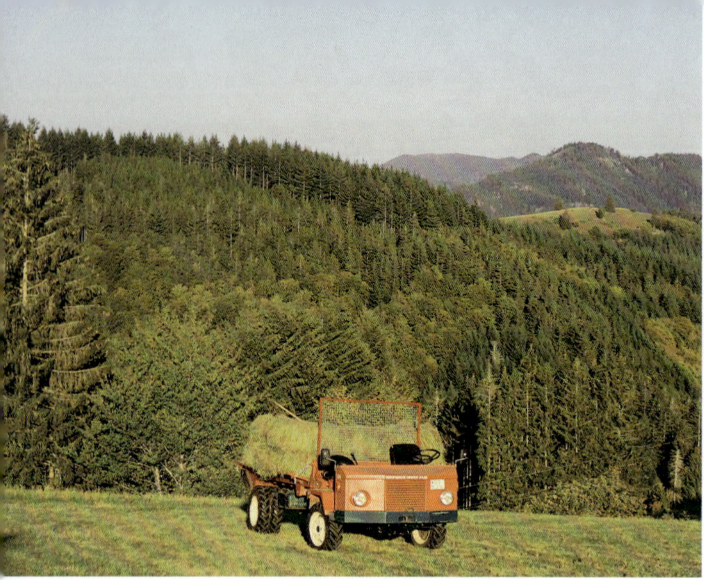

Feierabend – am Parkplatz Hau bei Neuenweg

5 km auf den Belchen. Der Weg (erst bequemer, später schmaler und steiler Wanderweg, keine Waldfahrstraße!) führt über das Böllener Eck (1020 m) und Hohfelsen (1268 m), im zweiten Teil über weite Strecken durch die mal besonnte, mal licht bewaldete Südwestflanke des Belchens. Zunächst sanft ansteigend über einen weichen Grasweg, wenig später über einen heidelbeergesäumten Pfad, im Wald dann bald auf einem Wurzeltreppenweg, er könnte eine Schwarzwälder Entsprechung der Tessiner Granitplattenwege sein. In feuchten Lagen kriecht Moos an Baumstämmen hinauf. Aus dem Wurzeltreppenweg wird bald ein Granitschotterweg. Mehr Bodenbelag auf einem Kilometer Wanderstrecke geht fast nicht, und ein so artenreiches Geläuf bietet keiner der künstlich angelegten „Pfade der Sinne".

Man gehe also bewußt und freue sich der Erscheinungen am Weg. Austritt auf freies Gelände auf genau 1000 Metern Höhe beim Wegkreuz Glatte Brache. Nur wenige Schritte darüber wird das großartig gelegene Wegkreuz am Böllener Eck erreicht, von da an fast alpiner Wegverlauf mit Blick ins Kleine Wiesental, zuletzt in Serpentinen durch die Südwand.

Eine kurze Rast am Hohfelsen ist eigentlich Pflicht. Einmal saß ein Paar auf dem Fels, er suchte mit dem Fernglas nach der Zugspitze, darauf sie: „Ich sehe nur Deine Nasenspitze."

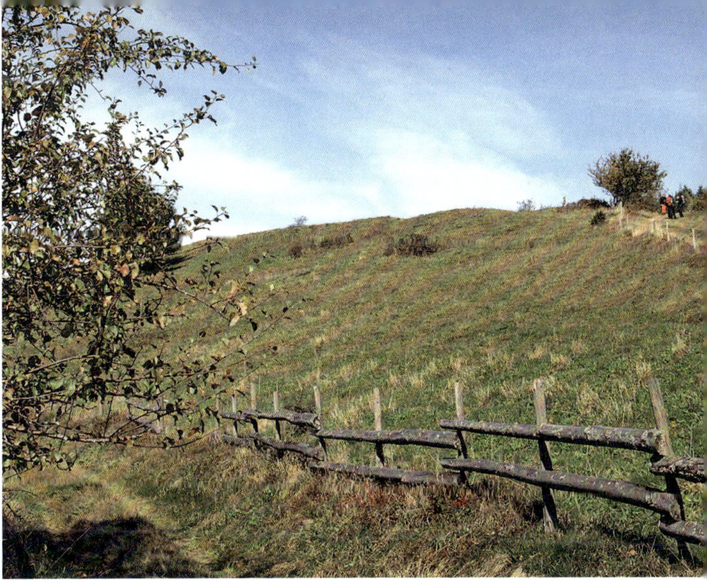

Pfad der Sinne – der Belchenweg ab Parkplatz Hau

Heu und Wildäpfel am Hau Und dann wäre noch eine Szene oben am Parkplatz Hau bei Neuenweg. Am Belchenweg steht dort ein wilder Holzapfelbaum, seine Früchte sind nur pflaumengroß und so reich an Gerbstoff, daß es einem das Hemd sonstwohin zieht. Wer im Oktober vorbeikommt, kann reinbeißen, Mundgefühl ist garantiert.

Wildäpfel seien eine vergessene Spezialität, erzählte mir eine junge Familie, die dort Äpfel sammelte, um aus dem Saft Essig zu machen, der Wunder wirken soll. Obwohl schon Jahre her, will mir die Szene nicht aus dem Kopf. Alle hatten Gesichter wie früher auf der Rotbäckchenflasche. Auf dem Bild oben ist die Stelle mit dem Apfelbusch zu sehen.

Äpfel am Weg, eine Böschung mit wildem Thymian, ein moosweicher Grasweg. Ein Pfad der Sinne ohne Landesfördermittel. Jahre später habe ich auf dem Hau eine gemischte Truppe beim Feierabend-Heuen beobachtet. Als die Ernte auf dem Reform Muli war, gab es einen Kasten Bier und Vesper aus dem Korb – Erlebnispark Südschwarzwald.

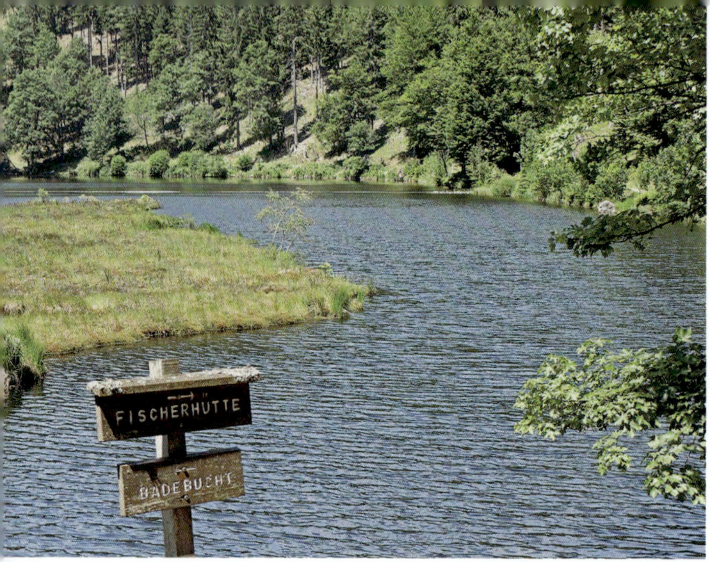

Still ruht der See – nur nicht zur Ferienzeit

Nonnenmattweiher, Naturidyll und Rummelplatz Es gibt wenige Seen im Südschwarzwald, deren Lage es mit dem *Nonni* aufnehmen kann. Ein Hochmoorsee auf 915 Metern Höhe, ein Naturschutzgebiet gerahmt von einem steilen Felskar, Liegewiesen, Badestellen, Angelbuchten, eine solid bewirtete Fischerhütte – ein Idyll zwei Kilometer abseits der L 131 bei Vorderheubronn.

Zum See paßt die Legende um ein versunkenes Kloster auf dem Seegrund. Viel wahrscheinlicher stammt der Name aber von *Nonnenmatt* = Rindermatt. *Nunne* oder Nonne steht im Alemannischen für weibliches Mastvieh. Am Fuß steiler Felswände müßte hier also eine Weidefläche gelegen haben und an der tiefsten Stelle des eiszeitlich ausgeformten Karbodens war eben ein Hochmoor.

Der sieben Meter tiefe See entstand erst viel später durch künstliches Aufstauen, Länge gut 300, Breite 200 Meter. Die heute sichtbare Torfinsel hat sich vom Moorboden gelöst und schwimmt seither auf dem See. Die typische Hochmoorvege-

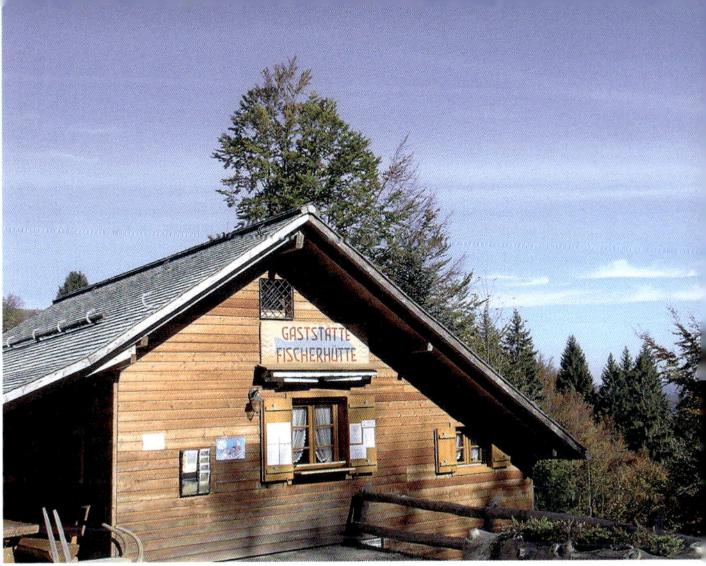

Solide Vesperstätte –Fischerhütte am Nonnenmattweiher

tation (mit Wollgras, Rauschbeeren, Farnen und Polstern des fleischfressenden Sonnentaus) gehört zu den botanischen Raritäten im Südschwarzwald. Das Betreten der Torfinsel ist verboten.

Bis in die 80er-Jahre waren Moorschlachten ein Wochenendvergnügen einer Jugend, die mit NSU-Quickly, Angel und Grillwurst anrückte. Heute kommt selbige mit BMW, Soundbar, Kühlbox und Töle. Was kein Problem wäre, wenn wenigstens die Grundregeln des Zusammenlebens befolgt würden. Das Sozialverhalten von Menschen in Ufernähe ist ja generell heikel, in einem Naturschutzgebiet wie am Nonnenmattweiher oft nur noch ärgerlich.

Die meisten Regeln zum Schutz von Umwelt und Mitmenschen werden konsequent ignoriert, am meisten das Badeverbot für Hunde. Das ist alles nicht neu und nicht schwarzwaldtypisch, in einer sensiblen Umgebung aber besonders befremdlich. Karl Valentin zum Thema: *Der Mensch ist gut, aber die Leut' san a G'sindel.*

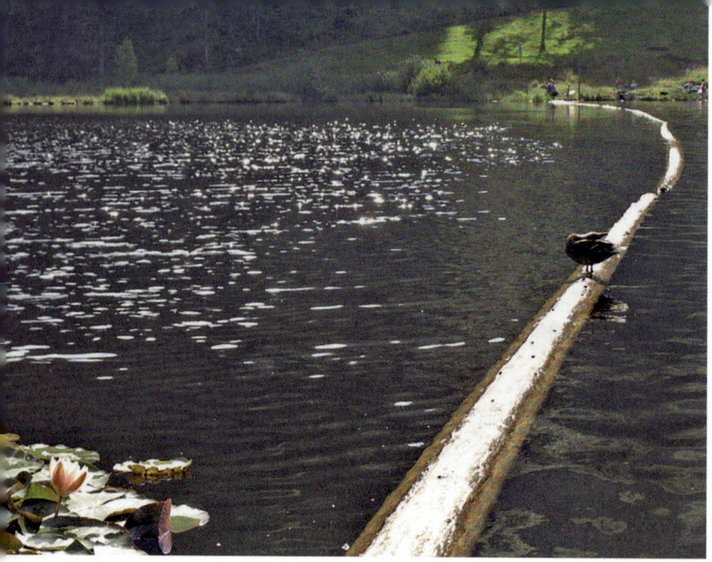

Halb Naturschutzgebiet, halb Freizeitpark – Nonnenmattweiher

Früh oder spät, nie am Wochenende Seit Jahren ist die zum Baden freigegebene Hälfte des Sees durch eine schwimmende Barriere abgetrennt. Das Seewasser wird im Hochsommer wegen des dunklen Moorbodens wärmer als bei der Höhenlage von 900 Meter zu vermuten wäre. Zudem ist das Wasser sehr weich, nach dem Baden fühlt sich die Haut an wie geölt; ähnlich wie im Schlüchtsee bei Grafenhausen (vgl. dort).

Seit 1987 bildet das gesamte Areal um den See die Kernzone eines Naturschutzgebietes. Trotz Verbot von Zelt, offenem Feuer und frei laufender Hunde, der hochsommerliche Zulauf am Nonnenmattweiher ist massiv und der Sensibilität des Ortes nicht angemessen, am konsequentesten wird das Badeverbot für Hunde mißachtet. Bei Parkplatznot und Exzessen an Wochenenden mußte schon Polizei einschreiten, die ansonsten trotz bekannter Probleme wenig zu sehen ist.

Summe: Der Kenner kommt früh oder spät und nicht an Ferienwochenenden. Außerhalb der Halligalli-Zeit hat man Freude an dem Kleinod, das in jeder Hinsicht ein besonderer

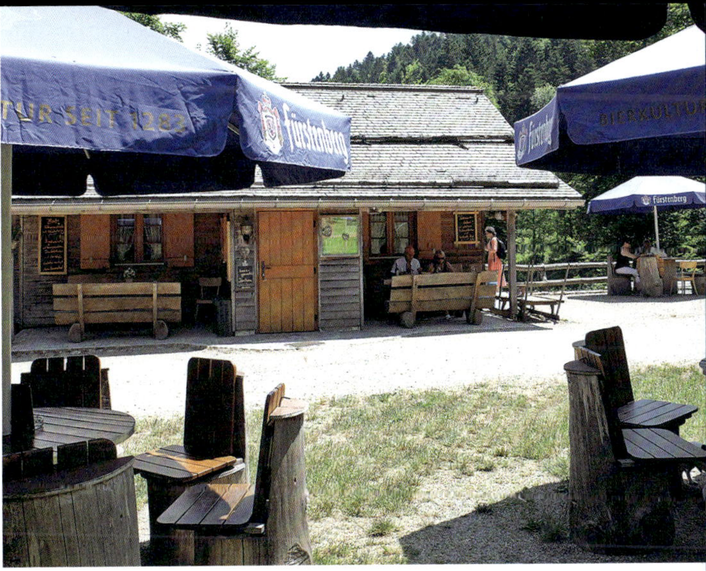

Hausgemachtes & Holzbank – Fischerhütte, Nonnenmattweiher

Platz ist. Derzeit werden bei Naturschutzstellen wegen des Grobianismus einzelner Besucher weitere Einschränkungen der Nutzung erwogen.

Zufahrt zum See Abzweigung von der L 131 ab Vorderheubronn (das Schild „Fischerhütte Nonnenmattweiher" zeigt an, ob geöffnet oder nicht). Zuletzt auf einer Waldfahrstraße zum Parkplatz ca. 400 Meter vor der Fischerhütte. Von der Hütte sind es wenige Fußminuten bis zum Stauwehr am See. An Sommertagen ist der Parkplatz öfter belegt, unter der Woche kaum Probleme.

FISCHERHÜTTE, Nonnenmattweiher Hüttenbewirtung, urige Atmosphäre und ordentliche Qualität schließen sich nicht aus. Die von einem Neuenweger Landwirtspaar unterhaltene Fischerhütte bietet solide Vesper und kleinere warme Speisen; durchweg rustikal, durchweg erfreulich reell. „Alle Wurst- und Fleischprodukte vom eigenen Heubronner Bauernhof, der nach den Richtlinien des ökologischen Landbaus bewirtet wird" verspricht ein Hinweis zur Hütte. Das ist schon mal mehr, als man von manch' anderer Hüttengastro-

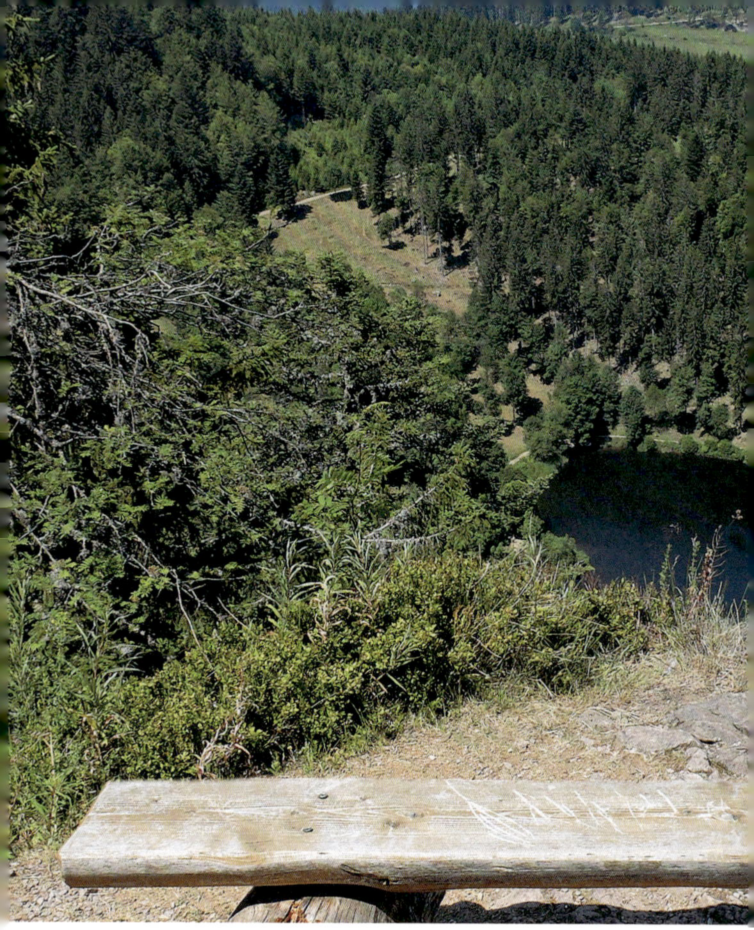

nomie erwarten kann. Dazu gibt es Forellen aus dem eigenen Teich und andere Regionalitäten, sonntags sogar ein Essen in der Rouladenklasse; stets auch hausgebackene Kuchen. Im Sommer Kioskbetrieb mit Freisitz auf der Holzbank, drinnen ist die Hütte ein Nest mit gut 30 Plätzen. Ein Ziel auch nach dem Bade oder nach Loipe oder Schneewanderung.

Fischerhütte Regionales Vesperangebot, Tel. 07673-932381; fischerhuette-nonnenmattweiher.de, Hinweis an der L131 in Vorderheubronn.

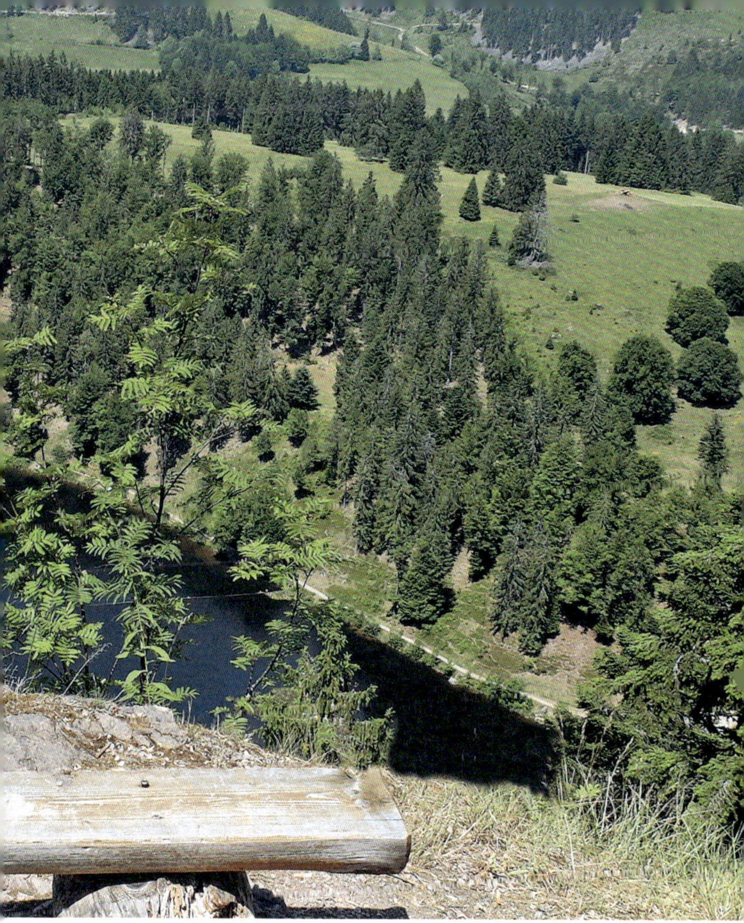

Vesperplatz am Weiherfelsen

Touren Seepanorama von den Weiherfelsen (1.050 m) im Westen, 2,2 km ab Fischerhütte. Im NSG am felsdurchsetzten Nordwestabfall zum Seebecken ist ein Lokalklima mit einem Buchen-Tannen-Bergahorn-Wald, der typisch für die feuchten Schluchten des Schwarzwaldes ist; dazu prächtiger Krautunterwuchs. Ein Rundweg vom Weiherfelsen über Althütte erschließt die steile Nordwestflanke über dem See. Entfernungen ab Weiherfelsen: Kreuzweg 2,2 km, Haldenhof 3,5 km, Bürchau 6 km, Wies 7 km.

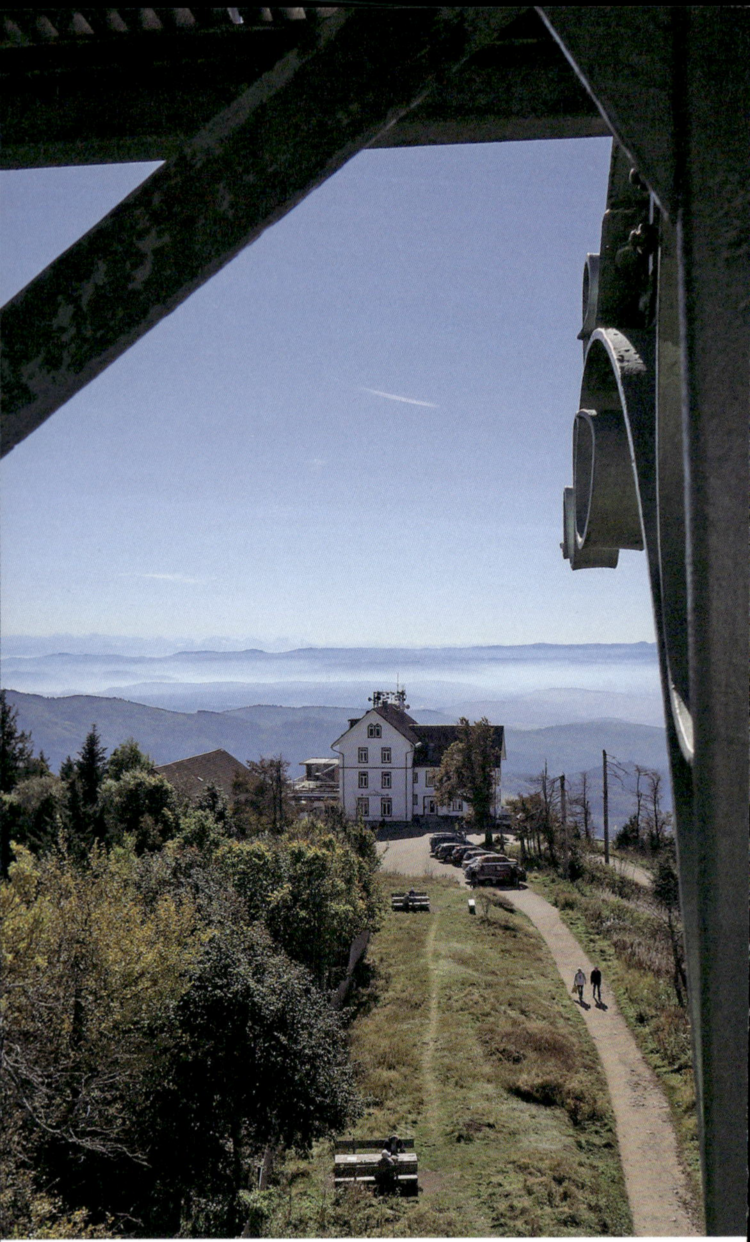

Über dem Dreiländereck – Blauenturm und Blauenhaus

12

Blick vom Hochblauen

Der Charakterberg des Markgräflerlandes ist Landmarke und Ausflugsziel in einem: „Seine vorgeschobene Lage im Rheintal begünstigt in einer so glänzenden Weise den Niederblick in das Tal und den Fernblick auf die Alpenkette, daß wir den höheren Bergen gegenüber nichts vermissen." Was in einem Prospekt vor 70 Jahren gepriesen wurde, würde man heute etwas flotter formulieren, es stimmt aber noch immer – der Blauengipfel liegt im Herbst und Winter oft über der Nebeldecke im Rheintal, der Fernblick ist eine Wonne. Auch die gastronomische Situation im Blauenhaus hat sich jüngst gelichtet, dazu später.

Zu beachten wäre: Obwohl am Westweg gelegen, ist der Hochblauen kein Wanderrevier, mehr ein Fleck zum Schauen und Träumen. „Einer der schönsten der Schwarzwaldgipfel, der sich würdig an die Seite des Feldbergs und des Belchens stellen darf, wenn er auch mit seiner Höhe von 1.167 Meter die Höhen seiner Kameraden nicht erreicht."

Bei Inversionswetter bietet der Gipfel Fernsicht auf das

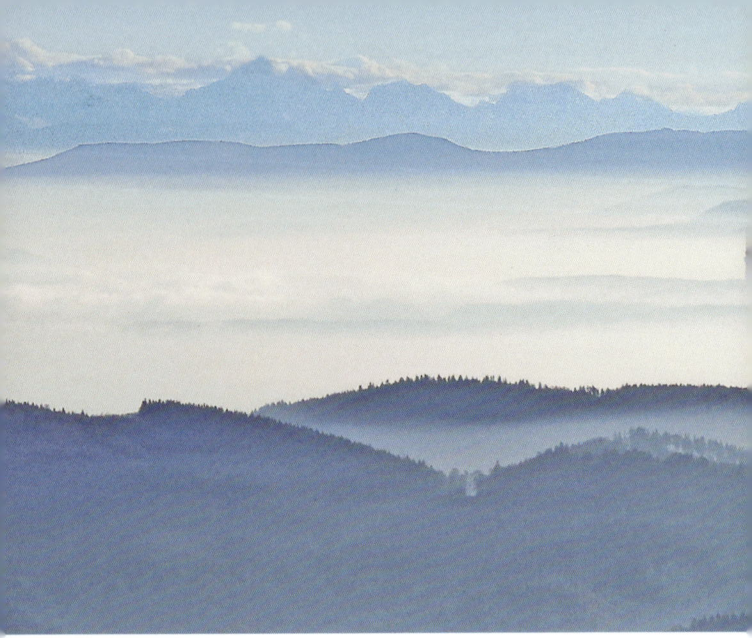

Blick aus der Vorwendezeit – der Südschwarzwald ohne Windrad

Berner Oberland, seltener bis zum Montblanc im Südwesten, der aber nicht so imposant steht wie die 4000er der Zentralalpen. Gleich wie, der Blauen verspricht bei kurzer Anfahrt Gipfelgefühl mit Weitblick.

Moralstrom und Bürgerwind Mit der Karriere der Klimapolitik zum alternativlosen Religionsersatz geriet auch der Blauen ins Visier der Weltenretter. Im Spätherbst 2021 schrieb die Forstverwaltung auf politischen Druck drei Pachtflächen zur Windkraftnutzung aus, zusammen 200 ha auf der Gemarkung von Schliengen und Malsburg-Marzell. Ein paar Windräder der neuen Generation – mit Nabenhöhen deutlich höher als der Funkturm – könnte der Blauen durchaus vertragen. So sieht es jedenfalls eine Windstromlobby, in der Idealismus (buergerwind-blauen.de), ökologisches Utopia und internationale Renditeerwartung eine Allianz bilden.

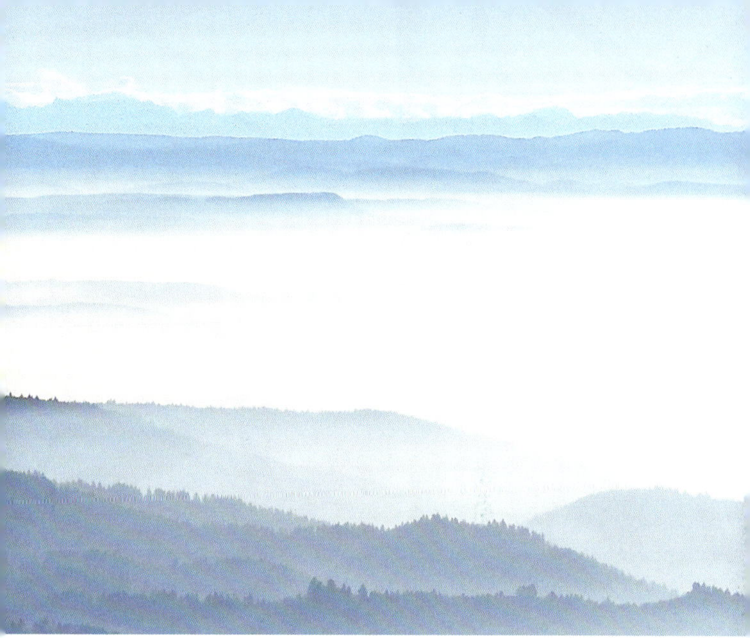

Ein Dutzend Bewerber steht Schlange, das behördliche Auswahlverfahren läuft derzeit.

Bei der Energiewende geht es bekanntlich um alles, inklusive Erlösung von der Erbsünde der Kohlenstoffwirtschaft. Nebeneffekte wie Gewissenserleichterung, moralisches Bessermenschentum und hohe Energiepreise sind erwünscht. Der Planet soll am deutschen Klimawesen genesen, eine realistische Kosten-Nutzen Abwägung gilt auch bei mäßiger Windhöffigkeit wie am Blauen als Störmanöver von Unbelehrbaren.

Wendepropheten lassen sich von Tatsachen ohnehin wenig beeindrucken. Manche behaupten allen Erntes, daß Nebenwirkungen von Windrädern durch Steigerung der touristischen Attraktion kompensiert würden. So gesehen steht der Windrad-Tourismus erst am Anfang. Schatten- und Eiswurf, Soundeffekte und Vogelschlag könnten als Event vermarktet

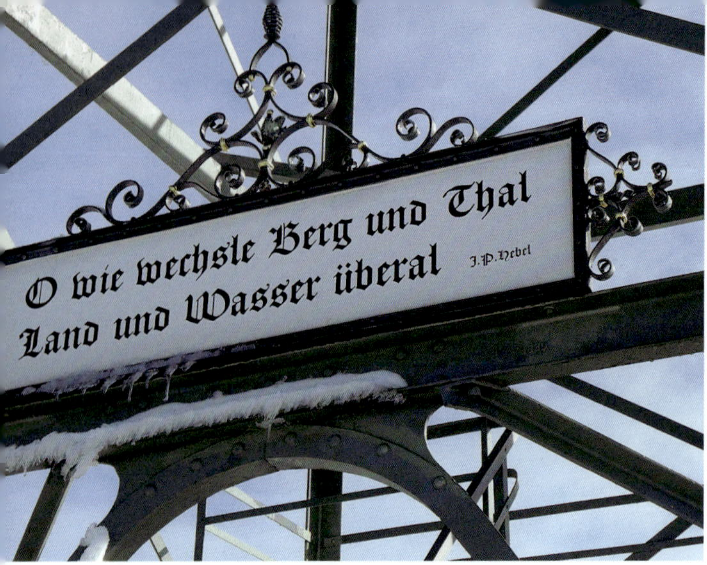

Auch Johann Peter Hebel bereimte den Hochblauen

werden. Auch ein Kombi-Ticket zum Besuch aller Windparks im Südschwarzwald wäre eine Option. Vergrämte Arten und Humankäuze, die den Blauen als Erholungsraum und Landmarke schätzen, könnten dann in ein pädagogisch besonders wertvolles Biotop umgeleitet werden; natürlich begleitet von einem Umerziehungs-Monitoring.

Viel Wind, wenig Power Wenn es um Planetenrettung geht, wird der mäßige Windertragsindex im Südschwarzwald zur Nebensache. Windprediger lassen sich von der Flaute nicht abschrecken. Der am Blauen aktive Hängegleiterverein kann im Schnitt an mehr als 220 Tagen im Jahr vom Gipfel aus starten kann. Für weniger Geübte ist dies nur bei Windverhältnissen um oder unter 20 km/h möglich ist.

Wie bei ideologisch unterlegten Großprojekten üblich, können ohnehin nur Kleingeister an windigen Modellrechnungen zweifeln. Das komplexe Zusammenspiel von Ertragsberechnung, Erschließungs-, Unterhalts- und Kollateralaufwand für neue Netze und Speichersysteme zählt un-

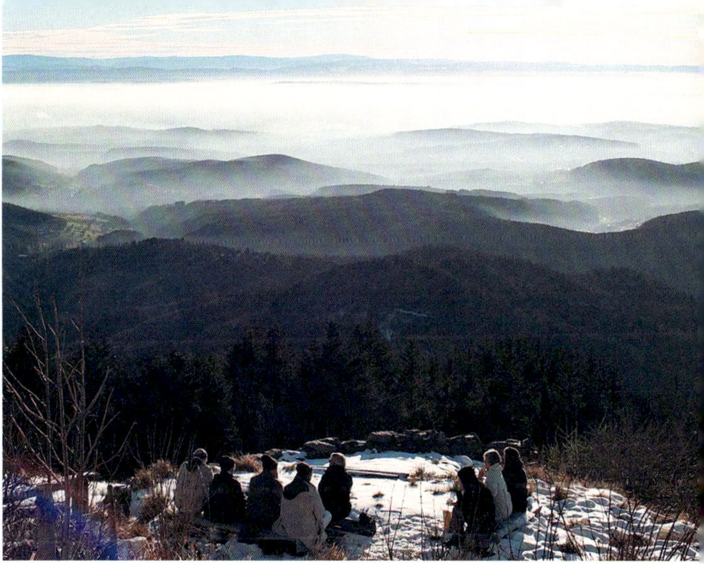

Waldbaden am Blauengipfel

ter Erlösungstheoretikern wenig. Ein leitender Angestellter eines Energiekonzerns, der sich jahrelang mit der Materie beschäftigt hat, sagte mir dazu: „Gegen die große Koalition aus internationalem Kapital und Greenwashing ist rational-argumentativ derzeit nicht anzukommen."

Die ungelöste Grundlast- und Speicherproblematik, auch die mäßige Performanz in Mittelgebirgen, müßte die Euphorie der Windbarone zumindest dämpfen. Aufrichtig wäre es, einzuräumen, daß es bei jeder Art von Energieerzeugung (von Kohle über Atom bis Wind) stets auch um ein Umleiten von Subventionsströmen geht. Kapital, das von der Gesamtbevölkerung aufgebracht, aber nur von einem Bruchteil Privilegierter abgeschöpft wird. Mein Gewährsmann aus der Branche sagt dazu: „Mit den Predigern ist es wie mit Alkoholikern. Man kann sie nicht überzeugen, erst wenn sie im Markt angekommen sind, akzeptieren sie die Realität."

Wer erinnert sich eigentlich noch an Biodiesel? Wenig später hatten nationale Solarmodulhersteller unsanft Bo-

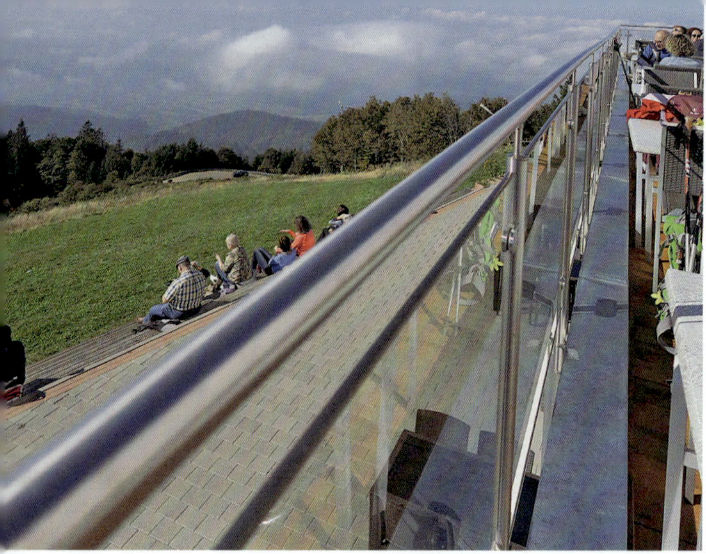

Großflächig – Terrassen am Berghaus Blauen

denkontakt. Bis Kosten und Nutzen der Windkraftnutzung in mäßig trächtigen Lagen realistisch bewertet werden, ist noch ein weiter Weg. Man wünscht allen, die Potential und Gefahren realistisch sehen, einen langen Atmen – auch angesichts der Risiken für das naheliegende Quellgebiet der Badenweiler Therme.

Der Anblick der Schwarzwaldhöhen wird sich in den kommenden Jahren radikaler verändern als in 100 Jahren zuvor. Durch Windräder, Straßen- und Leitungsbau, durch Infrastruktur und grün angestrichene Industrieanlagen, die allesamt nicht mit Gänseblümchen-Biomasse herzustellen und zu unterhalten sind. Johann Peter Hebels Reim am Aufgang zum Blauenturm könnte bald um eine Zeile erweitert werden:

Oh wie wechsle Berg und Thal,
Windrad und Profit überal.

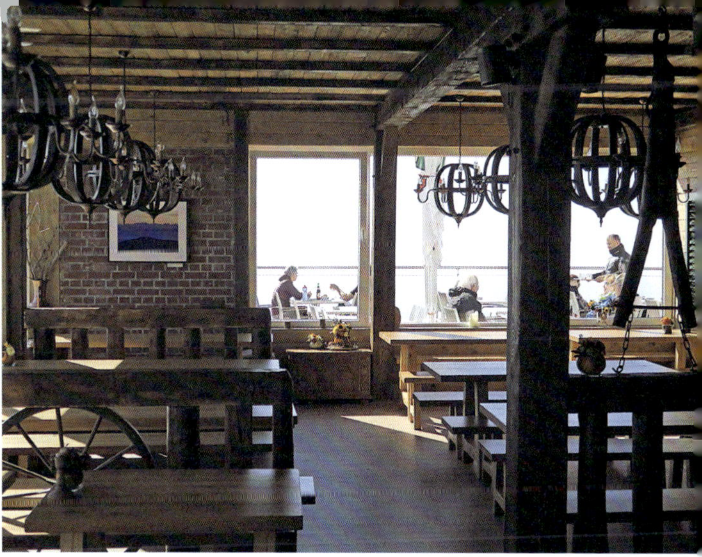

Châlet im Saal – neue Blauengastronomie

Hier Windkraft, dort Kernenergie Vielleicht wird man vom Hochblauen aus auch bald erkennen, wie in Fessenheim ein Reaktorblock demontiert wird und zugleich eine neue Anlage zur Verwertung von Atomwertstoffen entsteht. Auch solche Volten gehören zum Green Deal der EU. Rechtsrheinisch Windkrafteuphorie, linksrheinisch Atomkraft-Renaissance, dazwischen keine 20 Kilometer Luftlinie. Sicher ist nur, der Klima-Jet-Set wird weiter um die Welt düsen und dem Ökomichel CO_2-neutrale Erlösungsmodelle verordnen.

Neuer Anlauf Die Gastronomie im exponiert gelegenen Blauenhaus war in den zurückliegenden Jahren von Wechsel, großen Ankündigungen und einigem Unvermögen geprägt. Seit Herbst 2021 ist das ertüchtigte Blauenhaus wieder geöffnet und durchgehend bewirtet. Die Innenräume und der Saal wurden im Châletstil neurustikal möbliert; tagsüber an der SB-Theke Einfachstangebote und altbekannte TK-Ware wie Flammkuchen, abends auch etwas à-la-Carte zu strammen Preisen; auch Übernachtungsmöglichkeit. In der

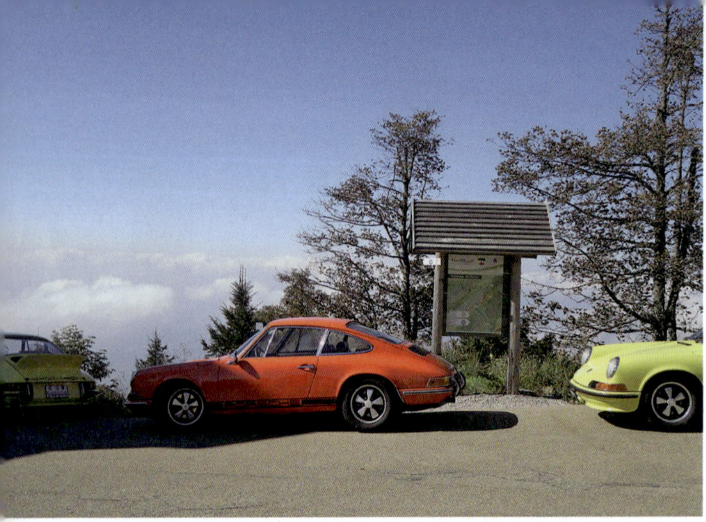

Ein Ziel für Auto- und Biowanderer – Boxer am Hochblauen

Summe ein Hotspot wenn der Onkel aus Amerika kommt. Es gibt aber auch frei nutzbare Vesperplätze rund ums Berghaus. Das eigentliche Pfund der Einrichtung ist und bleibt die Freiterrasse mit spektakulärem Blick aufs Dreiländereck und Breitwand-Alpenpanorama.

Bei passendem Wetter ist der Fleck durchaus reizvoll, man sitzt und schwebt dann wie in einer Kanzel über dem Oberrheinland. Bei Nebel und Hochbetrieb spendet die zudem Gewißheit Trost, daß vor der Speisekarte alle gleich sind.

Berghaus Hochblauen SB-Bistro täglich, Restaurant abends geöffnet; ♠ große Panoramaterrasse mit Alpensicht; berghaus-hochblauen.de.

Karriere eines Berges Schon im Jahr 1866 gab es einen „stellenweise jäh anstrebenden Reitweg", der von Badenweiler zum Gipfel führte. 1875 wurde mit dem Bau des Blauenhauses begonnen. Ein von Rheuma geplagter Herr Stehlin hatte zuvor in einer Holzhütte auf dem Gipfel campiert. Die Höhe bescherte Linderung und so begann der Geheilte im Frühjahr 1875 mit dem Bau des Gasthauses. Im selben Jahr fand Gastgeber Stehlin auch noch seine Frau und „Köchin

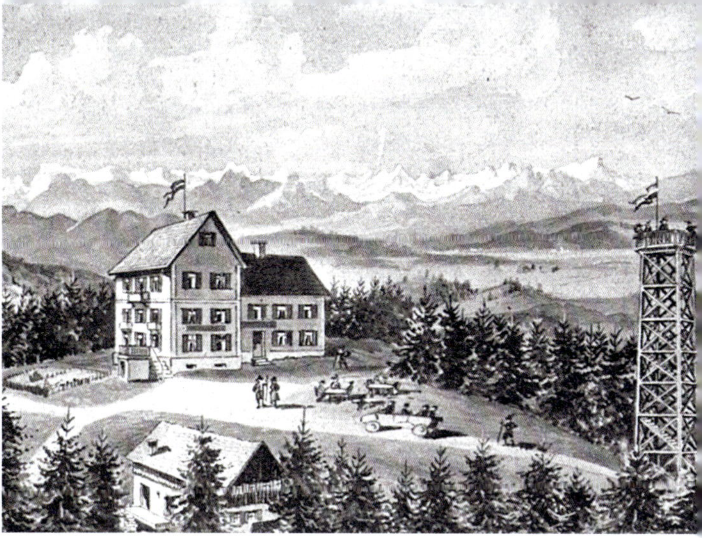

Das Blauenhaus damals (mit idealisiertem Alpenpanorama)

auf Lebenszeit“, wie er schreibt.

Höhe als Therapeutikum kam in Mode, es ging aufwärts mit dem Blauenhaus. 1895 ließ der Schwarzwaldverein anstelle „des plumpen hölzernen Vorgängers“ einen gußeisernen Aussichtsturm errichten, der bis heute Bestand hat.

Der Freiburger Biologieprofessor *Konrad Guenther* beschreibt im «Naturbuch vom Schwarzwald» 1941 das Erlebnis des Aufstiegs: „Aus dem Dunkel des Waldes führen die Stufen empor, zuerst von den Stämmen der Tannen begleitet, dann umrauscht vom grünen Gezweige und schließlich die Spitzen unter sich lassend. Der Emporsteigende erlebt also gewissermaßen das Aufwachsen der Tannen, zu dem diese hundert Jahre brauchen, in wenigen Minuten.“

Touren Der Hochblauen-Gipfel bietet mit seiner vorgeschobenen Position zwar grandiosen Ausblick auf das Rheinknie und den weiten Alpenbogen. Die wenigen Rundwege verlaufen aber über weite Strecken im Hochwald. Also kein Wanderrevier, sondern eine Etappe am Westweg; vor allem aber ein Ort zum Staunen auf die Weiten des Dreiländerecks.

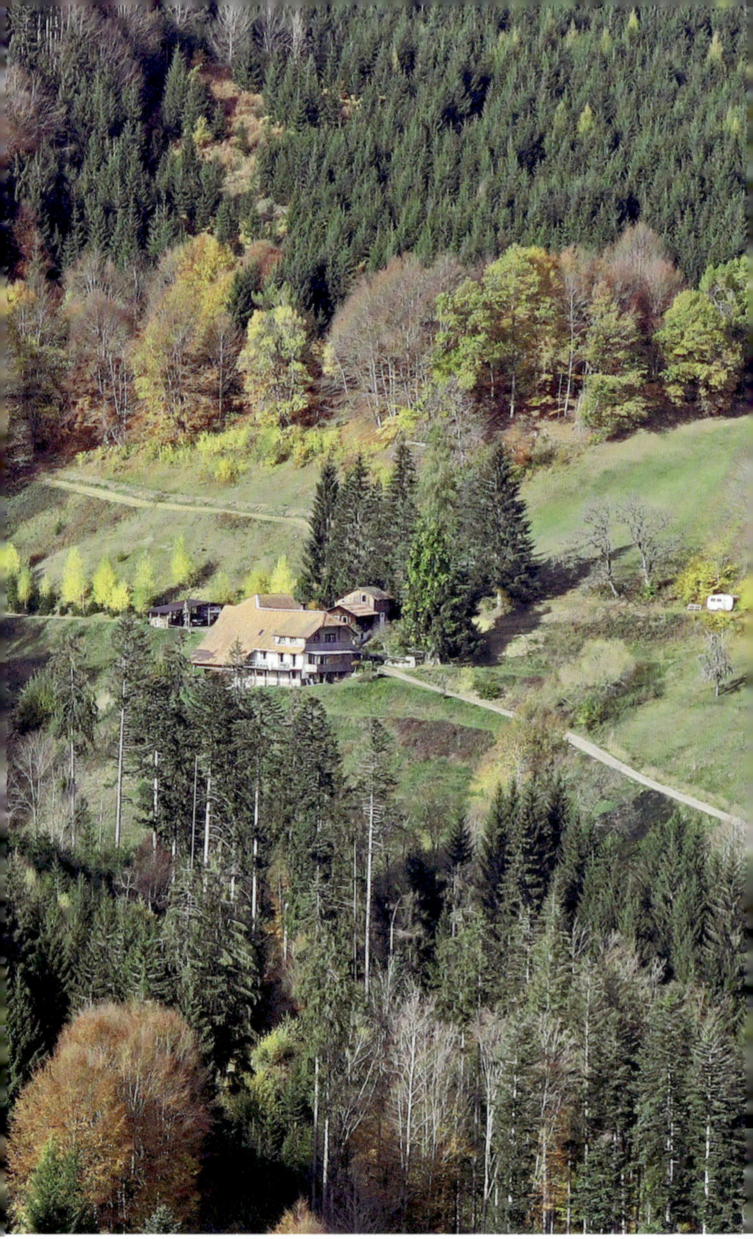

Weiter draußen – Hofstelle bei Bürchau

13

Sonnenplätze im Kleinen Wiesental

Weder Skilift noch Bergbahn, Parkautomat und Sommerrodelbahn gibt es auch nicht. Stattdessen Landschaft wie gewachsen und Südschwarzwald der ruhigen Art. Wege, auf denen man über Stunden allein mit sich und der Natur sein kann.

Das bedeutet für Eingeborene allerdings auch, daß um einen praktizierenden Landarzt geworben werden muß, daß Einkäufe ohne Auto unmöglich sind, daß acht Gemeinden im Kleinen Wiesental ihre Eigenständigkeit aufgeben mußten und zur Verbandsgemeinde „Kleines Wiesental" fusioniert wurden, daß bedrohte Biotope wie das Wirtshaus leise verschwinden. Einfach wegsterben, ohne Schutzprogramm und Habitat-Monitoring, wie es anderen Arten zuteil wird. Natura 2022 heißt auch: Der Wirt geht, der Wolfsbeauftragte kommt. Erste Zusammenfassung: In diesem Kapitel geht es um Landschaft, krumme Touren und exklusives Abseits.

Für Städter und Teilzeit-Romantiker hat der Seitentaleffekt auch Vorteile. Jeder findet hier seine Einsiedelei, die sich

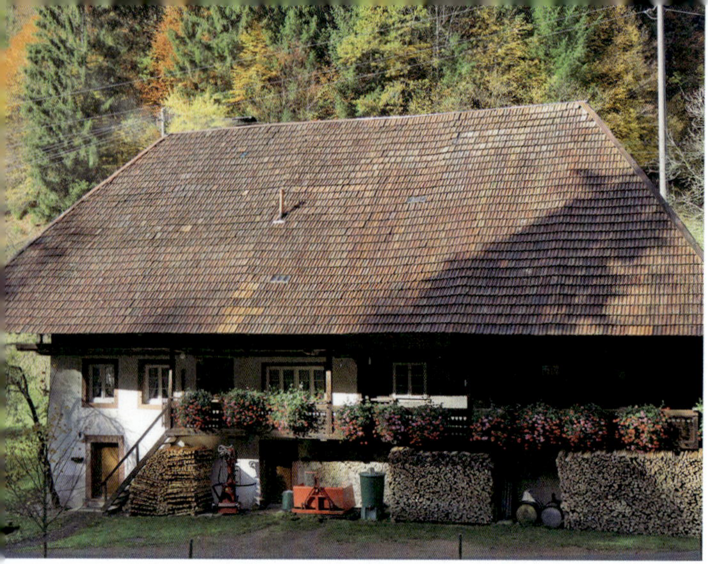

Unter Dach und Fach – im Kleinen Wiesental bei Bürchau

wie ein kleines Geheimnis hüten läßt: eine lauschige Ruhebank, eine Steinpilzstelle, ein Weg, der sich an einen sonnigen Waldrand schmiegt, ein Gasthof, in dem sich der Gast behaust fühlt. Im kleinen Wiesental ist der Schwarzwald bei sich. Es folgen Anregungen zum Losgehen und Ankommen:

Tegernau, Schwand und Sallneck In der Verbandsgemeinde Tegernau treffen Kleine Wiese und Köhlgartenwiese aufeinander. Zwei Landstraßen kreuzen sich und bilden so etwas wie eine Ortsmitte. Außerdem gibt es einen Steinbruch und einen Geldautomaten, eine Zahnärztin, eine Schneiderin und mit Lizzys Schnipp Schnapp einen Salon, wo Männern, Frauen und Diversen die Haare schön gemacht werden.

Des Weiteren praktizieren in Tegernau zwei Werkstätten für Land- und Forstmaschinen. Bauer Landmaschinen bietet Schlepper und Anbaugeräte wie Seilwinden und Spalter, die mit jedem überzwerchen Stamm fertig werden. Kurt Bollschweiler an der L 140 nach Gresgen ist so etwas wie ein Facharzt für Motorsägen. In einem Tal, wo der Küchentisch

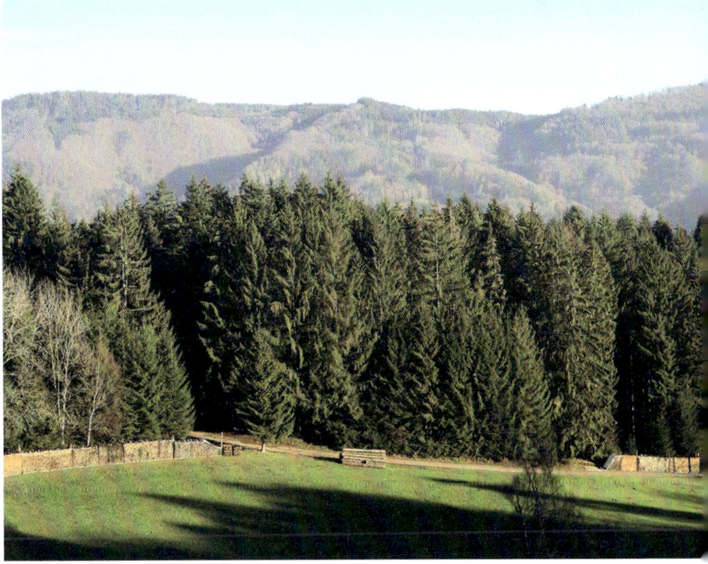

Viel Hang, viel Wald, viel Holz – Kl. Wiesental bei Schwand

zu den wenigen ebenen Flächen zählt, sind solche Adressen wichtig. Wenn die Alte dauernd absäuft oder nicht auf Drehzahl kommt, sind erfahrene Landmaschinen-Praxen oft die letzte Instanz zur Rettung einer Säge.

Stockwerksbewohner können es vermutlich nicht verstehen, daß sich im Laufe der Jahre ein emotionales Verhältnis zur Säge entwickelt. Mein Nachbar kommt mit seiner großen Dolmar seit Jahrzehnten bestens aus. Neulich kam es nach einem zu großzügigen Einsatz von Bremsenreiniger (als Starthilfe) allerdings zu einem Vergaserbrand; dem Verhältnis der beiden hat der Zwischenfall nicht geschadet. Von seinem Kittel mußte sich Egon allerdings trennen, er kam als Branddecke zum Einsatz.

Neben den mechanischen Werkstätten Tegernaus wäre auch das Gasthaus- und Museumscafé in der Alten Krone einen Blick wert. Dank der Initiative eines lokalen Trägervereins konnte eine Gasthaus-Legende als Erinnerungsort und lokaler Treffpunkt erhalten und ab 2008 auch partiell

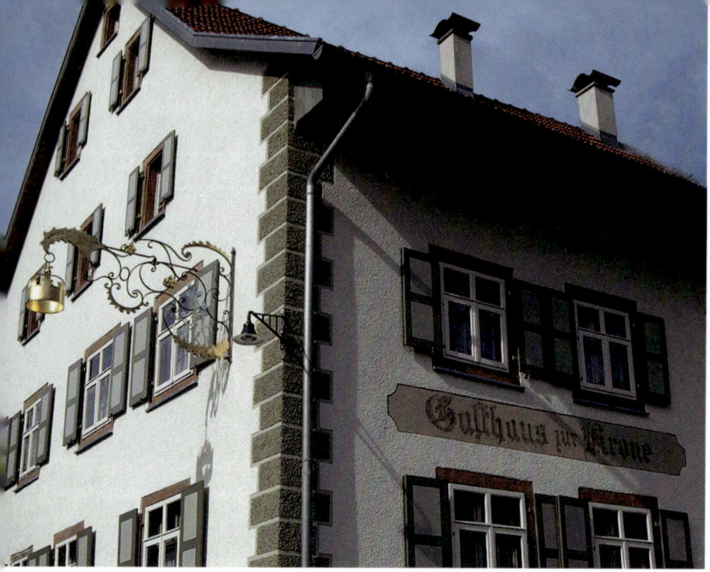

Wiederbelebt – Wirtshausmuseum Krone in Tegernau

wieder geöffnet werden. Die historische Gaststube mit Riemenboden, Kachelofen, rauchdunkler Patina und unzähligen Devotionalien läßt die Zeit der Schwarzwälder Sozialstation Dorfwirtschaft aufleben; auch das Nebenzimmer und ein Versammlungs- und Theaterzimmer im ersten Stock sind erhalten. Dort befindet sich auch eine Dauer-Fotoausstellung mit frühen Aufnahmen von Wiesentäler Gasthäusern.

Das enorme Ausmaß des kulturellen Wandels im Südschwarzwald der Seitentäler wird gerade an solchen, vermeintlich „kleinen“ Orten anschaulich und unmittelbar sichtbar. Vor dem Museumscafé ein kleiner Biergarten mit einer Sitzbank um einen Kastanienstamm. Aktuelles Programm: kuk-kleines-wiesental.de.

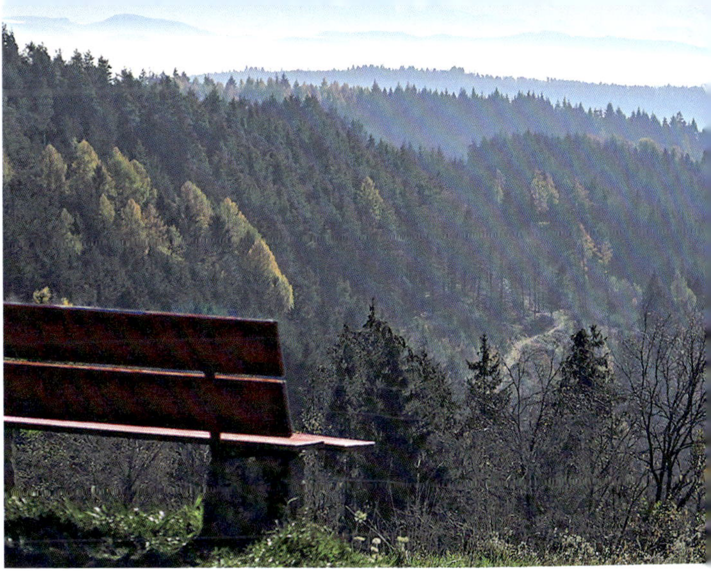

Ein Schauinsland mehr – bei Sallneck

Lands End um Sallneck Höhergelegene Weiler, „Noch nie gehört"-Ortsteile und Einzelhöfe prägen bis heute den Charakter des Kleinen Wiesentals. Der enge Talgang an der Kleinen Wiese hatte über Jahrhunderte wenig Schätze zu bieten außer Wasserkraft, Schatten und genug Waldarbeit. Oder man ging zur Lohnarbeit ins früh industriealisierte Große Wiesental um Schopfheim und Hausen.

Viehhaltung und Weidewirtschaft etablierten sich auf den freien, oft auch alpensichtigen Höhenzügen oberhalb der steilen Talflanken. Daraus folgt für uns Freigänger wie von selbst: das Kleine Wiesental, seine Seitenäste, Sonnenterrassen und Sackgassen wollen entdeckt werden. Speziell die wenig genutzten Wege und Nebenstraßen um Sallneck, Wies und Schwand sind ein ideales Revier für ausgiebige Rad- und Wandertouren. Feste Ziele braucht es kaum, offene Sinne schon, eine ordentliche Landkarte schadet nicht.

Ein Wanderparkplatz an der Kreisstraße 6309 von Sallneck nach Lehnacker und Maienried heißt etwas harmlos *Weide-*

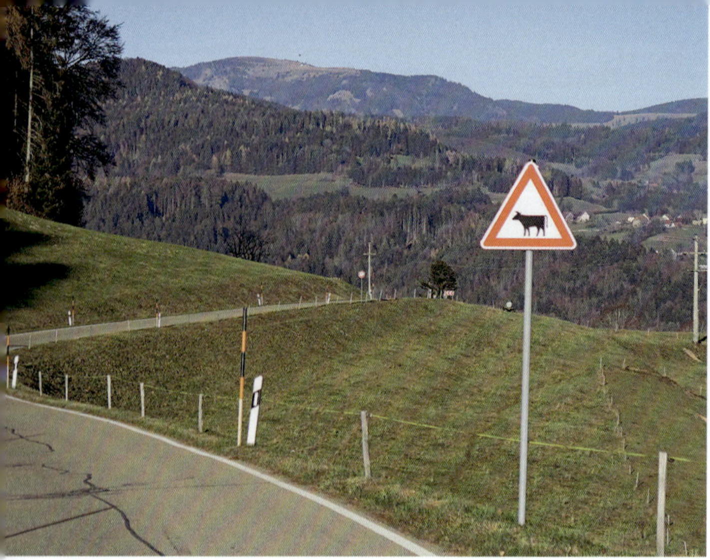

Mit Belchenblick – die K 6309 am Weideschuppen bei Sallneck

schuppen. Der Platz dort oben könnte aber auch Himmelfahrt heißen, wie andere namenlose Flecken über dem Tal der Kleinen Wiese.

Es drohen hier keine Klumpenrisiken wie in Titisee oder in der Feldbergregion, es lockt Land zum Gondeln mit offenem Ende, auch Platz für letzte Autowanderer, die noch was von der Kunst der anlaßlosen *Bewegungsfahrt* verstehen. Ich weiß, die Kultur des Weitschweifigen ist unter Optimierern und Leistungswanderern derzeit nicht beliebt, hier wäre trotz allem ein Übungsplatz, um sich mal selbst von der Leine zu lassen.

Wie so oft im Schwarwälder Outback ist die Ausstattung mit Gasthäusern eher sporadisch, was für uns Tourengänger betrüblich ist. Ein paar gastliche Inseln gibt es dennoch, sie eignen sich zudem als Fixpunkte für freie Touren, zu nennen wären hier besonders der *Hirschen* in Sallneck (vgl. Seite gegenüber) und die *Sennhütte* in Schwand (vgl. S. 204).

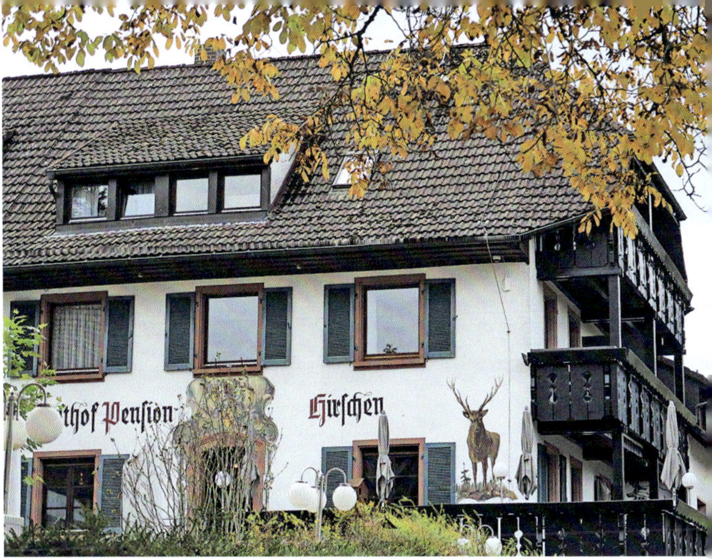

Voll durchgestartet – Hirschen, Sallneck

HIRSCHEN, Sallneck In und um Sallneck ist der Hirschen alternativlos. Wir erblicken ein gutbürgerliches Traditionshaus in mittlerer Höhenlage. Einen regional verwurzelten Familienbetrieb, der nach erfolgreichem Generationswechsel nun seinen zweiten Frühling erlebt. Leistungsbereit, breit aufgestellt und über alle Klassen beliebt. Bedient werden Ansprüche vom Sonntags-Familienessen bis zum Abendmenü zu zweit für Hausgäste, Vesper und Kaffee gehen natürlich auch.

Im Hirschen geht ohnehin fast alles bei erstaunlich konstanter Qualität und auffallend freundlichem Service. Dem gibt die junge Chefin ein Gesicht, das nicht nur im Hausprospekt lächelt – der gesamte Service agiert in beachtlicher Schlagzahl, ohne daß es schleift und klemmt.

Bei so viel Alltagstauglichkeit erwarte man keine gedrechselten Gourmetfiguren, sondern ein nutzerfreundliches Gesamtprogramm. Wer damit nicht klarkommt, wird es im Kleinen Wiesental ohnehin schwer haben.

Im Umfeld des Kachelofens wirkt der Hirschen gemütlich

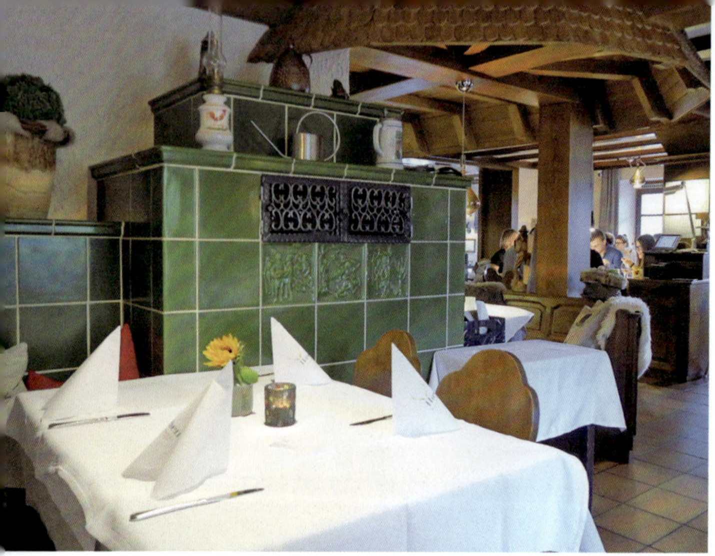

Einer für alle – Hirschen, Sallneck

und geerdet; der größere, üppig dekorierte Speisesaal wurde in guter Absicht mit neudeutschen Zutaten ausgestattet, Freunde von Minimaldesign können hier ihren Mut beweisen. Aber das sind Nebenschauplätze. In der Summe steht das Haus für zuverlässige Gastlichkeit und eine solide Küche, mit allem, was im Südwesten dazugehört, inklusive mächtiger Portionen und großer Platten zum gemeinsamen Tafeln.

Die Auswahl an Klassikern, Saison- und Wildgerichten ist beachtlich, es sind aber auch leichtere Zwischengerichte auf der Karte, stets auch etwas Fisch und moderat Modernes. Den zahlreichen Schweizer Gästen muß das Preisniveau als Offenbarung erscheinen. Der Hirschen – einer für alle an einem luftigen Platz über dem Tal.

Gasthof-Hotel Hirschen (Fam. Brunner), 79692 Kleines Wiesental-Sallneck, Wieser Straße 7, Tel. 07629-249; hirschen-sallneck.de, komfortable Gästezimmer, ♠ Terrasse.

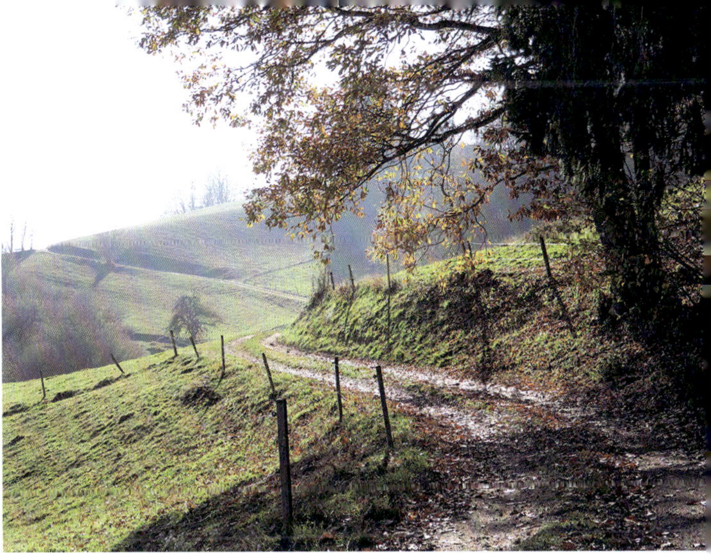

Die sanfte Tour – vom Weideschuppen nach Lehnacker

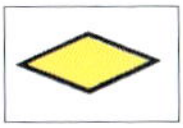

Touren bei Sallneck Direkt vor dem Hirschen steht ein Wanderwegweiser auf 625 Metern; somit wären Touren ab Gasthaus oder auch vom Frühstückstisch weg möglich. Einige Entfernungen ab Gasthaus Hirschen: bis Kirchhausen 3 km, Endenburg 4 km, Endenburg-Wanderparkplatz Stalten (schöne Tour) 8 km; nach Schwand 5 km, Kandern 10,5 km.

Noch günstiger und auch etwas höher liegt der Wanderparkplatz beim Weideschuppen an der K 6309; ca. 1 km südlich Sallneck. Ab hier ebenfalls lohnende Rundwegoptionen durch pilzreiche Wälder und auf Wegen mit Alpensicht.

Nach Lehnacker Vom Weideschuppen führt auch ein direkter Querweg rüber nach Lehnacker (Ortsteil von Steinen), Maienried und Kirchhausen. Maienried, Lehnacker – was für klingende Namen für ein paar Häuser, die sich zwischen Straßenkehren an einem Südhang krallen. Altbesiedeltes Land mit zauberhaftem Alpenblick, dazwischen immer wieder Um- und Neubauten, die wie andernorts ziemlich selbstbewußt ausgeführt wurden.

Ein sonniger Herbst- oder Wintertag oben zwischen Sallneck, Weideschuppen und Lehnacker ist fast zu schade zum strikten durchwandern; man sollte solche Partien mit allen Sinnen aufsaugen und konservieren. Was auch Zeit zum Sitzen, Stehen und Staunen braucht.

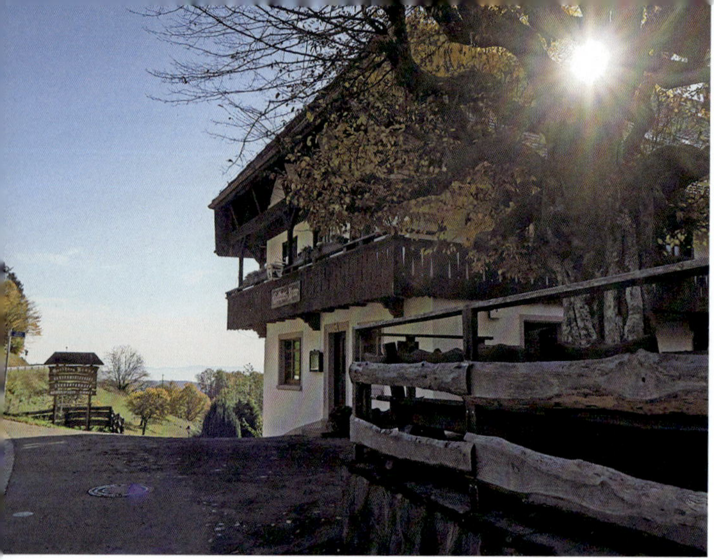

In strahlender Lage – Krone, Maienried

Die Jahrzahl 1935 steht auf dem Türsturz der **Krone** in Lehnacker-Maienried, die wechselhafte Zeiten erlebt hat. Noch vor Jahren ging es in der traumschön gelegenen Krone unbeschwert zur Sache. Ein teilnehmender Beobachter berichtet von Wochenenden, an denen geeichte Stammbesucher am Freitag kamen und am Sonntag gingen (ohne Übernachtung). Das Anwesen liegt an einem Gunstfleck der K 6309 zwischen Sallneck und Endenburg. Ein „Biker Welcome"-Schild grüßt noch aus alten Tagen, auch die kapitale Kastanie im Biergarten steht noch. Schuppen, Veranda, ein Gastraum nach Süden, Alpenblick. Meine Güte, was könnte hier für ein Rastplatz sein.

Eine Ortskundige meinte Anfang 2021, daß die Krone demnächst wieder aufgehen könnte, ein Einheimischer sagte mir im Sommer '21, daß so bald nichts geht. Aber wer weiß schon heute, was morgen alles geht. Die legendäre Krone, zur Beobachtung empfohlen, auch zum Träumen von der höchsten Tankstelle in Maienried.

Ein paar Häuser unterhalb, in Lehnacker am Katzhaldenweg 16, gibt es mit der **Tanne** noch ein weiteres Gasthaus, eine vorgeschobene Stellung in exponierter Hanglage. Solche Außenposten haben ja etwas, auch abseits vom Kulinarischen, „Unser Gasthof ist umrandet von Wiesen und Wäldern in sehr ruhiger Lage" – genau so ist es, Tel. 07629-618; gasthoftanne.de.

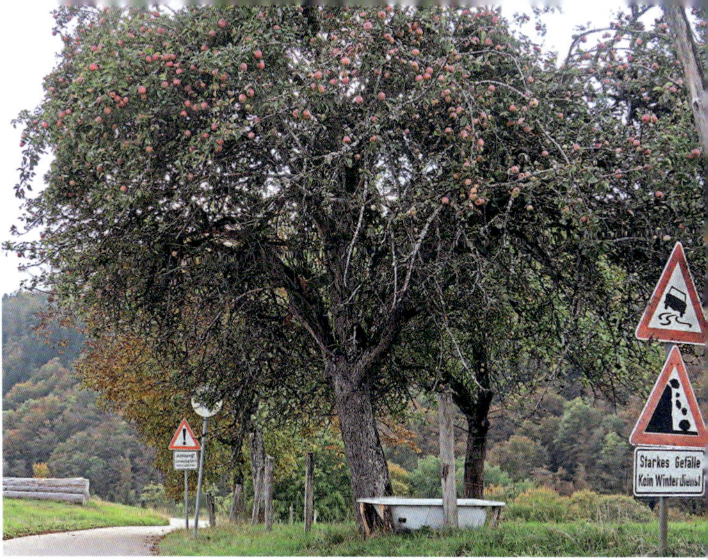

Steil abwärts – am Katzenberg bei Lehnacker

Katzenberg und Farnbuck Von Lehnacker führt die Katzenbergstraße über die Katzhalde sacksteil abwärts. Nicht nur mit dem Rad eine rasende Talfahrt, an deren Beginn eine seltene Kombination von Warnschildern vor Steinschlag, Gefälle, fehlendem Winterdienst und entgegenkommendem Schneepflug warnt. Auch das gehört zu den Kuriosa einer Region des Südwestschwarzwaldes, die landschaftlich, verkehrstechnisch und touristisch noch nicht glatt gebügelt wurde.

Ein Netz von Nebenstraßen, Forst- und Weidewegen erschließt die steilen, mal sonnigen, mal dicht bewaldeten Flanken zwischen Endenburg, Kirchhausen, Eichholz und Weitenau. Weiler mit ein paar Höfen, Häusern und Wochenendverstecken heißen Eichholz und Henschenberg, sie liegen wie verborgene Perlen westlich und östlich von jenem bereits empfohlenen Wanderparkplatz, der so treffend wie selbsterklärend Weideschopf heißt.

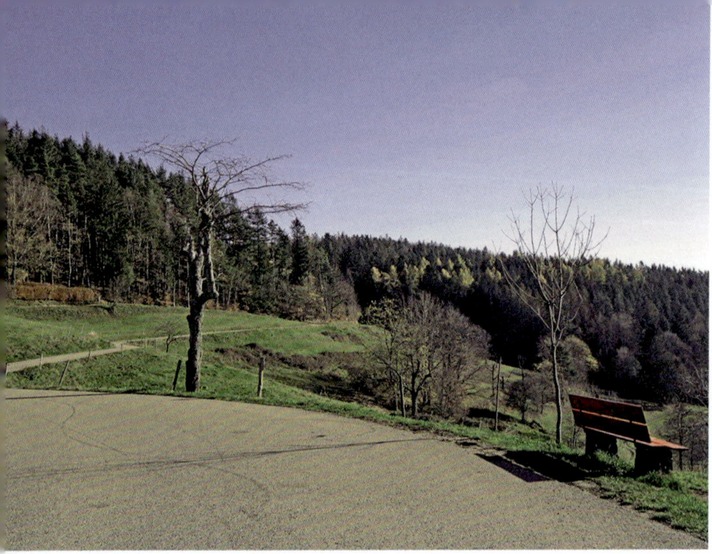

Zum Landschaftsbummeln – zwischen Ebigen und Eichholz

Treiben lassen Wieder ein Landstrich ohne zwingende Ziele, ideal zum Mäandern zwischen Berg und Tal, zum Durchatmen, zum Gondeln mit Zweirad oder Cabrio. Die Aussichtsbänke an Wanderwegen und Nebenstrecken sind hier oben rot gestrichen oder sie waren mal rot gestrichen.

Eine dieser Bänke steht an einer schmalen Nebenstraße zwischen Eichholz und Ebigen-Sallneck. Gerade dort, wo der Asphalt mit ein paar besonders fließenden Schwüngen um einen Buckel namens Nollen führt. Wir lernen hier, eine asphaltierte Verbindung zwischen zwei Orten muß nicht immer böse sein. Dort könnte man auch mal eine Stunde mit einer analogen Zeitung verbringen. Internationale Nachrichten lesen und einem Traktor nachschauen wäre zwar keine große Tat, aber erholsam und heilend.

Irgendwann landet man dann auf einem reizenden Vesperplatz mit Feuerstelle und Alpenblick. Etwa oben am Ortsrand von Eichholz, an der neuen Schutzhütte , die auf einem sonnigen Plateau wenig unterhalb vom Wanderwegweiser

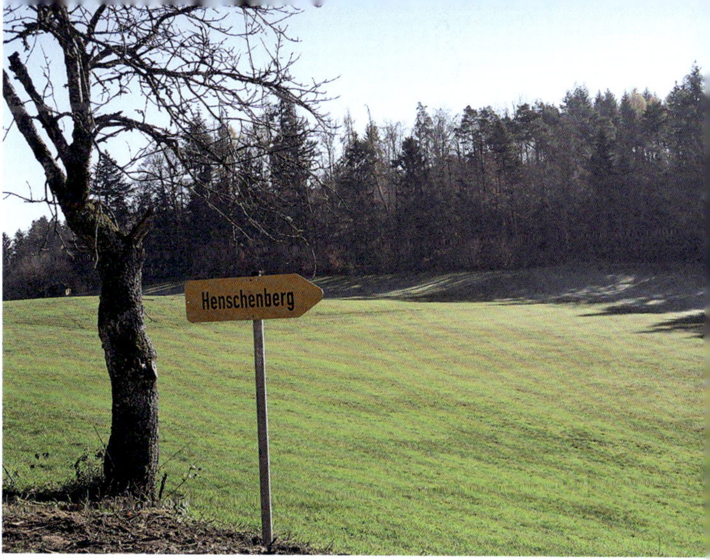

Irgendwo geht's immer weiter – auch nach Henschenberg

Hüttenboden (661 m) steht. Feuerstelle, massiver Holztisch zur Brotzeit, Fern- und etwas Alpenblick – alles am Platz.

Zum Schillighof Oder man treibt talwärts gen Weitenau im Süden. Links und rechts der Landstraße 136 gen Wieslet weiten sich die Auen in der Tat beachtlich. Eingeweihte landen dort über kurz oder lang auf einer unsinkbaren Gaststätte namens *Hirschen-Schillighof*, schon die Anfahrt über die geländenahe Straßenschleife zum Schillighof ist eine Landpartie im Wortsinne.

Am Scheitel der Zufahrt wartet am Waldrand eine legendäre Vesperbank mit eigener Landwirtschaft. Gewirtet wird seit Mitte des 19. Jh. Das Hofensemble mit dem markanten Walmdach, buckliger Wälderstube, Kachelofen und Dielenboden liegt so ländlich-nostalgisch an der Straße wie ein Heimatmuseum. Der Schillighof lebt aber in sechster Generation, alles gewachsen und von der Zeit geadelt.

Bratwurst, Blut- und Leberwurst, Speck, als breite und schmale Seite, kommen vom Hausschwein, die Grundstim-

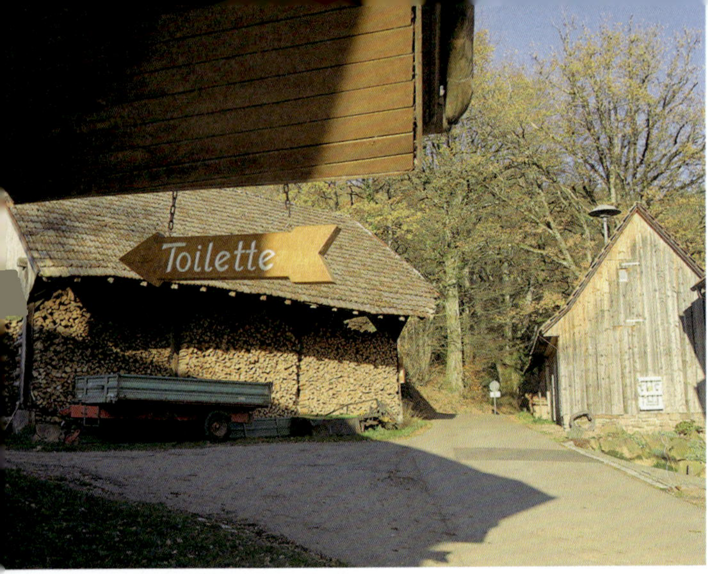

Privater Personennahverkehr – beim Schillighof

mung könnte man als gefühlsecht bezeichnen. Die Speisekarte nennt die Dinge beim Namen, geordnet nach Rubriken wie Salate, Würste, Fleischkäse, Eiervariationen, Schnitzel. Unnötig zu erwähnen, daß Wurst-, Käse- und Ochsenmaulsalat neben dem Pflanzensalat ihren Stammplatz haben. Der Fitnessteller bietet statt zweier Schnitzel eines „mit Salaten umlegt“, als Beilage Brot oder Spätzle mit Soße. Für Veganer ist der Schillighof vermutlich eine Herausforderung.

Ein Deutz im Seniorenalter steht im Unterstand zwischen wandhohen Brennholzbeugen, zur Toilette geht es ums Eck, der lässige Freisitz unter den vier Laternen vor der Front des Hauses wäre ein geeigneter Platz zum Überhocken wie Schweizer Beizengänger zur Kunst des Versackens sagen. Der Schillighof ist Gesamtkunst, für Experten zum Vespern und Hocken jederzeit empfohlen.

Hirschen (Schillighof, Fam. Asal; nördlich der L 136 zwischen Weitenau und Wieslet), ab 16 Uhr, Sa ab 14 Uhr, So ab 10 Uhr, Tel: 07627-412; mitunter Freilichtabende und Unterhaltungsveranstaltungen im Sommer; hirschen-schillighof.de.

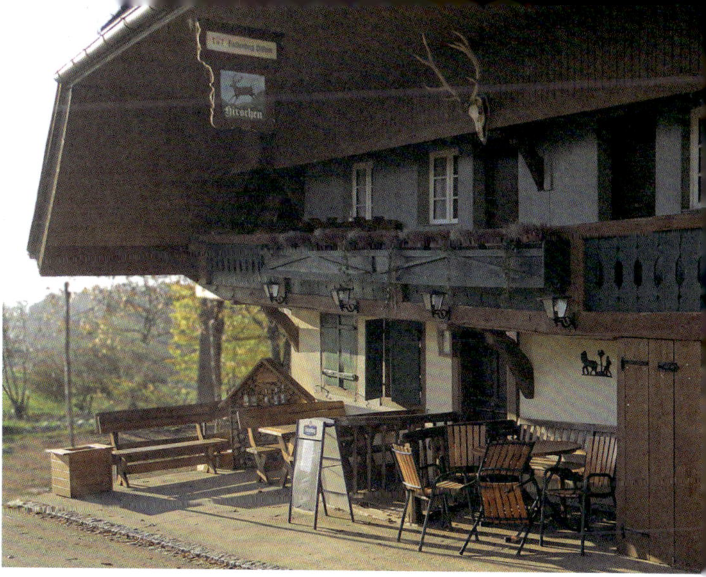

Draußen größer als drinnen – Schillighof

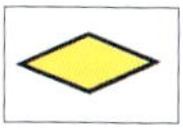

Wegweiser direkt beim Schillighof (450 m): nach Henschenberg 2,4 km, Eichholz 4 km, Sallneck 6 km (alles auch als lohnende Radstrecken); bis zur L 136/Kreuzeiche 1 km.

Hochparterre bei Tegernau und Wies Im Talort Tegernau haben wir uns schon zu Beginn unseres Streifzugs im Kleinen Wiesental etwas umgesehen (vgl. ab S. 182). Was dort an Liebreiz fehlt, bieten die Teilgemeinden und Höhen des Kleinen Wiesentals ringsum: abwechslungsreiches Landschaftsbild, sonnige Weiden im Wechsel mit Hochwäldern, Tourenmöglichkeiten ohne Andrang, allerdings einmal mehr eine geringe Gasthausdichte.

Das Kleine Wiesental ist Dazwischenland, zwischen Großem Wiesental und Oberrheintal abseits der Strömung gelegen. Also kein Dauerbrumm wie im gewerbeintensiven Wiesental, auch keine großen Bausünden, einmal abgesehen von ein paar morschen Fabrikgebäuden aus besseren Zeiten der Textilindustrie. Kein Skilift und kein Rummel, dafür an

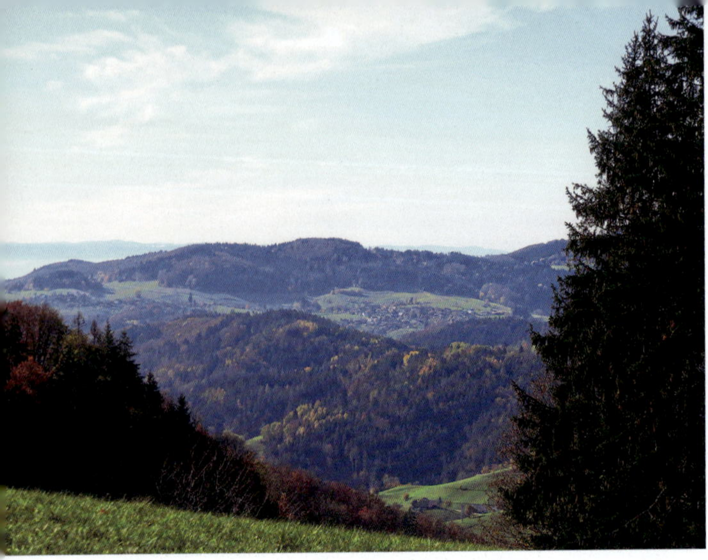

Kleines Wiesental, 2. Stock – am Holzschlag bei Elbenschwand

der Straße nach Wies ein Steinbruch der Kimo-Schwarzwald Granit, zu deren Kernkompetenz Schotter, Splitte und Brechsand zählen.

Speziell um die Weiler Schwand und Raich-Ried wartet kernechter Schwarzwald ohne die Nebenwirkungen der großen Ziele. Ohne organisierte Gästebespassung, Heimatabende und Anbiederung an Zerstreuungswünsche. Diese interessanten Ziele für Einzelgänger liegen in gemäßigter Höhenlage auf sonnigen Hangterrassen. Es ist ein reizend kleinlauter Südschwarzwald mit einer heiteren Landschaftsstimmung, die man unten im Kleinen Wiesental nicht vermuten würde.

Die Höhenzüge um Schwand, Raich und Ried, auch jene über Bürchau und dem horstartig gelegenen Elbenschwand, sind nach Süden und Südwesten geneigt. Mit 600 bis 900 Metern vergleichsweise bescheiden hoch, aber klimatisch begünstigt. Schön anzusehen, da weder verrummelt noch verkitscht. Ideal für stillere Naturen, die auch mal einen Tag mit sich sein können.

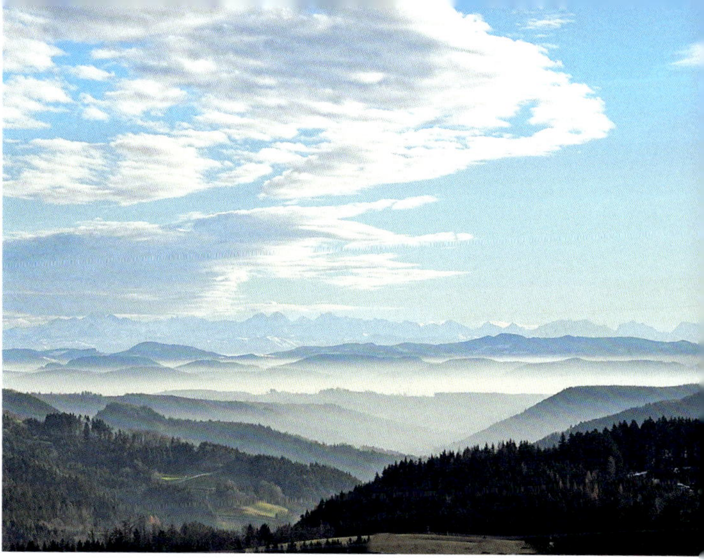

Komm' ins Offene – Alpenblick vom Buck bei Raich

Zufahrt über Wies oder Tegernau, von dort auf schmaler Strecke landschaftsnah über Demberg nach Schwand und weiter auf einer verkehrsarmen Panoramaroute nach Raich-Ried (in 670-750 m Höhenlage). Danach wieder runter nach Holl an die Kleine Wiese: eine himmlische Tour über offenes, auch im Winter sonniges Weideland, garniert mit einem seit Jahrzehnten leistungsfähigen Gasthof.

Oben himmelweit, unten eng und klamm Auf die Gefahr der Wiederholung: Wer im Kleinen Wiesental unten hängen bleibt, versäumt das Beste: Zwischen Wieslet, Tegernau und Holl ist der Talgrund eng, streckenweise klamm. Oft ist nur Platz für das Bachbett und die Landstraße, die im Winter nicht trocknen will. Da und dort fröstelt ein Haus, eine morsche Fabrikhalle, daneben ein Werkhof mit ausrangiertem Fuhrpark. Lieblich ist woanders.

Auf den höheren Etagen ändert sich das Bild schlagartig, etwa um Schwand, Raich-Ried und Oberhäuser, wo die Hochweiden etwas einnehmend Harmonisches haben. Auf

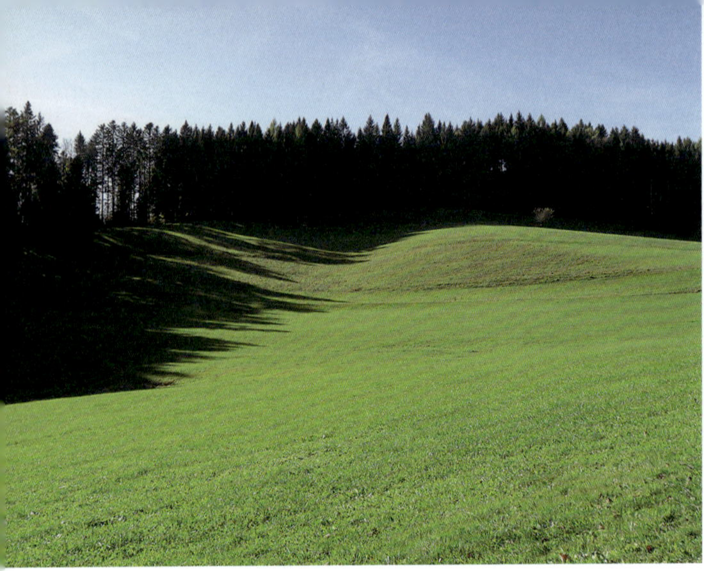

Grüne Welle – Lichtung bei Tegernau-Schwand

der Talseite gegenüber hängt Elbenschwand wie ein Schwalbennest am Hang, oberhalb eines Kerbtälchens. Auch dort könnte man einfach mal hochfahren, einfach so für einen sonnigen Nachmittag am Waldrand. Leider gibt es in Elbenschwand einmal mehr kein Gasthaus, dafür aber einen guten Unimog-Mechaniker. Wahrscheinlich ist ein Universalmotorgerät bei der Topographie von Elbenschwand der perfekte Helfer. Der sprechende Wanderwegweiser bei der kleinen Parkstelle Holzschlag oberhalb von Elbenschwand wäre ein Ausgangspunkt für alle, die viel Holz, noch mehr Wald und wenig Menschen treffen wollen.

Von Wies gen Köhlgarten Auch von Wies aus führt eine Nebenstrecke die Köhlgartenwiese aufwärts. Es ist eine Route abseits touristischer Ziele. Alte Flurnamen wie Sägengrund, Jungholz und Spähnplatz deuten an, um was es in solchen Randsiedlungen einst ging. Mehr Work als Balance.

Wer nachschauen will: von der Kirche in Wies zunächst auf der Wieser Dorfstraße vorbei am Dorfladen und weiter sacht

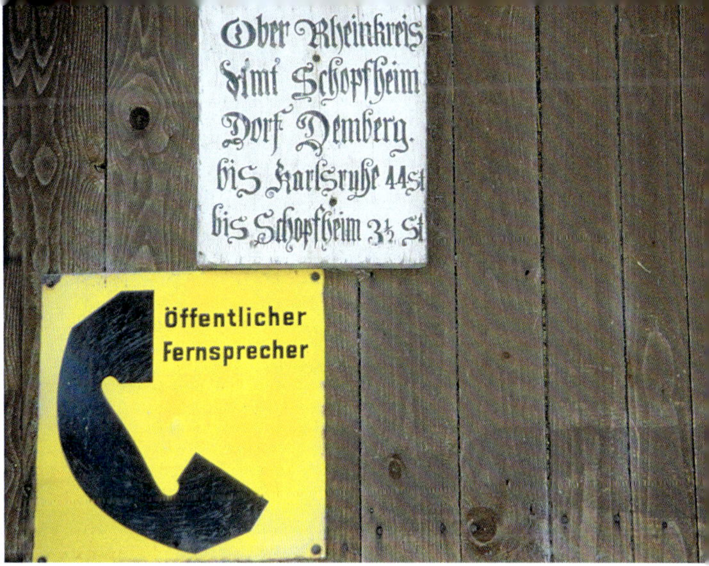

44 Stunden bis Karlsruhe – von Demberg aus

aufwärts bis zur Parkstelle an der Sägmatt (643 m). Dort steht jedes Mal, wenn ich vorbeikomme, ein knallroter Coca-Cola-Sprinter neben einem romantischen Schwarzwald-Ferienhaus. Würde ich einen Schwarzwald-Krimi schreiben, käme das Arrangement darin vor.

In der Sägmatt muß man sich entscheiden. Geradeaus aufwärts führt das Fischenberger Bächle zu den verstreuten Hofstellen von Fischenberg, die Hausnummern gehen von eins bis zwölf. Das kleine, im Siedlungsbild geschlossener wirkende Kühlenbronn liegt auf 850 bis 920 Metern Höhe. Beide Weiler sind gasthausfrei. Vielleicht an einem Sommertag mal mit Fahrrad und Proviant hoch und mit Lektüre auf einer Wiese liegen.

Touren Von Fischenberg gen Köhlgarten geht es auf Wanderwegen, zentrale Wegweiser im Hochwald heißen sprechend Sägengrund und Spähnplatz. Mehr als das Konzert der Vogelstimmen und eine Säge im Wald wird man hier selten hören.

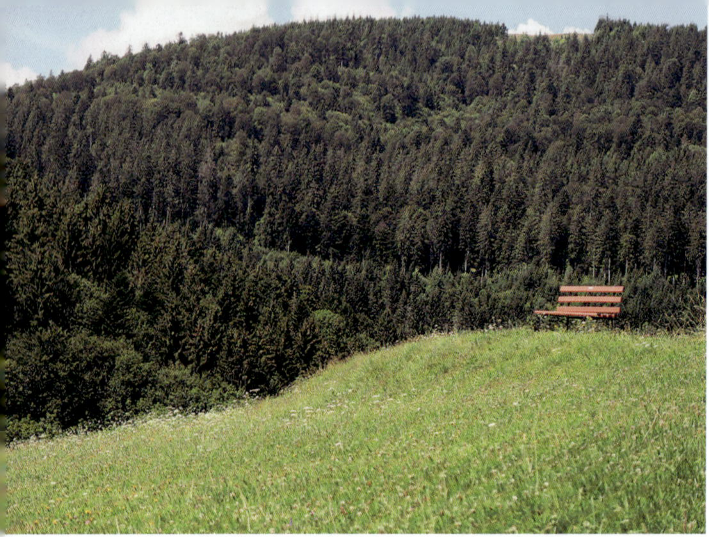

Selten besetzt – Aussichtsplatz am Kühlenbronner Hang

Waldhonig in Kühlenbronn Wer ab Sägmatt dem Kühlenbronner Bach folgt, erreicht über den Wanderwegweiser am Alten Forsthaus endlich den Weiler Kühlenbronn. Immerhin zwanzig Hausnummern verteilen sich am steilen Südhang, außerdem gibt es ein paar Küchengärten und eine rote Bank über dem Kühlenbronner Bach, die sich als Rastplatz empfiehlt.

Noch zu Corona-Zeiten bin ich einmal mit meinen IM Jürgen R. aus S. hoch nach Kühlenbronn gegondelt. Die Tiefe der Provinz anschauen und einwirken lassen, anhalten, etwas mit den Leuten reden, am Ende in Kühlenbronn Waldhonig kaufen stand auf dem Programm.

An einem Samstagnachmittag und nach einigen Kurven standen wir zu guter Letzt in Kühlenbronn mit dem Jungbauern vor dem Hoftor. Mit Blick auf Hochwald und Weide redeten wir über Spätfrost und Holzpreise. Wie viele Bewohner der Seitentäler verdient der Nebenerwerbslandwirt sein Geld als Facharbeiter bei einem Hydraulikspezialisten im Wiesental. Der Hof ist in Schuß, das gesamte Weideland, das

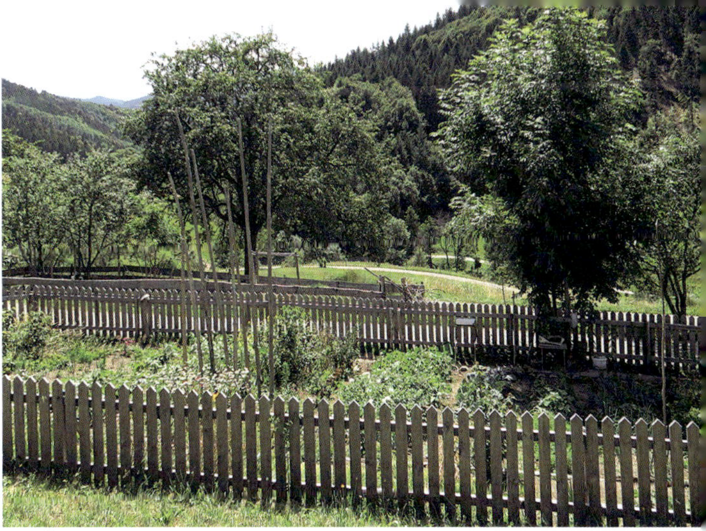

Nahversorgung in Kühlenbronn

vom Hof aus zu sehen ist, gehört zur Liegenschaft. „Alles an einem Stück“, sagt der Landwirt mit Stolz, ergänzt aber gleich, Viehhaltung in Steillagen sei „nur noch Hobby“.

Wenn die letzten Ställe in Kühlenbronn irgendwann einmal zu Ferienhäusern oder Garagen umgebaut sind, wenn auf dem Blauen auch noch Windmühlen stehen, wenn das Wesen des hohen Waldes endgültig gewendet wurde, dann gibt es sicher ein Landesförderprogramm mehr zur Offenhaltung der Landschaft und Förderung der Biodiversität.

An diesem Samstagmittag gab es aber Honig für sechs Euro im unetikettierten Glas und vielleicht dauert es in Kühlenbronn auch noch etwas länger, bis alle Einwohner bekehrt sind.

Hinauf ins Abseits Von Wies-Ortsmitte könnte man auch auf der Ecklestraße steil aufwärts auf heuwagenbreiter Nebenstrecke zu den wenigen Häusern von Wies-Demberg kurbeln. Nach der kleinen Paßhöhe am Eckle vorbei am pittoresken Relikt eines bunten Bienenhauses. Den korrespondierenden Honig gibts im Haus am Eckle, beim Lei-

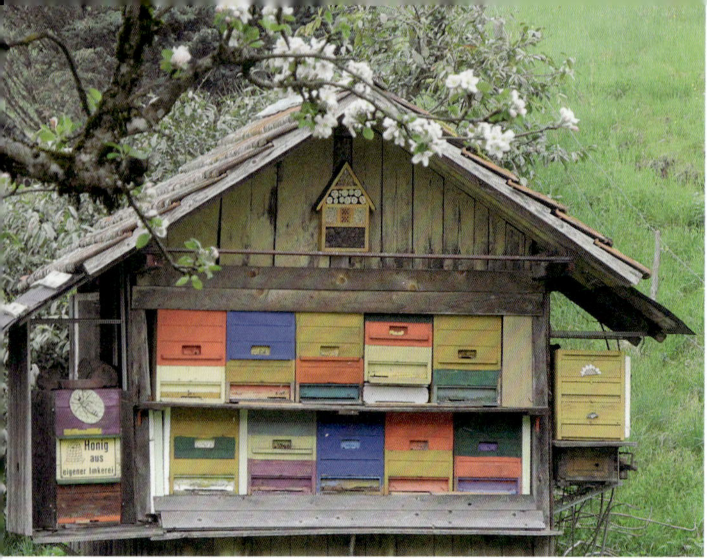

Insektenhotel, historisches Modell – Bienenhaus in Demberg

denschafts-Imker Fritz Brendlin, Demberg 1, Tel. 07629-796.

Ein, zwei Häuser weiter in Demberg werden in einer kleinen Anlage Forellen gezüchtet (vgl. unten). Essbare Landschaft Südschwarzwald und erfahrbare Landschaft: Manchmal ist das Gras noch am Mittag taunaß und das Wetter muß sich erst entscheiden. Vielleicht hämmert ein Specht, sicher kommt ein Schlepper ums Eck. Es ist die kleine Landmusik im Südschwarzwald. Am Samstagmorgen, wenn sich die Tiefgaragen der Innenstädte füllen, hört man oben im Wald fast immer eine Motorsäge rufen oder im nächsten Dorf eine Brennholzsäge singen. Auch Holz ist ein Stück Lebenskraft, gerade im Kleinen Wiesental.

Honig und Forellen Bei Fam. Brendlin, 79697 Demberg 4; Forellen gibt's praktisch immer (wenn jemand da ist), Räucherforellen werden ganz verkauft (also nicht filetiert), sie schmecken hervorragend, am besten noch warm vom Rauch, was bei exakt getimter Abholung kein Problem sein sollte. Die Verwandtschaft im „Haus am Eckle" (Demberg 1, vgl. oben) bietet Honig an. Auch dort möglichst Voranmeldung.

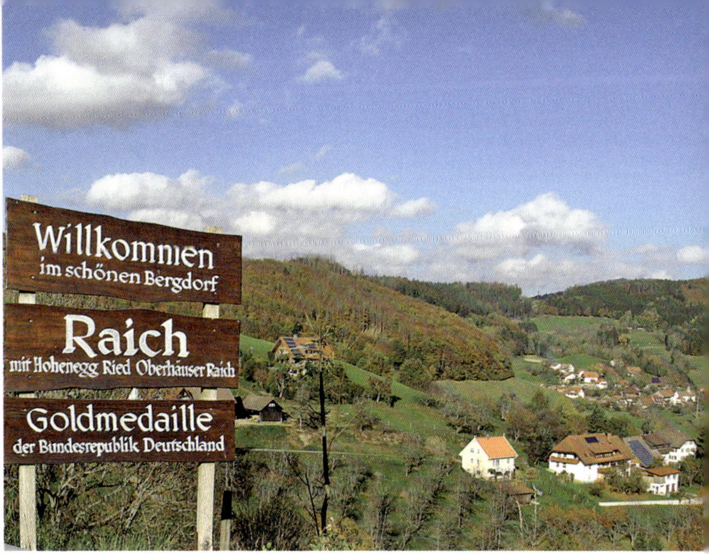

Heilstätte mit Alpenblick – das Land um Raich

Gemütslandschaft Kleines Wiesental Betörende Landschaft bieten die vier Weiler Schwand, Oberhäuser, Raich und Ried. Die Kreisstraße 6308 von Schwand rüber nach Ried verläuft selten harmonisch und landschaftsnah, außerdem könnte die Passage auch Sonnmattstraße heißen. Auch wenn es nach Kitsch klingt: In Ried setze man sich auf die Bank am Brunnen vor dem ehemaligen Rathaus und warte, bis sich eine Katze dazu gesellt. Gegenüber gibt es einen *Adler* zur einfachen Einkehr mit soliden Gästezimmern. Im großen Ganzen ist eine Stimmung hier oben, deren Alltagsferne an ein Sanatorium erinnert. Eine Heilstätte im Wortsinn.

Zur K 6308 nach Raich und Ried wäre noch zu sagen, daß an der Böschung Wiesenthymian duftet, daß oben am Waldrand, bei günstigen Verhältnissen noch im November im Hemd gewandert oder gesessen werden kann. Klar, daß man vom Waldrand aus die Alpen sieht. Zu sehen ist außerdem, wie sich unten vor der Sennhütte in Schwand der Parkplatz füllt, was ein gutes Zeichen ist.

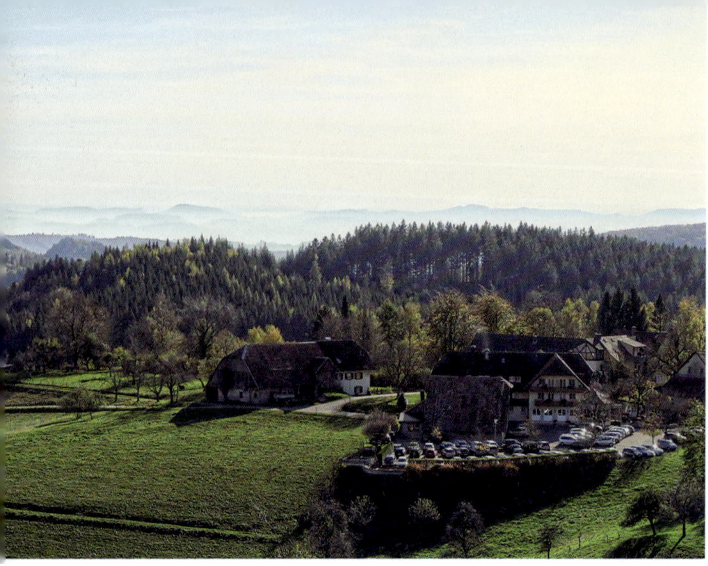

Parkplatz groß, Küche gut – Sennhütte in Schwand

SENNHÜTTE, Schwand Ein über Generationen gewachsener Familienbetrieb und damit Beispiel eines selten gewordenen Formats. Ausgeschlafen, leistungsbereit, umgeben von heiterem Südschwarzwald. Auf den ersten Blick entspricht der mehrmals vergrößerte Ausflugsgasthof nicht dem Pfännle- und Brettleklischee, das man am Niederrhein vom Schwarzwald so hat. Die Sennhütte lockt nicht mit romantischer Deko, sondern durch ein stabiles Betriebssystem in Service und Küche. Vom Einzelwanderer bis zur Reisegruppe, von Schweizer Pensionisten (zahlreich anwesend) bis zu urbanen Flüchtlingen, von der großen Gesellschaft bis zum letzten Vesper auf der kastanienbeschatteten Freiterrasse, die Sennhütte ist eine Universaleinkehr. Sogar mit einem Herz für Raucher, es steht draußen vor der Tür in Form eines wetterfesten Kabinetts.

Kulinarisch erwarte man zweierlei: einmal eine solide Schwarzwälder Gastronomie mit Vesperkarte und klassischen Tagestellern (diese auch als kleine Portion), darunter

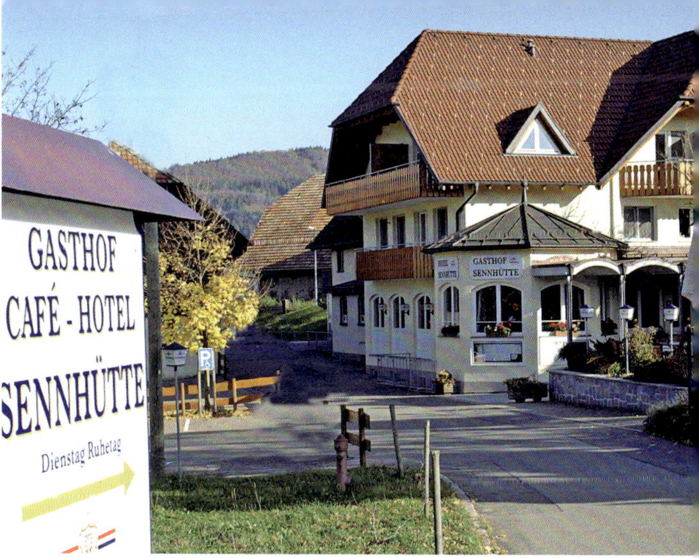

Alles unter einem Dach – Ausgehen, Einkehren, Unterkommen

immer Wildgerichte, Regionales und Forellen. Dazu kommen auch ambitionierte Teller, die seit Übernahme des Betriebs durch Vater Jürgen und Sohn Maximilian Grether weiter forciert wurden. So steht nun ein Fünfgänger als „Kulinarischer Ausflug" auf der Karte, wobei die Spannweite vom Hinterwälder Rinderschinken mit Frischkäse und eingelegtem Gemüse über das pochierte Landei bis zum Lammrücken mit Salzzitrone und Kräutern reicht.

Die Küche der Sennhütte ist zuverlässig und undogmatisch. Manche Position der Menü-Karte ist auch als Zwischen- oder Einzelgericht zu haben, auch Vesper können nach Gusto zu einem Dreierlei kombiniert werden. So geht Dekonstruktion in Schwand: Forelle Müllerin neben Black Tiger Garnelen, veganes Kichererbsenragout neben Wiener Schnitzel, genießen und genießen lassen.

Die Zubereitung liegt über dem Erwartbaren in Ausflugslagen, bemerkenswert wären auch die saisonalen Schwerpunkte zur Spargelzeit, Wildsaison oder auch ein festliches Fisch-

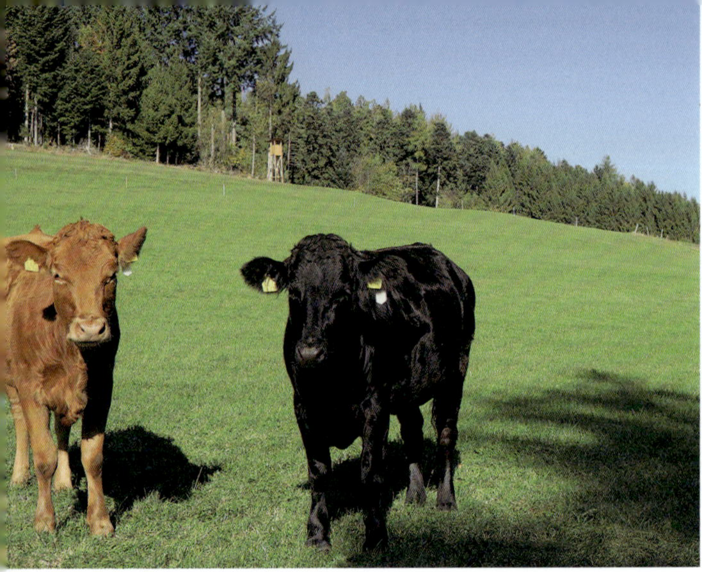

Heute im Ausgehanzug – Jungvieh am Schwander Berg

menü zum Jahreswechsel. Schon die Größe des Parkplatzes zeigt, an Wochenenden herrscht um und in der Sennhütte ein beachtlicher Zustrom, darunter sind stets zahlreiche Schweizer Rösti-Pendler.

Zusammengehalten wird alles vom langjährig eingespielten Serviceteam, dessen Tragfähigkeit ebenso auffällt wie der professionelle Dienstleistungswille von Familie Grether. Dazu paßt, daß die nächste Generation nicht vor der Gastronomie scheut, sondern mitzieht. Summe: Wenn alles so liefe wie in der Sennhütte, müßte man um die Gastronomie im Ländle keine Sorge haben.

Hotel-Gasthof Sennhütte (Fam. Grether), 79692 Kleines Wiesental, Ortsteil Schwand. ♠ Terrasse. Ruhige, komfortable und umfassend renovierte Zimmer, darunter auch Komfortdoppel und ein Apartment für vier Personen, Tel. 07629-910 20; sennhuette.com.

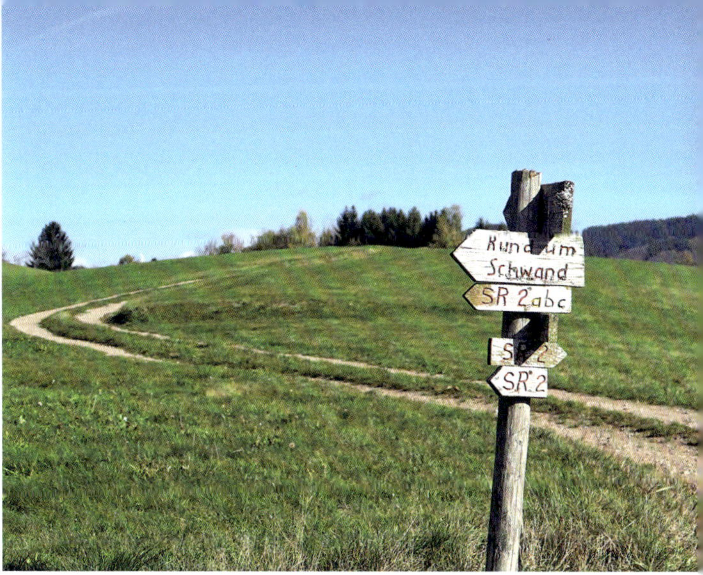

Schöne Wege führen nach Schwand

Waldränder mit Alpenblick Die Weiler Schwand, Oberhäuser und Raich Ried sind ideale Ausgangspunkte für sonnige Höhenwanderungen abseits bekannter Routen, es gibt zudem sinnvoll angelegte Rundwege. Eine Orientierungstafel steht direkt beim Gasthaus Sennhütte in Schwand. Darauf sind Rundwege vom Kaffeespaziergang bis zur Halbtagestour. Sonnenbänke am Grasweg gleich oben am Waldrand oberhalb der Sennhütte; zudem wurde die nähere Umgebung der Sennhütte großzügig mit Ruhebänken ausgestattet.

Touren Wanderparkplatz zwischen Schwand und dem Oberdorf von Raich, beim Schuppen und Festplatz Lindenhalle, oberhalb vom Sattel am Buck (710 m); ein weiterer günstiger Parkplatz oberhalb von Oberhäuser auf ca. 800 Metern Höhe am Wanderwegweiser Ebnets (853 m).

Entfernungen ab Wanderwegweiser Lindenhalle/bzw. am Buck: Schwand 1,5 km, Ried 2 km, Wies 4,5 km, Nonnenmattweiher 8,5 Kilometer. Am Buck bei Raich gibt es jeden Sommer im Wechsel ein Internationales Oldtimertreffen und ein Handwerk-Brauchtumsfest (brauchtumsfest-raich.de).

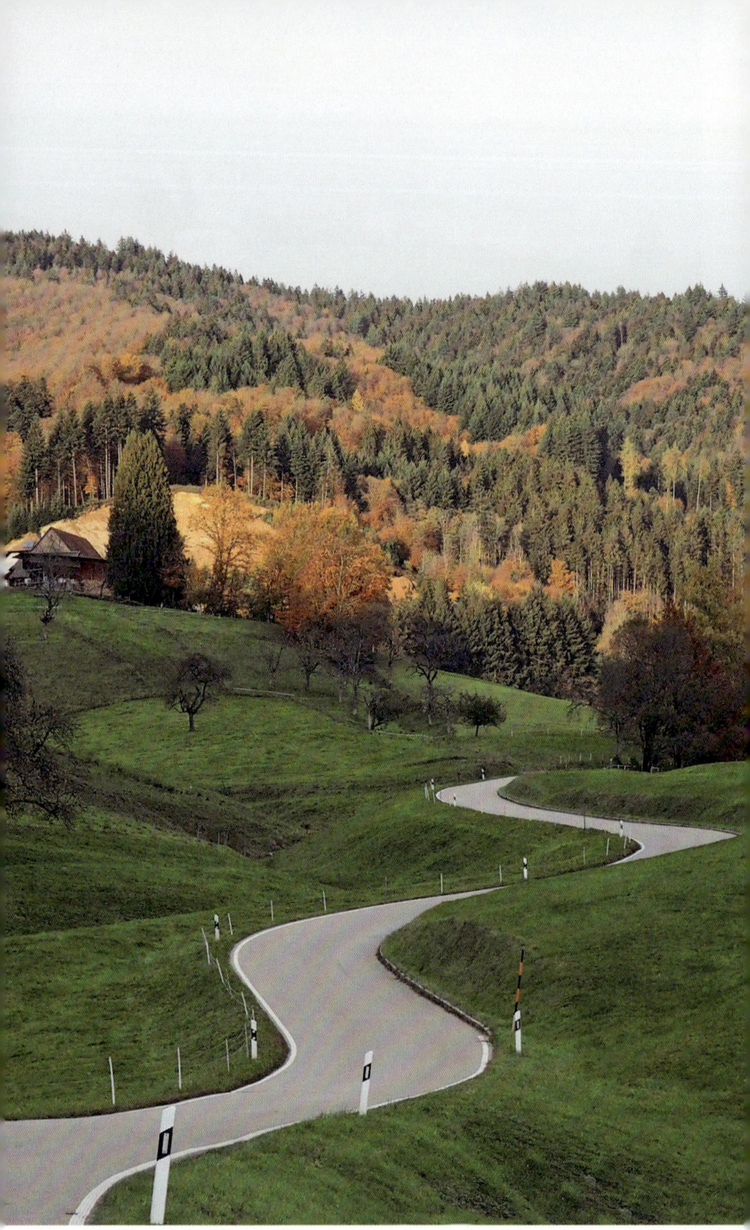

Von Sitzenkirch über Käsacker nach Vogelbach und Malsburg

14

Krumme Touren im oberen Kandertal

Im Rücken des 1.165 m hohen Blauen liegt die Doppelgemeinde Malsburg-Marzell auf 530 und 700 Metern Höhe. Im Tal dazwischen rauscht die Kander gen Kandern, außerdem gibt es Forellenteiche und Steinbrüche. Mitten im Talort Malsburg steht die Tantenmühle, wo eine Müllermeisterin Mehle, Futtermittel und Naturkost vorhält sowie zweimal die Woche, immer dienstags und freitags ab 11 Uhr, ihr frisches Holzofenbrot verkauft. Außerdem Dinkel-Roggen-Vollkorn, Sechs- und Vierkorn, Nußzopf und Nußschnecken. Stimmungsbilder aus dem Dorfleben gibt es gratis dazu.

Nebenan plätschert der Brunnen am Wege. Er ist dem Altbürgermeister Fritz Breh gewidmet, der zwischen 1948 und 1982 amtete. Nachfolgende, auch aktuelle Bürgermeister müssen ihre Brunnenwürde noch beweisen, was nicht konfliktfrei ist. Im oberen Kandertal fragen nicht alle Bewohner auf dem Amt nach, bevor sie Stiefmütterchen umtopfen.

Die andere Hälfte der Malsburger Tantenmühle besteht aus einem stattlichen Gasthaus. Der Kranz lag einst strate-

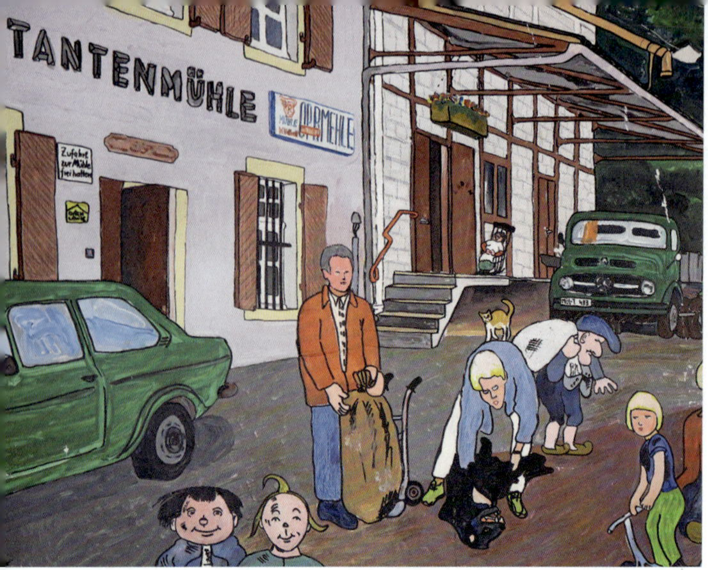

Kommen und Gehen – in Malsburg-Mitte

gisch günstig, Waldbauern kamen vor und nach der Arbeit, der Dorfschullehrer konnte ebenfalls vor oder nach dem Unterricht am Stammtisch vorbeischauen, auch mal Platz nehmen, Zeugnisse zustellen und Entschuldigungen entgegennehmen. Heute ist es im Kranz ruhiger geworden – ein Ein-Wirtin-Gasthaus, es gibt Flammmkuchen und Wurstsalat mit Emmentaler (Salatgarnitur zum Wurstsalat 3,40 Euro). Bedrohte Arten wie ältere, weiße Männer werden mit Vornamen angesprochen. Wer im Kranz so familiär bedient wird, hat schon manchen Klimawandel erlebt.

Die Namen der um Malsburg-Marzell verstreuten Höhensiedlungen sprechen für sich. Im Westen liegt Vogelbach, ein Buckel weiter Käsacker. In Vogelbach gab es einmal einen legendensatten *Maien*. Treff für Holzhauer und Landwirte nach dem Stall. Mit dem Maien ging es auf und ab und auf und zu (fast wie auf dem Blauen eins höher, aber das ist eine andere Geschichte). Zuletzt sollte der Maien wiederbelebt werden, dann ist es auch wegen Corona stiller geworden um

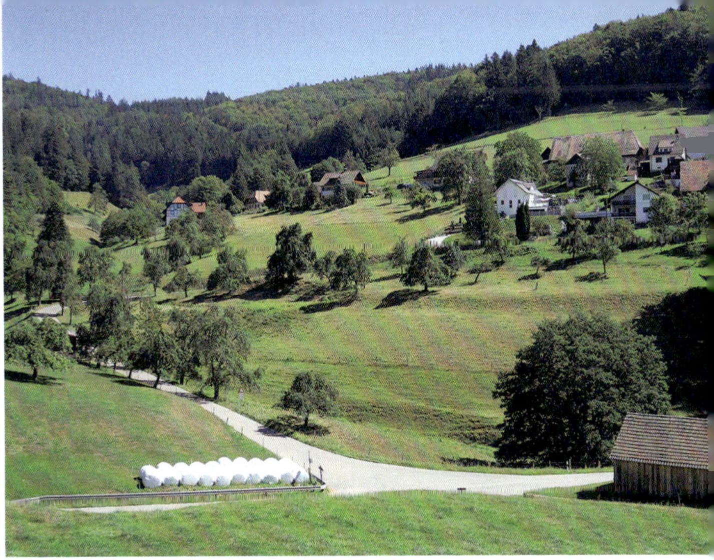

Verkehrsknoten im Hinterland bei Käsacker

den Maien. Ende 2021 wurde die Liegenschaft sporadisch an Sonntagen bewirtet, die Zukunft bleibt offen.

Am Rande: In Vogelbach ist mir vor Jahren ein Herr Roland mit seinem Fahrrad begegnet. Das gepimpte Rad hatte zwei Rückspiegel, ein paar Lampen und ein Mopedkennzeichen am Lenkervorbau, dazu Bierdeckel in den Speichen. Roland trug wollne Kniestrümpfe zu dicken Brillengläsern. Ein Mann im besten Alter, der erkennbar nicht nur auf der Sonnenseite des Lebens unterwegs war. Jedenfalls ganz anders, als jene mit den Ultralight-Carbonrahmen, die nun ebenso bis nach Vogelbach vordringen, wie einige Neubauten, deren Formensprache wenig zur Landschaft paßt.

Ich schreibe das, weil man in höheren Ortsteilen und Seitentälern dann und wann Menschen begegnet, die in keine Schublade passen. Bierdeckel in den Speichen sind außerdem längst vergessene Vorgänger des Carbonrahmens. Die Reiferen unter den Lesern erinnern sich vielleicht noch.

Außerdem gibt es weiter oben Ureinwohner, die noch alte

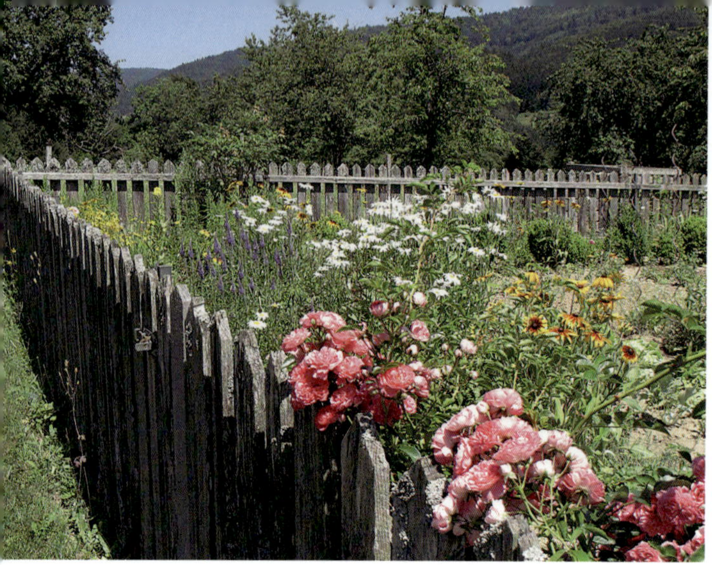

Es ist Sommer – Bauerngarten in Vogelbach, Biefangen

Schwarzwälder Kulturtechniken beherrschen, etwa das absichtslose Stehen vor dem eigenen Haus. Die Dinge kommen und gehen lassen, sich ein paar Schritte bewegen. Schauen und Schweigen, Yin und Yang. Andere nennen es Achtsamkeit und buchen ein Seminar.

Brot und Käse, Land und Teller Im Rücken des Blauen wäre also Landschaft für all jene, die einen Tag im Abseits sein wollen und mit einer Wanderkarte umgehen können. Die hochgelegenen Ortsteile sind auf angenehme Weise entrückt. Spektakuläre Winkel und Partien gibt es dennoch: etwa den Bauerngarten oberhalb vom Wasserreservoir in Vogelbach (beim Wanderwegweiser Biefangen). Eine Pracht, nicht bildbandgerecht rausgeputzt, aber erst neulich neu umzäunt. Hut ab!

Es heißt, „alle Wege führen in den Garten“. Wer so einen Gartenhag setzt, weiß, was er tut. Ein paar Häuser weiter geht mein Blick in einen Innenhof, in dem ein altes, grünes Ölfaß von BP nebem der Werkbank steht. Es ist Samstagnachmit-

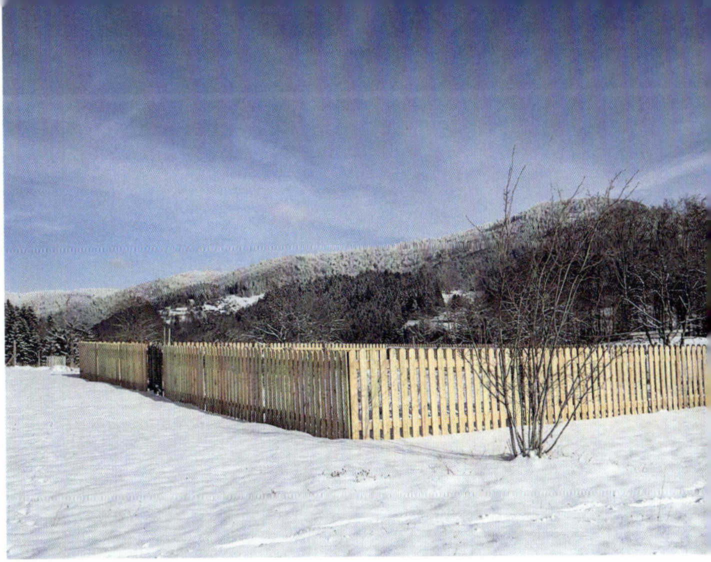

Im Winter– derselbe Garten, neuer Hag

tag, man schraubt am Schlepper und die Szene erinnert an eine Zeit, als BP noch *British* Petrol, nicht *Beyond* Petrol hieß.

Randnotiz zu Vogelbach: Manches höher gelegene Haus gehört zu jenen Neubauten, die Architektenhaus genannt werden, was ein zweifelhaftes Prädikat ist. Topographisch angepaßtes Bauen sieht jedenfalls anders aus.

In der Malsburger Tantenmühle gibt es das erwähnte Vesperbrot aus dem Holzofen. Oben bei Käsacker, auf den Lippisbacher Höfen Nr. 1, steht ein SB-Kühlschrank vor der Demeter-Käserei *Vollmer*, auf den Türbalken ist AD 1345 zu lesen. „From farm to table“ sagt heute die nachhaltige Foodie-Szene. In Käsacker machen sie so was seit 700 Jahren, freilich ohne Heiligenschein; Details zu Brot, Butter und Käse ab S. 220.

Rock im Bruch Im Osten von Malsburg liegen die Weiler Lütschenbach und Kaltenbach auf 700 bis 750 Metern Höhe. Am Steilhang oberhalb von Lütschenbach liegt ein aufgelassener Steinbruch. Das stillgelegte Anwesen gleicht einer verwun-

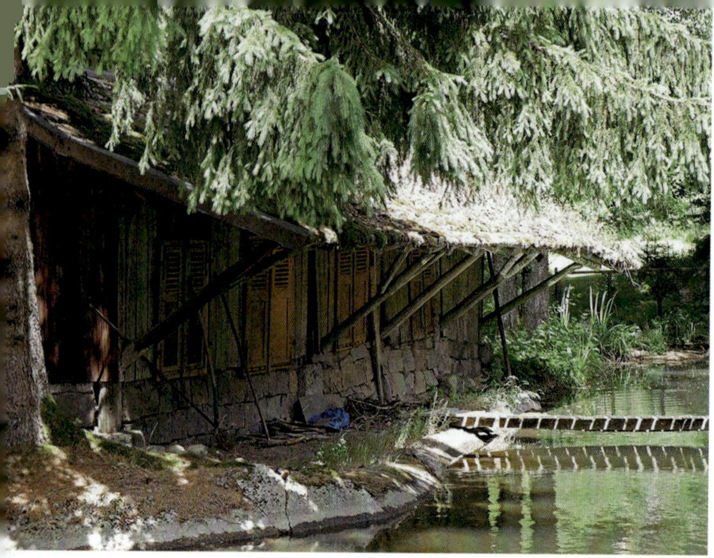

Lost Place – im oberen Kandertal bei Lütschenbach

schenen Werksiedlung mit teils noch gut erhaltenen Bauten, Ziegenställen und Nebengebäuden. Auf Neudeutsch müßte man wohl von einem Lost Place schreiben.

Vor dem Resonanzkörper des Granitsteinbruchs findet dort oben ein ziemlich vogelwildes Sommerfestival statt; immer am Wochenende um die Sommersonnwende wird gerockt, am Morgen danach sitzen verliebte Paare vor dem offenen Zelt, schauen gen Süden, träumen von morgen. Junge Welt, schöne Welt.

An einem Sonntag habe ich den Senior-Eigentürmer bei seiner Inspektion des Festivalgeländes getroffen. Er sah persönlich nach, ob ordentlich aufgeräumt wurde. Rockkonzerte im oberen Kandertal haben ein Eigenleben. Wer sich für solche Plätze interessiert: Der Zuweg führt über den Wanderwegweiser Ebnitz oberhalb von Lütschenbach (kommende Termine vor Ort erfragen).

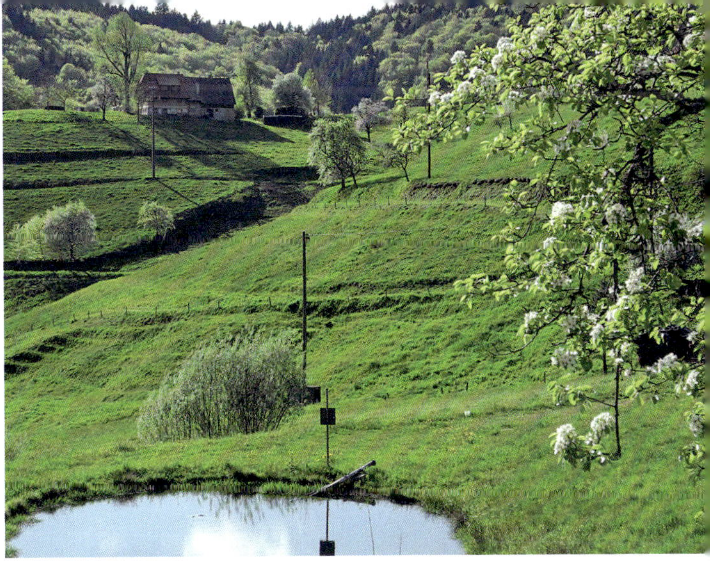

Auf der stillen Seite vom Hochblauen – Kaltenbach

Briefmarkenautomat in Kaltenbach Über Kaltenbach ist in der 1993 erschienenen „Kreisbeschreibung Lörrach“ zu lesen: „Die touristische Infrastruktur beschränkt sich auf ein Gasthaus, Telefonzelle, Briefkasten und Briefmarkenautomat.“ Zu ergänzen wäre: An der Krone in Kaltenbach hängt noch immer ein historischer Underberg-Thermometer, grün-weiß auf Emailleblech.

Der ehemalige Kronengarten war einst ein verwunschener Platz für einen Fahrrad-Flaschenbier-Sommer-Nachmittag. Irgendwann wurde modernisiert: Die Betonstützmauer der Terrasse ist erdbebensicher, auf Grasboden folgte Verbundsteinpflaster. Luft und Ausblick sind wie früher.

Ansonsten letzte Eindachhöfe, erschlossen durch eine Straße, die jeder Waldfalte folgt. Zwischen den Häusern von Kaltenbach trifft man sich am Feierabend fast zwangsläufig vor der Scheune und redet oder auch nicht. Der Einkaufsladen in Lütschenbach ist schon längst zu, der Löwen gegenüber auch. Mancher Schopf ist zur Garage geworden. Etwas Rest-

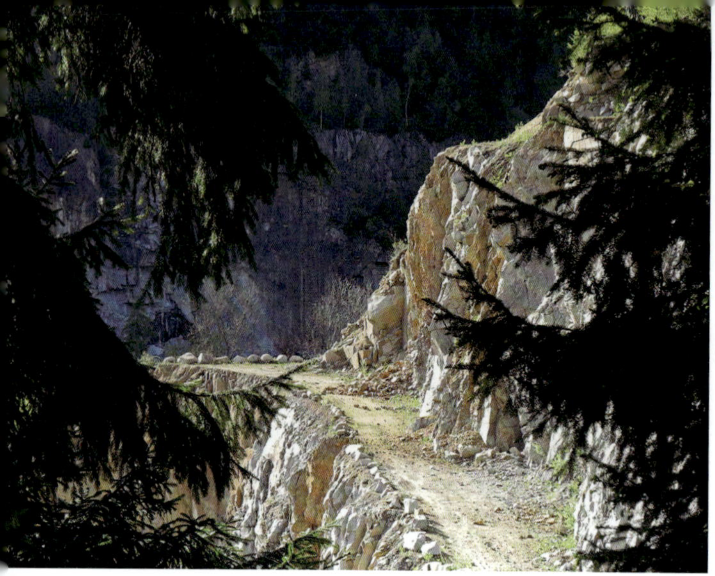

Granitabbau bei Malsburg

landwirtschaft, Pendler in KfW-gedämmten Neubauten, die mittlerweile das Siedlungsbild bestimmen. Aber bis heute ein stilles Revier für eine Bergtour mit dem Rad. Anhalten, schauen, weiterziehen. *Teilnehmende Beobachtung* sagen Sozialwissenschaftler zu dieser bewährten Methode.

Granit von nebenan Wenig nördlich von Malsburg wird zu beiden Seiten der Straße blaßrot schimmernder Granit abgebaut (ebenso bei Lippisbach). Das Gestein begegnet einem in der Region als Pflaster, Schotter, Forstwegbelag oder Baumaterial.

Schon im 18. Jahrhundert wurden Granitfindlinge von Kanderner Bildhauern bearbeitet. Vor 100 Jahren waren in den Granitbrüchen fast 200 Arbeiter beschäftigt, im stillgelegten Steinbruch von Lütschenbach wurden die behauenen Steine mit einer Materialseilbahn in den Ort gebracht. Heute rühmen sich Gemeinden auf der anderen Seite des Blauen, daß Granitpflaster aus Portgual und nicht aus Vietnam verlegt wird.

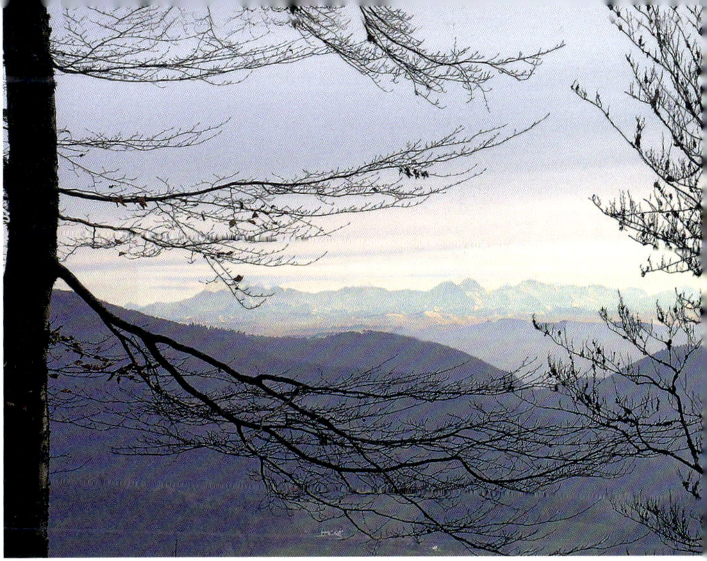

Weiter oben im Kandertal – Alpenblick von Marzell

Kranz, Malsburg Unübersehbar an der Zentralkreuzung von Malsburg liegt der Kranz, angebaut an die Tantenmühle. Die Wirtin ist im Wortsinn soloselbstständig, ihr Dorfgasthaus ein Basislager vor dem Hochblauen. Es gibt, was es gibt, auf der Vesperkarte die überraschend großzügige Ansage: „Von 14.30 bis 22.30 Uhr." Der hausgemachte Flammkuchen wird in Varianten geboten, auch mit Blauschimmelkäse, Birnen und Zwiebeln, beim nächsten Mal probiere ich den (ohne Zwiebeln). Drinnen stehen ein Kachelofen und die Zeit im Raum, wohl auch deshalb sind keine Renovierungssünden zu sehen. Im ♠ Wirtsgarten an der Kurve warten ein paar Tische auf Gras, eine Kastanie spendet Schatten. Nach einer Sommertour im Blauenmassiv oder auf einer heißen Runde mit dem Rad wäre das Gärtle ein möglicher Platz zum Nachschwitzen. Europaparkbesuchern dürfte so ein Fleck freilich kaum auffallen, was seinen Reiz erhöht. Am Rathausplatz, Tel. 07626-97217254; Gästezimmer.

Günstige Ausgangspunkte Die Ausgangspunkte im Westen um Vogelbach sind sonniger und offener als die auf der Ostseite um Lütschenbach/Kaltenbach, die sich eher im Hochsommer anbieten. Gleich wo, es gibt zahlreiche Möglichkeiten, auch mit einem (MTB-) Rad und ebensolcher Kondition. An der Straße zwischen Lütschbach und Kaltenbach der Wanderwegweiser Ebnitz, in Panoramalage oberhalb Kaltenbach: Wanderwegweiser Waldebnitz.

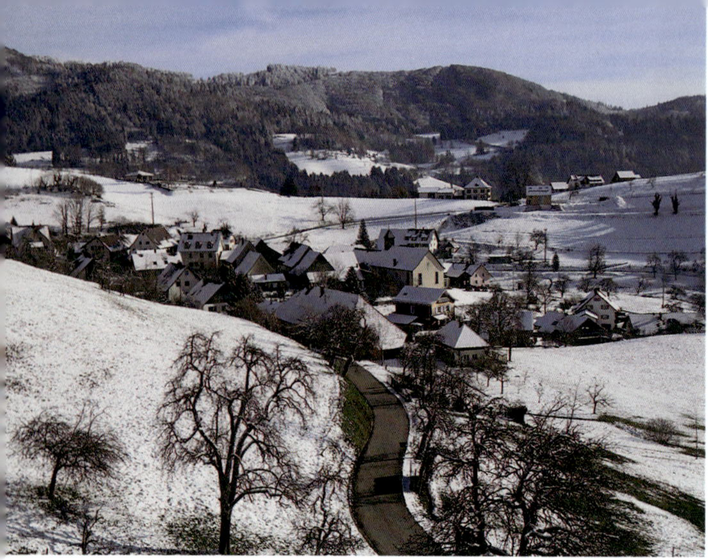

Wintersonnig – vom Lindenbrückle gen Vogelbach

Vogelbach Wegweiser Burgweg beim alten Schulhaus/Feuerwehr (im Bild oben rechts, im Sattel gelegen). Oder in Richtung Wanderparkplatz am Lindenbrückle (Lage ebenfalls an einem Straßensattel, direkt am Westweg, von dort ein Kilometer kurzer Zugang zur Burgruine Sausenburg).

Ebenfalls ab Lindenbrückle führt ein sonniger Weg den Südhang querend bis Vogelbach-Ob Biefangen (683 m); von dort weiter nach Bürgeln 4 km, auf den Blauen 5 km. Um Vogelbach ist viel offenes Land, freundlich und sonnig, schon nach Südwesten und zum Oberrheinland hin orientiert, was den Höhen etwas Leichtes gibt. Zuvor gehts in wenigen, steilen Kehren von Malsburg den Hang hoch oder auf der Nebenstraße ab Kandern-Sitzenkirch über Käsacker, wie eingangs auf S. 208 zu sehen.

Sitzenkirch, Vogelbach, Blauen, Badenweiler Von Kandern-Sitzenkirch führt die K 6313 in weichen Schwüngen (Bild S. 208) aus dem Obstland der Vorbergzone direkt in den Wald- und Weideschwarzwald. Eine reizende Nebenstrecke für Offenfahrer jeder Art, weil es hier im Sommer nach Heu duftet, weil der Südschwarzwald am Lippisbach ein von Generationen geformter Naturpark ist.

Denkbar wäre die Route auch als Teil einer ambitionierten Radtour zwischen Blauen, Sausenburg und Markgräflerland. Dazu zunächst von Kandern-Sitzenkirch am mäandrierenden Lippisbach aufwärts über

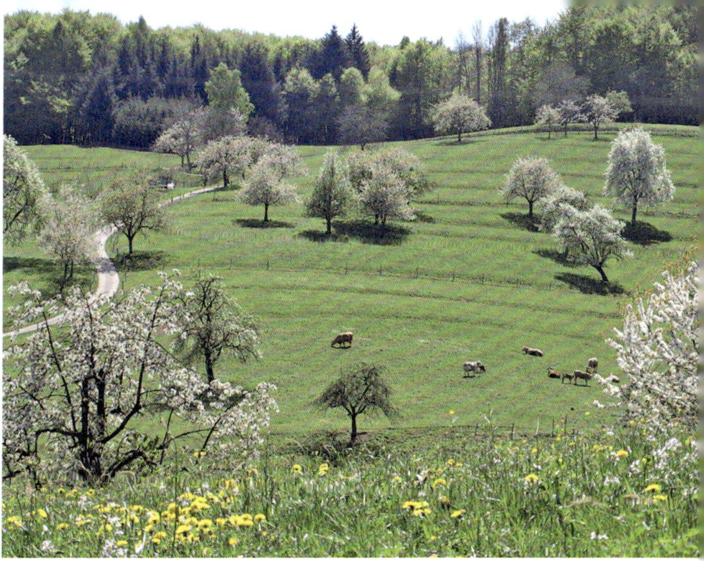

Aus Südschwarzwald wird Markgräflerland, bei Sitzenkirch

Käsacker bis Vogelbach (bei Käsacker: Lippisbacher Höfe, Demeter Käserei, vgl. unten). Von Vogelbach (Gasthaus Maien, partiell geöffnet) weiter nach Malsburg und von dort auf der K 6350 ins höhergelegene Marzell. Über die Reha-Kliniken und Egerten zum Blauen, an der Blauenwestflanke abwärts und auf der L 132 über Badenweiler-Sehringen zurück nach Kandern-Sitzenkirch (einfache, aber brauchbare Einkehr: Engel).

Das Besondere dabei: Die L 132 zwischen Badenweiler und Sitzenkirch folgt hier der langen Naht zwischen Markgräflerland und Südwestschwarzwald. Am eindrucksvollsten treffen beide Landschaften am Ausgang des Eggener Tals zusammen: etwa auf der St. Johannisbreite über Sitzenkirch, auch an der Abzweigung der Stichstraße zum Schloß Bürgeln. Dort eine Parkplatz-Empore an der L 132 (oberhalb Schallsingen).

Nach Westen reicht der Blick über das Kirschen-, Obst- und Weinland des Eggener Tals über die Rheinebene zu den Vogesen; hinter einem zieht die Zufahrt durch Mischwald nach Schloß Bürgeln hoch. Eine Schlüsselstelle, um typischen Landschaftsformen des Südwestens zu begegnen.

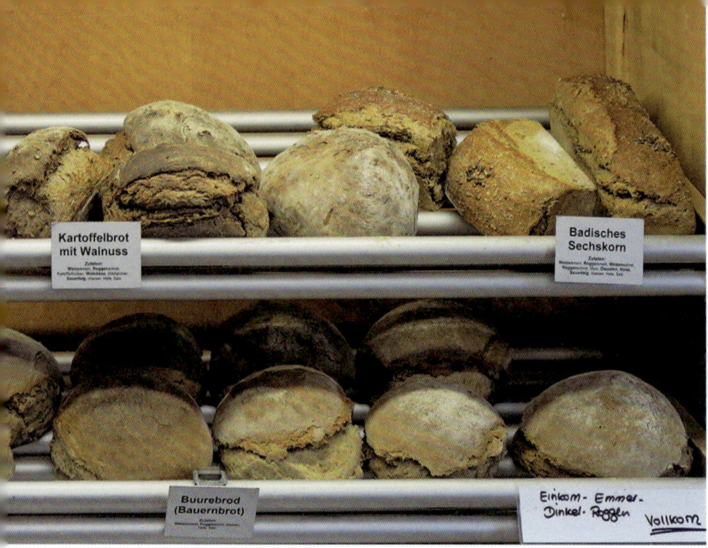

Backtag in der Tantenmühle, Malsburg

BROT UND KÄSE Das Holzofenbrot aus der Malsburger Tantenmühle wurde bereits zu Beginn des Kapitels erwähnt, auch das Engagement der Müllerin Roswitha Vollbrecht-Osswald, was die Nahversorgung im Mühlenladen betrifft (tantenmuehle.de).

Holzofenbrot mit guter Butter ist eine vergessene Delikatesse. Gutes Brot mit gutem Käse wäre eine Mahlzeit, die man selten erzeugernah auch auf einer Vesperbank um Vogelbach genießen könnte. „Jede Neugründung einer Kleinmolkerei muß als ein dankenswerter Akt des agrar- und geschmackspolitischen Widerstandes betrachtet werden." So stand es, in protestantisch-strengen Worten, einst im MANUFACTUM Katalog. Auch Manufactums Quarkkritik bleibt aktuell: „Supermarktquark ist merkwürdig geschmacklos und ein Käsekuchen läßt sich kaum mehr daraus backen." Welcher Konditor weiß noch, wie richtiger Käsekuchen gebacken wird, ließe sich anfügen. Als Krone neubürgerlichen Konsumverhaltens gilt die klimatisierte Fahrt im SUV zur Schnittkäsetheke.

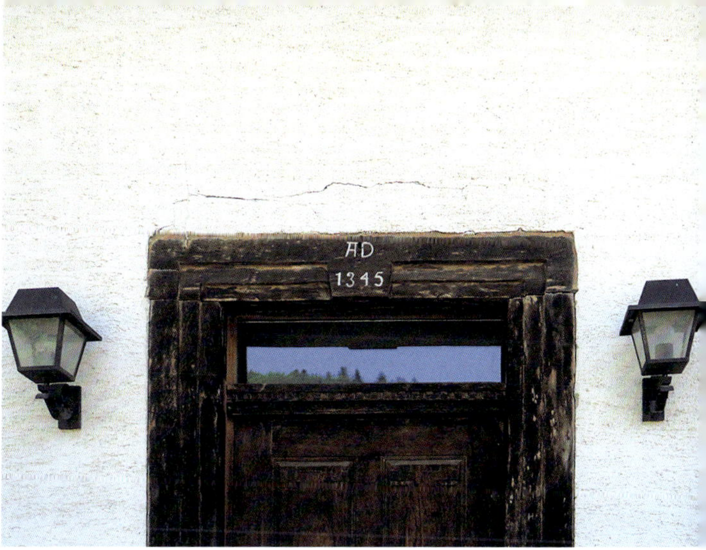

From farm to table, since 1345 – Lippisbacherhof 1

Immerhin leistet ein gutes Dutzend Hofkäsereien im Südschwarzwald geschmackspolitisch Widerstand. Eine davon liegt versteckt bei den Lippisbacher Höfen, gegenüber einer Häusergruppe, die treffend Käsacker heißt.

Wer also von Kandern-Sitzenkirch aufs ohnehin schöne Plateau um Vogelbach fährt, achte an der Kreuzung unterhalb von Käsacker auf das Schild zur Demeter-Hofkäserei Vollmer. Die Weidemilch von Vorderwälder Kühen wird dort in einer kleinen, feinen Hofkäserei verarbeitet. Neben Rohmilch-Bergkäse verschiedener Reifestufen gibt es auch Frischkäse sowie einen denkwürdig geschmackvollen Quark. Mit dem wird ein Käsekuchen zum Festmahl.

Demeter Hof Vollmer, Lippisbacherhof 1, 79400 Sitzenkirch, Tel. 07626-7954, Zufahrt über Kandern-Sitzenkirch oder Malsburg-Vogelbach. Kleine Käserei, hervorragende Qualität, SB-Verkaufskühlschrank vor dem Haus (sonst anrufen). Rohmilch-Bergkäse in Reifestufen von 3-9 Monaten, außerdem Rohmilch-Quark (Bibiliskäse) und runde Frischkäsle – alle Produkte erstklassig. Achtung Radfahrer: am Brunnen vor dem Hof Trinkwasser, im Brunnen Goldfische, davor Katzen.

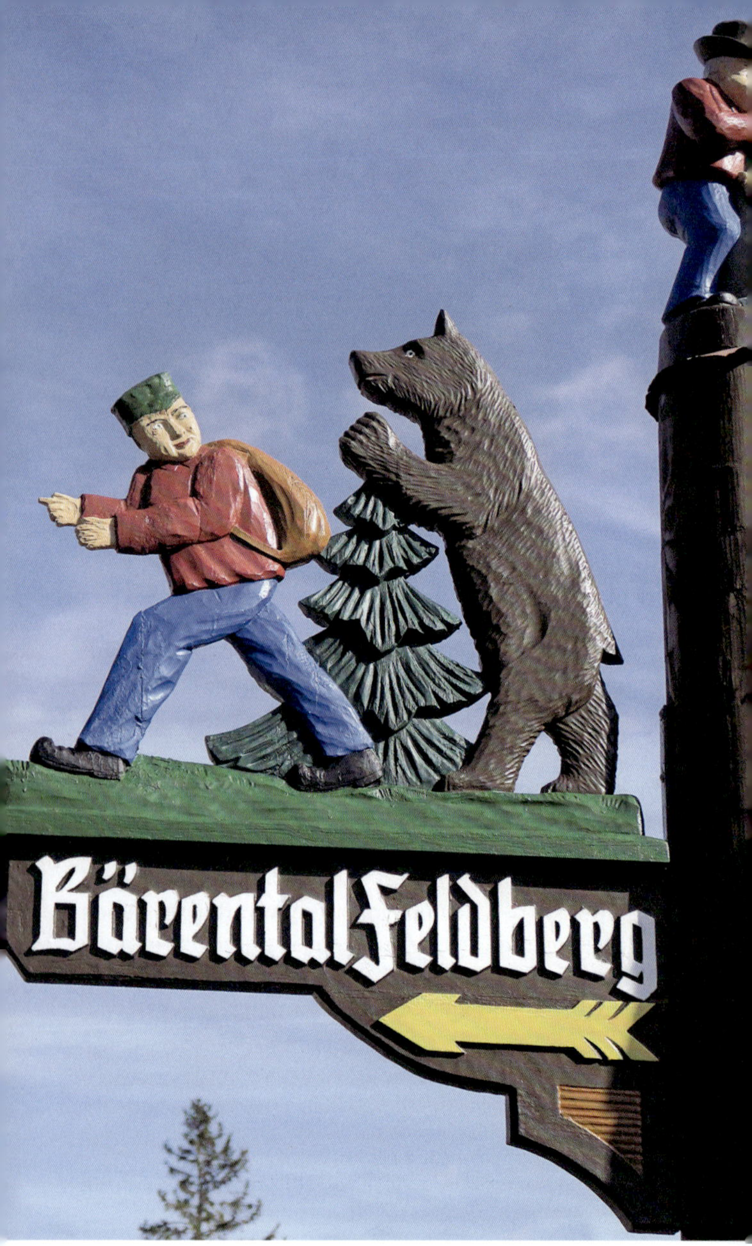

Zwischen Ballermann und Biosphäre

Hochschwarzwald

Sport ist ein Privileg der Landlosen“ – spottete ein Mediziner vor Jahren. Nach seiner Zeit als Chirurg wurde der Arzt zum Landwirt, weil ihm eine Seniorenexistenz in knallig bunter Funktionskleidung unwürdig erschien. Der Satz trifft noch immer. Er paßt auch zum Wandel vom Feldberg zum Spaßgipfel, zur Mutation von Titisee zum Disneyland, auch zu sogenannten Motorsportlern, die mit ihrer Rücksichtslosigkeit noch das hinterste Tal im Hochschwarzwald belästigen.

Andererseits ist der Schwarzwald eine Wundertüte. Der Gipfelsturm am Feldberg und die Stille am St. Wilhelmer Talschluß bei Napf liegen dicht beisammen. Zwischen dem Riesenrad in Titisee und der Saiger Höhe liegen kaum zwei Kilometer Luftlinie, den Dauerverkehr auf der Schwarzwaldhochstraße und das stille Wolfloch bei der Kalten Herberge trennen gerade mal 500 Meter. Hochschwarzwald, es kommt darauf an, was man daraus macht.

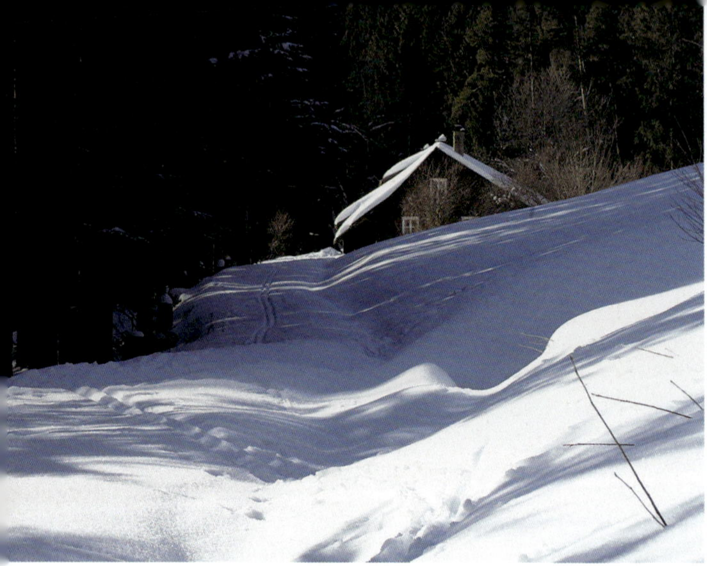

Still ruht der Schnee – bei Hinterzarten

Auch Hinterzarten ist längst ein Mehrspartenziel. Einst als gepflegter „heilklimatischer Kurort“ beworben, dann volksfestartige Schanzenevents mit Almgaudi, zu denen Zehntausende im Pulk anrückten. Die Luxus-Oase Parkhotel mit Spa et al. gibt es aber auch noch, zudem steht dem Volk in Hinterzarten unter manch‘ anderem eine Freiluft-Liegehalle zur Erbauung bereit, Sauerstoffdusche und Vogelstimmen inklusive.

Zum Naturspa am Mathislesweiher ist es von Hinterzarten auch nicht weit, der famose Wanderweg ab Kesslermühle führt in Oberzarten günstigerweise am Mathisles-Biohof vorbei. Entrückte Lage, Vesperbänke mit anständigem Speck von eigenen Säuen, hauseigener Rohmilchkäse. Eins nach dem anderen, ab S. 229.

Springen und rutschen Mittlerweile sind wir ja alle ein bißchen nachhaltig. Andererseits durfte zum Weltcup-Skispringen in Neustadt Schneemangel durch alpine Lieferungen kompensiert werden. Vor zehn Jahren öffnete an der

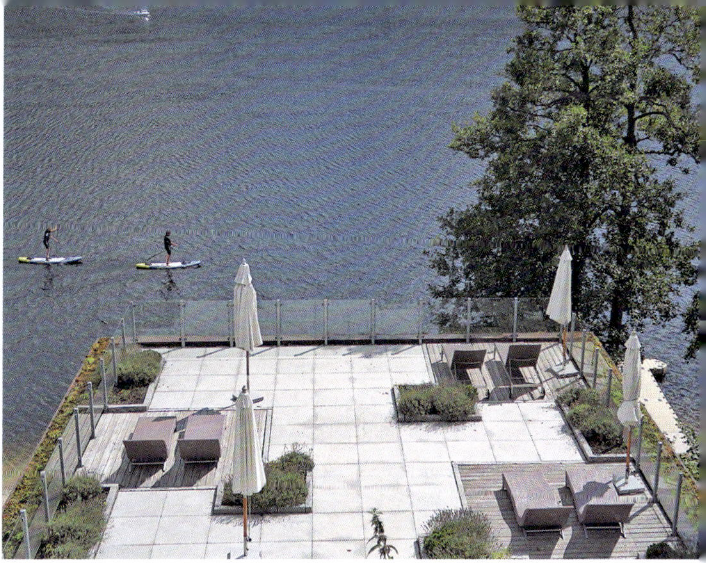

Titisee 2.0 – Sonnendeck am Alemannenhof

Bundesstraße 31 bei Neustadt ein Badeparadies mit Rutschenwelt Galaxy, bald zweihundert Echtpalmen und Großraumsaunen. Das Projekt eines privaten Investors wurde von zehn Hochschwarzwaldgemeinden und dem Landkreis kofinanziert, es wurde zum Erfolgsmodell, mehrfach erweitert. Karibik-Feeling im Hochschwarzwald scheint ein gesamtgesellschaftliches Bedürfnis zu sein. Vielleicht können die von Fridays for Future im Badeparadies einen Stammtisch etablieren. Wer von Flugscham redet, sollte das heimische Freizeitverhalten nicht aus den Augen verlieren.

Auch auf dem Feldberg geben sich Natur- und Umsatzschutz trefflich die Hand. Eigentlich müßte der Europapark Rust eine Außenstelle auf dem Höchsten eröffnen. Das ungleiche Paar Haus der Natur/Parkhaus gibt es auf dem Feldberg schon länger, natürlich von der EU gefördert. Wir lernen, Subventionsschürfung, Naturmarketing und Rutschbahnkultur sind auch im Schwarzwald in kundiger Hand.

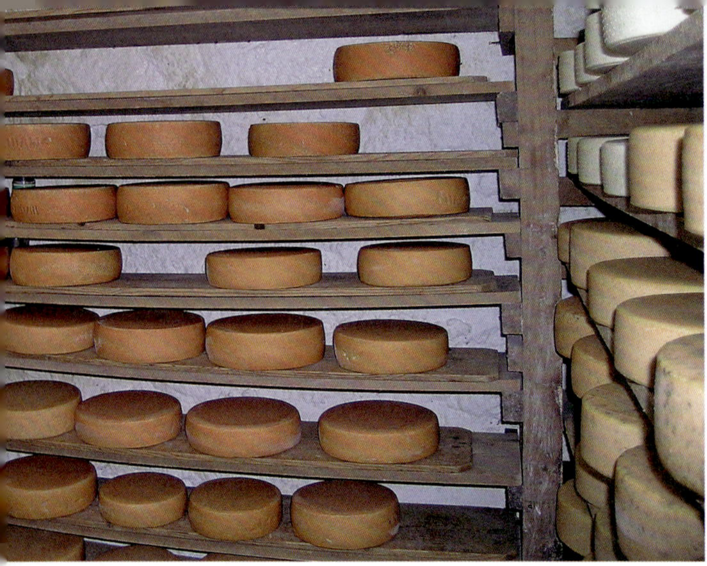

Im Atelier – Rohmilchkäse vom Demeterhof Till in Äule

An Brennpunkten des Tourismus beschränke ich mich auf jene Winkel, die nicht zu EU-Förderzielen gehören. Dazu ein paar Orte, die trotz Zulauf Charakter zeigen. Einfach ist das nicht, Atmosphäre gedeiht selten dort, wo Parkraum bewirtschaftet wird. Auch was die Schnee- und Spaßinsel Feldberg betrifft, möchte ich mich kurz fassen. Drei der vier Hütten in der Feldbergregion wurden unlängst neu besetzt, zuverlässige Aussagen zum gastronomischen Programm sind derzeit kaum möglich. Wer an einem Ferienwochenende gen Feldberg pilgert, muß ohnehin wissen, was er tut.

Die Basis der Einkehr Gute Küche beginnt bei den Fundamenten, wenn Brot und Butter nichts taugen, kann ich auf Amuse-Gueule-Versuche verzichten. Schwarzwälder Rohmilch-Bergkäse und heimische Wursterei sind kulinarische Fundamente. Fester Schinkenspeck mit einem schneeweißen Fettrand bleibt – bei aller San-Daniele-Verehrung – eine Delikatesse.

Leider muß ich nach regionalen Spezialitäten bis heute

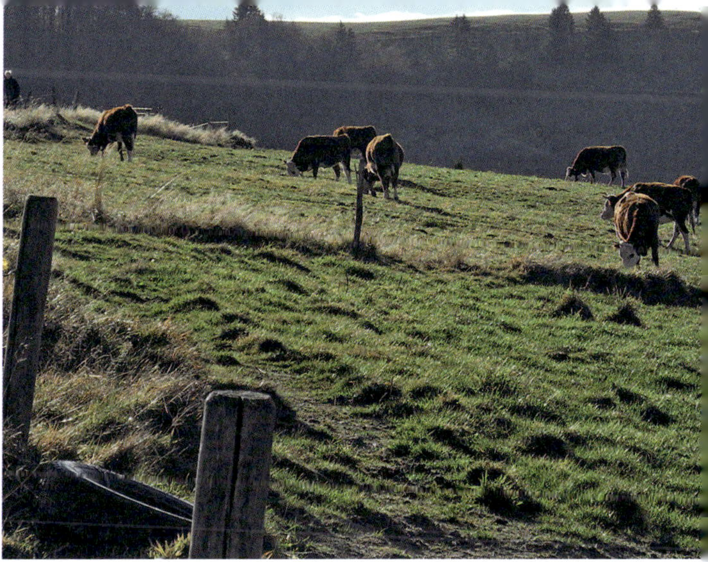

Fleischkonsum ist Landschaftspflege

mühsamer suchen als nach internationaler Standardware. Angesichts der hervorragenden Quellen – Weiderind nebenan, ein gutes Dutzend Hofkäsereien, handwerkliches Holzofenbrot – ist die waldauf, waldab gebotene Baukastenküche aus Großmarktware eine Zumutung. Zu stattlichem Preis.

Vesperbrettle, Hüttenschnäpsle Erosion bedroht nicht nur Gipfelziele, auch kulinarische Qualität kann durch steten Andrang erodieren. Nachzuschmecken am landläufigen Vesperbrettle-Hüttenschnäpsle-Angebot in touristischen Ballungsgebieten, wo das Umrubeln von Meterware beherrscht wird. Andererseits entsteht ausgerechnet an einem touristischen Brennpunkt mit *Wälder:Genuß* ein ambitionierter Regionalmarkt mit integrierter Gastronomie (vgl. S. 257). Regionen wie Vorarlberg, Südtirol und Piemont zeigen seit Jahrzehnten, wie Berghütte und Regionalprodukt, Andrang und Gastfreundschaft zusammengehen. Bitte aufwachen und umdenken!

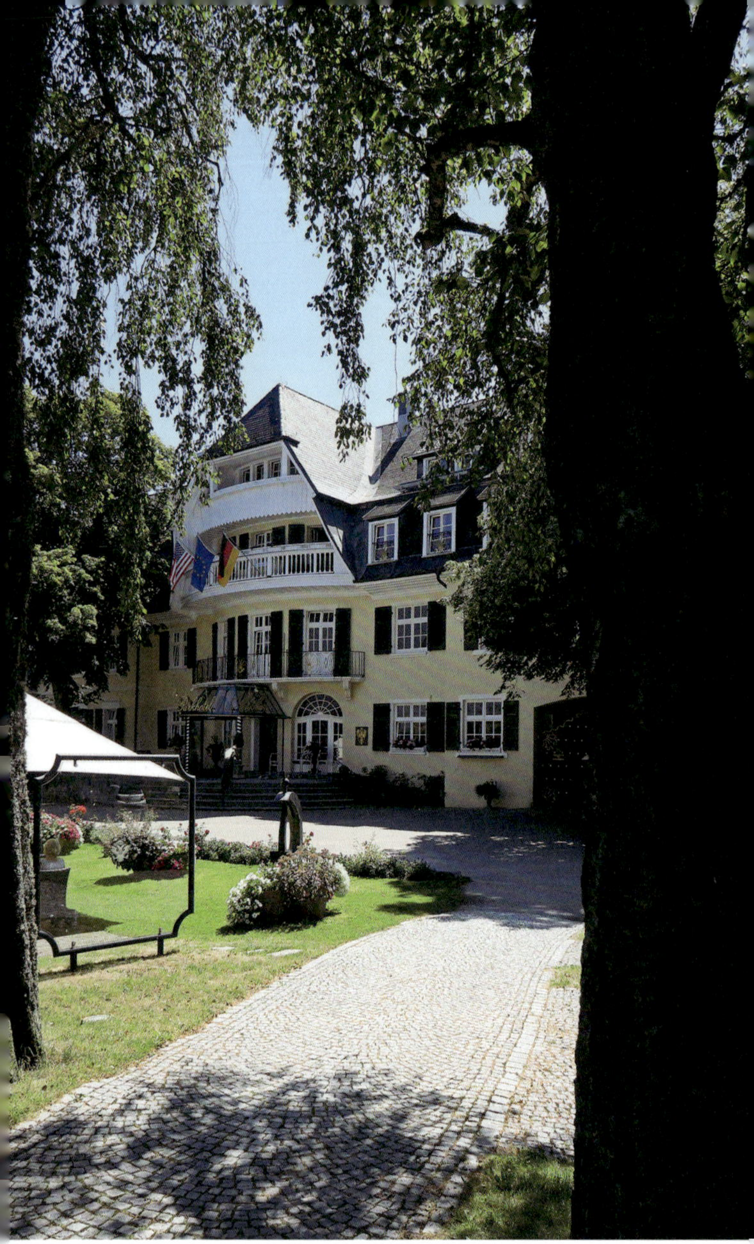

Geliftete Noblesse – Parkhotel Adler

15

Charme und Speck in Hinterzarten

Baedekers Schwarzwald berichtet aus den 1930er-Jahren: *Das weitverstreute Pfarrdorf Hinterzarten (1.200 Einw.) in einem waldumschlossenen Wiesenhochtal zwischen Feldberg, Titisee und Höllental, wird als Höhenluftkurort und Wintersportplatz viel besucht. Stattliche Kirche mit Zwiebelturm.*

Aus dem weit verstreuten Pfarrdorf wurde ein Zentrum des Schwarzwälder Tourismus der gepflegteren Art. Neben der Promotion durch die Olympischen Erfolge von *Jörg Thoma & Co.* liegt das an wertvollen Zutaten, mit denen wenig andere Schwarzwälder Ferienziele so üppig gesegnet sind. Da wäre die Lage auf einem Sonnenplateau, im Winter nebelfrei, im Sommer angenehm luftig. Nichts wirkt verklemmt, Hinterzartens Ländereien haben etwas Großzügiges.

Zum breiten Herbergsangebot von Grand Hotel bis Ferienwohnung paßt die breit entwickelte Infrastruktur von Kurhaus-Lesesaal bis Frischluft-Liegehalle. Im Biosphärengebiet Hinterzarten gibt es sogar Promenaden, auf denen sich grob Gewirktes so gut wie fein Gestricktes trägt. Im Winter

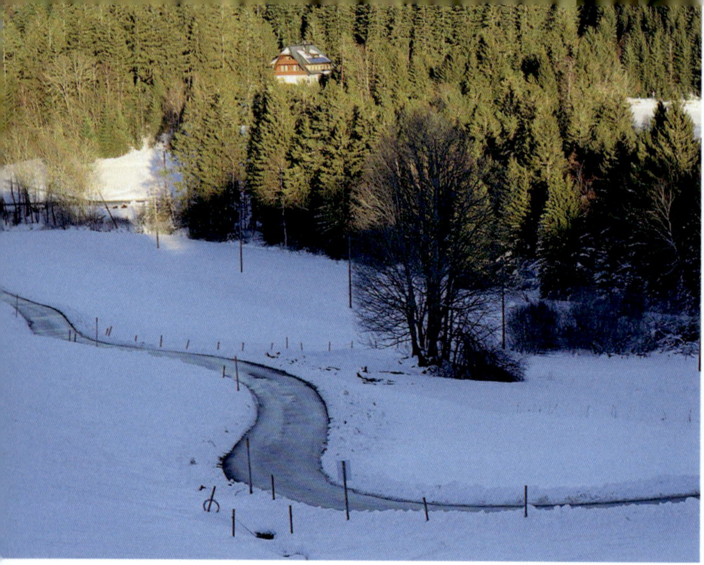

Sonne und Schnee – Dischlerhaus am Erlenbruck bei Hinterzarten

auch genug Loipen und gespurte Wanderwege. Und immer und immer wieder ein sonniger Balkon oder ein Ruhebänkle am rechten Fleck.

Stofftaschentuch und Kreditkarte Hinterzarten präsentiert sich als Bühne mit nostalgischem Schmelz und modernen Zutaten. Luftkurort hieß das einmal, Hideaway sagt man heute. Das Paar Sommerfrische und Winterversteck paßt aber auch zu Hinterzarten. Und das lockt jene, die Exotik nicht nur in Übersee suchen. Also kommen auch Gäste, die Kräuterbonbons, Stofftaschentuch und goldene Kreditkarte im Hosensack haben.

Der naturgegebene Niveauverlauf innerhalb der Ortsdurchfahrt erlaubt rasche Orientierung: je höher, desto besser. Unten an der Ortseinfahrt Parkplätze und Filialen des täglichen Bedarfs, entlang der Souvenirmeile Freiburger Straße Devotionalien, Kniebundhosen und Dackel an langer Leine. Ein Hauch von Unterzarten. Wenige Schritte weiter und etwas höher an Adlerweg und Rathausstraße beginnt

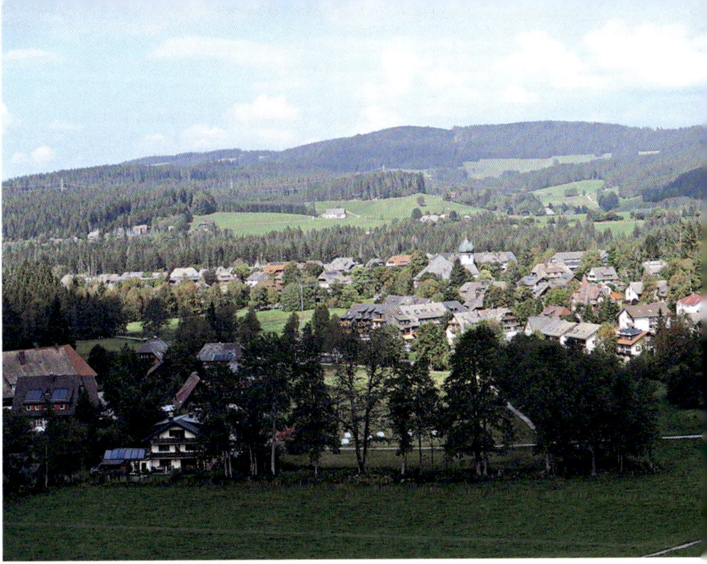

Einst Pfarrdorf, jetzt Ferienzentrum – Hinterzarten

dann der etwas feinere Ferienort. Man verweilt auf einer Sonnenbank am Zartenbach und hat realisiert, daß die Ansteherei am Lift auch nicht glücklich macht. Ein Naturpfad führt übers Kneippbecken zum Liegehaus, dessen einzige Attraktion in der Abwesenheit jeder Animation besteht. Hinterzarten steht auch für das kultivierte Nichtsmüssen.

Und so sind unter den Gästen einige, deren erste Bergschuhe zwiegenäht waren, aber auch jüngere Paare, die Snowboard und Stand-up-Krampferei entwachsen sind. Dabei wirkt mancher Jungsenior zutiefst entspannt, was an einem auskömmlichen Erbe liegen dürfte.

Augenschein im Hotel Das Parkhotel Adler zählt zu den sehr wenigen Schwarzwälder Grandhotels, die über Jahrhunderte und Generationen hinweg gewachsen, erweitert und neu positioniert wurden. Mit dem jüngsten Lifting rückt das Traditionshaus noch einen Stück weiter Richtung Genussresort mit Wellness-Spa und Lifestyle-Zutaten. Gleich ob Tagung oder Hochzeit, Highend-Abschalten oder leiser Luxus, die Liegenschaft mit fünf Gebäudeteilen auf sieben Hektar Umschwung wirkt nach Angebot und Dimension mehr als großzügig.

Die legendäre Sonnenterrasse vor dem Adler Restaurant war lange Jahre „the place to be" und als solcher auch für Passanten zugänglich. Nach dem jüngstem Relaunch des Hauses bleibt der Ort vorzugsweise für Hotelgäste reserviert. Wie weit die Exklusion im Alltag aufrechterhalten wird, hängt natürlich auch vom Auftritt und Anzug des interessierten Gastes ab. Gleichwie, der Platz längs der Hausfront gehört zu den wenigen Zielen für luxusaffine Streuner und Strizzis, ähnliches ließe sich über die Hotelbar sagen. Das selektive Eintauchen in die Infrastruktur eines Grandhotels ist unter deutschen Bausparern bekanntlich nicht verbreitet, dabei hilft gerade das Pendeln zwischen Berg- und Luxushütte gegen Horizontverengung. Bei Verlangen nach Komfort ist der Adler jedenfalls eine konkurrenzlose Adresse im Hochschwarzwald.

Vor Jahren habe ich im Adler einen Theologen auf Wanderschaft getroffen. Er trug Loden und erklärte, daß der Adler auf seiner alljährlichen spirituellen Schwarzwaldquerung seit jeher zu seinen liebsten Pilgerherbergen zählt. Recht getan, der Herrgott ließ hier nicht umsonst einen gedeckten Tisch anrichten. Hotels dieser Klasse punkten bekanntlich mit einem Rundum-sorglos-Paket. Neben Optionen von Frisörsalon bis Landemöglichkeit für Helikopter (nach Absprache mit der Gemeinde) dürfte für Oase-Leser eher das Day-Spa mit einem großem Innen- und Außenbereich von Interesse sein. Was gibt es Schöneres nach langer Schneewanderung als eine Wärmestube mit fünf Sternen? Im Sommer locken Außenbecken, Whirlpool und Tagesbetten auf dem Sonnendeck im hektarweiten Hotelpark.

Parkhotel Adler, 79856 Hinterzarten, Tel: 07652-1270; parkhoteladler.de; ⇆ Ressorthotel mit Day-Spa für Nicht-Hotelgäste (nach Anmeldung, bei freier Kapazität): täglich von 10 bis 19 Uhr, Tageseintritt 39 Euro, Monat 240 Euro, Jahreskarte 1200 Euro.

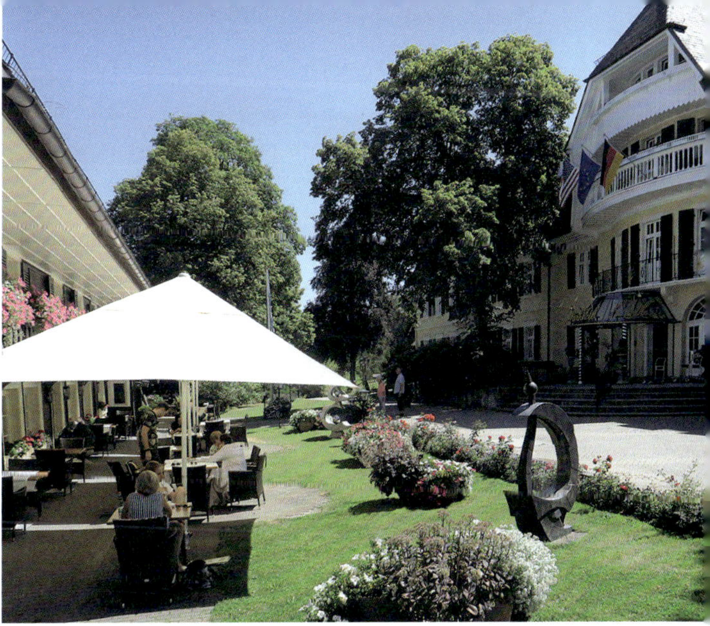

Adlerterrasse – bei dringendem Bedürfnis nach Komfort

Bauernkäserei und Hofeinkehr Ein Kontrastprogramm zum Luxus im Resorthotel könnte ein Besuch in der reizend gelegenen Hinterzartener Hofkäserei *Ospelehof* sein; Gleiches gilt für den urigen Vesperladen (= Hofladen mit Vesperplatz) in der Dreschtenne des 1708 erbauten *Mathislehofes*. Das Anwesen liegt wintersonnig und postkartenschön auf 1000 Metern Höhe am Wanderweg von Oberzarten (beim Kesslerhof) zum gleichnamigen Weiher. Auch einige Wanderrouten und Winterwege in Richtung Feldberg und Rinken beginnen am Wanderparkplatz beim Kesslerhof.

Die Biobetriebe von Mathislehof und Untermühlenbachhof (bei St. Georgen) kooperieren unter dem Dach einer gemeinsamen *Wälder GbR*. Auf dem Oberzartener Hof wird vorwiegend Jungvieh-Aufzucht betrieben (Kälber in Ammenhaltung), in St. Georgen die Milchviehwirtschaft und Käserei.

Mathislehof, Wälder GbR Hinterzarten, Oberzartener Weg 2, 79856

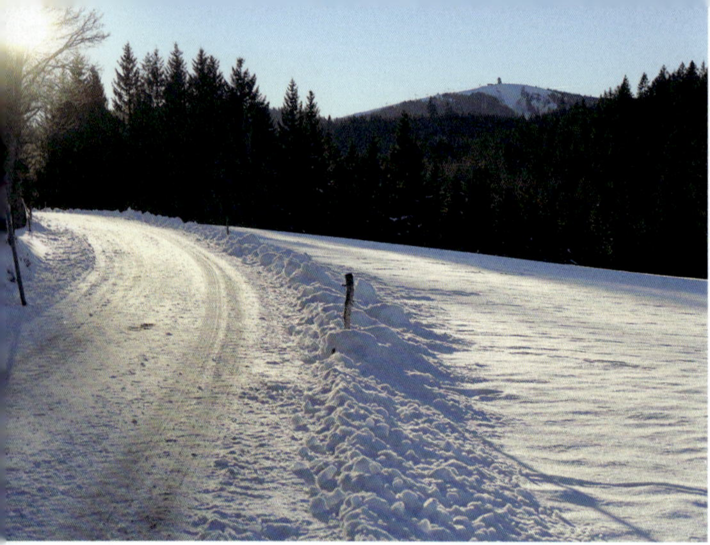

Vom Mathislehof gen Feldberg – am Silberbergweg

Hinterzarten, Telefon: 07652-982 582; Hofladen in reizender Lage auf einem Hochplateau am Beginn des Silberbergwegs, integrierte Vespermöglichkeit, Do und Fr ab 13 Uhr, Sa, So ab 10 Uhr; waelder-gbr.de.

Ospelehof Ein Bio-Hofladen in Panoramalage am Hang über Hinterzarten, schon die reizende Anfahrt macht Appetit. Auf dem Ospelehof gibt es ein Sortiment an Frisch- und Rohmilchkäse aus der eigenen Käserei, die Milch liefern Partnerbetriebe von Hinterzartener Weiden. Eine seltene Spezialität neben der Hofkäserei ist der nach traditioneller Art hergestellte Speck von drei eigenen Schweinen, die am Hof mit Auslauf gehalten werden. Nach Kalträucherung im Winter und fast einem Dreivierteljahr Reife auf dem Dachboden ist der Speck von der Breitseite nach alter Manier (auch entschieden kräftig in Rauch und Salz) für kurze Zeit im Herbst zu bekommen, nur auf Vorbestellung. Außerdem gibt es eigene Wurst.

Im sorgfältig sortierten Hofladen von Jutta und Martin Braun ist neben den Hofprodukten auch eigene Schwarz-

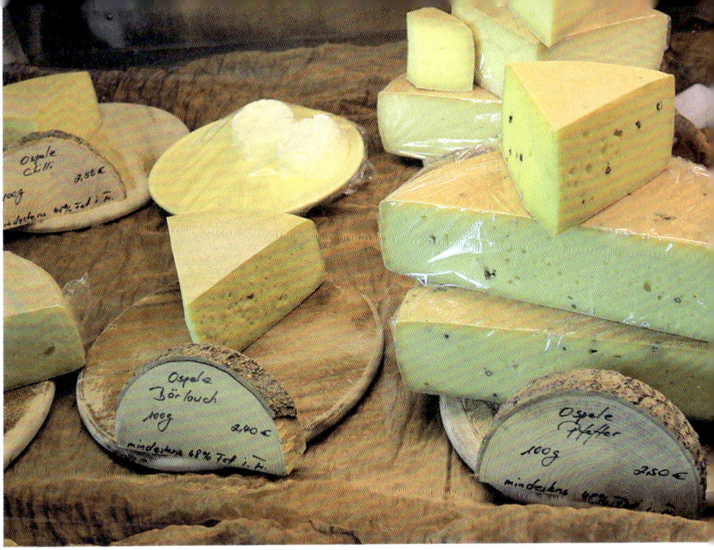

Rohmilchkäse vom Erzeuger – Hofladen Ospelehof, Hinterzarten

waldkosmetik zu haben. Der Direktverkauf auf dem Ospelehof war einer der ersten seiner Art, früh wurde mit einer professionellen Präsentation und kundenfreundlichen Öffnungszeiten (von Di bis Sa) begonnen. Bis heute erfreut der aufrichtige und kommunikative Umgang mit der Kundschaft – ein Beispiel gelebter Schwarzwälder Produktkultur.

Ospelehof, Windeck 2, ab Ortseingang, bzw. Rathausstraße, ausgeschildert, Tel. 07652-5482; Hofladen-Zeiten: ospelehof.de; Ferienwohnungen im separaten Blockhaus (derzeit noch im Bau), Raclette-Abende für Gruppen.

Adressen im Netz Eine aktuelle Zusammenstellung der Hofläden und Direktvermarkter im Südschwarzwald findet man u.a. auf der Homepage des Naturparks Südschwarzwald, dort auch Hinweise zur „Käseroute", der viele, nicht alle regionalen Käsereien angehören. naturpark-suedschwarzwald.de; Menü: „Essen & Trinken".

Bauern- und Erzeugermarkt Hinterzarten ganzjährig am Freitagvormittag 8 bis 12 Uhr; Rathausstraße (neben Polizeiposten); gut sortierte Veranstaltung u.a. mit einem Stand vom Ospelehof und Gemüse vom Forchheimer Vorzeigebetrieb Binder.

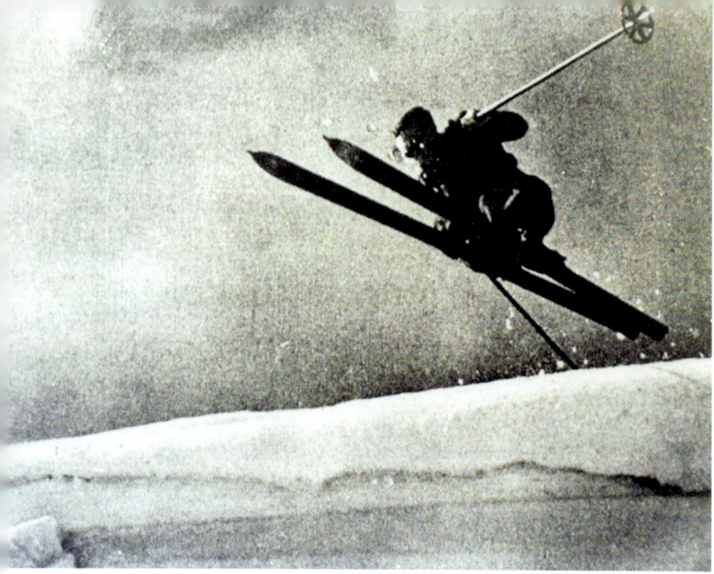

Berg frei – Skisport in der 1930er-Jahren

Günstige Touren-Ausgangspunkte Neben dem erwähnten Wanderparkplatz oberhalb vom Hotel Kesslerhof, gibt es einen weiteren größeren Wanderparkplatz bei der bewirteten Skihütte Thoma. Die liegt an der Nebenstraße zum Weiler Alpersbach, der noch zu Hinterzarten gehört. Dort ab Gasthaus Engel ebenfalls gute Touren- und Einkehrmöglichkeit (vgl. dazu ab S. 245).

Kurverwaltung und Gästeinfo liegen in der Ortsmitte von Hinterzarten. Professionell, gut sortiert (u.a. Wanderkarten, auch eine regionale Eigenproduktion mit Rundwegen, Touren, Infos zum Naturpfad Feldberg, so daß sich weitere Hinweise an dieser Stelle erübrigen. Im Eingang ein historisches Schwarzweiß-Portrait vom erschöpften Goldbub Thoma Jörgl. Aber die Geschichte kennen Sie ja.

Schwarzwälder Skimuseum Wer erinnert sich noch an seine ersten Skischuhe, an die legendären *White Star* von Kneissl? Die Sammlung zur Schwarzwälder Skikultur, all die Bilder und Plakate zur Kulturgeschichte des Tourismus müßten selbst für Museumsmuffel interessant sein. Derbe Holzlatten, Leder-Schnallenschuhe, nachtblaue BOGNER Popeline-Anoraks und *Marker*-Sicherheitsbindungen dürften

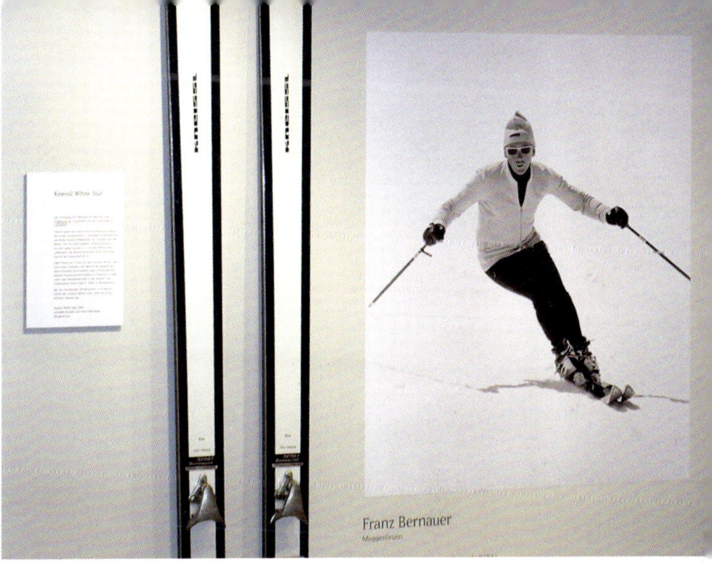

„Höhepunkt des ästhetischen Skilaufs" – Franz Bernauer

bei manchem immer noch Erinnerungen wecken: an damals, als Skier noch keine schlanke Taille hatten und Wintersport mit Ernst und Eleganz praktiziert wurde.

Jedenfalls wird man heute auf der Piste kaum jemandem begegnen, der so auf den Latten steht wie Franz Bernauer aus Muggenbrunn. Beim Skilehrerkongress in Aspen/Colorado stand Bernauer auf 2,05 Meter langen White Star – und wie!

Wer glaubt, die Parkplatznot auf der Feldberg-Paßstraße sei eine Erscheinung der letzten Dekaden, der betrachte die Aufnahmen vom Stau der Brezelfenster-Käfer im Neuschnee oder einen Anfängerskikurs des Jahres 1910 auf dem Feldberg (Schüler im Matrosenanzug). Dazu technisches und kulturelles Gerät zum Thema Wintersport und Skilauf, auch wunderschöne Aufnahmen vom Schwarzwälder Skiwinter wie er einmal war – und nie mehr sein wird.

Überhaupt, die Bilder und Plakate aus der frühen Hochzeit des Schneetourismus, die Szenen aus den Bergfilmen von *Arnold Frank* und *Luis Trenker*, natürlich auch die Trium-

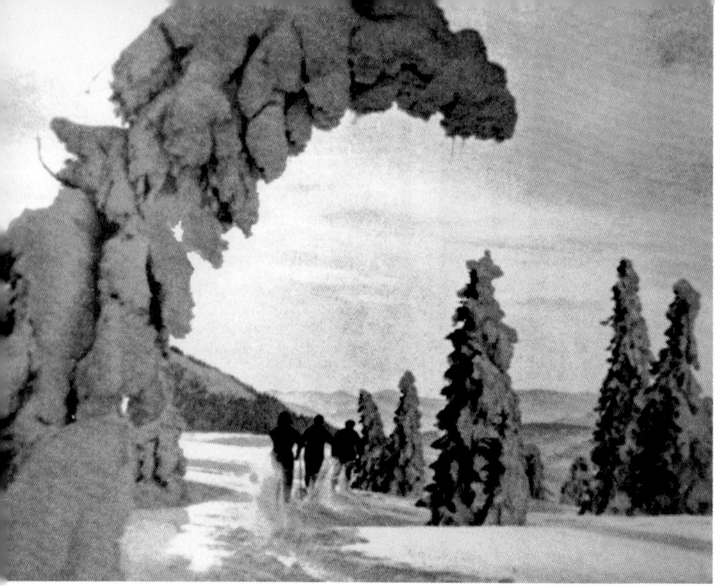

Drei Männer im Schnee – vermutlich auf dem Herzogenhorn

phe von *Jörg* bis *Dieter Thoma* – und viel mehr. Zu sehen im renovierten Hugenhof, dazu knappe, pädagogisch wertvolle Begleittexte. Augenschmaus und Nostalgie von der gestrickten Zipfelmütz' bis zum Rennanzug.

Schwarzwälder Skimuseum Im Hugenhof, 79856 Hinterzarten. Öffnungszeiten: Di, Mi und Fr 15 - 18 Uhr, Sa, So und Feiertage 12 - 18 Uhr, Tel. 07652-982192; schwarzwaelder-skimuseum.de

Über die Bruderhalde zum Titisee Die Hinterzarter Ortsteile Oberzarten und das Naturschutzgebiet Keßlermoos werden durch eine reizvolle Anliegerstraße erschlossen, sie führt nach der kleinen Paßhöhe beim *Erlenbruck* über die Bruderhalde auf die Kreisstraße K 4962, die vom Titisee hoch nach Feldberg-Bärental geht.

Am Hang gegenüber vom Kesslerhof liegt die alte Villa des Schwarzwaldmalers Hermann Dischler (vgl. gegenüber), die Liegenschaft ist in Privatbesitz, das Haus kaum zu sehen, da ziemlich eingewachsen.

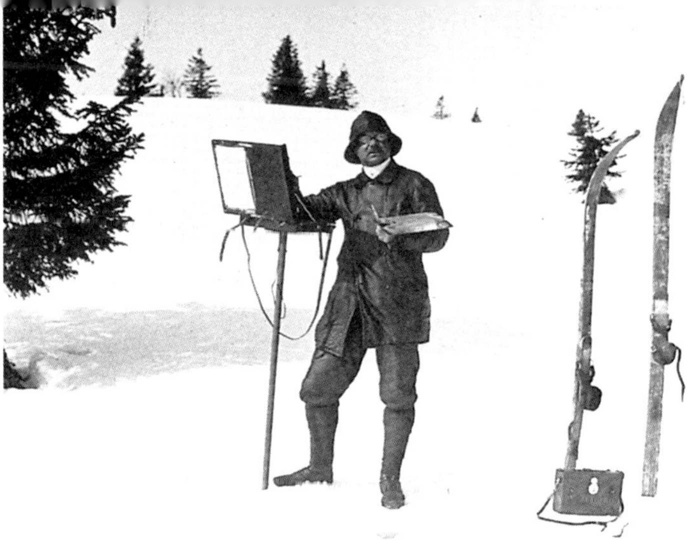

Die Realität abbilden – Hermann Dischler (1866-1935)

Der Schwarzwaldmaler

Hermann Dischler gilt neben Hans Thoma (1839-1924) und Karl Hauptmann (1880-1947) als einer „der“ Schwarzwaldmaler. Dischlers photographische Sichtweise der Landschaft, sein fast naturwissenschaftliches Interesse am Motiv, bestimmten seine Malerei. Seine Bilder sind keine Idealisierungen, sie stehen für eine Sehweise, die der Realität verpflichtet ist, nicht einer Idee. Eine naturnahe Wirklichkeit, „banale Realität“, wollte Dischler abbilden, so perfekt und getreu wie möglich.

Das Licht, Wetter, besonders aber die typischen Schwarzwälder Haus- und Landschaftsformen waren für Dischler Inspiration und Motiv in einem. So entstanden Bilder von dokumentarischer Qualität, die – ohne platte Abbilder zu sein – einen Schwarzwald zeigen, den es schon lange nicht mehr gibt. Allenfalls das eine oder andere Detail wird einem

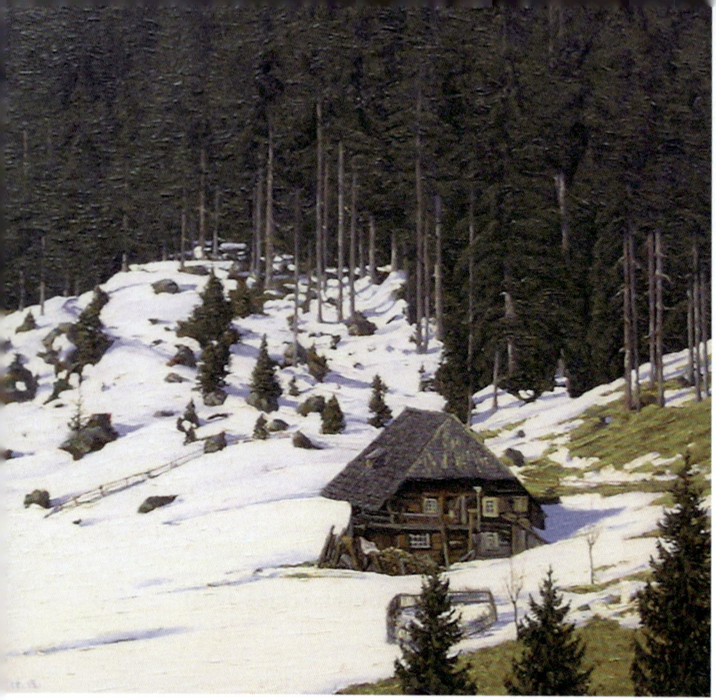

Schwarzwaldhaus – Bildausschnitt von Hermann Dischler

auf Touren wieder erscheinen: eine vereiste Tanne, die geschwungene Hofzufahrt, eine blühende Mähwiese.

„Mancher hat mir schon versichert, daß er nach Besichtigung meiner Bilder gelernt hat, die Natur mit ganz anderen Augen anzusehen.“ HERMANN DISCHLER

Wer sieht, wie Dischler Winterstimmungen malte, das Licht auf dem Schnee, wie er die symbiotische Beziehung zwischen Schwarzwaldhaus und umschließender Landschaft einfing, wer erkennt, wie eine Hofstelle in Dischlers Zeit mit der Landschaft verwachsen war, wie ein Feldweg den Rhythmus der Landschaft aufnahm, und wer heute sieht, wie gebaut, an- und umgebaut wird, dem bleibt wirklich nur der Ausruf „oh Schwarzwald, oh Heimat“. So zweideutig und treffend war das Motto einer Dischler-Ausstellung im Freiburger Augustinermuseum. Interessant wäre auch, wie Dischler jene Schwarzwälder Gasthausterrassen malen würde, die mit Plastikstühlen und schreiend bunten Sonnenschirmen (Rothaus überall!) zur Horizontverschmutzung beitragen. Auch Windmühlen und Solardächer hätten Dischler sicher inspiriert.

Dischlerrot und Dischlers Haus Dischlers Schwarzwald vor 100 Jahren ist heute fast nirgendwo mehr zu entdecken. Allenfalls einzelne Szenen in freier Natur, wie die Wald-Haus-Symbiose im Bild nebenan, sind noch wie damals (etwa im Tal der Wilden Gutach, vgl. ab S. 51). Auch das fahle Dischlerrot, das manches Winterbild Dischlers mystisch auflädt, leuchtet bis heute am Himmel. Für Frühaufsteher, auch wenn an einem Winterabend der Himmel aufreißt und über dem Rheintal die Lampe angeht.

Die ehemalige Dischler-Villa steht auf dem Erlenbruck, zwischen Hinterzarten und Titisee. Dischler ließ das weitgehend selbst entworfene Haus zwischen 1907 und 1908 bauen. Es zeigt typische Elemente der Schwarzwälder Bauweise, große Walm- und Schindelfassade, die mit Jugendstilformen und städtischem Villenstil kombiniert wurden. Dischler lebte auf dem Erlenbruck bis zu seinem Tode. Alte Ansichten zeigen die Villa umgeben von Gärten in erhabener Lage mit Sicht auf die Landschaft und auf Hinterzarten. Dischler konnte vom Fenster weg – in Hausschuhen – malen.

Dischler hatte keine Kinder, nach seinem Tod wurde das Haus mehrmals verkauft. Im Privatbesitz verschwand das Anwesen hinter einem Nadelholzvorhang. Eine Zufahrt führt, von Hinterzarten kommend, noch vor Erreichen der Anhöhe nach links zur Villa. Das Haus liegt versteckt im Wald. Die Villa des großen Schwarzwaldmalers ist zum Haus ohne Ausblick geworden.

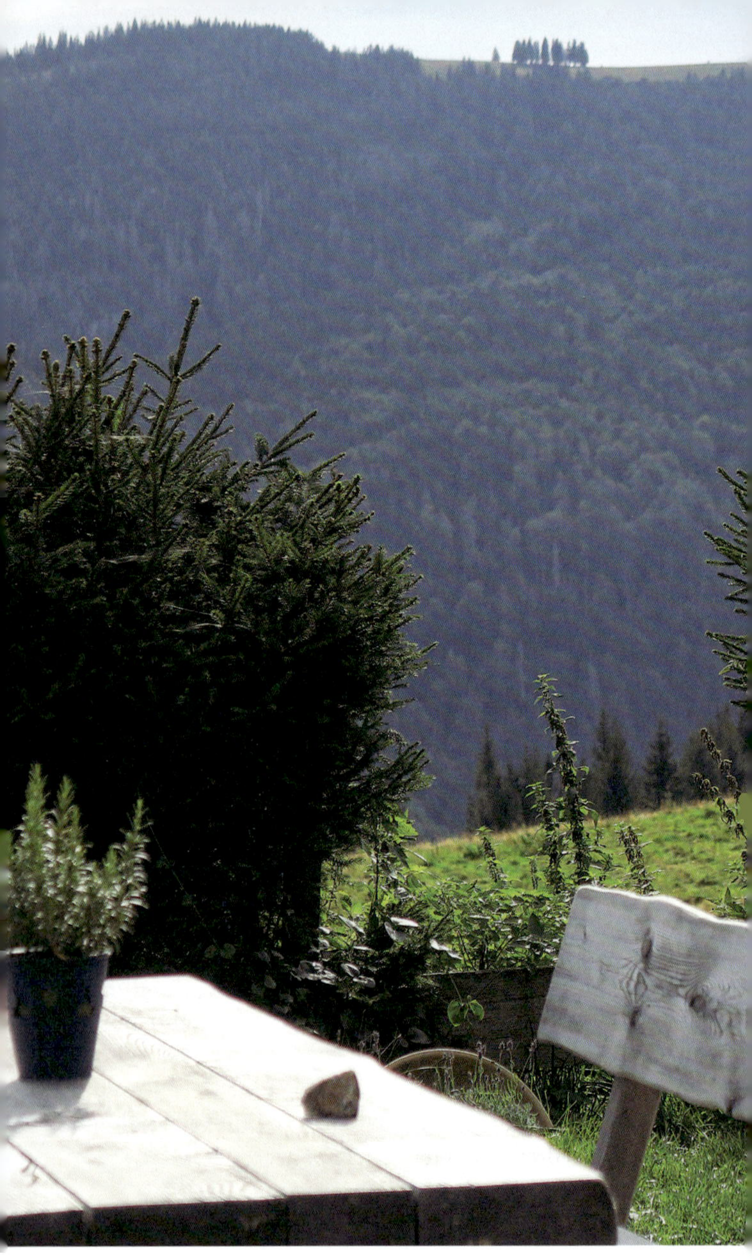

Solider Vesperplatz – an der Hinterwaldkopfhütte

16

Alpersbach und Hinterwaldkopf

Der Weiler Alpersbach gehört zu Hinterzarten, aber eigentlich ist die Siedlung auf einem 1.000 Meter hohen Plateau über dem Höllental ein Kontrastprogramm zur Kurgaststimmung in Hinterzarten. Zwei Dutzend verstreute Häuser, eine handvoll Höfe, zwei Wirtshäuser, eine Hütte und Platz in alle Richtungen. Hier bekommen jene, denen Hinterzarten etwas zu emsig erscheint, ihren ruhigen Hochschwarzwald. Erst recht weiter oben gen Hinterwaldkopf und Rinken rauscht nur noch dunkler Tann.

Eine vier Kilometer lange Nebenstrecke führt ohne viel Auf und Ab, aber hoch über dem Steilabfall zum Höllental, nach Alpersbach und damit mitten in den Urschwarzwald. Nach den Häusern und Höfen von Alpersbach geht es ins Dunkelgrüne: erst in einer weiten Schleife hinauf bis zu den Parkmöglichkeiten am direkten Zugang zur Hinterwaldkopfhütte oder nochmal drei Kilometer weiter auf der Rinkenstraße bis zum Parkplatz am Sattel auf 1.200 Metern, der unterhalb vom Baldenweger Buck und Feldberg liegt (vgl. ab S. 247).

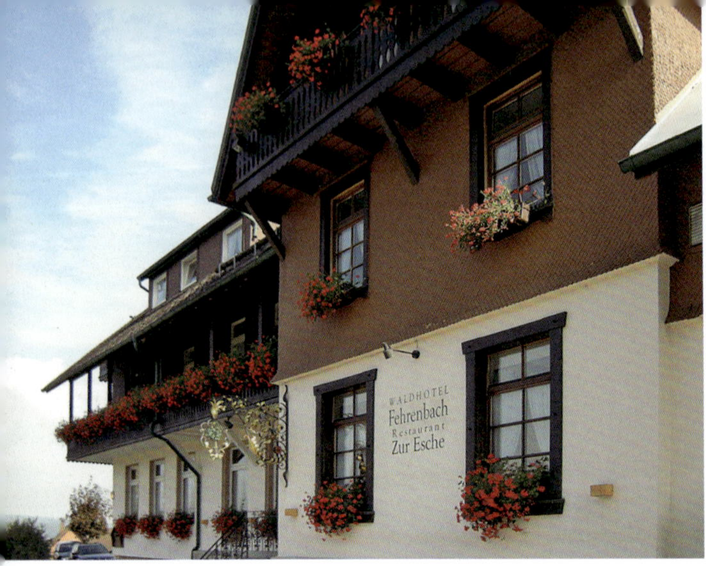

Spitzwegerich in guter Stube – Esche, Alpersbach

Aber auch um Alpersbach gibt es genug Auslauf. Oder sagen wir so: Hier wäre ein perfektes Ziel für ein paar Stunden Sauerstoff und Hochwald mit anschließender Einkehr, in Alpersbach gibt es mit der ambitionierten *Esche* und dem bürgerlichen *Engel* gleich zwei brauchbare Optionen.

ESCHE, Alpersbach **Mit** vollem Namen *Waldhotel Fehrenbach – Gasthaus zur Esche.* Der erste Blick zeigt einen gepflegten Traditionsgasthof mit Anbauten, drinnen warten gediegene Stuben. Besonders ansprechend wirkt der renovierte Traditionskern rechts des Eingangs mit Kachelofen und Vollholz-Ausstattung. Seit Jahrzehnten gehört die Esche zu den ambitionierten Adressen mit einem hohem Einsatz regionaler Produkte und eigener Patisserie. Hinzu kommt eine Kräuter- und Wildpflanzennähe, die auch mal die Grenze zum Gewollten erreicht. Andererseits gibt es auch besserbürgerliche Standards, verfeinerte Vesper sowie ein veganes Menü, wobei auch da der Einsatz von Regionalprodukten auffällt.

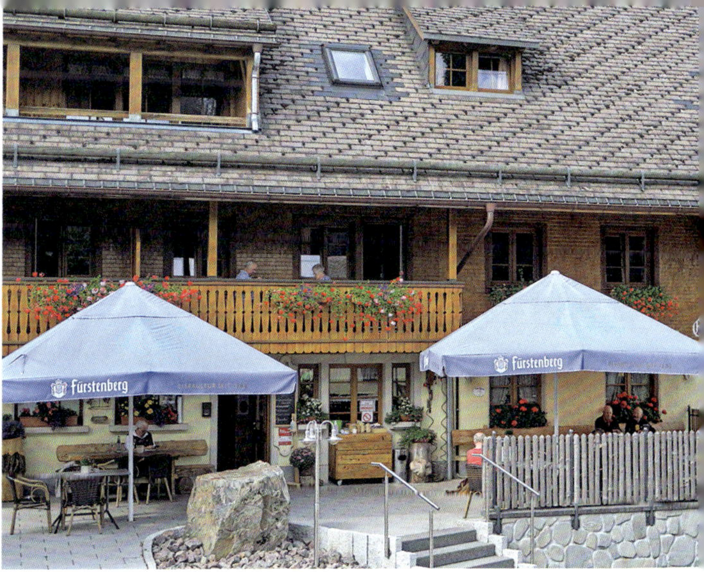

Aufgemauert – Engelterrasse, Alpersbach

Waldhotel Fehrenbach – Zur Esche (Josef Fehrenbach), Alpersbach 9, 79856 Hinterzarten, Tel. 07652-91940; waldhotel-fehrenbach.de. Serviertes Frühstück von Mo bis Sa; Scheune für Feiern und Extras, Gästezimmer.

ENGEL, Alpersbach Erhöht gelegen, zuverlässig und mehrheitsfähig. So war der Engel, so bleibt der Engel – auch nach mancher Renovierung und Erweiterung innen und außen. Dazu gehören auch Wohmobilstellplätze und eine aufgemauerte Terrasse, die ist, wie sie ist. Als leistungsbereiter Gasthof überzeugt der Engel allemal, schon die Lage auf freier Flur wie auf dem Kalenderblatt lockt die Gäste. Innen empfängt Schwärzwälder Landhausstil in einer bekömmlicheren Form, viel blankes Holz, der mächtige Kachelofen mit langer Kunscht wärmt auch winterkalte Knochen. Die beachtliche Stubengemütlichkeit blieb trotz der zeitgemaßen Ertüchtigung erhalten.

Im Engel kehrt die große Koalition ein: Familien- und Wandertouristen sitzen neben Försterstammtisch, Kuchengästen,

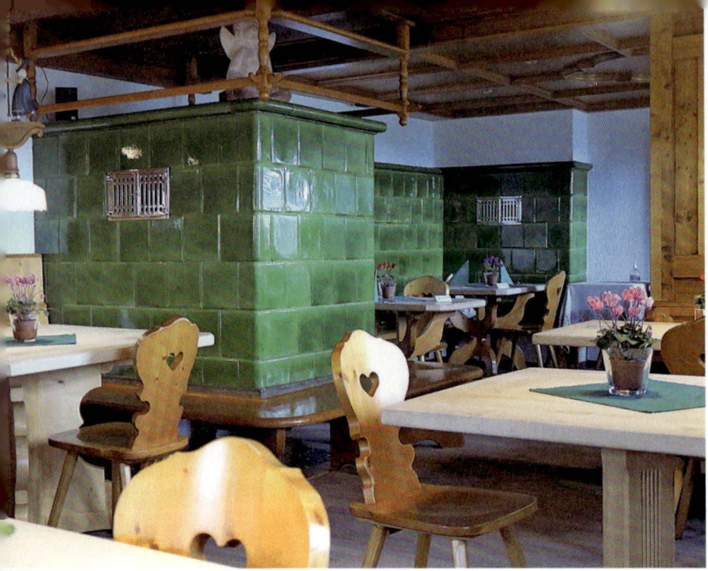

Landhausstil trifft Schwabenpfännle – Engel, Alpersbach

Cabrio- und MTB-Piloten. Noch im Herbst 2021 sah ich den am Schopf weißgrauen, aber noch immer höchst vitalen Goldbub Jörg Thoma leibhaftig am runden Tisch bei der Theke sitzen – was für Gast und Gastgeber spricht. Die Karte hat Stärken im Vesperbereich, ein bunter Strauß warmer Speisen huldigt der Ferienkundschaft von Schnitzel bis „Schwabenpfännle" – also mehr gemischter Satz als reine Kulinarik. Nudelsuppe, Forelle und Rehragout geht aber auch.

In der Summe eine dienstbare Einkehr, bei der Lage, Stimmung und Gäste zueinander passen. Zu den weiteren Vorzügen im Haus zählen die komfortablen Gästezimmer sowie Appartements; viele mit Balkon und Blick. Eine Bank in Hinterzartens Hinterstube.

Zum Engel (Fam. Steiert), Alpersbach 14, 79856 Hinterzarten. Renoviertes Traditionshaus in Alleinlage, vier Kilometer von Hinterzarten, ♠ große Freiterrasse. Tel. 07652-1539; engel-hinterzarten.de, komfortable Gästezimmer. Pferdeboxen.

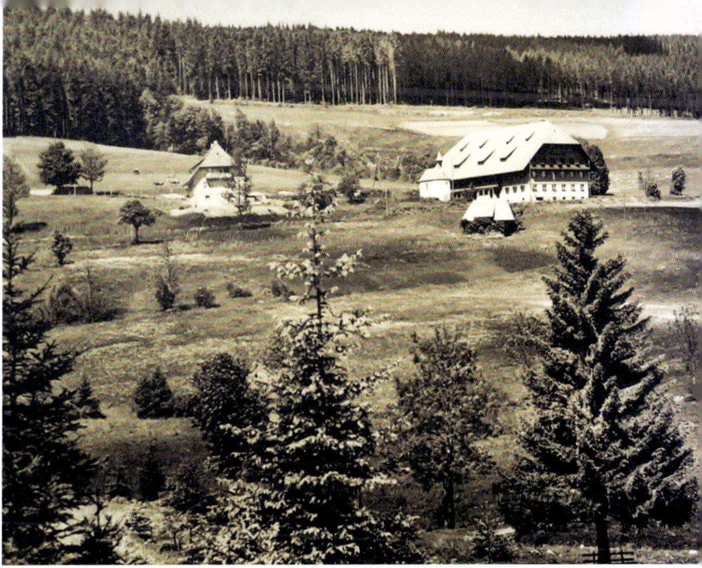

Ganz oben in Alpersbach, der Engel historisch gesehen

Von Alpersbach zum Rinken. Über Hinterzarten-Alpersbach hinaus führt die Rinkenstraße bis zum Wanderparkplatz am Rinkensattel (1.200 m) dicht an der Nordflanke des Feldbergs. Dort eine Schranke und ein Parkplatz kurz vor dem Sattel, Durchfahrt ins Zastlertal ist für PKW nicht möglich.

Touren um Alpersbach/Rinken Zahlreiche Möglichkeiten ab Alpersbach, auch direkt ab Engel-Terrasse; die weiterführende Rinkenstraße erschließt weitere hoch gelegene Ausgangspunkte für Wanderungen nördlich des Feldberggebietes.

Zum Hinterwaldkopf Ein lohnender Abstecher von der Rinkenstraße beginnt bereits wenig oberhalb von Alpersbach: Ab Parkplatz Hanselehof geht es in Richtung Hinterwaldkopf (auf dem Dr. Ganter Weg). Die gleichnamige Hütte unterhalb der immerhin 1.198 m hohen Kuppe liegt auf 1.098 m Höhe. Der knapp 3 km lange Zuweg steigt nur wenig an, unterwegs schöne Ausblicke auf die Höhen um Breitnau, sowie ins steil abfallende Höllental. Viel Landschaftseindruck bei wenig Laufarbeit, um die Hütte dann Hochweiden mit Sonnenplätzen zum Ruhen.

Entfernungen ab Wegweiser Hinterwaldkopfsattel: zur Hütte 0,6 km, Alpersbach 1,8 km, Rinken 4,5 km. Reizvoller Höhenweg über den Hinterwaldkopf in einer halben Stunde zur Höfener Hütte.

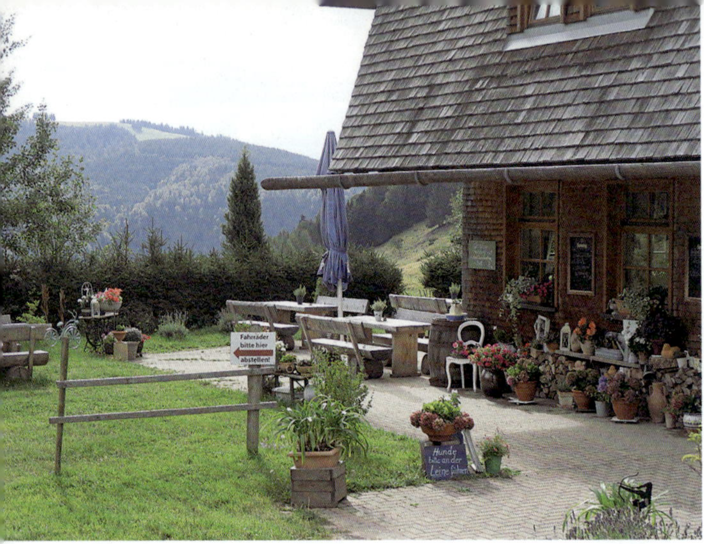

Blumenschmuck statt Parkplatz – vor der Hinterwaldkopfhütte

HINTERWALDKOPFHÜTTE, bei Alpersbach Die Hütte wurde durch einen Brand Weihnachten 1994 zerstört und danach von der Weilersbacher Weidegenossenschaft als Wander- und Viehhütehütte im traditionellen Schindelstil wieder aufgebaut, was ein gelungenes Bild abgibt. Auch drinnen wirkt die Hütte hell und einladend. Wie auf solchen Almhütten üblich, betreuen die Pächter das Jungvieh der Genossenschaft während der Sommersaison; die Hütte bleibt aber auch im Winter zumindest partiell für Gäste geöffnet.

Das Wirtspaar Silvia und Peter Kowalczyk kooperiert mit Anbietern von Schneeschuhtouren, eine Loipe führt zur Hütte, außerdem gibt es in der Wintersaison auch kulinarische Extras. Während der Wander- und MTB-Saison ist trotz der Kfz-freien Lage genug Zulauf. Der Platz stimmt, das gastronomische Angebot mit Regionalprodukten und selbst gebackenen Kuchen ist mehr als in Ordnung, was nicht wundert: Peter ist Koch, Silvia ebenfalls vom Fach.

Auch mein letzter Besuch an einem warmen Herbstnach-

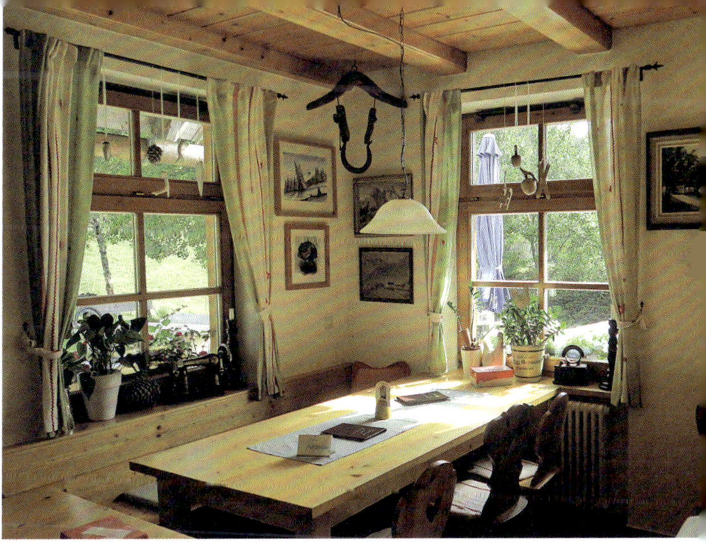

Gemütlicher Außenposten – Hinterwaldkopfhütte

mittag kurz vor Saisonende bleibt in angenehmer Erinnerung: Ich saß als letzter Gast allein mit der Hauskatze vor der Südwand. Es blieb gerade noch Zeit für ein Vesper mit Viertele und Bergblick. Ein sacht ausklingender Tag im milden Licht, die Hüttenwirte waren schon am Aufräumen, alles lief ohne Hektik ab.

Manchmal merkt der Gast schon an den Blumentöpfen, ob die Gastgeber gerne oder verzwungen wirten. Hier paßte eins zum anderen: ansprechendes Gesamtbild, selbstbewußte Dienstbarkeit, stimmiges Hüttenerlebnis. Danke für die schöne Stunde auf der langen Bank!

Hinterwaldkopfhütte (Weilersbacher Viehhütte, 1.120 m), ♠ große Terrasse. Keine direkte Kfz-Zufahrt; Zugang z. B. von Hinterzarten-Alpersbach ab Parkplatz beim Hanselehof, knapp 3 km. Tel. 07661-3314; hinterwaldkopf-huette.de.

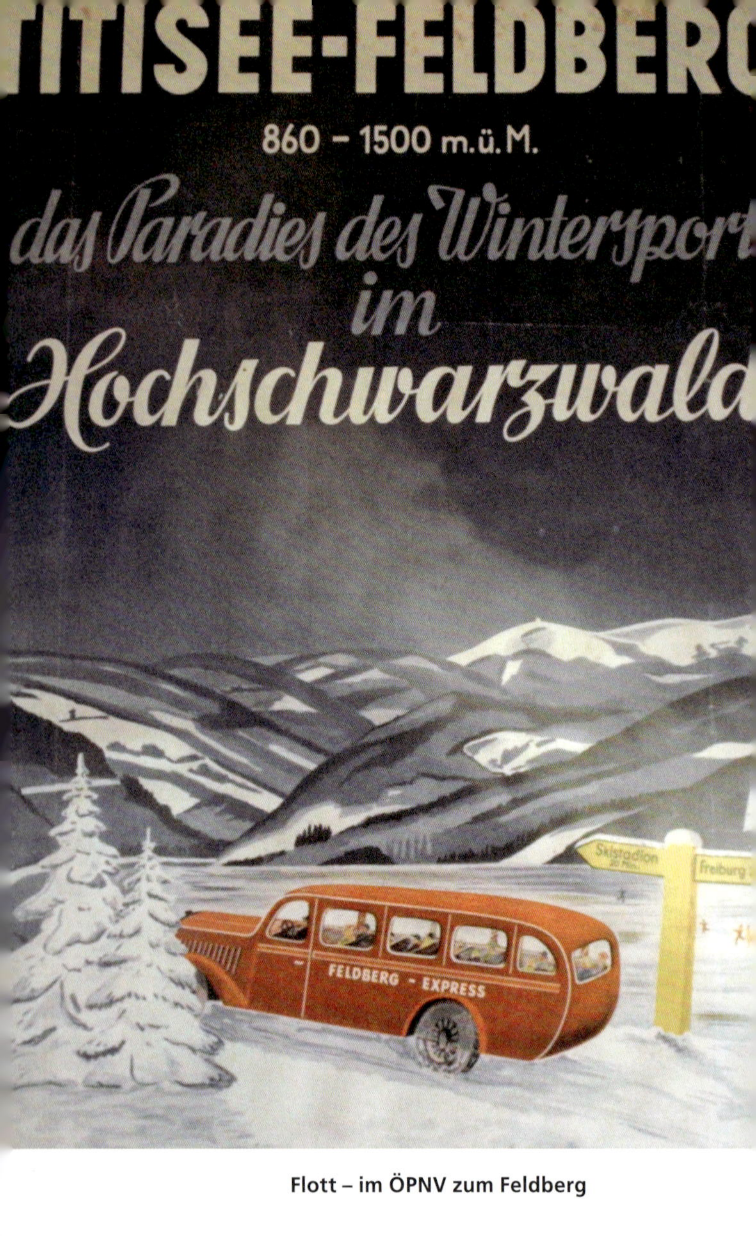

Flott – im ÖPNV zum Feldberg

17

Schnee- und Spaßinsel Feldberg

Der Feldberg steht für den höchsten Gipfel und das höchstgelegene Parkhaus im Lande. Knapp 2.000 Einwohner, über vierzig Hotels und Pensionen, 700.000 Übernachtungen. An Winterwochenenden Lawinen von Tagesgästen. Im Parkhaus mit dem Satteldach im milden alpenländischen Stil ist Platz für 1.200 PKW, 45 Busse und Defizite, welche den Gemeindehaushalt belasten. Damit sind Vorzüge und Risiken des Systems Feldberg umrissen. Der Feldberg ist animiertes Gelände, nach Sylt das Gemeindegebiet mit der höchsten Tourismusintensität in Deutschland. Das alles gilt nicht erst seit vorgestern, wie das Plakat nebenan zeigt. Vom Feldberg aus hat sich seit dem Ende des 19. Jh. der Wintersport über Deutschland hinaus verbreitet.

So ein Ziel in einer Reihe von eher stillen Plätzen? Eigentlich paßt das nicht, aber mitunter eben doch: Wenn es über Nacht eine Schaufel Pulver hingehauen hat, ist der Feldberg in der Früh' unschlagbar, ebenso bei Frühjahrsfirn und Alpenblick. Auch an einem Märztag, wenn unten schon alle vor

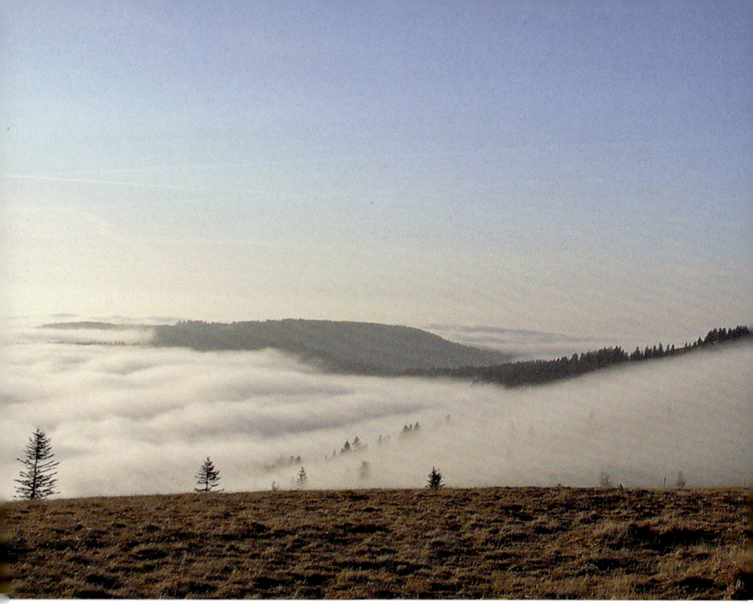

Alles kommt und geht – zwischen Seebuck und Feldberggipfel

Latte-Macchiato sitzen, ist der Feldberg exklusiv. Hochfahren, Vorurteile zurücklassen und Leinen los.

Neuschnee kann hier „just in time“ ausgekostet werden. Keine lange Alpenfahrt, gute Pisten, unter der Woche kein Anstehen. Es gibt weit und breit keinen besseren außeralpinen Skizirkus. Skitouren-Einsamkeit im Neuschnee ein paar Meter abseits der Pisten gibt es als Extra dazu. Außerdem werden andere Regionen entlastet, wenn der Feldberg die Schnee- und Spaßsportler so zuverlässig bindet. „Die Parkplätze auf dem Feldberg sind besetzt, bitte benutzen Sie öffentliche Verkehrsmittel, heißt es dann im Radio; ähnlich wie in der Großstadt vor Weihnachten.

Feldberger Mehrklang Wer in der schneefreien Zeit kommt, sieht auf dem Feldberg die Narben intensiver Nutzung. Dank Schneekanonen, Rambazamba und brutalstmöglicher Freizeitkultur. Fast schon sehenswert ist die Ballung von Übertourismus und Devotionalien längs der Paßstraße.

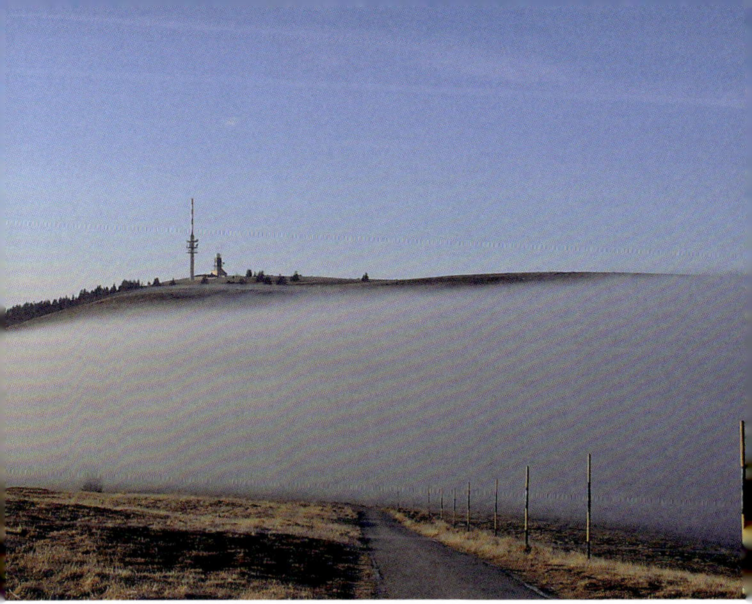

Gleich neben den Parkdecks am Seebuck wurde eine Kapelle für den ökologischen Ablaßhandel gebaut: das *Haus der Natur,* ein Repräsentationsbau, gefördert mit Mitteln des „Europäischen Ausrichtungs- und Garantiefonds für die Landwirtschaft im Rahmen von Ziel 5b“. Ein ideales Ziel für gelangweilte Schulklassen, wenn dem Lehrkörper nichts einfällt. Gut geeignet auch zur Repräsentation für lokale Politprominenz. Alles edel und kostspielig, digital animiert und pädagogisch wertvoll präsentiert. Bilder dokumentieren Verwaldung, Verliftung und die Bedeutung der Landwirtschaft für die Kulturlandschaft. Alles wie gehabt, das Premiumprodukt Natur dient der moralischen Ertüchtigung, hinterher geht‘s auf Warsteiner und Red Bull ins Bistro gegenüber.

Haus der Natur (am Seebuck): Dauerausstellung zu Öko Themen im Schwarzwald. Sonderveranstaltungen, Führungen. Sitz von Naturpark Südschwarzwald e.V.; naturpark-suedschwarzwald.de.

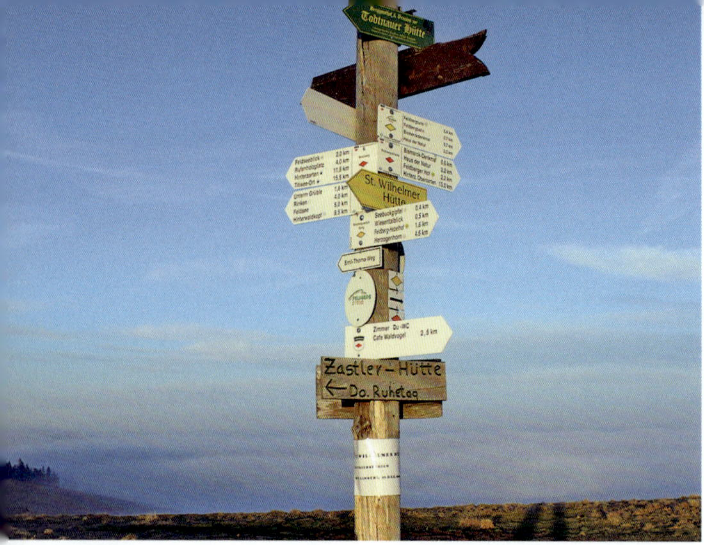

Mittendrin – Verteilerkreuz auf dem Feldberg

Wandern am Feldberg Was die Gipfelwege angeht, wußte Baedeker schon vor 100 Jahren, wo es langgeht: „Alle Wege sind durch Wegmarken und Wegweiser gut bezeichnet; die von Hinterzarten sind die Bequemsten und auch die Schönsten.“ Anzufügen wäre, daß es auch aus Nordwesten, von Erlenbacher- oder Stollenbacher Hütte aus, ansprechend und ohne Klumpenrisiko aufwärtsgeht: etwa über Toter Mann, Immisberg und Hüttenwasen. Mit der Nähe zum Gipfel nimmt die Dichte von Hinweis- und Warnschildern signifikant zu, um den Nebengipfel Seebuck (1.448 m) hat die Möblierung mittlerweile ein groteskes Maß erreicht. Offensichtlich gilt auch hier: Wenn Mittel fließen, wird Natur zum Schilderwald. Natürlich ist das alles nicht mehr.

Viel zu vespern, wenig zu essen Auch die gipfelnahen Almhütten haben eine steile Karriere hinter sich. Aus urigen Wandereinkehren wurden heftig besuchte Ausflugsziele. Womit wir bei den Gefahren wären: Wer einmal unter fidele Gipfelstürmer geraten ist, ahnt, daß am Berg nicht nur Wetterumschwung droht. Zudem ist hinter den rustikalen Fassaden die Neuzeit längst angekommen. Erwarten Sie also keine Erbauung, sondern Routineverpflegung, auch Großmarktware,

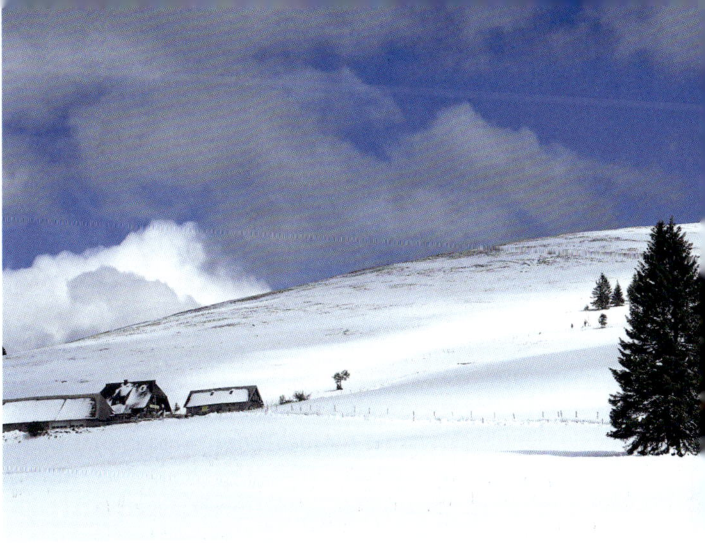

Zukunft offen – St. Wilhelmer Hütte

regional aufgeschnitten. „Zeltservice“, wie es der gute, alte Tourengänger Stefan einmal ausdrückte.

Hütten am Feldberg Gipfelnah gibt es vier Hütten, zwei davon wurden erst unlängst verkauft bzw. neu besetzt, verläßliche Angaben zum Angebot sind somit kaum möglich. Die auf 1.423 Metern gelegene St. Wilhelmer Hütte ist die höchstgelegene, bis 2021 mit einem beachtlichen Angebot und angenehmer Stimmung (2022 steht auch dort ein Wechsel/bzw. die Pächersuche an).

Natürlich sind im Saisonbetrieb Abstriche bei Service und Angebot üblich. Weniger natürlich ist (nicht nur am Feldberg) das schmale Angebot qualitativ hochwertiger Regionalprodukte. Andernorts wird die Chance genutzt, eben damit zu punkten: Luftgetrocknetes und Rohmilchkäse direkt aus der Sennerei auf Schweizer Hütten, vorzüglicher Speck, Schüttelbrot und Vinschgauer in Südtirol. Man staunt angesichts der verpaßten Möglichkeiten in Gipfellagen des Schwarzwaldes.

Dafür werden die Sprüche jedes Jahr schriller. Erlebnisqualität, Zielgruppenansprache etc., blabla. Und dann die

Realität! Wie gut könnte an prominenten Zielen ein Qualitätstourismus unterfüttert werden. Was taugt eigentlich das Gerede von der Bedeutung heimischer Landwirtschaft, wenn an Landmarken Dutzendware geboten wird. Auch die Weidegenossenschaften und Gemeinden könnten bei der Verpachtung ihrer Berghütten Qualitätsstandards vorgeben, anstatt Spezeln zu protegieren. Ein Talwirt hat mir das Geschäftsmodell mancher Gipfelwirte so erläutert: „Die wollen einen Geländewagen und lange Urlaub machen."

Natürlich wäre eine qualitative Hüttengastronomie der ideale Genußbotschafter für die Region. Man denke an das Angebot in der Alpenregion, wo ich noch auf 2.000 Metern über dem Meer Spezialitäten bekomme! Dagegen wirkt manche Bergstation im Südschwarzwald wie ein Auffanglager.

Man könnte sauber hergestellte Produkte aus der Region anbieten: Schwarzwälder (nicht Allgäuer!) Bergkäse, Speck von der artgerecht gehaltenen Sau, Wurst statt Meterware, Brot aus dem Holzbackofen statt aus der Gefriertruhe. Rundum wachsen Kräuter und was liegt auf dem Vesperteller: ein Tomatenfragment an Alibipetersilie. Lassen wir's, sonst schlägt einem die Sache aufs Gemüt.

Vorhang auf in Bärental Zu guter Letzt noch ein Ankerplatz im Sturm. Nicht oben auf der Ballermann-Paßhöhe am Feldberg, aber am wuseligen Bundesstraßenkreuz bei Feldberg-Bärental, kann man im ganzkörperbeschindelten *Adler* solid einkehren. Gepflegte Stuben ausgerechnet dort, wo die Bundesstraße vom Feldberg auf die vom Titisee trifft, wo sich B 317 und B 500 vereinen, auch Gästezimmer (adlerfeldberg.de).

Was die Frequenz angeht, gehört das Karreé zwischen Titisee und Feldberg zu den Spitzenlagen im Hochschwarzwald. Lidl, Pizzeria und Café Schwarzwaldmaidle sind schon da und seit 2022 sorgt ein Landmarkt-Projekt für eine beachtliche Erweiterung des Angebotes:

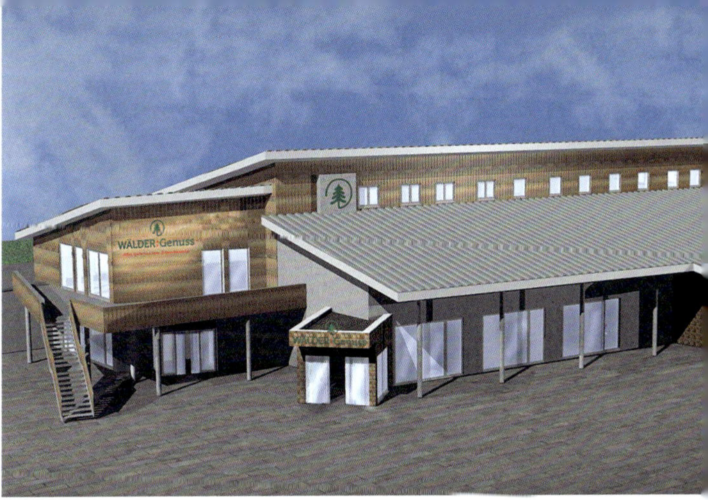

Einkehren & Einkaufen an der B500 – Wälder:Genuß am Feldberg

WÄLDER:GENUSS, Feldberg-Bärental Ab Frühjahr 2022 gibt es einen neuen Landmarkt mit integrierter Gastwirtschaft. Konzipiert als Forum lokaler Produkte, als Bühne, die ihre Kundschaft mit Vielfalt, Qualität und Vitalität anzieht.

Wer den Vater des Vorhabens kennt, weiß, daß Johannes Pokrzywa nicht auf Honigschnäpsle und Schwarzwald-Tralala setzt, sondern auf kulinarische Fundamente und den Luxus aufrichtigen Handwerks. Also auch auf Holzofenbrot, Rohmilchkäse, durchwachsenen Speck und ein paar Hundert andere Dinge, die man gerne in Hand oder Mund nimmt.

Pokrzywa und sein Geschäftsführer Sebastian Rauner haben sich das weite Feld eßbarer Landschaften angesehen, die beiden waren in Marktscheunen und bei kulinarischen Dachmarken, sie sind überzeugt, daß es im Schwarzwald hervorragende Produkte gibt, aber sie wissen auch um den Mangel an Präsentation und Vermittlung.

Zu all dem ist Pokrzywa ein Überzeugungstäter, der seine Leidenschaft nicht stromlinienförmig vermarket, sondern ökonomisch sinnvoll umsetzt. Wo das Wirtshaus stirbt, rettet er auch mal verwaiste Stammtische. Weil ein von Generationen genutzter Stammtisch auch am neuen Ort etwas erzählen kann. Weil die Dinge auf einem massiven Tischblatt anders schmecken als vor der Warmtheke. Wer jetzt noch keinen Appetit auf den neuen Schwarzwälder Naschmarkt entwickelt hat, kann ja nebenan bei Feinkost Lidl etwas Folienware erwerben. Die Welt ist ein großer Garten, auch an einer wuseligen Kreuzung in:

79868 Feldberg-Bärental, Feldbergstraße 5; waelder-genuss.de

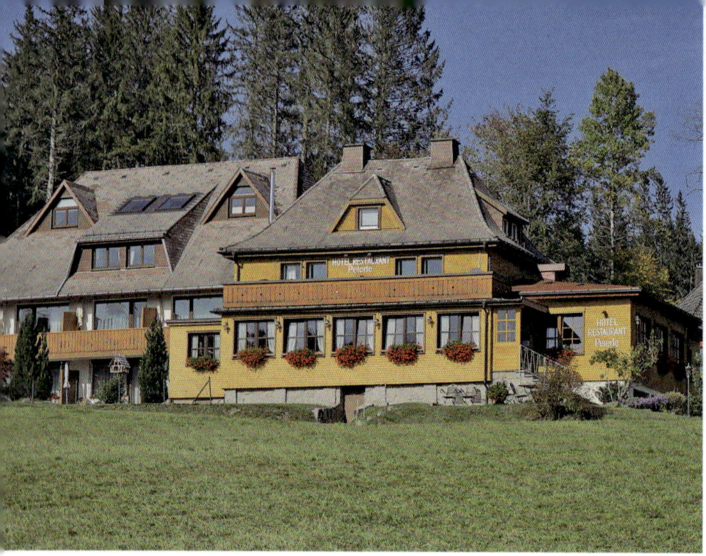

Solides Berggasthaus – Peterle, Falkau

PETERLE, Feldberg-Falkau Einkehren im feinbürgerlichen Bereich gehört im Hochschwarzwald zu den anspruchsvollen Aufgaben; mit zunehmender Nähe zum Feldberg gilt dies umso mehr. Selten wie der Auerhahn sind mittlerweile jene Häuser, die ihren Wesenskern pflegen und kulinarisch nicht mit internationalem Tutti-frutti langweilen. Das Gasthaus Peterle in Falkau wirkt von außen, erst recht innen, wie es heißt. Die Sammlung von Kächele und Kännle würde ausreichen, um mehr als ein „Zwitscherstüble" zu dekorieren. Die Vorhänge sind gerafft, man sitzt gemütlich bis allerliebst – und man ißt ausgesprochen gut. Wirklich!

„Wir sind ein Landgasthaus, verwurzelt im Schwarzwald und dieser Region und ihren Gästen verbunden." Ein Versprechen, wie es die Peterle-Karte bietet, läßt einen kaum mehr aufhorchen, alle wollen regionalsaisonal kochen und natürlich nach wie vor im Großmarkt einkaufen. Im Peterle bleibt es nicht nur beim Versprechen: „Unsere Küche ist bodenständig, handwerklich im besten Sinne und kommt ohne Saucenpulver oder Pommes Frites aus." Und so ist es.

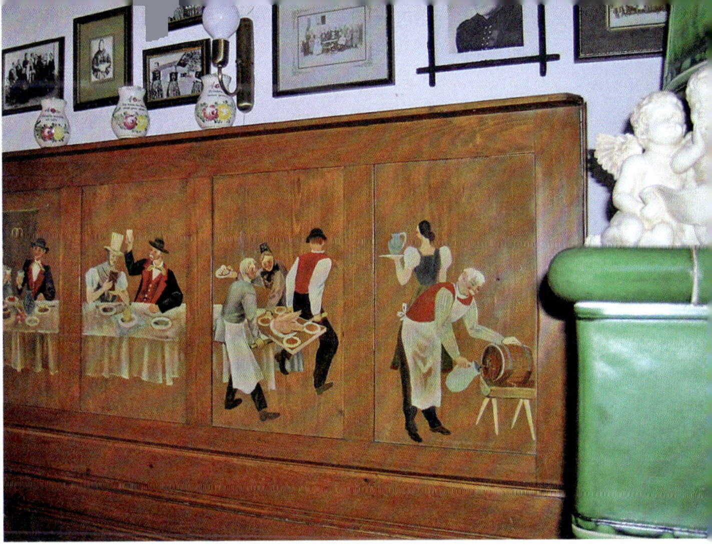

Gemütlichkeit à discrétion – Ofenbank im Peterle, Falkau

Das Regionale ist hier kein luftiges Versprechen, sondern Programm. Also gibt es Schwarzwälder Brotsuppe, Brust vom Grafenhauser Freilandgockel, Rahmgulasch vom Wiesentäler Kalb, vegetarische Herbstbowl, Forellen- und Saiblingsfilets, Wild aus heimischer Jagd. Auch die Tagesgerichte halten das gutbürgerliche Niveau, ebenso wie die Spezialität einer ganzen Kalbshaxe aus dem Ofen (für zwei Personen, Vorbestellung).

Neben der Küche sind es Details, die für ein Aufgehobenheitsgefühl sorgen: geübter Service, wohltemperierter Wein auch im Offenausschank, ausgesuchte Flaschenweine. Alles zusammen ergibt eine Gastlichkeit, die gut tut. Wer möchte, kann im Peterle und im Anbau im Wortsinne preiswert übernachten; eine Sauna gibt es auch. Ein gastliches Haus im Rücken des Feldbergs.

Gasthof-Hotel Peterle, 79868 Feldberg-Falkau, Tel. 07655-677; hotel-peterle.de, angenehme Gästezimmer (viele mit Balkon od. Terrasse), Saunabereich, eigenes Ferienhaus; Touren direkt ab Haustür.

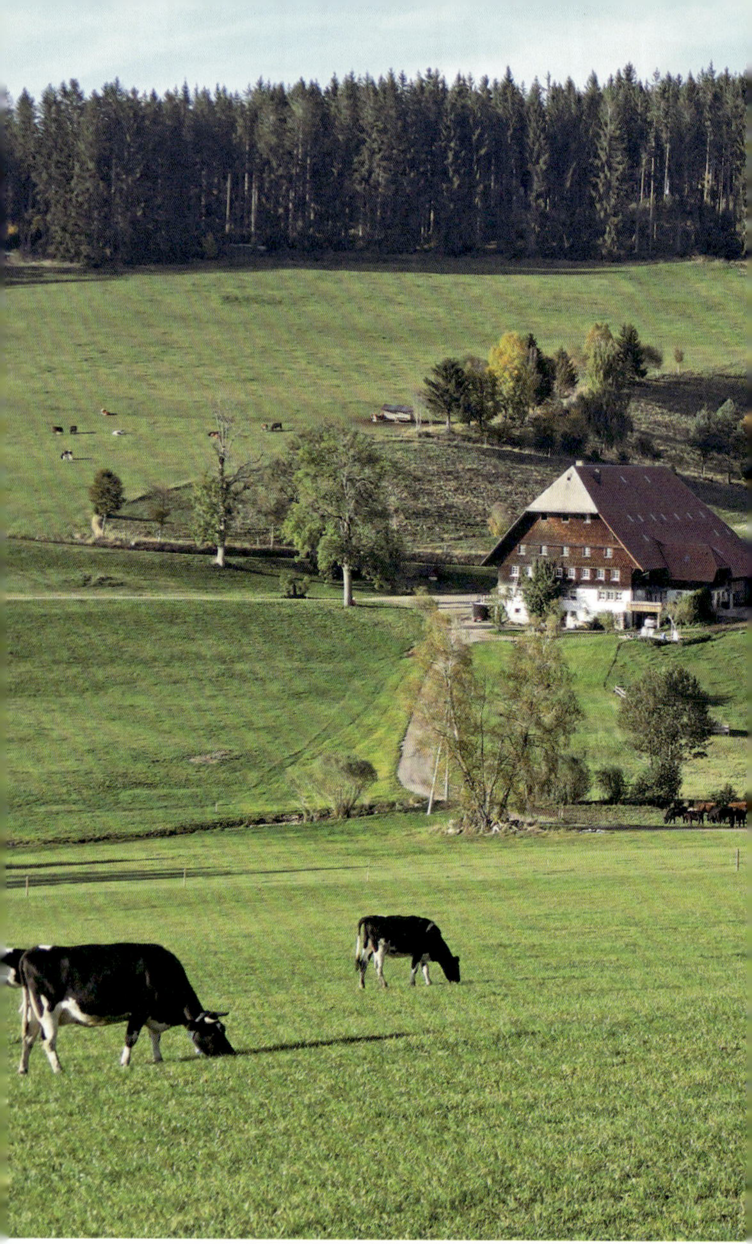

Typisch Hochschwarzwald – Hof, Wald, Weide

Wald und Weide um Waldau

Zwischen der Schwarzwaldhochstraße B 500, dem Weiler Waldau und Neustadt erstreckt sich ein sonniger, nach Südosten geöffneter Talgrund. Das etwas altmodisch klingende *erstreckt* paßt hier durchaus ins Bild. Der *Langenordnachbach* und manche Nebenstraße ziehen erstaunlich ungezwungen durch die Gegend, das Land wirkt offen. Dazwischen liegen Hofstellen und kleine Siedlungen mit wohl bestellten Hausgärten.

Trotz augenscheinlicher Idylle ist das Langenordnachtal aber keine putzige Kaffeefahrten-Landschaft, sondern richtig Hochschwarzwald mit typischen Landschafts- und Wirtschaftsformen. Einzelhöfe mit großen Ställen und Gerätehallen sind Zeichen einer so effizienz wie subventionsbewußten Landwirtschaft. Dazu passen Photovoltaikanlagen und üppig gedüngte Weiden.

Dabei ist Wald auch eine Solaranlage. Nur gibt es für die

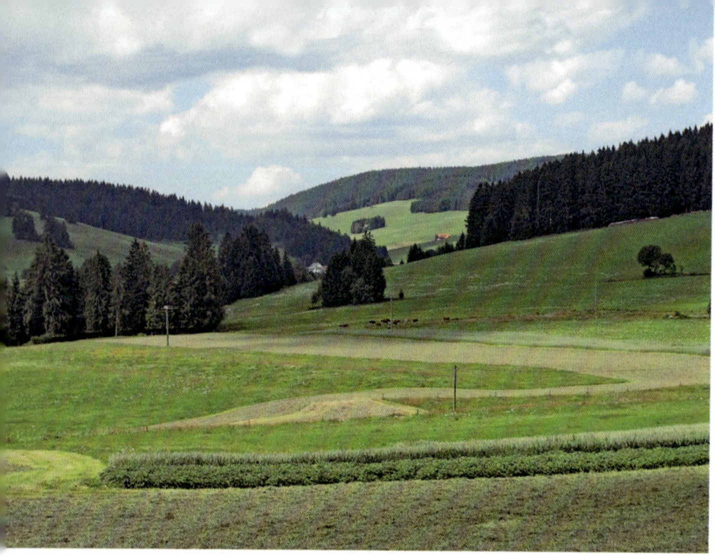

Grüner wird's nicht – im Langenordnachtal

Energieernte dort keine Einspeisevergütung und keine Garantiezahlung pro Kilowattstunde. Weil die Windmühle einen helleren Heiligenschein trägt als die Waldwirtschaft, wurde die Windindustrie zum Liebling von Aktionären und Subventionsjägern, während der Rest draufzahlt, per Stromrechnung und EEG-Umlage.

Wiesen ohne Blüten Zurück zu den fetten Wiesen, die im Frühjahr zur Löwenzahnblüte gelbe Teppiche bilden, was nur auf den ersten Blick üppig aussieht. Löwenzahn ist eine Zeigerpflanze für intensive Düngung und hohe Grasausbeute. In seinem Buch Waldpassagen schreibt der Forstmann Wolf Hockenjos:

„Natürlich ist auch das Wiesengrün nicht mehr dasselbe wie zu Hans Thomas Zeiten. Schwemmist und Düngergaben haben auch die Talaue des Langenordnachtals zur Fettwiese entzaubert. Die seinerzeit mit spitzem Pinsel eingestreuten Trollblumen, Sumpfdottern und Vergißmeinnicht können wir uns schon länger nicht mehr an den Hut stecken."

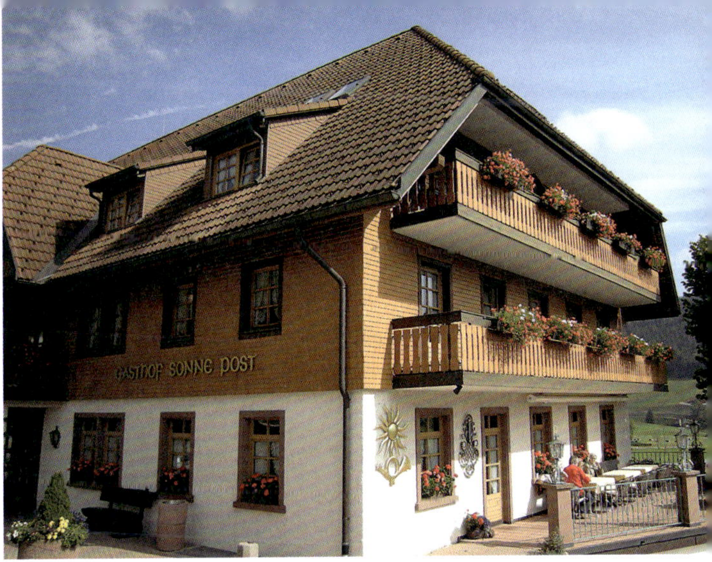

Leistungsträger oben im Tal – Sonne-Post, Waldau

Ertragsoptimierung gibts eben nicht nur im bösen Kapitalismus, sondern auch auf den Wiesen im Langenordnachtal. Nicht alles, was unsere regionale Landwirtschaft hervor bringt, ist fromm, klimafreundlich und schmackhaft.

Bevor wir der Agrarwirtschaft noch näher treten, sei die gesegnete Landschaft empfohlen, mitsamt zwei herrlich gelegenen Höhengasthöfen. Zuletzt gönnen wir uns in Neustadt noch einen Blick auf feine Wäsche im Werksverkauf. Der Reihe nach:

SONNE-POST, Waldau Wie Traditionshäuser Anschluß halten, zeigt die Sonne-Post. Erst 2021 kam ein moderner Anbau mit sechs Zimmern, Hallenbad und Sauna zum ohnehin schon stattlich erweiterten Bestand. An Wochenenden war die attraktiv gelegene Liegenschaft seit jeher für alle Klassen ein beliebtes Ziel. Nun bietet der Gasthof noch mehr Möglichkeiten für Hotelgäste.

Auch die Gastronomie zeigt sich vielseitig aufgestellt, in der neorustikal getäfelten und üppig geschmückten Stube

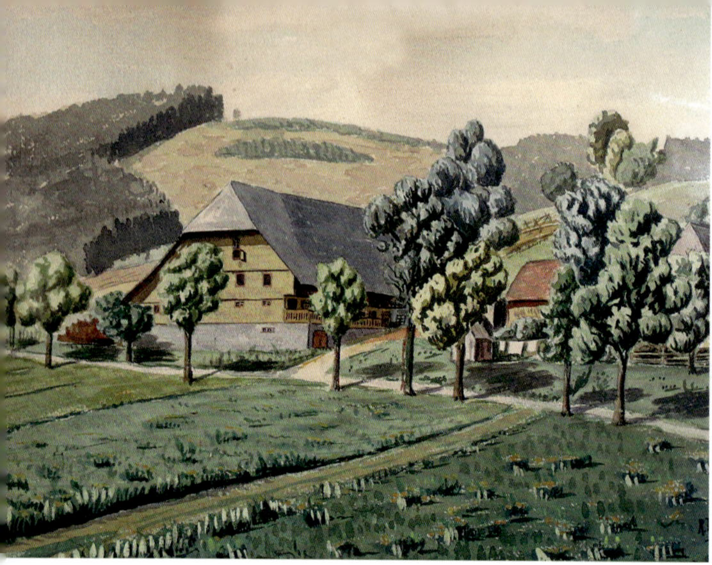

Das Obere Wirtshaus anno 1942

sitzt und speist eine große Koalition von Ausflüglern und Einheimischen, mit dem Leben und der Sonne sichtlich zufrieden.

Zwiebelrostbraten und Lachsmedaillon, Filet und Rahmsauce, üppig ausdekorierte Teller und Platten sind hier noch echte Werte. Schäumchen und Dialoge suche man anderswo, hier wird der Teller geputzt. Sauber und vom Gast. Summe: Die Sonne-Post ist ein beliebter Multifunktionsgasthof in Gunstlage. Von der Terrasse ist der Tal- und Wiesenblick besonders gefällig, ebenso von den Zimmern und Appartements.

Sonne-Post (Fam. Wehrle), Landstraße 13, 79822 Waldau bei Titisee-Neustadt, Tel. 07669-91020; sonne-post.de; ♠ Terrasse, komfortable Gästezimmer und Appartements, Ferienhaus Sonnenhäusle, Günstiger Ausgangspunkt für Touren im zentralen Hochschwarzwald.

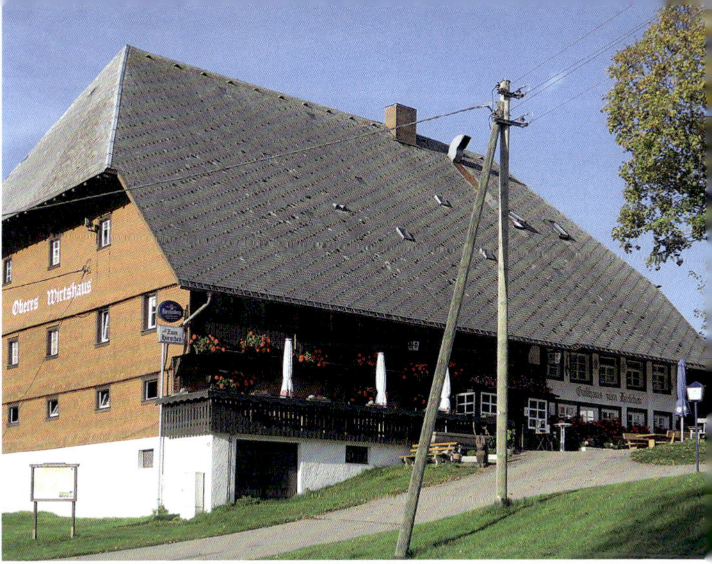

Schnitzelbank im Obertal – Hirschen, Langenordnach

HIRSCHEN, Langenordnach Das *Obere Wirtshaus zum Hirschen* liegt nicht mehr so idyllisch über dem Tal wie im 1942 gemalten Bild oben links. Aus dem Talweg wurde eine Talstraße. Leicht erkennbar mußte auch der eine oder andere Alleebaum der Moderne weichen. Zur Kompensation kamen Strommasten talaufwärts. Was bleibt, ist eine mächtige Giebelfront, welche die dominante Lage des Anwesens über dem Talgrund bis heute unterstreicht. Dazu paßt ein Hinweis, der das Geburtsdatum des Hirschen auf das Jahr 1665 datiert.

Die Eingangssituation ins Gasthaus wirkt bis heute verwinkelt bis zutiefst historisch, rechts in der niederen Stube nistet die Stimmung von damals: näher kommende Holzdecke, Dielenboden, Herrgottswinkel, umlaufende Sitzbank, grüner Kachelofen – ergibt zusammen ein Schwarzwälder Stubengefühl wie selten.

Traditionell wird die „Nudelsuppe mit Rindfleisch“ auf einem Holzschild über dem Tresen angekündigt, Sauerbraten mit Spätzle und Salat, Jägerschnitzel, Hirschragout und

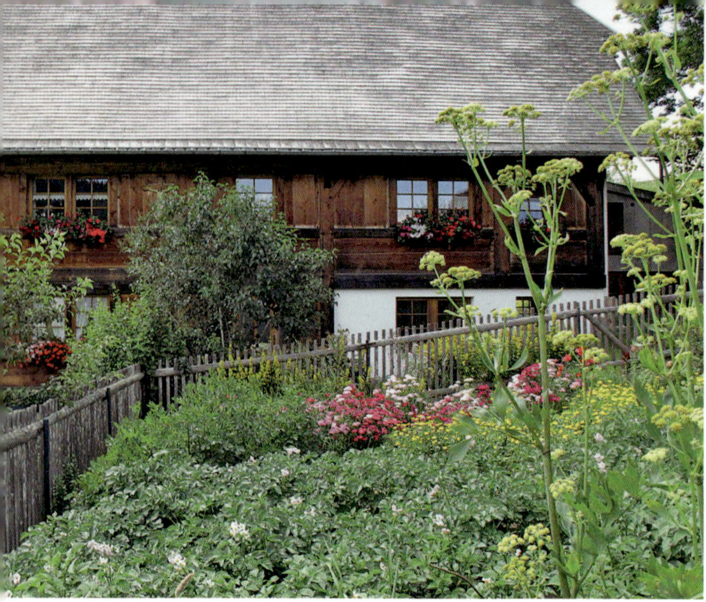

Pracht im Küchengarten – es blüht in Waldau

Rinsdsrouladen gibt's für kleines Geld, die oft zitierten panierten Schnitzel sind mächtig, gratis dazu kommt die Nostalgie im Raum. Gewachsen, nicht abgestanden.

Zu den unterschätzten Vorzügen des Traditionsgasthofs, der auch *Oberes Wirtshaus* gerufen wird, zählt die Sonnenveranda, auf der oft noch im Spätherbst, ja selbst an einem sonnigen Wintertag, eine Vesper- oder Kaffeepause möglich wäre. Man erwarte keine kulinarischen Kabinettstücke, sondern handfeste Grundversorgung, wozu etwa die eingangs erwähnte Nudelsuppe mit Rindfleisch aus eigener Haltung zählt, aufrichtig gekocht, dampfend, nahrhaft. In der Summe ein uriges Wirtshaus, bislang weitgehend ohne Verhübschungstendenz. Auf der Sonnenveranda bleibt man – drohenden Talnebel ahnend – gerne etwas länger hocken.

Zum Hirschen (Fam. Schwab), Langenordnach 12, 79822 Titisee-Neustadt. Schwarzwaldgasthaus mit ♠ Sonnenveranda und Terrasse, 🛏 Gästezimmer, Ferienwohnungen. Tel. 07651-1426; oberes-wirtshaus.de.

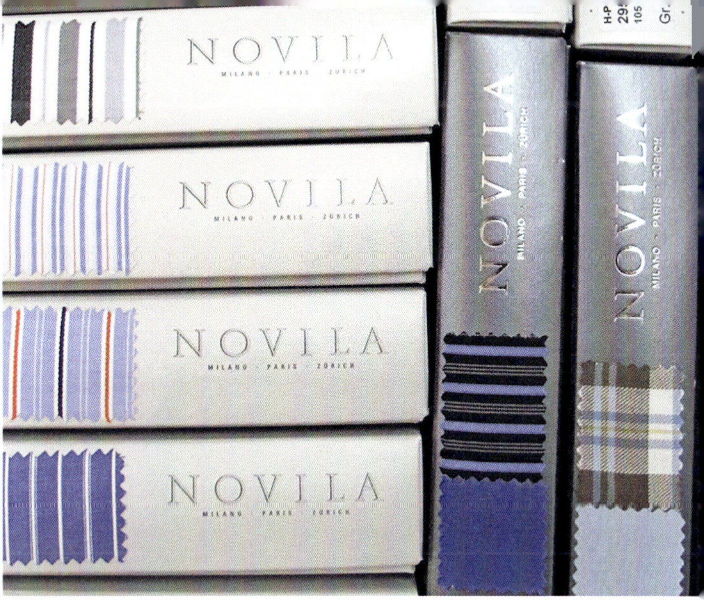

Schöner schlafen mit Novila

NOVILA, Werksverkauf in Neustadt Schöne und hochwertige Textilien und Wäsche, besonders feinstoffliche Nachthemden und Schlafanzüge gibt's beim Novila-Outlet an der alten Bundesstraße.

Der Werksverkauf liegt an einer nicht weiter auffallenden Stelle einer Gewerbezone am westlichen Rand von Neustadt. Nach dem Kauf eines Novila-Schlafanzugs fühlt man sich auch im Bett gut gekleidet und hat den Preis für dieses Buch schon wieder raus. Gut, oder?

Novila, 79822 Neustadt, Freiburger Str. 15, Tel. 07651-92 00 50. Mo bis Fr 10-17 Uhr, Sa 10-13 Uhr; novila.de.

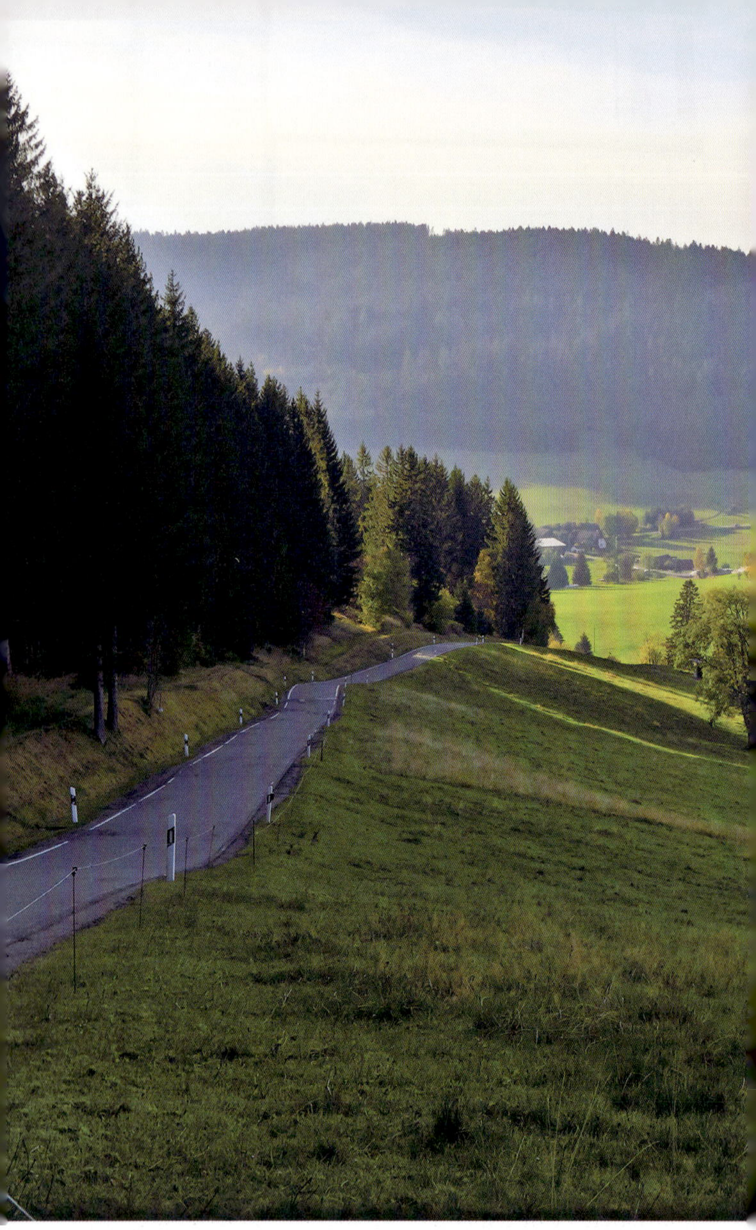

Wälderflow – von Schwärzenbach ins Langenordnachtal

19

Hoch hinaus um Schwärzenbach

Nach Schwärzenbach muß man wollen. Keine direkte Zufahrt führt auf die Hochweiden nördlich von Neustadt, wo ein Wanderausgangspunkt auf 1.080 Metern so schlicht wie zutreffend *Hochebene* heißt. Die touristisch wenig umgepflügten Höhenzüge sind ein Auslauf für alle, die sich einen lieben Tag lang unter freiem Himmel bewegen möchten, ohne Fremdsteuerung und Animation.

Schon die Zufahrt aus dem Langenordnachtal hoch nach Schwärzenbach ist eine besondere: Der Verlauf der Kreisstraße 4902 nimmt beim Anstieg schier jede Bodenwelle mit. Man kann sich die Strecke auf dem Gaspedal zergehen lassen, oder auch mit dem Zweirad von Schwärzenbach gen Tal stürzen.

Flow im Schwarzwald: Bodenwellen und Kurven tragen einen weit und hoch hinaus, erst nach Unterschwärzenbach, man beachte dort: das Bauernhofeis und die Freizeitmöblierung am *Willmeshof*. Darauf folgt eine selten malerische Partie an einem Fichtenwaldrand aufwärts bis zum Wanderpark-

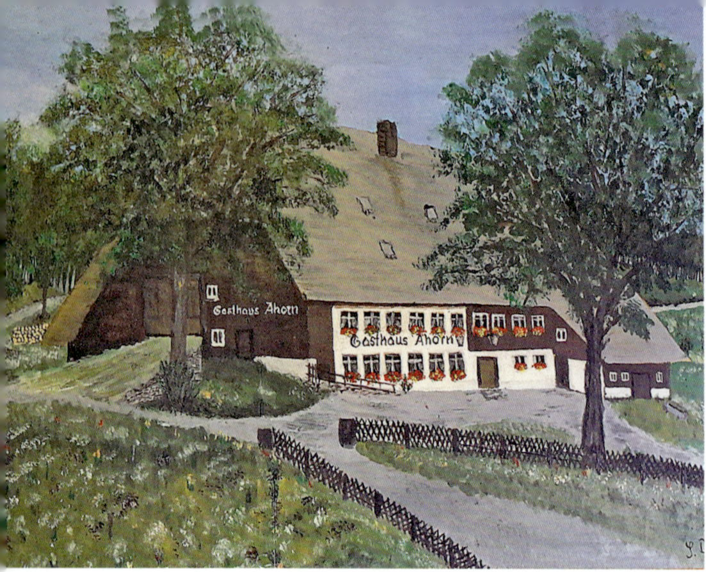

Ein Einzelstück – der Ahorn in Schwärzenbach

platz am *Hesselkreuz*, der exakt auf 1.000 Metern Höhe liegt.

Dort öffnet sich die Bühne namens Hochschwarzwald, bald kommt rechterhand mit dem *Ahorn* auch noch eine urige Einkehr ins Bild. Am Sonntagmittag sitzen Einheimische in weißen Hemden vor Roulade mit Spätzle. Der Kachelofen ist mächtig und tannengrün und der Schwarzwald ist hier noch einigermaßen bei sich, jedenfalls keine Eventagentur. Wie gesagt, man muß nach Schwärzenbach wollen, aber es lohnt sich.

Eine Kreisstraße, ein nahrhafter Ahorn und ein Wanderparkplatz sind manchmal Event genug. Jedenfalls bekommt man um Schwärzenbach kernechten Hochschwarzwald abseits üblicher Ziele.

Früher Uhren, heute Getriebe Im 19. Jahrhundert entwikkelte sich in den abgelegen Tälern des Hochschwarzwaldes bedeutendes Uhrmacherhandwerk. Während der Hochzeit der Manufakturen zur Mitte des 19. Jahrhunderts arbeiteten allein im Langenordnachtal mehr als zwei Dutzend selbst-

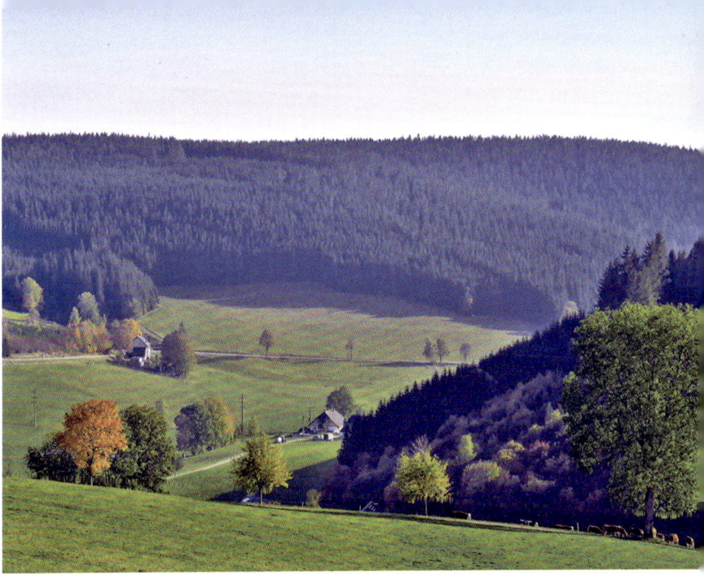

Platz für Touren – beim Hesselkreuz

ständige Uhrmachermeister. Bauernsöhne exportierten die damalige Hochtechnologie nach ganz Europa, auch bis an den Hof von Zarin Katharina.

Heute gilt die Region um Eisenbach als Gear Valley. Generationen nach der Blüte der Uhrenherstellung wirkt das transformierte Wissen als Standortfaktor für die angesiedelte Getriebeproduktion. Die Hauptgemeinde Eisenbach sieht mit ihren eng ins Tal gepackten Produktionshallen allerdings nicht nach Kalenderblatt-Schwarzwald aus. Der Standort mit gut 2.000 Einwohnern garantiert mehr als 1.000 Arbeitsplätze; eine industrielle Insel im Hochschwarzwald.

Reinluftraum Hochschwarzwald Ein paar Hundert Meter weiter den Eisenbach hoch ist dann wieder alles anders: auf der schön schmalen Schwärzenbachstraße geht es landschaftsverbunden über die Hintere Mühle, den Großhof und den Ebenenmooshof zum zentralen Wanderwegkreuz Hochebene bei Oberschwärzenbach.

Weit im Süden grüßt der Feldbergrücken. In den nahen

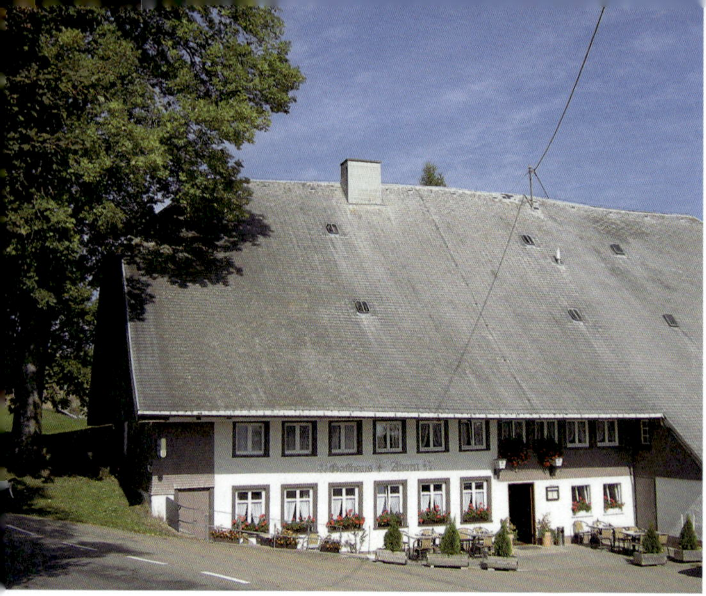

Nostalgiestube und Sonnenbank – Ahorn, Schwärzenbach

Quellmulden und Senken über 1.000 Metern Höhe bilden sich kleine Hochmoore (Möser), darüber stehen verstreute Einzelhöfe, Weidewirtschaft und etwas Holzverarbeitung. Als Stimmungsverstärker tief ziehende Wattebauschwolken und rauschender Tann. Ein selten übernutzter Ganzjahresauslauf mit genug Touren- und Radwandermöglichkeiten. Schön, daß an solchen Partien der Auftrieb bis heute einigermaßen vorbeizieht.

Manchmal ist der Himmel auf der Hochebene bei Schwärzenbach zum Greifen nah, manchmal hängt ein Grauschleier über allem, Wind pfeift und der garstige Winter will nicht aufhören. Dann wird einem auch klar, weshalb zwischen Schwärzenbach, Eisenbach und Friedenweiler eine Heimwerker- und Uhrmachergegend war. Und so gondelt man vor sich hin, bis irgendwann die Einkehr zur Landschaft auftaucht.

Mit dem stimmigen *Wirtshaus Ahorn* und dem Kuchen-

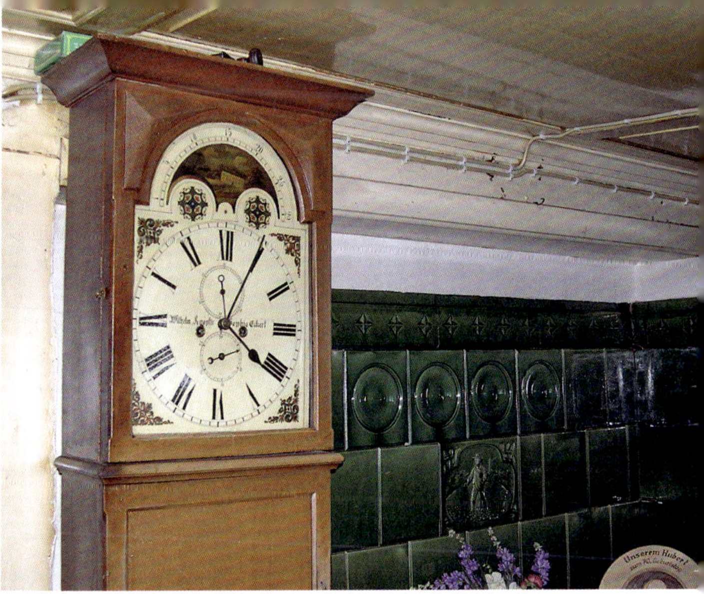

Standuhr und Rinderroulade – im Gasthaus Ahorn

tempel *Café Feldbergblick* – beide sonnig auf 1.040 Metern Höhe gelegen – gäbe es zwei sehr brauchbare und sehr unterschiedliche Einkehren.

AHORN, Schwärzenbach Auf gut 1.000 Metern über dem Meer liegt ein Höhengasthaus in markanter Lage. Schon die Sonnenfront vor dem Haus könnte manchen Tourenplan durcheinanderbringen – der Ahorn ist ein Platz zum Hängenbleiben. Drinnen Originalstimmung mit viel Holz und cremeweiß lackierter Decke. Der Kachelofen sorgt für Stubengefühl, das es nicht beim Raumausstatter gibt. Auch ums Eck, wo renoviert wurde, viel bündig verschafftes Holz, ein Fürstenberg-Leuchtbalken hängt über der Zentraltheke, Geborgenheitsgefühl im Raum.

In einem Deckenbalken sind Fächer für Cego-Karten, die Standuhr tickt seit Jahrhunderten und wenn am Sonntagmittag eine Gesellschaft am langen Tisch beim Essen sitzt,

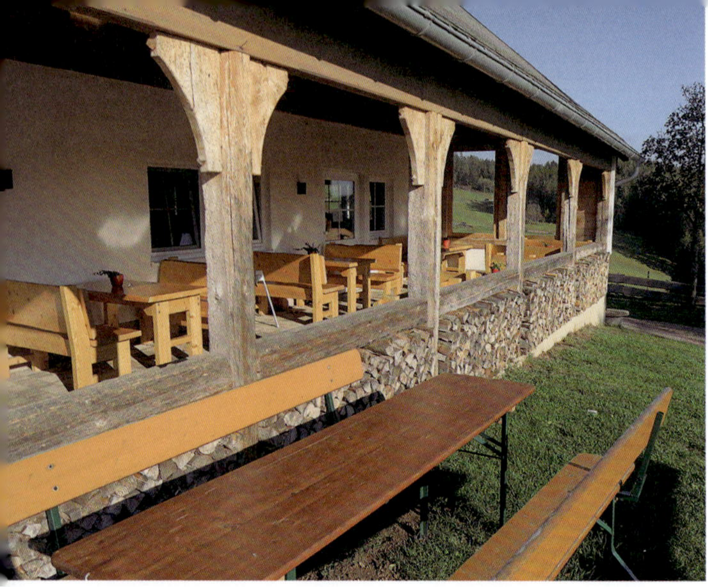

Für Touristen und Freiburger – die Ahornlaube

wird natürlich drinnen serviert. Draußen sitzen Touristen, Freiburger und Motorradfahrer.

Andererseits ist der Ahorn nicht von gestern, schon vor Jahren war Generationswechsel. Seither wirten die Familien von Frank und Rainer Benz mit Elan; hinter dem Gasthaus wurde ein Stall gebaut, vorne die neue Sommerlaube. Alles nicht vom Baumarkt, sondern Massivholz im Stil des Hauses.

Es geht also weiter und daß es an so einem Platz gastronomisch zuverlässig weitergeht, ist doppelt erfreulich. Vespern geht im Ahorn von Wurstsalat bis Schinkenspeck; warme Küche gibt's auch, respektabel etwa die Bratwürste oder eine Rinderroulade vom Vorderwälder Vieh aus eigener Aufzucht, als Extra gibt es auch mal vergessene Klassiker wie „Schwarzwälder Saueressen" mit Bratkaroffeln. Auf der Sonntagskarte Braten vom eigenen Rind, Wild und halt unser aller Schnitzel oder Steaks.

Ein Haus der Grundversorgung. Lage, Stube und Stimmung

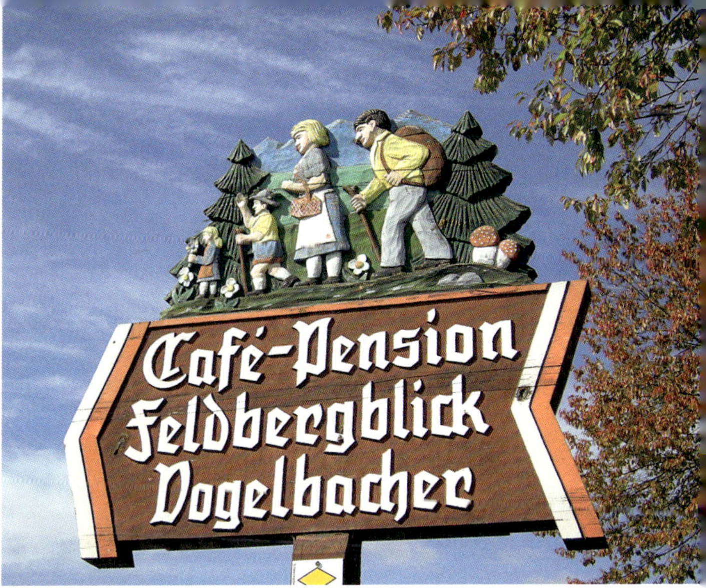

Wallfahrtsziel für Kuchenpilger

gehen zusammen, die Gäste sind mehrheitlich ebenso geerdet wie die Gastgeber. Das mag sich alles unspektakulär anhören, ist aber eine Seltenheit. Manche sehen, andere übersehen solche Ziele. Und wie gesagt: Das Solarium vor der Südfront ist ein Alleinstellungsmerkmal.

Gasthaus Ahorn (Fam. Benz), 79822 Schwärzenbach, Tel. 07657-239; gasthaus-ahorn.de. RT: Di bis Do, sonst durchgehend warme Küche von 12 bis 20 Uhr. ♠ Sonnige Freiterrasse mit Laube, neue Ferienwohnung.

FELDBERGBLICK, Schwärzenbach Ein Pilgerziel für Kaffee, Tee- und Kuchenfreunde. Eine solche Kombination von Auswahl und Qualität ist selten, dazu kommt ein kultiviertes Teeangebot. Beginnen wir ganz vorne: Das Haus im Weiler Schwärzenbach hat eine bewegte Geschichte auf dem First. Um 1885 erbaut, diente das Anwesen zunächst als Schreinerei und Poliererei der Schwarzwälder Uhrenfabrik *Winterhalder & Hofmeier*. Im Jahr 1928 kamen dann die Vorfahren der heutigen Wirtsfamilie nach Schwärzenbach. Der Freiburger

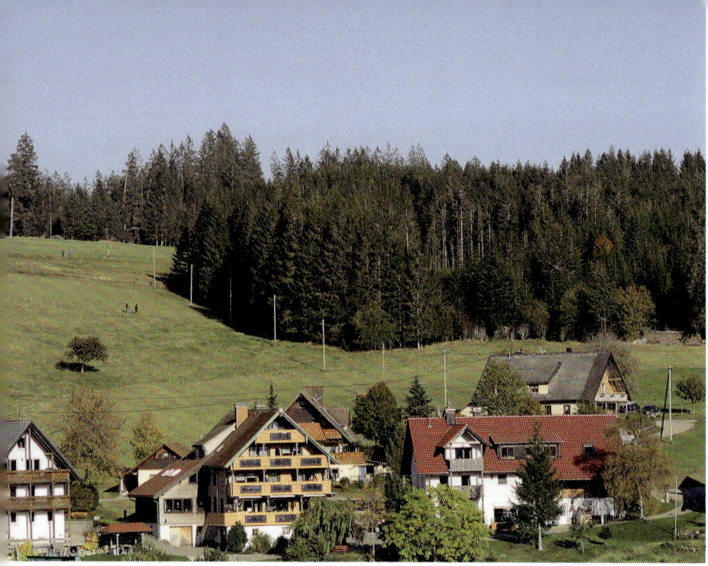

Alle schauen nach Süden, der Feldbergblick in der Mitte

Theologieprofessor Meinrad Vogelbacher erwarb das Anwesen und führte es zunächst als Landschulheim, 1954 erhielt sein Neffe Pirmin Vogelbacher eine Gasthauskonzession, nach Hubert Vogelbacher steht seit Anfang 2015 dessen Sohn Rainer mit Familie in der Generationenfolge.

Der Feldbergblick ist ein besonderes Ziel. Äußerlich fällt zunächst die Giebelfront nach Süden mit dunklen Solarthermiemodulen auf (das Haus in der Mitte, im Foto gegenüber); drinnen ist eine opulent bestückte Küchentheke rechts des Eingangs, die kaum zu übersehen ist. Ein Tagescafé mit so gepflegtem Angebot erwartet man nicht unbedingt an einem Flecken im Hochschwarzwald. Täglich gibt es mehr als ein Dutzend feine Kuchen, durchweg frisch und handgemacht ohne Zauberpulver, dazu kommt eine persönlich-familiäre Atmosphäre.

Bemerkenswert die Auswahl ab Blatt-Tees. Bezeichnend, daß dies eigens erwähnt werden muß, mittlerweile sind offene Tees selbst in Luxushotels nicht selbstverständlich. Die

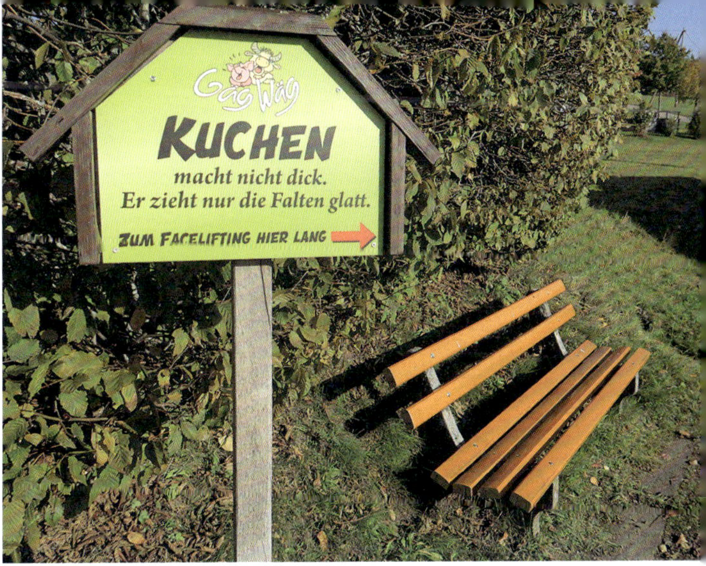

Ernährungsberatung in Schwärzenbach

Gäste goutieren das Programm, an einem gewöhnlichen Nachmittag füllt sich das Café, an Schönwetterwochenenden wird der Platz zum Pilgerort.

Die Gäste huldigen den Süßspeisen in gemütlich-biederer Umgebung, unter anderem zwischen einer museumsreifen Sammlung alter Schwarzwälder Wand- und Standuhren. Die geschützte Sonnenveranda bietet den namensgebenden, parterre etwas eingeschränkten Feldbergblick. Im Haus gibt es auch Gästezimmer (teils mit sonnigem Balkon). Neben der Kuchenauswahl wird auch eine Tageskarte mit Vesper und warmen Gerichten geboten. Eine reizvolle Station an einem besonderen Flecken Hochschwarzwald.

Café Feldbergblick (Familie Vogelbacher), 79822 Schwärzenbach, große und gute Kuchenauswahl: unter der Woche ca. 15-20 tagesfrische Sorten, am Wochenende bis zu 25 Kuchen und Torten; außer Haus nur auf Vorbestellung. ♠ Terrasse am Haus, 🛏 Gästezimmer. Tel. 07657-463; cafe-feldbergblick.de; RT: Mo (falls Montag Feiertag: Di).

Modelleisenbahn Im Haus ist eine stattliche Modelleisenbahnanlage

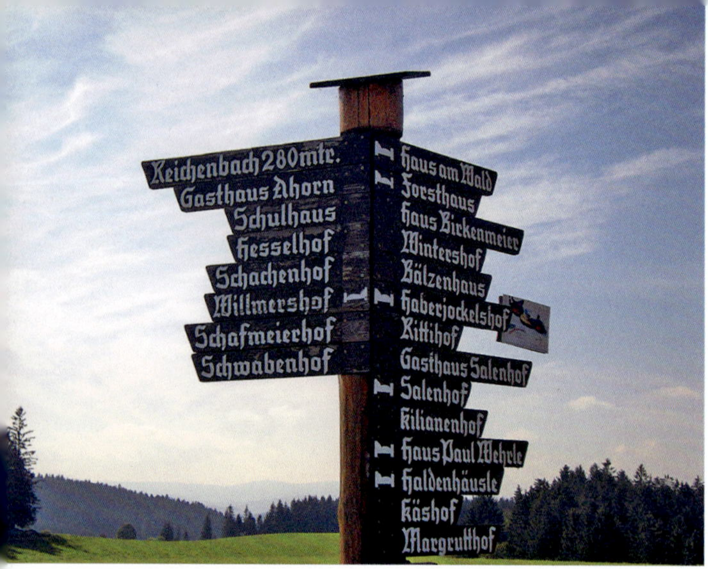

Touren in alle Richtungen – bei Schwärzenbach

von Märklin aufgebaut (Digital HO Anlage, 15 bis 25 Züge; zu besichtigen Do bis Sa von 14 bis 17 Uhr, geringer Eintritt).

Touren Ein alles überragender Ausgangspunkt für Touren unter dem weiten Himmel Schwärzenbachs wäre der Parkplatz **Platzberg** (1.052 m Höhe, direkt an einer Kreuzung der Kreisstraßen 4903/4902; gut 200 Meter oberhalb vom Gasthof Ahorn). Noch 500 Meter weiter im Norden, noch etwas höher gelegen das zentrale Wanderwegkreuz **Hochebene** auf 1.080 m. Ab hier Wege mit Alpenblick, ringsum Hochwälder mit dicken Moospolstern, Entfernungen ab Hochebene: Schwärzenbach 0,6 km, Großhof 1,4 km, Eisenbach Hochberg (Gasthaus Engel) 4,5 km.

Offen fahren, oder am Bach lang mit dem Rad Eine sommerfrische Neben- und Radstrecke führt auf schmalen Straßen von der Hochebene weiter nach Norden über den Ebenenmooshof zum Großhof (1.045 m). Von dort nach Osten am jungen Eisenbach abwärts zur Unteren Mühle und nach Eisenbach. Dort ein Seitental weiter im Norden den Wiesbach aufwärts und über Wiesbacherhof durch Hochwald zurück zu Großhof/Hochebene.

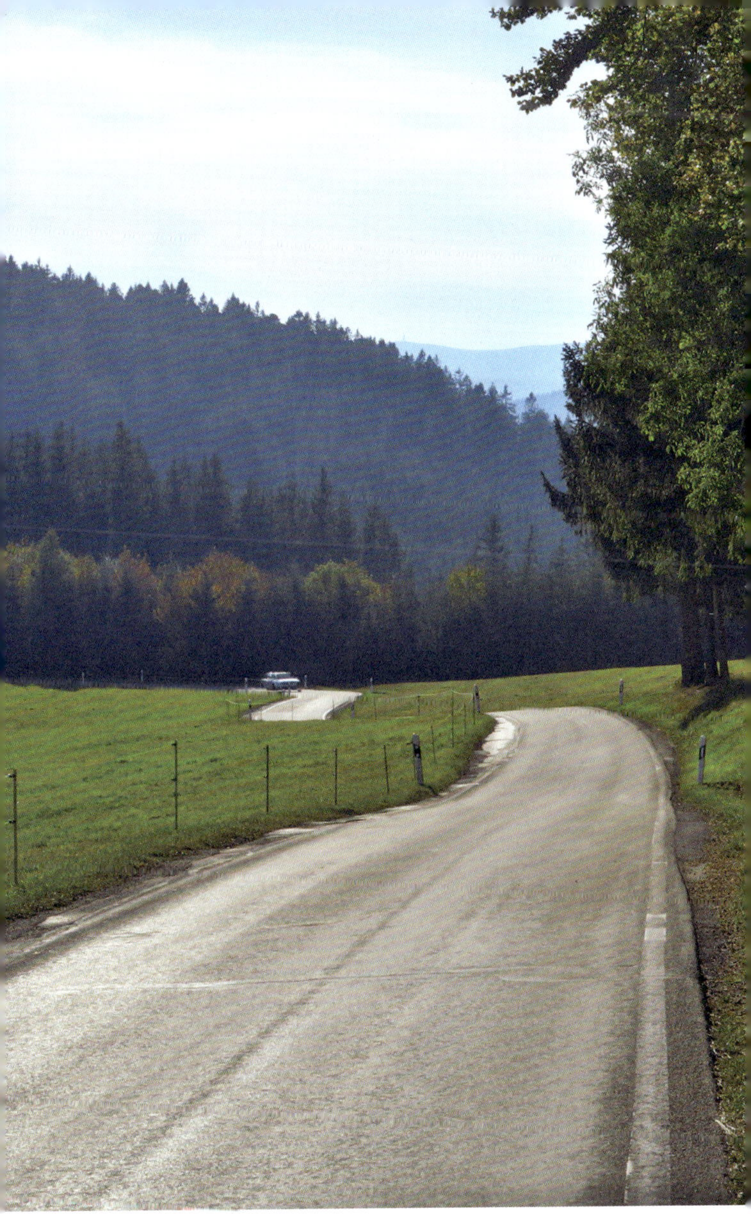

Cremig – am Hesselkreuz bei Schwärzenbach

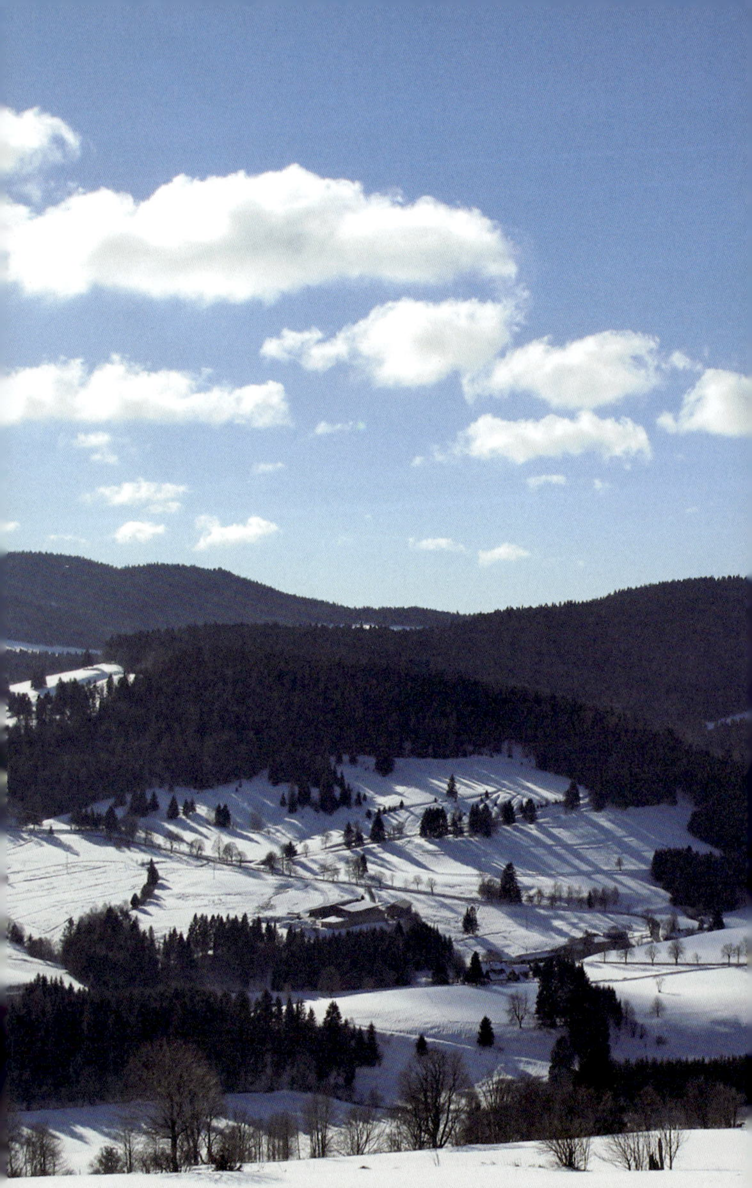

Es wird Licht – im Bernauer Hochtal

20

Bernauer Licht

Bernau liegt begnadet. Ein Hochtal auf 1.000 Metern Höhe, in der Eiszeit von Gletschern harmonisch rund geschliffen, himmelweit offen. Darin locker verstreute Ortsteile, gefällig platziert wie von Gottes Hand. Am Hang Panoramawege und Sonnenbänke. Gleich von wo man kommt, eine Gemütslandlandschaft, die gut tut. Jedenfalls solange kein Volkswandertag auf dem Bernauer Hochtalsteig ansteht. Auch die Wintercampersiedlung unten im Dorf paßt nicht ganz ins Bild. Sie wurde wahrscheinlich von jenen genehmigt, die beim Heimatabend weit vorne sitzen.

Aber das sind Details. Im Land um Bernau brechen städtische Verkrustungen schnell auf. Einfach mal hochfahren, vielleicht unter der Woche an einem Herbsttag, wenn der Ahorn leuchtet, oder bei Neuschnee und gleissendem Licht. Wenn unten Nebel ist, wachsen einem hier oben Flügel und die passenden Wege gibt es glücklicherweise auch. Gerade im Winter, wenn der großartige Panoramaweg auf die Sonnenseite des Bernauer Albtals lockt.

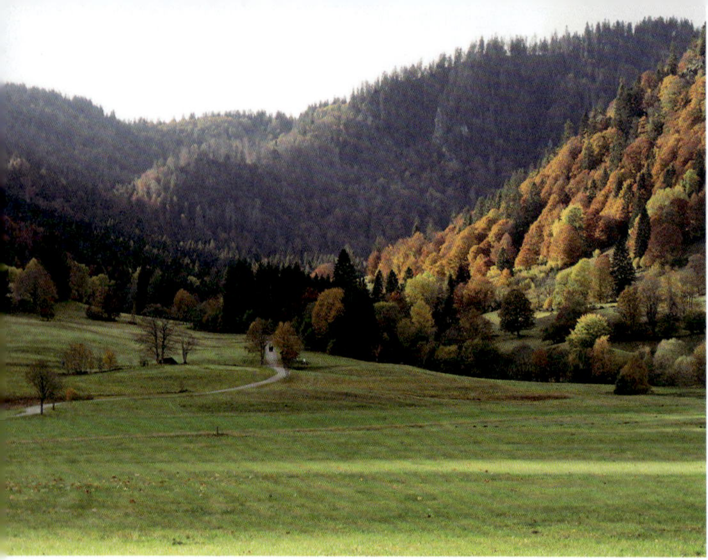

Seinsverstärkung – im Bernauer Hochtal

Bernau von oben In einer zehn Kilometer langen, nach Südost geneigten Talmulde liegen die Teilorte Bernaus. Eine bescheidene Zentralfunktion erfüllt der Ortsteil *Innerlehen*. Die Gemarkung ist nur zu 50% bewaldet; selbst für den Südschwarzwald eine geringe Quote, Sonne und erhabenes Landschaftsgefühl sind somit garantiert. Ein Hochtal ohne Düsternis, besonders an hellen Schneetagen ein Erlebnis mit Alpenblick. Bernau als Lichtmesse.

„Ein Feldweg ist Kulturphilosophie" Der Satz zum Weg stammt vom Intensivtheoretiker *Theodor W. Adorno*, der noch eine Abstraktion obendrauf setzte: „Das Unberührbare jenseits der Baumgrenze steht konträr zur Vorstellung von Natur als einem tröstlich, wärmend den Menschen Zubestimmtem; es verrät schon, wie es im Kosmos aussieht."

Adornos Verständnis der Natur geht damit über eine begrenzte, bürgerlich-romantische Landlust-Sichtweise hinaus. Auf Touren im Engadin entdeckte Adorno weniger Alpwiesen und Heustadel, sondern „illusionslose Wahrheiten". Beim

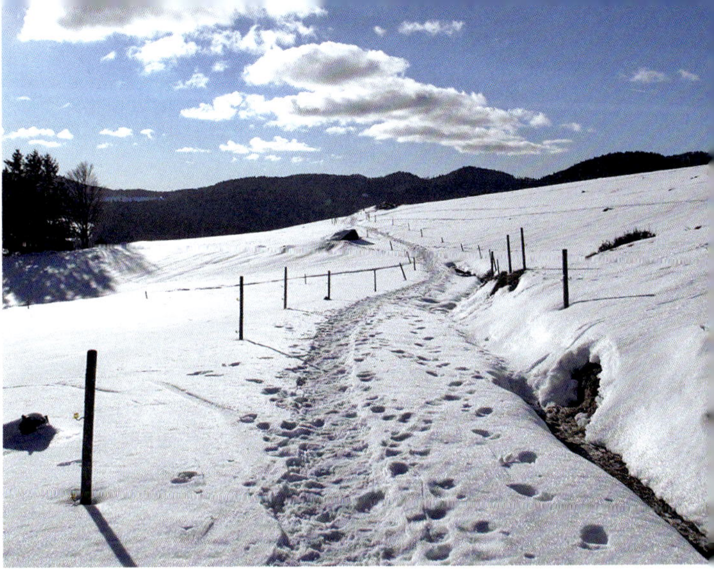

Eine Lichtmesse – am Panoramaweg

Gehen auf dem Feldweg spürte er die „transzendente Trauer des Raumes“ im Nacken. Mir bereitet die Weite um Bernau keinerlei Probleme.

Transzendenzerfahrungen und neue Ansichten verspricht der Gang durch die Bernauer Landschaft allemal. Man muß das Erreichen der Baumgrenze ja nicht ganz so emotionskühl wie Adorno sehen. Mitunter kann ein Vesperplatz mit Alpenblick sogar zum Kraftwerk werden. Zur Seinsverstärkung, die in den Wintermonaten besonders wohltuend wirkt.

Panoramawege erschließen die Weite des Bernauer Hochtals. Zum beliebtesten Parcour wurde der knapp 16 km lange *Bernauer Hochtalsteig*. Wie bei vielen sogenannten Premiumwegen sorgt die Attraktivtät auch für Staugefahr zur Ferienzeit, auch auf den Winterpromenaden und Sonnenhängen zwischen Bernau Kaiserhaus und Hof bleibt man dann nicht allein.

Wer den richtigen Zeitpunkt erwischt, wird mit Weitsicht bei mildem Anstieg belohnt. Oben am 1.157 m hohen Kaiser-

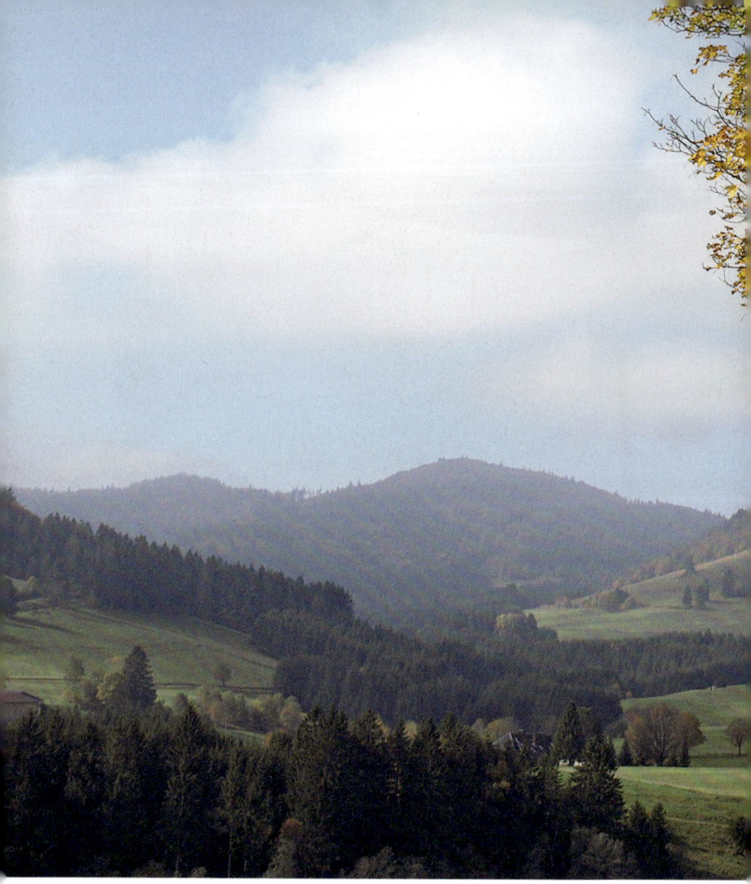

Ein Hauch Zauberberg – Bernauer Albtal im Herbst

berg reicht die Sicht schließlich vom Berner Oberland bis rüber zum Säntis und man genießt eine Zauberberg-Stimmung (Ausgangspunkte vgl. S. 298).

Unter einem liegt das offene Bernauer Hochtal wie ein ausgerollter Teppich. Sonnenbänke teilen die Strecke in bekömmliche Portionen, die Lösung vom Alltag beginnt nach kurzer Wegstrecke – ideale Landschaft zum unbeschwerten Gehen.

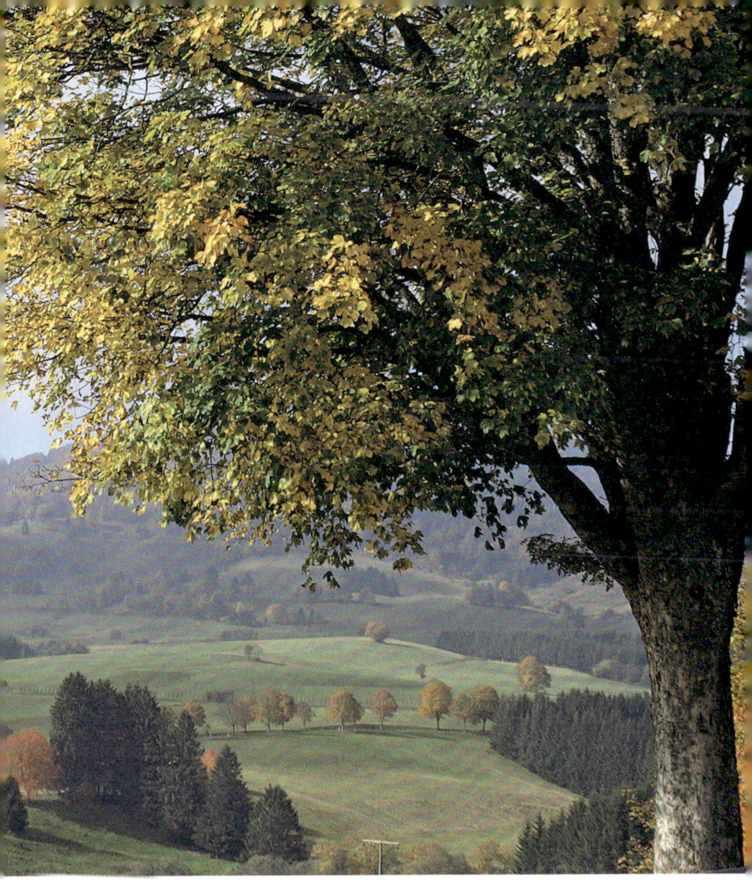

Land gewinnen Spazieren kommt vom Lateinischen. *Spatium* bedeutet Raum. Raum und Abstand gewinnt man auf den Bernauer Höhenwegen Schritt für Schritt. Auf dem Kaiserberg, am Wegkreuz Steinenkrätz (1.030 m) oder am Riggenbacher Eck steigert sich die Panoramawirkung der Wege noch einmal. Vor einem Fichtenwald liegt Neumanns Hütte, sie liegt aber nicht, sie schwebt. Mit oder ohne Adorno, an so einem Platz kann auch ein Tee aus der Thermoskanne zum transzendenten Moment werden.

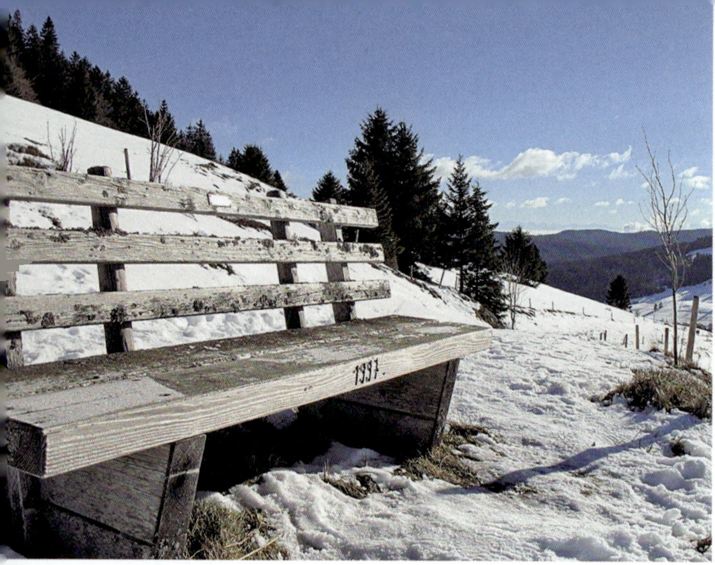

Am Bernauer Panoramaweg

Ein Gedenkstein am Panoramaweg oberhalb von Bernau-Kaiserhaus erinnert an den Skipionier *Ernst Köpfer* (1878-1954). Die Skier aus Köpfers Bernauer Fabrikation „Marke Feldberg“ standen am Anfang einer Entwicklung, die nach 100 Jahren bei Schneekanone und Eisbar angekommen ist.

Einige der Pioniere des modernen Skisports kamen aus dem Bernauer Tal. Das Dreieck zwischen Bernau, Todtnau und Feldberg gilt als Wiege des modernen Skilaufs. Der Skizirkus blieb freilich nicht lange im Bernauer Hochtal, in dem es heute nur kleinere Übungshänge und einen Skilift beim Campingplatz gibt (aber einige Tourenhänge). Zum Einkehrschwung wummern jedenfalls keine Techno-Bässe.

Bernau genügt sich selbst. Die sonnigen Winterwege wären somit auch ein probates Mittel, um Verrichtungen wie Boarden oder Carven auf Distanz zu halten. Die Grundstimmung an Wintertagen ist weder modisch noch altmodisch, eher etwas zeitfern. Gehen Sie den Dingen einfach nach.

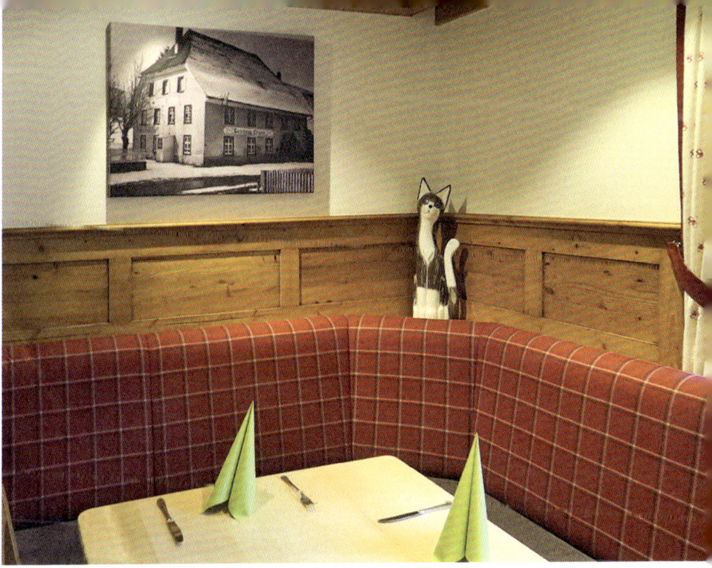

Der Löwen einst und heute

LÖWEN, Bernau-Dorf Mit den Jahren wurde der Löwen erweitert, angebaut und umgebaut, ein Hallenbad mit weitem Talblick und moderne Zimmer kamen dazu. Aus der alten Stube im Löwen ist eine neue geworden, mit Polsterbänken, modernen Deckenstrahlern und hellem Holz. Erhalten wurde die Seele des Hauses. „Herzlich Willkommen" steht nicht nur auf einer Tafel geschrieben – im Löwen ist das Motto der Gastgeberfamilie Schmidt präsent, in fünfter Generation.

Familiär und reell schmeckt auch das praktische Einkehrprogramm von Wurstsalat bis Cordon bleu. Außerdem für Wanderer gut zu wissen: nachmittags gibt es Kuchen und kleine Gerichte durchgehend bis 18 Uhr, die Terrasse bietet die bekannten großen weißen Sonnenschirme aus dem Rothauserland bei umfassendem Blick auf das Bernauerland.

Hotel-Gasthaus Löwen, 79872 Bernau-Dorf, Gästezimmer, Rest. ab 15 Uhr geöffnet, Tel: 07675-277; loewen-bernau.de. ♠ große Terrasse, Hallenbad, Sauna.

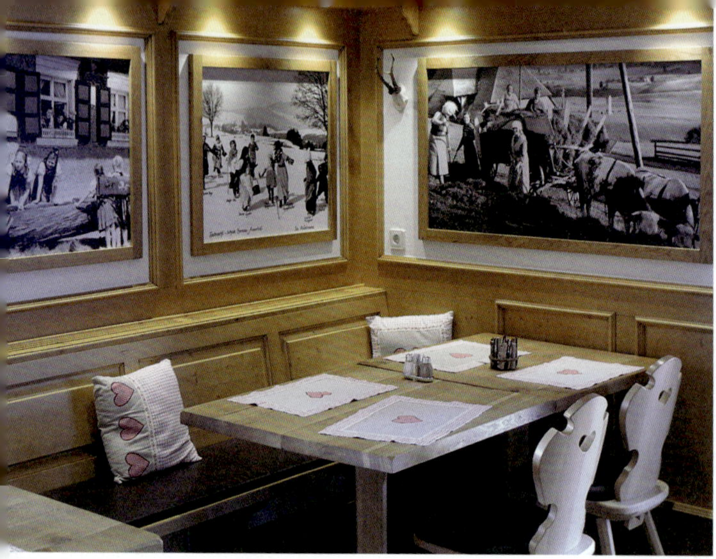

Heimat reloaded – Stüble im Bergblick

BERGBLICK, Bernau-Dorf In den landlustig dekorierten Gaststuben hat der Zeitgeist heftig angeklopft. Puristen müssen mutig sein, sonst sitzt man im Bergblick kommod; wofür vor allem ein verglaster Veranda-Anbau sorgt, der das Bernauer Tal bis ans Restaurant holt. Dazu wuselt ein emsiger Gute-Laune-Service. Verglichen mit manchem müden Landgasthof wirkt der Bergblick leistungsbereit.

Nicht nur optisch, auch kulinarisch gehört Crossover zum Programm, es gibt regional und international, Ofenbank und Wintergarten, Brettvesper, Mehrgang-Menü, Wok-Gerichte und „Kalbshackbraten aus Omas Kochbüchle". Der Bergblick möchte erkennbar für alle da sein. Man erwarte bei dieser Spannweite keine kulinarischen Wunder, sondern eine Gaststätte.

Bergblick, Hasenbuckweg 1, 79872 Bernau Dorf, Tel. 07675-273 424, Ferienhotel mit Panoramarestaurant (kein RT), Zimmer und Suiten im forcierten Landhausstil. ♠ geschützte Veranda. Zahlreiche Arrangements und Themenangebote von Familien-Zuckerle bis Berggeflüster.

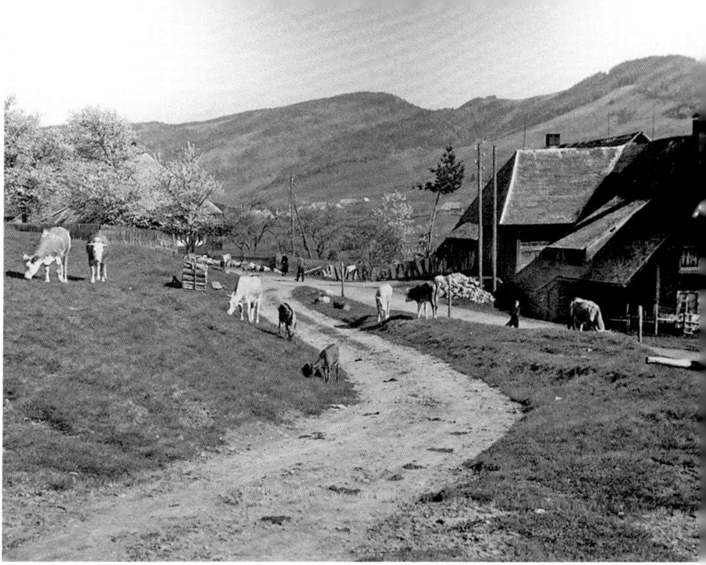

Bernau einst (Foto im Gasthof Bergblick)

Bernaus Museen Im Bernauer *Hans-Thoma-Museum* wird das Werk des – neben Hermann Dischler und Gerhart Hauptmann – wohl bekanntesten Schwarzwaldmalers präsentiert. Hans Thoma (1839-1924) mußte für seine Malerei lange um Anerkennung kämpfen, die Grundlagen seines Schaffens hat er zu Lebzeiten knapp und präzise umschrieben: „Die Natur hat mir ein gutes Augenpaar zum Sehen und Schauen mitgegeben, von den Eltern erbte ich Ausdauer im Arbeiten und die ruhige Geduld, das große Erbgut armer Leute, wenn sie dieselbe richtig gebrauchen lernen. Als besonderes Muttererbe wurde mir ein reicher Schatz von Phantasie und Poesie in den einfachsten Grundformen wie sie im Volke leben zuteil."

Viele von Thomas Bildern sind in und um Bernau entstanden, seine Beziehung zur Landschaft mit den sanften Hängen und sattgrünen Weiden blieb zeitlebens erhalten. Ein seltenes Vergnügen bereitet es, zunächst die Malerei im Museum zu sehen und später raus in die Landschaft zu gehen. Oder so: Man macht das viel zu selten, vom Museum ins

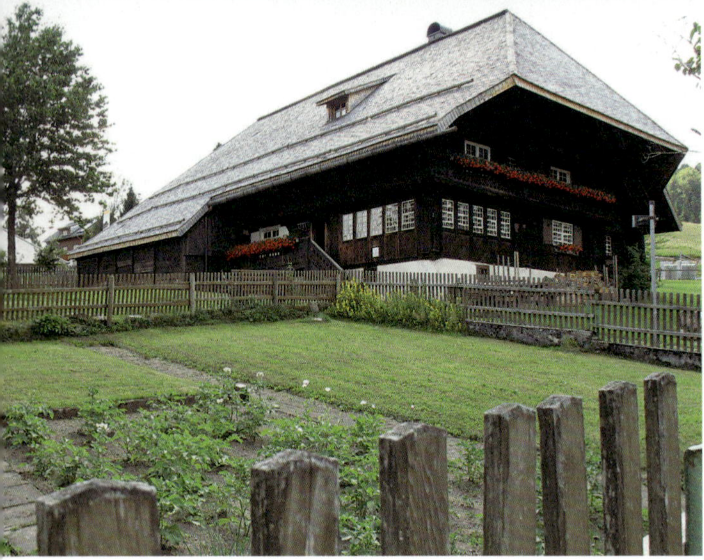

Mehr Gras als Kartoffeln – Hofgarten am Resenhof Museum

vorbildhafte Land gehen – in Bernau liegen jedenfalls nur ein paar Schritte zwischen Thomas Inspiration und Werk.

Hans-Thoma-Museum, Rathausstr. 18, 79872 Bernau (Ortsteil Innerlehen). Permanent sind gut 80 Originale des in Bernau geborenen Malers zu sehen. Dazu Sonderausstellungen in getrennten Räumen. Sehr lohnend; hans-thoma-museum.de.

Im historischen Bernauer *Resenhof* wurde ein Volkskunde-Museum geschaffen, das bäuerlich-handwerkliche Lebensformen im Hochschwarzwald zeigt. Von der rußschwarzen Rauchküche bis zur Mausfallenwerkstatt geht es um eine von Armut und Mangel bestimmte Überlebenskultur. Ein Rundgang durch die recht authentisch möblierten Kammern zeigt die kargen Lebensverhältnisse auf einem Schwarzwaldhof, die heute kaum mehr vorstellbar sind. Körperlich erfahrbar wird auch die räumliche Beklemmung unter einem, großen Dach, das von außen würdig aussieht, unter dem es aber verdammt eng und entbehrlich zuging.

Der Schwarzwälder Eindachhof mit markanter Giebelwalm

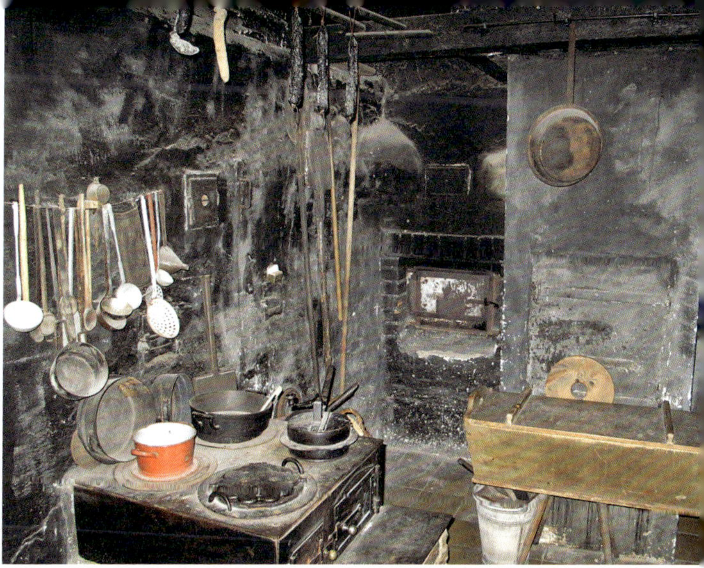

Ohne Induktionsherd – Rauchküche im Resenhof

war der autarke Lebensmittelpunkt von mehreren Generationen, mitsamt Haustieren und Macken. Das Leben unter einem Dach war niemals nur idyllisch. Schon ein Blick auf die ausgestellten historischen Zweimann-Holzsägeblätter genügt und die Schinderei im Wald wird deutlich. Auch die alten Fotografien von der Hofarbeit und die Portraitfotos der Holzhauer sprechen für sich.

Ebenfalls für sich spricht der wenig fruchtbare Zustand eines eigens angelegten Bauerngartens, von dem nur noch Überreste vor dem Resenhof Museum zu ahnen sind. Meist wachsen dort nur Gras sowie wenige Alibikartoffeln und Kräuter. Ein kleines Regionalmuseum wie der Resenhof, schön, gut und lehrreich, aber weshalb läßt man einen integralen Bestandteil jedes Schwarzwaldhofes so verkümmern? Dabei ist das Thema alte Schwarzwälder Bauerngärten so aktuell wie selten. Vermutlich gibt es gerade kein spezielles Förderprogramm für darbende Bauerngärten.

Heimatmuseum Resenhof, 79872 Bernau-Oberlehen. Küche, Stu-

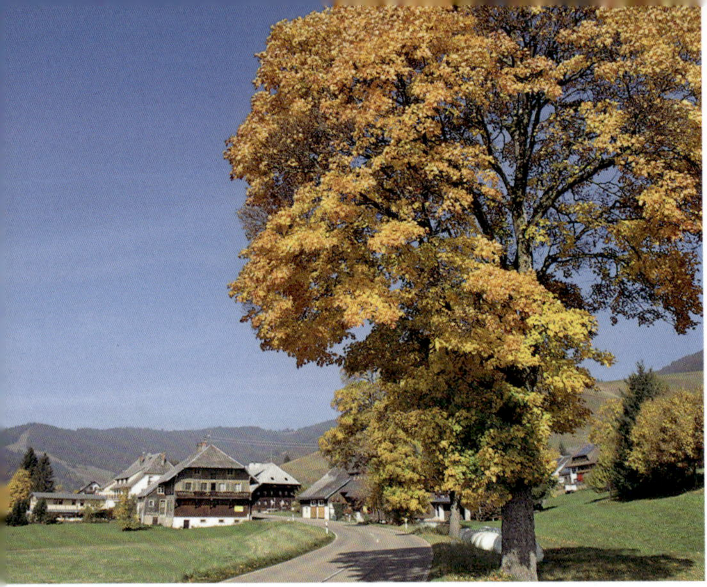

Oktobergold – in Bernau

ben, Werkstätten und Exponate zur Holzgewinnung und Verarbeitung, Blicke in die enge Welt vor Jahrhunderten. Alles in einem Eindachhof von 1789, wie er für Bernau charakteristisch war.

Spankörbe, Kübel, Bürsten, Madonnen Holzhandwerk und Holzbildhauerei waren und sind in Bernau konzentriert ansässig. Speziell das Holzhandwerk hat hier Tradition, auch weil die Berglandwirtschaft allein die Bewohner des Tals nicht ernähren konnte. Im späten 19. Jahrhundert war das holzverarbeitende Gewerbe Bernaus besonders ausdifferenziert. Außerdem genossenschaftlich organisiert, um sich aus der Abhängigkeit von Händlern zu befreien. So entstanden Werkplätze von der Mausfallenmanufaktur bis zur Madonnenschnitzerei.

Allein im Bernauer Tal arbeiteten mehrere Hundert Schnefler. Mit einem scharfen Ziehmesser schnitten die Handwerker Haushaltswaren aus dem massiven Holz, darunter Löffel, Teller, Schöpfkellen. Dazu kamen noch andere Holzberufe

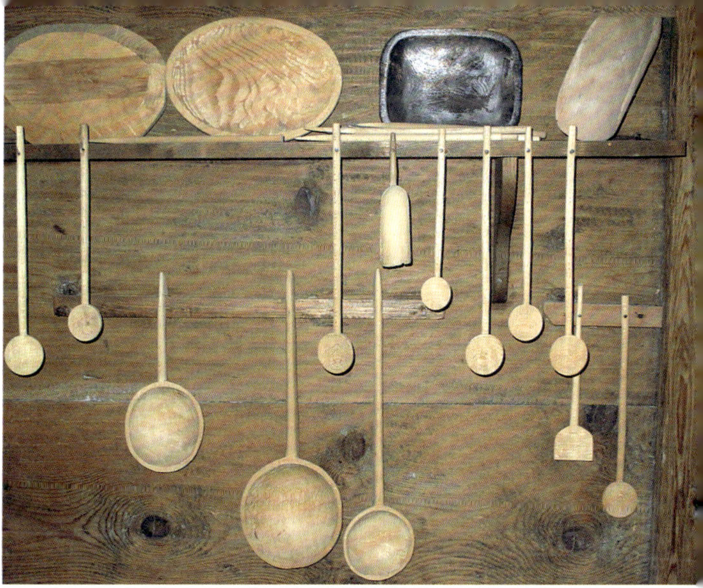

Traditionelles Holzhandwerk – im Resenhof

wie Drechsler, Zimmerleute, Wagner, Kübler und Bürstenmacher. Über 200 verschiedene Gebrauchsartikel wurden im 19. Jahrhundert aus Holz produziert, von der Hutschachtel bis zum Badezuber. Das Forstamt St. Blasien nennt für 1866 folgende Produktion: 8600 Kübel, 90000 Pillenschachteln, 9700 Blasebälge, 4300 Krauthobel.

Viele Betriebe bleiben bis heute mehr im traditionellen Bereich der Gestaltung. Mit schlichter Eleganz hergestellte Gebrauchsartikel muß man suchen, Bernau und die moderne Gestaltung von Holz gehören dennoch zusammen. Werkstätten und Ateliers am Ort beschränken sich längst nicht mehr auf den traditionellen Kanon.

Schon vor zwei Jahrzehnten entstand nach einem Weihnachtsmarkt mit dem *Forum erlebnis:holz* ein loser Produktionsverbund, dem gut ein Dutzend lokaler Werkstätten angehören. Die Vereinigung organisiert Ausstellungen und pflegt eine Formensprache, die 2010 zur Anerkennung durch

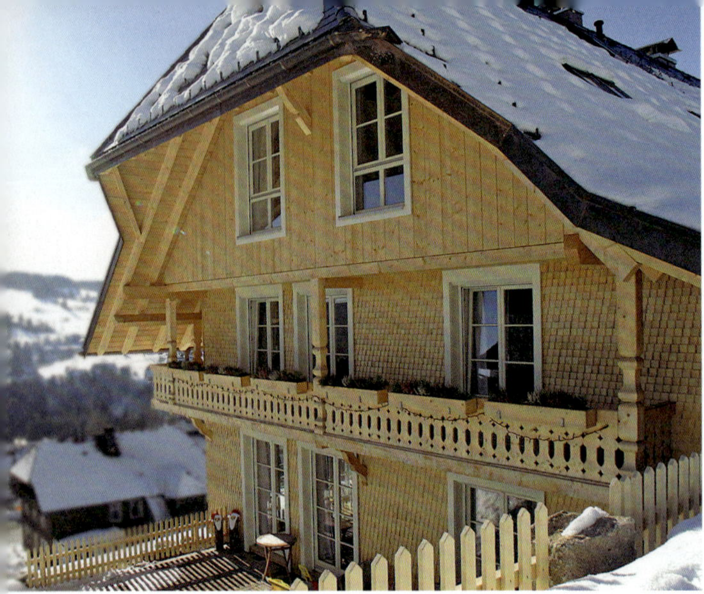

Holz traditionell – Bernau-Kaiserhaus

den Deutschen Werkbund führte. In dessen Geist werden heute in Bernau Küchenutensilien, Gebrauchsartikel und Geschenke hergestellt und in mehreren Atelierwerkstätten angeboten.

Wenn mir Salatschalen aus Olivenholz nicht so gut gefielen, würde ich in Bernau nach einer aus hiesigem Holz suchen. Ansonsten sind natürlich auch Traditionalia wie Madonnen, Bauernstuben mit Herrgottswinkel oder auch Vogelhäuschen zu bekommen.

Auch die lokalen Zimmerei- und Holzbaubetriebe schaffen ansehnliche Werke, nicht nur im Bernauer Tal. Darunter etwa die Zimmerei Kaiser in Unterlehen, wo nach eigenen Plänen Holzwohnhäuser in massiver Pfosten-Bohlenbauweise produziert werden, auch Auftragskonstruktionen für Architekten. Jedenfalls hat Bernau sein Image als Zentrum handwerklich-technischer und kunstgewerblicher Holzverarbeitung erhalten und zeitgemäß transformieren können.

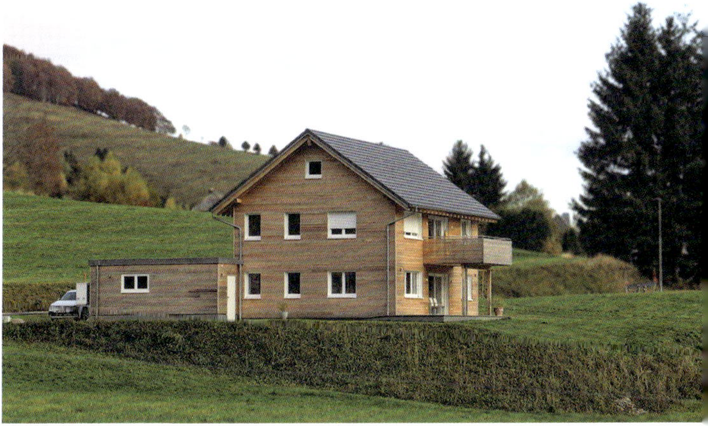

Holz modern – Bernau-Dorf

Nicht nur die beiden Museen und der moderne Pavillon von *erlebnis:holz* dokumentieren dies. Auch die laufende Produktion vor Ort sowie mancher Holzbau vom Einfamilienhaus bis zur Fassade des *Schwanen*-Hotels stehen für Bernaus Sonderstellung bei der Holzverarbeitung in Handwerk und Architektur.

Forum erlebnis:holz Eine zeitgenössische Ergänzung zum Heimatmuseum Resenhof als moderner Holzbau aus Weißtanne. Während im Resenhof altes Handwerk zu sehen ist, gibt es im Forum Wechselausstellungen zu Handwerk, Kultur und Holz (unterschiedlich gelungen, manches wirkt wie eine Pflichtübung). Außerdem Konzerte und Kleinkunst. Info: Resenhofmuseum und Forum erlebnis:holz: resenhof.de.

Drechslerei Alexander Ortlieb Schön schlicht könnte das Motto für die Einzelstücke des Drechslermeisters Ortlieb sein. Fein gearbeitet wirken Vasen, Schalen und Lichtbecher. Alle Stücke sind Eigenentwürfe, gefertigt in eigener Werkstatt. Darunter auch kulinarische Gebrauchsartikel von der Peffermühle über das Salzfässle bis zur Salatschale mit bezaubernder Maserung. Lauter Einzelstücke, die wertig in der

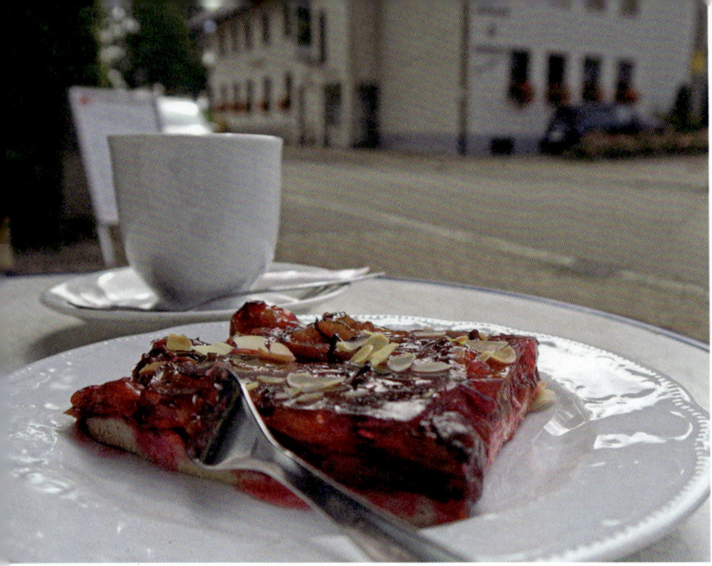

Kaffeepause mit Lokalkolorit – vor der Bäckerei Stoll, Bernau

Hand liegen. Alle Ortlieb-Pfeffermühlen haben ein keramisches Mahlwerk von Zassenhaus, mit dem der Mahlgrad präzise und stufenlos eingestellt werden kann. Todtmooser Straße 6 (nahe Resenhof und Forum erlebnis:holz); 79872 Bernau-Oberlehen, Tel. 07675-922035; alexander-ortlieb.de.

designimdorf Breites Sortiment modern gestalteter Holzwaren, Wohnzubehör, Möbel, Geschenke. Ausstellung und Verkauf: Dorfstraße 15, 79872 Bernau-Dorf, Tel. 07675-923838; designimdorf.de

Bäckerei Stoll, 79872 Bernau-Innerlehen Gerne erinnere ich mich an den saftigen Zwetschenkuchen vom Blech, genossen mitsamt Lokalkolorit auf dem Gehsteig vor der Bäckerei Stoll. Die Bäckerei liegt schräg gegenüber vom Hans-Thoma-Museum, also an einem zentralen Platz, wenn es denn in Bernau einen gibt. Nicht nur das beachtliche Kuchensortiment ist einen Versuch wert, auch Brot und Kleingebäck gibt es bei Stolls in großer Auswahl und Qualität. Also wäre hier das Gegenteil der landesweiten Systembäckerei, die mit ihren Filialen selbst ein Kerngebiet der Holzofenbäckerei besetzt hat. Stollschen Zwetschgenkuchen (und nicht nur den) gibt es übrigens auch als Mürbteigmodell. Die sonnigen Ferienwohnungen von Familie Stoll liegen gleich nebenan, Rathausstr 15, Tel. 07675-360.

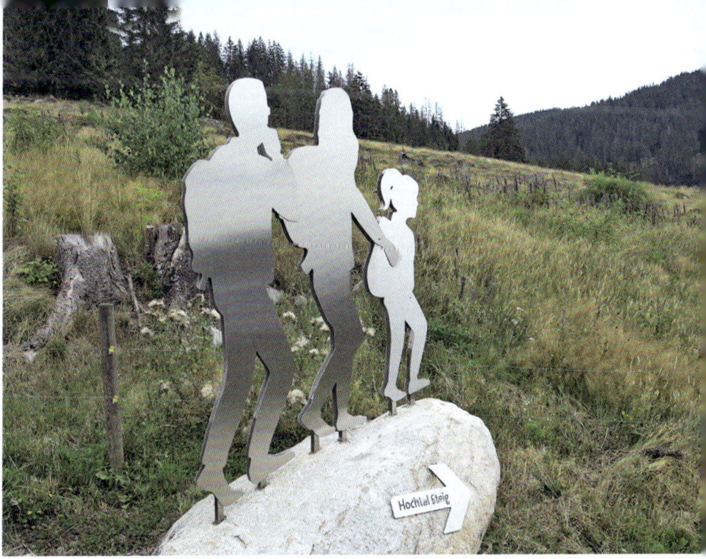

Mit Staupotential – Bernauer Hochtalsteig

Ausgangspunkte Bernau Zugang zum 15,7 km langen Bernauer Hochtalsteig, z.B. ab Bernau-Kaiserhaus oder ab Wanderparkplatz beim Wegweiser Ankenbühl, 871 m. Der liegt kurz vor dem Ortseingang Kaiserhaus, wenige Meter nördlich der L 149. In der Saison hat dort eine Imbissbude geöffnet, auf dem populären Hochtalsteig ist in der Saison mit einigem Zulauf zu rechnen. Wer weniger betreut wandern möchte, findet in nahezu jedem Bernauer Ortsteil günstig gelegene Ausgangspunkte, Hinweise und markierte Wege. In Bernau-Innerlehen z.B. beim Kurhaus oder weiter talaufwärts im reizend gelegenen Bernau-Hof.

In Bernau-Dorf beim Parkplatz/Wegweiser Annenhof beginnt der 3,5 km lange Hans-Thoma-Weg (von 930 m auf 1.330 m). Zunächst in Richtung Scheibenfelsen (1.050 m), dann hoch zum Michberg und weiter bis zur Krunkelbachhütte. Die Route führt partienweise durch freies Gelände mit Sicht ins Bernauer Hochtal, hemdsärmelwarm oft bis in den Winter. Noch spektakulärer ist der acht Kilometer lange **Panoramaweg,** er führt – ebenfalls als Teil des Hochtalsteigs – über die Sonnenhänge von Bernau-Hof bis Kaiserhaus, zahlreiche Varianten möglich, unter anderem auch der lohnende Anstieg zur Krunkelbachhütte. Panorama-Vesperplatz an der Neumanns-Hütte.

Krunkelbachhütte Schon die Auffahrt ist eine Attraktion, eine Stichstraße führt in weiten Schleifen über die Weiden von Bernau-Dorf zum

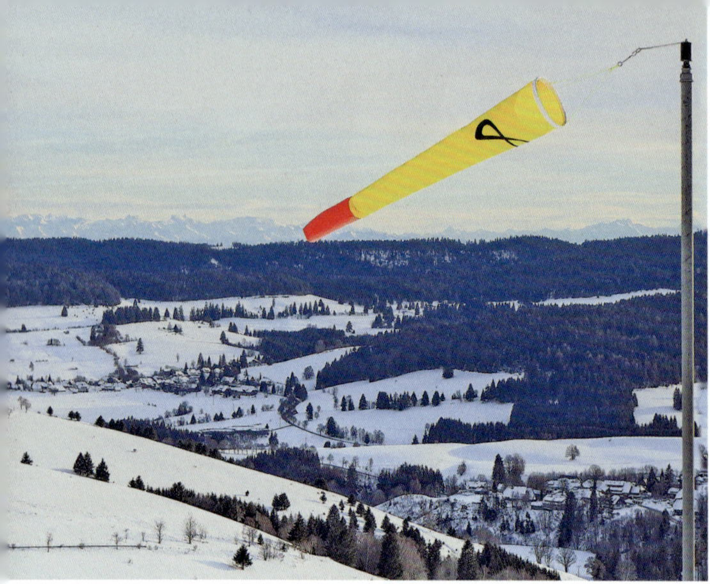

Zum Abheben – Alpenblick im Bernauer Hochtal

Parkplatz unterhalb der Hütte auf 1.294 Metern über Normalnull, Wanderziel- und Ausgangspunkt in einem. Lage und direkter Umschwung bieten nicht das abgehobene Panorama anderer Berghütten, dafür wirkt die Holzkoje gemütlich, die Stimmung paßt zum Außenposten (Eintöpfe, hüttengebackenes Brot, ebenso die Kuchen), Doppel-, Dreier- und Mehrbettzimmer. Krunkelbachweg 10, Tel. 07675-338; krunkelbach.de. Zufahrt. 5 km ab Bernau-Dorf; im Winter Rodelbahn von der Hütte bis ins Dorf .

Von Bernau nach Todtmoos-Strick Von Bernau-Oberlehen führt die Landstraße 146 über eine sanft ausgeprägte Paßhöhe am Roten Kreuz (1.082 m) nach Todtmoos mit seinen verteilten Ortsteilen.

Im stillen Hochtal von Todtmoos-Rütte stehen ein paar prächtige Villen und Höfe über dem Rüttebächle. Gasthaus gibt es keines, eine dem Grafen *Dürckheim* gewidmete Straße führt langen Wegs durchs Dorf und darüber hinaus in den Wald. Ein zentraler Wanderwegweiser (auf 950 m) erschließt die Umgebung: runter zu den Wasserfällen geht es in 800 Metern, nach Todtmoos-Zentrum sind es drei Kilometer.

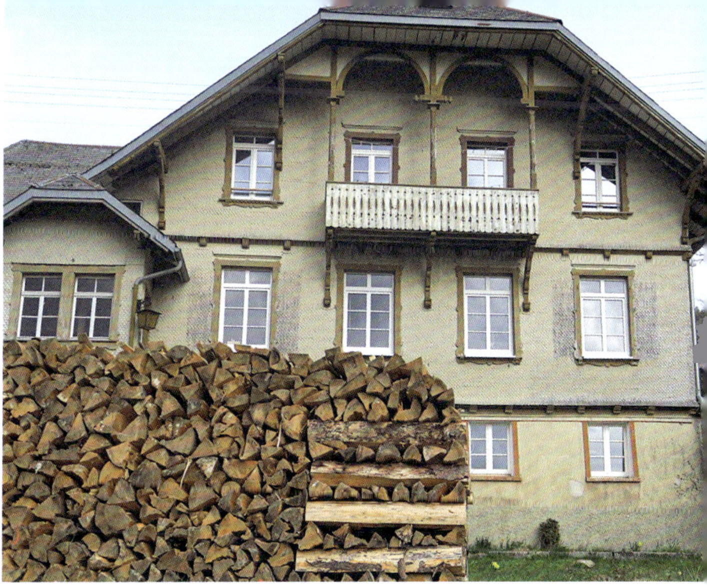

Alternative Therapieform – Holzarbeit in Rütte

Der NS-Diplomat, Psychotherapeut und geläuterte Zen-Lehrer Karlfried Graf Dürckheim starb mit 92 Jahren in Rütte; seine Therapie und die „Rütte-Arbeit" wird institutionell noch heute im Dorf praktiziert; „Yoga am Bach" gibt es aber auch.

Normalbürger ohne Therapiebedarf erwägen angesichts der spirituellen Konzentration um Todtmoos vielleicht eine unreflektierte Bergpartie gen Geschweinter Wasen (1,2 km) und Rotes Kreuz (1,5 km). Einzelne historische Villen und Höfe in Rütte erscheinen so beeindruckend wie die entrückte Landschaft. Unten in Todtmoos zeigt der historische Ortskern eines traditionsreichen Höhenkurortes strukturelle Lücken, um es freundlich auszudrücken. Manche Liegenschaft zwischen altem Kurpark, Parkhotel und Löwenplatz scheint am Ende ihrer Fruchtfolge angekommen. Andere Häuser wie das *Traditionscafé Zimmermann* halten tapfer die Stellung und zeigen auch mal die weiß/gelbe Flagge, was Respekt verdient.

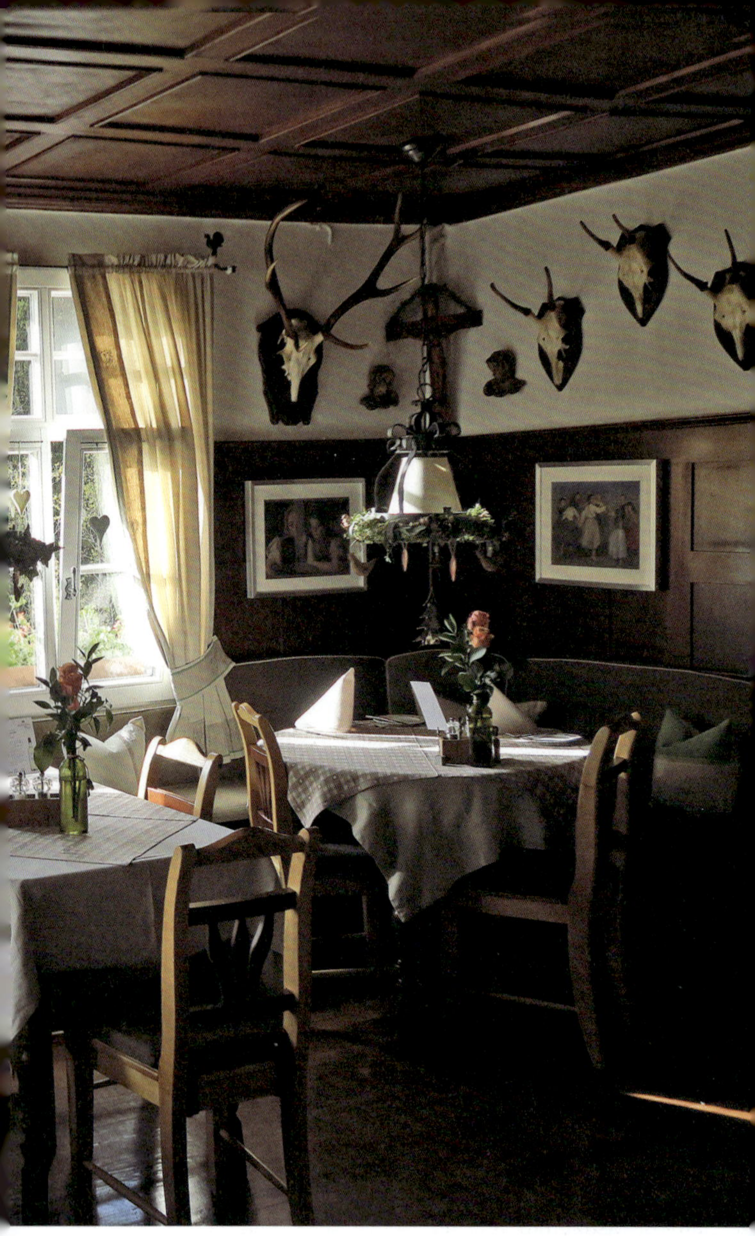

Gut aufgehoben – in der Gaststube im Waldeck

Heiß und kalt im Menzenschwand

Ein Dreisprung in den Disziplinen Wandern, Abtauchen und gemütlich Einkehren wäre im Hochtal von Menzenschwand – wie nebenan in Bernau – besonders angenehm. Feldberger Trubel ist fern, Durchgangsverkehr und Skizirkus ebenfalls. Stattdessen wartet im eiszeitlich rund geformten Trogtal der Menzenschwander Alb eine Mischung aus Höhenidyll und gemäßigtem Tourismus.

Genußvoller läßt sich ein Tag Hochschwarzwald kaum gestalten: Wanderwege und Loipen fordern den Bewegungsapparat, der danach in einer familiär-kleinen Thermalstation gepflegt werden kann. Krönender Abschluß wäre die Einkehr in den traditionell-gepflegten Stuben im Waldeck.

Das 2005 eröffnete *Radon Revital Bad* Menzenschwand wird von zwei Quellen im Krunkelbachtal gespeist. Das radonhaltige Wasser dient medizinisch verordneten Wannenbädern im therapeutischen Bereich, mit fluoridhaltigem Quellwasser wird der allgemeine Thermenbereich gespeist: mit Bewegungsbecken, separatem Heißwasserpool und einem Bistro. Ein Teil der 240 Quadratmeter Wasserfläche

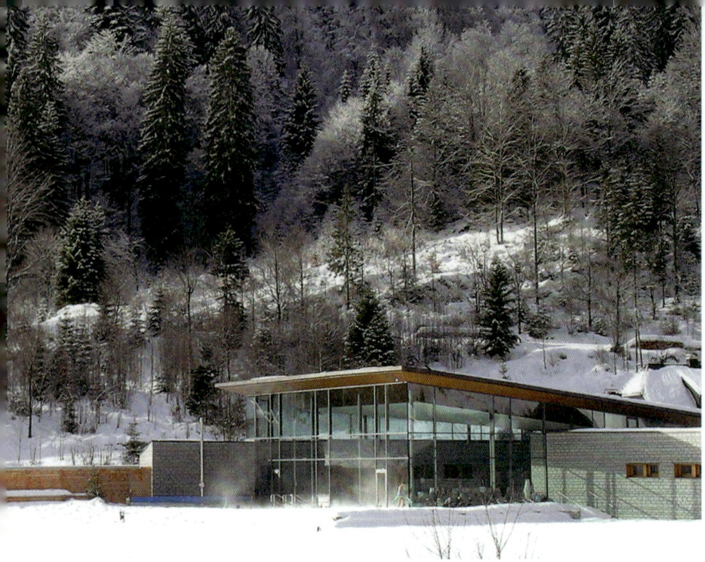

Stein, Glas, Holz – Radon Revital Bad in Menzenschwand

reicht ins freie Hochtal, dort eine großzügige Liegefläche mit Moorwiese und Gradierwerk (Verrieselungswand von Sole). Die Wassertemperatur im Becken beträgt komfortable 35° Celsius. Angeschlossen ist ein klar und schön gestalteter Saunabereich mit Ruhezonen, Ausblick und einer weiteren Fichten-Blockhaussauna (90°) im Außenbereich.

Das Besondere des Radon Revital Bades sind aber nicht Abmessungen und technische Daten, sondern Architektur und Stimmung eines menschenfreundlichen Bades, das mit kurzen Wegen und ein paar Dutzend Umkleideschränken an einen Club der anonymen Thermenfreunde erinnert. Jedenfalls ist hier manches anders als in einer Event-Badearena.

Die Kontraste zwischen Naturstein, Glas und Holz bestimmen den Charakter des lichtdurchfluteten Baukörpers, der sich zur Talseite öffnet.

Auf die Ausstattung mit andernorts üblichen Installationen wurde weitgehend verzichtet; also gibt es in der Menzenschwander Sauna weder Klangschalen noch Kristallpyramiden; Aromen-Einzelbäder und fernöstlich inspirierte Mas-

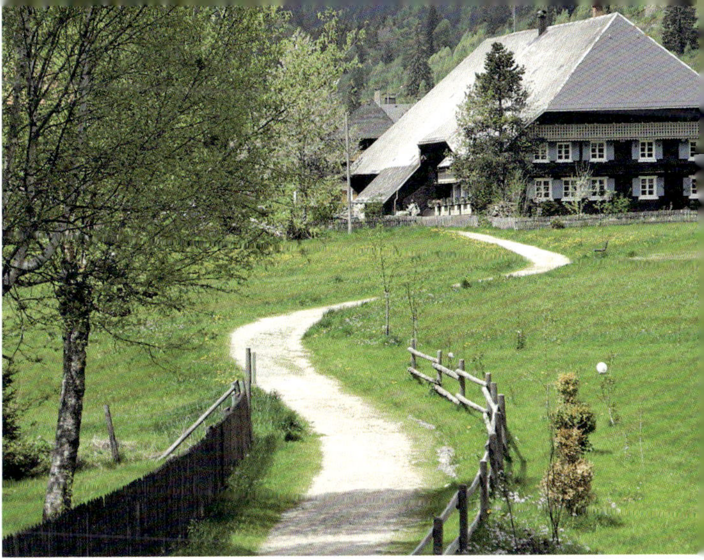

Revier zum Auslüften – Tal der Menzenschwander Alb

sagen werden freilich angeboten. Zur Revitalisierung oder einfach zur Einstimmung auf ein anschließendes Wildragout mit Spätburgunder im Waldeck ist die kleine Therme von Menzenschwand unbedingt geeignet.

Radon Revital Bad, 79837 St. Blasien-Menzenschwand, Tel. 07675-929 112; radonrevitalbad.de.

Zwischen Almauftrieb und Talschluß Menzenschwand liegt einladend und sonnig im Tal der Menzenschwander Alb. Die Hirtenwege der Vorfahren wurden zum Geißenpfad umkomponiert, zehn Kilometer abwechslungsreicher Premiumweg mit Panoramagarantie, Wasserfall und etwas Naturpädagogik, was an Wochenenden zu den üblichen Risiken führt.

Direkt neben dem mäandrierenden Moränenbächle beginnen Almwiesen wie gemalt. Dazwischen ruhen alte Schwarzwaldhöfe, deren Walm fast den Boden küßt. Im Winter grüßt Menzenschwand langlaufgerecht eingeschneit, dann ist auch der Motorradlärm verklungen.

Da und dort gibt es längs der Ortsdurchfahrt auch ein

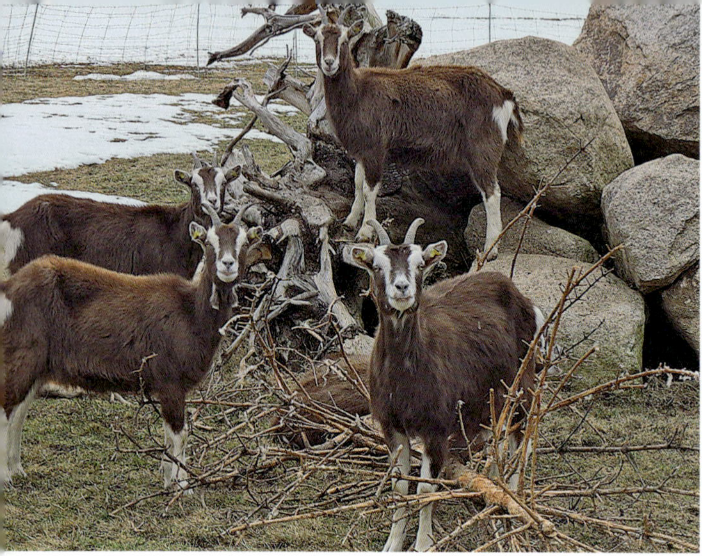

Genügsame Landschaftspfleger – Ziegen in Menzenschwand

paar blinde Fenster und Leerstand. Insgesamt bemüht sich Menzenschwand freilich erkennbar um einen attraktiven Mittelweg zwischen Trubel und Talschlußlage.

Museum, Wanderweg, Geisenstall Im Vorderdorf gegenüber der Jugendherberge gibt es Ziegenprodukte ab Hof; im Hinterdorf ein kleines, feines Regionalmuseum, Gleitschirmschule und Kneippbecken sind ebenfalls vorhanden. Dank einer lokalen Initiative entstanden im Hinterdorf zwei stattliche Gemeinschaftsställe für 40 Mutterkühe und 100 Ziegen. So können Wiesen und Hänge am Fuß des Schwarzenbergs wirtschaftlich beweidet und damit auch für Wanderer offen gehalten werden. Der *Geißenpfad* führt zu den Schlüsselstellen einer typischen Hochschwarzwälder Kulturlandschaft, die es ohne solche Anstrengung nicht mehr gäbe.

Ziegenhof Kaiser, Hofladen am Ortseingang, an der Vorderdorfstraße Nr. 7, Tel. 07675-1563; ziegenhof-menzenschwand.de.

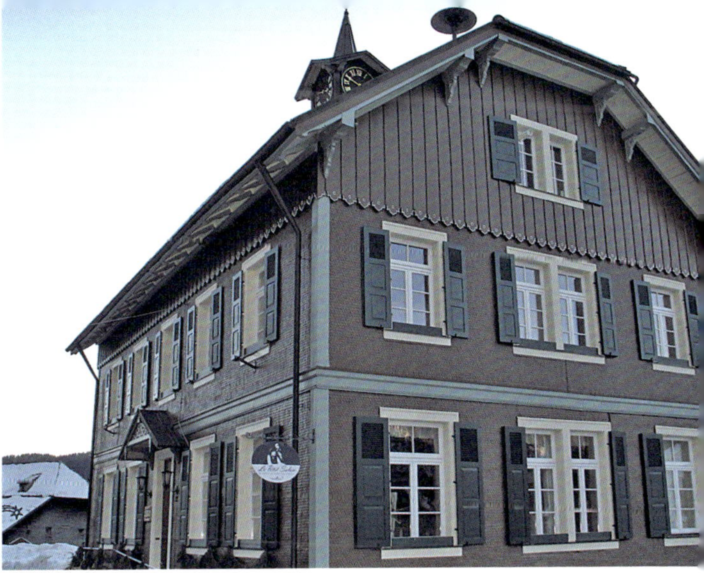

Portraitmalerei am Hof – Winterhalter Museum, Menzenschwand

Dank Vereinsengagement konnte 2008 auch ein liebevoll gestaltetes Regionalmuseum im historischen Gebäude der Ortsverwaltung entstehen: *Le Petit Salon* ist dem Wirken der malenden Brüder Franz Xaver und Hermann *Winterhalter* gewidmet. Franz Xaver (1805 - 1873) brachte es vom Menzenschwander Bauernsohn über eine Lithographenausbildung beim Freiburger Herder Verlag zum international gefragten Portraitmaler. Winterhalters Blick für Physiognomie und die Schönheit der Frau bescherte ihm Zugang und Aufträge an den bedeutenden Höfen Europas. Zur Mitte des 19. Jahrhunderts avancierte Winterhalter zum Portraitisten am französischen Hof, später zog er nach England an den Hof von Königin Victoria. So zeigt auch Winterhalters Biografie ein altbekanntes Muster – die kargen Schwarzwälder Lebensverhältnisse können Hochbegabte auch zur Karriere anspornen.

Winterhalter Museum Im Rathaus, geöffnet Mi bis So sowie an Feiertagen:14.30 bis 17 Uhr; winterhalter-menzenschwand.de.

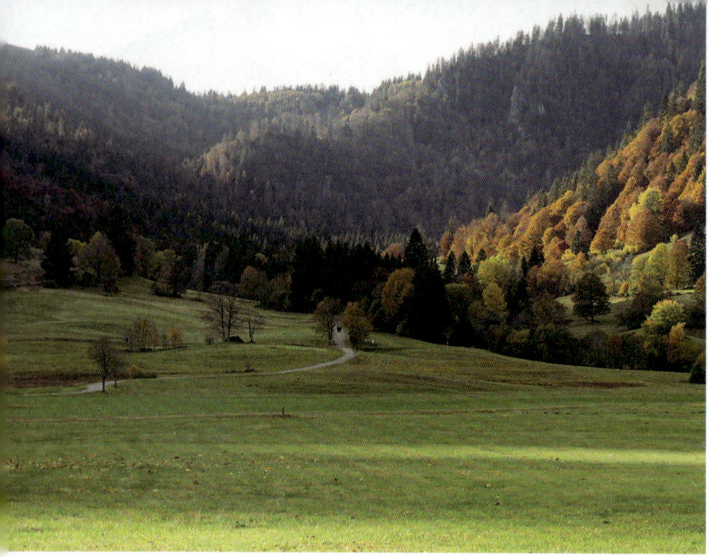

Von der Eiszeit geformt – Krunkelbachtal bei Menzenschwand

Alles in Butter Da und dort bietet ein schönes Schwarzwaldtal auch Details zum Grübeln. Im Tal der Menzenschwander Alb gibt es Hawaii-Toast und manchen mürben Gasthof. An einer Rauhputzfassade hing jahrelang ein Holzschild *Erhaltet den deutschen Bauernhof.* Später dann direkt darüber das Plakat eines Immobilienmaklers. So wie das Haus dasteht, ist zu vermuten, daß die Käufer den deutschen Bauernhof nicht erhalten werden.

Schon vor einigen Jahren habe ich auf den grünen Matten einen Landwirt getroffen, der die Dinge auf die Formel brachte: *Geld isch Gift*. Damit war für den alten Mann das Meiste gesagt. Außerdem klagte er, jede Saison würden Kuhglocken von der lebenden Kuh weg gestohlen. Und über jedes Pfund Butter, das er privat ab Hof verkauft, müsse Buch geführt werden, mit Unterschrift des Käufers, in der Spalte: „Erhalt hier bestätigen". Die Zollverwaltung wolle das so, wegen Planstellenerhaltung, Parkinson und so.

Abschließend meinte der Mann noch, das Volk sei am

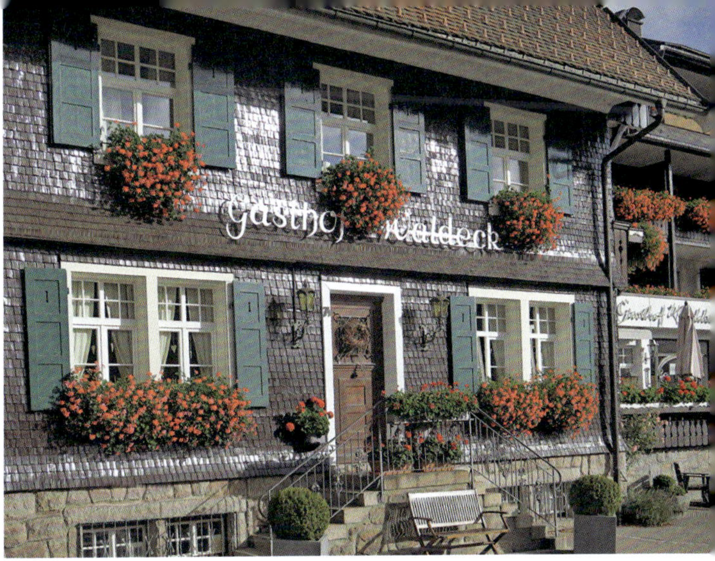

Gut behaust – Waldeck in Menzenschwand

Ende, ein prinzipienarmer Haufen in Trainingsanzügen. Mein Gefühl ist, daß sich Freizeitkleidung und Prinzipien seither nicht grundsätzlich verändert haben.

Ansonsten wäre Menzenschwand eine ideale Auszeit. Den Feldberg links liegen lassen, eigene Spuren legen und abtauchen. Eine zuverlässige Einkehr mit Ofenbank und Wild aus eigener Jagd gibt es auch noch.

GASTHOF WALDECK, Menzenschwand Eine Sitzbank vor einem Gasthof ist immer ein gutes Zeichen. Selten wurde ich enttäuscht, wo das Kulturgut Hausbank gepflegt und gelebt wurde. Beim Waldeck ist es nicht anders. Die Sorgfalt, mit der hier gewirtet wird, ist außergewöhnlich. Die dekorative Schindelfassade aus der Gründerzeit des Hauses (1922) wirkt bis heute wie ein Versprechen. In den einladenden Gasträumen nistet erst recht Schwarzwälder Behaglichkeit der gepflegten Art mit viel dunklem Holz und jagdlichen Trophäen bis zum Zwölfender. Dazu eine Bank am creme-

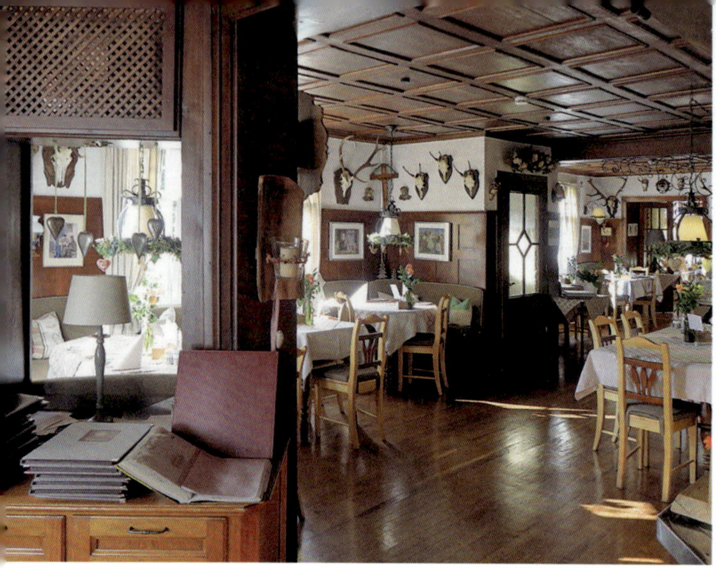

Die Perle im Tal – Waldeck, Menzenschwand

weißen Kachelofen, Seniorchefin Ingrid Kapferer als Seele des Hauses, die nachfolgende Generation mit Gastgeberin Stefanie und Küchenchef Ingo als Garant der Kontinuität. Der Gasthof als Lebensaufgabe, Besseres kann dem Gast kaum passieren.

Die Karte bietet ein Spektrum regionaler Klassiker, durchweg gastfreundlich kalkuliert und solide gekocht. Kraftbrühe mit Flädle, Hühnerfrikassee vom Schwarzwälder Landhuhn, natürlich frische Forellen, Rindertatar, geschmorte Roulade vom Weiderind. Seniorchef Wilhelm Kapferer ist passionierter Jäger, also stehen auf der Waldeck-Karte stets auch Gerichte von heimischem Wild, von der hausgemachten Bratwurst bis zum Gulasch vom Hirschkalb.

Auch beim letzten Besuch waren die Wirtsleut' einmal mehr präsent und einladend. Eine Perle in der Mitte eines besonderen Tales.

Restaurant-Hotel Waldeck (Fam. Kapferer), Vorderdorfstr. 74, 79837 Menzenschwand. 🛏 Gästezimmer mit Balkon im verbundenen neueren Hotelteil, ♠ davor eine Sonnenterrasse; weitere Zimmer und ein

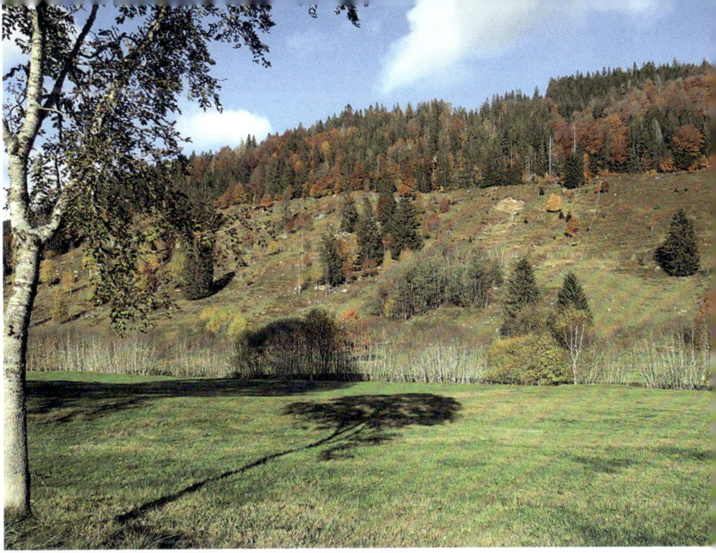

Der Ziegen sei Dank – offene Landschaft im Albtal

Appartement im Gasthof, Sauna. Ferienwohnung. RT im Restaurant Mo und Di. Tel. 07675-90540; menzenschwand-waldeck.de

Zum Kuckuck Variante der Brauchtumsgastronomie, weiße Balken, rohe Sitzbänke, Vesper warm und kalt, Rösti aus dem Eisenpfännle, viel Pute, viel Kuchen, also nicht nur reine Lehre, aber eine unkomplizierte, kommunikative Stimmung ohne Harzigkeit. Hinterdorfstraße 58, 79873 Menzenschwand, Tel. 07675-92979 75.

Menzenschwander Geißenpfad Die Route führt auf 9,7 km und knapp 400 Höhenmetern durch historische und heutige Hochschwarzwälder Kulturlandschaft, aussichtsreich angelegt über Höhenzüge, Weiden, Moränenbecken und Wälder. Wegzeit ca. 4 h, Start im Hinterdorf beim Mösle-Parkplatz, oder auch beim zentralen Wanderparkplatz am Talende, an der Straße Richtung Wasserfälle/Gasthaus Kuckuck.

Zu beachten wäre, daß die Popularität des Geisenpfades am Wochenende für einigen Zulauf sorgt; ruhige Geister meiden die Volkswandertage. Ab Hinterdorf gespurte Winterwander- und Schneeschuhwege.

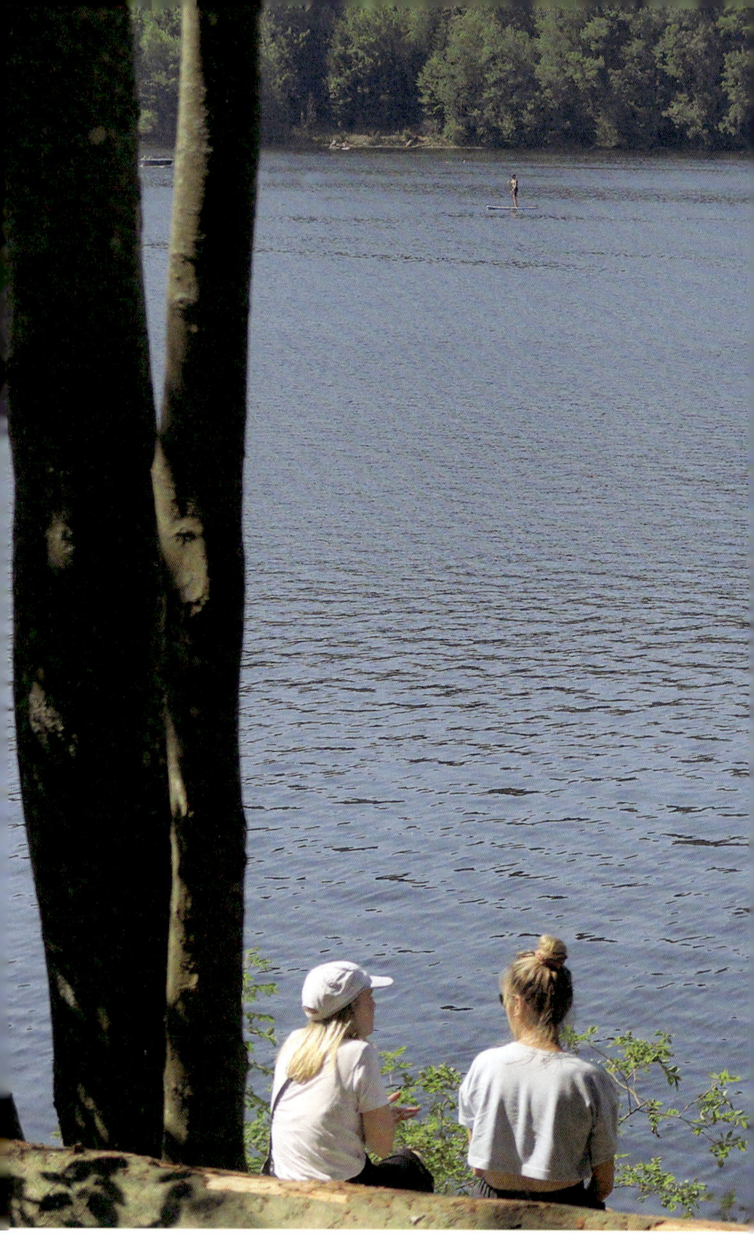

Das vornehmste Element ist das Wasser (Pindar, 518-422 v. Chr.)

22

Schlüchtsee, Schluchsee, Titisee

Im Hochschwarzwald ist der Sommer anders. Die Schwüle muß unten im Rheintal bleiben, die Wolken sind zum Greifen nah und sie sehen jünger aus als im Tal. Manche Gäste loben die „frischwürzige Luft".

Am kleinen *Schlüchtsee* bei Grafenhausen fehlt der übliche Ferien-Eventismus, keine Rutschbahn nirgends. Auch keine Wellnessberaterin, die einem sagt, wie man sich wohlzufühlen hat. Der Mensch darf hier selber schwimmen. In einem Moorsee auf 800 Metern Höhe, mit Umkleidehütte, Badesteg und Wiesen außenrum.

In den Prospekten der Wellnesshotels gibt es Fotos mit Badewannen voller Lotusblüten nebst ayurvedischem Lächeln; auf dem Schlüchtsee gibt es keine Lotusblüten. Im naturgeschützten Teil lächelt aber jeden Sommer ein Seerosenteppich. Weiter oben gibt es dann Feuchtwiesen am Glasbühl, Flachmoore und gaukelnde Falter. Das wäre Hochschwarzwälder Ayurveda.

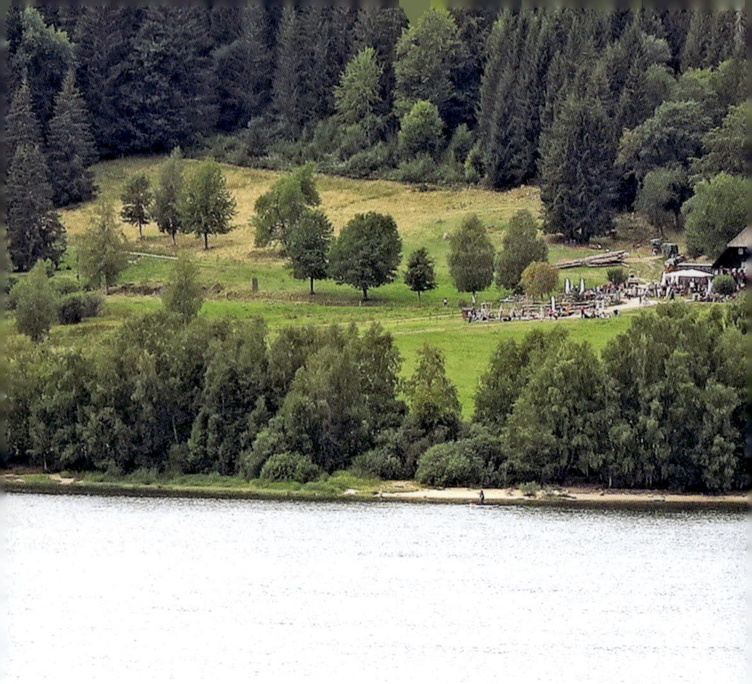

Hochsaison und leichte Brise – am Unterkrummenhof

Am Schluchsee Vor dem Bau der Staumauer war der Schluchsee drei Kilometer lang und 30 Meter tief. „Ein romantisches Wasserbecken“, urteilt ein historischer Reiseführer. Der „Luft- und Terrainkurort“ Schluchsee lag einst hoch über dem Seespiegel. Vom seinerzeit ungestauten Abfluß der Schwarza schwärmt der Freiburger Naturkundler und Professor *Konrad Guenther*: „Rauschendes Schilf umgab die Ausmündung, Weidenbüsche neigten sich über das Wasser, Tannen spiegelten sich in der Flut.“

Alles Geschichte. Im Jahr 1932 wurde mit dem Bau einer Staumauer begonnen und seither ist es mit der Idylle nicht nur an der Ausmündung vorbei. Stauseen fügen sich selten so harmonisch ins Land wie Naturseen, der Schluchsee macht da keine Ausnahme. Bei „Vollstau“ ist der See acht Kilometer lang, bis zu 65 Meter tief und mit Abstand der größte

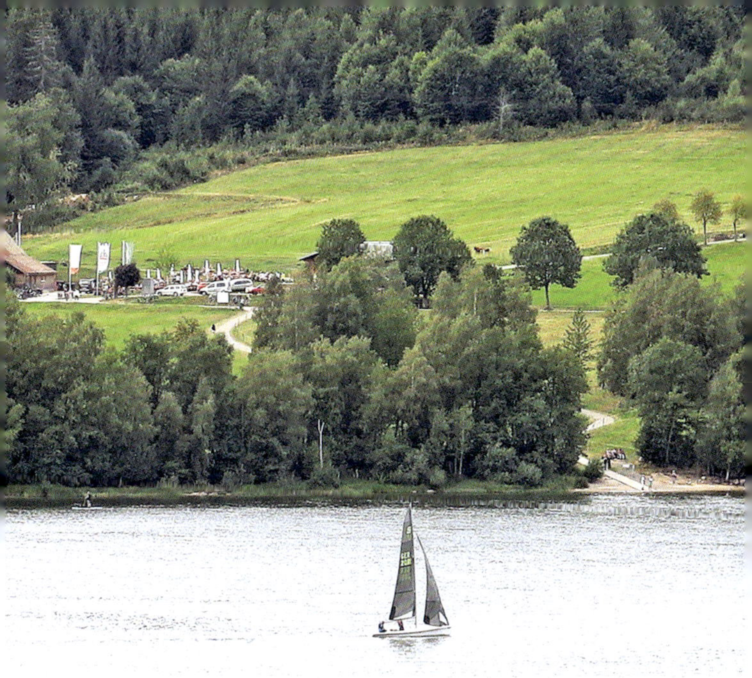

See im Schwarzwald. Der Seespiegel wird in seiner Pracht von der Bundesstraße 500 ufernah begleitet. Die Schwankungen des Pegels (aus Gründen der Stromerzeugung) sind nun nicht mehr so ausgeprägt wie noch vor Jahren, deshalb gehören vegetationslose Uferbereiche nicht mehr zum Alltagsbild am Schluchsee.

Mehr oder weniger Stau gibt es auch mal entlang der Uferstraße B 500. Bevorzugt an Sommerwochenenden, wenn schwäbische Surfer, dem Bodensee ausweichend, und badische Kniebundhosen, die oberrheinische Schwüle fliehend, sich nahe kommen. Dann trifft „Heidenei" auf „Gottverdammi".

Natürlich bietet der größte See des Schwarzwaldes dem Findigen auch stillere Winkel, aber seien Sie vorbereitet – die Gemeinde Schluchsee setzt wie Titisee auf strikte Parkraum-

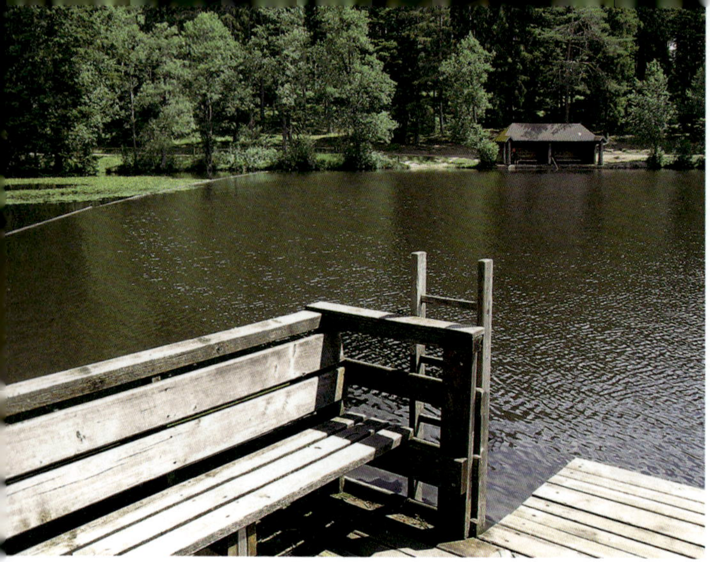

Plattform, Umkleidehütte und Seerosen – am Schlüchtsee

bewirtschaftung. Bergfreund Stefan hat ein Wort, wenn es um die Hochsaison am Seeufer beim Unterkrummenhof geht: „Sommerhölle". Und dann gibt's noch den Spruch zum Schluchseesommer: An einem Sonntag bei Flaute läßt sich der See trockenen Fußes überqueren. Von Surfbrett zu Surfbrett.

Einfach nur Schwimmen geht natürlich auch, mit Genuß aber nur an einem heißen Tag im Hochsommer, die Lage auf fast 1.000 Metern verkürzt die Saison. Außerdem gab es am Schluchseeufer in jüngster Zeit Probleme mit Blaualgen. Leider auch bei Seebrugg, wo das Strandbad beim Campingplatz angenehme Badegelegenheit mit Sandstrand bietet. Die Ursachen werden untersucht, vermutlich ist hoher Stickstoffgehalt mitverantwortlich für die Malaise. Dennoch, es hat was, eine Sommertour durch die Wälder und danach ab in den See. Falls es am Schluchsee zu voll wird: Der kleinere *Schlüchtsee* und das Retro-Strandbad am Ostufer des Windgfällweihers liegen nebenan.

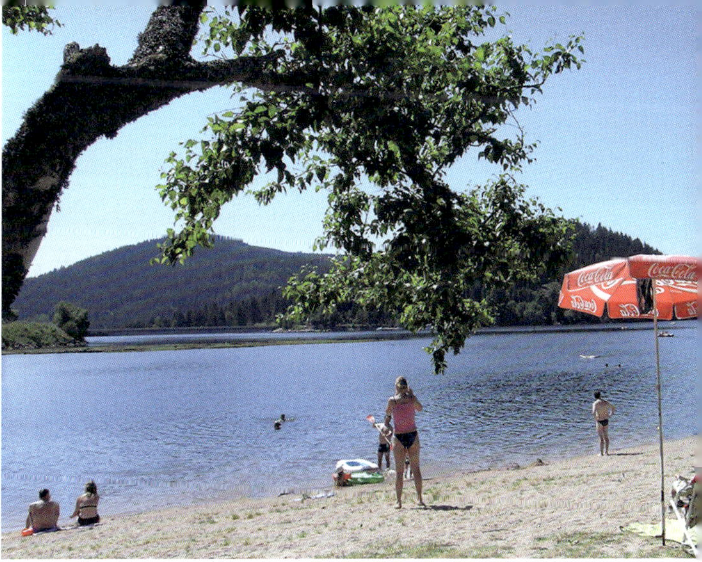

Platz am Sandstrand – Strandbad Seebrugg

Badplätze am Schluchsee Nordostufer (alle nahe der B 500): Animiert baden geht im Strandbad Schluchsee mit Aqua-Fun etc. Gelassener wirkt der Betrieb im Strandbad beim Campingplatz am Bahnhof Seebrugg (sofern keine Algenbelastung auftritt). Die Anlage dort erinnert zumindest unter der Woche an eine nostalgische Sommerfrische, mit Resto-Kiosk, Terrasse und Naturstrand.

Einzelne freie Badestellen gibt es entlang des verkehrsfreien Südwestufers, am Wanderweg zum Unterkrummenhof. Eine viel besuchte größere Badewiese liegt nahe der Landstraße von Aha nach Äule und dem zentralen Parkplatz direkt an der L 146 (bei der Bushaltestelle), wenige Meter östlich davon der zentrale Wanderwegweiser Seeufer.

Schluchsee Südwestufer und Unterkrummenhof Die Wege am Ufer des Schluchsees zählen zu den meistbewanderten im Schwarzwald. Man sieht es dem festen Bodenbelag des fahrbahnbreiten „Wanderweges" an – hier kämen auch Damen mit Absatz ans Ziel. In der Regel kommt das Publikum aber angeschirrt als ginge es zum Gipfelsturm. Dazwischen Radler, Kinderwagenschieber und fidele Gruppen, die wie schweres Wetter hereinbrechen.

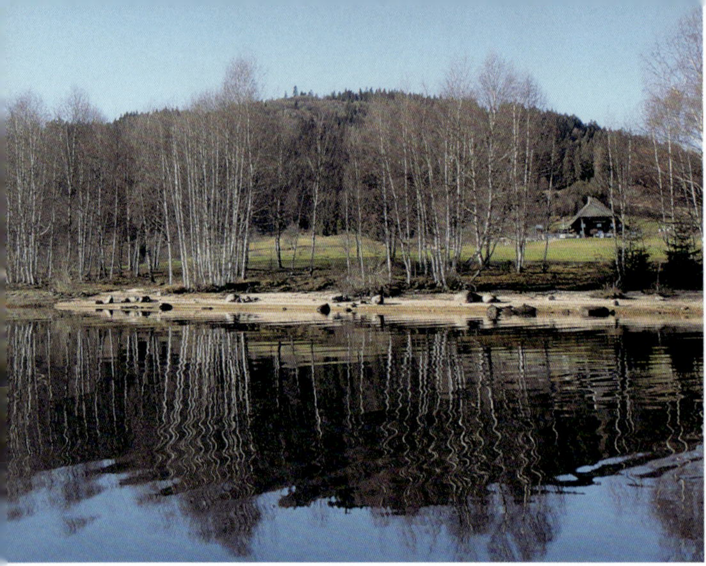

Laub ab, Saison aus – Bootswandern beim Unterkrummenhof

Die Waldfahrwege zur Wandereinkehr Unterkrummenhof sind für gewöhnliche Kraftfahrzeuge gesperrt und so entstand auf den drei Kilometern zwischen Unteraha und Unterkrummen so etwas wie eine Drosselgass' im Südschwarzwald. An Volkswandertagen trifft die Freizeitgesellschaft aufeinander: Landschaftsmaler, Jogger, Einzelgänger, dazu Wasserfahrzeuge aller Art und irgendwann erscheint jene Lichtung, aus der Städters Träume sind: der See, der holzgebaute Hof, Kühe auf der Weide, Rothaus-Fahnen flattern im original Weißtannenwind – ein Heimatfilm.

Die Route zum Unterkrummenhof ist eine Wanderautobahn und am Ufer gibt es nur die eine Raststätte. Das Anwesen wurde vor wenigen Jahren umfassend saniert, der Betrieb bewegt sich je nach Wetter und Saison zwischen Freizeitpark und „still ruht der See".

Am Unterkrummenhof Von der gegenüberliegenden Seeseite aus gesehen liegt der Unterkrummenhof wie ein Platzhirsch. Auf weiter Aue am Fuße des Winterberges, im Rücken

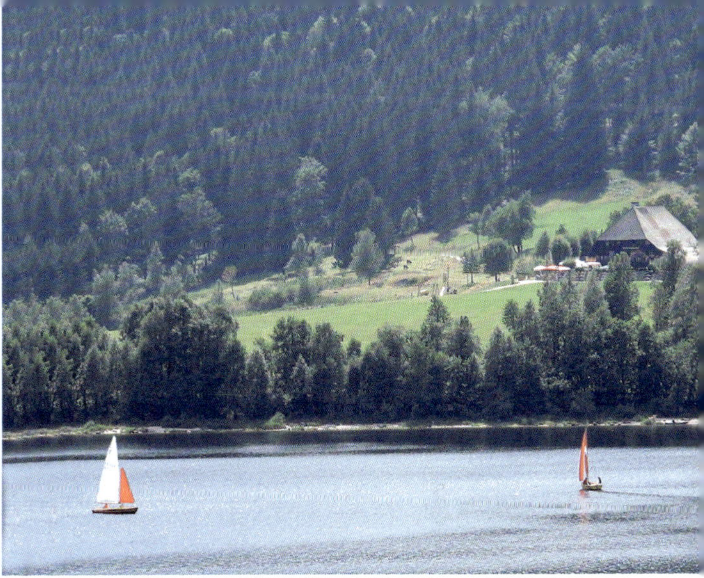

„Und ist der See zu Ende, fahren wir 'ne Wende."

dunkler Hochwald, vorne der Seespiegel. Der *Feinschmecker* adelte die Stube einst mit dem Prädikat „Eine der schönsten Vesperbeizen des Schwarzwaldes". Nun denn, aus Alleinlage und heftigem Ausflugsbetrieb ergeben sich Konsequenzen, wozu auch Spezialitäten wie „Fleischkäse im Blumentopf" gehören, Schmalzbrot und Bio-Bergkäse von der Schwende gibt es aber auch.

An einem touristischen Brennpunkt erwarten nur Unverbesserliche himmlische Ruhe und erste Sahne. Auf der Unterkrummen-Karte findet sich der sprechende Hinweis „Bei Hochbetrieb Eiergerichte nicht möglich". Die Befürchtung, ein Platz könne an seiner Popularität zugrunde gehen, scheint am Schluchsee dennoch so deplatziert wie in Titisee.

Kürzester Zugang ab Parkplatz Unteraha auf drei Kilometern Uferweg, im Winter geräumte Wege, große Freiterrasse, Liegewiese, Spielplatz, Bootsanleger, Seezugang. Keine Kartenzahlung möglich (noch mehr dazu auf: unterkrummenhof.info).

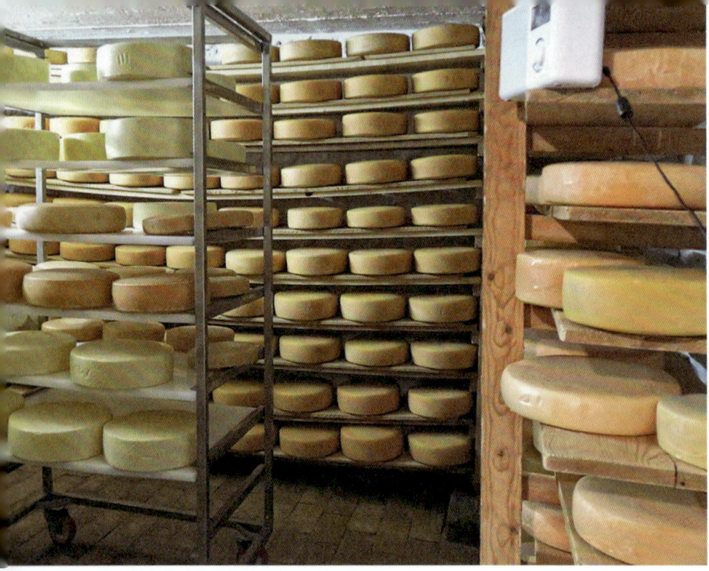

Hinterwälder Rohmilchkäse – Demeter Hof Till, Äule

Der Seerandweg führt von Aha am gut 8 km langen Südwestufer entlang zur Staumauer; der potentiell mögliche Rückweg auf der anderen Seeseite über den Ort Schluchsee ist wegen Straßen- und Eisenbahnnähe weniger reizvoll. Gesamte Seeumrundung auf (Rad)-Wanderwegen: ca. 20 km.

Käserei TILL, Schluchsee-Äule Seit Jahren eine herausragende Adresse im Hochschwarzwald für feinen Rohmilchkäse. In der Käserei wird Milch von etwa 30 hofeigenen Hinterwälder Kühen verarbeitet. Hinterwälder sind eine Lokalrasse, die optimal an die regionalen Gegebenheiten im Hochschwarzwald angepaßt ist – zum Hof gehören 60 Hektar Weideland, auf denen auch Ziegen gehalten werden. Nicht nur das Produkt Käse, auch das Weideland wird vom Hofgut besonders gepflegt. Die nachhaltige Wirtschaftsweise des Hofes, die auch artenreiche Pflanzengesellschaften hervorbringt, wurde auf internationalen Wettbewerben ausgezeichnet.

Neben Bergkäse verschiedener Reifestufen gibt es auch Frischkäse, Schnittkäse und Ziegenkäse (demnächst evtl.

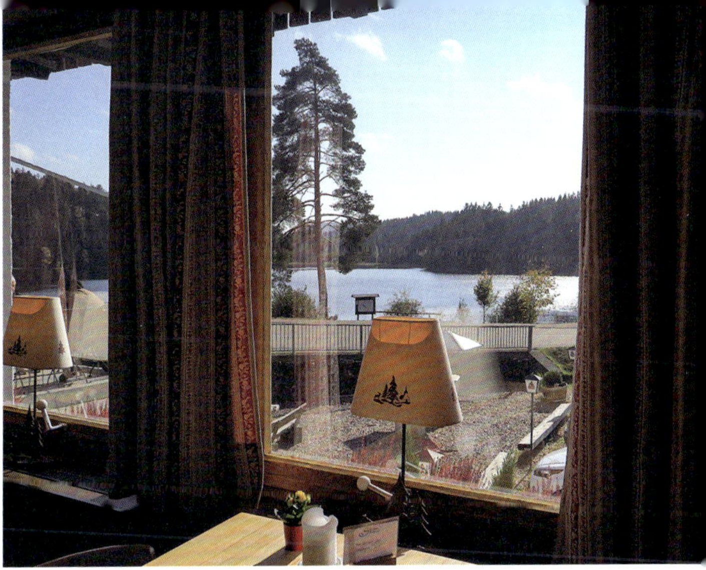

Schöne Aussichten – vom Seehof zum Windgfällweiher

auch gereiften) sowie Wurst aus eigener Tierhaltung, auch Trockenfleisch nach Bündner Art sowie haltbar eingeweckte Produkte wie Rinderbrühe und ein guter Gulasch. Gute Leut', feine Produkte, anerkannte Landschaftspflege, autonom und lokal erzeugt – Respekt!

Bergbauernhof Till, Äule 9 (an der L 146 Oberaha-Menzenschwand), 79859 Schluchsee, Tel. 07656-1792; hof-till.de, Hofladen mit Demeter Produkten werktags, außer So und Mi.

Am Windgfällweiher Als Alternative zum viel besuchten Schluchsee eignet sich das Restidyll Windgfällweiher (966 m) nur bedingt. Die B 500 führt ufernah am See vorbei, auf der anderen Seite schrammen die Gleise der Dreiseenbahn an den Holzkabinen des nostalgischen Freibades entlang. Die Kreisstraße rüber nach Raitenbuch und Lenzkirch und das Gasthaus Seehof beim Parkplatz am Seezugang sorgen für weitere zivilisatorische Akzente. Ob in Zukunft noch ein Wohnmobilstellplatz dazukommt, wurde bereits erwartbar kontrovers diskutiert.

Auch am Windgfällweiher geht es somit einmal mehr um die Frage Käseglocke versus touristische Verdichtung. Wobei die Lage zwischen Titisee und Schluchsee ohnehin für Grundlast sorgt. An einem ruhigen Tag in der Nebensaison ist der See mit der Badanstalt und den schilfbestandenen Gestanden mehr als einen Blick wert.

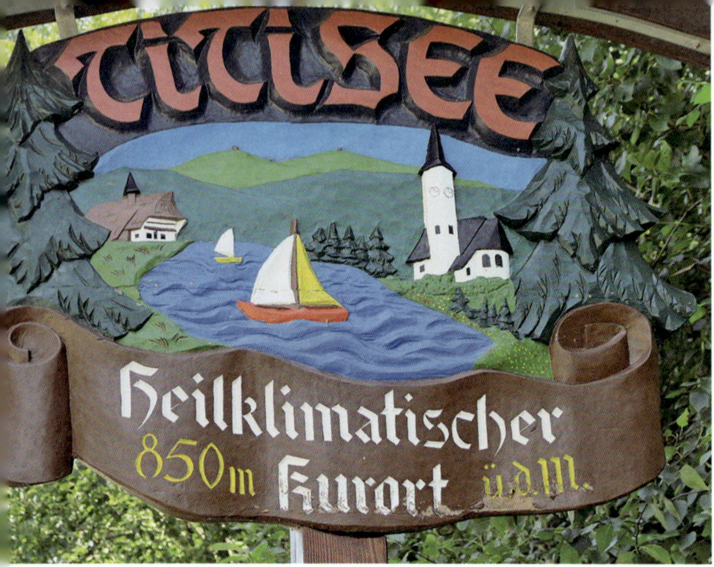

Was erlauben Titisee ?

Kleine Inspektion in Titisee Die Frage, wie viel Tourismus einem viel versprechend gelegenen Platz gut tut, wurde in Titisee bereits vor Generationen entschieden. Man muß sich nur die reizenden historischen Schwarzweißfotos in *Treschers Schwarzwaldhotel* ansehen. Eine Panoramaaufnahme aus dem Jahr 1880 zeigt den Titisee als unschuldiges Refugium mit einer Handvoll Häusern am See. Ein paar Neubauten später reichen sich zwei sportliche Damen mit Dauerwelle und wadenlangen weißen Tenniskleidern die Hand nach dem Match. Noch eine Generation und ein paar Hotels später landet ein einmotoriges Sporflugzeug auf dem zugefrorenen See.

Wie die Geschichte weiterging, ist bekannt. Verkehrsleitsystem, Kfz- und Buslandeplatz gleich am Ortseingang, eine Seestraße mit unerreichter Kundenfrequenz und Souvenirdichte. Die „Größte Steinofenpizza im Schwarzwald" gibt es gemäß Selbstauskunft der Pizzeria Passarella ebenfalls in der Seestraße, natürlich mit Seeblick.

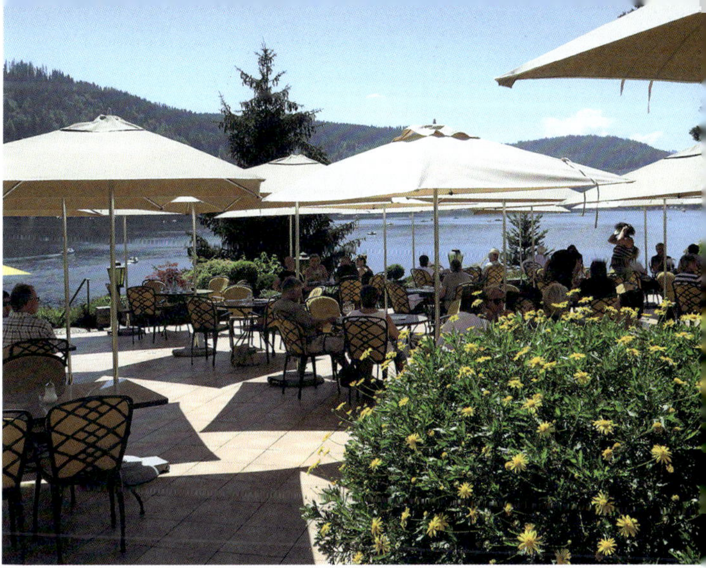

Aber bitte mit Seeblick – Treschers Schwarzwaldhotel

Was Titisee erlaubt, ist einfach zu beantworten. Alles, was Gäste und Umsatz bringt. Wobei es auf die Ausgestaltung ankommt. Beim internationalen Tagestourismus zählt der Quotient aus umgesetztem Euro pro Gastminute. Die Seestraße in Titisee dürfte in der Hinsicht unerreicht sein.

Im höheren Wellness-Segment, das Titisee mit Komforthäusern wie *Brugger am See*, dem *Seehotel Wiesler* und der Ikone *Schwarzwaldhotel* durchaus auch zu bieten hat, wird anders gerechnet. Vom Relax-Bereich über Romantic Moments bis zum Lückentag im Day Spa wird alles geboten, was neudeutsche Gästebeglückung ausmacht und die Gäste lange auf dem eigenen Feriendampfer hält.

Zwischenbilanz: Titisee-Downtown hat genug von allem, an Spitzentagen im Sommer aber zu wenig Platz für alle. Andererseits bietet der See aber auch noch so etwas wie ein Überlaufbecken. Das liegt nur mäßig versteckt am Ufer gegenüber, im Seitenaus bei den großen Campingplätzen. Dort, wo der vom Feldbergwald herunterkommende Seebach

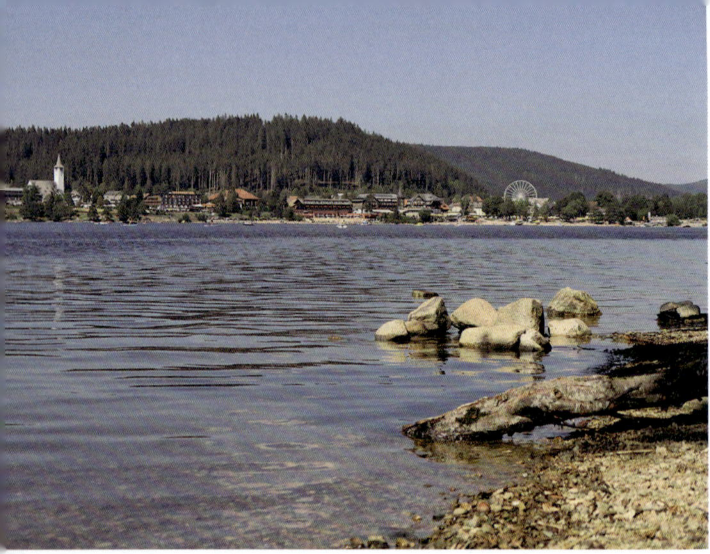

Beim Seebach wird es ruhiger – am Titisee Südostufer

mündet, den dunkelblauen See speist und für alles, was danach kommt, ursächlich verantwortlich ist. Wie so oft wurde der Bach auch in Titisee nicht gefragt, ob es so recht ist.

Trotz allem gibt es für den antizyklischen Besucher auch Chancen auf ruhige Stunden. Ich erinnere mich an Momente auf den Terrassen der großen Hotels, vor Ausbruch des Kaffee & Kuchen-Ansturms. An klaren Tagen im Hochsommer strahlt der Seespiegel wie ein polierter Oldtimer – fast zu schön zum Anfassen und Reinspringen.

Stilleres Wasser am Titisee Beim Hotel Wiesler gibt es mit dem *Bootshaus* direkt am Ufer eine lässige Verweil-, Einkehr- und Bademöglichkeit (Strandbadstraße 3, Tel: 07651-88161). Ruhige Badebuchten sind an der gegenüberliegenden Seeseite, vor allem nordöstlich vom *Campingplatz Sandstrand*.

Etwa auf halbem Weg der Kreistraße 4962 vom Ort Titisee zum Campingplatz beim Bankenhof liegt der *Alemannenhof* in Aussichtslage über dem Ufer. Das Hotel gehört zur Drubba-Gruppe; die begann 1956 mit einem Kiosk am Titisee und

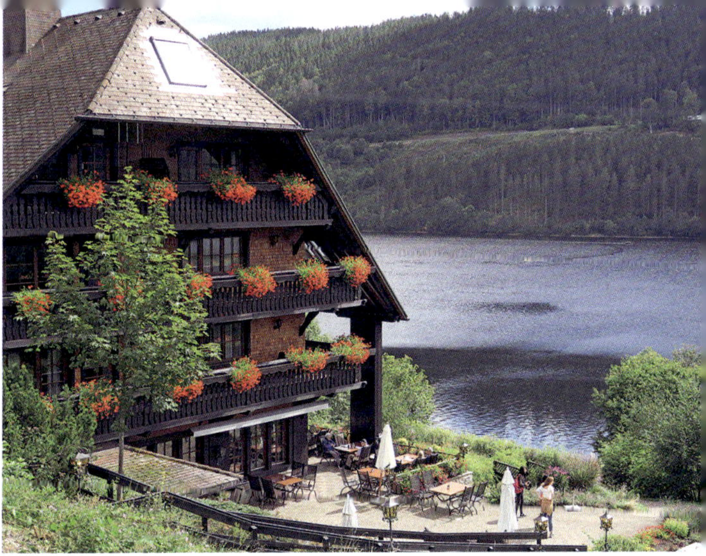

Ansitz über der Lichtung – Hotel-Restaurant Alemannenhof

beschäftigt heute 250 Mitarbeiter aus aller Damen und Herren Länder. Von der Bootsfahrt auf der Piratengaleere bis zur goldenen Uhr, vom Rimowa-Koffer bis zum Schwarzwälder Kirschwasser gibt es im Drubba-Imperium alles, was Black-Forest-Visitors begehren. Auch der Quotient aus Umsatz pro Minute Verweildauer dürfte stimmen.

In der Drubba-Hauskollektion wird der Alemannenhof als Boutiquehotel vermarktet. Was immer das heißen mag, geübte Antizykliker könnten im Alemannenhof auf der Bar- und Restauran-Terrasse Platz nehmen, eine Brotzeit einnehmen und das Revier am See wie vom Hochsitz aus bestaunen.

Tatsächlich hat der Titisee etwas von einer Lichtung, die Reisende offenbar magisch anzieht. Die Scheuen unter ihnen finden unterhalb vom Alemannenhof sogar das Sonnendeck und einen direkten Seezugang, mit Badesteg für die Hausgäste. Summe: Was die Möglichkeiten angeht, erinnert der See an einen bekannten Baustoff. Titisee, es kommt darauf an, was der Besucher daraus macht.

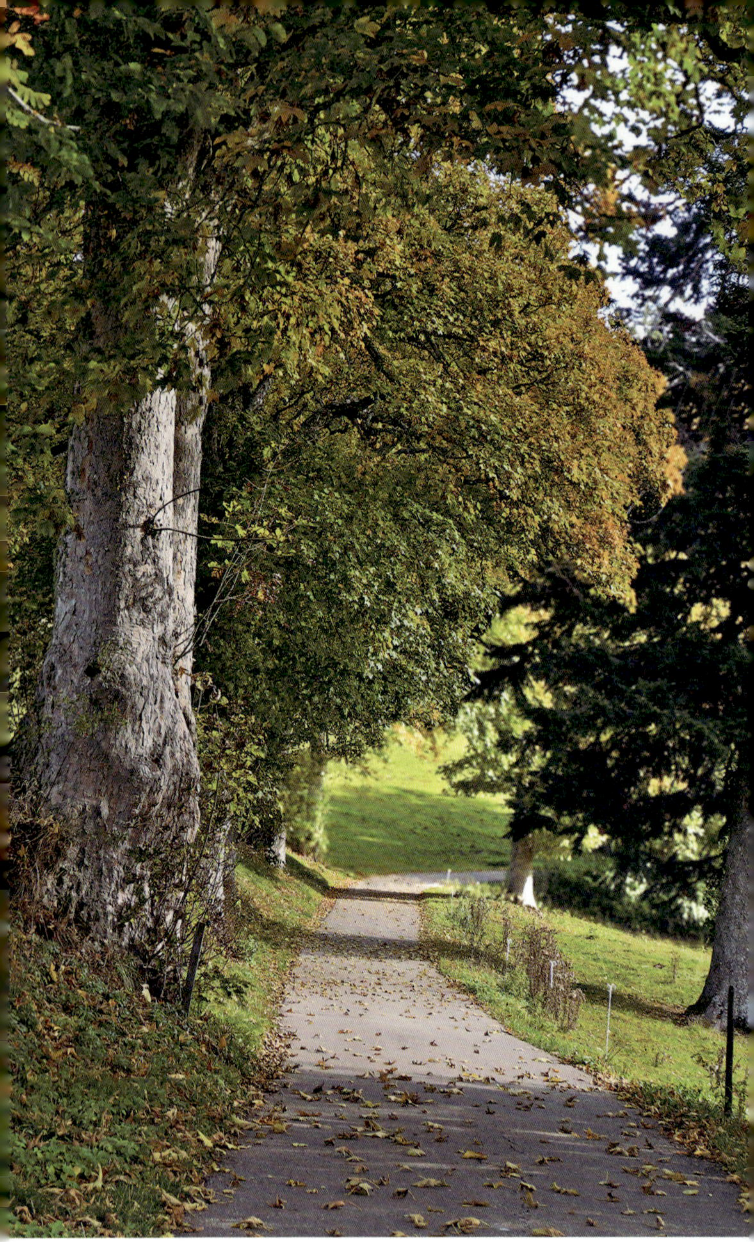

Fast schon offroad – von Saig über Hiera nach Kappel

23

Schmale Wege um Saig und Kappel

Im Osten wird der Schwarzwald weit. Was die Landschaft an Dramatik verliert, gewinnt sie an Raum. Mit Ausnahme der Gutachschlucht ist auf den Höhen um Lenzkirch wenig von der heftig gefalteten Berg- und Tallandschaft des Südwestschwarzwaldes zu sehen. Dafür bieten höher gelegene Siedlungen wie *Saig* und *Kappel* ein anderes Landschaftsbild: ansprechender Wald- und Weideschwarzwald.

Von Saig führt ein asphaltiertes Nebensträßle über den Weiler Hiera und das Hierakreuz nach Osten – es ist eine Landstraße im alten Wortsinn. Rüber nach Kappel sind es gerade mal fünf Kilometer, eine lohnende Stunde zu Fuß, ein paar Minuten mit dem Rad und dennoch eine Strecke, die einen Tag im Hochschwarzwald verzaubern kann.

In Hiera irritiert da und dort der schier unendliche Formenvorrat moderner Haus- und Ferienhausbauten, in dem kaum eine Lösung aus dem Baumarkt fehlt. In Richtung Hierakreuz wird das Bild bald ansehnlicher. Denn da wä-

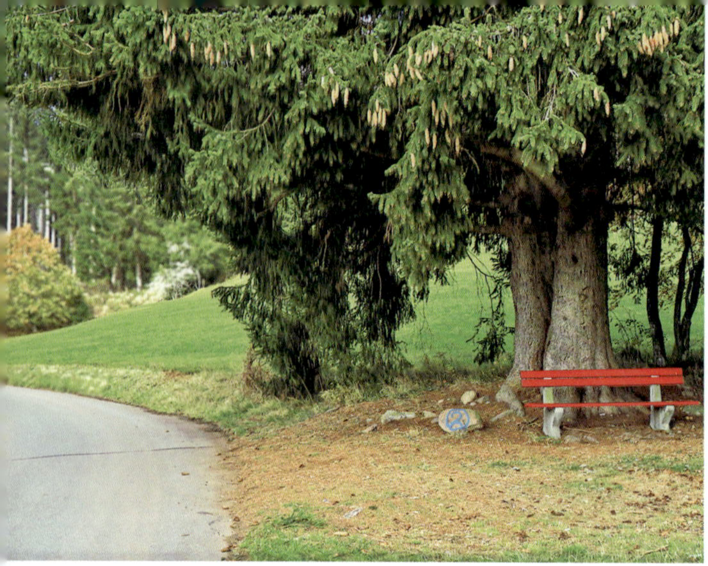

Da, wo sie hingehört – die Bank am Kapfwald

ren das Herbstfeuer des Bergahorns, gleißendes Winterlicht, satte Sommerwiesen. Nicht zu vergessen der Duft des Nadelwaldes am Hierakreuz und die rote Bank am Kapfwald oberhalb von Kappel. Eine Ruhebank steht dort unter dem Dach eines Fichtensolitärs. Ein stilles Zeichen genau da, wo es hingehört. Es ist einfach ein Vergnügen, zwischen Saig, Kappel und dem Himmel, zwischen Hochwald und Weide, Dorfschau und Einkehr zu promenieren.

Walmdach und Alpenblick Von der Höhe um Saig und Kappel sind es nur ein paar Kilometer Luftlinie zum Titisee, aber nichts erinnert an den Souvenir- und Bootlesrummel vom See. Dafür beschaulicher Hochschwarzwald mit runden Kuppen und weiter Sicht. Von Falkau mit seinem Retro-Luftkurortcharme bis rüber nach Saig und Kappel ließen einst Freiburger Professoren und Rheinländer Fabrikanten Wochenendhäuser auf die Sonnenhänge bauen. Zu Zeiten, als das Mittelmeer noch weit weg war.

Bei anderen Gästen waren es medizinische Gründe, dar-

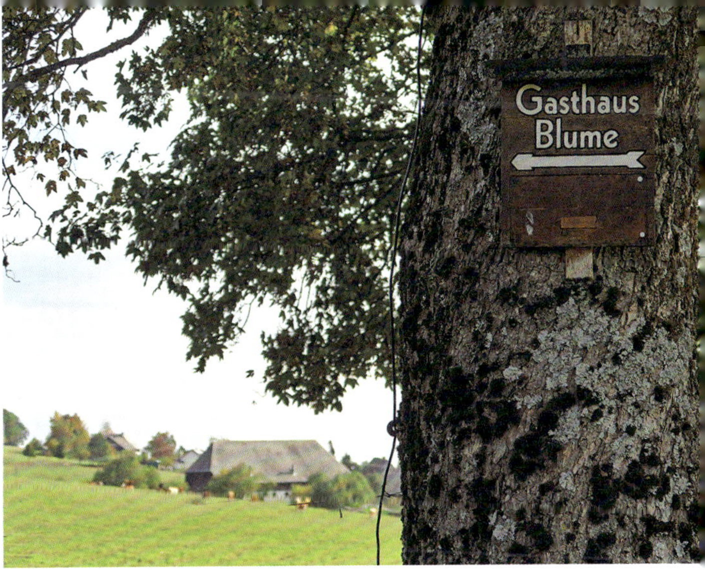

Unverdichtet – Land um Kappel

unter auch die „ozonreiche Luft" aus dem Zeitalter vor Verkündung von Grenzwerten. Eine Pensionärin erzählte mir in der Blume, ihre Familie sei wegen einer chronischen Atemwegserkrankung ihres Sohnes nach Saig gezogen. Der Junior ist längst über alle Berge, aber die Mutter blieb dort und fühlt sich seit Jahrzehnten wohl.

Ein paar alte Villen stehen noch, mit Alpenblick, Zauberberg-Anmutung und geschützter Veranda unter der Walm. Bei einer gibt es ein Wassertretbecken in der Ecke des großen Grundstücks, das von einem Lattenzaun begrenzt und von Bäumen betont wird. Manches Haus wurde saniert oder auch entkernt und mit Zweizimmer-Appartements, Küchenecke und Tiefgarage zum banalen Domizil.

Hoch hinaus nach Saig und Kappel Es war damals sicher besonders, wenn die Wochenendgaste mit der Eisenbahn kamen oder sich mit ersten Kraftwagen in den Schnee vorwagten. Noch heute hat ein sonniges Wochenende hier oben mehr Potential als eine pflichtschuldig abgespulte Kurzreise,

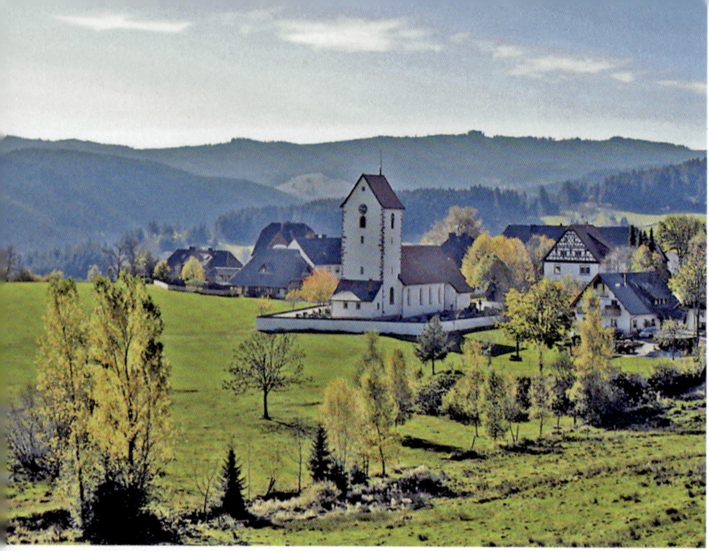

Indian Summer in Saig

man muß da und dort halt genauer hinschauen.

„Durch den Hochfirstrücken erhält Saig Schutz gegen Nordwinde; durch seine nach Süden offene Lage wird das Klima im Verhältnis zur beträchtlichen Höhenlage sehr günstig beeinflußt. Man findet hier noch eine überraschende Vegetation, besonders aber fällt auf, daß hier noch Obst, selbst Birnen auf freiem Felde gedeihen.“

Was der Gästeführer KURORTE UND HEILQUELLEN DES GROSSHERZOGTUMS BADEN im Jahr 1905 berichten konnte, gilt bis heute. Oder so: Saig streckt sich auf sonniger Weide wie die Katze auf dem Kissen.

Auch Lenzkirch-Kappel bietet viel offene Landschaft und Chancen in der Klasse verschwundene Momente. Etwa bei der Visite des hartnäckig überlebenden ehemaligen Kurparks, oder im reizend-naturnahen, erst jüngst sanierten Höhenfreibad mit dem denkmalgeschütztem Kiosk-Umkleide-Ensemble aus dem Jahr 1934. Der Bauerngarten vor dem *Gasthaus Blume* zählt zu den prächtigsten seiner Art um

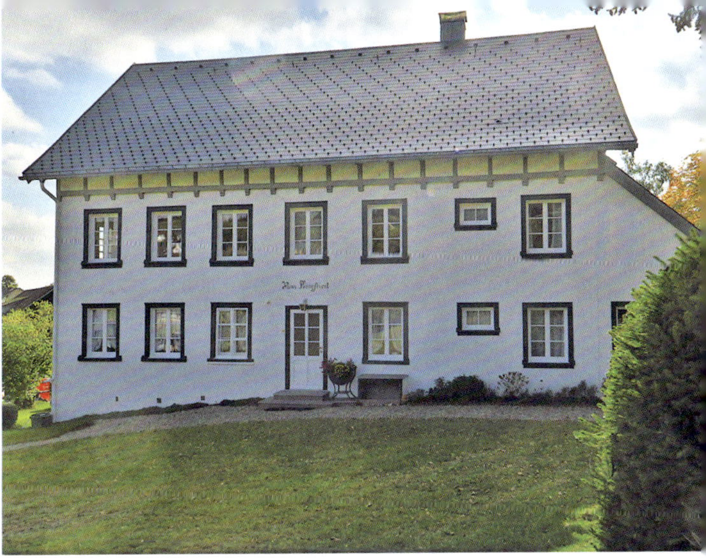

Domizil in Lenzkirch-Kappel

Lenzkirch, das *Haus Bergfried* steht so im Land wie es heißt. Zum Eingang führt ein gekiester Weg.

Landschaft wie ausgerollt Im Osten der Schwarzwälder Kammlagen gibt es weniger schroffe Wechsel und mehr Landschaft wie ein ausgerollter Teppich. Zur Animation Panoramawege am Waldsaum, Ruhebänke am Südhang. Idealer Auslauf für einen hellen Wintertag, wenn der Horizont etwas weiter sein darf. Ein nebelfreier Tag hier oben kann paradiesisch sein; wenn das Wetter nicht paßt, wenn Schnee auf grünen Matten liegt oder Nebel schwadet, ist Tristesse nicht weit.

Auch die Waldgesellschaft ändert sich: Neben dem Weideland dominieren im Osten des Hochschwarzwaldes noch Wirtschaftswälder mit Nadelholz; manchmal sind es monotone, schnurgerade gesetzte Fichtenäcker mit einheitlichem Altersaufbau, etwa um den Weiler Grünwald, der vom Forst fast verschluckt wird. Seit Jahren versucht die Forstwirtschaft, zu artenreichen Waldgesellschaften und natürlichem Alters-

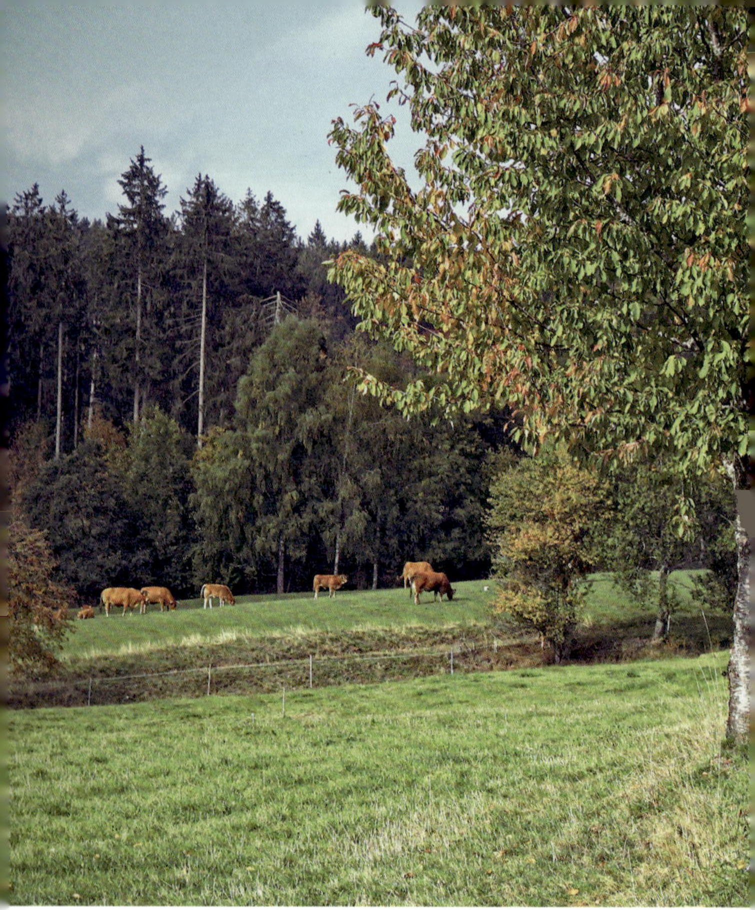

Reizvolles Abseits – am Kapfwald bei Kappel

aufbau zurückzukehren. Schon wegen der höherer Sturmfestigkeit, aber auch wegen der Risiken der Klimaveränderung, ist die Zeit der Fichtenmonokulturen vielerorts zu Ende.

Touren um Saig Gute Ausgangspunkte zur Erkundung der sonnigen Hochebene um Saig sind die Wanderparkplätze Holzmatte (oder auch Rotkreuz, an B315 nach Lenzkirch, beim Abzw. der Nebenstraße nach Saig). Oder man fährt direkt hoch nach Saig in die Ortsmitte bei der Kirche, bzw. beim zentral

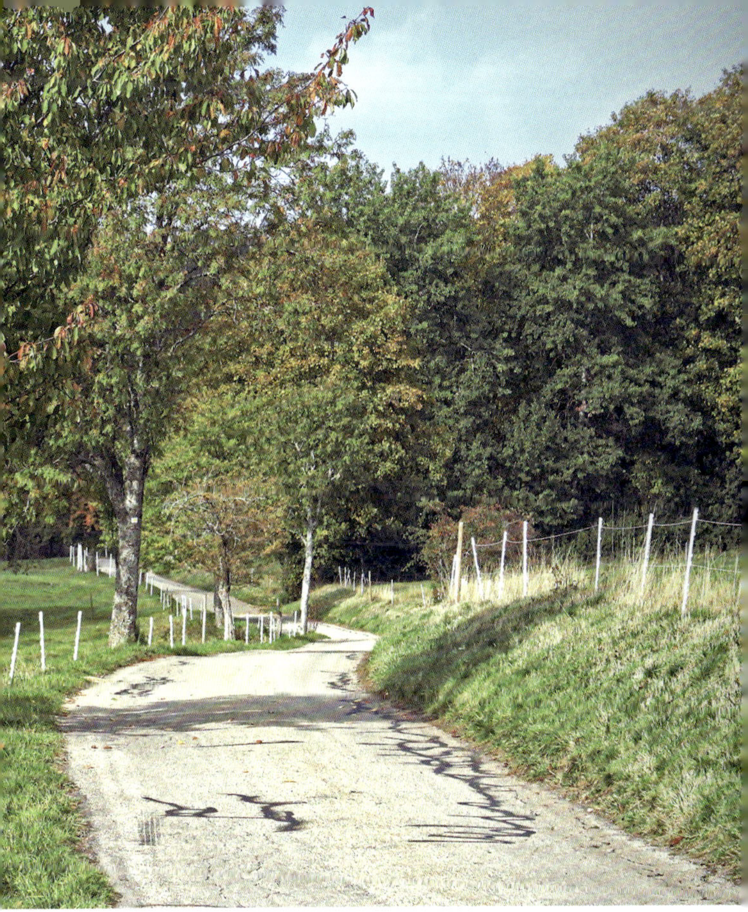

gelegenen Ochsen. Von hier Möglichkeiten in alle Himmelsrichtungen.

„Heilklimatischer Luftkurort" Das etwas in die Jahre gekommene Prädikat trägt Saig bis heute. Seine Randlage am Fuße des Hochfirsts sorgt für Beschaulichkeit, die – drei Kilometer Fußweg von Titisee entfernt – kaum jemand vermuten würde. Die Hotelanlage auf der Saigerhöhe sorgt aber zumindest am Wochenende für einige Gäste. Im Ortszentrum dominiert

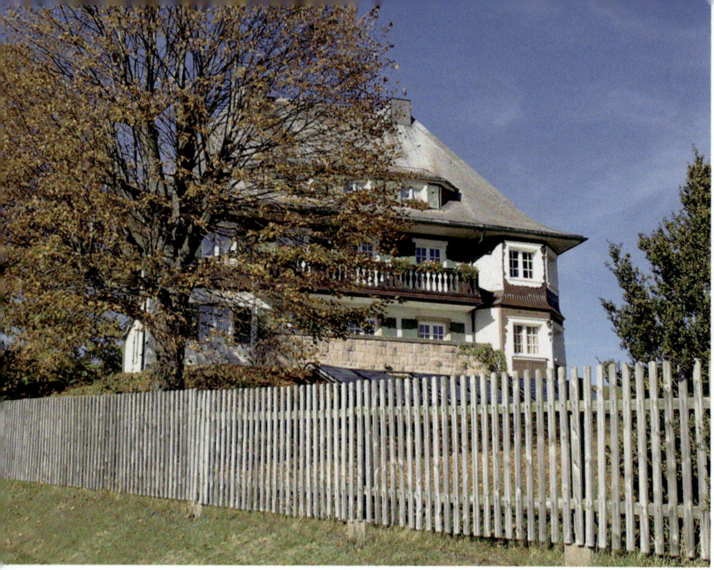

Frühes Architektenhaus in Saig

die imposante Schindelfassade des *Ochsen* mit angebautem Gästehaus. Das einst so beliebte *Café Alpenblick,* ein Kuchentempel in Traumlage oben am Saiger Waldrand, wurde 2013 zu einem Seminarhaus. Die gleichnamigen Ferienwohnungen im Anwesen daneben werden aber weiter von den früheren Alpenblick-Gastgebern vermietet (alpenblick-saig.de).

Der Hochsommer um Saig und Kappel Man könnte in einer Stunde auf dem eingangs erwähnten Feld-, Wald- und Wiesensträßle von Saig rüber nach Kappel gehen. Man könnte die samtig-feuchte Kühle des Hochwaldes auf seiner Haut spüren, eine Weile im weichen Gras einer Böschung verweilen, hernach im blauen Freischwimmbecken von Kappel abtauchen und anschließend in der nahen *Blume* einkehren; nur zum Beispiel. Wer gleich nebenan lebt, nimmt solche namenlosen Geschenke vielleicht garnicht mehr, bereichernd sind sie allemal.

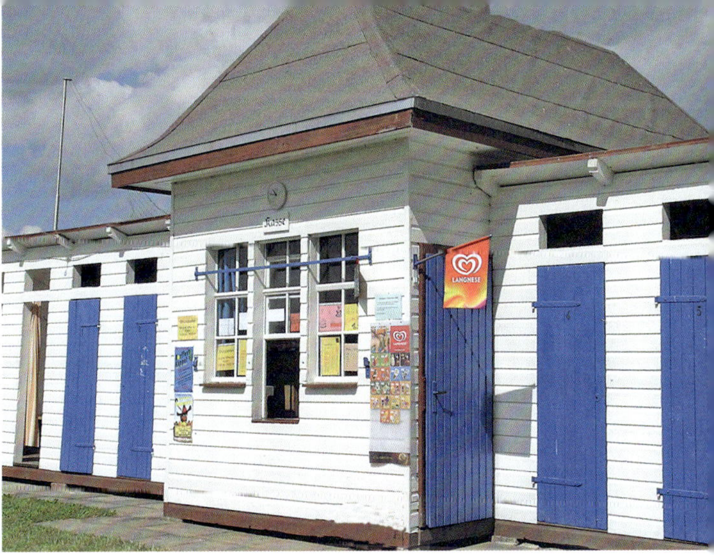

Sommerglück – Schwimmbad Lenzkirch-Kappel

Wandern, Schweben, Schwimmen Es gibt einige Wege um Saig – selten angenehm zu gehen sind die steigungsarmen fünf Kilometer von Salg über Hiera nach Kappel. Zur Route würde das etwas antiquierte Wort Terrainkurweg passen, es trifft die Verhältnisse ganz gut.

Die halbe Wegstrecke ist asphaltiert, was von der Kulisse aber mehr als aufgewogen wird. Es geht über sonnige Weiden, man passiert einzelne Hofstellen, im Hochwald moosweiche Böden und mannshohe Ameisenhaufen, zuletzt die Bauerngärten von Kappel. Manchmal leuchten dort noch Ende Oktober die Astern durch den Lattenzaun.

Die Höhenvariante Teils mit Alpensicht verläuft die höher (zunächst am Waldrand) verlaufende Wegstrecke von Saig nach Kappel. Beginn am Wanderwegweiser Turmweg, weiter bis Kappel über: Marienkreuz - Ob dem Vitenhof - Großmoos - Kappel, Gasthaus Blume.

Der Weg bietet zu Beginn viel Ausblick nach Süden und Sonnenbänke mit Alpenblick wie auf einer Perlenkette. Fortsetzung dann im Hochwald und oberhalb des Weilers Hiera, zuletzt vorbei am herrlich gelegenen Freibad von Kappel (vgl. übernächste Seite).

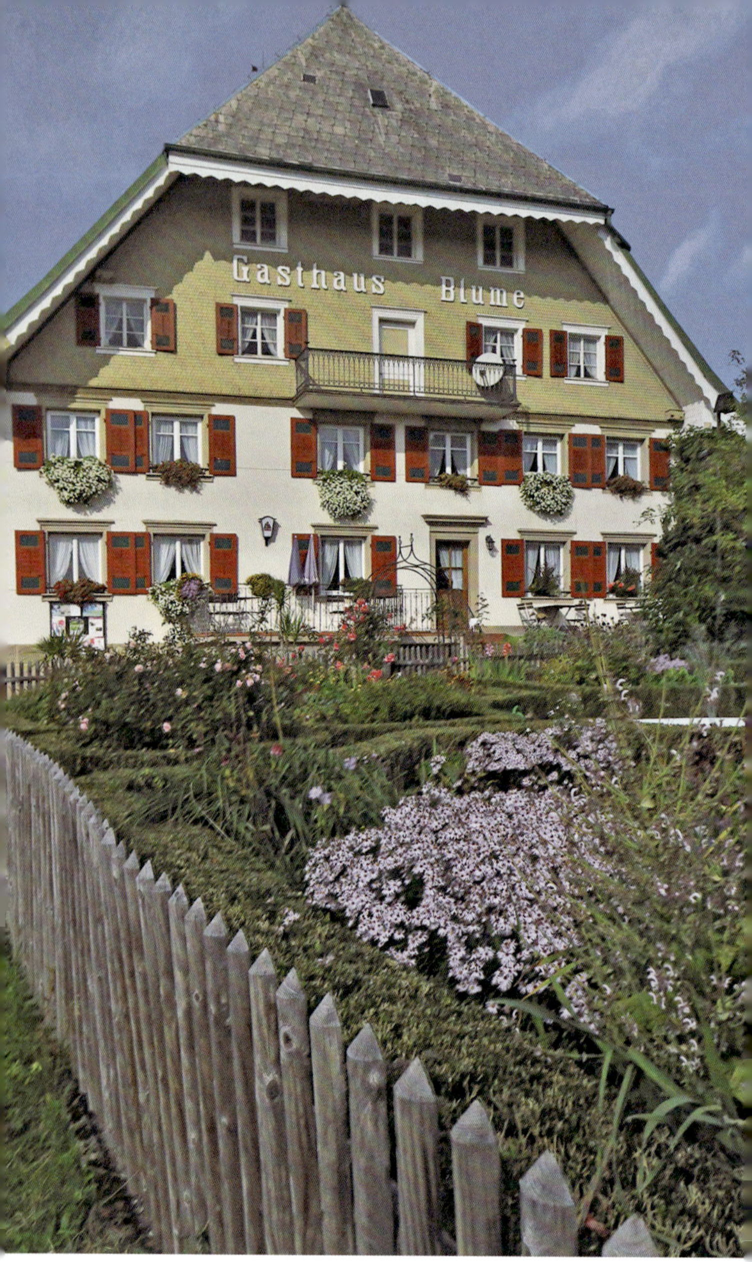

Ein Bild von einem Gasthaus – Blume, Lenzkirch-Kappel

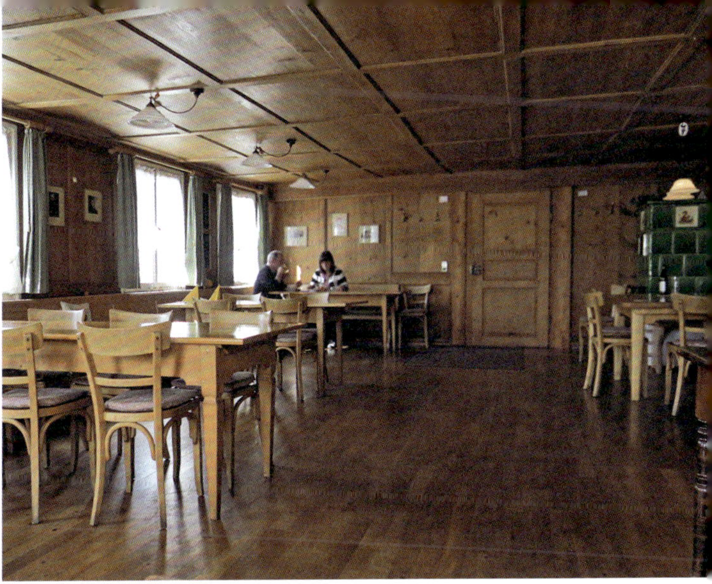

Stube mit Vollausstattung – Blume, Kappel

Lenzkirch-Kappel Auch Kappel bietet ruhigen Hochschwarzwald und Raum für eigenen Antrieb. Der Blick reicht bei hellem Wetter vom Feldbergrücken bis zu den Alpen. Nach Osten weiche Formen wie sie für den Übergang zur Baar typisch sind. Mitten in Kappel, wo man wenig mehr als einen Wanderparkplatz erwarten würde, eine gastronomische Überraschung:

BLUME, Lenzkirch-Kappel Schon der Bauerngarten mit den Buchsrabatten sorgt für Einkehrlaune, erst recht die 200 Jahre alte Vollholz-Stube. Die Blume ist eine gut erhaltene Einkehr, nicht aufgerüscht und für Touristen rausgeputzt. Das Anwesen wurde vor fünfzehn Jahren renoviert und an Ulla Kramer verpachtet, seither ist hier eine unaufgeregte Frauenwirtschaft. Das gilt auch für die übersichtliche Karte. Es gibt Vesper kalt und warm, darunter gute Bratwürste mit Sauce, eine Tagessuppe und einen redlichen Tagesteller, am Wo-

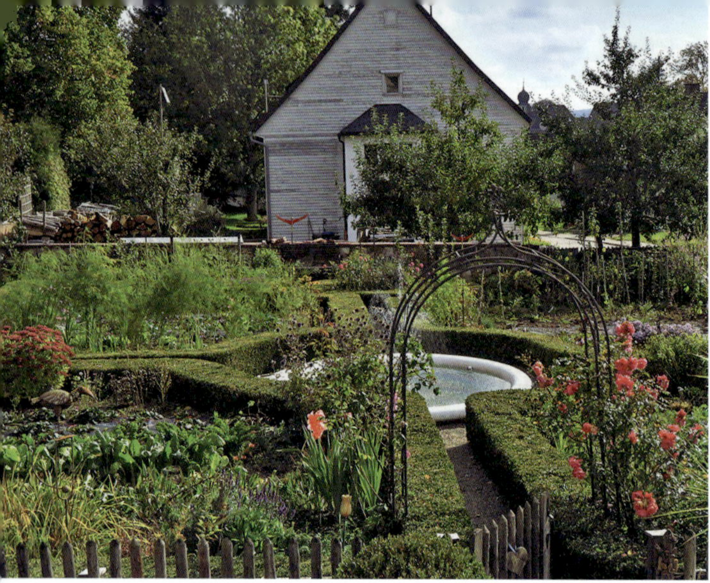

Alle Wege führen in einen Garten – auch in Kappel

chenende nach dem Mittagsservice hausgemachte Kuchen.

Die Gäste passen zum volksnahen Charme des Hauses. Es kommt Lokalpublikum, darunter tatsächlich Familien mit Kindern, die länger als drei Minuten ohne Schreianfälle am Tisch sitzen. Auch mal Trachtenträger mit und ohne Instrument, mehr Freisinn als Staatsglaube. Am Stammtisch sitzen auch Flaschenbiergäste in Forstkleidung – Schwarzwald gefühlsecht.

Die Blume ist zudem ein Gasthaus, dessen Raumwirkung und Akustik Wohlfühlingenieure zum Nachdenken bringen müßte. Auch in der Blume wird einem klar, wie viel heiße Luft heute verbreitet wird.

Gasthaus Blume (Ulla Kramer), 79853 Lenzkirch-Kappel, RT: Mi und Do. Tel. 07653-6444, Preise: günstig. Nebenraum; kleine, aber verlokkende ♠ Veranda.

Der **Bauerngarten** vor der Blume wird vom Hauseigentümer gepflegt. Eine klassische Anlage mit Buchsrabatten, Nutzpflanzen und Blumen,

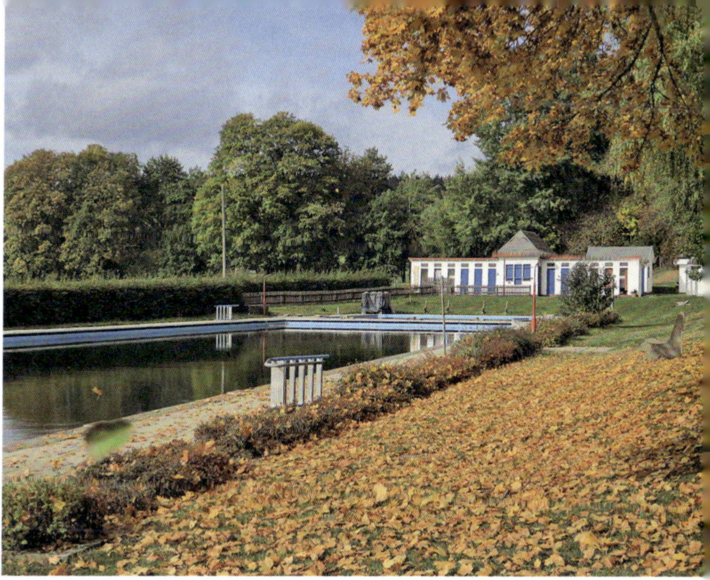

Der Sommer isch over – im Freibad Kappel

man beachte den alten Holunder im Eck sowie die Kräuter und die Steinsammlung um's Haus.

Freibad Lenzkirch-Kappel Ein kleines Bad, aber was für ein Kleinod! Das naturnahe Idyll liegt auf einem himmelweiten Plateau, gut einen Kilometer westlich vom Ortsteil Kappel. Dort oben fühlt man sich wie auf einer Insel, Wasser und Wolken sind jedenfalls nah. Es lockt ein saniertes Becken mit quellkaltem, klarem Wasser, leuchtende weißblaue Holzkabinen aus dem Jahr 1934, kleiner Kiosk. Ein Freibad im Wortsinne, eine Wonne für Körper und Seele. Ein engagierter lokaler Förderverein kümmert sich um den Erhalt der so einzigartigen wie beispielhaften Anlage, die mehr als ein Schwimmbad ist. Der geplante und bereits beschlossene Umbau in ein Naturschwimmbad wurde wegen derzeit fehlender Fördermittel bis Mitte der 2020er Jahre aufgeschoben. Gleich wie, bitte weitermachen!

Geöffnet in der Regel im kurzen Hochschwarzwälder Sommer, also etwa von Mitte Juni bis Anfang September. Erlenbachweg 50, 79853 Lenzkirch-Kappel, Tel.: 0170-9279873, im Freibad während der Saison; freibad-kappel.de.

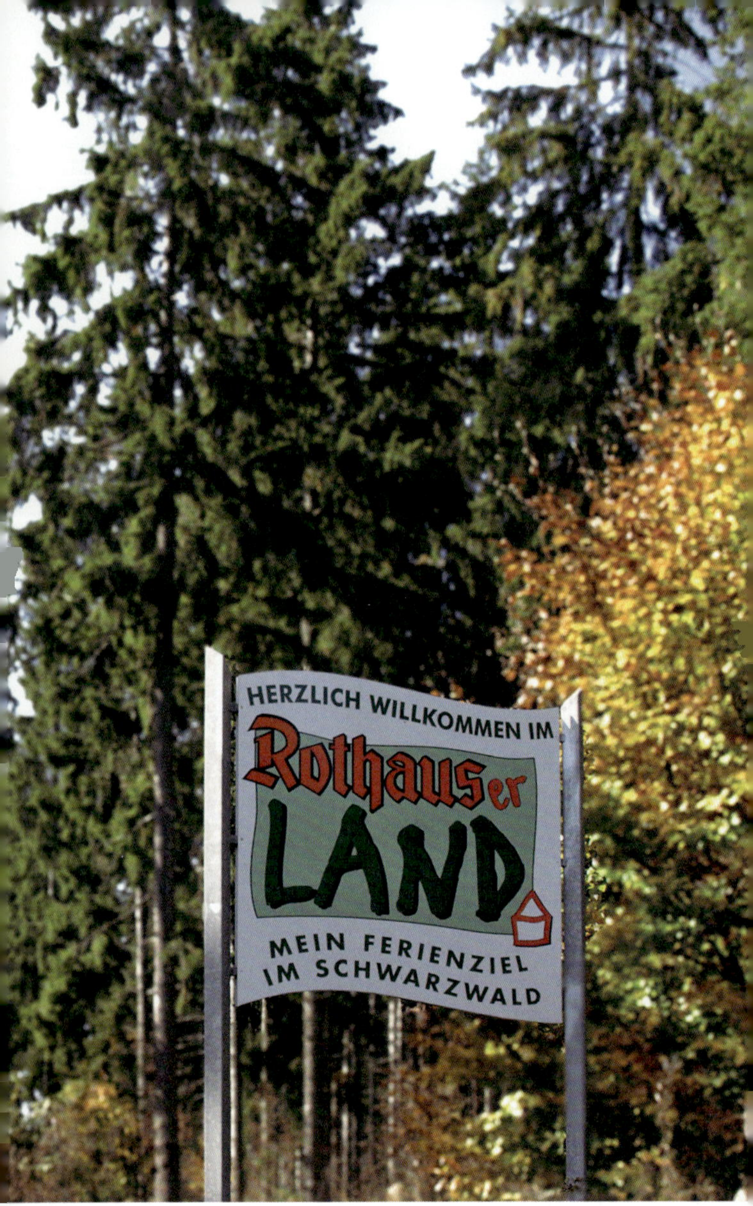

Straßenbegleitinformation im Rothauser Land

24

Im Rothauser Land

Das Hoheitsgebiet Rothauser Land reicht kaum zu übersehen bis zur *Badischen Staatsbrauerei*. Es grüßen Hinweisschilder, ein Premiumkreisel vor der Brauerei sowie ein Firmengelände als Freizeitpark. Mit biernahem Entertainment, Zäpfle-Weg, Brauerei-Shop, Gastronomie, neuem Hotelanbau, Foodtruck-Festival und so weiter.

Offen bleibt die Frage, ob eine Privatbrauerei oder ein Bratwursthersteller ähnlich prominent an einer Landstraße werben könnte, dürfte? Aber das regelt unser schlanker Staat sicher per Ausführungsverordnung. Fraglich auch, ob die Vermöbelung von Schwarzwälder Gasthofterrassen mit Sonnenschirmen und Brauerei-Devotionalien schon ihren Höhepunkt erreicht hat oder ob diese Spielart der Horizontbelastung weiter zunimmt

Vom Klosterbräu zum Radlerzäpfle Die Brauerei in Rothaus wurde 1791 vom Benediktinerkloster St. Blasien gegründet, durch die Säkularisation kam sie 1806 zum Großherzogtum

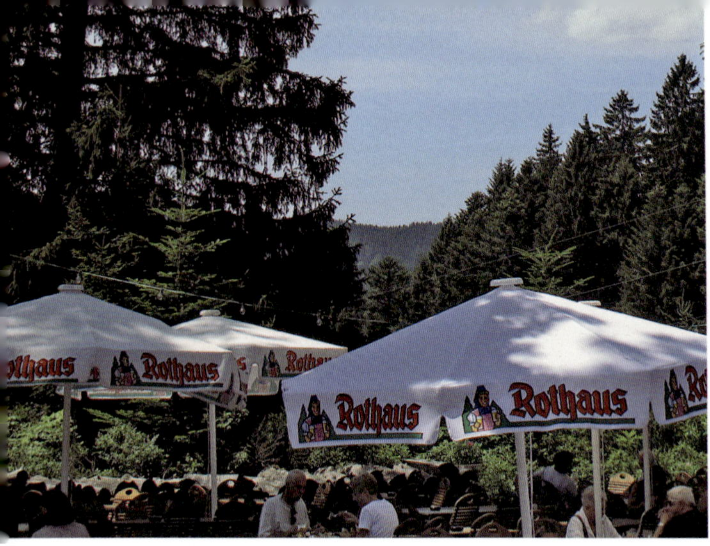

Zäpfle & Events – Rothaus Biergarten

Baden. Seit 1922 ist die Badische Staatsbrauerei Rothaus eine Aktiengesellschaft, deren Anteile das Land Baden-Württemberg hält. Der Landesbetrieb Rothaus wurde in den letzten Jahren dynamisch weiterentwickelt, wozu auch der stete Marketingrummel um das Leitprodukt *Tannenzäpfle* gehört. Zur badischen Lebensart in der „Rothaus Genusswelt" gehören aber auch Spaßbiere wie das *Radlerzäpfle* und ein breites Veranstaltungsprogramm.

Was Bekanntheitsgrad und Markenpräsenz angeht, ist Rothaus eine Erfolgsgeschichte. Private Brauer, möglicherweise auch Steuerzahler, sowie die Randgruppe all jener, die das Brauen nicht zu den Kernaufgaben der öffentlichen Hand zählen, dürften die Expansion der Staatsbrauerei vermutlich mit gemischten Gefühlen betrachten. Aber jetzt kommen wir vom Thema ab.

Stabilisierung und Strukturförderung Einst kam der Brauerei im strukturschwachen Hochschwarzwald auch eine soziale Funktion zu. Rothaus garantierte sichere Arbeitsplätze

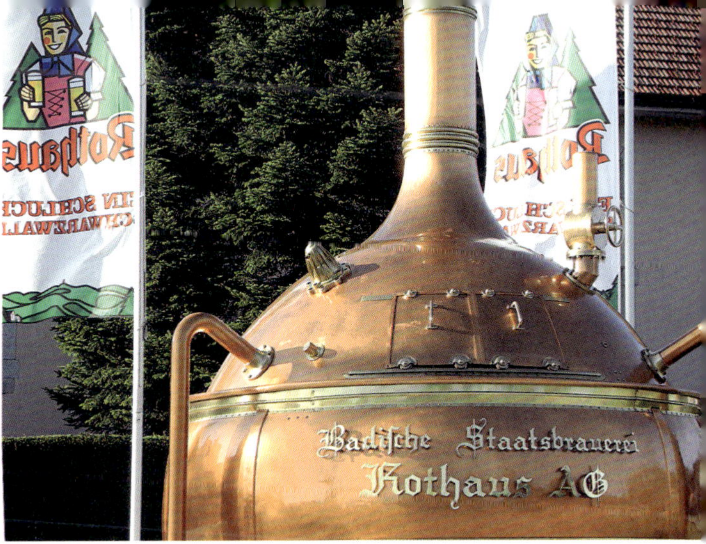

Üppig möbliert – Rothauser Land

und das Rothauser Bier, so hieß es jedenfalls, sei ein probates Mittel gegen das Schwarzbrennen und die Schnapserei. Wenn schon Suff, dann zumindest unter staatlicher Aufsicht.

Vor einhundert Jahren war das Rothauser Land eben noch kein Ferienland, sondern ein Risikogebiet: Wir schließen die Augen und denken an Kerzenlicht, kleine Fenster in einfachen Stuben und lange Winter. Die tiefe Decke, die Stille in der Stube, die sich wie Klebstoff über alles legt – Schwarzwälder Mehltau. Ein Leben auf den entlegenen Höfen barg Risiken, Spiel und Suff gehörten dazu – und irgendwann war dann der Hof weg.

Familiäres Scheitern, Krankheit und mißratene Hofübergabe passen zwar nicht zur Tannenzäpfle-Romantik um Rothaus, Schicksal kommt aber vor. Höfe mit riesigen Flächen waren überschuldet, gingen nieder und fielen irgendwann dem Land zu. Manche Liegenschaft wurde zur Staatsdomäne. Auch eine Geschichte aus dem Rothauser Land.

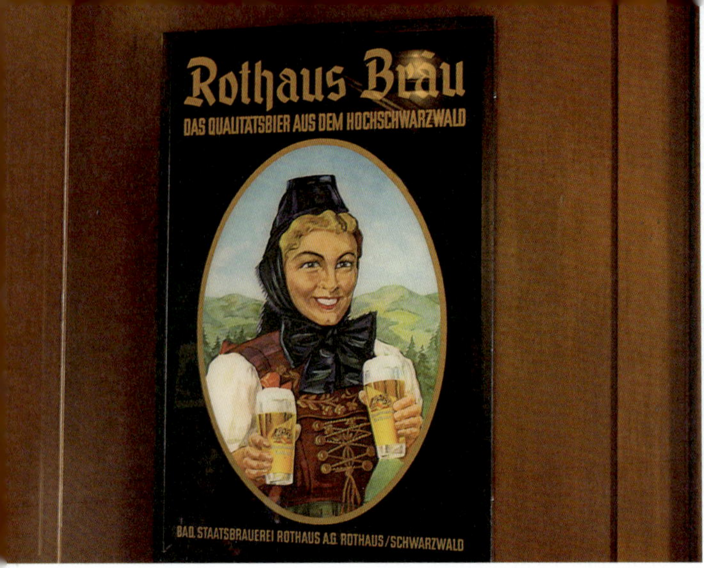

Rothaus Pin-up „Biergit" – historische Variante

Hotel-Gasthaus ROTHAUS Der Gasthof zur Brauerei ist nicht zu übersehen: Ein grauer Natursteinbau im historischen Kurhotel-Stil steht prominent neben dem Brauhaus, jüngst kam ein Anbau hinzu. Die Gastronomie bietet Räumlichkeiten und Speisen für alle Ansprüche. Busgruppe oder Seminarraum, Wandervesper oder Restaurant, alles drin. Unterkunft bieten freundliche Gästezimmer, 17 im Gasthof und neun Komfortzimmer in einem separaten Gästehaus.

Das breit aufgestellte Küchenprogramm paßt zur Multifunktionseinkehr. Von Schwarzwald Tapas über Events bis Saisonmenü bespielt die Küche ein überaus weites Feld zu reellen Preisen. Die Qualität der diversen Biere frisch ab Hahn gezapft ist in so einem Haus erwartbar tadellos.

In der Gesamtschau wird Rothaus – auch wegen der gastfreundlichen Öffnungszeiten – zur Adresse für alle Fälle. Verglichen mit einem traditionellen Bayrischen Brauhaus, etwa dem am Tegernsee, wirkt das Rothausareal allerdings wie ein Eventpark. Zur Kurzvisite oder auch zu einem Montagsves-

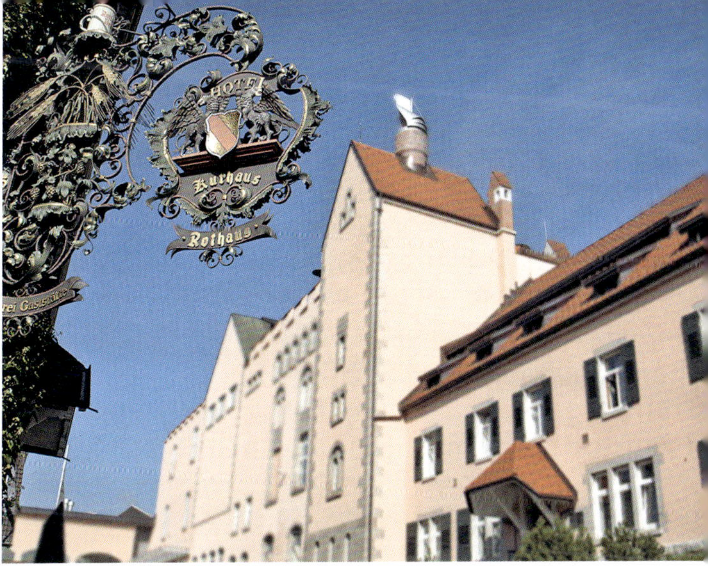

Traditions- und umsatzstark – Gasthaus und Brauerei Rothaus

per, wenn andernorts wieder mal alles geschlossen ist, taugt der Platz allemal.

Brauereigasthof Rothaus, 79865 Grafenhausen-Rothaus, Tel. 07748-522-9600, täglich geöffnet, Küche durchgehend. belebter Biergarten, moderne Gästezimmer.

Wälder um Rothaus Im Norden und Osten von Rothaus steht Nadelwald soweit die Füße tragen. Fichtenkulturen mal hoch und stattlich, mal dicht und dunkel, ein Wanderwegkreuz östlich der Brauerei heißt *Grüne Richtstatt*. Die siedlungsarmen, wenig Abwechslung bietenden Waldflächen eignen sich eher für einsame Radtouren als zum Wandern.

Wer auf der Bundesstraße 315 von Schluchsee über Rothaus nach Bonndorf unterwegs ist, durchfährt diese Waldplantagen mit Fichtenstämmen, die stramm stehen wie Kadetten. Direkt an der Biegung der Bundesstraße in Bonndorf-Mitte gab es über Jahrzehnte das *Gasthaus Germania* mit einer traditionell gutbürgerlichen Küche, seit 2022 ge-

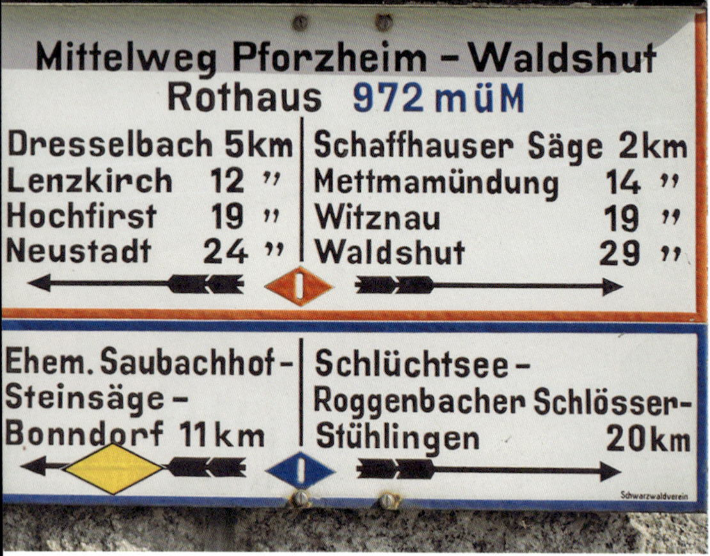

Nostalgie am Weg – alter Wegweiser des Schwarzwaldvereins

hört auch diese Adresse zum immer größer werdenden Club der verblichenen Institutionen.

Von der Plantage zum Dauerwald Lange Jahre waren die Fichten-Monokulturen im östlichen Schwarzwald ein Ideal der Holzwirtschaft. Nun kommt mehr Abwechslung in die Bestände (vgl. auch ab S. 494). Der Wandel zu einer nachhaltigen Waldbewirtschaftung wurde durch Trockenjahre und Sturmschäden beschleunigt. Bis sich das Auge am naturverjüngten Aufbau von Dauerwäldern freuen kann, wird es freilich noch dauern.

Reizende Landschaft, wie sie schon der Name *Sommerau* andeutet, gibt es dennoch, auch mitten im Rothauser Land im Tal der jungen Steina. Ausgerechnet in der Tiefe der Nadelwälder zwischen Schluchsee und Bonndorf wird Licht. Eine nach Osten geneigte Au, ein paar Häuser, Weiden, Pferdekoppel. Mittendrin ein Gasthof als Offenbarung.

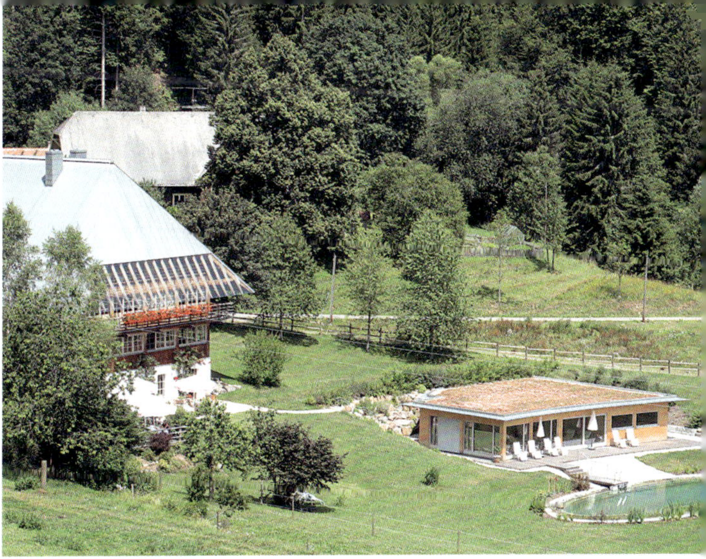

Allein auf weiter Flur – die Sommerau

SOMMERAU, bei Grafenhausen-Rothaus Ein qualitätsbewußter Familienbetrieb ohne Ausflugsrummel. 1988 brannte der alte Traditionsgasthof nieder, für den Neubau der Landesdomäne wurde zunächst ein Architekturwettbewerb ausgeschrieben. Bauaufgabe war, Holzbauweise, zeitgemäßes Wirtschaften und Einkehren zu vereinen. Dazu wurden klassische Formen Schwarzwälder Eindachhäuser zitiert und den Betriebsläufen angepaßt. Das auskragende Walmdach mit Glasüberhang läßt Tageslicht in die Gästezimmer. Die Holzfassade wurde mit Glas gegliedert; kein Ornament, das Romantik vortäuscht, wo keine ist. Dazu eine Dependance für Festlichkeiten und Gesellschaften und eine in die Sommeraue integrierte Außensauna mit Badeteich. Alles handwerklich wertig und ansehnlich ausgeführt. So wurde die Sommerau zu einem Ensemble, das seine Tradition nicht verrät und doch zeitgemäß wirkt. Einfach strikte Qualität geht also doch und könnte auch ein Hausmotto sein.

Ein Gasthaus wie die Sommerau ist allein schon wegen der

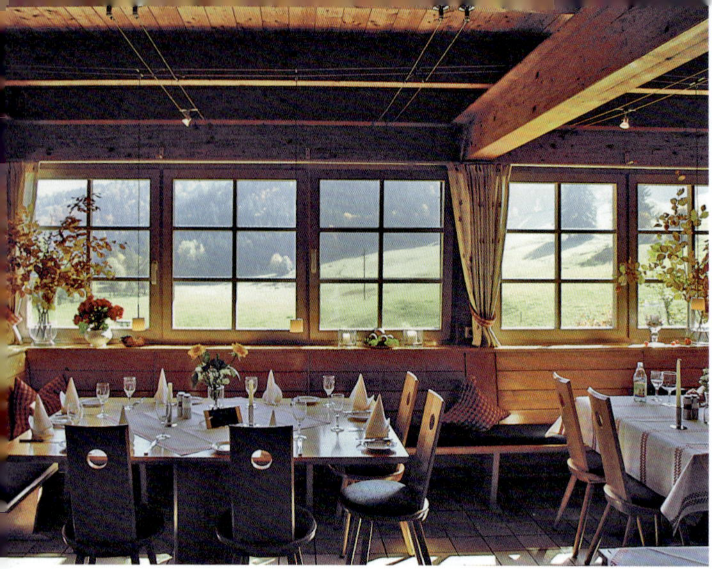

Aus guter Stube – Blick zur Sommerau

Architektur einen Besuch wert, dazu kommen Tourenmöglichkeiten ab Zimmertür und eine Küche, die zur Aussage des Hauses paßt: Qualität statt Schnickschnack und Mode. Eine überschaubare Karte mit einigen Produkten aus der Region, Wild aus eigener Jagd, Fleisch und Forellen von nebenan, sinnvolle Menüs. Dazu paßt der Stil im Haus, wozu allerdings auch das dezidiert selbstbewuße Preisniveau der Küche gehört.

Summe: ein Reformhaus mit Handschrift, ideal für eine kleine Auszeit in der Nähe. Dazu dient das gute Dutzend schlicht-behaglicher Gästezimmer mit guten Betten und dem unübertroffenen Raumklima eines Holzbauwerkes.

Schon vor Jahren konnte Wirtsfamilie Hegar die zuvor gepachtete Landesdomäne als Eigentum erwerben. Die nächste Generation ist auf der Sommerau angekommen, die Weichen sind gestellt. Ein Gasthof, der zeigt, wie es auch geht.

Gasthof Sommerau (Fam. Hegar), 79848 Bonndorf, Sommerau 1, Tel. 07703-670; sommerau.de. Zufahrt durch den Hochwald von der

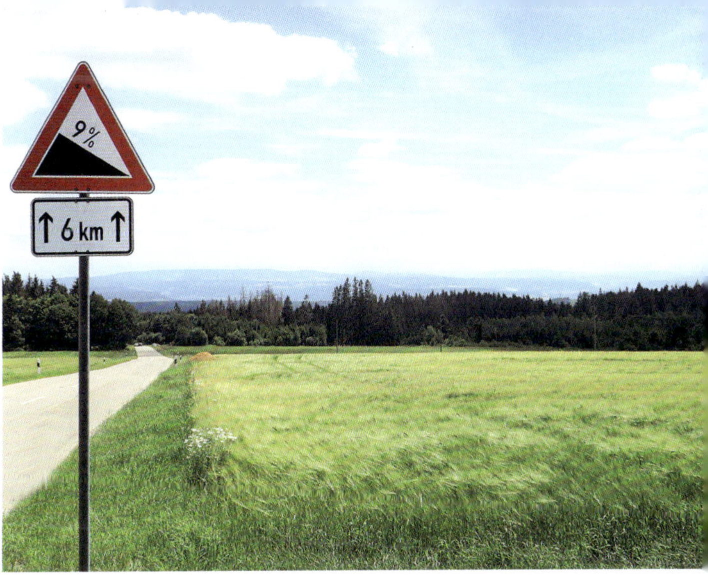

Sommer im Kornfeld – auf K 6594 nach Berau

L 170 Rothaus-Bonndorf. Man beachte den Granitstein-Wegweiser an der Abzweigung! Reizende Terrasse, Sauna mit Naturschwimmteich, sehr behagliche Gästezimmer.

Weites Land um Grafenhausen Ein Netz von Nebenstraßen erschließt die Höhenzüge im Rothauser Land zwischen Grafenhausen und dem tief eingeschnittenen Tal der Mettma ein Land ohne touristisches Zentrum. Offen und weitsichtig wirkt die Landschaft um Grafenhausen mit im Land verstreuten Teilsiedlungen. Mancher dieser Weiler liegt in alpensichtiger Südlage, mancher Hof weit vom Schuß. Und jedesmal kippt eine der Nord-Süd-Landstraßen spektakulär gen Hochrhein und die Schweiz öffnet sich als Panorama.

Rauh im Winter und sommerfrisch ist es auf den Höhenzügen um 900 Meter: längs exponierter Straßenpartien stehen Zäune gegen Schneeverwehungen, ältere Hausfassaden haben noch Eternitplatten an der Wetterseite – eigentlich gibt es hier aber vier Wetterseiten. Und trotz allem ein besonderes Höhenfreibad im Südwesten der Schwarza-Talsperre.

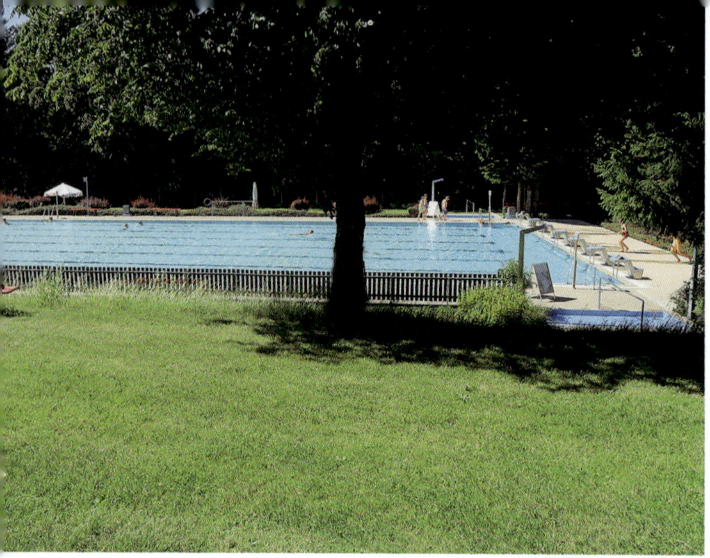

971 Meter über dem Meer – Waldfreibad bei Häusern

Waldfreibad Häusern-Höchenschwand Deutschlands höchstgelegenes beheiztes Waldschwimmbad liegt auf 971 Metern Höhe über der steilen Westflanke des Schwarzatals; eine Insel im Seitenaus der B 500 zwischen Häusern und Höchenschwand. Mit 50-Meter-Becken, 24° Grad warmem, kristallklarem Wasser und einem Bademeister, der freundlich aber bestimmt dafür sorgt, daß ein Waldschwimmbad ein Waldschwimmbad bleibt. „Wir haben hier nur angenehme Gäste", sagte er an einem luftigen Hochsommertag zu mir, genau so war es auch. 79862 Höchenschwand, Tel. 07626-602; waldfreibad.com.

Freie Höhen, weite Wege, wilde Täler Der östliche Südschwarzwald, gerade die Vier-Täler-Region um Ühlingen-Birkendorf ist ein Land zum Auto- und Radwandern, Aussteigen und Durchatmen, auch für natursatte Touren in den Schluchten und Tälern von Mettma, Schlücht, Schwarza und Steina.

Die Wolken ziehen tief, frischer Wind weht über Kornfelder, während unten am Hochrhein die Schwüle hängt. Man ist im Freien und man spürt es: Der Schwarzwald ist keine Idylle, sondern ein Lebensraum. Wer damit nichts anfangen kann, könnte das Weite auch als Bedrohung sehen. Andere

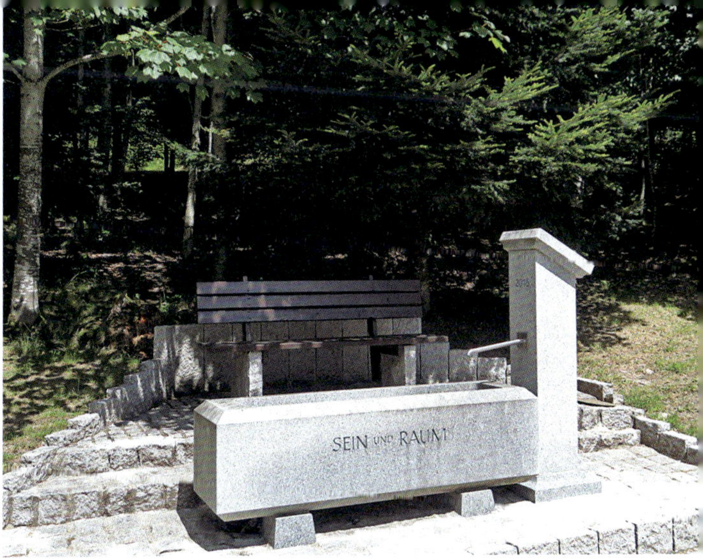

Klare Kante – Ensemble an der Schwarzahalde

genießen das Abseits. Auf einem Streifzug zwischen Grafenhausen-Rippoldsried und Buggenried fuhr einst ein Sonntagsfahrer vor mir. Er war unterwegs mit Hund, Einachser und Anhänger. Ein Gespann, das anderswo ausgestorben ist.

Und immer wieder diese Nebenstraßen, die einen in die Tiefe des Raumes führen. Runter zum Schwarza-Stausee geht ein wilder Ritt über die Schwarzahalde. Vom Wanderparkplatz am Brenden führt K 6954 in sanften Wellen bis Brenden, wo die Gemeinde an der Ortsdurchfahrt Bauplätze zum Kauf anbietet. Weiter gen Süden geht es auf der panoramisch ausgerollten Kreisstraße bis Berau. Der Weiler liegt mit Fernsicht gesegnet zwischen Hochrhein und Himmel, Neubauviertel und Altbestand. An einem Samstagnachmittag erscheint niemand auf der Gass', außer er sitzt auf einer Landmaschine.

Dichtestress ist auf den höheren Etagen zwischen Schwarza-, Mettma- und Schlüchttal sicher nicht das Problem. „Do scheint schön d' Sunne ane", sagt mein lokaler Gewährsmann zum Landschaftsbild auf der Höhe. Die Auswahl an

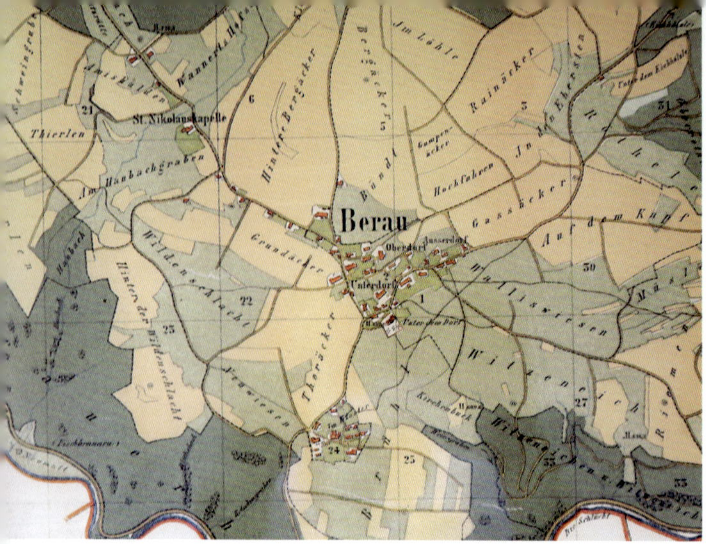

Berau einst – wenig Haus, viel Land

brauchbaren Gasthäusern mit Vollsortiment bleibt überschaubar, also ist eine sichere Bank umso wichtiger.

SCHWANEN, Berau (bei Ühlingen-Birkendorf) Eine Einkehr im Stil der Landschaft – im Grundacker 4 gibt es einen Küchengarten gleich neben dem Gasthaus. Dazu Landwirtschaft, die jeden Landgasthof adelt, aber leider noch seltener ist als Gastgeber, die aufrecht wirten. Im Berauer Schwanen gibt es alles zusammen unter einem Dach, dazu noch eine berankte Laube am Eingang, um einen Nachmittag im Halbschatten der Provinz zu vertrödeln.

Die Familie wirtet in fünfter Generation, Antonius Bär ist Küchenmeister und Menschenfreund, man schmeckt und spürt es schon beim Erstbesuch. In der Summe also ein ländlicher, authentischer Rastplatz, um nach einer Tour aufzutanken. Vier brauchbare Gästezimmer für Langstreckler gäbe es im Schwanen auch noch, drei weitere im Gästehaus auf dem Sonnenplateau gleich nebenan. Dringend empfohlen zur Einkehr mit Bodenhaftung und Weitblick.

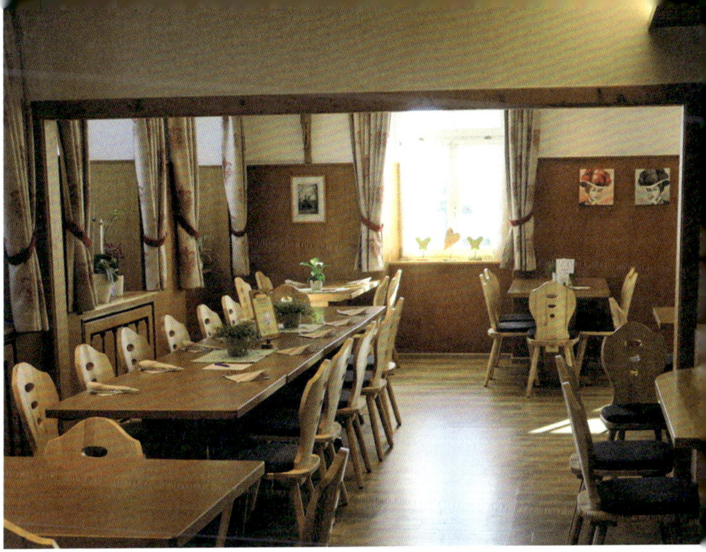

Ein Universalgasthof – Schwanen, Berau

Schwanen (Fam. Bär), 79777 Berau (Ühlingen-Birkendorf), Im Grundacker 4, Tel. 07747-235; schwanen-berau.de. ♠ lauschig eingewachsene Terrasse, Gästezimmer im Haupthaus und in einem neuen Gästehaus.

Ausgangspunkte Wanderparkplatz Brenden (888 m), gelegen an der K6594, Staufen - Brenden. Wege in alle Richtungen. Außerdem führt der 11,7 Kilometer lange und längstenwegs sommerfrische Rappenfelsensteig am Rastplatz vorbei, er erschließt die Schlucht der Schwarza; zum anderen wird die K6594 südlich vom Parkplatz Brenden zu einer Höhenstraße gen Berau; mit der Einkehr Schwanen wie oben dargelegt.

Im nahen Osten Um die 4-Täler-Gemeinden Grafenhausen und Ühlingen-Birkendorf gäbe es noch lohende Optionen zum Landschaftsbummeln, andererseits ist die Region im Osten von Mettma und Schlücht ein weites Feld, das über den Rahmen meiner Streifzüge hinausführt. Deshalb soll es bei einem Hinweis und einer Empfehlung auf der folgenden Doppelseite bleiben.

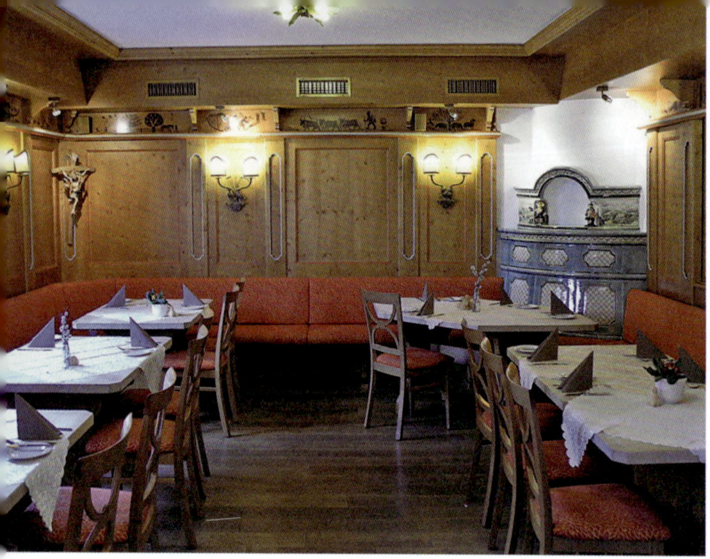

Stube im Haringerhof, Grafenhausen-Rippoldsried

Haringerhof Ein Landhotel mit einem Spektrum zwischen hausgemachter Bratwurst und Riesencrevette. Bereits vor Jahren wurde das Anwesen umgebaut und modernisiert, die Dachziegel glänzen deutlich rot, die Holzbalkone weiß, drinnen wartet Schwarzwälder Landhausstil des 21. Jahrhunderts mit Polsterbänken und Holztäfer. Fast überflüssig zu erwähnen, daß die Karte – wie in vielen Gasthöfen im Ausflugsbereich von Schweizer Gästen – auch deren Vorlieben spiegelt. Cordon bleu, Zürcher Geschnetzeltes und Rösti sind gesetzt; Südbadener können aber nach wie vor mit Euro bezahlen. Grafenhausen-Rippoldsried, 🛏 komfortable Gästezimmer. ♠ Terrasse, Tel. 07748-254; landhotel-haringerhof.de.

ZUM KREUZ, Riedern am Wald Mein lokaler Pfadfinder meinte, „wir müssen unbedingt mal zum Gromann, ich bestell' uns einen Tisch und was zu essen." Es wurde dann ein Mittwochabend im November vereinbart, dazu eine von Gromanns Gänsen aus eigener Aufzucht. An einem Dienstag hätten wir auch zum wöchentlich ausgelobten Schnitzelabend gehen können, im September könnte man auf eine Ente einkehren, im Oktober zu den jährlich zelebrierten Schlacht-

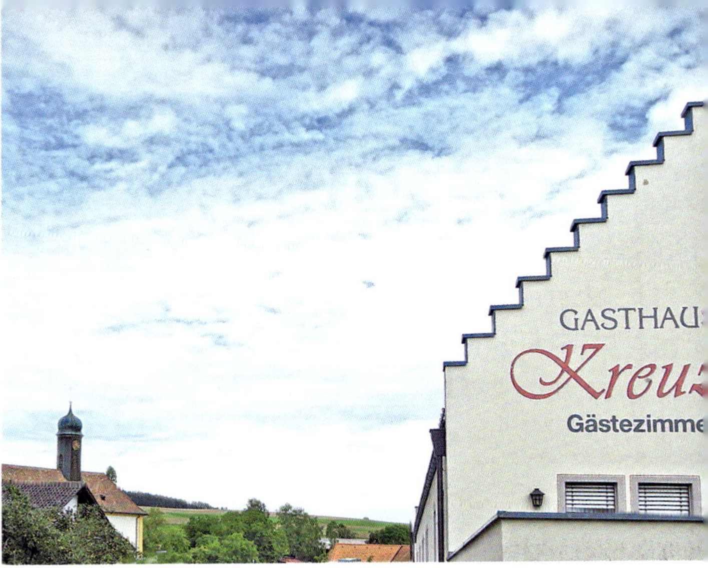

Historisches Kloster, neues Kreuz – in Riedern am Wald

platten. Die Schweiz ist nah, also hat es auch Käsefondue im Winter. Die regionale Küche lockt ganzjährig.

Von außen sieht das nach einem Brand neu aufgebaute Kreuz eher wie ein wehrhafter Neubau aus den frühen 2000er Jahren aus, drinnen wird es zum Allzweckgasthaus; im Nebenzimmer links vom Eingang sitzt man angenehmsten. Wenn Riedern nicht am Wald, sondern näher vor der Haustür läge, würde ich wohl öfter reinschmecken. Dennoch ein Dankeschön an meine Begleiter für den Lockruf.

Gasthof-Hotel Kreuz (Fam. Gromann), Propsteistraße 9, Riedern am Wald, bei 79777 Ühlingen-Birkendorf; Tel. 07743-308; kreuz-riedern.de. RT: Mo, ♠ Gartenterrasse, 🛏 Zimmer mit Aussicht.

Schwanen, Schwaningen (zwischen Bonndorf und Stühlingen) Kulinarisch eine solide Einkehr, die geografisch leider aus dem Rahmen des Buches fällt. Geboten wird eine handwerklich sehr anständige Saisonküche und gepflegt-familiäre Atmosphäre ohne Allüren. Dazu 🛏 Gästezimmer sowie Appartements im renovierten Pfarrhaus, Tel. 07744-5177; ♠ Terrasse, gasthaus-schwanen.de

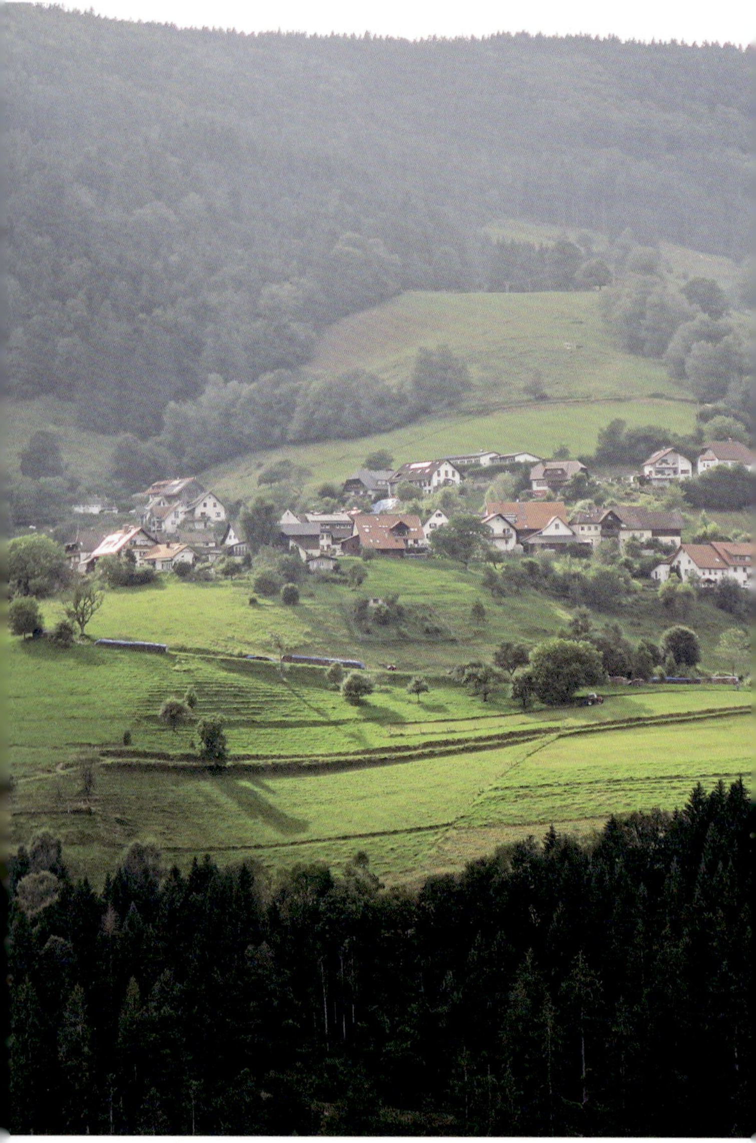

Balkon über dem Wiesental – Zell-Pfaffenberg

Hoch hinaus im Wiesental

Meine Empfehlung fürs Wiesental heißt einmal mehr: rasch auf die Höhe. Gleich ob West- oder Ostseite, über den steilen Flanken warten Nebenstraßen, die den Zusatz *Panoramica* verdienen. Dazu Sonnenstuben und blickreich angelegte Wanderwege; ab und zu erscheint eine Einkehr am Weg und alles ist gut, so wie es ist.

Längs der Bundesstraße wurde das lange Tal zwischen Feldberg und Lörrach aber zum intensiv erschlossenen Transit- und Werkraum. Wer sich nur entlang der Wiese und B 317 bewegt, wird landschaftlich (und gastronomisch) eher enttäuscht sein.

Neubaugebiete, Umgehungsstraßen, emsiges Gewerbe. So ist es um Schönau und so bleibt es bis Zell, Schopfheim und Lörrach. Die Infrastruktur im Tal wurde pendlergerecht ausgebaut, ein paar Flächen werden noch dazukommen, bis allerorten Discounter, Gartencenter und Baumärkte an die Schnellstraße angeschlossen sind.

Auch manches Neubaugebiet im Tal erinnert an eine versteinerte Vorabendserie, aber das ist keine Wiesentäler Er-

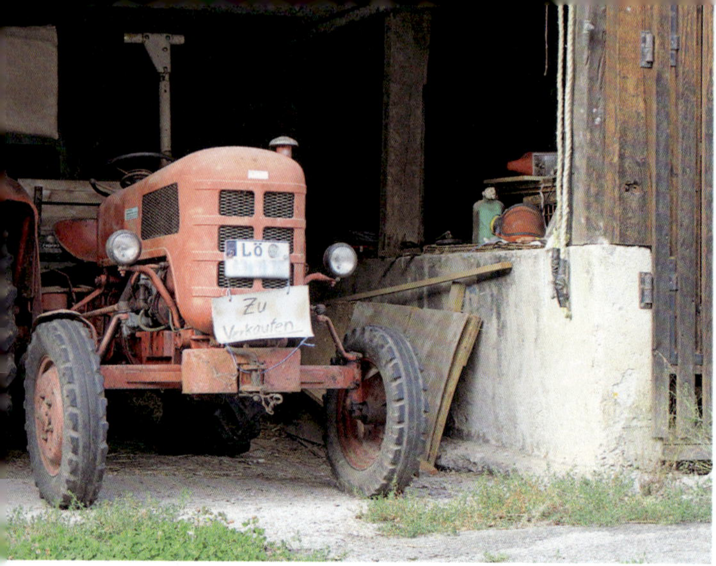

Einer weniger – in Häg-Ehrsberg

scheinung. Der öffentliche Raum spiegelt nur die soziale Realität. Ein Zeller Fachgeschäft bietet Kebab und Pizza zugleich, lecker Chinesisch gibt's in Schönau seit Jahrzehnten. Womit die letzte Stufe der gastronomischen Fruchtfolge erreicht wäre. Solcher Wandel spricht für sich und erleichtert das Vorankommen.

Wiesental im Wandel Das Wiesental ist das größte Talsystem im Südschwarzwald und zugleich eine der wirtschaftsstärksten Regionen im Südwesten. Neben den historischen Erwerbsformen Wald- und Weidewirtschaft prägt die frühe industrielle Erschließung seit jeher das Erwerbsleben längs der Wiese. Bereits im 18. Jahrhundert entstanden Textilfabriken im Tal. Neben den Glashütten im Seendreieck Titisee, Schluchsee und Windgfällweiher war die Tuchherstellung ein Schwerpunkt industrieller Produktion im Südschwarzwald.

Stets genug und weiches Wasser zur Energiegewinnung und zur Veredelung von Stoffen war ebenso reichlich vorhanden wie Arbeitskraft. Die Handspinnerei war schon im

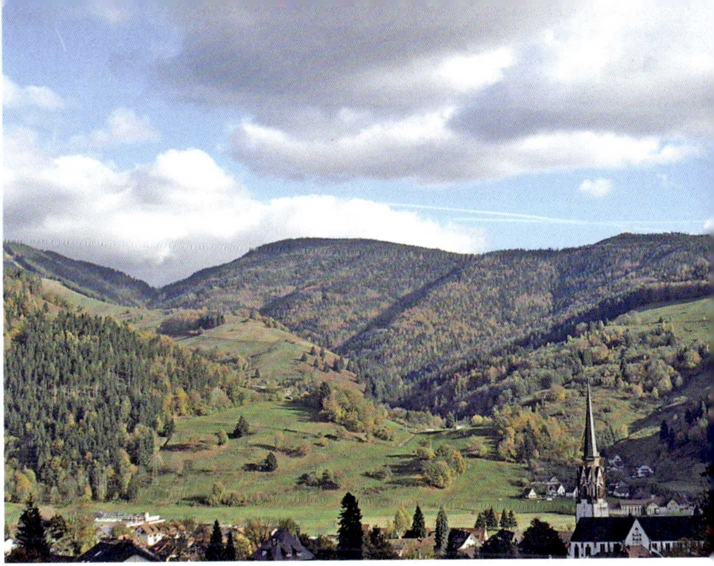

Je höher, desto schöner – auch um Schönau

Tal etabliert und so war es fast zwingend, daß zu Beginn des 19. Jahrhunderts erste Fabriken entstanden, meist als Filialen von Lörracher und Schweizer Unternehmen.

Der Aufschwung der Wiesentäler Textilindustrie verlief dann ebenso rasant wie ihr Abstieg: Gegen Ende der 1950er-Jahre arbeiteten noch fast 2000 Leute bei der *Irisette*, die einst zu den bedeutendsten Herstellern von Tisch- und Bettwäsche in Europa zählte. Mit dem Anstieg der Arbeitskosten in den späten 80er-Jahren und zunehmenden Importen aus Asien war der Boom der Wiesentäler Textilindustrie endgültig gebrochen.

Für Kompensation sorgte und sorgt die enorme Wirtschafts- und Kaufkraft der Region Basel, die weit talaufwärts reicht. Ohne die Schweiz wären Wiesental und Hochrhein strukturschwache Randzonen. Auch daran könnte beim wohlfeilen CH-Bashing gedacht werden.

Bürsten, Leuchten, Windräder Andere spezialisierte Sparten wie die Bürstenmaschinenindustrie um Todtnau oder Auto-

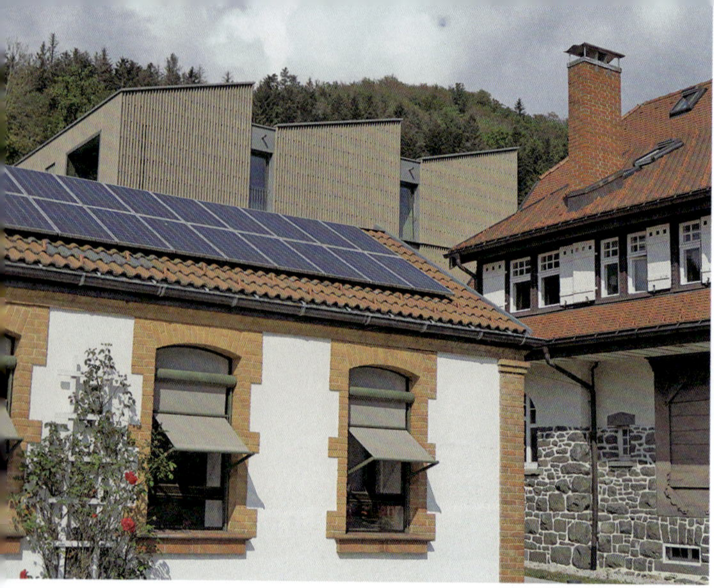

Sanfter Strom aus kantiger Zentrale – ElektrizitätsWerke Schönau

zulieferer in Wembach traten an die Stelle der Textilindustrie, sie profitierten von Infrastruktur und Arbeitskräften im Tal. Ein Beispiel: Das 1902 gegründete Todtnauer Familienunternehmen *Zahoransky* wurde zum Weltmarktführer unter den Spezialmaschinenbauern für die Bürstenindustrie, es bietet allein in Geschwend bei Todtnau mehrere Hundert Arbeitsplätze. Weiter unten an der Wiese wird am noch größeren Rad gedreht, etwa um Schopfheim und Maulburg, wo sich ein Cluster von Hochtechnologie-Herstellern angesiedelt hat.

Wiederkäuer und Methan, Wind und Subvention Weiter oben wird das Wiesental zwar immer grüner, wegen Methan, Fleischproduktion und so weiter gerät die Landwirtschaft aber unter ökologisch-moralischen Generalverdacht. Den Gegenpol bilden die Stromwerker in Schönau, einst als querdenkende Netzpiraten und „Stromrebellen“ gestartet, nun im smarten Geschäft mit Subventionsströmen und Weltenrettung angekommen. Expansion und Anmutung des

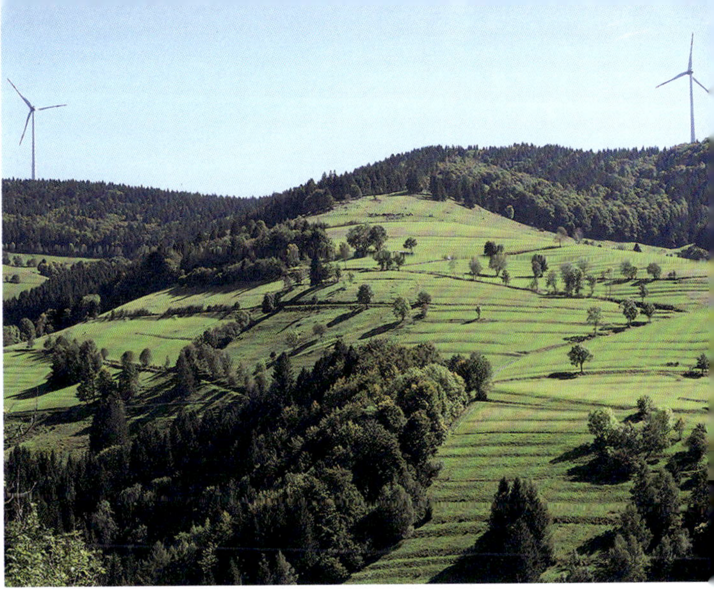

Eine geht noch – Windmühlen auf der Zeller Ebene

Firmensitzes an der Ortsdurchfahrt in Schönau sprechen für sich (Bild nebenan).

Dabei sind die Windmühlen auf der Höhe um Gersbach erst der Anfang. Wo und zu welchem Preis Wiederkäuer unter dem Regime des Klima-Absolutismus verdauen dürfen, wird noch zu klären sein. Gleich ob Flaute, Pups oder Sturm, Hauptsache es fließt Subvention.

Auch der Tourismus war im Wiesental früh dran und stetem Wandel unterworfen. Was 1891 in Todtnau mit dem ersten deutschen Skiclub lange Jahre vor dem alpinen Skiboom begann, wurde bekanntlich eine Industrie. Inklusive Kunstschnee am Feldberg und öffentlich gefördertem Weltcup-Zieleinlauf in Fahl. Nach kurzem Hoch wurde es um das Renommierprojekt ruhig. Die Politik öffnet ihr Füllhorn mittlerweile lieber für Umerziehungsprojekte.

Wiesental 2022 – eine Region im Spannungsfeld zwischen Grünlandwirtschaft, Hochtechnologie und neuer Hypermoral.

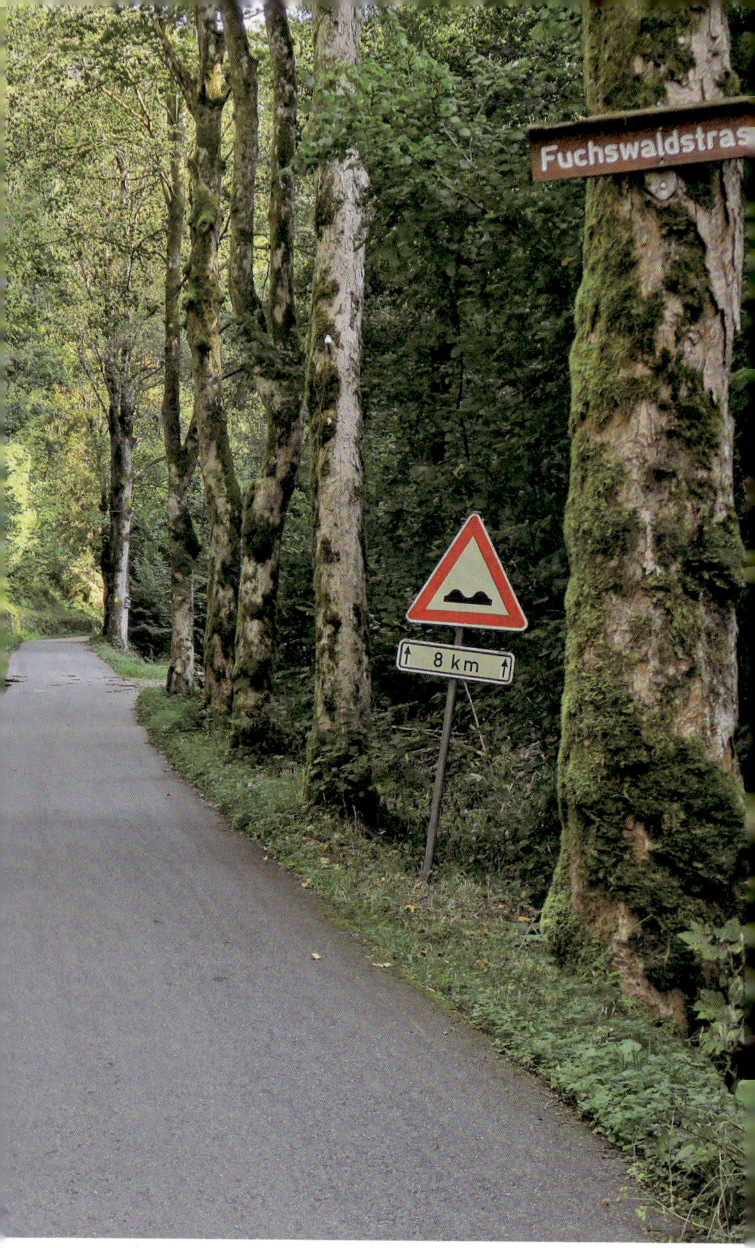

Eine der Letzten ihrer Art – Fuchswaldstraße nach Herrenschwan

25

Geschwend, Fuchswald, Herrenschwand

Ein genossenschaftliches Gasthaus in Geschwend, ein bestens aufgestellter Familienbetrieb oben in Herrenschwand, dazwischen 500 Höhenmeter, ein paar Spitzkehren und viel Landschaft zum Auslauf. Als Extra vielleicht noch ein Abstecher ins kleine Freibad von Todtnauberg. Das wäre schon ein sattes Paket für ein, zwei Tage abseits großer Ziele, für eine Zeit im leisen Luxus.

Teile von Todtnau-Geschwend liegen am Fuß der instabilen Geschwender Halde. Nach einem Felssturz im Jahr 2019 landete ein mächtiger Granitblock im Garten der Wohnhäuser an Haldenweg und Gisibodenstraße. Danach Straßensperrung, Hausräumung und aufwendige Maßnahmen zur Stabilisierung der Felspartien.

In den heißen Sommern von 2018 und 2019 begab es zudem, daß der Borkenkäfer Fichtenwälder befiel. Große Areale in den Steillagen am Fuß des Rabenfelsens wurden dürr. Gecharterte Hubschrauber flogen das Käferholz im Akkord aus

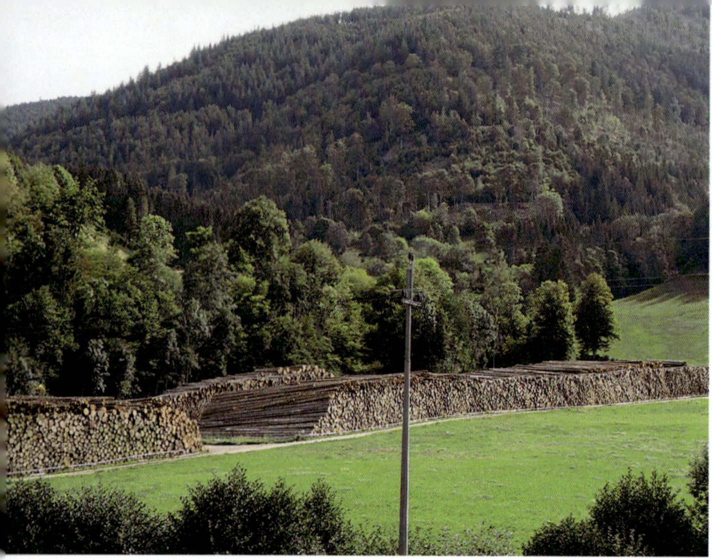

Drei Stockwerke hoch – Schadholzlager bei Geschwend

dem Hang in ein Naßlager am Gisibodenbach. Dort lagern die geborgenen Stämme wie ein Mahnmal. Käferholz haushoch gestapelt wartet auf die Verschiffung nach Übersee. Globalisierung in Geschwend.

Die Piloten waren seinerzeit gleich nebenan im Rössle einquartiert. Ein Sanierungsfall, der zu einem vitalen Dorfmittelpunkt entwickelt wurde. An der Schindelfassade des Rössle und an den Waldschäden am Felshang gegenüber kommt jeder vorbei, der aus dem Wiesental rüber nach Bernau oder nach Todtmoos fährt. Zu Beginn der 2000er-Jahre konnte man zusehen, wie das gute, alte Rössle immer mürber wurde. Die langjährige Wirtin hielt die Stellung so gut es ging, 2010 mußte sie aufgeben, das Haus stand zum Verkauf. Wasserschäden und ein undichtes Dach gefährdeten den Erhalt. Wieder drohte das Ende einer Institution, wie so oft im Schwarzwald.

In Geschwend sollte es anders kommen. Ende 2011 konstituierte sich eine lokale Genossenschaft, der Rest war und ist

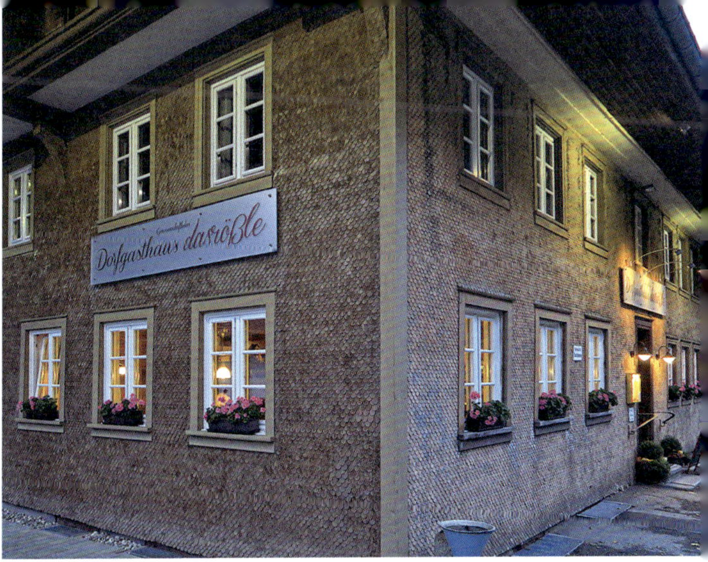

Fassade von gestern, Konzept von heute – Rössle, Geschwend

ein steter Prozeß. Im Januar 2013 wurde das Rössle wiedereröffnet, bereits ein Jahr später wurden die Gästezimmer im ersten Stock renoviert, seit 2015 sind Außenanlage und der Biergarten fertig und der Laden läuft wie geschnitten Brot. Bis heute stecken weit über eine Million Euro und ein erheblicher Betrag an Wille und Tatkraft im Projekt *das Rößle eG*.

DORFGASTHAUS RÖSSLE, Geschwend Viel mehr als ein Dorftreff: der Saal wird von einem Kulturverein bespielt, man kommt, schmeckt und redet miteinander. Manchmal auch darüber, ob ein Rössle mehr eine Option für andere Gemeinden wäre. Theoretikern sei aber gesagt, daß eine Nummer wie das Rössle kein Selbstläufer ist. Das wird jedem klar, der mit Ewald Diesslin, dem Mentor der Genossenschaft, am Stammtisch saß. Der Mann wirkt geerdet und inspiriert zugleich. Auch der Unterschied von Idealismus und Realwirtschaft dürfte einem Ökonomen wie ihm geläufig sein. Das Rössle lauft, vom preiswerten täglichen Mittagstisch bis

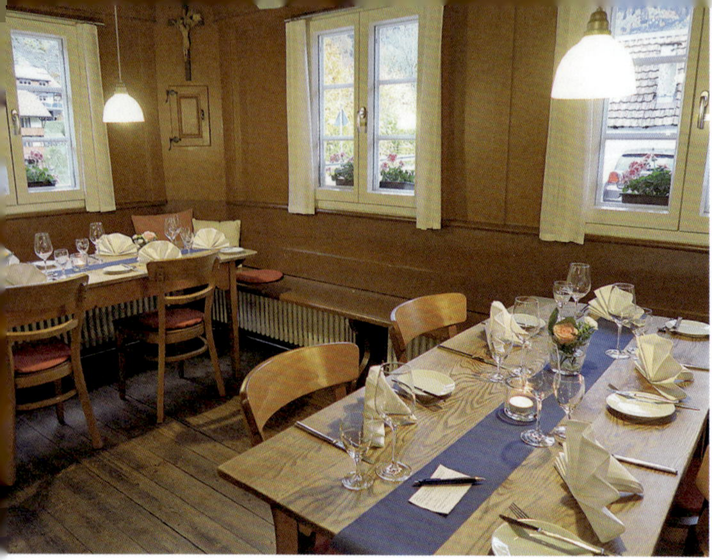

Holz hat Bestand – auch im Rössle

zum Abendessen aus regionaler Quelle, vom Bier nach der Arbeit bis zur Kuchenfahrt. Es läuft unter einem strukturierten Betriebssystem und mit einem Blick für das Notwendige.

Über Lieferanten und Standards in Küche und Service hat man sich ebenso Gedanken gemacht, wie über die Zahl von Stammtischplätzen bei der Ofenbank die für Einheimische vorzuhalten sind. Für den Fall, daß plötzlich Gäste hereinbrechen, gibt es eine Alarmliste wie in der Notaufnahme einer Klinik.

Vom Organisationsgrad des Rössle könnte sich mancher altgediente Wirt noch etwas abschneiden. Daß es nicht zwingend so gut läuft wie in Geschwend, zeigen im Übrigen andere Versuche in Südbaden. Auch deshalb ein Kompliment nach Geschwend. Was einem beim Besuch im Rössle außerdem durch den Kopf geht, ist die Ahnung, daß so ein Projekt in einer sozial fragmentierten Vorstadt nicht gelingen kann. Ein Tal hält zusammen und wenn die Richtung stimmt, kann daraus eine starke Bewegung entstehen. Auch das lehrt das Rössle.

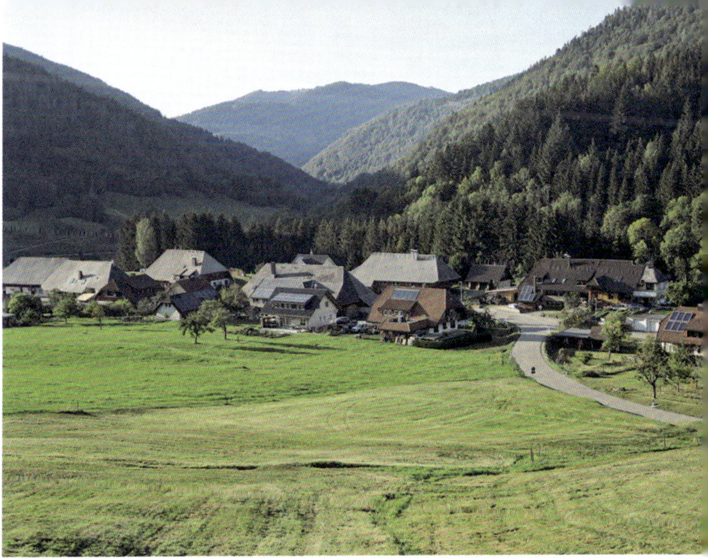

Vom Feldberggletscher geformt – der Präger Kessel

Genossenschaftliches Dorfgasthaus Rössle, 79674 Todtnau-Geschwend, Tel. 07671-9925446; dasroessle.de, im ersten Stock Gästezimmer, Biergarten im Innenhof.

Nach Präg und Herrenschwand Präg liegt auf dem flachen Grund eines eiszeitlich ausgeformten Kessels, an den Hängen darüber plätschert und gluckst es zwischen den Weiden. In der Talmulde treffen bald eine Hand voll Bächle aufeinander. Während der Kaltzeit entstand hier ein See, gestaut von den Eismassen des Prägbachgletschers. Diese schrammten vom Feldberg herab, konnten aber durch den engen Talausgang nicht abfließen. Also wurde der Kessel rundgeschliffen, was heute noch zu sehen, aber auch zu hören ist: Motorradfahrer erfreuen sich am Schwung der Kurven, Einheimische leiden unter dem Terror von ein paar Egoisten.

Auf dem Gerölldelta des Prägbachs liegen heute stattliche Höfe und die Gesamtschau wirkt typisch Schwarzwald. Zum Typischen gehören freilich auch manche seltsam verkleidete Hausfassade mitsamt der üblichen Rundumversiegelung des

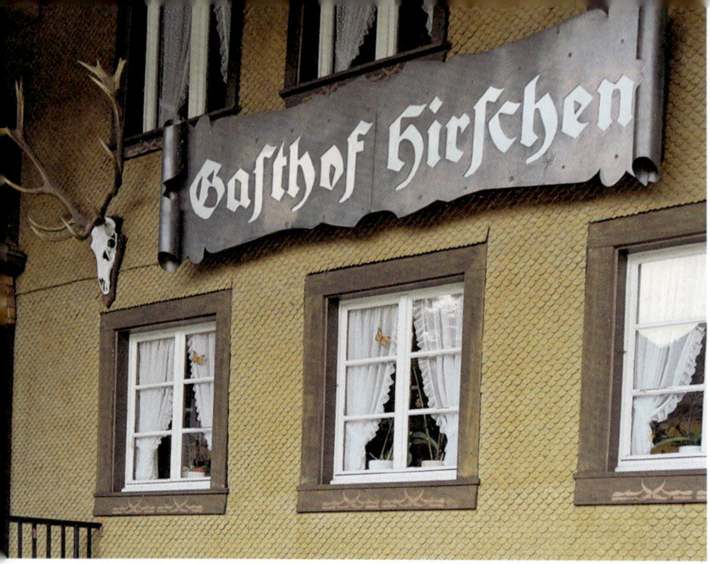

Außen und innen traditionell – Hirschen, Präg

häuslichen Umschwungs durch Betonpflaster.

Grobe Renovierungen sind auch anderswo üblich. Bemerkenswert bleibt, wie sich ein in Jahrhunderten gewachsenes Dorfensemble in wenigen Jahrzehnten so verändern kann. Und es schmerzt, weil in Präg zu ahnen ist, welche Einheit zwischen Landschaft, Bewirtschaftung und Bebauung einmal war. Trotz allem, die Landschaft drumrum stimmt und eine Einkehr gibt es auch noch.

Hirschen, Todtnau-Präg Eine Traditionseinkehr, innen und außen mit Holz bekleidet. Wer die niederen, mehr oder auch minder modernisierten Stuben am Sonntag besucht, sieht Gäste, die pünktlich ab 12 Uhr zu Tisch kommen und gebügelte Hemden tragen. Wenig später stehen Platten mit Kroketten, Spätzle und Fleisch vom eigenen Hof auf dem Tisch. Forellen aus eigenem Teich gibt es ebenso und Wild mit einer eher standfester Rahmsauce. Unverzärtelter Schwarzwald, Tel. 07671-296, preiswerte Gästezimmer.

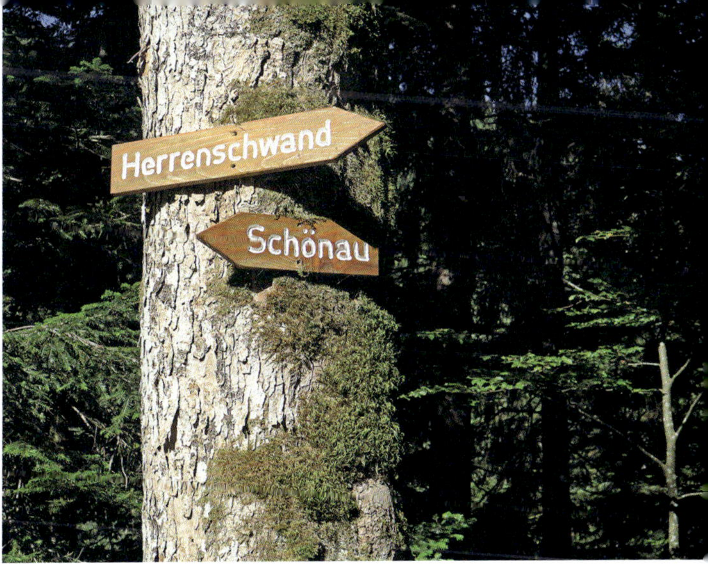

Rechts ab und steil hoch – an der Fuchswaldstraße

Frieden in Herrenschwand Aus dem Präger Gletscherkessel geht es auf der breit ausgebauten Hochkopfstraße (L 151) in drei Kehren und 400 Höhenmetern hinauf zum Weißenbachsattel auf 1.080 Metern Höhe. Von der Paßhöhe führt eine Nebenstraße zur alten Rodesiedlung Herrenschwand, in einer sonnigen Quellmulde von Moosbächle und Künabach gelegen. Ein Außenposten, der in mancherlei Hinsicht besonders wirkt. Gerade mal fünf Dutzend Häuser verteilen sich auf drei Gruppen; es gibt ein Vorderdorf, ein Hinterdorf und an der Straße zum Weißenkopfsattel einen kleineren, optisch fremd wirkenden Ferienhauskomplex aus den 60er-Jahren.

Eine Aussage aus der Landkreisbeschreibung Lörrach von 1994 gilt noch heute: „Herrenschwands ruhige Abseitslage mit vorzüglichen Wander- und Skilaufmöglichkeiten begünstigte zwar die Entwicklung zum Fremdenverkehrsort mit dem bekannten *Waldfrieden* und (...) Privatquartieren, sie erschwert aber die Versorgungsbeziehungen zu Todtnau,

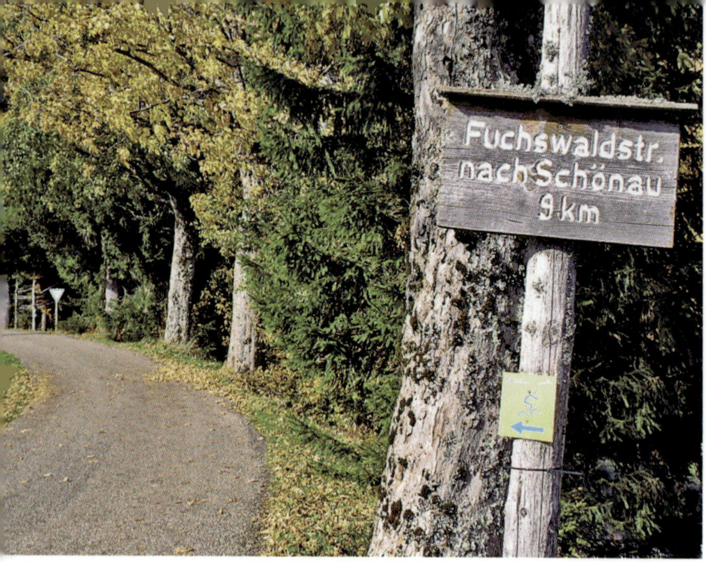

Max. 2,5 t, kein Winterdienst – Fuchswaldstraße

auf das man nur verwaltung- und schulmäßig orientiert ist. Private Dienstleistungen werden vornehmlich in Schönau in Anspruch genommen."

Vor und nach Inanspruchnahme von Dienstleistungen in Schönau gilt es die neun Kilometer lange *Fuchswaldstraße* zu meistern. Die Route überwindet den steilen Nordabfall zwischen Hochgescheid (1.203 m), Fuchswald und Bischmatt auf schmaler Fahrbahn. Die Straße erinnert an einen geteerten Waldfahrweg, der jede Bergfalte mitnimmt. Wundervoll im Frühjahr oder im Herbst, wenn sich der Bergahorn flammend gelb färbt und Laub auf die Fahrbahn fällt. Für Genußfahrer fast obligatorisch.

Der Kurven sind einige, man durchfährt (oder erkurbelt) ein Stück Urschwarzwald, fast zu schön für geschlosse Kraftwagen. Ein offenes Dach wäre das Mindeste, um die Herbstfarben der Laubbäume zu bestaunen, die das schmale Bankett säumen. Herrenschwand und die Fuchswaldstraße passen zu einem satten Tag im Südschwarzwald. Natürlich

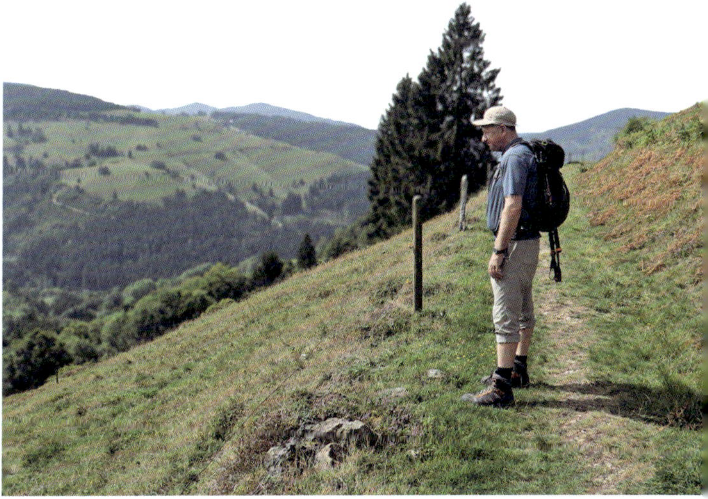

Da staunt der Weggefährte – Frank S. aus E. beim Talblick

kann man auch außenrum über Präg fahren, aber die Bergfahrt im Fuchswald bleibt länger in Erinnerung.

Gehen auf der Sonnenseite Bei Herrenschwand gibt es noch eine zweite Waldfahrstraße, die besonders ist. Die Strecke führt über den Wanderparkplatz am Waldmatter Kreuz (958 m, Rastplatz, vgl. S. 421), sie stellt die lokale Verbindung nach Häg-Ehrsberg her. Es ist eine Waldfahrstraße im engeren Sinne. Nur teilweise asphaltiert geht es zunächst Höhe haltend durch die Wälder an Herrenschwander Kopf und Wannenkopf, später über Sonnenhänge abwärts nach Ehrsberg. Wälder, Weiden und kleine Taleinschnitte auf der Ostseite des oberen Wiesentals sind ein ideales Revier für Touren jeder Art und abseits üblicher Ziele. Proviant und etwas Phantasie helfen bei der Ausgestaltung.

Es ist ein Geschenk, hier mit einem guten Freund und Weggefährten über die Hänge zu ziehen, den Weltengang zu besprechen, gen Tal zu staunen, die letzten Senioren am Steilhang beim Wildheuen zu beobachten, auf weiter

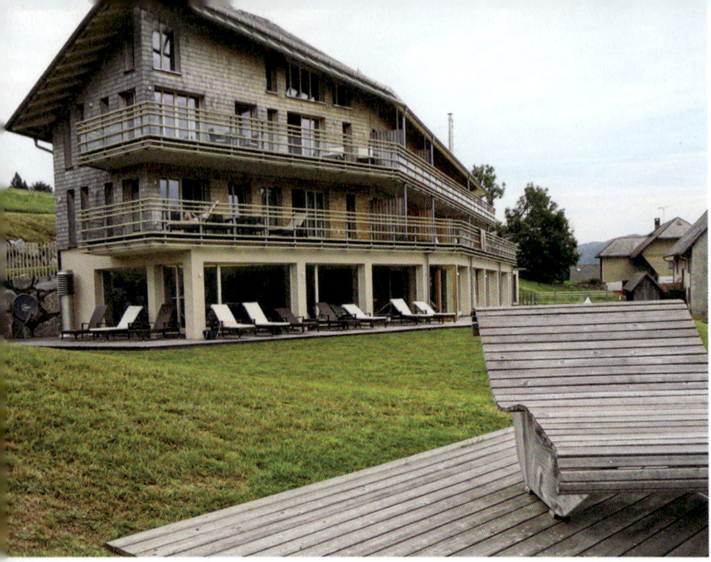

Ohne Bollenhut – Neubau Waldfrieden, Herrenschwand

Flur in einem Küchengarten zu lesen und zu guter Letzt mit runden Beinen wieder im Herrenschwander *Waldfrieden* anzukommen. Wissend, daß Sauna, Entmüdungsbecken und Abendmenü warten. Ein heller Tag in Herrenschwand kann eine Woche Kunstlicht kompensieren.

WALDFRIEDEN, Herrenschwand Hoch oben und weit draußen hat sich ein in Generationen etablierter Ausflugsgasthof in wenigen Jahren in ein apartes Ferienhotel verwandelt. Durch Tatkraft und Investition, auch dank neuer Suiten und Spa, bietet das Komfortpaket Waldfrieden seither angenehme Rundumversorgung. Zur Liegenschaft gehören das Stammhaus und ein neues Wohngebäude. Im Verein mit der gehoben bürgerlichen Küche, einem familiären Service und zugewandter Gastlichkeit ist alles vorhanden, was dem guten Leben im Abseits bekömmlich ist. Der Rest liegt am Gast, heißt auch, wer sich hier nicht wohlfühlt, hat vermutlich noch ein paar andere Baustellen.

Zur Anregung ein paar Details: Die Küche von Volker Hup-

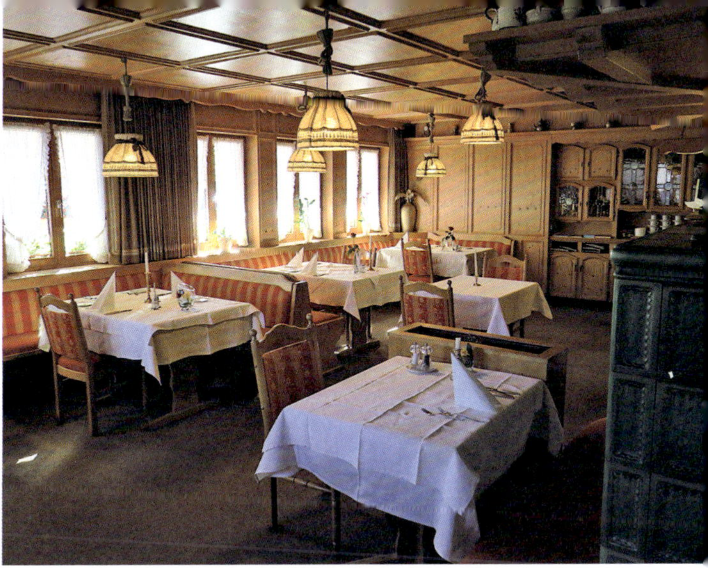

Behaglich tafeln – Gastraum im Stammhaus Waldfrieden

fer ist frisch, sorgfältig und vielseitig, die Positionen reichen vom Wandervesper bis zum Abendmenü, serviert wird in einer gemütlich-gepflegten Stuben des Stammhauses; oder auch auf der Terrasse. Zimmer, Appartements und Suiten gibt es sowohl im Stammhaus als auch im klar gestalteten neuen Spa-Gebäude, das in Schrittweite nebenan liegt: mit Holzfassade, weiten Glasfronten und unverbautem Umschwung. Das Bauwerk (Architekten: Werkgruppe Lahr) steht frei auf einer weiten zaunlosen Hochweide. Ein modernes Mahnmal mit Aussage: Hochschwarzwald geht auch ohne Wälderbarock. Klar, qualitativ, selbstbewußt.

Auf die Gefahr der Wiederholung, das Friedensangebot in Herrenschwand besteht in einem Rundum-sorglos-Paket, das der Gast einfach nur zulassen muß. Und bitte nicht vergessen, die Natur vor der Zimmertür ist eine würdige Ergänzung der Kultur im Hause.

Waldfrieden Naturparkhotel (Fam. Hupfer), 79674 Todtnau-Herrenschwand, Dorfstraße 8, Tel. 07674-9209309; derwaldfrieden.de.

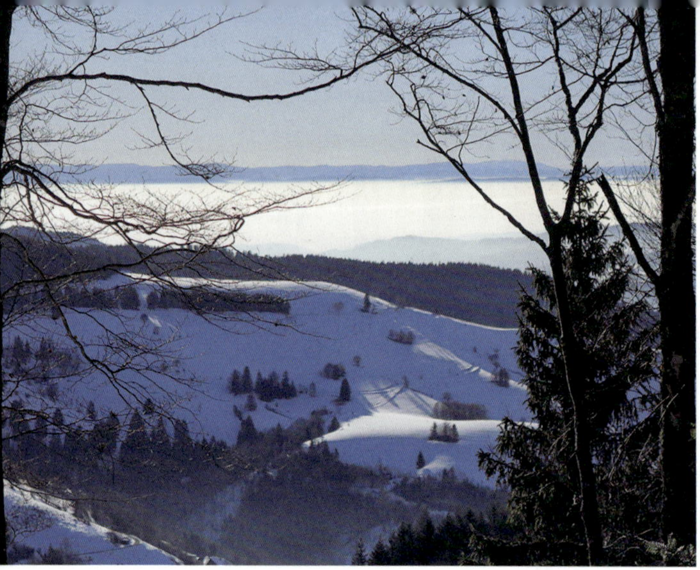

Geläuf ohne Ende, auch im Winter – am Sattelwasen

Freiterrasse, Gartenanlage, Hotelzimmer und Suiten mit Spa, Schwimmbad und Sauna; hauseigener Skilift am Hang gegenüber.

Touren Die Frage nach Ausgangspunkten ist in Herrenschwand gleich beantwortet. Eigentlich kann man überall in und um Herrenschwand losziehen, auch im Winter auf sonnigen Wegen, z.B. vom Skiliftparktplatz nahe beim Hotel Waldfrieden; der Wanderparkplatz am Waldmatter Kreuz (oberhalb von Häg-Ehrsberg) wäre ein weiterer Fixpunkt in der Mitte vieler Tourenvarianten, die das obere Wiesental auf seiner Ostseite bietet.

Eine lohnende Panoramaroute führt ab Herrenschwand-Dorfstraße/Hotel Waldfrieden über den Wegweiser Gutrütteweg (1.025 m) am westlichen Ortsrand. Von dort sind es 2,5 km zum zentralen Wegkreuz an der Sattelwasenhütte (1.040 m), ab dort Varianten in Richtung Holz und Holzer Kreuz (Einkehr vgl. dort); von dort weiter über Klopfsäge, Hinterstadel und den Wegweiser Grasbühl hoch zum Waldmatter Kreuz (vgl. S. 411), von dort Varianten zurück nach Herrenschwand.

Halbe Höhe in Tunau Was 200 Höhenmeter und eine Stichstraße alles bewirken. Selbst an sonnigen Herbsttagen, wenn im Wiesental um Schönau Kolonnenverkehr droht, wenn Motorräder wie Kreissägen in die Wälder brüllen – in Tunau

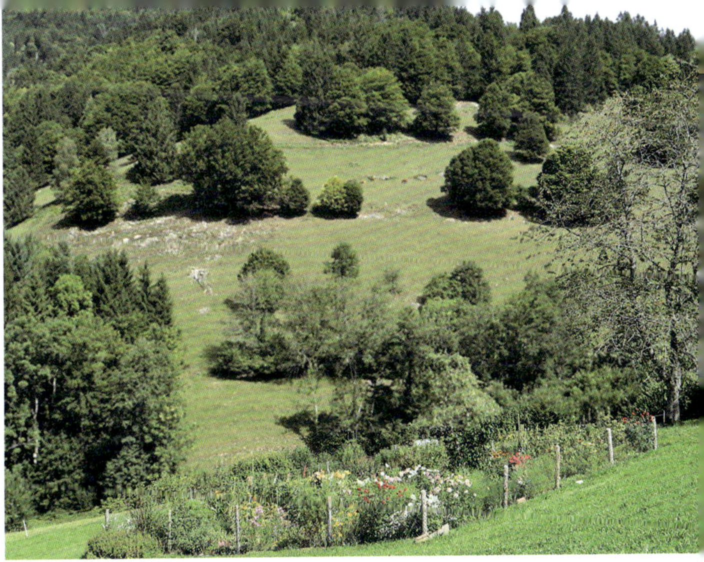

Kulturland Wiesental – Hausgarten und „Wildes Feld" bei Stadel

herrscht Ruhe. Der Weiler mit 200 Einwohnern liegt in Talschlußlage auf dem 730 Meter hohen Grund eines markant ausgeprägten Kessels. Rundum steiles Weideland, insgesamt fast 170 Hektar, das von Hochwald gerahmt wird.

Tunau brannte 1936 fast völlig nieder, der Weiler wurde danach in lockerer, traditioneller Bebauung wieder hergestellt. Nur die Kirche und drei Höfe im oberen Ortsteil blieben vom Feuer verschont, die historischen Holzhäuser mit Laubumgang sind heute noch zu sehen. Mittlerweile sind die meisten klassischen Formen vom Baumarkt-Formenschatz verdrängt, trotzdem bleibt Tunau ein sympathischer Aus-der-Welt-Fleck abseits der belebten Achse Lörrach-Feldberg. In nächster Umgebung sieht man noch Reste von Streuobst, darüber beginnt das *Wilde Feld*, Weideland mit Hangneigungen von 15 bis 35 Grad. Manche dieser schwer zu bewirtschaftenden Flächen zeigen Anzeichen von Verbuschung mit Adlerfarn oder auch fortgeschrittene Verwaldung wie im Bild oben (vgl. auch S. 506).

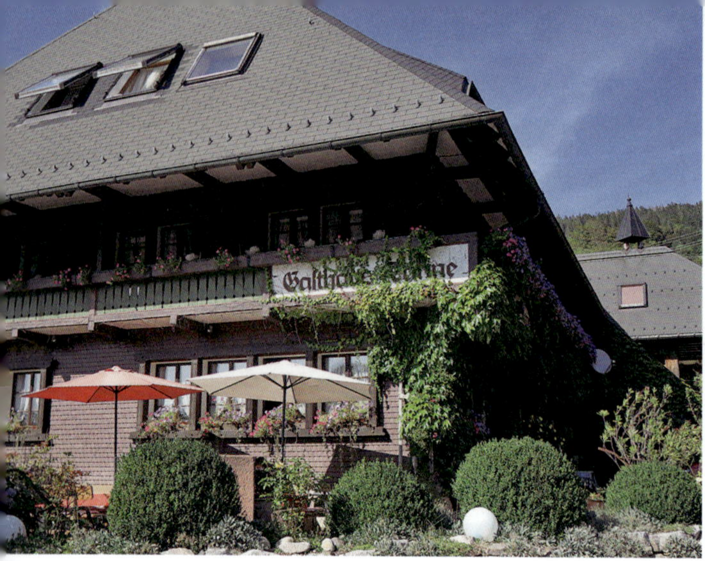

Gunstplatz Südwand – vor der Tanne in Tunau

TANNE, Tunau Traditioneller Anblick, ruhige Lage, mehr lauschiges Nest als belebter Treffpunkt. Die Tanne (erbaut 1779) lockt mit dunkler Schindelfassade, ringsum läuft ein blühender Balkon, beschützt vom ausladenden Dach. Drinnen bietet das Haus gepflegte bis ultragemütliche Gasträume mit üppiger Dekoration. Die Spannweite der sorgfältigen Küche reicht vom Vesper bis zu Ambitioniertem; die Stimmung im Haus ist angenehm familiär. Mein Favorit ist die Gartenterrasse vor der geschützten Südfront des Hauses, ein stiller Rastplatz zur gepflegten Einkehr. Ideale Ergänzung einer Runde im Hochwald.

Gasthaus-Pension Tanne (Fam. Ruch), 79677 Tunau, Tel. 07673-310; tanne-tunau.de. 13 Gästezimmer, Sauna, Hallenbad. ♠ Idyllische, geschützte Gartenterrasse.

Touren Im kleinen Tunau gibt es keinen großen Wanderparkplatz, aber stille Wege, etwa hoch zu den frei nach Süden exponierten Landmarken Haldenfels und Zweistädteblick. Ein hoch gelegener Ausgangspunkt für Touren zwischen Tunau und Herrenschwand wäre entweder der Waldparkplatz Tiergrüble-

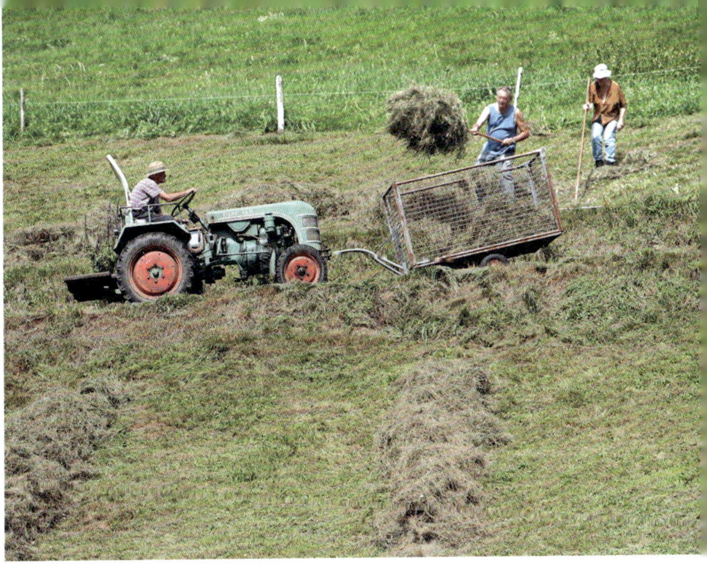

Workout am Steilhang – bei Hinterholz

Sattel (an der Fuchswaldstraße, 1.064 m, Schutzhütte, Rundwege). Zu Beginn führen dort alle Routen durch Hochwald, aussichtsreiches Gelände wird in Richtung Süden erreicht.

Schönenberg-Sägeneck-Stuhlsebene Auch auf die westliche Talseite von Schönau führt eine Nebenstrecke im engeren Sinne. Unten rauscht der Verkehr, oben der Wald. Und ganz oben auf den Südhängen der Unteren Stuhlsebene gedeihen Wildkirschen bis auf 1.000 Meter Höhe und mächtige Weidbuchen laden zur (mentalen) Einkehr.

Sie fahren also von der B 317 ab Schönau auf der K 6306 hoch nach Schönenberg, das in einer eiszeitlich runden Gletschermulde liegt, die steil zum Wiesental abfällt. Im Weiler fallen grobe Betonstege auf, die sich entlang der Bachanrainer reihen. Auch die Liebe zur Verbundsteinpflasterung ist in Schönenberg ausgeprägt, ebenso eine gewisse Lässigkeit bei Renovierungen und Anbauten.

„Wiesentäler Freistil" wäre eine harmlose Umschreibung für die Gedankenarmut, mit der jahrhundertealte Fassaden

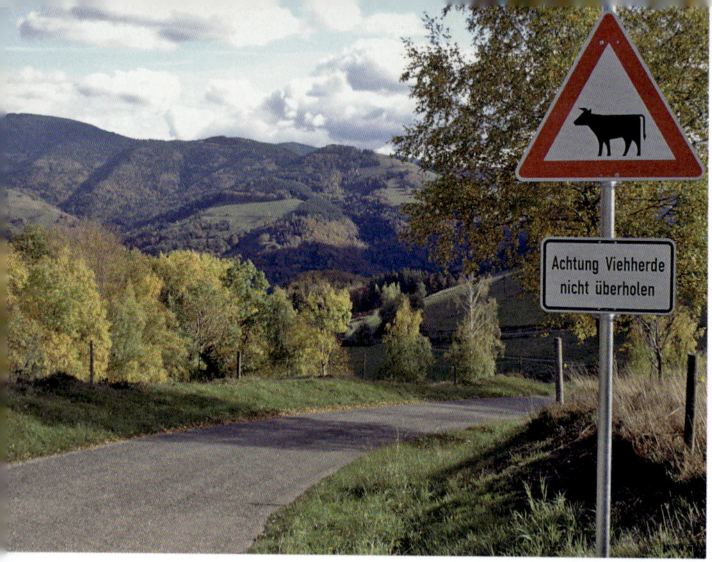

Im Seitenaus des Wiesentals – von Schönenberg zur Stuhlsebene

traktiert werden. Man vergleiche nur das Material- und Formenbewußtsein in Schweizer Bergdörfern, in Vorarlberg oder in Südtirol mit dem im Schwarzwald. Und frage sich dann, was in Schulen und Bauausschüssen gemacht wird. Wie wär's mit weniger Heimattag und mehr Haltung?

Wandern, Bank, Kraft Sonnige Höhenwege in Richtung Belchen beginnen ab der Unteren Stuhlsebene/Sägeneck (859 m, oberhalb Schönenberg am Sträßle nach Wildböllen). Zum Belchengipfel wären es ab Stuhlsebene noch gut 5 Kilometer, bei fast 600 Höhenmetern. Eine zur Landschaft passende Ruhebank wartet zweihundert Meter von der Stuhlsebene entfernt: im Süden am Sägeneck steht ein Bänkle bei einer Viehtränke. Ein Kraftort, um das Esowort ein einziges Mal zu verwenden. Jedem zu empfehlen, der in Ruhe spät frühstücken möchte oder sein Leben in Ordnung bringen muß.

Schönenberg – Wildböllen Mehr Nebenstraße als von Schönenberg über die Stuhlsebene nach Wildböllen ist selten: von der Paßhöhe gut einen Kilometer oberhalb Schönenberg bis nach Wildböllen führt ein geteerter Waldfahrweg (teils

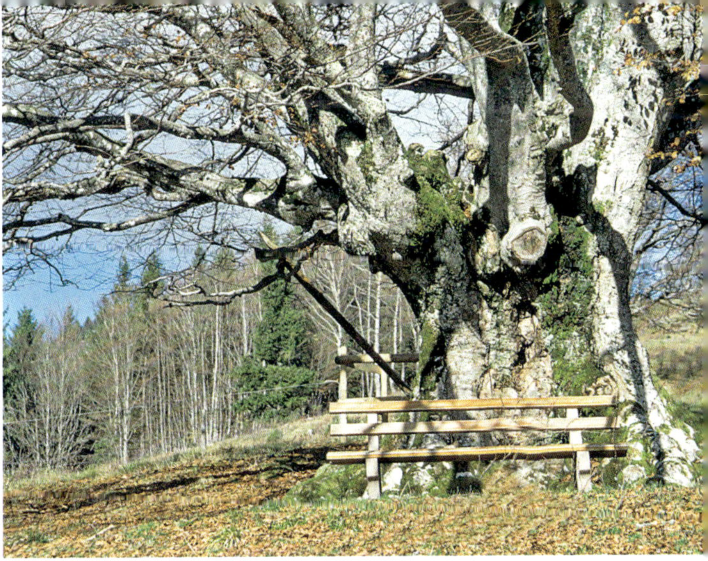

Weidbuchenpfad bei Schönenberg

für Kfz gesperrt). Das Sträßle geht zunächst über Schönenberg steil hinaus, vorbei am Wasserbehälter und weiter zur Paßhöhe bei der Unteren Stuhlsebene. Dort auf freier Flur ein kleiner Parkplatz (Wanderwegweiser, herrliche Sicht ins Wiesental). Das Land hier oben wirkt heiter und sonnig, ein Fleck mit dem gewissen Etwas, um sich der Wiesentäler Weite zu überlassen.

Weidbuchen bei Schönenberg An der Unteren Stuhlsebene (859 m) beginnt ein Naturpfad, der prächtige Exemplare der Gattung Naturdenkmal erschließt. Gleich bei Weidbuche Nr. 1 wieder ein magisches Bänkle. Zum Thema Weidbuchen vgl. auch am Buchende, ab S. 498. Auf den Weiden der Unteren Stuhlsebene stehen auch noch ein paar Wacholderbüsche; Landmarken, die ansonsten eher selten im Südschwarzwald sind. Hier ließen sich gleich noch ein paar Beeren für den nächsten Wildgulasch sammeln.

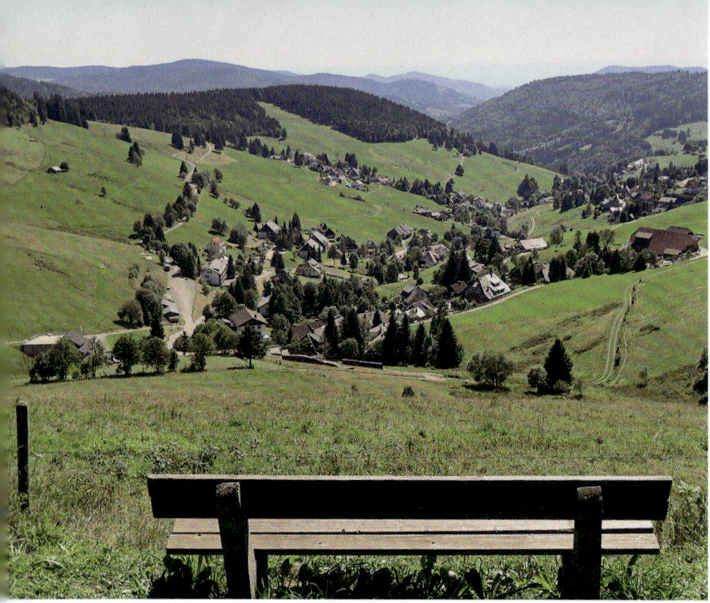

Abgehoben – Heidegger-Rundweg, Todtnauberg

Nostalgie in Todtnauberg Ein Talschluß ohne Durchgangsverkehr kann Segen und Fluch sein. Todtnauberg, auf einem Sonnenplatz zwischen Wiesental und Feldberg gelegen, war einmal so etwas wie ein feines Nebenzimmer im Hochschwarzwald. Die freie Lage über dem Tal bleibt ein Pfund, ein paar Fabrikantenvillen erinnern an jene Jahre des Tourismus, als Ferienvillen im Schwarzwald und nicht am Strand gebaut wurden.

Ich habe dort oben meine ersten Schnallenskischuhe aus Leder bekommen, dazu eine Zehnerkarte für den kurzen Bucklift. Die Bergfahrten mußte ich mir einteilen wie das Eis am Stil im Sommer. Schön war‘s und schön ist es immer noch dort oben. Wobei der Tourismus sichtbar ins Stottern gekommen ist. So bleibt Todtnauberg ein entschleunigter Salon für Freigänger. Für Programm muß hier jeder selbst sorgen, gleich ob im Schnee oder bei Hitze. Dafür ist alles andere einfach: hochfahren, aussteigen, Platz haben.

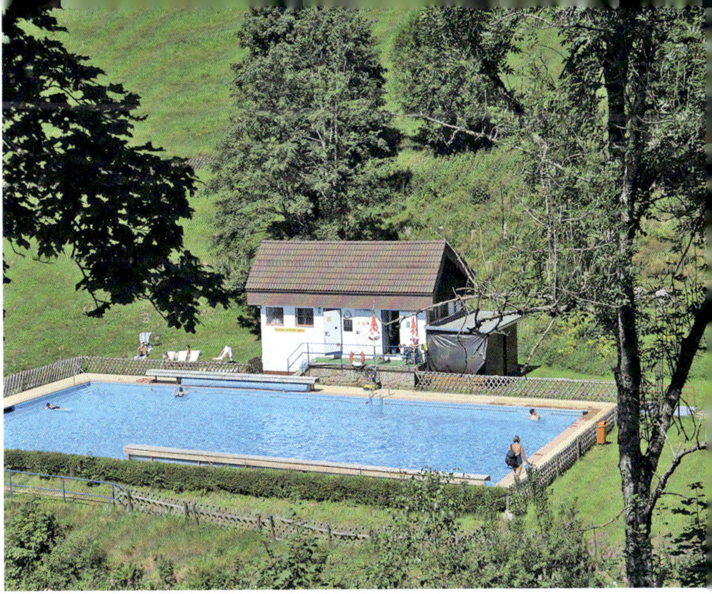

Rutschenfrei – Schwimmbad Todtnauberg

Erfrischend klein Auf dem Parkplatz am Schwimmbadweg in Todtnauberg stehen an einem Vormittag im Hochsommer acht Personenwagen aus drei Ländern sowie zwei Fahrräder. Statt einer Wasserachterbahn blüht auf der Liegewiese am Hang das kleine Habichtskraut, eine Zeigerpflanze für Halbtrockenrasen. Außerdem haben Reliktfreibäder auf eintausend Metern über dem Meer meist etwas Beispielhaftes: Sie stehen für die Tatkraft eines lokalen Helferkreises, auch für Freizeit abseits des Massenbetriebs.

Bei ausreichend Schnee sorgen die Lifte für etwas Wintersportbetrieb, gegen die Sogwirkung des Feldbergs kommt Todtnauberg freilich nicht mehr an. Es gibt zahlreiche Hotels und Ferienwohnungen und wahrlich genug Tourenmöglichkeiten, inklusive einem prächtig gelegten gut sechs Kilometer langen Martin-Heidegger-Rundweg (der noch so heißen darf). Es gibt aber auch eine Retrostimmung am Ende der Straßen, so lebhaft wie früher wird es nicht mehr werden.

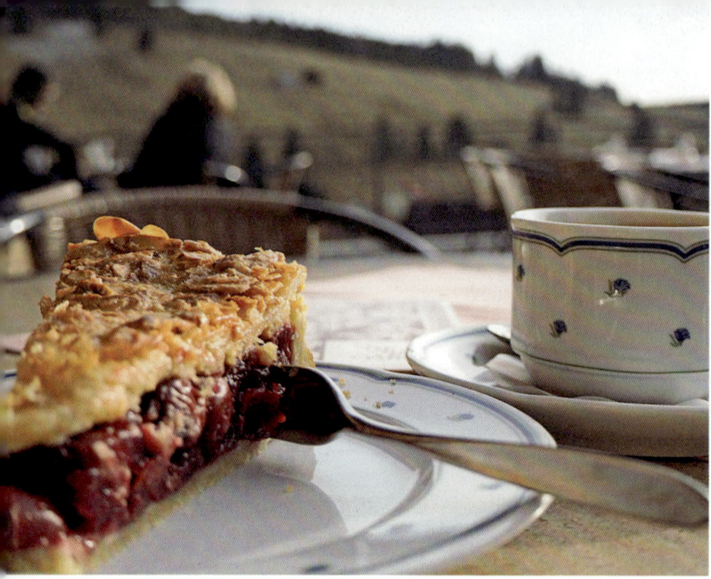

Mandelkrokant mit Weitblick – Glöcklehof, Todtnauberg

Der Kuchen danach Mich erfreut ein Luftbad in Todtnauberg ganzheitlich. Danach geht es zur Kuchenpause vielleicht in Anja Eckmanns *Café Bergfried.* Wenn das Haus in urbaner Umgebung läge, müßte man von einem Boutique-Café sprechen. Oben in Todtnauberg ist es eine kleine feine Auszeit mit einer aufgestellten Gastgeberin, die ihr modern gestyltes Haus wie einen Club bespielt. Dazu gehört auch mal ein flotter Spruch auf der Tafel am Eingang: *Bier jetzt billiger als Benzin. Fahr nicht fort, sauf im Ort.*

Café Bergfried, 79674 Todtnauberg, Kreuzmattstraße 18, Tel. 7671-999 46 10; bergfried-cafe.de. ♠ kleine Terrasse, ✉ ein Gästezimmer.

Mit dem Café-Pension *Glöcklehof* gibt es ein weiteres Ziel für den Kuchen danach (oder davor), mit einem überragenden Sonnenbalkon, der zu allen Jahreszeiten mit Panorama und Alpensicht lockt. Der Kirschkuchen mit Mandelkrokant im Bild oben wurde an einem sonnigen Dezembertag genossen, nach einer ausgiebigen Runde auf dem Panoramaweg am

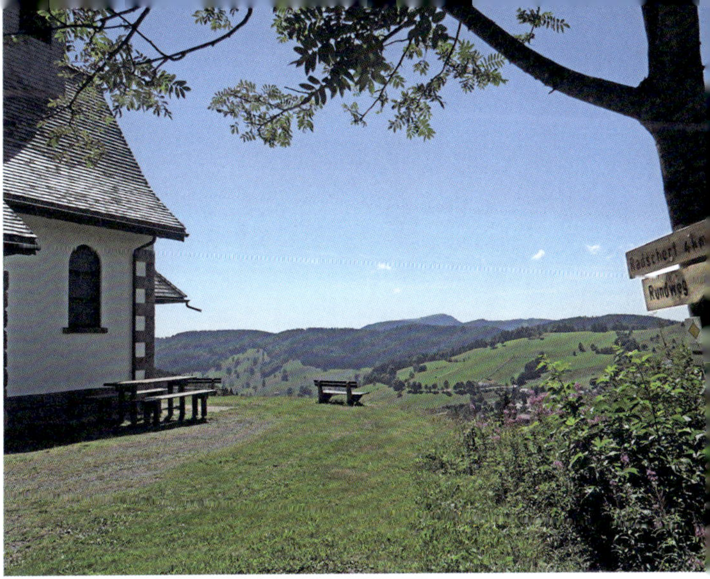

Ruhepol – Fatima-Kapelle bei Todtnauberg

Radschert, ich saß mit Alpensicht hemdsärmlig im Freien – so verliert der Winter seinen Schrecken.

Pension-Café Glöcklehof, 79674 Todtnauberg-Rütte, Martin-Heidegger Weg 16, feine Sonnenterrasse Gästezimmer. Tel. 07671-1320; gloecklehof.de.

Touren Am Wanderparkplatz Radschert wäre der zentrale Touren-Ausgangspunkt auf 1.156 Metern, von dort aus lohnende Wege in alle Richtungen. Der 6,2 km lange Martin-Heidegger-Rundweg in Richtung Jakobuskreuz (1.185 m), Enge (1.210 m) und Berger Höhe leitet – komfortabel Höhe haltend und üppig mit Freizeitmöbeln ausgestattet – über die Sonnenhänge oberhalb der Todtnauberger-Ortsteile Rütte und Ennerbach.

Anders als im Wiesental um Todtnau hat die Landschaftsstimmung im hochgelegenen **Todtnauberg** (1.050 - 1.380 m, 700 Ew.) etwas Leichtes und Weitsichtiges. Die kleinen Ferienhütten am Waldrand oberhalb vom Martin-Heidegger-Weg am Glöcklehof liegen wie Kanzeln über dem Land (darunter auch Heideggers Denk- und Werkstätte).

Einige Entfernungen ab Wanderparkplatz Radschert: Todtnauberg Ortsmitte 1,4 km. Heidegger-Rundweg 6,2 km, Stübenwasen 3 km, Berger Höhe 3,5 km, St. Wilhelmer Hütte 5,5 km, Feldberggipfel 6 km.

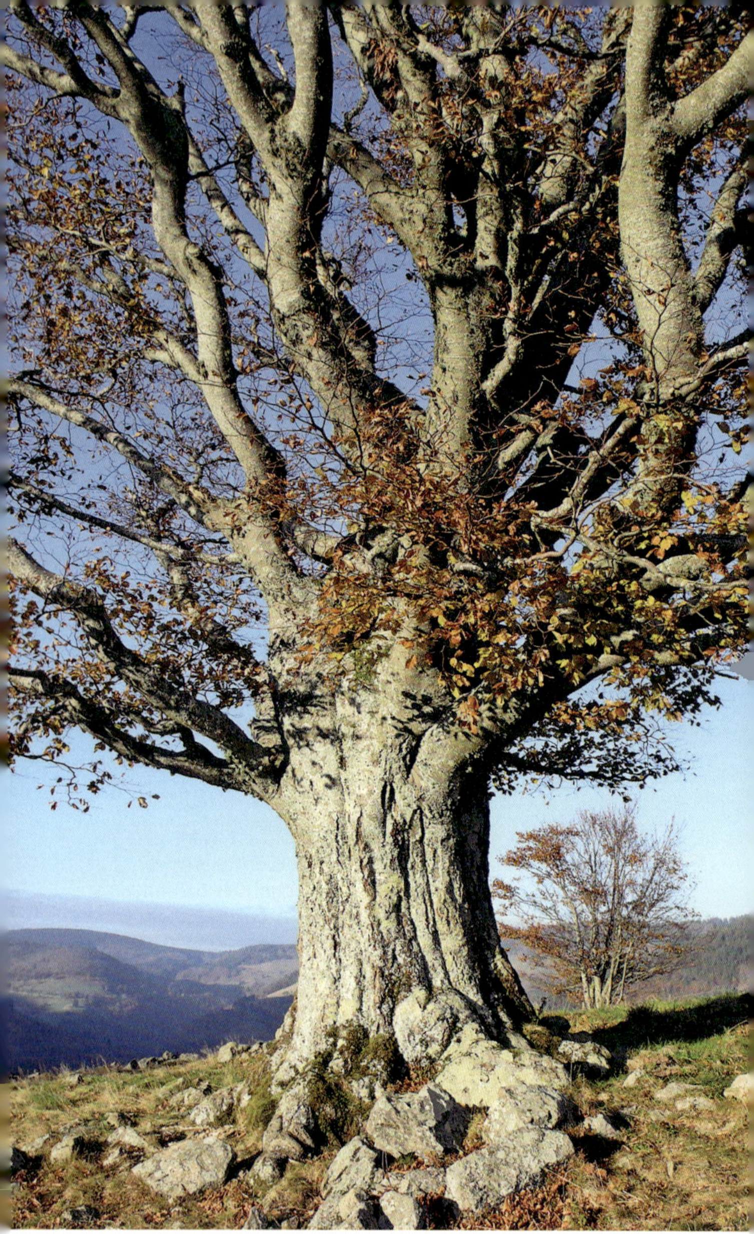

Baum mit Vergangenheit – Weidbuche auf dem Heuberg

Auf den Winden

Wege in alle Himmelsrichtungen, flaumweiche Graspolster, kapitale Weidbuchen mit Alpenblick. Am Weg ein stiller Weiler namens Unterröllsbach mit einem Gasthaus a. D. *Auerhahn* (Wirtschaft geschlossen, Pension offen). Zum Glück gibt es auf der Talseite gegenüber am Ende einer langen, steilen Waldfahrstraße die vitale Hütteneinkehr auf dem *Knöpflesbrunnen*. Man hat also die Wahl zwischen vollem und halbem Abseits. Oder so: Im Windschatten des Belchens gibt es ein paar stille Winkel, die sich für einen vergeigten Nachmittag auf einer namenlosen Anhöhe eignen. In Gesellschaft von Charakterbäumen, trokken raschelndem Laub und nach letztem Sommer duftenden Feldsteinen.

Ausführung: Über Utzenfeld und den Wiedenbach führt die Landstraße 123 vom Wiesental in Richtung Wiedener Eck und Belchen. Der eigentliche Reiz der Bergfahrt beginnt aber lange vor dem Belchen. In Königshütte (oder in Aitern) lohnt es, auf eine unscheinbare Abzweigung zu achten. Die Ne-

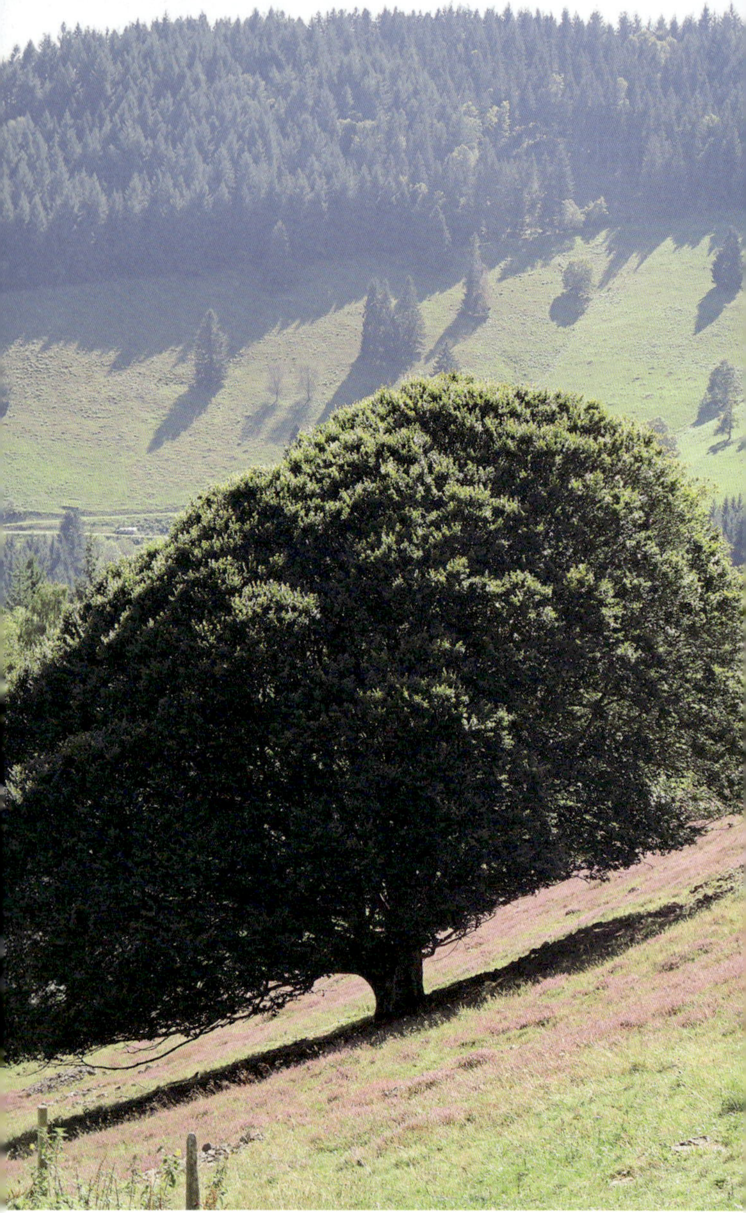

Die Heide blüht – im August „Auf den Winden"

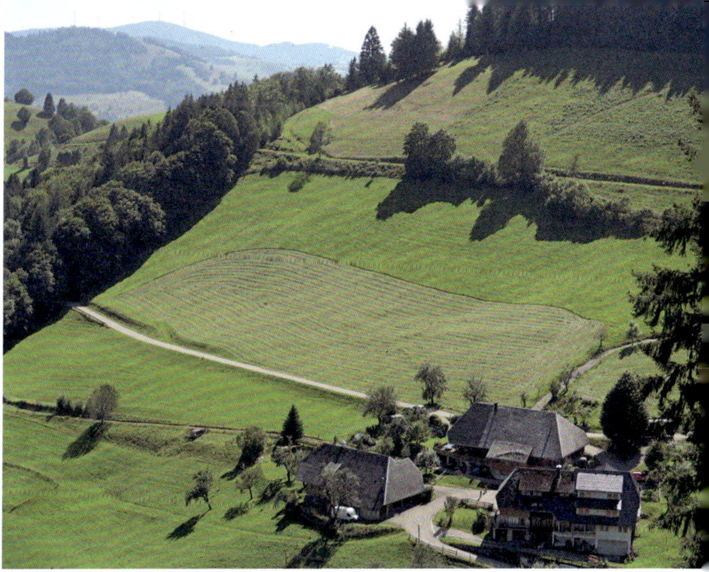

Anflug auf Oberrollsbach

benstrecke über die kleine Paßhöhe *Auf den Wieden* (830 m) gehört in die unterschätzte Kategorie „unbekannte Panoramastraßen“. In wenigen steilen Kehren geht es aus dem Tal auf sonnige Hochweiden.

Von Aitern auf der einen oder Rollsbach auf der anderen Seite der Anhöhe ist es nur jeweils ein Kilometer Wegstrekke oder Straße, was kaum einen Unterschied macht. In ein paar Schwüngen geht es zum kleinen Parkplatz neben einem sanft ausgeprägten Sattel mit dem eleganten Namen *Auf den Winden* (830 m). Was für ein Ort: weite Sicht ins Wiesental, Tourenmöglichkeiten gen Belchen (ohne Belchensteigrummel); rundum ein positiver Fleck, eine Art Segelflugplatz für uns erd**gebundene Wesen.**

Krumme Touren nach Wieden Die kleine Paßfahrt zwischen Wiesental und Wiedenbach ließe sich schier verkehrsfrei fortsetzen. Über die paar Häuser von Oberrollsbach weiter aufwärts zur kleinen Parkstelle beim Weideschuppen am Tannenboden. Dort weiter scharf am Hang lang, der hier

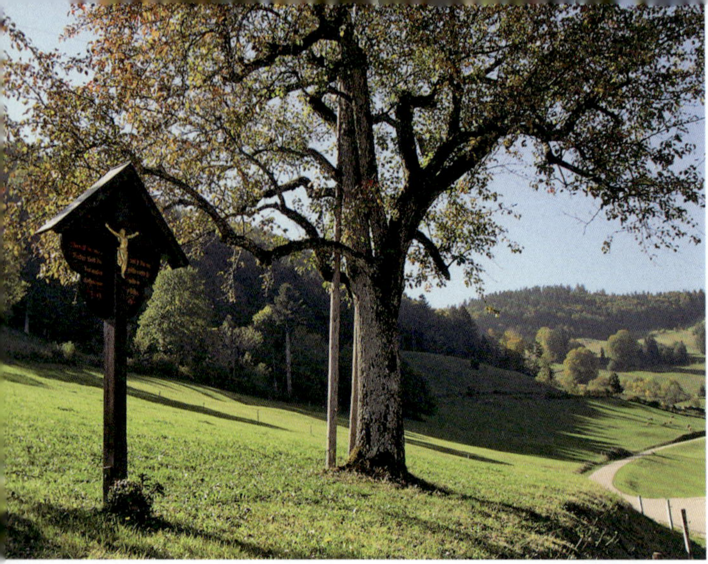

Grüß Gott in Rollsbach

Kalter Bühl heißt, weiter über den Buckel am Scheuermattrank nach *Wieden-Laitenbach*. Wo es einen *Bergblick* mit der Hausnummer 6 und Fernsprechernummer 458 gibt. Wie das so ist in der Hinterstube vom Naturpark Südschwarzwald.

Heute ein König Eine Bergpartie über Rollsbach ist eigentlich zu schade fürs Auto. Andererseits orientieren sich die mobilen Schichten ja weitgehend an ADAC-Zielen und Insta-Posts, was kein Fehler sein muß. So sitzt man hier oben allein mit den Winden im herbstsonnig trockenen Gras, als Rückenlehne vielleicht eine Weidbuche. Böschungen duften nach Schwarzwälder Macchia, der Blick reicht zum Knöpflesbrunnen und das Gefühl sagt, heute hast du gewonnen. Zauberhaft ist die Region auch im Winter nach Neuschnee.

In Wieden-Rollsbach hängt an manchem Stall ein Schild, das auf die Hinterwälder-Viehzucht hinweist. Regional angepaßte Landwirtschaft mit Rindern auf freier Weide – gut für die Qualität, gut für die Landschaft. In Zeiten von Billigfleisch ein seltener Aufwand, der vielen am Gaumen vorbeigeht.

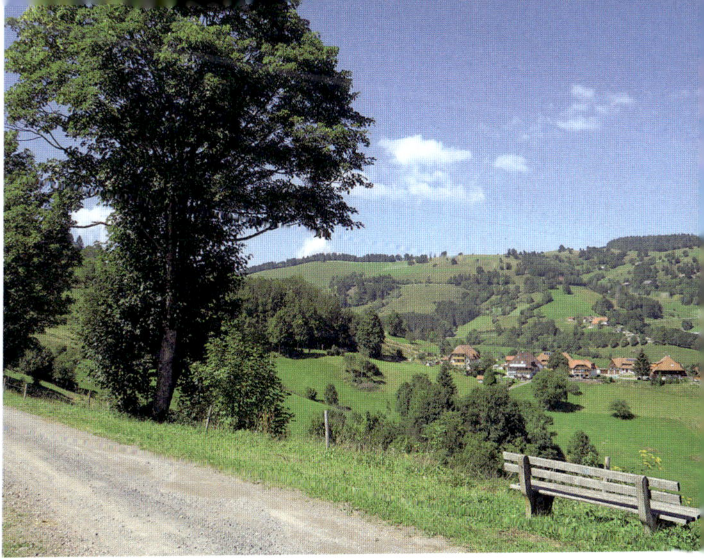

Gravel Road – von Oberrollsbach nach Laitenbach

Wanderung, Tour, Loipe An der Höhe Auf den Winden (830 m, zwischen Aitern und Wieden-Rollsbach, Parkplatz, Wegweiser) Beginn lohnender Wanderwege und Skispuren in Richtung Belchen, Oberrollsbach und Laitenbach. Einzelne Exemplare von Weidbuchen stehen auch auf der Höhe am Heuberg (Foto S. 382) und am Tannenboden bei Oberrollsbach.

Schön zu gehen ist auch der Lärchenweg von Auf den Winden nach Westen in Richtung Geschwender Hütte, Kälberweide, Hinterer Berg. Zunächst mäßig steigend durch Naturschutzgebiet, der Wegverlauf führt einen wie von selbst zu den Attraktionen der Gegend: Weidbuchen in allen Entwicklungsstadien von Sprößling bis Senior, längs der Wege auch Lesesteinmauern, an denen wärmeliebende Pflanzen wie Wiesenthymian ganze Polster bilden. Beginnende Alpensicht, die mit weiter ansteigendem Weg zum Panorama wird. Deutlich wird leider auch hier die zunehmende Verwaldung der offenen Weidelandschaft: Zunächst erobert der Adlerfarn ganze Hänge, die Böschungen wachsen mit Pionierhölzern zu, später folgen Nadelwälder und der Vorhang geht zu. Auch auf der ehemaligen Kälberweid oberhalb des Weges steht heute Wald.

Nach zwei Kilometern verschwindet der Lärchenweg kurz im Wald, wer sich Richtung Wieden hält, erreicht weiter oberhalb der Kälberweid im Bereich Hinterer Berg wieder einen herrlichen Aussichtspunkt

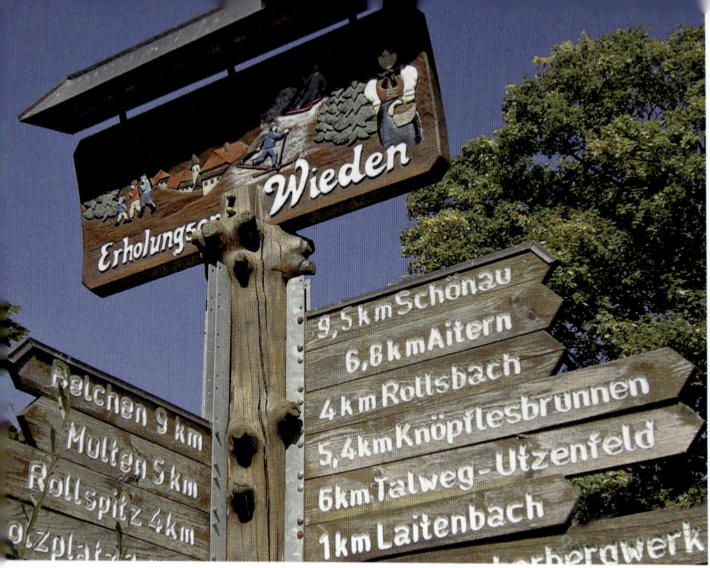

Alle Richtungen – die Höhen um Wieden

mit Feldberg- und Alpenblick. Höhenwege führen von hier weiter bis Wieden, über lange Passagen am Waldrand entlang, stets mit Sicht. Insgesamt eine der schöneren Touren über dem Wiesental.

Skitouren Die Hänge auf der nach Südosten exponierten Seite des Wiedener Tales eignen sich zum Einlaufen für die Skitourensaison. Ausgangspunkt: Wiedener Eck. Ziel einer Abfahrt könnte Schönau im Wiesental sein, die Route führt dann über Rollsbach, auf den Winden (vgl. oben), Tannenboden und dann immer weiter lochab bis Schönau (wegen der Tallage von Schönau allerdings nur bei optimalen Verhältnissen machbar).

Ein Wintertraum in Rollsbach Noch immer träume ich von den Winterstunden im Auerhahn, der heute nur noch als Pension geöffnet ist: Der kleine Weiler Rollsbach lag in der Sonne wie eine schwarze Katze. Schmelzwasser tropft vom Dach, der weißblaue Rauch der Holzfeuer steigt senkrecht gen Himmel und in der Mitte die Einkehr. Das war der leise Luxus von Rollsbach. Im Spätsommer dann der Öhmd-Duft aus den Scheunen, der Tisch, die Holzbank, ein paar Stühle vor der Südfront. Es gab zwei, drei Teller von Hinterwälder

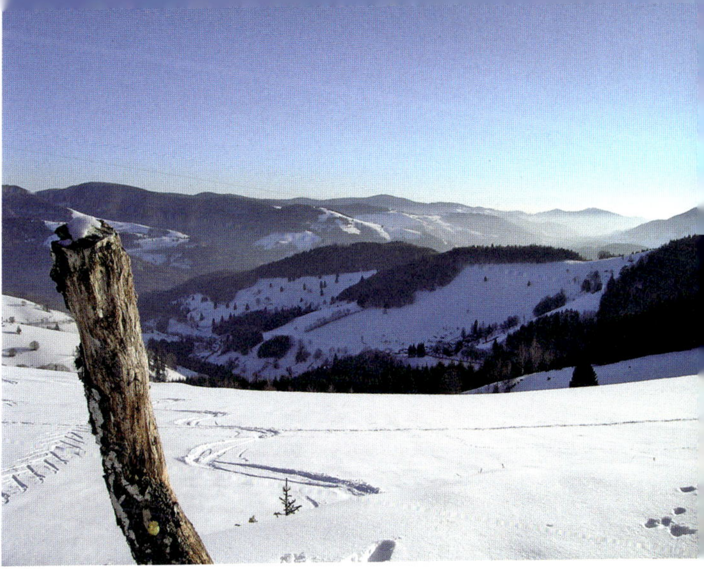

Kein Lift, viel Platz – Rollsbach im Winter

Vieh aus eigener Haltung. Irgendwann wurde modern angebaut, danach kam Corona. Wie gesagt, Einkehr geschlossen, schlafen im Auerhahn geht immer noch.

Auerhahn (Fam. Behringer), 79677 Aitern-Rollsbach, Tel. 07673-309. Gästezimmer/Ferienwohnung.

Rollsbach, Laitenbach, Wieden Die krumme Tour auf schmaler Straße läßt sich von Rollsbach nach Wieden fortsetzen. Am Sträßle über Laitenbach nach Wieden gab es früher sogar eine Tankstelle. Einmann-Betrieb mit Service, längst Geschichte. Ein Opfer wie das kleine Schlachthaus im Dorf. Dafür kommen jetzt Tourismus-Beamte aus Stuttgart im Dienstwagen und singen das hohe Lied vom Regionalen.

Der schmale Waldfahrweg von Rollsbach nach Laitenbach ist der Landschaft angepaßt wie ein eingelaufener Weideweg. An den Böschungsrändern haben sich Sträucher und Bäume angesiedelt, vereinzelt gibt es einen überwachsenen Steinriegel. Manche Partie dieses Kulturlandes erscheint wie ein

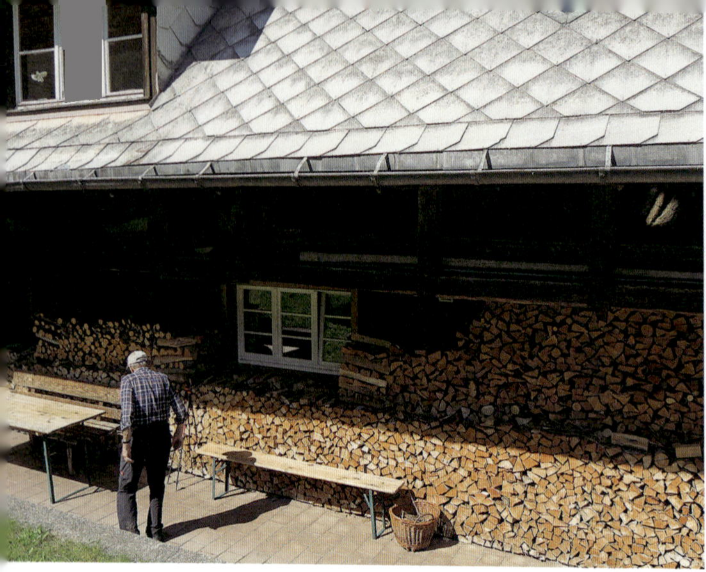

Geschafft – Ruhestand in Rollsbach

Landschaftspark. Im Spätsommer liegt der Duft der Öhmdernte über allem; wobei auch hier die Ernte mehr und mehr als Silageballen im Freien deponiert wird. Anmut, Sinnenreiz, alles da und auf mancher Sonnenbank drängt sich die Frage auf, ob es immer Übersee sein muß.

KNÖPFLESBRUNNEN, bei Utzenfeld Auf gut 1.100 Metern Höhe, in freier Südlage, wartet eine schön gelegene Almgaststätte: Sonnenbank entlang der Holzfassade, gekieste Terrasse, Tische und Liegestühle an der Rampe zum Abflug. Außenrum Weide und Weidbuchen. Alte Gesellen mit elephantengrauen Stämmen – eine naturgeilere Rückenlehne ist kaum vorstellbar. Dazu Blick übers Wiesental, bei hellem Wetter Alpensicht – ein Buchtitel wie *Hoch Hinaus* hat im Südschwarzwald seinen Grund. Soweit das Äußere.

Mit dem Pächterwechsel 2020 gab es auch Änderungen im Betriebssystem. Das initiative Wirtspaar gehört zu den motivierten Umsteigern, Alexandra Haag und Sebastian Schwarz bieten eine straffe Vesperkarte mit regionalem Schwerpunkt

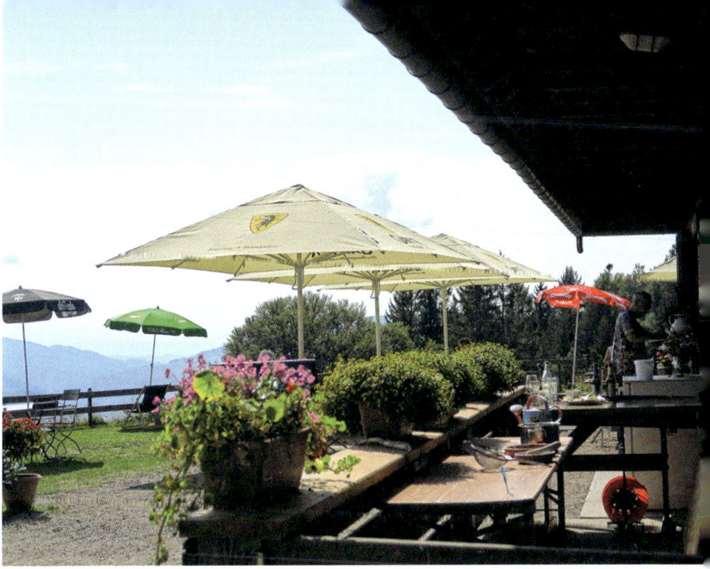

Wieder mal hoch hinaus – Knöpflesbrunnen, 1.124 m.ü.d.M.

(Wurst & Fleisch z.B. von der Kronenmetzgerei, Schönau). Manches im Angebot wird sich im Lauf der Zeit vermutlich noch ändern, aber man sieht die Absicht, die Bienen und die Hühner des Hauses und ist angetan. Für den Rest sorgt die himmlische Lage. In Summe wirkt der Ablauf auf dem Knöpflesbrunnen pragmatisch und gastfreundlich, natürlich auch abhängig von den stark schwankenden Besucherzahlen. Der Reiz des Platzes kann durch Übernachtung verlängert werden; für Hausgäste gibt es auch Halbpension.

Almgasthaus Knöpflesbrunnen, bei 79694 Utzenfeld, Tel. 01520-600 35 29; knoepflesbrunnen.de. ♠ Freisitz mit Sonnenbank. Doppel- und Mehrbettzimmer. Zufahrt ab Königshütte auf ca. 4 km langer steiler Forststraße zum Wanderparkplatz 200 Meter vor der Hütte.

Touren Der Knöpflesbrunnen ist Höhenziel und Einkehr für Touren jeder Art auf der südexponierten Seite des Wiedener Tals. Oberhalb der Hütte beim Wanderwegweiser Knöpflesbrunnen eine Weidbuchenformation wie im Bildband.

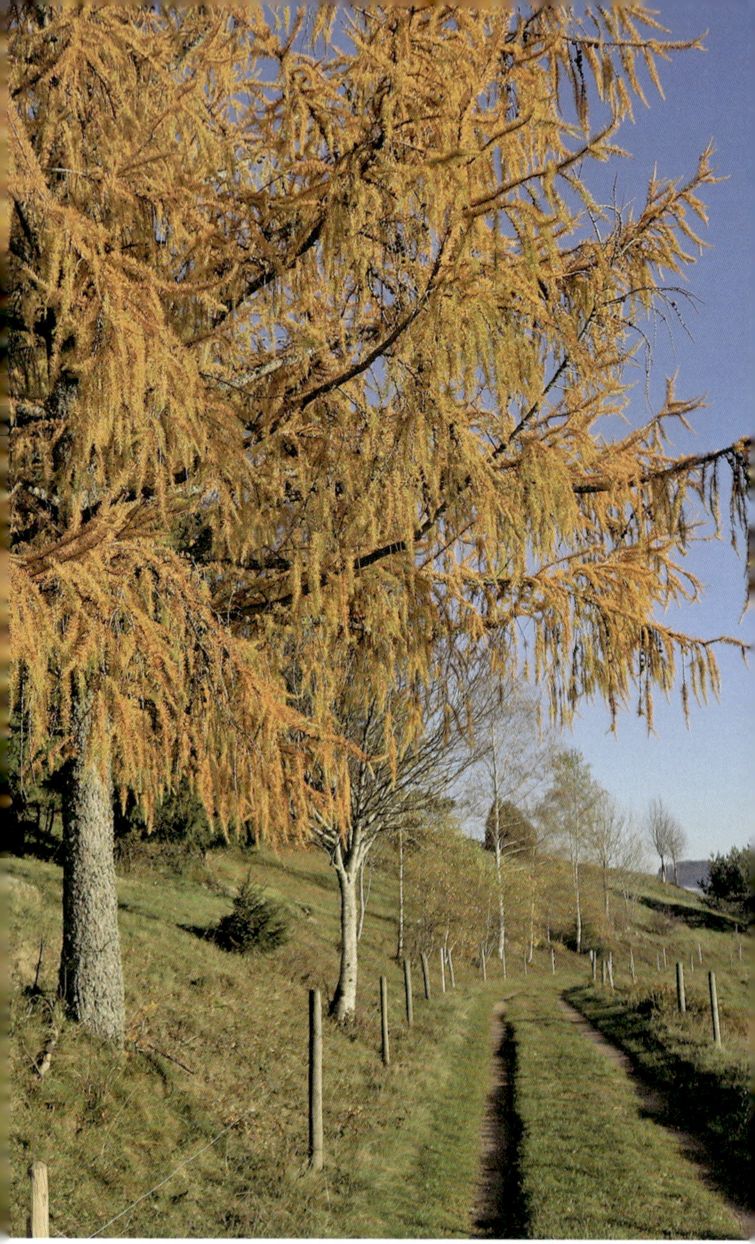

Auf der Sonnenseite – bei Zell-Adelsberg

Panoramica Wiesental, der Westen

Mit ihren am Hang verstreuten Weilern hat die Westflanke des Wiesentals wenig Konkurrenz im Südwestschwarzwald. Auch die Gemeinde Fröhnd ist schön, amtlich bestätigt und seit 1998 mit einer Goldmedaille ausgezeichnet. Unten im Talgrund der Wiese, der das Gemeindegebiet trennt, war wenig Platz und so entstanden einzelne Siedlungskerne auf den Hangterrassen. Zu den alten Walmdachhöfen vom historischen Typ *Schauinsland* kamen in den letzten Jahren einige Neubauten vom Typus *Pendlerglück* hinzu, aber bis heute bleibt Fröhnd im Ganzen optisch ein Glücksfall.

Ebenso reizend wie die einzelnen Hangsiedlungen sind jene heuwagenbreiten Nebenstraßen, welche die Sonnenhänge zwischen Fröhnd und dem Zeller Bergland erschließen. Es geht rauf und runter, manchmal bis in Bergfalten und Tobel hinein, wo sich noch im Hochsommer feuchte Kühle hält und im Winter der Reif nicht weicht.

Danach wieder raus auf einen Sonnenhang mit Alpenblick. Dabei hat jede Talseite zwischen Schönau und Zell

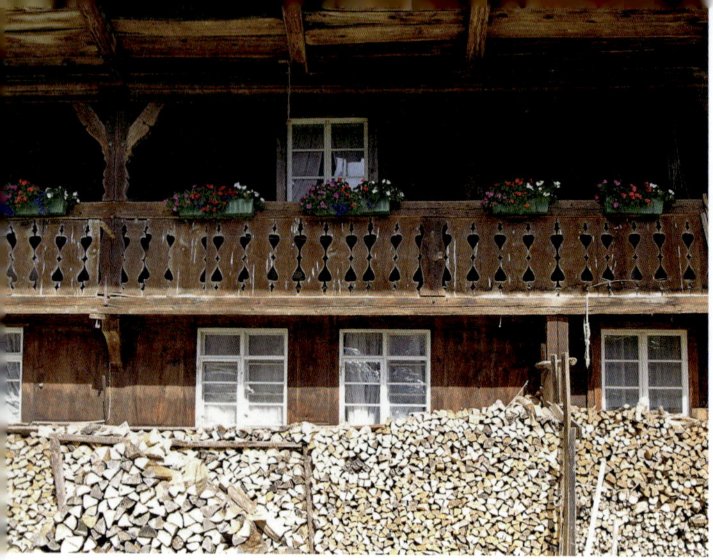

Noch gestattet – Brennholz in Hof

ihre eigene Panoramica. Beginnen wir auf der Westseite in Fröhnd-Hof:

Holzige Gedanken in Hof Vom Dauerverkehr auf der Bundesstraße 317 bei Wembach sind es nur zwei Kilometer bis rauf nach Hof, aber der Umgebungswechsel ist umfassend. Auf knapp 700 Metern Höhe grüßt ein Plateau über dem Wiesental, mit alten Walmdachhöfen und neu gedämmtem Familienglück. Eine ähnliche Veranda-Lage bietet weiter südlich nur noch der Zeller Ortsteil Pfaffenberg.

In Hof wären noch letzte Exemplare stattlicher Einzelhöfe zu bestaunen, mit sonnengegerbter Holzfassade und mächtiger Walm, manche auch noch mit den typischen, bergseitigen Auffahrten zu den alten Scheunenböden.

Zunächst werden die Vögte in Berlin und Brüssel das Heizen mit Holz erschweren, dann verbieten. Danach werden Umweltberater erklären, warum ein Leben mit der Wärmepumpe sinnlicher ist als eines mit der Ofenbank. Und ein Holzstapel wird nichts als Sünde sein.

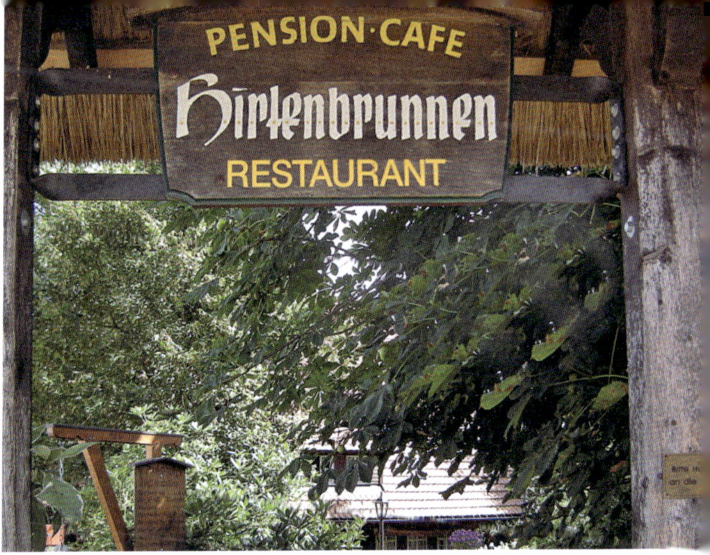

Romantikziel – Hirtenbrunnen, Fröhnd-Hof

Ein paar wohl bestellte Bauerngärten gibt es auch noch in Hof. Das Kleinklima in Südlage ist außergewöhnlich, darauf weisen Stechpalme, Buchsbaum und selbst Nußbäume hin, die hier in Lagen bis 700 Meter gedeihen. Bevor es auf die Panoramahänge in Richtung Zell-Pfaffenberg geht, wäre eine, die einzige, Einkehrmöglichkeit zu beachten.

HIRTENBRUNNEN, Hof Auf den ersten Blick wirkt der Hirtenbrunnen wie heiler Schwarzwald. Torbogen, Brunnen, Plattenwege im Garten. Die Holzfassade eines 400 Jahre alten Hofes, davor eine lange Bank, die ihresgleichen sucht. Auch innen Nostalgie vom Riemenboden bis zur Holzdecke. Andererseits zeigt sich das Anwesen im Lauf der Jahre ziemlich verändert, an-, um- und ausgebaut.

Also mischen sich Idylle und nüchterne Aspekte, was auch für das kulinarische Programm gilt, das vom „altgermanischen Wildsauessen mit Met" bis zum Vesperbrett reicht. Letztlich bleibt an so einem Platz vieles Geschmackssache – ein Haus wie der Schwarzwald, mal bildschön, mal sägrauh.

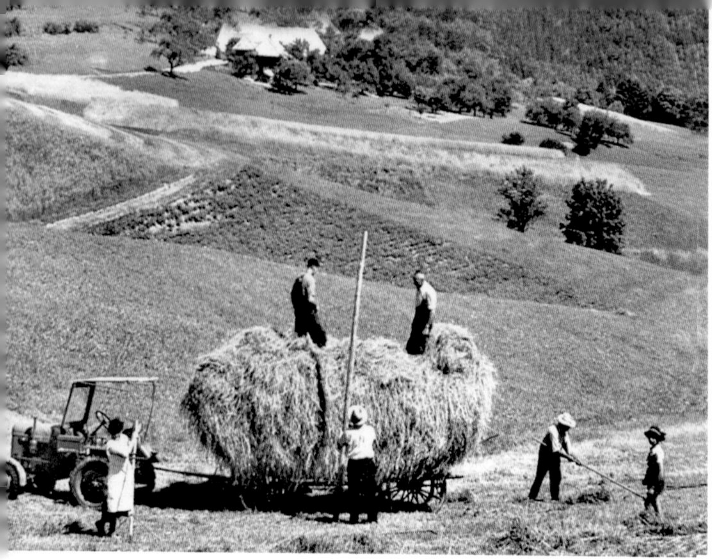

Workout historisch – Heuernte im Wiesental

Café-Pension Hirtenbrunnen, 79677 Fröhnd-Hof, Tel. 07673-425; hirtenbrunnen.de. ♠ Terrasse, Sauna und Hotpot im Garten, 🛏 Ein- bis Dreibettzimmer, auch für Events und Gesellschaften.

Heuen und Rodeln Was war das wohl für ein Abenteuer für Kinder, die Fahrt auf dem Heuwagen? Und was war das für eine Arbeit, das Heuen am Hang? Workout für Koordination, Ausdauer und Körperspannung. Mit dem langen Heurechen wird heute selten trainiert, aber das Rodeln erfreut sich einiger Beliebtheit. Wobei auch das die sozialen Verhältnisse abbildet: „Schlittenfahren erfordert wenig Körperspannung, die Ausrüstung ist billig, die Eltern können ihre Kinder unbeaufsichtigt toben lassen. Paßt doch perfekt in die Zeit.“ Der das sagt, hat es öfter mit jenen Eltern zu tun, die ein Gasthaus auch als Basislager nutzen. In der Mikrowelle die Gläschen für die Kleinen wärmen lassen, dann zum Pampern auf die Toilette, anschließend kollektives Abtauen bei zwei Glas Tee. Macht wenig Umsatz und große Pfützen unterm Tisch. Diese dienen als Abenteuerspielplatz für den Nachwuchs. Wobei es

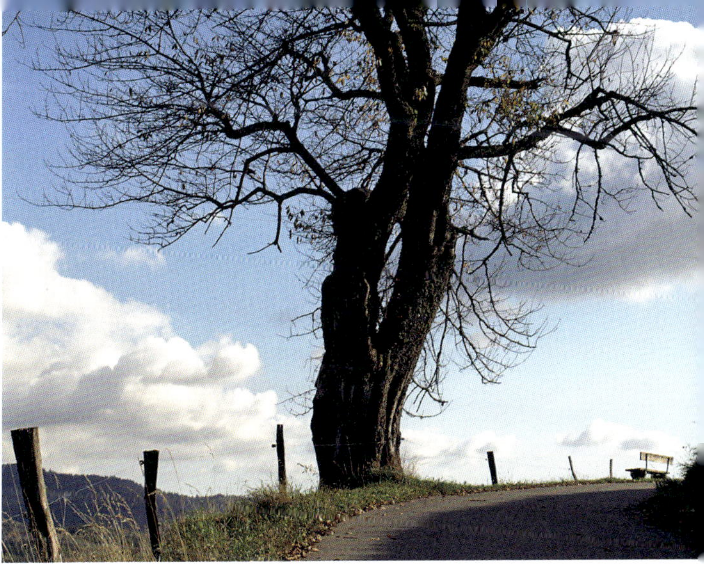

Hart am Hang – zwischen Oberhepschingen und Pfaffenberg

wenig nützt, Eltern an das Recht ihrer Kinder auf Erziehung zu erinnern. Bessermeinende sind per se im Recht.

Andererseits sorgt Rudelverhalten auch für interessante Optionen. Wenn am Belchen oder Feldberg Gruppen an Kassenhaus und SB-Theke anstehen – hat es ein paar Kilometer weiter, um Ittenschwand, Oberhepschingen oder am Zeller Blauen, Platz nach Belieben.

Wandern/Radtouren Ein günstiger Ausgangspunkt für Touren ist der Wanderparkplatz auf halbem Weg zwischen Hof und Ittenschwand: Gelegen zwischen den beiden Wanderwegweisern Mutiger Bühl und Tannenboden auf 690 Metern, ab hier mehrere Rundwege. Weitere Möglichkeiten folgen im Verlauf der kleinen, feinen Höhenstraße, die über Oberhepschingen rüber nach Zell-Pfaffenberg und weiter am Hang des Zeller Blauen entlang bis Adelsberg führt (Einkehr Schlüssel, Pfaffenberg, vgl. S. 401).

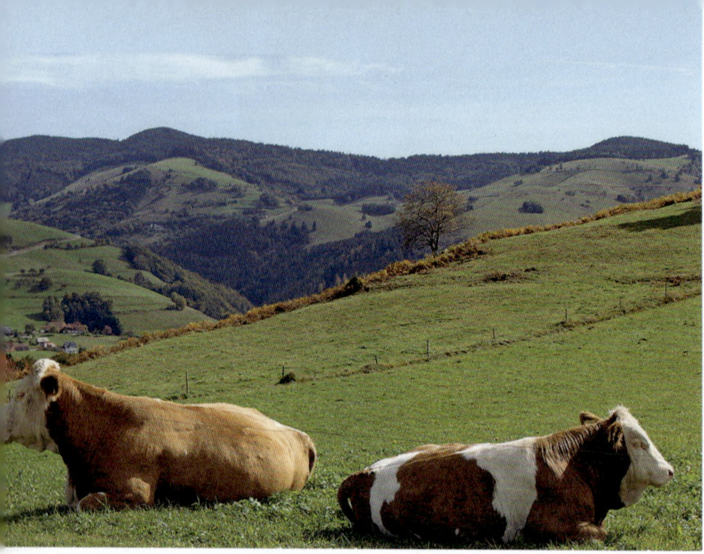

Mittagspause bei Oberhepschingen

Wiesental Westseite, Oberhepschingen-Pfaffenberg Die Fröhnder Teilgemeinden an der Westflanke des Wiesentals werden durch eine wenig befahrene Höhenstraße verbunden. Eine stellenweise nur wagenschmale Panoramastraße, die satten Landschaftseindruck bietet. Mit Auto oder Rad ein Gewinn, aus- und absteigen wäre auch kein Fehler.

Stoffstrombilanz und Greening Einmal begegnete ich in Ittenschwand, vielleicht war es aber auch in Oberhepschingen, einem Landwirt, der mir mit einer Schubkarre entgegenkam, was ja für sich schon ein seltenes Bild ist. Die Kontaktaufnahme mit Landwirten auf eigenem Grund und Boden ist ja immer so eine Sache. Auf der anderen Seite des Wiesentals gibt es im Angenbachtal einen ganzen Landstrich, der etwas verschlossen *Hinterhag* heißt. Im Hinterhag, speziell unten in und um Rohmatt, würde ich nicht unbedingt anhalten und mit Eingeborenen das Gespräch zum Thema Waldbaden suchen (obwohl es dort tiefe Wälder hat).

In Hepschingen kam ich mit dem unbekannten Landwirt

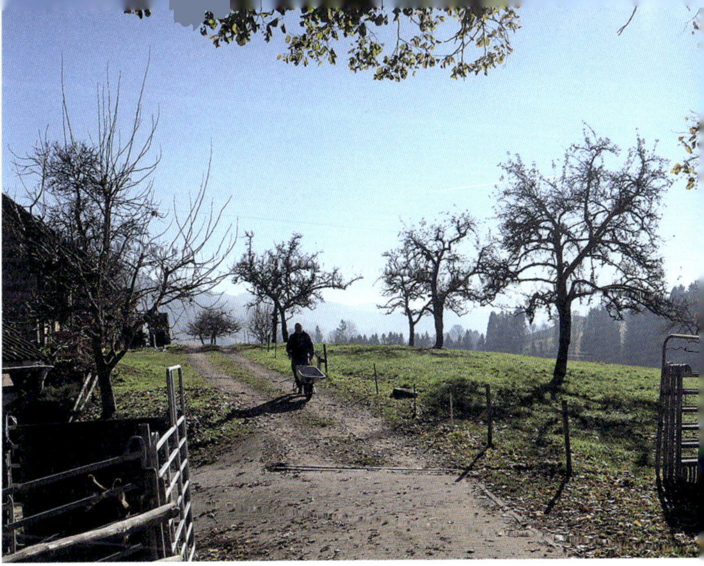

Die Zeiten ändern sich – auch um Hepschingen

aber wie von selbst ins Gespräch. Schon nach ein paar Sätzen fragte er mich, ob ich seinen neuen Stall sehen wolle. Wenn ein Landwirt einem Fremden den Stall öffnet, ist das Eis gebrochen. Wir redeten seinerzeit noch etwas über das Übliche. Wolfsmanagement, Anbindehaltung, Dünge- und Stoffstrombilanzverordnung (StoffBilV), Greeningprämien der EU. Ich will nicht langweilen, gebe dennoch den Rat: Danken sie Himmel, Erde und der noch tätigen Kleinlandwirtschaft, wenn so zufriedene Wiederkäuer im natürlichen Habitat zu sehen sind wie im Bild nebenan. Die Zeiten ändern sich, geht es so weiter mit dem Green Deal, dann hat die Großvieh-Mensch-Einheit in Oberhepschingen eine geringere Bleibeperspektive als Wolf oder Tesla.

Solange es Tierhaltung und Grünlandwirtschaft gibt, solange bleibt der Wechsel zwischen Weilern, Kulturlandschaft und Wald im hohen Wiesental eine Augenweide. Mit dem *Schlüssel* in Zell-Pfaffenberg gibt es zudem ein Berggasthaus zum Auftanken und Tiere essen.

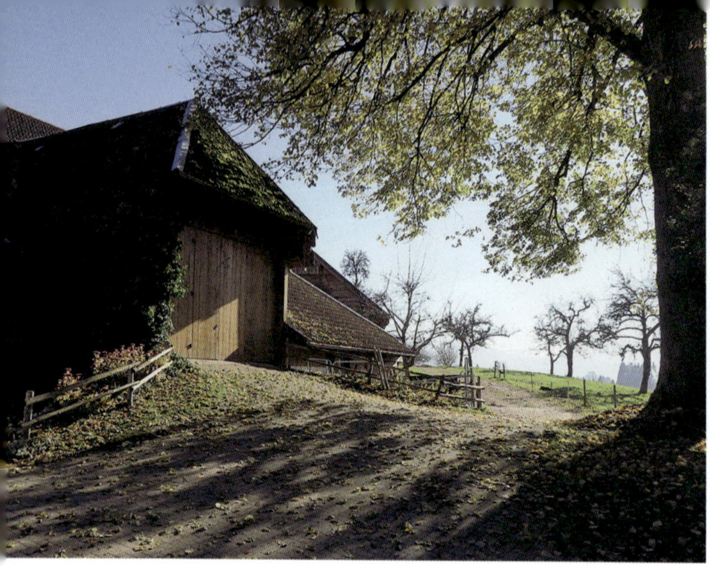

Fußgängerzone im oberen Wiesental – bei Hepschingen

Zell–Pfaffenberg Auf der Höhe von Zell wird das Wiesental eng, eine Etage höher bleibt die Landschaft weit. Schon die Anfahrt nach Pfaffenberg macht Laune: Die Hänge und Weiden am Fuß des Zeller Blauen (1.077 m) sind ein Wiesentäler Schatzkästlein. Als Extra wartet in Pfaffenberg ein gepflegter Gasthof, nebenan Bauerngärten und ein Brunnen, der wunderbar weiches Wasser spendet. Ein Brunnen ohne das obligatorische Schild „Kein Trinkwasser" ist in einer deutschen Gemeinde eine Ausnahme. Auch dank einer Förderpolitik, die Betonpflaster als Dorfverschönerungsmaßnahme fördert. Und was spendet die neu installiere Sprudelpfütze? „Kein Trinkwasser".

Bei der Gelegenheit ein Extralob an alle Gemeinden, die sich den Luxus eines Trinkwasserbrunnens erhalten. Auch oben in Utzenfeld gibt es einen, direkt vor dem Rathaus. Mir ist ein Brunnen lieber als eine Ladesäule – so, jetzt höre ich aber auf damit.

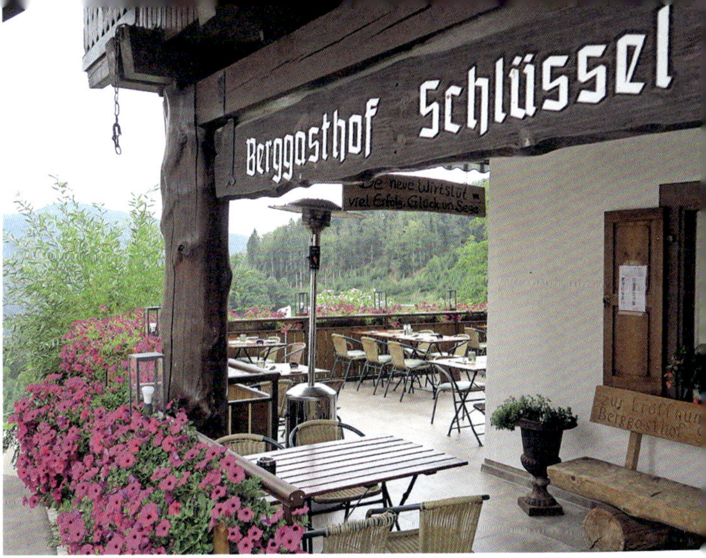

Schöne Aussichten – Schlüssel-Terrasse, Pfaffenberg

SCHLÜSSEL, Pfaffenberg Ein Gasthof am richtigen Platz. Drinnen gepflegt-gemütliche Räume, die nach vorne zur Speisegondel über dem Tal werden; davor die Sonnenterrasse mit Sicht auf Wiesentäler Landschaft und geschützten Plätzen vor der Südwand. Ein Fleck, der jeden Herbsttag vergoldet – schöner rasten geht fast nicht. Schon vor Jahren hat das Gastronomenpaar Sunny Städter und Jakob Brasch den Schlüssel übernommen. Es gab einen sanften, aber auch konsequenten Übergang, der die lange Tradition des Hauses aufnahm und weiter entwickelte.

Für einen Ausflugsgasthof bietet der Schlüssel ein breites Angebot bürgerlichen Zuschnitts, es reicht vom Vesper über Pasta und Zwiebelrostbraten bis zu gekochtem Mastochsenfleisch, vom aktuellen Tagesmenü zum Mehrgänger am Wochenende. Herr und Frau Mustermanns panierte Schnitzel mit Pommes werden wahlweise von Schweinerücken oder Kalbsoberschale geschnitten. Die vorbildlich trocken soufflierten Wiener mit Kartoffel-Gurkensalat haben Referenz-

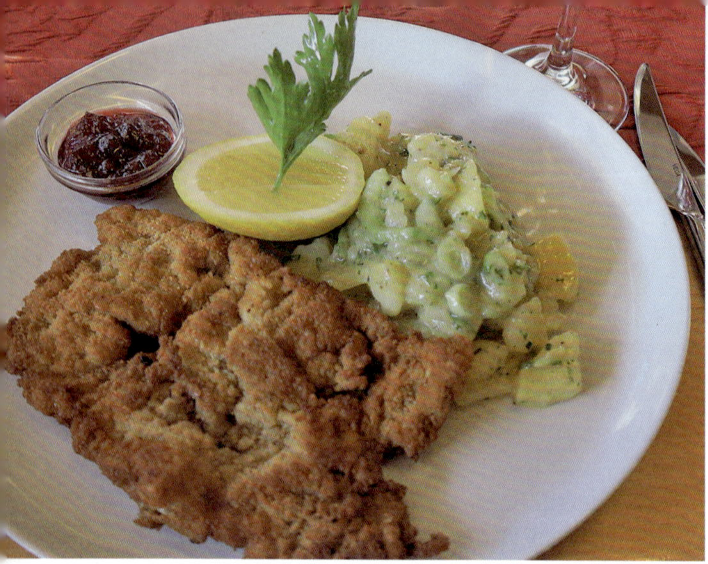

Ein Wiener im Wiesental – serviert im Schlüssel zu Pfaffenberg

qualität. Die Weinkarte ist für ein Haus in Ausflugslage selten engagiert. Im Schlüssel findet vom Stammtisch bis Festtafel jeder etwas. Wirtsleute und Service sind präsent, die Lage ist über jeden Zweifel erhaben. In der Klasse gut einkehren und fürstlich aufs Land schauen ist der Schlüssel ohne Konkurrenz im Zeller Bergland.

Berggasthof Schlüssel (Fam. Städter & Brasch), 79669 Zell-Pfaffenberg. Gästezimmer, ein Appartement, Terrasse in erhabener Lage, reizvolle Wanderregion vor der Haustür; schöner Platz für ein stilles Wochenende. Tel. 07625-375; bergasthof-schluessel.de.

Touren Eine große und anschauliche Panoramakarte in der Ortsmitte von Pfaffenberg zeigt viele Möglichkeiten ab Pfaffenberg. Weitere Ausgangspunkte liegen an der reizenden Nebenstrecke gen Zeller Blauen und Gresgen. Zunächst wird der Zimmerplatz erreicht (765 m, Infotafel an der Weiterfahrt zu den winzigen Weilern Käsern, bzw. Blauen). Noch etwas höher in Richtung Zeller Blauen, oberhalb der Häuser von Oberblauen, liegt der Blauen-Waldparkplatz (830 m). Er erschließt Touren auf der Südostseite des Zeller Blauen. Großartig der Panoramaweg vom Waldparkplatz rüber nach Pfaffenberg (2,5 km); ebenso der nach Gresgen 4,5 km.

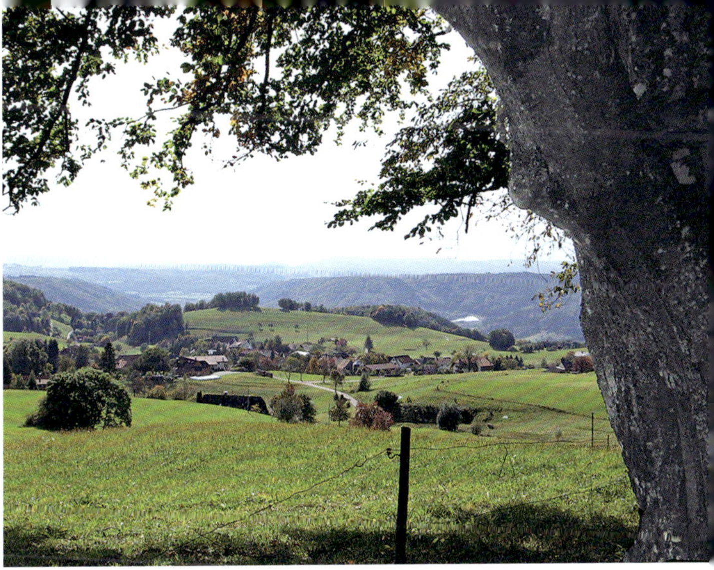

Sonnenfleck über dem Wiesental – Gresgen

Gresgen, Balkon über dem Dreiland Zwischen dem Tal von Großer und Kleiner Wiese liegt das Dorf Gresgen auf einer Sonnenterrasse. Trotz der mittleren Höhenlage von gerade mal 730 Metern Höhe wirkt die Landschaft wie entrückt. Nichts erinnert an die eng gepackten Siedlungen unten im Tal bei Zell oder auch um Tegernau. Auf dem luftigen Plateau gibt es keine Straßennamen, aber gut 150 Hausnummern sowie einen übermannshohen Zäpfle-Brunnen, Baujahr 2020. Ein lokaler *Verschönerungsverein* kümmert sich neben anderem um die so zahlreich wie vorbildlich positionierten Aussichtsbänke und den Erhalt der lokalen Sauerkirschsorte *Gresger Ammele.*

Wer durch Gresgens Gassen streift, bekommt neben geographischer Weitsicht auch die soziale Einsicht, daß der Mensch, wenn er denn genug Platz um sich hat, einige Dinge des Lebens menschlicher angeht. Landbesitz erdet, wer Haus, Hof und Gärten lesen kann, sieht das auch in Gresgen. Lebensgestaltung, statt Gerede über Nachhaltigkeit.

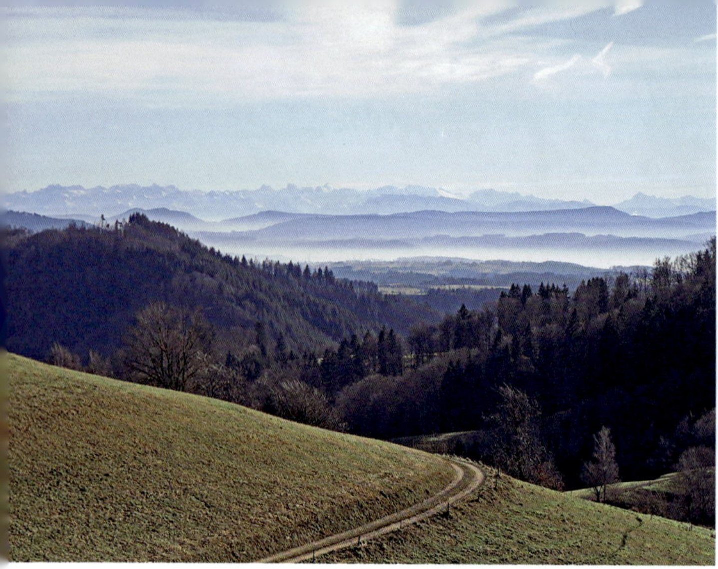

Panoramisch unterwegs – am Zeller Blauen

An hellen Tagen liegt Gresgen wie eine Schaubühne über dem Land. Die Sicht ist himmelweit: Jurablick, Alpenblick, Zweitälerblick, dazu korrespondierende Wanderwege über Hochweiden, entlang sonniger Waldränder. Auch mal durch dunklen Tann, aber meist kommt aus dem Irgendwo bald ein Lichtlein her.

Hummelberg und Rümmelesbühl Die ansehnlichen Höhen um Gresgen fallen im Süden am Hummelberg und der herrlich gelegenen Schutz- und Grillhütte am Rümmelesbühl steil gen Wiesental ab. So fühlt man sich am Saum zwischen Schwarzwald und Oberrheinland. Ein ideales Revier für Butterbrotwanderungen, da Gresgen derzeit gasthausfrei ist.

Die kurze Runde über den Hummelberg oder der Einstunden-Rundweg um den 777 Meter hohen Rümmelesbühl, alles reinster Landschaftspark. Ein Wintervergnügen wäre es, hier durch Neuschnee zu gehen. Wobei der Kontrast zwischen großartigem Panorama und dem Anblick mancher Hausfassade den Charakter der Siedlung unterstreicht.

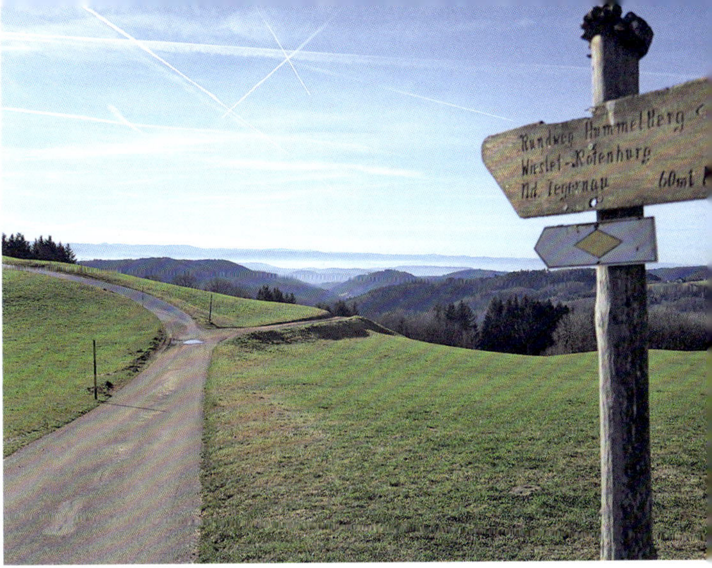

Promenade ohne Namen – von Gresgen zum Hummelberg

Bei der Schutzhütte auf dem Rümmelesbühl steht eine dieser sogenannten Himmelsliegen, die seit Jahren zur Aufrüstung des Schwarzwaldes beitragen. Das Möbel steht am schönsten Platz einer alten Kulturlandschaft. Die Baumgruppen im Blickfeld wirken wie ins Bild komponiert. Ein Bild, das erst nach generationenlanger Arbeit zu jener Parklandschaft wurde, über die man heute entspannt hinwegträumen kann. Jeder Waldrand muß geschlagen werden, jeder Weideweg ist geronnene Arbeit. Und wenn auf dem Rümmelesbühl keiner den wuchernden Adlerfarn weghauen würde, wäre bald Schluß mit Alpenblick und Panorama.

Touren ab Gresgen Wegweiser bei der Bushaltestelle/Ortsmitte. Wer gen Hummelberg promeniert, zum Parkplatz am Blauenweg oder bis zur schönen Buche hochfährt, blickt an klaren Tagen bis weit in die Schweiz und zur Alpenkette – man betritt im Wortsinne eine Veranda über dem Dreiland. Einziges Manko: Die Einkehr im geschlossenen Gässle wird schmerzlich vermißt. Eine Initiative zur Belebung des Löwenareals mit Gastronomie und Biergarten hat Absichten verkündet, eine Umsetzung ist derzeit nicht abzusehen.

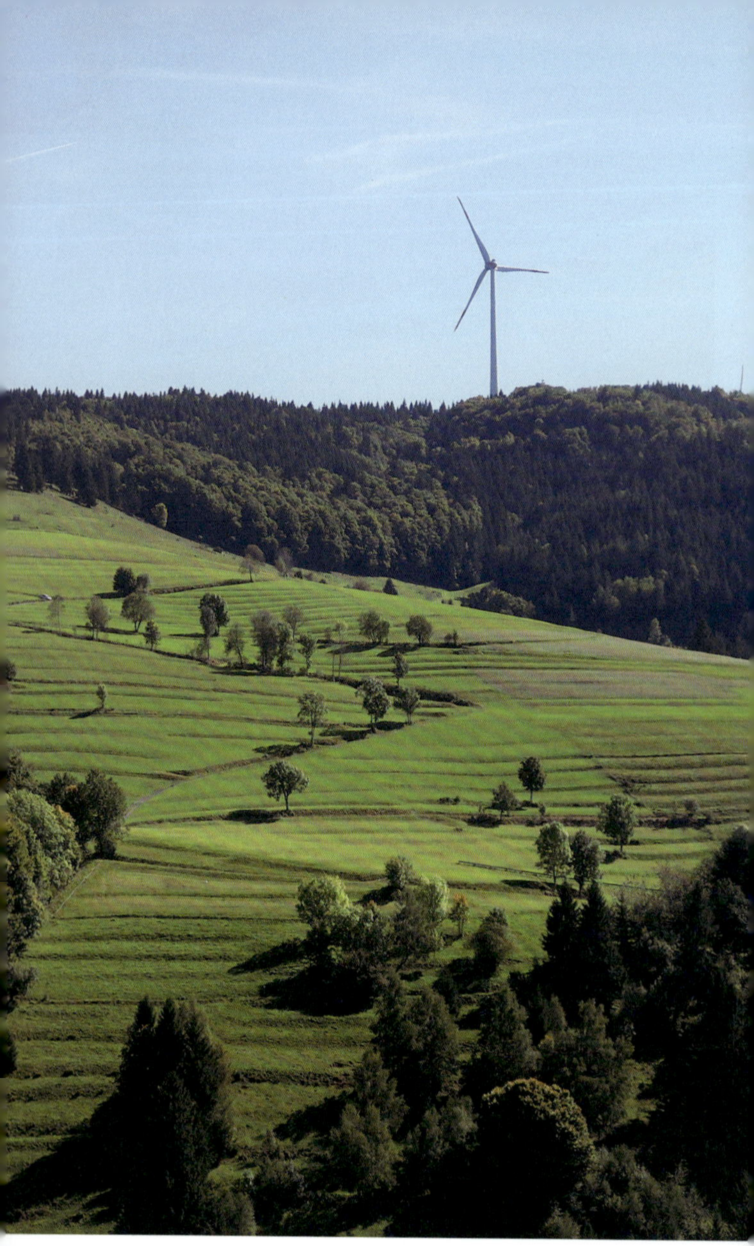

Wir machen uns die Welt, wie sie uns gefällt

28

Panoramica Wiesental, der Osten

Von der B 317 zweigt südlich von Wembach die Kreisstraße 6303 ab und damit beginnt eine Nebenstrecke wie gemalt. Über Künaberg und Stutz geht es nach Vorderholz. Vorbei an Höfen und steilen Weiden gewinnt die Route rasch an Höhe. Blick und Stimmung steigen mit jeder Kehre, auf der Höhe grüßen die Windräder. Wenn ich Windräder auf den mäßig windhöffigen Standorten im Südschwarzwald sehe, fällt mir Astrid Lindgren ein.

Zwei mal drei macht vier,
widewidewitt und drei macht neune,
ich mach mir die Welt, widewide wie sie mir gefällt.

Pippi Langstrumpfs Rechenkünste gelten jetzt auch im Strommarkt:

Grünstrom ist Goldstandard,
widewidewitt und ein Kilowatt macht zweie,
wir machen euch die Preise, widewide wie sie uns gefallen.

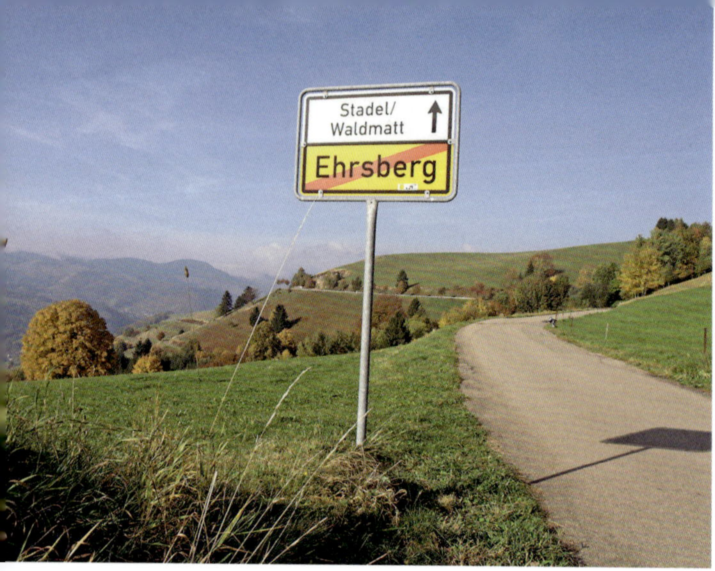

Schmale Straße, viel Landschaft – von Ehrsberg zur Waldmatt

In Schleifen geht es hinauf nach Fröhnd-Holz, wo auf knapp 800 Metern Höhe das *Holzer Kreuz* wie gemalt am Hang liegt. Daneben Höfe mit tiefer Walm und weitem Blick, ein paar Schritte weiter der günstig gelegene gleichnamige Wanderparkplatz.

Beim Blick vom Holzer Kreuz ins Wiesental kommt mir neben Pippi Langstrumpfs Rechenkünsten auch Demut in den Sinn. Demut und Achtung vor einer Lebensleistung, die Höhenlandwirtschaft und Hoferhalt heißt. Gastronomie in Grenzlagen, Freiheit durch Eigensinn, Lebensqualität durch Konzentration auf Naheliegendes. Genug Szenen dazu bietet auch die Ostseite des Wiesentals in raschem Wechsel.

Wildheuen an der Klopfsäge Spätestens zwischen Vorderholz und Ehrsberg nimmt unsere Themenrunde Fahrt auf. Eine Panoramastraße, die nicht so heißt, führt mit schmaler Spurweite von Holz am Hang entlang nach Ehrsberg. Über Hinterstadel, wo eine funktionierende historische Klopfsäge die Route schmückt, geht es panoramisch weiter nach Ehrs-

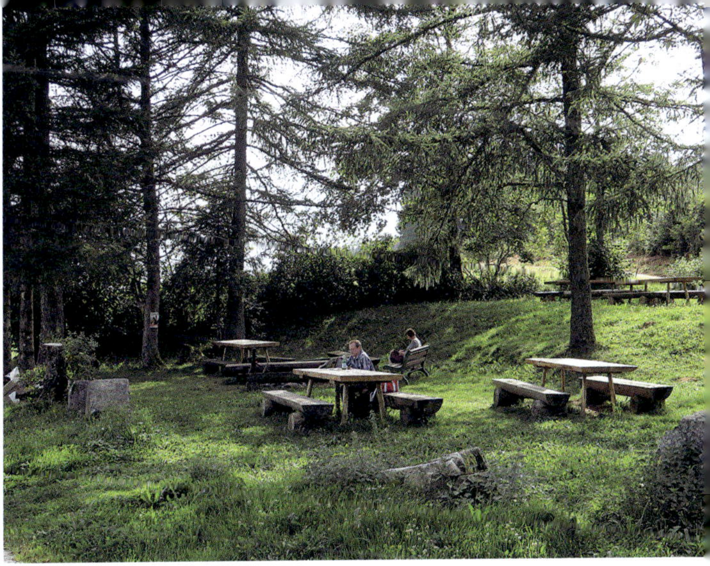

Am Waldmatter Kreuz bei Ehrsberg

berg (854 Meter) und Häg (700 m), das auf einem schmalen Höhenrücken über der Talsohle thront.

Auf den paar Kilometern Strecke zwischen dem Holzer Kreuz und Ehrsberg warten einige Aussichtsplätze, auch im Winter bleibt es hier oben hell und heiter. Nur am Wochenende muß man mit etwas Betrieb rechnen. Verglichen mit den einschlägigen Plätzen in der Feldbergregion bleibt die Stimmung dennoch erstaunlich gelassen. Mal beruhigend, auch mal schläfrig provinziell. Binnentourismus von der angenehmeren Sorte, unter der Woche eine eventfreie Rückzugslandschaft. Leider ähnlich gasthausarm wie die Westseite des Wiesentals und deshalb ein Landstrich fürs Butterbrotwandern.

Waldfrieden (S. 370) und *Holzer Kreuz* heißen die nächstgelegenen Einkehren im gesegneten Land über dem Wiesental, die *Tanne* in Ehrsberg hält auch noch hartnäckig die Stellung, vorerst am Wochenende (vgl. S. 421).

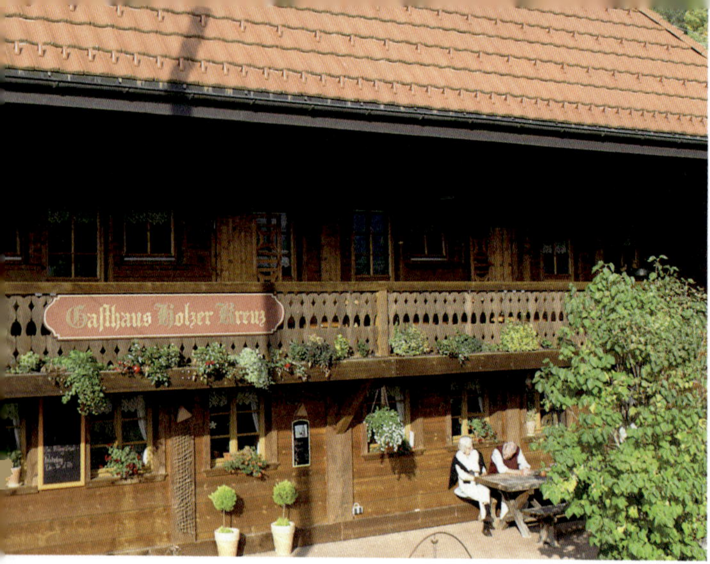

Einkehren am richtigen Platz – Holzer Kreuz

HOLZER KREUZ, Holz Gut 300 Jahre alt, nach und nach renoviert und so gelegen, wie ein Gasthaus liegen sollte: am Sonnenbuck, an der Kurve, mit Talblick. Selbst an einem lichten Tag im Winter fängt die Südseite genug Wärme ein für die Rast im Freien, dazu passen die bemerkenswert soliden Vesperangebote: darunter Wurstsalat, Speckküchle, Variationen von der Bratwurst, Kartoffelpuffer mit Salaten, Käse aus der Gersbacher Käseküche, alles mit eigenem Bauernbrot, auch Kuchen. An Wochenenden (Sa und So) gilt ein etwas erweitertes Angebot, vormittags mit einem „Landfrühstücksbuffet" (auf Reservierung), über Mittag Schnitzelangebote im Wechsel mit warmem Mittagstisch (auch dieser auf Reservierung).

Das Holzer Kreuz bietet die persönliche Atmosphäre eines Familienbetriebes, der in den letzten Jahren eine zweite Luft bekam, es wurde aufgefrischt und mit reichlich Holz und Landhaus-Zutaten verschönt. Die Vollholz-Stube blieb gemütlich mit der umlaufenden Bank und dem alten Kachelofen (die Motivkacheln!). Außen wartet eine der wenigen be-

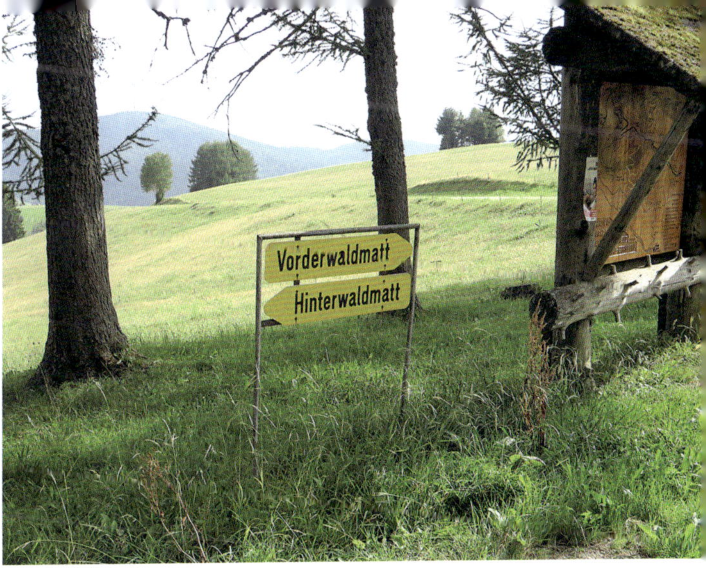

Verkehrsführung am Waldmatter Kreuz

wirteten Terrassen über dem Wiesental. In der Klasse „urige Einkehr in Bestlage" liegt der Ort auf den vorderen Rängen.

Holzer Kreuz (Fam. Kiefer), 79677 Fröhnd-Holz, Tel. 07673 286; holzerkreuz.de. ♠ angebaute und überdachte Terrasse. Gästezimmer, Ferienwohnungen.

Touren I Gute, auch im Winter sonnige Möglichkeiten ab Holzer Kreuz, Wanderparkplatz 814 m; Aussichtspunkt. Zufahrt über Fröhnd-Vorderholz, diverse Rundwege.

Touren II Ein zentraler Ausgangspunkt für vielfältige, auch wintersonnige Routen in der Region Herrenschwand, Holz, Ehrsberg liegt nördlich und 100 Höhenmeter oberhalb von Ehrsberg. Von Ehrsberg aus blickreiche Auffahrt zum Wanderparkplatz am Waldmatter Kreuz, 995 m. Dort eine Orientierungstafel mit fünf Rundwegen ab 2,5 km aufwärts, Touren in alle Himmelsrichtungen möglich. Lohnender Weg nach Süden in Richtung Angenbachtal, Querung des Tals oberhalb Schürberg und durch die Wälder oberhalb vom Moosbach zum Zimmerplatz (1.091 m, Weg/Straßenkreuzung), weiter über Herrenschwander Kopf gen Herrenschwand (Einkehr, S. 370).

Am Rande sei erwähnt, daß die über weite Strecken noch staubgebundene Forststraße zwischen Waldmatter Kreuz und Herrenschwand

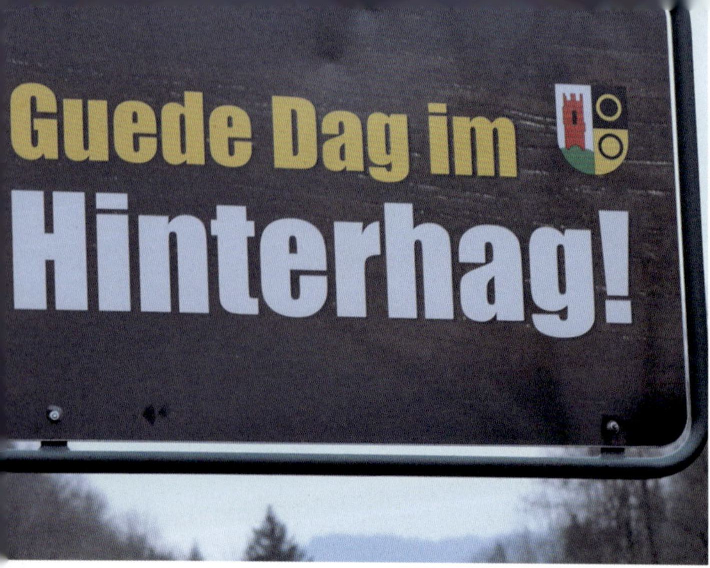

zu den Pisten zählt, für die Geländefahrzeuge gedacht waren. Die asphaltierte Fuchswaldstraße von Schönau nach Herrenschwand wurde bereits auf S. 368 gewürdigt. Noch mehr Pisten gibt es auf der anderen Seite des Angenbachtals um Rohrberg und Sonnenmatt, vgl. unten.

Hinterhag und Sonnenmatt Um Mambach wirkt das Wiesental ziemlich beengt und auf der L 146 den Angenbach hoch wird das Land auch nicht weiter. Im Gegenteil, es beginnt eine Route im eingeschnittenen Kerbtal, die anfangs allenfalls Freunde hinterer Winkel und verlorener Plätze begeistern dürfte. Die wenigen Gebäude in konsequenter Schattenlage sind kunsthistorisch nicht von Bedeutung. Dafür grüßt bald ein Straßenschild und kündigt in Wiesentäler Mundart die freie Republik *Hinterhag* an. Gemeint sind damit die elf Ortsteile und Hofstellen der Gemeinde Häg-Ehrsberg. Von denen scheinen manche bis heute wie hinter einem unsichtbaren Hag (= Zaun) versteckt. Historisch geht der sprechende Name auf die Pestzeit zurück, als der Hinterhag angeblich durch einen Zaun von den Siedlungen im Vorderhag getrennt war.

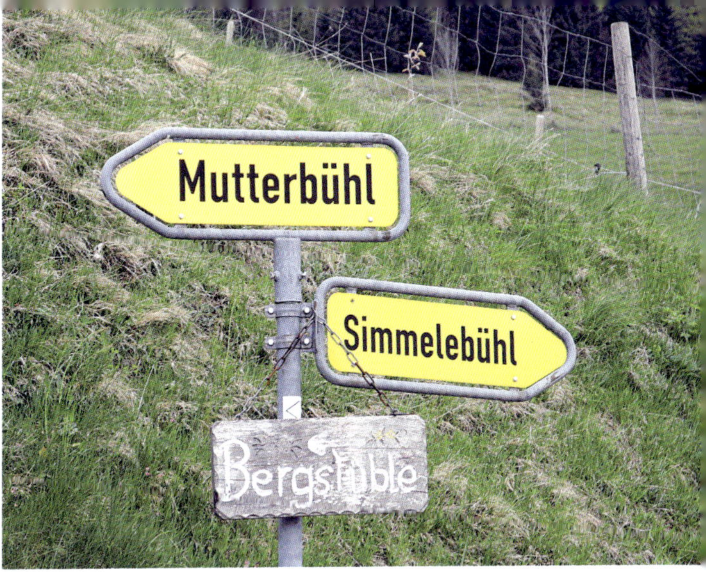

Im Hinterhag – R.I.P. Bergstüble

Rohmatt, der Weiler am Angenbach, wird von zwei Fabrikgebäuden dominiert, in denen ursprünglich eine Weberei (der *Obere Betrieb*) und eine Spinnerei (der *Untere Betrieb*) waren. Die Betriebe der *Lanz und Cie.* beschäftigten zur Mitte des 19. Jahrhunderts 150 Arbeiter, stillgelegt wurde die Produktion im Jahr 1977. Heute bilden die gefallenen Fabriken und ein paar Wohnhäuser ein herbes Ensemble, Lastwagen rosten auf einem Werksgelände vor sich hin – vielleicht ein Drehort für den nächsten Tatort. Weiter oben wird der Hinterhag aber schnell zur Sonnenbühl.

Die Route ins Licht beginnt in Mambach, ein paar Hausfronten an der abzweigenden L 146 erinnern noch an die Zeit des Opel Rekord, an der Fassade der *Alten Schmiede* in Mambach ist noch eine Aufschrift: „Huf-Beschlag und Wagenschmied". Bis 1985 wurde gewerblich geschmiedet, heute kümmert sich ein Verein um den Erhalt der historischen Substanz, es gibt Veranstaltungen zu Handwerk und Technik (schmiede-mambach.de).

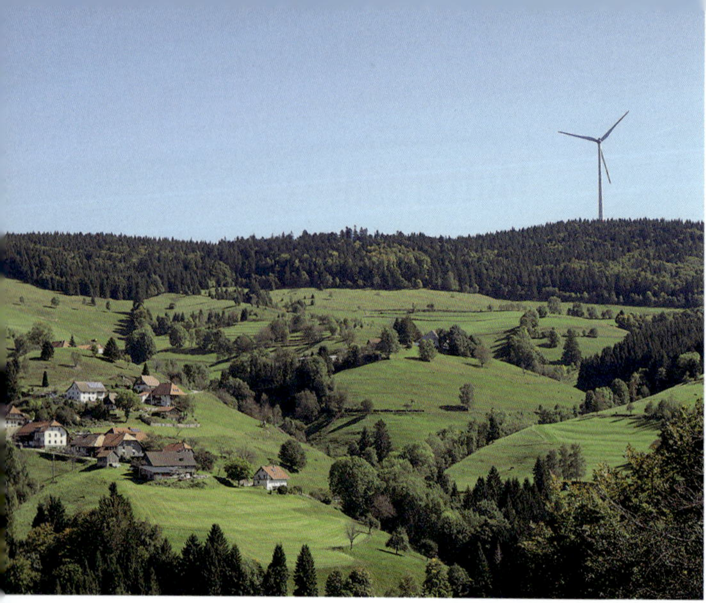

Mit Wind und Sonne – Weideland um Sonnenmatt

Obwohl die Fichtenbestände im Angenbachtal schon vor Jahren ausgelichtet wurden, erinnert der Hinterhag im Talgrund eher an ein zweites Finsterlingen (das Original liegt viel lichter im Hotzenwald). Ins Licht lockt der Abzweig hoch nach Häg-Ehrsberg (vgl. S. 416). Pfadfinder nehmen aber auch mal die Stichstraße gegenüber und kurbeln vom Angenbach hoch nach Sonnenmatt, Altenstein, Mutterbühl und Simmelebühl (in dieser Reihenfolge). Es ist eine Fahrt in einen Südschwarzwald ohne jede touristische Struktur. Ideal für Bummelanten mit Rucksackvesper. Kein Gasthaus, aber genug Sonnenplätze am Waldsaum unterhalb der Windmühlen auf dem 1.172 m hohen Rohrenkopf. Weder Verkehr und Wanderparkplatz noch Heimatstube.

Auch auf den Weiden im Angenbachtal breitet sich der Adlerfarn aus, was als Zeichen erlahmender Landwirtschaft gilt. Wo Land nicht beweidet wird, kann nur zweimaliges Mähen im Jahr die Farnwucherung verhindern. Aber wer übernimmt

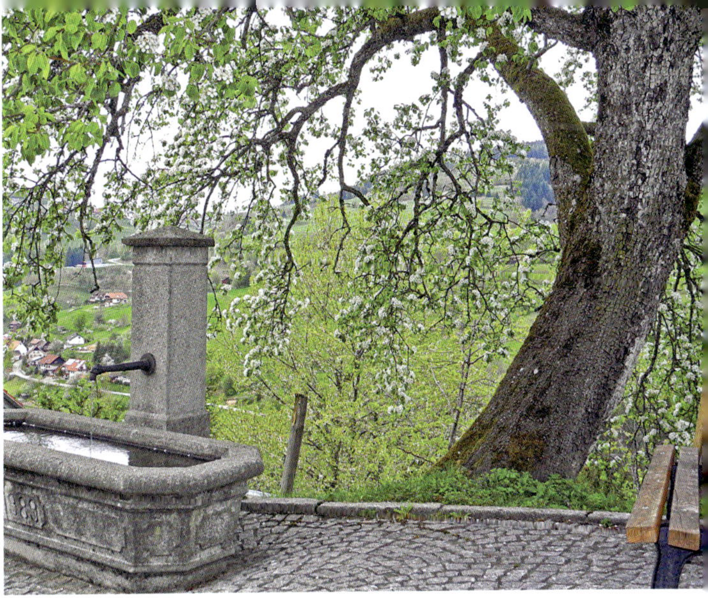

Die Welt im Hinterhag – am Dorfbrunnen von Sonnenmatt

die Arbeit, die keinen Ertrag bringt? Weiter oben im Wiesental um Schönau wird die Verwaldung durch öffentliche Landschaftspflege zurückgedrängt.

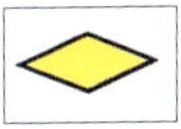

Touren Die Bergfahrt von der L 146 über Sonnenmatt und Altenstein bis Mutterbühl gleicht einer Fahrt ans helle Ende des Hinterhags. Von Rohmatt dem Angenbach folgen, bei der Abzweigung nach Häg-Ehrsberg rechterhand die Abzweigung nach Altenstein, Sonnenmatt, Mutterbuhl nehmen. Unten ahnt man noch wenig von der Landschaft, die da kommt. Aber der Name Sonnenmatt lockt, der Blick nach Süden und Westen ist frei. Ein gutes Dutzend Immobilien steht auf alpin steilen Hängen, auch der Dorfbrunnen steht an der Kante. „Das einzig Flache war bei uns der Küchentisch", hört man manchmal von Bergbauern und das gilt auch in Sonnenmatt.

Mutterbühl Von Sonnenmatt aus geht es weiter bergan über Altenstein (830 m) und – man mag es kaum glauben – nochmals hoch bis Mutterbühl und Simmelebühl, zwei Flecken am Ende der automobilen Möglichkeiten. Von Simmelebühl aus (900 m, ein halbes Dutzend Baulichkeiten) erreicht man den zentralen Wanderwegweiser Beim Altensteiner Kreuz/Lochmöser über einen markierten Weg; der beginnt bei den Häusern Nr. 25/27 am oberen Ortsende.

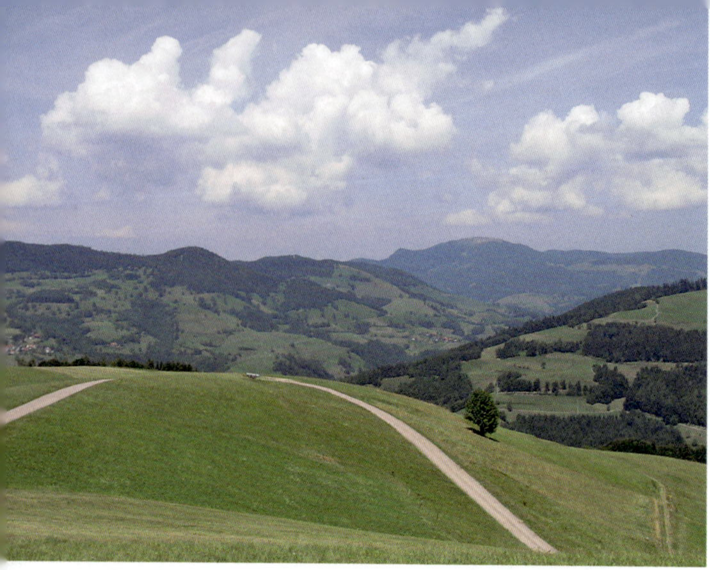

Auf großer Fahrt – von Rohrberg auf die Schwellen

Über Rohrberg nach Gersbach (ab Rohrberg Waldfahrweg) – eine Strecke, um einen Allrad oder das MTB zu testen: Zunächst von der L 146 hinauf zum 800 Meter hoch gelegenen, einkehrfreien Weiler Rohrberg. Sonnige Weiden, wenig oberhalb der Häuser (wo der Waldfahrweg beginnt) ein herrlicher Mirador. Danach ca. 3,5 Kilometer durch Wald und Weideland bis zum Wanderparkplatz Schwellen (auf 1.002 Meter), der liegt schon jenseits des Wiesentals, beim Naturfreundehaus Gersbach.

Vom Angenbach nach Häg-Ehrsberg Nach Rohmatt geht es von der L 146 knackig hinauf zur Doppelgemeinde Häg-Ehrsberg. Zunächst Häg, von Weitem zu erkennen an der katholischen Kirche, die markant auf dem Ortssporn liegt. Auffallend der spitz zulaufende Dachhelm. In Häg wurde im Sommer 2021 eifrig gegraben, also gibt es bald Glasfaser, aber schon länger keine Wirtschaft mehr. Immerhin, im höhergelegenen Ehrsberg wird in der *Tanne* noch gewirtet (vgl. S. 420).

Mit den Jahren haben die Häuser von Häg durch Umbauten und Renovierungen viel von ihrem alten Aspekt verloren.

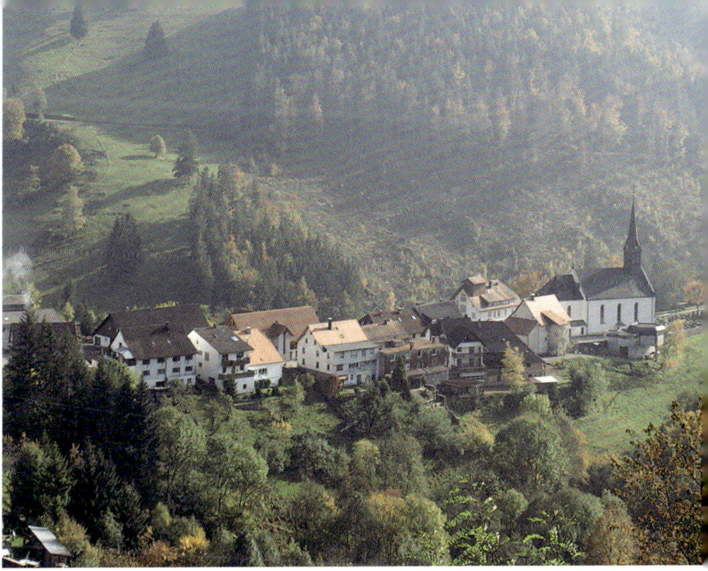

Hart am Hang – Häg von Ehrsberg aus betrachtet

In der Lörracher Kreischronik steht dazu: „Generell zeigen sich im Ort kräftige Renovierungs- und Modernisierungstendenzen, wobei landwirtschaftliche Funktionen kaum noch augenfällig in Erscheinung treten."

Während meiner letzten Runde im Hinterhag im Sommer '21 traf ich auf einen weißen Mann beim Holzmachen. Er kommentierte den vor Jahren ausbleibenden Generationswechsel in der ehemaligen Wirtinnen-Wirtschaft *Halbmond* so lakonisch wie dies nur Ältere können, die nichts mehr müssen: „Man wird älter und irgendwann goht's nimmi."

Noch vor zwei, drei Generationen waren die Siedlungen im Hinterhag typisches Kleinbauernland, also armes Land. Somit auch ein Winkel, in dem nicht alles so idyllisch-ländlich bleiben konnte, wie es nie gewesen war.

Zu Beginn des 20. Jahrhunderts gab es noch knapp 250 Landwirtschaftsbetriebe, gut ein Drittel bewirtschaftete weniger als zwei Hektar Land. Keine zwei Hektar in 700 Metern Höhenlage. Magere Wiesen, späte Fröste. Man kann sich

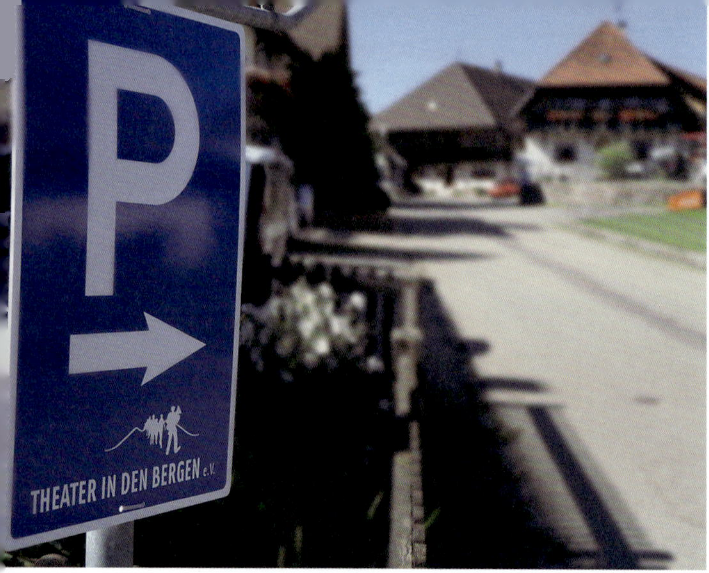

Walmdach, James Blond, Robin Hut – und alles in Ehrsberg

kaum mehr vorstellen, was für ein Leben das war. 1983 gab es noch 120 Landwirtschaftsbetriebe, heute sind Scheunen und Ställe zu Garagen und Wohnungen für Pendler geworden.

Theater, Glasfaser und Iberico In Schleifen geht es von Häg hinauf nach Ehrsberg (300 Ew., 890 Meter). Nicht zu übersehen das neue, gewohnt geräumige Feuerwehrhaus an der Ortseinfahrt. In der Dorfmitte dann das rundum beschindelte Gebäude der alten Schule mit beachtlicher Vierseitenwalm. Auch nach Ehrsberg kommt im Sommer 2021 Glasfaser. Bald alle Straßen sind offen, Radlader fahren hin und her, ansonsten wenig Bewegung auf der Gasse und hinter den Gardinen. Netflix kommt voran, der Stammtisch trocknet aus.

Zur sozialen Bühne wird Ehrsberg an ein paar Sommerwochenenden. Ein gemeinnütziger Verein kuratiert dort das spezielle Format Landschaftstheater: Die Zuschauer wandern dabei mit dem Ensemble von Spielort zu Spielort, das

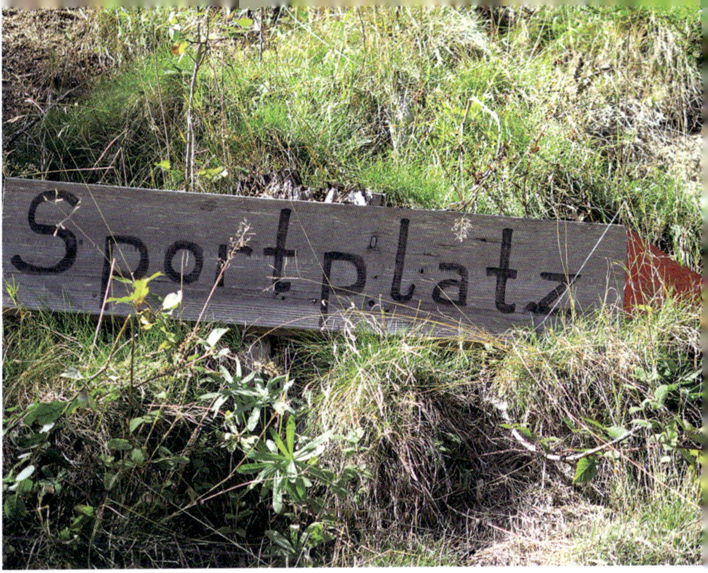

Dabei sein ist alles – Wegweiser bei Ehrsberg

Bühnenbild ist die wechselnde Landschaft im Hinterhag um Ehrsberg (theaterindenbergen.de).

Vor lauter Tiefbau und Umleitungen bin ich im Oberdorf von Ehrsberg auf einem Streifzug etwas von Weg abgekommen. Andererseits erweitern Umwege die Ortskenntnis, wie Tucholsky wußte. Der Umweg führte mich erst über die Weiden am Langenberg, später zu einem Wanderwegweiser namens *Schweine*. Was auf die ehemalige Wald- und Eichelmast von Hausschweinen verweist, die vielleicht einmal auf einem Hof in Wölflisbrunnen gehalten wurden, die es dort aber längst nicht mehr gibt. Sowenig wie es einen zwei Jahre luftgereiften Wiesentäler Schinken von fetten, eichelgemästeten Säuen gibt. Dafür gibt es weiter unten im Hieber-Markt Iberico-Schinken von fetten spanischen Schweinen. Globalisierung heißt auch, erst kommt der Spanische Schinken ins Wiesental und dann das schnelle Internet.

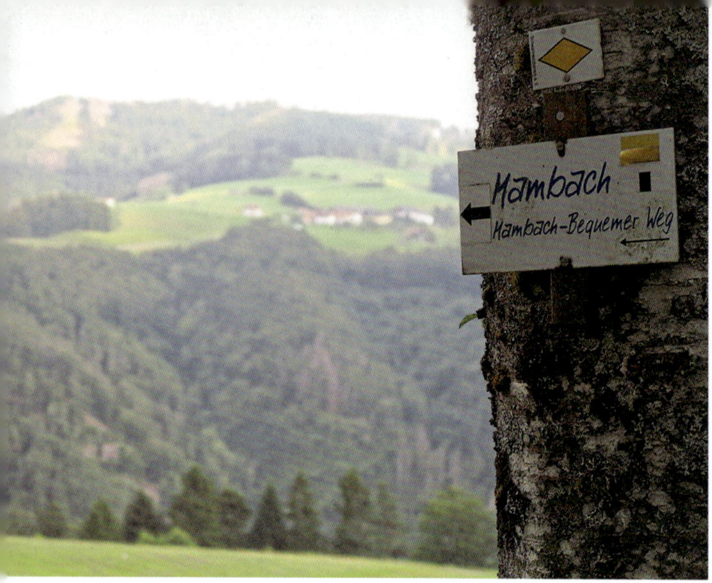

S' Loch ab – über das Eselsköpfle nach Mambach

Sturzflug nach Mambach Am Wegweiser Schweine begann dann eine jener namenlosen Schmalspurstrecken, die für mich unbedingt zum Südschwarzwald gehören. Wegen erfahrbarer Landschaft und allgemeiner Horizonterweiterung. Über das Eselsköpfle ging es schmalspurig und saumäßig steil abwärts bis nach Mambach. Immer nah am Abgrund bei ausschließlich gewerblichem Gegenverkehr (ein Forstschlepper, ein Ziegenhalter mit PKW und Anhänger).

Man gehe oder fahre also mit Umsicht und gedenke derer, die diese Landschaft geschaffen haben und sie bis heute erhalten – mit der Hand am Arm. Die Moral der Bessermeinenden sorgt weder für den bequemen Weg nach Mambach noch für einen Ausblick auf Pfaffenberg wie im Bild oben.

Tanne, Ehrsberg Eine Nostalgieeinkehr, erbaut anno 1837, bis heute mit dreistelliger Telefonummer, niederer Decke und aufrichtiger Bewirtung (derzeit an Wochenenden). Es gibt Grundversorgung wie Wurstsalat, Schinkenbrot, Bratwurst, Schnitzel. Ein Außenposten, eine

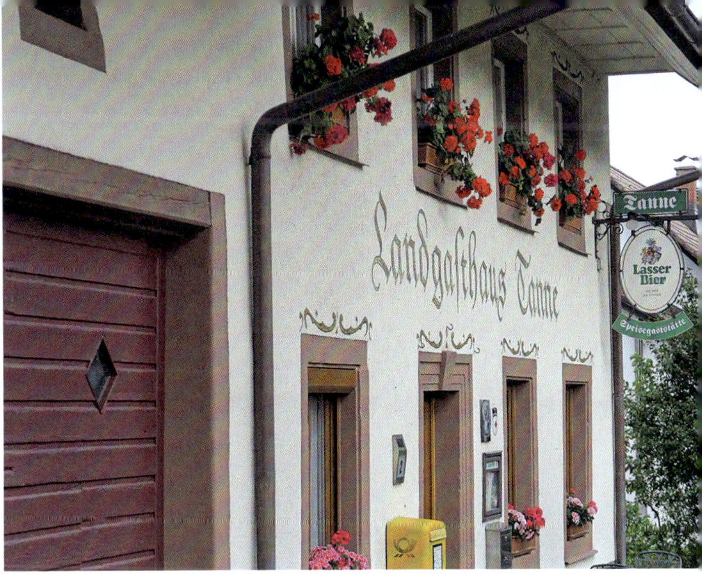

Hält die Stellung – Tanne, Ehrsberg

Dorfwirtschaft kulinarisch und sozial. Tanne, 79685 Häg-Ehrsberg, Tel. 07625-367 (aktuelle Öffnungszeiten nachfragen). ♠ kleine, aparte Gartenterrasse im Stil des Hinterhags, im Sommer mit reichem Blumenschmuck vor der Scheune, derzeit Sa und So bis 19.30 Uhr und nach Bedarf.

Touren Wanderwegweiser im Unterdorf, im Oberdorf sowie in der Dorfmitte von Ehrsberg (845 m). An Optionen auf sonnigen Höhenwegen ist somit kein Mangel. Ein zentraler Wanderparkplatz liegt zwei Straßenkilometer und 150 Höhenmeter aufwärts am Waldmatter Kreuz auf 995 m; hier Beginn der Forststraße nach Herrenschwand (vgl. ab S. 367 und 411).

Ehrsberg wäre auch eine mögliche Station auf der kurzen aber lohnenden Panoramafahrt rüber zum Fröhnder Ortsteil Holz, mit einer Einkehr im Holzer Kreuz, wie bereits auf S. 409/410 dringend empfohlen.

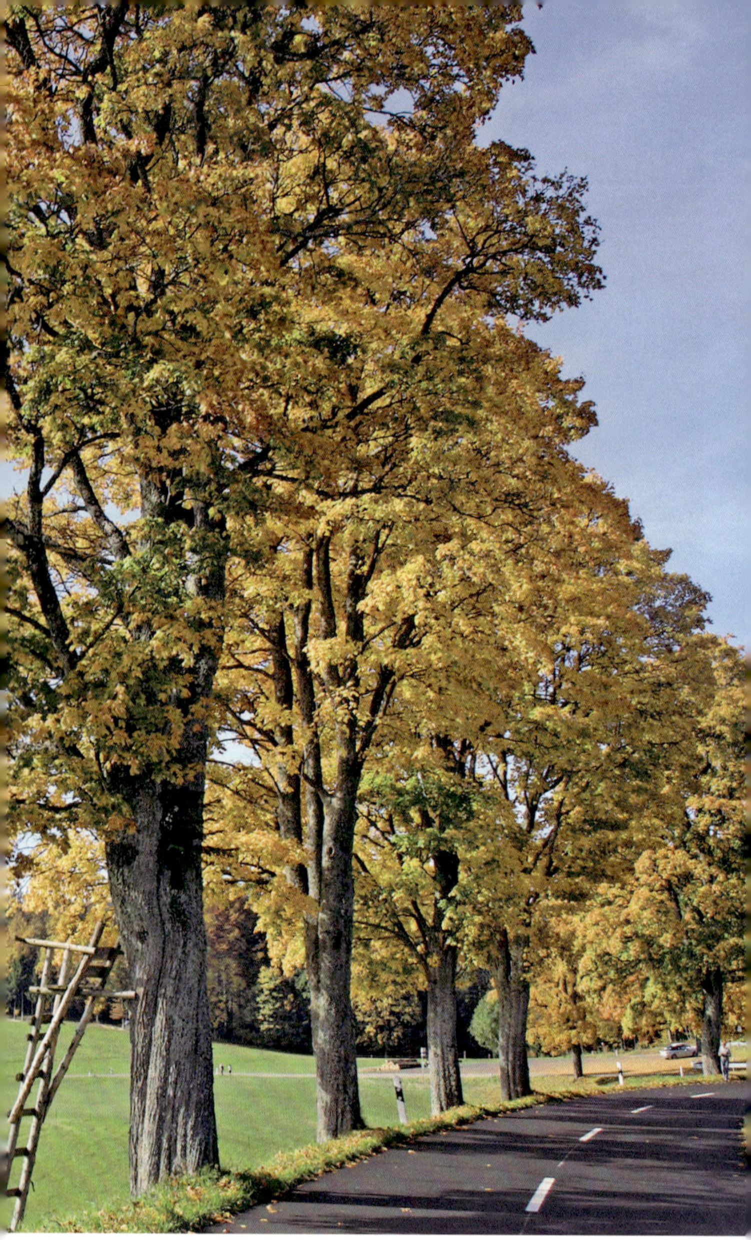

Ahorn in Flammen – am Eckhag bei Gersbach

29

Vom Wiesental ins Wehratal

Aus dem Wiesental bei Hausen geht eine Kreisstraße mit der Nummer 6339 über Raitbach und Schweigmatt auf die Höhen um Gersbach. Aber wie sie geht: „Schweigmatt liegt da, wo Schopfheim am schönsten ist", weiß der Volksmund. Bei lichtem Wetter ist die Strecke eine Himmelsleiter.

Ein Buckel bei Raitbach heißt *Mostberg*. Leider gibt es dort oben keinen Gasthof mehr, aber immerhin noch Markttage am 1. und 3. Freitag im Monat. Die höheren Einzelsiedlungen, Hofstellen und Wohnplätze tragen Namen wie Scheuermatt, Schweigmatt, Kehrengraben oder Sattelhof. Im Mittel leben und pendeln hier gerade mal 60 Einwohner auf einem Quadratkilometer Land – zehn weniger als in Mecklenburg-Vorpommern – aber eben weiter oben. Schön verteilt über weitsichtigen Schwarzwald.

Über Generationen waren die Höhen von Steinmetzen, Schmieden, Fuhrleuten, Drechslern, Holzhauern und anderen Handwerkern besiedelt. Zwischen Scheuermatt und

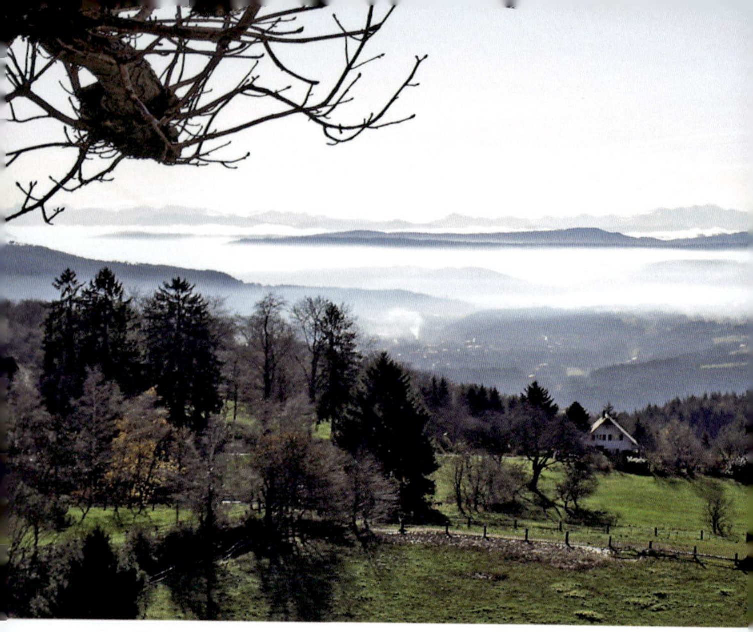

Alles fließt – Spätherbst zwischen Scheuermatt und Schweigmatt

Schweigmatt durchfährt man ein historisch sattes Kulturland. Das Plateau neigt sich in harmonischen Schwüngen und tiefer Staffelung zunächst gen Dinkelberg und Hochrhein, um dann bei hellem Wetter freundlich die Berner Alpenkette zu grüßen.

Genesungsheim und Freibad Mancherorts werden an der Straße „Deckäste und Zierreisig" angeboten. Oben auf der Schweigmatt erfreuen prächtig gelegene Anwesen; eines davon, früher als Landschulheim, später als Waldorfschule genutzt, heißt noch heute zutreffend *Lueginsland*. Das familiäre Schweigmatter Höhenschwimmbad ist ein Schatz für Freischwimmer, ein Schweigmattverein kümmert sich mit Hingabe um das liebenswerte Relikt aus jenen 1930er-Jahren, als in Schweigmatt noch ein repräsentatives Kurhaus stand (Saisonzeiten: schwimmbad-schweigmatt.raitbach.de).

Der Kurhaus-Komplex ist Geschichte. Nach einer Glanzzeit

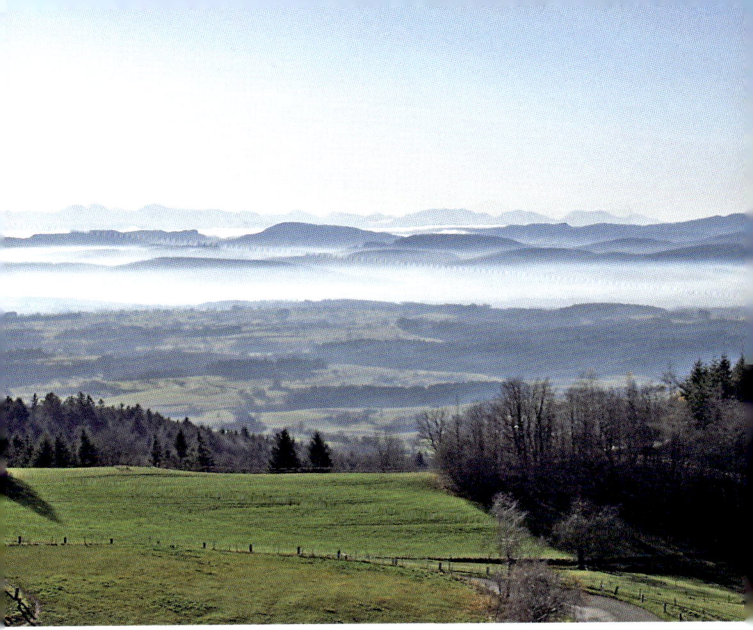

zu Beginn des 20. Jahrhunderts, zuletzt dann als Genesungsheim und LVA-Sanatorium genutzt, wurde das Anwesen 1975 abgerissen.

Johann Georg Uehlin, Schopfheimer Verleger, 48er-Revolutionär und Gründer des MARKGRÄFLER TAGBLATTS, fand Mitte der 1880er Jahre auf der Schweigmatt einen zunächst privat genutzten Rückzugsort. Der entwickelte sich rasch zum Luftkurort und Treffpunkt. Heute würde man die Liegenschaft am Fuß der *Hohen Möhr* wohl Wellness-Resort nennen.

Vor gut hundert Jahren kam die Gesellschaft ins Schweigmatter Kurhaus, das 70 Gästezimmer, eigene Wandelhalle und allen zeitgemäßen Komfort bot. Die Menüfolge zum 25-Jahr-Jubiläum des Hauses im Jahr 1911 spricht für sich: Königinsuppe/Forelle blau/Ochsenmittelstück nach Kronprinzenart/Gansleber in Gelee/Masthuhn gebraten mit Salat/ Kreolische Bombe (ganz u. halb Gefrorenes)/Punschtorte.

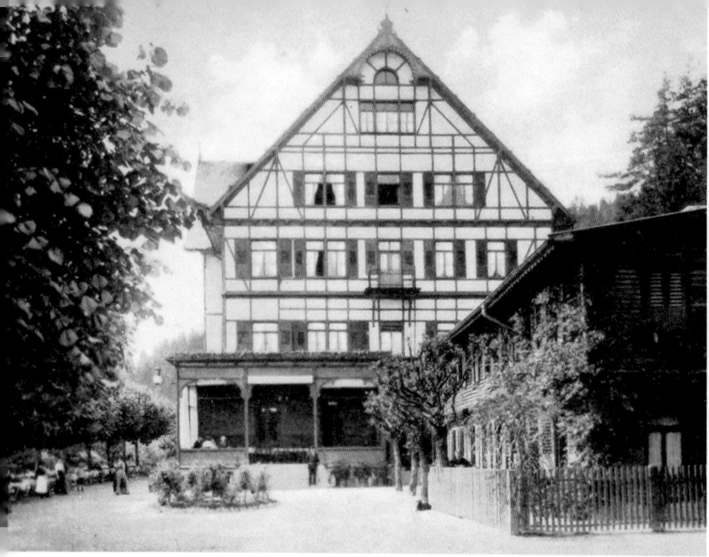

Frühes Resort – Kurhaus Schweigmatt (Postkarte um 1918)

Ein Danke an die Leiterin des Schopfheimer Stadtmuseums, Dr. Ulla Schmid, für die Dokumentation zum Auf- und Abstieg des Kurhauses, das weit in die Umgebung wirkte (Schopfheimer Museumsschriften, Nr. 41).

Lumpenteller mit Alpenblick Ich komme gerne hoch nach Schweigmatt. Die Lage hoch über dem auslaufenden Wiesental, das öffentliche Privatbad im Sommer, Spuren im Schnee und Alpenblick im Winter, ein Lumpenteller auf der Veranda des *Sattelhofes*, wo ein Brotbackofen von Häussler steht – was braucht man mehr, wenn zur Ferienzeit der Gotthardstau anschwillt. Auch bei Inversion wäre die überlegene Region um Schweigmatt fast eine Pflichtetappe auf einer Tour zwischen Wiesental und Wehratal.

Den Reizen der Region könnte man schon ab Scheuermatt nachgehen. Vom Wanderparkplatz am südlichen Ortsrand zum Wegweiser bei der Aussichtskuppe Hinter der Eck sind es nur 600 Meter. Jürgen R., mein IM Wiesental, berichtet, wie vor der Zeit der Mehrzweckhallen das lauschige Wäldchen bei der Kuppe ein Platz für Sommerfeste, Hahnenkämpfe

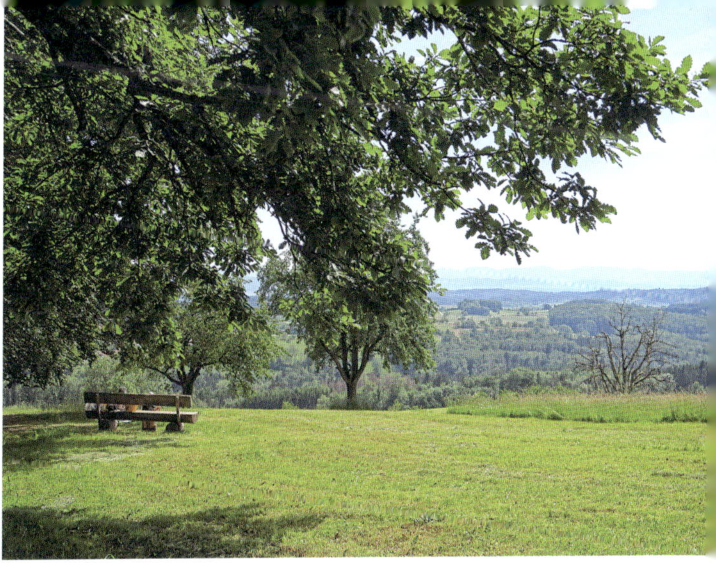

Hinter der Eck steht eine Bank – bei Scheuermatt

und Liebelei war. Heute steht immerhin noch eine Holzbank am Waldrand. Jedenfalls wäre Scheuermatt, hinter der Eck, ein Platz zum Runterschalten, auch zum Dank an alle Landwirte, die ein so begnadetes Stück Land bewirtschaften. Wären an solchen Orten nur Moralisten unterwegs, würde es finster aussehen am Fuß der hohen Möhr. Ohne Landwirtschaft und Säge kein Panoramaweg mit Alpenblick.

CAFÉ REICHERT, Sattelhof-Raitbach Nicht nur nach Schweigmatt, auch zum Sattelhof muß man wollen. Von Scheuermatt aus quert eine schmale Straße den Spitzenberg. In Kehrgarben reichen die Hausgärten bis dicht ans Bankett, dann erscheint Sattelhof, wo es Hausnummern von 1 bis 17 gibt. Ein Müller, ein Schuhmacher, Zimmerer und mehrere Wagner praktizierten einst vor Ort. Die Wagnerei im Haus Nr. 3a wurde vor Generationen zum *Café Reichert* und es war gut so. In urwüchsiger Fuchs-und-Has'-Lage wartet ein zupackend aufgestellter Familienbetrieb, gutbürgerlich im

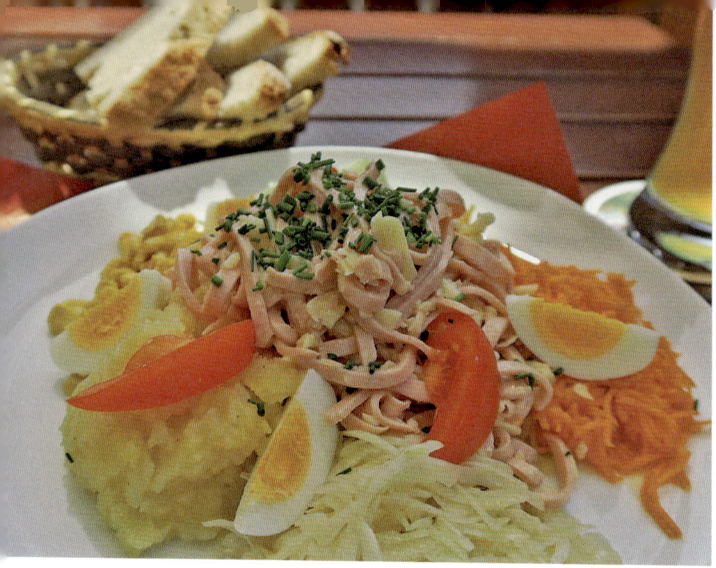

So geht Lumpenteller – im Café Reichert, Sattelhof

eigentlichen Wortsinn. Stets mit einer Auswahl eigener Kuchen und Torten, natürlich solide Wandervesper, Saisonales, Wildgerichte.

Auf der gedeckten Balkonterrasse steht der eingangs erwähnte kapitale Häussler-Steinbackofen. Aus dem kommt das Vesperbrot, es wird auch zu einer anregend komponierten Hausmusik namens *Lumpensalat* serviert: Elsässer Wurstsalat umspielt von einem bunten Kranz frischer Rohkost, ergänzt um einen Schlag vom hausgemachten, selten vollmundigen Kartoffelsalat.

Die Karte bietet neben einer üppigen Kuchenauswahl auch hausgemachte Suppen, Schäufele mit Kartoffelsalat, donnerstags frische Leberle, samstags Suppenfleisch sowie eine Sonntagskarte mit Menüs. Kleinere Gerichte gibt es durchgehend. Fast unnötig zu erwähnen, daß sich im Sattelhof eingeborene Freigänger besonders gut aufgehoben fühlen. Auf der Speisekarte taucht dazu passend das seltene Wortpaar „Badisches Wirtshaus“ auf. Hier wäre eine Einkehr, die

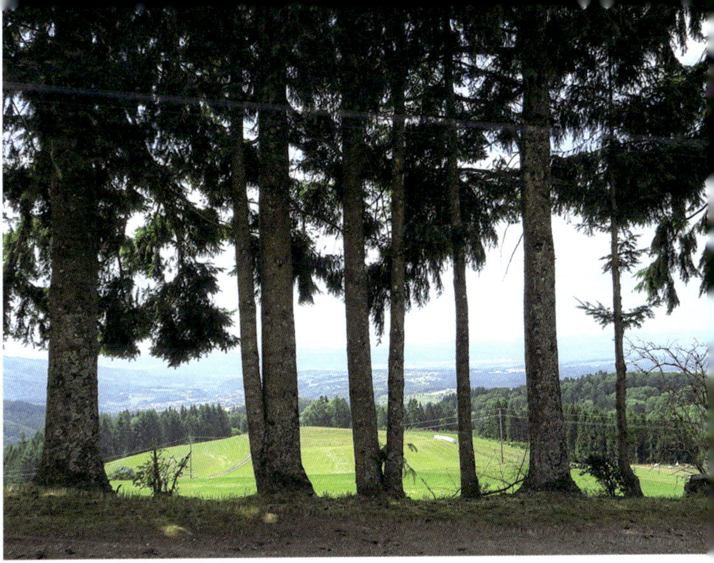

Licht und Schatten bei Schweigmatt

von innen raus stimmt. Ideal für eine Kurzreise in die Nähe.

Sattelhof, Café Reichert, Schopfheim-Sattelhof 31, Tel. 07622-669933; sattelhof.de, ♠ überdachte Veranda.

Das **Waldhaus** am Waldrand in Schweigmatt wurde einst als Mädchenerholungsheim genutzt, danach diente das stattliche Anwesen lange Jahre auch einer gemischt-geschlechtlichen gastronomischen Freizeitgestaltung.

Drinnen erinnern Fischgrätparkett und Holztäfelung an die gastronomische Vergangenheit. Zuletzt war das Waldhaus Sommerfrische und Sonntagstreff für Oldtimerfreunde, es wurde gehockt, gegrillt, mitunter auch veranstaltet und musiziert. Vesper und Alpenblick boten Veranda und Biergarten. Ende 2018 wurde der gastronomische Betriebe eingestellt und die Liegenschaft stand zum Verkauf. Ein öffentliches Unikum weniger.

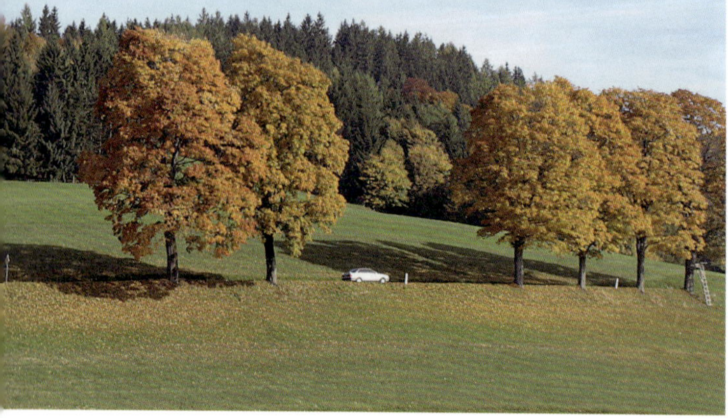

Sonderfahrt – auf der Kreisstraße 6352 am Eckhag

Touren Ab Schweigmatt zahlreiche Optionen, die dank der offenen Landschaft keiner weiteren Erklärung bedürfen. Auf halber Strecke zwischen Schweigmatt und Gersbach liegt der günstig gelegene Wanderparkplatz am **Eckhag;** direkt am Sattel der Hauptstraße (K 6352), die von Schopfheim nach Gersbach führt. Die Ahornallee steht zwar nicht mehr so vollzählig wie im Bild oben, es bleibt aber eine Freude, über solche Höhenzüge zu fahren. Ein guter Tourenausgangspunkt wäre der Parkplatz am Eckhag auch noch:

Ab Eckhag (873 m) zum Aussichtsturm auf die 985 Meter hohe Möhr sind es noch 2,5 km; runter ins Panoramadorf Schweigmatt mit seinem Höhenschwimmbad 5,5 km; nach Gersbach (Einkehr: Hotel-Restaurant Mühle) etwa 4 km. Das müßte fürs Erste genügen.

Der Wanderparkplatz Schwellen liegt noch etwas weiter in Richtung Gersbach, knapp 500 m nördlich des Naturfreundehauses auf gut 1000 Metern Höhe. Eine Tafel mit dem Motto „Berg frei" informiert über alle relevanten Wanderwege und Loipen am Fuße des Rohrenkopfes, so daß wir hiermit abschließen können. Erwähnt sei lediglich noch die Talsicht vom Waldparkplatz Schwellen, die sich auf der Piste nach Rohrberg im Wiesental ergibt (vgl. dazu auch S. 416).

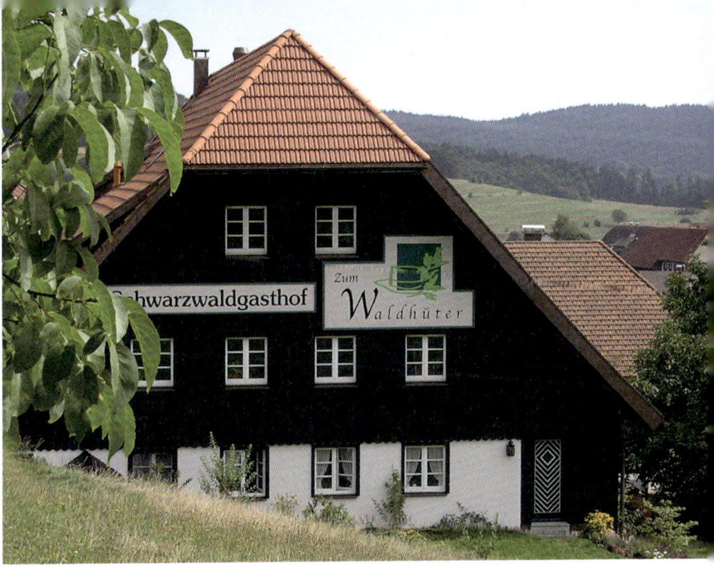

Gästezimmer in erster Lage – Waldhüter in Gersbach

Hoch und windig Gersbach selbst scheint auf den ersten Blick vorteilhaft gelegen: auf einer Hochfläche zwischen Wiesental und Wehratal, zweifellos mehr Lichtblick als Schwarzwald. Abgehoben liegen aber nur die höheren Ortsteile. Der alte Siedlungskern bei der Kirche und beim Platzhirsch *Hotel-Gasthof Mühle* liegt ohne weitere Sicht in einer Mulde. Das bringt immerhin Schutz vor dem Wind, der an der Kante des Südschwarzwaldes auch mal steif aufbrisen kann, was die Installation der horizontprägenden Windmühlen forciert hat.

Einige Häuser im oberen Teil von Gersbach liegen hervorragend und hier wäre mit dem *Waldhüter* auch eine interessante Logieradresse: ein aufwendig saniertes Walmdachanwesen mit komfortablem Innenleben. Die Urzelle des Waldhüter ist ein denkmalgeschützter Hof aus dem 16. Jahrhundert. Das Haus bietet sechs geschmackvoll-romantisch eingerichtete Zimmer. Es gibt keine Gastronomie für Passanten; für Hausgäste sind Kaffee und Kuchen sowie

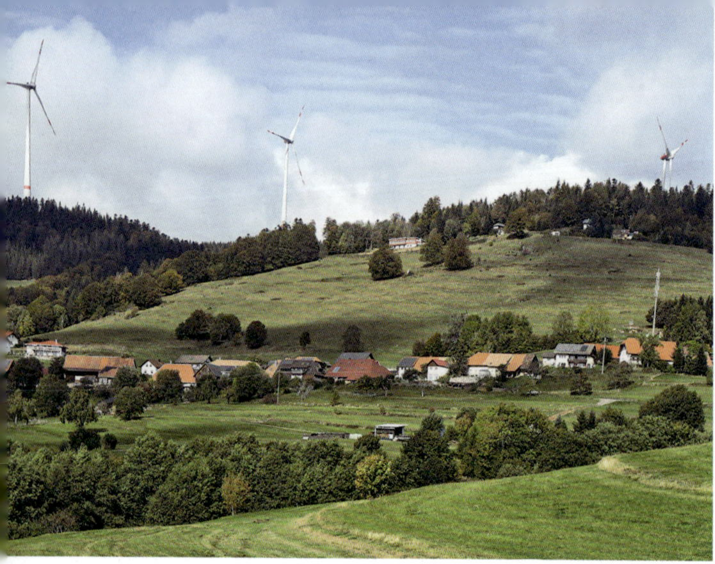

Horizontwandel in Gersbach

Abendvesper nach Absprache möglich; ebenso individuelle Veranstaltungen in der großen Scheune. In der nicht gerade üppigen Hotelsituation in und um Gersbach neben der Mühle eine interessante Option.

Hotel zum Waldhüter, Gässle 7, 79650 Schopfheim-Gersbach. Tel. 07620-988900, komfortable Gästezimmer individueller Größe und Ausstattung (im Haus: keine Kinder; keine Hunde); Frühstücksbuffet, Sauna im Haus. Das Haus kann auch komplett gebucht werden. ♠ Freisitz auf der Laube und vor der Südfront; zumwaldhueter.de

Gersbach liegt hoch, frei und sonnig, touristisch aber etwas unentschieden. Die Höhenlage um 900 Meter reicht kaum für eine längere Wintersportsaison. Außer einer vor Jahren präparierten und pädagogisch inszenierten Barockschanze am Scherentann (Aussichtsturm/Wanderparkplatz) mangelt es an zwingenden Attraktionen.

Touren ab Gersbach Die in Teilen freigelegte Wehrschanze am Scherentann (932 m) gehört zu einem System von insgesamt 13 Schanzen auf der Gemarkung von Gersbach. Ein lokaler Förderverein hat einen 10 km langen Rundweg eingerich-

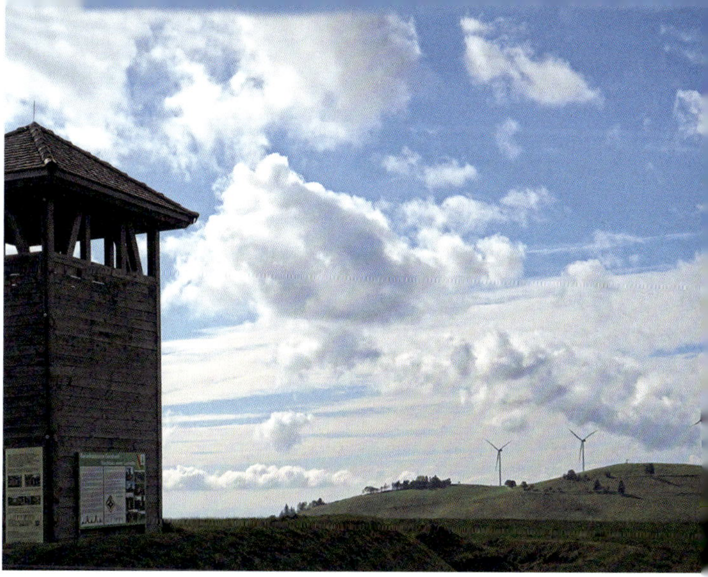

Schanzen und Mühlen – am Scherentann bei Gersbach

tet, der vier historische Schanzen einschließt. Die Aufwertung des Monuments in strategischer Lage im Osten über Gersbach kann auch als Kompensationleistung im Zusammenhang mit der Windmühlenansiedlung gesehen werden.

Entfernungen ab Schanze am Scherentann: Gersbach 2,5 km; schöner Weg auf offenen Weiden über Sägholzwaid, Lochmühle bis zum Wehratalblick 3,0 km. Zurück über Unteres Ried und den Wegweiser Eck nach Gersbach.

Gersbacher Chäschuchi Eine Handwerkskäserei, gegründet 1996, seit 2005 weitergeführt von Sabine (aus dem Allgäu) und Larry Arrango, der ursprünglich aus Kolumbien stammt. Verarbeitet wird regionale Vollmilch, teils auch Rohmilch für einen halbfesten Gersbacher Schnittkäse, außerdem aus eigener Produktion ein Weißschimmelkäse Typ Camembert sowie der Rotschmierkäse Fetzenberger (ähnlich wie ein milder Münster; bislang keine lange gereiften Bergkäse, wie ihn andere Schwarzwälder Rohmilchkäsereien bieten).

Das Sortiment im Verkauf wurde in den letzten Jahren beachtlich erweitert, etwa um Morbier, Original Emmentaler, Österreicher Bergkäse, Schafs-Manchego. Wehratalstr. 12. Tel: 07620 1579. Ladenverkauf u. a. auch im Dorfladen Gersbach, Wehratalstraße 22 sowie in regionalen Märkten von Schmidt und Hieber; auch auf regionalen Wochenmärkten; chaes-chuchi-gersbach.de; auch Online-Versand.

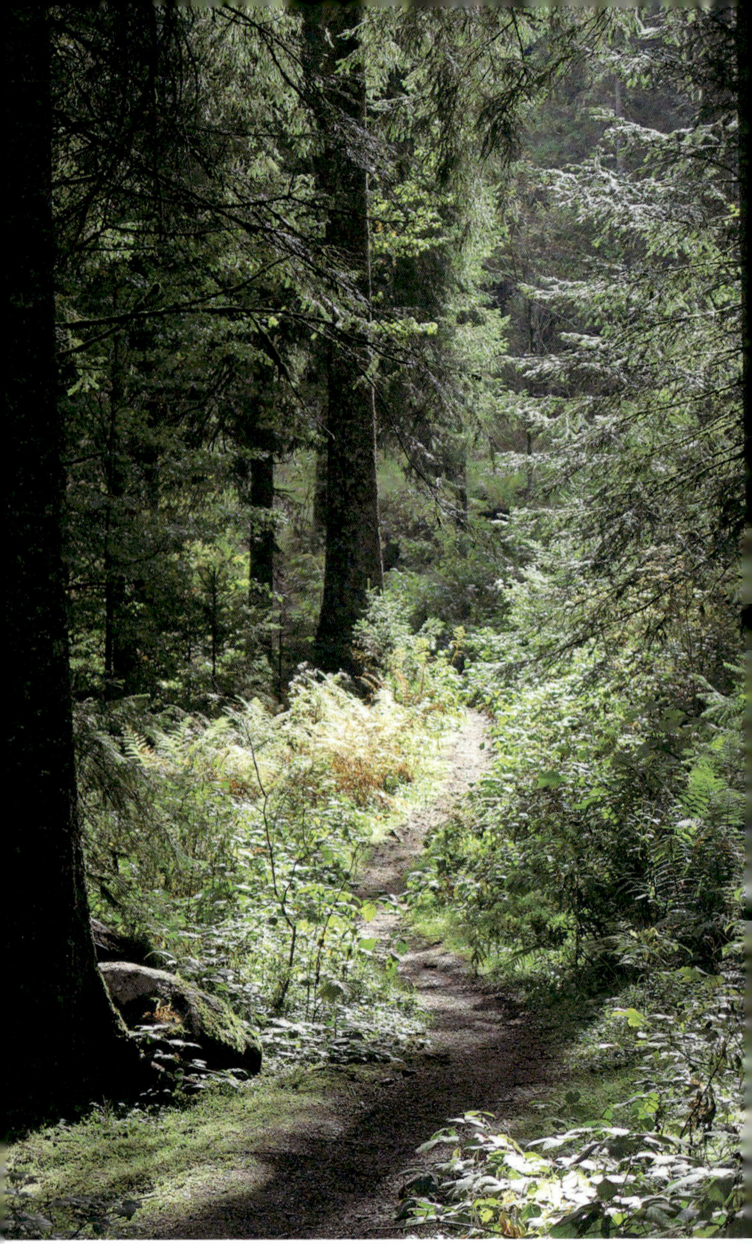

Im Zentrum der Schleichwege – bei Ibach

30

Reservate um Ibach

Der Hotzenwald ist mein Valium" – sagt ein Freund. Der Freund sagt auch: „Ich fahr' hoch und bin in einer anderen Welt." Stimmt genau, man fährt in den Hotzenwald und ist einfach mal weg. Auch in und um Ibach überkommt einen dieses Aus-der-Welt-Gefühl. Wald wird zur Kathedrale, ein Waldrand zum himmelweiten Balkon. Nebenstraßen erreichen Flughöhe.

Manchmal entsteht der Eindruck, man sei auf Einbahnstraßen unterwegs, so wenig Verkehr ist auf den Nebenrouten „auf dem Wald". Im Dorf folgen die Augen dem Fahrzeug des Fremden. Über die weichen Böden der Hochwälder geht man wie auf einer Daunendecke. Es hat Wälder, keine Fichtenäkker. Es gibt letzte und wieder belebte Einkehren, die unter Denkmalschutz gehören – und es gibt Einrichtungen, die gehören amtlich versiegelt.

Der Hotzenwald – die historische *Grafschaft Hauenstein* gilt seit jeher auch als soziales Rückzugsgebiet. Die Hotzen mußten sich ihr Image als widerständig und konfliktgeneigt

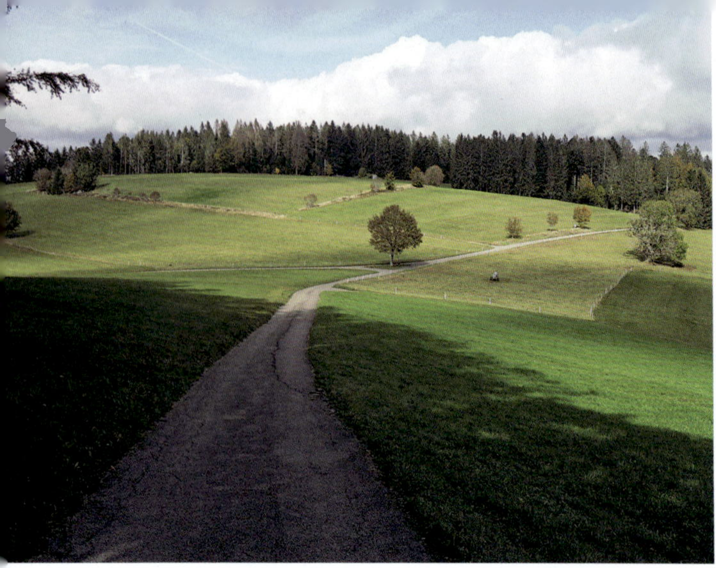

Das Schönste am Hotzenwald – man muß nirgends hin

hart erarbeiten. Salpeterer, Bauernaufstände gegen die Vorherrschaft des Klosters St. Blasien, anarchisch-libertäre Tendenzen gegen fremde Vögte und private Konkurrenten sind bis ins späte 20. Jahrhundert überliefert.

Rauhe Sitten, fester Speck Wer vor 30 Jahren, als der *Engel* zu Engelschwand noch voll im Saft stand, dort eine Schlachtplatte nahm, weiß, was gemeint ist. Gegessen wurde drinnen, gehändelt draußen. Wenn im alten *Rössle* zu Tiefenhäusern Alfred Ebners Speck mit einem eigenem Messer geschnitten wurde, war das Vesper und Ansage in einem, wie die Hähnle im *Adler* in Immeneich. Lauter starke Orte, alle Vergangenheit. Mit einem „Solange ich noch ein Messer im Sack habe", beginnt aber noch heute mancher Einspruch.

Andererseits sind Kleinfamilien, Mobilität und Arbeitsteilung längst auf dem Wald angekommen. Die üblichen Neubauviertel mit Pendlerglück unter hellgrauen Dachpfannen ebenso. Das Knorrige überlebt allenfalls in Rückzugsgebieten. Auch die oft etwas überzwerchen Gaststätten sind fast

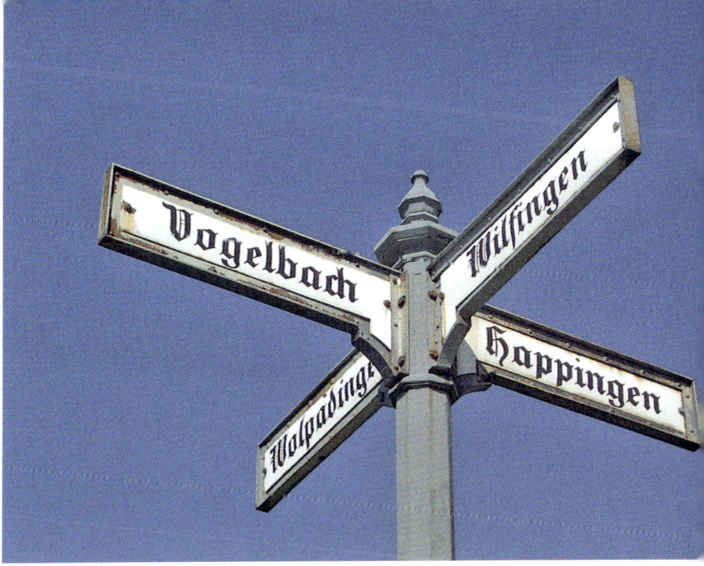

Überall Nebenstraßen – bei Ibach

verschwunden (unvergessen: der *Rebstock* in Görwihl).

Landschaft, Blick und Stimmung bleiben aber: Es gibt wintersonnige Waldränder mit Heidekrautpolstern und Alpensicht, Hochmoore am Ibach mit Holzstegen und taunassen Fußpfaden, dramatische steile Täler, die Schluchten von Wehra und Alb – eng, klamm, tobsüchtig.

Die Kreisstraße 6551 von Remetschwiel zur Niedermühle stürzt sich mit jähem Gefälle ins Albtal, das wenig später zu einem Schlund wird, der zur Teufelsküche führt, wo man sich in Felsbecken der Alb erfrischen kann. Auf den Hochflächen ist dann wieder mehr Himmelswiese. Beim Timing hilft ein Klassiker:

Am schönsten ist's an einem duftigen Herbsttag die Berge hinaufzuklimmen; da wallt und wogt ein dampfender Nebel über dem Rhein auf und ab und verhüllt Dächer und Turmspitzen der alten Waldstädte (...). Wenn aber die Höhe erstiegen ist, sind wir über dem Nebel, die Sonne bricht durch und treibt ihn vollends auseinander, und dann schweift der Blick

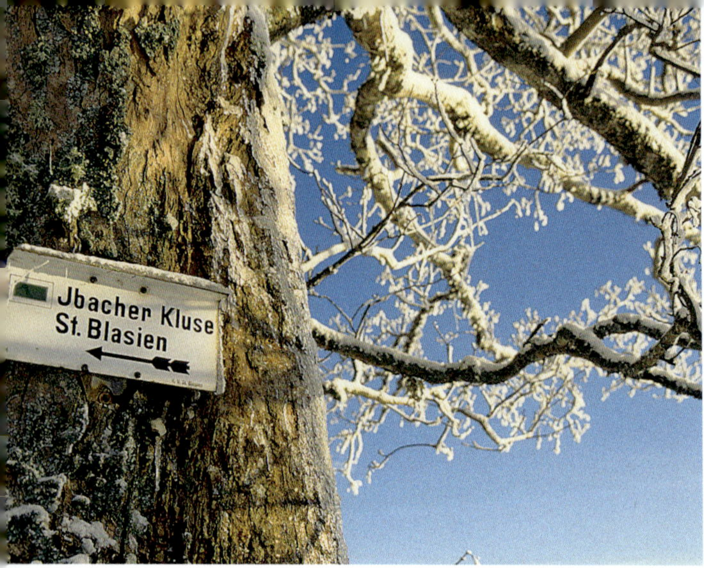

Winterwanderziel – bei Ibach

weit über den Rhein und die stumpfen Vorberge des Aargaus bis hinüber zur fernen Jungfrau und dem ganzen verschlungenen Berggewimmel des Berner Oberlandes.

VICTOR J. VON SCHEFFEL, 1853

Das Schönste am Hotzenwald ist seine Großzügigkeit. Er gibt, ohne zu fordern. Man muß nirgends hin; da und dort trifft man sogar noch Typen, die sich an Henry David Thoreaus Maxime halten: „Hüte dich vor allen Unternehmen, die neue Kleidung erfordern."

Egal wo und mit wem, das Wetter muß stimmen, Sonne ist gut, Neuschnee noch besser. Trübes Wetter kann schnell erdrückend werden. Nochmal Scheffel: *Der Hauensteiner dagegen sitzt auf seinen Bergen fest; die Heimat mit ihrer Rauheit und Öde, mit ihrer winterlichen Schneelast und ihrem schwermütigen Tannendunkel ist ihm lieber als die ungewisse Fremde.*

Kurz und gut: Wenn's schleift oder nach einer harten Woche im Gewusel: Der Hotzenwald beruhigt und tut gut.

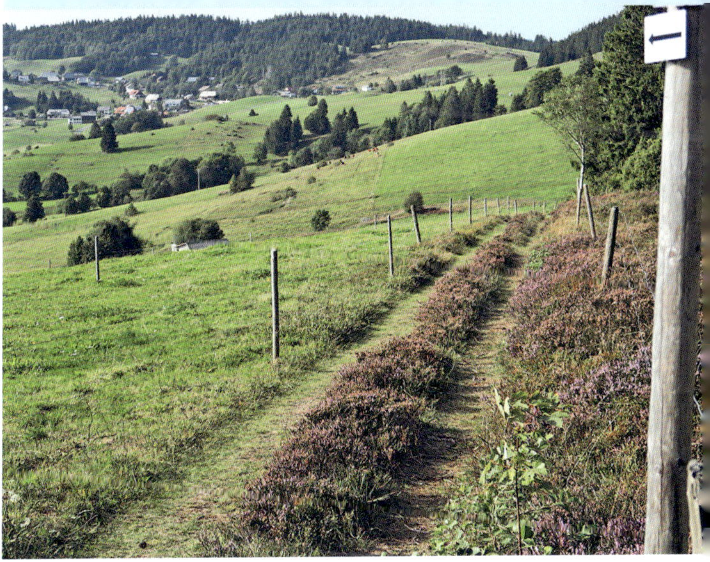

Gefühlslandschaft – Ibacher Panoramaweg

Unterwegs im Hotzenwald Grobe Orientierung geben die tief eingegrabenen Nord-Süd-Täler von Wehra, Alb und Schwarza. Die wildromantische Felspassage durch die Albtalschlucht bleibt auf einem kurzen Abschnitt zwischen Hohenfels und Tiefenstein seit Jahren wegen eines Felssturzes und nachfolgend ausgerufenen Amphibienschutzes gesperrt, was lokal für einigen Unmut sorgt. Der stille und hohe Hotzenwald zwischen den Tälern wird durch ein Netz von Nebenstrecken erschlossen. Auf einsamer Höhe sind auch einzelne Waldfahrwege für den allgemeinen Verkehr offen. Diese Nebenrouten liegen wie ein weit gesponnenes Netz über dem Land, sie wollen erfahren, erkundet und erschmeckt sein (vgl. dazu die Anregung auf S. 465).

Nur die B 500 führt in markantem Schnitt vom Schluchsee zum Hochrhein bei Waldshut. Eben diese Schnellstraße ist aber für Landschaftsfreunde wenig geeignet. Zur Landesschau muß man auf Nebenwege und Hochebenen. Eine gute Landkarte ist dabei unerläßlich. Einheimische sagen:

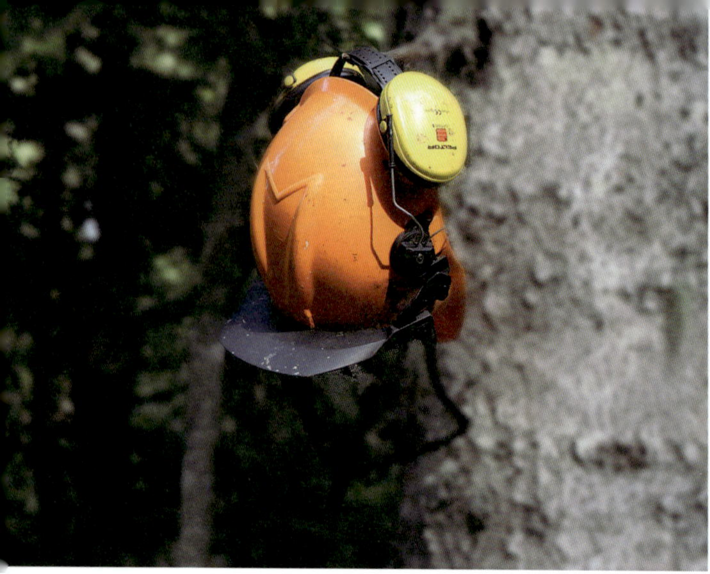

Der Beweis: Peter Wohlleben kam nicht bis Ibach

Für den Touristen bleibt das Land östlich der B 500 terra inkognita, während Besucher aus der Schweiz im Norden nur bis zum Schluchsee vordringen.

Wald und Wälder Die Hochplateaus werden unterbrochen von einzelnen Dauerwäldern mit gemischtem Bestand, reichem Nachwuchs an Jungholz und einer Krautschicht mit Farnen und Moosen. So unterscheiden sich die Hotzenwälder mit ihrem naturverjüngten Bestand von den Fichten-Monokulturen, die noch im nördlichen und östlichen Schwarzwald weit verbreitet sind. Zwischen den Wäldern erscheinen Hochmoore, Feuchtwiesen und Weiden mit Charakterbäumen. Ein Landschaftsbild, das für eine entrückte Stimmung sorgt, die fast körperlich zu spüren ist.

An den meisten Wanderparkplätzen des Hotzenwaldes wurden großzügig Info-Tafeln, Wegweiser und Kartenskizzen aufgestellt, die Naturinteressierte leiten sollen. Was immer man von Naturpädagogik halten mag, zum Einstieg sind die Hinweise allemal zu gebrauchen.

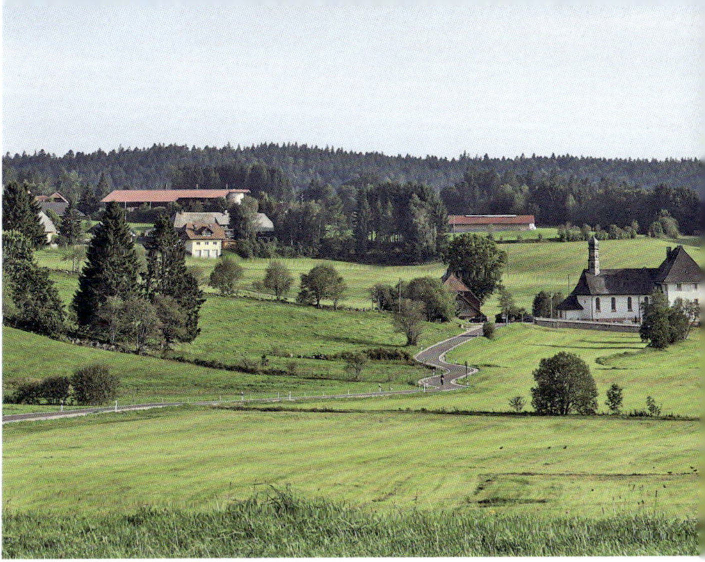

Wie ins Land komponiert – Kreisstraße Nr. 6526 bei Unteribach

Im gelobten Land um Ibach Selten führt eine Kreisstraße so cremig durch's Land wie die von Oberibach runter zur Kirche der Gemeinde Ibach. Die gerade mal 400 Einwohner der kleinsten Gemeinde im Landkreis Waldshut verteilen sich auf vier Ortsteile in einem weiten Hochtal, dessen runde Geländeformen eine Folge eiszeitlicher Vergletscherung sind.

Lassen Sie sich also einfach von Oberibach nach Unteribach treiben. Vorbei an Einzelhöfen, deren Erwerbsschwerpunkt sich in den letzten Jahren verändert hat. Von der Landwirtschaft zum Pferdehof oder auch zu einem Institut für *Körperorientierte spirituelle Wegbegleitung*. Schon etwas länger bieten jene Wegkreuze spirituelle Orientierung, die im Hotzenwald bis heute an markanter Stelle stehen.

Von Unteribach könnte man über lichte Höhen rüber nach Wittenschwand gondeln und dann über Urberg oder Vogelbach ins Albtal stürzen (vgl. dazu S. 455/465). Der Straßenlauf wird einmal mehr rund und ganzheitlich sein, als hätte ihn der Steiner Rudi entworfen.

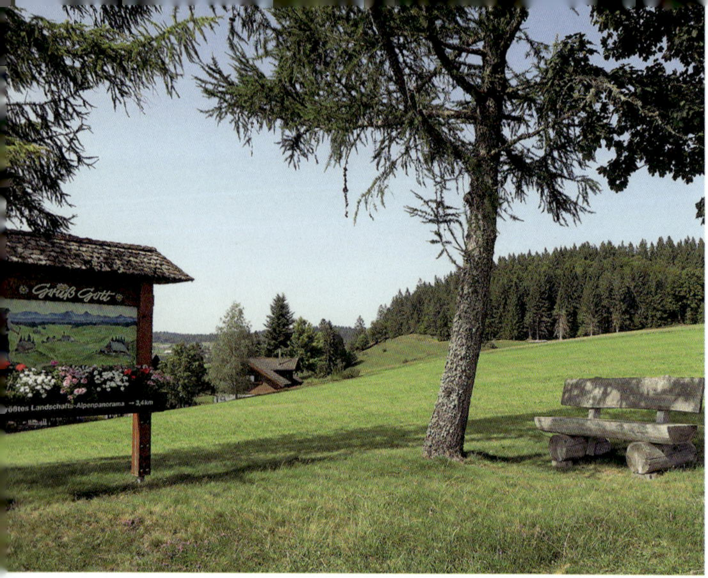

Ibach öffnet Horizonte

In Unteribach wurde sogar ein Rahmen des Ortsschildes grün angemalt. Dazu paßt die sachte, vom Feldberggletscher rundgeschliffene Neigung nach Süden. Weiter Blick über Land, fulminantes Alpenpanorama. Die Realwelt scheint fern. Es sei denn, Sie möchten einkehren, dann kann es auch um Ibach eng werden. Ich erinnere bis heute ein Kurzgespräch im legendären Ibacher Adler, in dem leider nicht mehr gewirtet wird.

Gast: *„Haben Sie auch Spiegeleier?“*
Wirtin: *„Steht‘s auf der Karte?“*
Gast: *„Nein.“*
Wirtin: *„Also!“*

Südlich von Ibach steht der *Gugelturm* auf einer wenig ausgeprägten Anhöhe bei Engelschwand. Zur Plattform führt eine gewendelte Stahltreppe, die von Douglasienstämmen getragen wird. Der Aufstieg lohnt, obwohl der Blick durch die Dachkonstruktion und hohen Wald eingeschränkt wird.

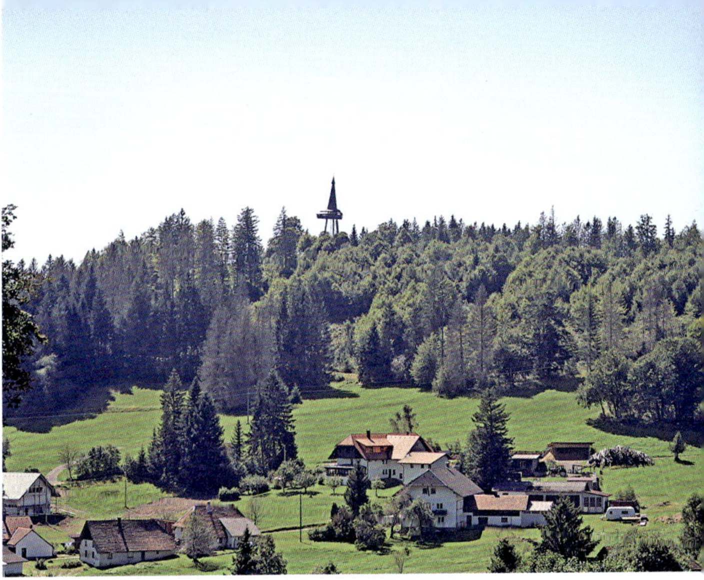

Landmarke bei Engelschwand – Gugelturm

An klaren Tagen gibt es neben dem Alpenpanorama auch eine Vorstellung von der Geographie des Hotzenwaldes mit seiner weit verteilten Wald-, Weide-, Schluchten und Weilerlandschaft. Im *Engel* wird nur noch sporadisch gewirtet, am Turm unterhält der Schwarzwaldverein eine urige Vesperstube und in Ibach gibt es eine weitere Option.

Gugelturm-Gugelstüble Guter Orientierungspunkt auf einer 998 Meter hohen bewaldeten Kuppe. Die Aussichts-Plattform mit dem kuriosen Spitzdach ruht auf Douglasienstämmen. Zufahrt bis 300 Meter vor den Turm, beim Turm die zur Saison bewirtete Vesperstation Gugelstüble mit Sitzbänken im Freien und einer Hütte, der Schwarzwaldverein wirtet in der Wandersaison, aktuelle Zeiten: gugelstueble.de

Steigass-Stüble, Oberibach Die Dorfwirtschaft im renovierten Hofgebäude wurde 2013 eröffnet, sie schließt eine Lücke in der Ibacher Grundversorgung mit einer kompakten Karte, die alles bietet, was es zur Toureneinkehr braucht. Dazu kommt eine sonnige Terrasse, die sich zum Hochtal hin öffnet und zwei propere Ferienwohnungen

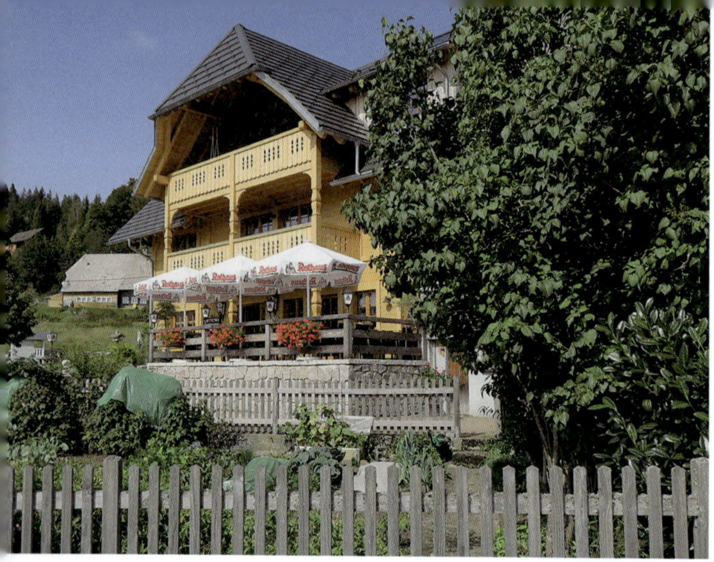

Balkon in Oberibach – Steigass Stüble

namens Edelweiss und Alpenrose, die etwa so möbliert sind wie sie heißen. 79837 Ibach-Oberich, Tel. 07672-1897; steigass-stube.de.

Von Ibach ins Moor Die Hochmoorlandschaft südlich von Ibach und am Schwarzenbächle besteht aus mehr als zwanzig kleinen und kleinsten Mooren, hier Moos oder Möser genannt. Die Vegetation der bis zu acht Meter tief reichenden Moore ist wegen der nährstoffarmen Bodenverhältnisse nicht artenreich, sondern an das rauhe Klima angepaßt. Eine bonsaiische Knorrigkeit ist manchem Gehölz anzusehen. Durch Auszehrung und Kümmerwuchs entstanden auch einzelne Partien, die wie von Menschenhand gestaltet wirken.

An hellen Föhntagen im Herbst, im Winter nach Neuschnee, zur Blüte der wenigen Blütenpflanzen wirkt das Moor wie eine reiche Landschaft. Die Vegetation besteht aus Torfmoospolstern, Moor-Wollgras, dem fleischfressenden Sonnentau, rosa blühenden Moosbeeren, Rosmarinheide. Direkt in den staunassen Moorböden kann sich etwas küm-

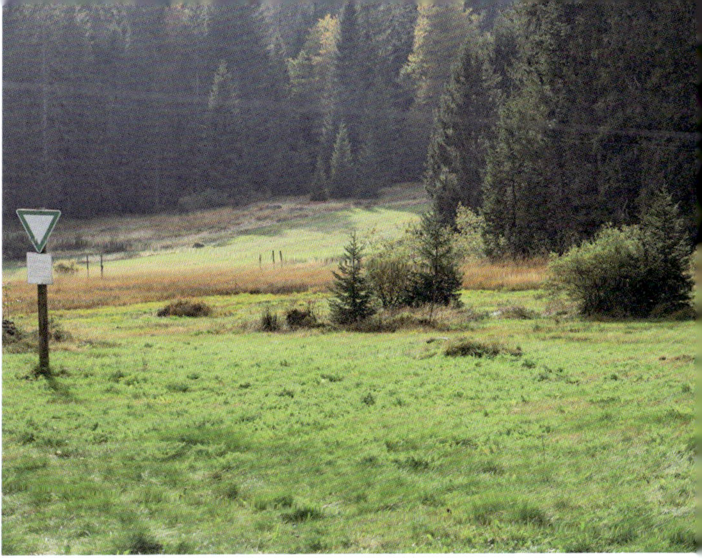

Sonnenmattmoos im Schwarzenbächletal

merliche Baumvegetation halten, an den Rändern stehen Fichten im Strauchstadium und niederwüchsige Moorkiefern. Auch die anschließenden Hochwälder wirken mit dem alten Bestand an Weißtannen und krautigem Unterwuchs beeindruckend archaisch.

Touren bei Ibach Zentraler Ausgangspunkt wäre etwa der Parkplatz bei der Kirche in Unteribach (937 m, Wegetafel, Routenvorschläge) oder der Parkplatz beim Schorrmättle, an der Kreisstraße 6226 nach St. Blasien. Hier auch Start des 11,5 km langen Panoramaweges durch das Ibacher Hochtal. Allein das Hochtal um Ibach bietet genug Möglichkeiten für einen Tourentag in offener Landschaft, auch im Winter!

Die **Moore** im NSG südlich von Ibach und Lindau werden vom durchgehend gut markierten 7-Moore-Rundweg auf 8,5 km erschlossen. Die Route führt zwar zu interessanten Partien, sie soll aber auch lenken und verhindern, daß sensible Biotope zu stark bewandert werden. Der Rundweg leitet mit Stegen und Brücken über Moore und Flachwasserzonen. Sich an die Wege zu halten und keinem Abfall zurückzulassen, ist in sensibler Landschaft noch zwingender als ohnehin.

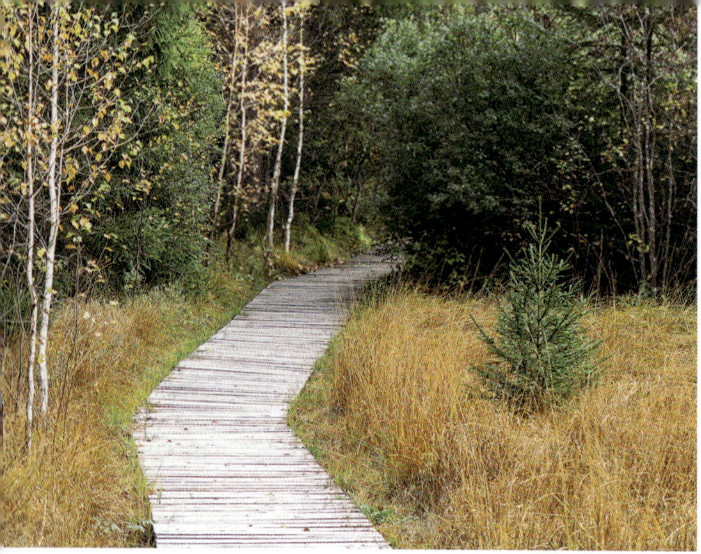

Stege ins Moor – 7-Moore-Weg am Schwarzenbächle

Ins Moor gehen Zugang zum 7-Moore-Rundweg zum Beispiel beim Wanderwegweiser/Parkplatz Steinernes Kreuz an der L 151 östl. Wehrhalden (dort auch Info-Tafeln). Oder mit weniger Betrieb an einem der beiden Wanderwegweiser, die an der K 6591 stehen. Die schmale Kreisstraße folgt südlich von Lindau über mehrere Kilometer dem romantischen Lauf des Schwarzenbächles. An der Strecke wird zunächst der Wegweiser am Sonnenmattmoos erreicht (895 m, 3 km südlich Lindau, Bild vorige Seite). Weitere 3 km bachabwärts dann der Wanderwegweiser an der Schwarzen Säge (873 m); von Lindau bis zur Schwarze Säge sind es auf der K 6591 sechs Kilometer.

Haltestelle am Schwarzenbächle Ab Schwarze Säge geht es auf der Kreisstraße 6591 nochmals 400 Meter den Bach abwärts bis zum Naturdenkmal der Gletschermühle am *Krai-Woog-Gumpen*. Das Ensemble am Bach wurde 1952 entdeckt und freigelegt, der Name ist angeblich altes Alemannisch für

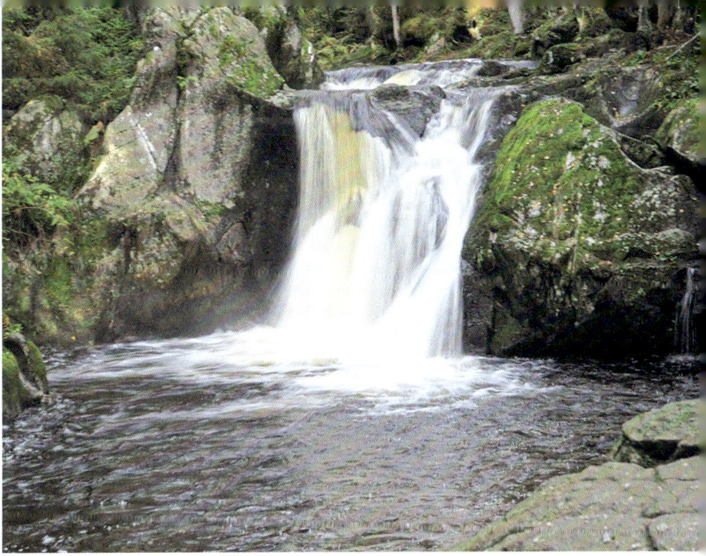

Ein Unikat – Gletschermühle und Wasserfall Krai-Woog-Gumpen

„tosender Wasserfall". Der eiszeitlich kreisrund ausgeschliffene Felstrog der Gletschermühle liegt direkt oberhalb vom ungleich größeren Becken des Wasserfalls.

Die Partie mit dem Felspool im Schwarzenbächle hat in den letzten Jahren eine gewisse Instagram-Prominenz oder auch Kaffeefahrt-Tauglichkeit erfahren. Die Folgen sind besonders in der Wanderzeit sichtbar: Es gibt kaum freie Parkmöglichkeiten am direkten Zugang bis auf den angelegten Busparkplatz an der K 6591 und der sorgt natürlich für weiteren Zulauf.

Die paar Meter auf schmalem Pfad bis zum Felspool und der Gletschermühle sind auch einem laufmüden Publikum zumutbar. Also herrscht je nach Saison und Wasserführung Rummel oder auch nur rauschende Stille am Schwarzenbächle; an Hochsommertagen mit Pool- und Picknickwetter natürlich eher Ersteres. Etwa 200 Meter auf einem Pfad bachabwärts gibt es einen weiteren, kleineren Wasserfall.

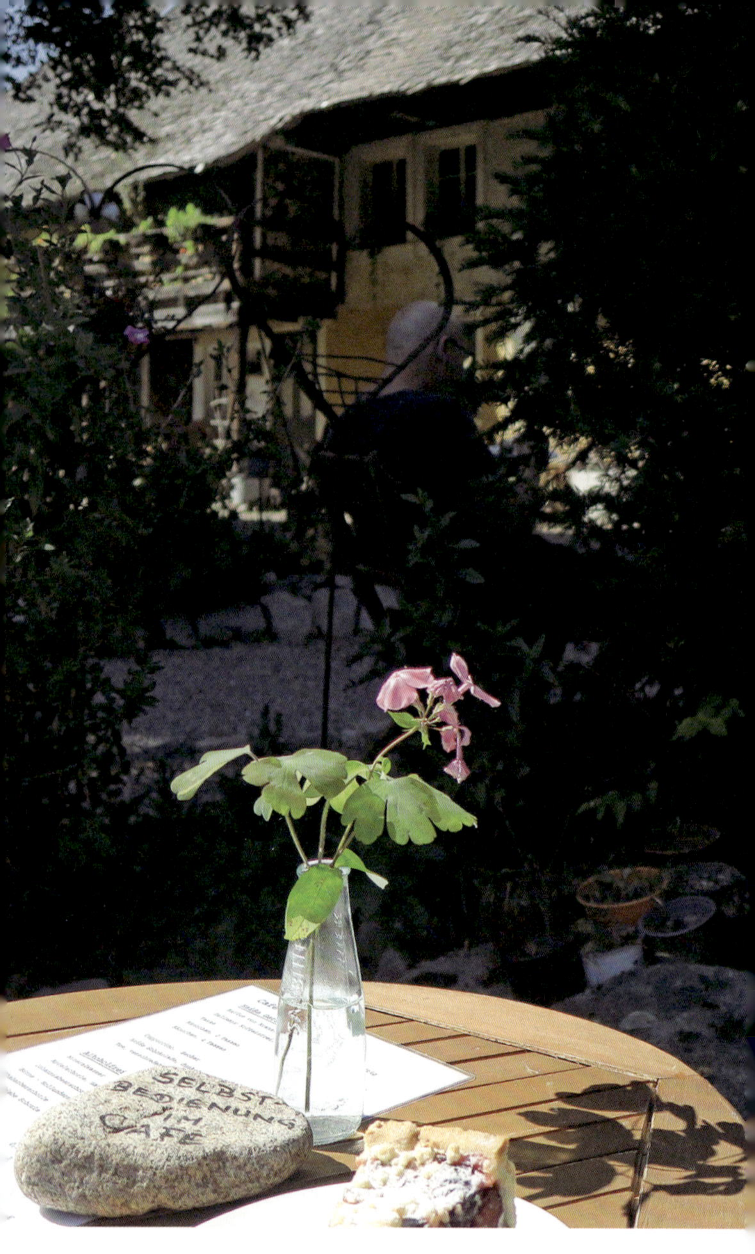

Späte Blüte im Alten Engel in Urberg

Dachsberg und Urberg

Wer Schwarzwald ohne Übertourismus sucht, wird um Dachsberg fündig. Die Höhen sind weit, die Wälder dicht, die Straßen steil, stellenweise abschüssig. Proviant ist von Vorteil, denn manches Gasthaus hat für immer geschlossen. Die Natur ist aber weit offen. Wenn die Böschung an der Straße vom Hoheck nach Urberg nicht gemäht würde, könnte man dort im Spätsommer Blaubeeren direkt am Straßenrand sammeln.

Auf den Höhen über dem Albtal gibt es keine Parkraumbewirtschaftung, auch kein Riesenrad wie am Titisee. Im Klosterweiher schwimmen, die Seerosen zählen und danach auf der Lichtung ein Sonnenbad nehmen geht aber durchaus.

Oder aus dem Albtal auf der krummen Nebenstrecke über Höll nach Urberg kurbeln. Oben erscheint schließlich ein *Alter Engel*, der noch Holzschindeln auf dem Dach hat und einen verträumten Garten davor. Noch weiter draußen im Weiler Schwand ist die Straße zu Ende, aber nicht Ende Gelände.

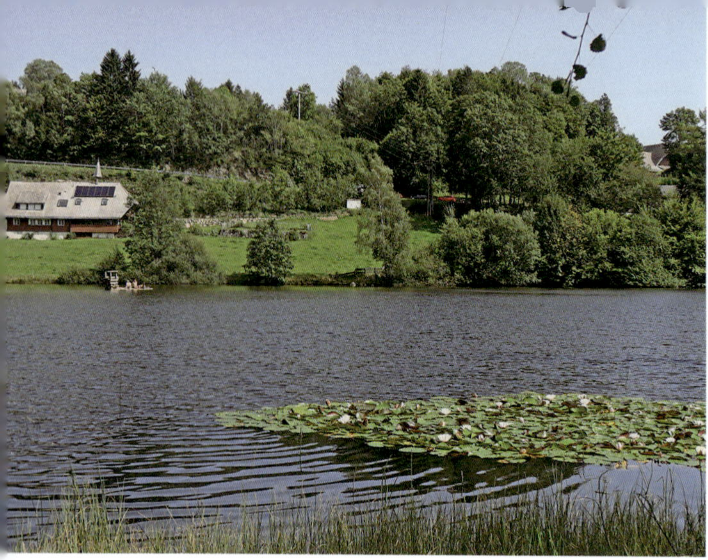

Zu den Seerosen schwimmen – am Klosterweiher

Badeweiher und Wälder-Quartier Der Hotzenwald ist sommerfrisch und wasserreich, Badegelegenheiten gibt es aber nur wenige. Darunter sind ein paar wilde Felspools beim Wanderwegweiser Albsteg Wilfingen (587 m, 400 Meter von der Teufelsküche), auch im Dorfweiher in Hierholz wird gebadet; zum reizvollen Freibad bei Höchenschwand vgl. Seite 348, ein Foto vom Schlüchtsee ist auf Seite 314.

Mehr Raum für Freischwimmer bietet der Klosterweiher an der K6590 bei Dachsberg-Wittenschwand. Das Gewässer füllt eine Karmulde des ehemaligen Feldberggletschers, die Terrasse der Gaststätte am Weiher könnte, was die Lage betrifft, eine Raststation sein. Mein Konjunktiv hat Gründe, ich empfehle eher ein ufernahes Vesper aus dem Rucksack.

Das Schwimmen im klaren, weichen Wasser über dem moorigen Grund ist ein Vergnügen, auf dem See treibt eine Holzplattform fürs Sonnenbad. Im heißen August 2020 lag ich dort mit einem Eingeborenen. Der Junggeselle verbrachte seinen Samstagnachmittag am Weiher, wir redeten bald eine Stunde über alles Mögliche und als Summe kann ich sagen,

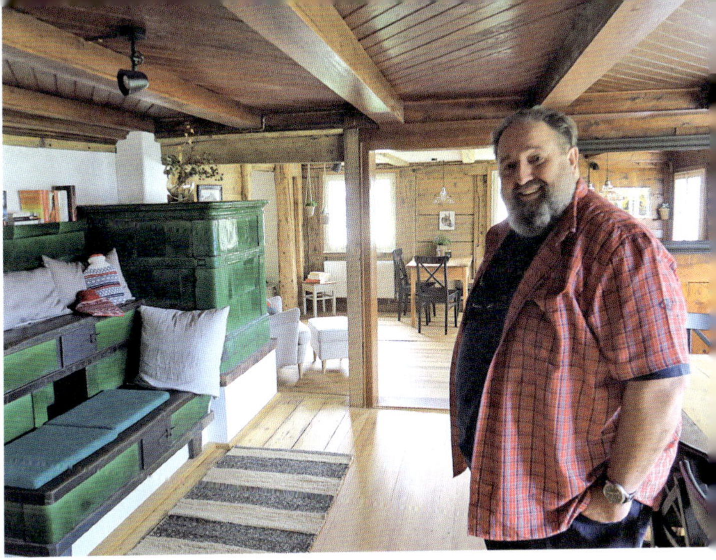

Wiederbelebt – Johannes Pokrzywa im Wälder:Quartier

das Lebensmodell zufriedener Einzelgänger ist jenem im Hamsterrad der Ansprüche eventuell vorzuziehen. Nicht nur am Klosterweiher.

Tatkraft in Wittenschwand Eine weitere beeindruckende Person, die ich in Dachsberg-Wittenschwand kennenlernen durfte, heißt *Johannes Pokrzywa*. In der Stube seines Hauptquartiers haben wir Rindfleischsuppe von seinen Hochland-Rindern gelöffelt und dabei über Speck, weitere Genußmittel und das Leben als solches geredet. In Feldberg-Bärental er öffnet der so umtriebige wie reflektierte Genusswälder mit seinem Partner und Geschäftsführer *Sebastian Rauner* im Frühjahr 2022 ein ambitioniertes Landmarkt- und Gastronomie-Projekt. Es soll zur Bühne für Schwarzwälder Lebensart und Produktkultur werden. Tatkraft, die schmeckt.

Wälder:Genuß Zum Marktplatz für Genußhandwerker vgl. S. 257.
Wälder:Quartier Unter anderem in Dachsberg, Bierbronn und St. Blasien hat Johannes Pokrzywa zusammen mit seiner Tochter Sarah und Sohn Jan Vincent historische Gebäude in solide Gästehäuser ver-

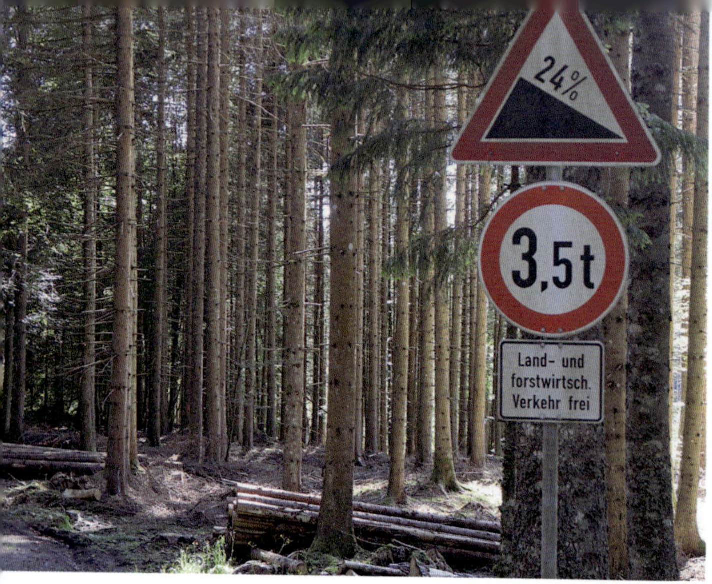

Am Urbach gehts steil abwärts – nach Höll und Bildstein

wandelt. Entstanden sind solid und wohnlich sanierte Unterkünfte mit zeitgemäßem Komfort: waelder-quartiere.de.

Barfuß zum Brunnen Urberg liegt nicht unbedingt an der Hauptstraße. Die ehemalige Bergbausiedlung versteckt sich – ganz Hotzenwald – auf einem Plateau über dem Albtal. Von Niedingen führt eine sacksteile Nebenstrecke über Bildstein und Höll auf den Urberg. Oben angekommen erscheinen dem Besucher die Dinge wie auf einem Altar: Eindachhöfe mit bestellen Gärten; das aus dem Abraum der Grube *Gottesehre* bestückte Mineralienmuseum erinnert an die lange Bergbautradition in Urberg (aktiver Abbau vom 14. Jh. bis 1984). Der mit Lädele und Cafégarten wiederbelebte *Alte Engel* trägt auf einer Dachseite noch abgewetterte Holzschindeln. Urberg ist Urschwarzwald.

Auch eine Freie Waldorfschule praktiziert in Urberg. Ein Whistleblower bestätigte mir eine nach Zahl und Verhalten beachtliche antroposophische Gemeinde am Ort. Es heißt, noch vor einer Generation seien Steiners Jünger mit dem

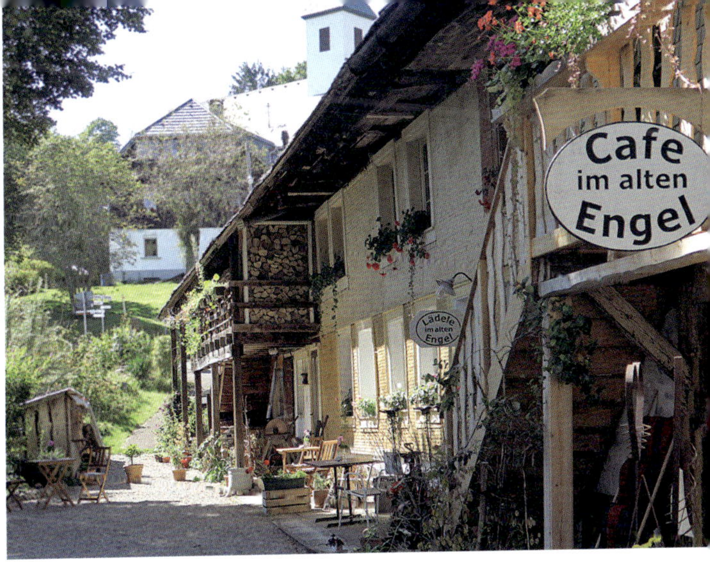

Café, Lädele, Dorftreff – Alter Engel, Urberg

Kaltblut zur Holzernte und barfuß zum Dorfbrunnen gegangen. Letztere Übung wurde aber bald eingestellt; auf 1.000 Metern Höhe sind die Tage mit Champagnerklima gezählt.

Touren Für Zugereiste bietet Urbergs freie Höhenlage mitsamt der Nähe zum Klosterweiher und einer Einkehr im Alten Engel manche Möglichkeit, einen Tag im Abseits zu vertrödeln. Der Wanderwegweiser bei der Katholischen Kirche zeigt in alle vier Himmelsrichtungen; die Schleife über Außerurberg zum Bildsteinfelsen an der Albtalkante gehört zu den Standards. Auch eine kurze Fahrt bis ans Ende der Straße zum Wanderwegweiser im Weiler Schwand verstärkt das Gefühl, an einem besonderen Ort zu sein.

Junge Frau, Alter Engel Das Lädele, der verwunschen angelegte Garten und das kleine SB-Café im Engel wurden von einer so jungen wie engagierten Kunsthandwerkerin wachgeküßt. Dank Erika Zoubkov kann man seit Sommer 2021 im Engelgarten neben blühendem Phlox einkehren oder auch dekoratives Handwerk und regional Gefilztes im Lädele kaufen. Außerdem das Leben auf dem Urberg aus

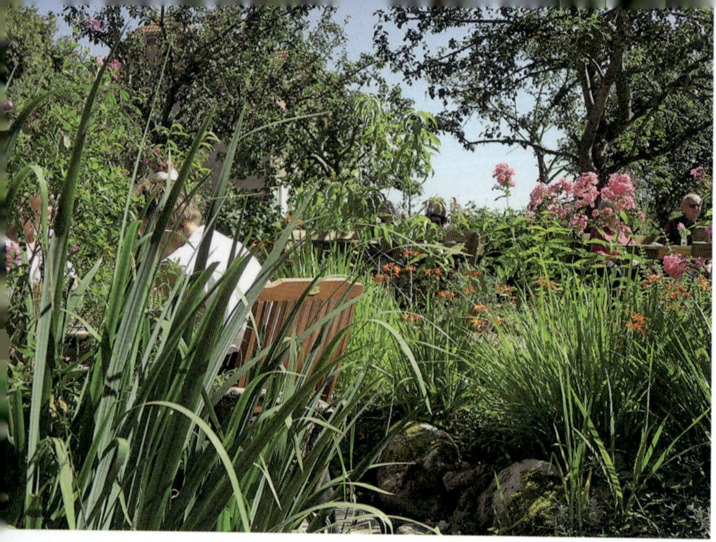

Im Sommergarten – Alten Engel, Urberg

der Halbdistanz betrachten: Es erscheinen Damen beim Nachmittags-Plausch, junge Mütter, Senioren im Wanderhäs. Derweil bringt die Gastgeberin ihr Hofprojekt voran, das weiter wachsen soll. Gastronomisch, sozial und überhaupt. Man informiere sich zum aktuellen Stand der Dinge vor Ort.

Café und Lädele im Alten Engel; 79875 Dachsberg-Urberg, Vogelsang 13, Erika Zoubkov, Tel. 07672-481 572; Café und ♠ reizender Cafégarten, derzeit Mi bis So nachmittags.

Diversität um Urberg Der Vierbeiner- und Kinderreichtum in und um Urberg ist beachtlich. Frauen im besten Alter kümmern sich während der Kernarbeitszeit um Haus und Hof, Leben und Balance. Auch im kleinen Weiler Schwand könnte man einen Film über das Glück am Ende der Straße drehen. Mit aufrechtem Schritt, wehendem Haar und Kinderschar geht frau zur Koppel und man sieht: Ein Jahrhundert der Weiblichkeit muß im Hotzenwald nicht ausgerufen werden, es wird zwischen Altem Engel und neuem Pferdestall gelebt.

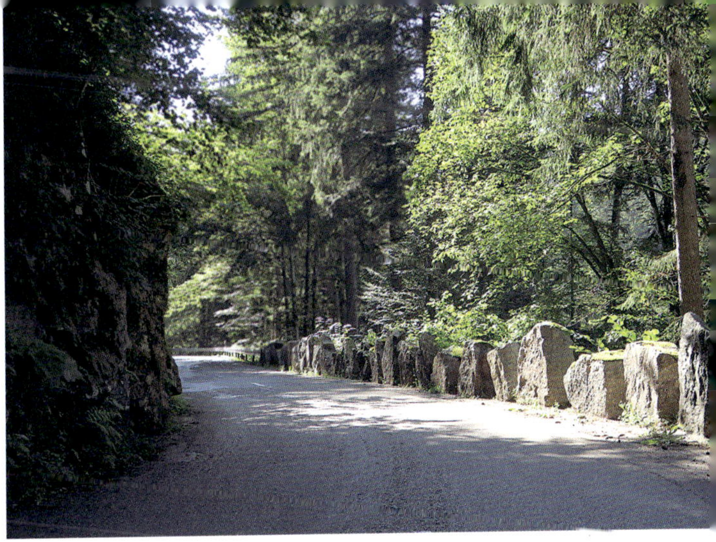

Felspartie – die L 154 durchs Albtal

Hart am Fels Urberg liegt 250 Meter hoch über dem Albtal, das über weite Abschnitte mehr Schlucht als Tal ist. Wie es die Siedlungsnamen sagen, gibt es albabwärts von Unterkutterau, Nieder- und Teufelsmühle kleinere Siedlungen, auch schmale Auen, auf denen etwas Heu gewendet wird. Kilometerlang führt die Landstraße 154 aber spektakulär am nackten Fels entlang. Die Strecke bietet ein außergewöhnliches Fahrerlebnis, trotz der jahrelangen und lokal umstrittenen Sperrung im Abschnitt zwischen Görwihl-Tiefenstein und Hohenfels. Ein lange zurückliegender Felssturz liefert dort den Anlaß zur Sperrung, dem Regierungspräsidium in Freiburg dient das Ereignis seither als Grund für eine Streckenstilllegung. Die Vorboten der Verkehrswende kommen das Albtal aufwärts. Selbstverständlich alles zu höherem Fromm und Nutzen von Biotop und Planet.

Mitte des 19. Jh. wurde die Trasse in mühevoller Handarbeit dem Fels abgerungen, an heiklen Passagen mit einem Vortrieb von zwei Metern in der Woche. Der wilde Schluchtabschnitt östlich von Görwihl und albaufwärts der Sperrung

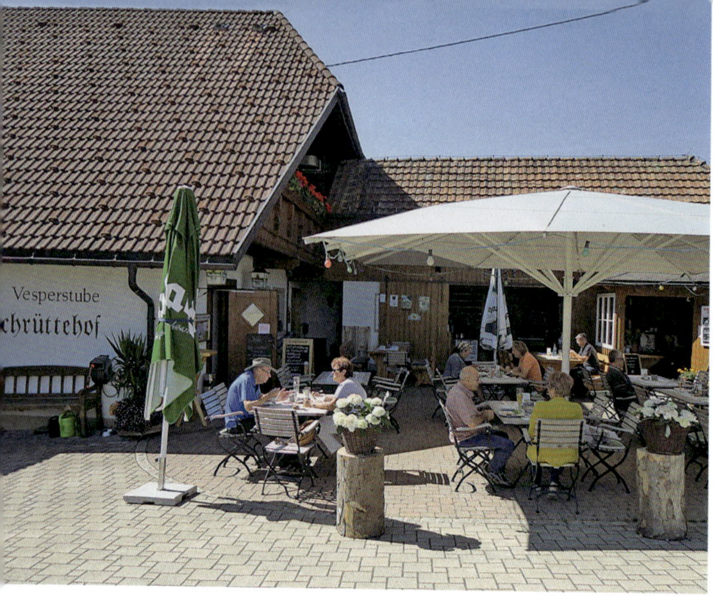

Vesperstube XL – Eichrüttehof in Hartschwand

bei Tiefenstein bietet Motorsportlern jeder Art Anschauung von der enormen Leistung des Straßenbaus in heiklem Gelände. Man fährt ausgesetzt über der engen Schlucht der Alb, streckenweise dienen Findlinge als Leitplanke. Eine fast alpine Bergfahrt, einzig im Schwarzwald. Die passagenweise 24 % steile Bergfahrt von Niedingen über Bildstein und Höll bis Urberg bildet einen krönenden Abschluß der Talroute.

EICHRÜTTEHOF, Hartschwand Vesperstube, Selbstvermarktung, Übernachtung in der Scheune – eine sichere Vesperbank in der gastronomischen Diaspora. Im Eichrüttehof wird gewirtet und gewurstet und manchmal sitzt der Chef über der eigenen Schlachtplatte, was ja auch einen Aussage ist. Das Angebot ist bodenständig im Wortsinn, der Gast bekommt, was die eigene Landwirtschaft hergibt. Rindfleisch aus Mutterkuhhaltung. Rindfleischsalat und Sülze, Suppenfleisch und Steaks, Brägele mit diversen Beigaben von Salat

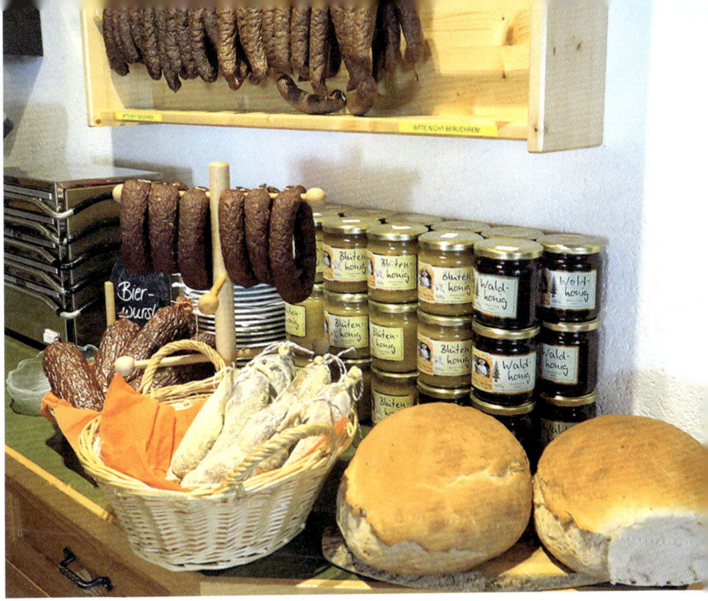

Hausmacher Platte – Eichrüttehof, Hartschwand.

bis Schweinesteak, auch Tagesangebote. Außerdem Vesperstandards mit eigenem Bauernbrot. Im Herbst mehrmals Schlachtplatte, auch sonst Extras, wie etwa das Bauernfrühstück an Wochenenden.

Einrichtung und Stimmung im Hofteil, der zur Gaststätte mit Bollerofen wurde, sind rustikal wie die Speisen. So paßt der familiär geführte Platz am besten zu einer Tour, bei der man sich guten Hunger angelaufen hat.

Eichrüttehof (Fam. Gerspacher), 79733 Hartschwand, Tel. 07754-1262, Küche meist durchgehend. Extras, Feiern und Unterkunftsmöglichkeit in der Scheune für Gruppen, Terrasse zur Straße.

Touren Gute Gelegenheiten direkt ab Eichrüttehof, der Wanderwegweiser steht auf 780 m gegenüber der Einkehr. Von dort zum Wegweiser am Panoramablick auf der Kuppe sind es noch 400 Meter; bis zum Wanderparkplatz Sägmoos 1,2 km, Höllbachwasserfall 3 km, zu Gletschermühle und Krai-Woog-Gumpen bei der Schwarzen Säge im Schwarzenbächle-Tal 4,5 km.

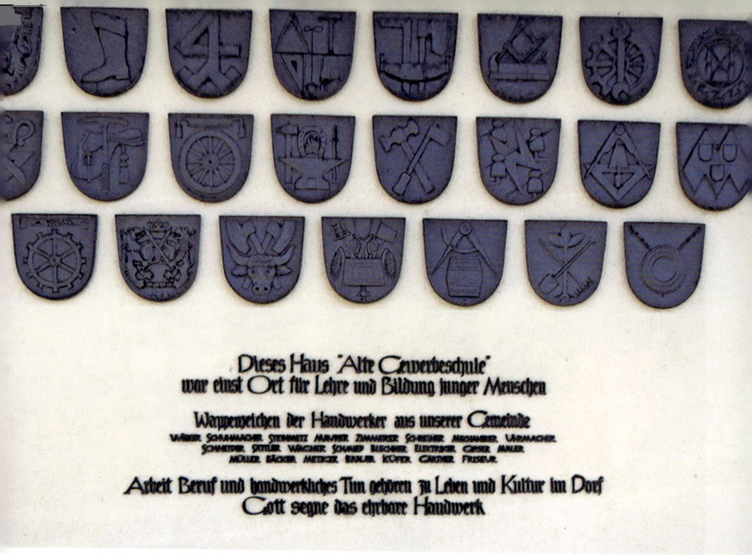

Ort für Lehre und Bildung – Alte Gewerbeschule, Görwihl

Einst und jetzt in Görwihl Seit Jahrhunderten wird im Hotzenwald um Anpassung und Eigensinn gerungen. Wer historische und zeitgenössische Fassaden lesen mag, erfährt an Görwihls Marktplatz einiges über Glanz und Elend einer kantigen Region: Die Fassade des renovierten Hauses Nr. 8 schmückt ein Nadelbaum, auf dem acht Eichhörnchen sitzen. Ein Symbol für die acht „Einungen" der Grafschaft Hauenstein (1254-1806), deren größte Görwihl einst war. Die Fassaden rundum wirken weniger historisch. Der *Pizza Service Sicilia* verspricht „Pizza, Pasta und mehr", ein Schaufenster weiter gibt es Lichtspektraltherapie und Heilkräuterkerzen. Der legendäre Görwihler Rebstock nebenan steht in der Fruchtfolge vieler Schwarzwälder Gasthöfe, die zu Schöner-Wohnen-Behausungen wurden. Das Modehaus Mutter erinnert mit leeren Auslagen an letzte Gefechte des regionalen Handels. In einem Satz: Die Wechselfälle der Einung Görwihl erscheinen längs der Marktstraße wie unter einer Lupe und manchmal wie im Brennglas.

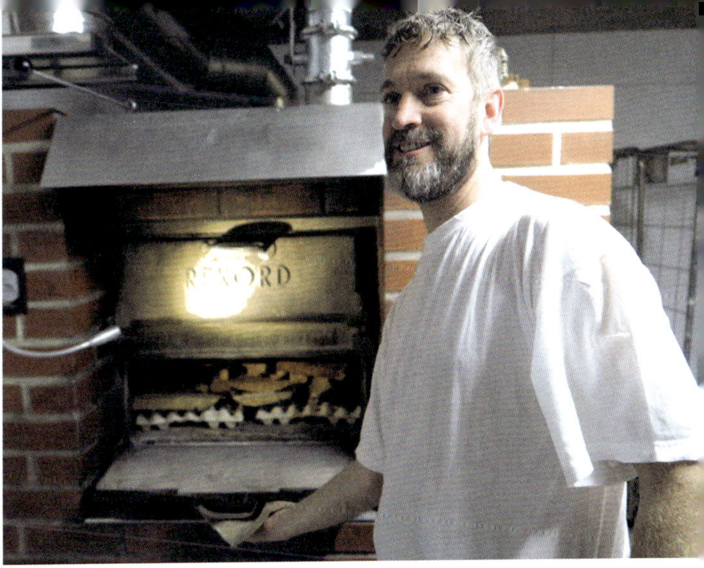

Bäckers Stolz – Meister Baumgartner am Holzofen

Auch die *Alte Gewerbeschule* mit dem Heimatmuseum Hotzenwald-Görwihl ist einen Blick wert. An der Stirnseite des Gebäudes steht in eisernen Lettern: „Arbeit Beruf und handwerkliches Tun gehören zu Leben und Kultur im Dorf / Gott segne das ehrbare Handwerk." Darüber sind die Wappen der in Görwihl tätigen Handwerker zu sehen; 23 in drei Reihen, von Weber über Schuhmacher bis Bäcker und Küfer – alle in bewahrter Schreibweise.

Bäckerei Baumgartner, Görwihl Ein heimatkundlicher Besuch in Görwihl lohnt sich auch wegen des Brotes, speziell Baumgartners Holzofenbrot ist eine Offenbarung. Kein dicht und schnell zusammengebackenes Pseudo-Bauernbrot wie so oft, sondern ein Unikat mit viel Aroma, langer Haltbarkeit und hoher Bekömmlichkeit. Dunkle, rösche Kruste, weiche Krume, grob-wilde Porung, die Brotzeit wird damit zum Fest. Gebacken wird mit Eigenholz, einem speziell fermentierten Vorteig, geruhsamer Teigführung und jenem Wissen, das hoffentlich niemals in einem Heimatmuseum abgestellt und einmal jährlich aufgebacken wird. Holzofenbrot gibt es – solange es gibt – an allen Werktagen; dazu weitere Sorten in bester Qualität. Bäckerei Johannes Baumgartner, Hauptstraße 51, 79733 Görwihl, Tel. 07754-263; baeckerei-baumgartner.de.

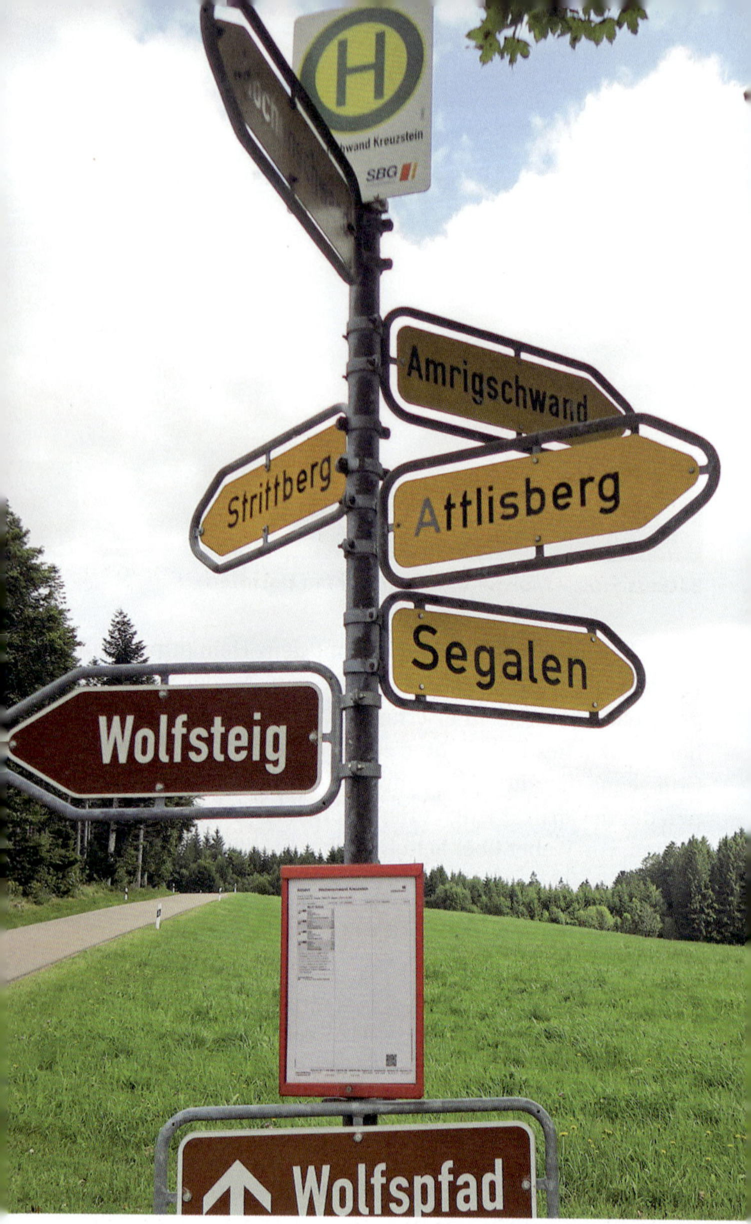

Ein Herz für Wölfe – bei Höchenschwand

Ausgehen und Einkehren nahe der B 500

Schluchten, Felspfade und entlegene Winkel gibt es im Hotzenwald schon länger, amtlich angelegte Wege zu einem so kontroversen Thema wie die Wolfsansiedlung sind neueren Datums. Am Kreuzsteinparkplatz bei Höchenschwand steht ein dicht bestückter Wegweiser an der Kreisstraße 6555. Er weist auch den Weg zum sogenannten Wolfssteig und damit zur PR-Abteilung der Landesregierung. An der nächsten Station bei der Fohrenbach-Mühle erfährt man dann entwaffnend direkt, worum es auf dem Schulweg für Erwachsene geht: „… um für eine höhere Akzeptanz des Wolfs in der Gesellschaft zu sorgen, sind eine umfangreiche Öffentlichkeitsarbeit und ein Austausch unter allen Betroffenen wichtig."

Als Ergänzung zu den amtlichen Lehrtafeln empfehle ich den Austausch mit Schäfern und Weideviehhaltern. Eventuell hilft auch ein Blick ins Wallis oder nach Graubünden, wo eine von Innenstadtförstern propagierte Koexistenz von Raubtier und Weidevieh mit hohem Aufwand finanziert und verwaltet

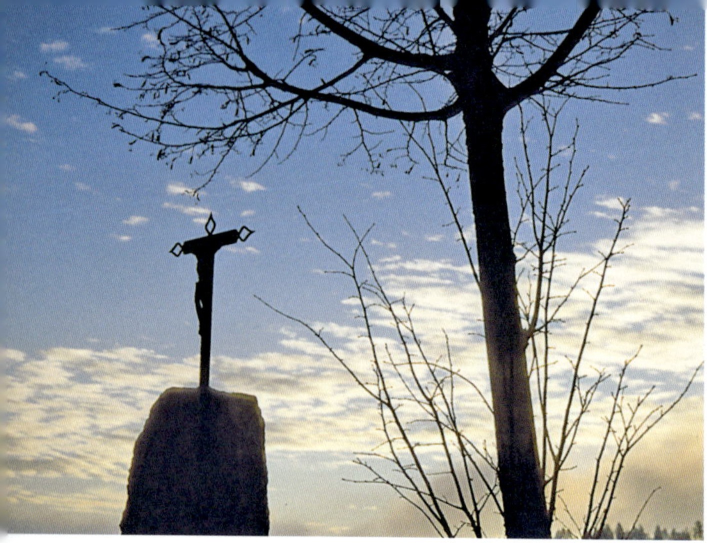

Historische Wegbegleitung im Hotzenwald

wird, inklusive weiter starker Zunahme der Wolfspopulation und Bedrohung der Herden. Zur Seligsprechnung des Wolfes sind alle Mittel recht, auch die Naturschutzlobby geht mit der Zeit. Amphibienmigration und Wolfsmonitoring genießen im grünen Utopia höchste Wertschätzung, um Auerhahn und Milan ist es ruhiger geworden.

Früher Feldkreuze, heute Schautafeln Vor dem Aufkommen amtlicher Naturverklärung kümmerte sich die Kirche intensiv um spirituelle Wegbegleitung. Auffallend präsent an Straßen und Feldwegen sind die historischen Steinkreuze und Bildstöcke im Hotzenwald. In den Wanderkarten des Landesamtes für Geoinformation/Schwarzwaldvereins sind markant gelegene Feldkreuze mit einer eigenen Signatur markiert (†). Oft sieht man in Klarheit und Aussage beeindruckende Motive auf verwittertem Granit.

Berg-und Talblick bei Höchenschwand Die heilklimatische Gemeinde Höchenschwand konkurriert mit Ibach um das imposanteste Alpenpanorama. Am Ortsrand gibt es einen Sonnenweg und eine Panoramastraße und alles, was um

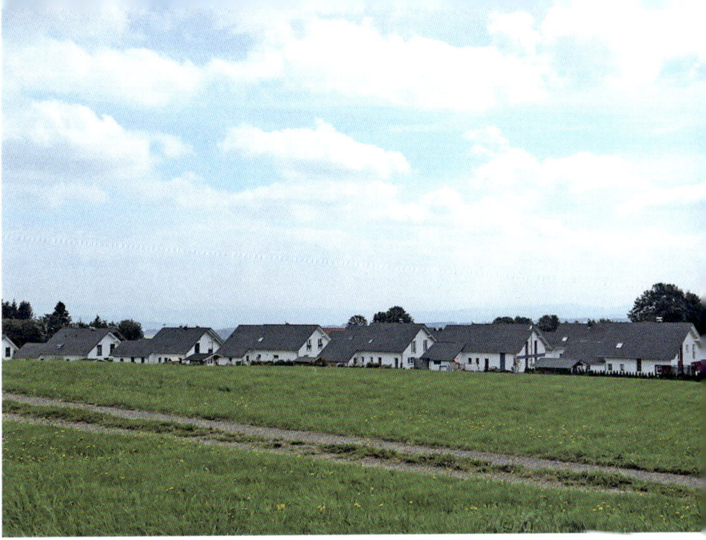

Moderner Speckgürtel – bei Attlisberg

Höchenschwand einen freien Balkon hat, schaut nach Süden. Auch die Kreisstraße 6555 über das knapp 1.000 m hohe Plateau am Wanderparkplatz Kreuzstein rüber nach Strittberg weitet den Blick. Für das große Staunen gen Alpenkette sollte man einen lichten Föhntag im Herbst aussuchen. In einem älteren Wanderführer des Schwarzwaldvereins heißt es über die gemütsöffnende Veranda über dem Hochrhein etwas nüchtern, sie biete „besonders im Herbst und Winter jene einzig schönen Fernblicke nach den Alpen hin, die der Hochschwarzwald meist nicht zu bieten vermag."

Mit den Jahren wurde das beeindruckende Panorama in der Ferne um den einen oder anderen Vordergrund ergänzt, der mich ebenfalls beeindruckt. Einen Speckgürtel erblickt man jetzt auch am Ortsrand von Attlisberg. Im Neubaugebiet an der Alpenblickstraße tragen die Einfamilien-Häuser samt und sonders hellgraue Dächer und vielleicht gibt es darunter ein ähnlich uniformes Frühstück mit Cerealien.

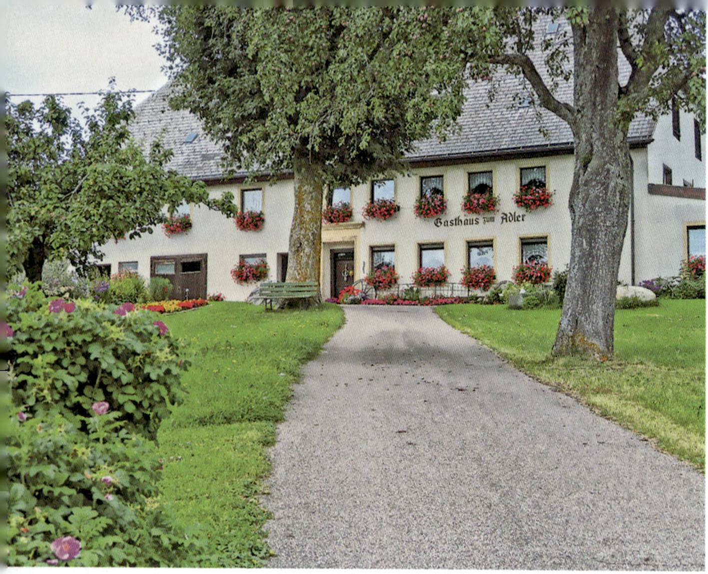

Adler a. D. – in Amrigschwand

Adler, leb' wohl Nebenan im Ortsteil Amrigschwand dominiert ein betagter *Adler* so verheißungsvoll wie selten die Ortsdurchfahrt. Die Front schaut einmal mehr nach Süden, an der kurzen Zufahrt erst ein Birnbaum, dann die Bank unterm Ahorn, davor blühende Landschaften. 1863 steht auf dem Türsturz, die Vorhänge sind akkurat gerafft, aber das Speisekarten-Kästle hängt einsam und verlassen neben dem Eingang.

Ein Senior sägt Brennholz vor dem Schopf, was ein vertrautes Bild abgibt. Da und dort kümmern sich die Männer im ländlichen Raum um ihr eigenes Brennholz, was ja auch ein Weltkulturerbe ist. Wie die Adler, Hirschen oder Engel, die leider nur noch als Fassade existieren.

An einem denkwürdigen Tag im Sommer 2021 habe ich bald ein Dutzend jüngst geschlossener Wirtschaften gezählt, aber mindestens ebenso viele rüstige Holzmacher. So ist das im Hotzenwald und deshalb gibt es statt einer Einkehr zum Alpenblick diese etwas wehmütigen Gedanken zum Rückzug

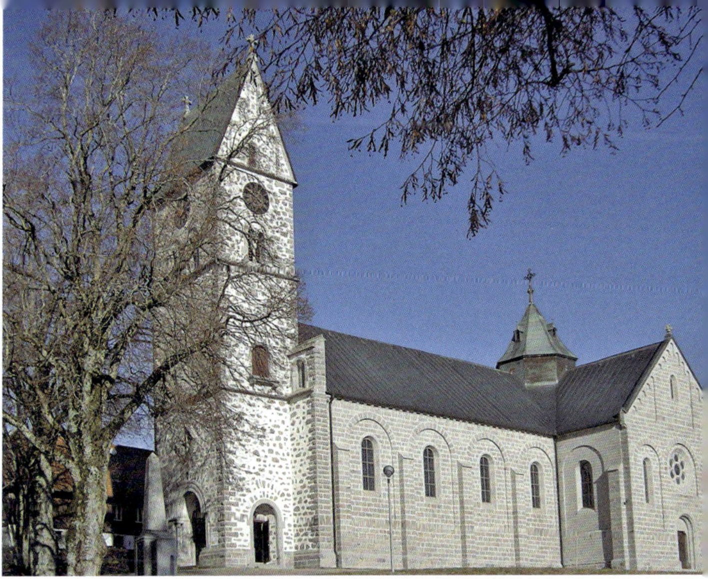

Alles aus Albtalgranit – Pfarrkirche Hierbach, erbaut 1887-88

der gastronomischen Dienstbarkeit in diesem unserem Freizeitpark. Ein Dorf weiter in Strittberg gibt es aber noch einen *Adler* (mit Fitnessteller & Holzfällersteak; adler-strittberg.de); aber dort steht kein Birnbaum vor der Schaufront und keine Bank unterm Ahorn.

Touren, Park- und Panoramaplätze Ausgangspunkte im Windschatten der B 500 bietet Höchenschwand mehr als genug. Sie sind leicht zu erreichen über die oben erwähnte K 6555 nach Höchenschwand-Strittberg. Die Hochplateaus zu beiden Steilflanken des Albtals sind ideal für jede Art offener Fortbewegung, Abstecher in die nahen Schluchten von Alb und Schwarza erschließen den enormen Formenreichtum einer Landschaft, der hier nur gestreift werden kann.

Expedition in den Alltag Kurz vor Redaktionsschluß lud mein IM Hotzenwald noch zu einem Einsatz, aus Platzgründen beschränke ich mich auf einzelne Szenen der thematisch breit angelegten Rundfahrt.

Nach einem zweiten Frühstuck fuhren wir zur Inspektion eines bildschönen Biotops zunächst in das Dachsberger Gewann Leimenlöcher. Auf den Magerrasen der Lichtungen wächst die Rauschbeere, darüber flattert der seltene Hochmoorgelbling, genügsame Galloway-Rinder

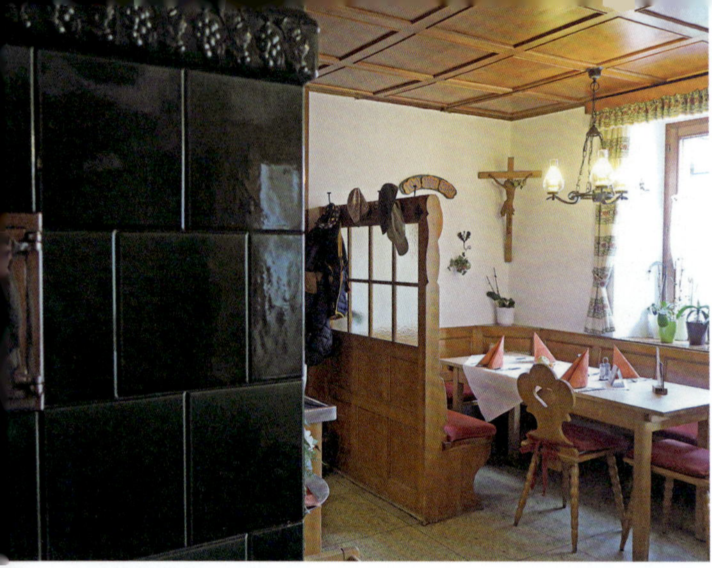

Hofwirtschaft seit 1899 – Engel, Frohnschwand

weiden zufrieden auf weichem Grund (liiemig = leimig, morastig-feucht). Über den Wanderwegweiser Fünf Wege ging es weiter durch Hochwald und über Hochland. Nahe Finsterlingen erreichten wir die weitsichtig gelegene Florianshütte am Kaiser-Rudolf-Platz, danach querten wir auf dem Talrainweg den Sägebach und passierten nach einem kurzem Gegenanstieg die Häuser von Außer- und Innerfröhnd.

Dann durch Hierholz mit seinem Dorfweiher, in dem man hätte baden können, wäre es nicht windig und kalt gewesen. Also streiften wir den Fußballplatz des FC Dachsberg und dessen Eckfahnen mit Alpensicht. Weiter ging es auf schmalen Straßen im Freistil Richtung Albtal. Über Hier- und Vogelbach zunächst zur K 6590, die uns über die Lochmühle endlich zur Albschlucht bei der Niedermühle leitete. Selbst talauswärts bei der Teufelsküche war keine brauchbare Einkehr in Sicht.

Also fuhren wir aus dem Albtal nach Osten über die B 500 nach Außer Ay und erreichten so Kellers Hofladen. Der vereint Straußenfarm, Bäckerei, Konditorei und freundliche Konditorin. Die nächste Station unserer Pilgerfahrt war das Pfarramt von Waldkirch bei Waldshut. Dort empfing uns Pater Hermann-Josef Zoche mit einem himmlisch duftenden, freilich hausgebackenen Butterkuchen. Der Seelsorger entließ uns nicht ohne Proviant und einen Fingerzeig auf seinen sprechenden Türsturz, wie er auf Seite 9 zu sehen ist. Pater Zoches Waldkircher Sonntagspredigt ist im Übrigen eine beeindruckend vorgetragene spirituelle Wegzehrung (auch online: paterzoche.de).

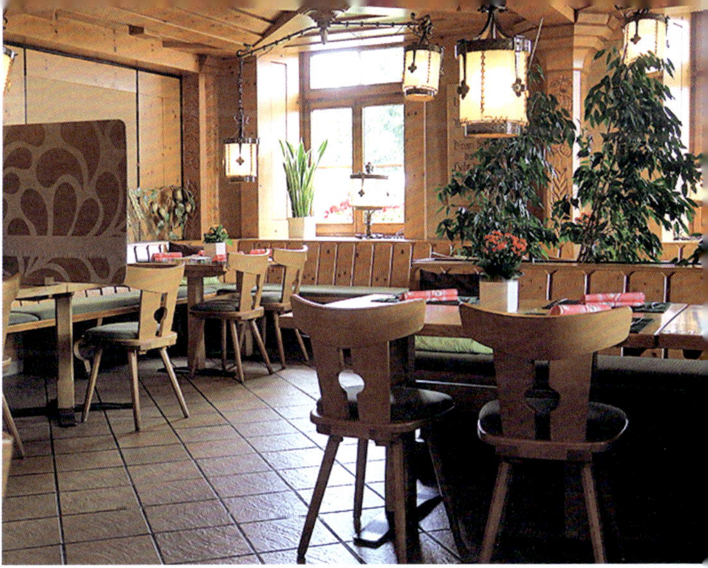

Solide Brauhausgastronomie – Waldhaus an der B500

Viele Kurven später waren wir schließlich in Frohnschwand angekommen, wo der Engel zum Inventar einer Region zählt, die auf Nebenstraßen erfahren und am Holztisch genossen sein will. Zum Engel gehört ein Viehstall und ein Gastgeber, der sich Hofwirt nennt. Neben anderem gibt es Vesper und herbstliche Schlachtplatten von eigenen Strohschweinen, dazu Landgasthof-Stimmung trotz der Nähe zur Bundesstraße 500. Summe: Der Engel und alle anderen Orte auf unserer Rundfahrt sind so selten wie der Hochmoorgelbling. Am Ende angekommen, ahnen Sie vielleicht, wie das Kleingedruckte in diesem Buch auch erfahren und erkundet wurde. Ich empfehle so eine Tour all jenen, die den Hotzenwald mit allen Sinnen erleben möchten.

Weiter auf der B 500 Südlich von Tiefenhäusern erscheint mit dem Brauereigasthaus Waldhaus eine Universaleinkehr, wer familiärer und atmosphärischer einkehren möchte, macht einen Abstecher nach Osten ins Rosendorf Nöggenschwiel, wo die *Gret-Stube* mit Wäldertugenden überzeugt: verläßlich, reell und stimmig.

Brauerei-Gaststätte WALDHAUS Waldhaus etablierte sich in den letzten Jahren als dynamische Privatbrauerei, die Nischen besetzt und damit auch den großen Bruder Rothaus foppt. Die oft prämierten Bierspezialitäten sind Liebhabern ein Begriff, untypische Zuwachsraten sind schon an den Erweiterungen des Brauereiareals während der letzten Jahre zu erkennen.

Das Gasthaus präsentiert sich brauhaustypisch mit Massivholz und unkompliziertem Ablauf, bei allem Durchsatz aber brauchbar aufgestellt. Die Adresse lockt nicht nur mit Bier, das nahe vom Brauereischornstein bekanntlich am besten schmeckt, auch die breit angelegte Küche ist ein Einkehrgrund. Dabei reicht das Angebot über biertypische Standards hinaus, Saison und Region sind keine Schlagworte, sondern Programm. Also Alblinsen statt argentinisches Rindfleisch. Das Dinkelbrot aus dem Steinofen ist hausgebacken, das Angebot reicht von Brauhausklassikern über ein Tapasmenü zum Fischmarkt-Buffet.

Serviert wird flott und durchgehend, selbst im Innenhof-Biergarten gibt es Regionales nach Jahreszeit. Die Lage direkt an der B 500 sorgt für steten Zulauf, am Wochenende, zu Extras und Thementagen ist Waldhaus ein Ziel. In seiner Klasse an der B 500 ohne Konkurrenz.

Brauerei-Gasthaus Waldhaus (Fam. Zimmermann), 79809 Waldhaus, Tel. 07755-1600, ♠ Biergarten; Mi, Fr, So ab 11 Uhr Dinkelbrot aus dem Steinofen; Termine und Extras: gasthofwaldhaus.de

GRET-STUBE, Nöggenschwiel Eine Etage tiefer als Höchenschwand liegt Nöggenschwiel. Seit Mitte der 1960er-Jahre erfreut der Weilheimer Ortsteil mit seiner Rosenpracht, einigen schmucken Landhäusern und einem in der Gesamtschau ansehnlichen Ortsbild.

Ins Bild der gepflegten Ländlichkeit paßt die Gret-Stube, ein sanierter Hof aus dem Jahr 1865. Das Café wirkt bodenständig, der Gast fühlt sich aufgehoben. Das solide Mobiliar sorgt für eine Raumwirkung, die sich vom üblichen Landhaus-Sammelsurium abhebt. Zum familiären Ambiente paßt der Service von Landfrauen.

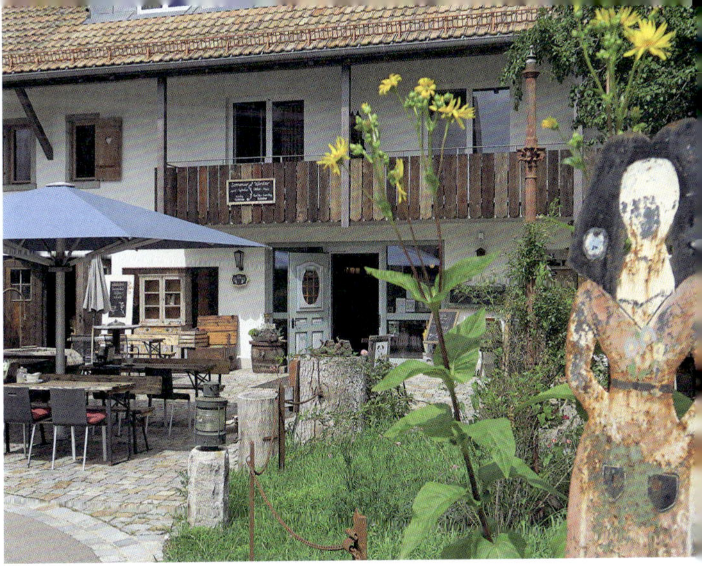

Beschaulich und bekömmlich – Gret-Stube, Nöggenschwiel

Ein Extra bietet die Gret-Stube mit ihrem Frühstücksangebot inklusive frisch zubereitetem Birchermüsli, Obstsalat, Wurst und Käse aus der Region. Über Mittag gibt es zur Standardkarte zusätzlich ein täglich wechselndes Tagesangebot auf der Tafel, durchgehend bietet die Küche kleinere warme Gerichte wie Suppen etc. Eine atmosphärisch stimmige und günstig gelegene Etappe auf einer Tour zwischen den Tälern von Alb, Schwarza und Schlücht.

Gret-Stube, Fohrenbachstraße 5, 79809 Weilheim-Nöggenschwiel, Tel. 07755-2889870; gret-stube.de. ♠ beschaulicher Freisitz vor der geschützten Südfront. Zur Gret-Stube gehören drei Wohnmobil-Stellplätze, vier Doppelzimmer und zwei Ferienwohnungen.

Touren Nöggenschwiel ist ein günstiger Ausgangspunkt für Rundwanderungen, auch einen Rosenwanderweg mit Alpensicht und Schwarzwälder Panoramen gibt es (Gesamtstrecke 32 Kilometer, die Route führt zu sämtlichen Ortsteilen der Gemeinde Weilheim. Abkürzungen ermöglichen aber auch Varianten. Entfernungen ab Wanderwegweiser am Mittelweg in Nöggenschwiel: zur Fohrenbachmühle 1,8 km; Hochfluhfelsen (mit Panorama ins Schwarzatal) 2 km, Höchenschwand 10 km.

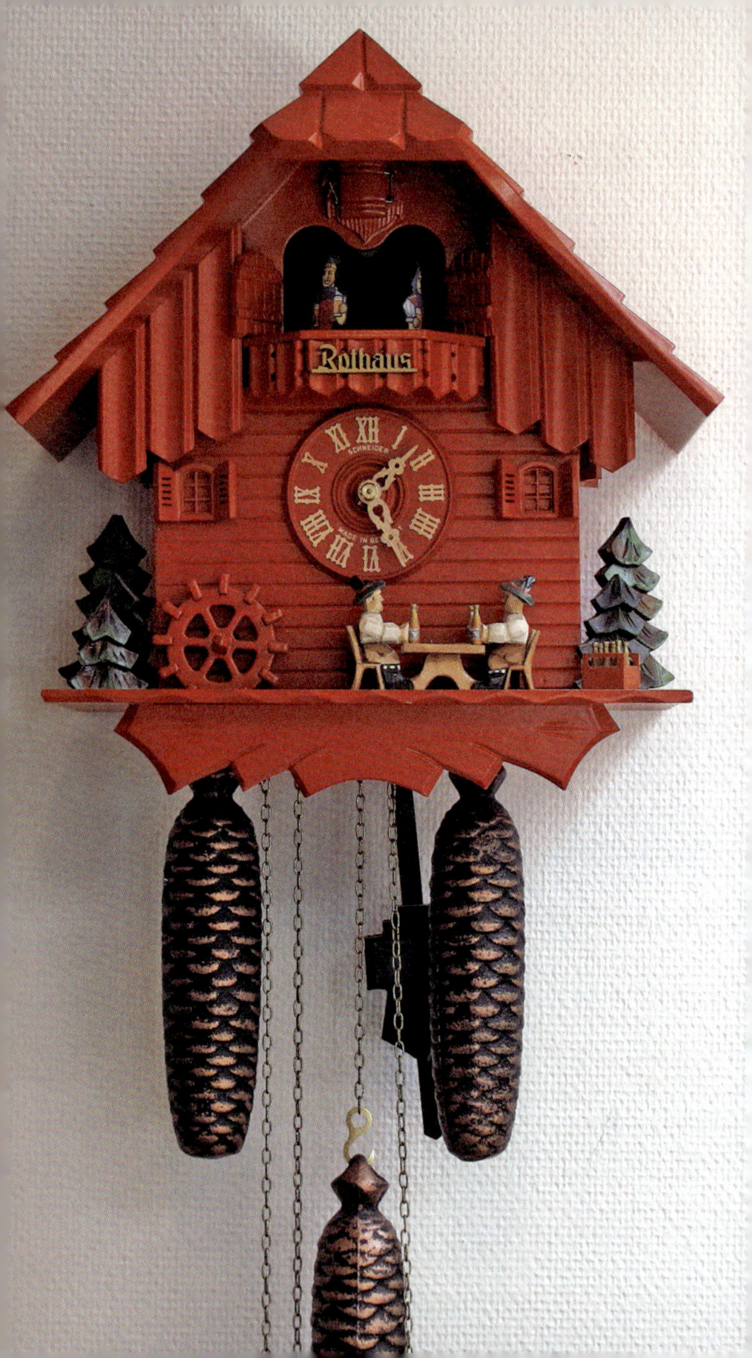
Rothaus
SCHNEIDER

Schwarzwälder Mythen

Gesegnetes Kulturland, vitales Brauchtum, topografisch angepaßte Architektur, kulinarisches Handwerk, all das gibt es durchaus im Südschwarzwald, oft erstaunlich dicht beisammen, aber nicht im großen Ganzen. Ein Zeichen für den kulturellen Schwund in der Fläche ist die Zunahme der 99-Lieblingsorte-Bände, süßlichen TV-Serien und Heimatfeste. Heiliger Eskapismus, warum so viel Zuckerguß und so wenig Substanz. Traut man der Gegenwart nicht? Alle schwärmen vom Handwerk, die meisten essen Aufbackware.

Natürlich gibt es auch im Schwarzwald eine Renaissance des Echten. Es gibt Holzofenbäcker, Manufakturen, Ziegenhöfe und Kunsthandwerker. Dominant ist aber ein Kuckucks-Marketing, dem jeder Bollenhut als Zeuge blühender Regionalität dient. Der Alltag auf dem Wald wird aber wie überall bestimmt von Berufspendlern und den Öffnungszeiten des Supermarktes in der nächsten Verbandsgemeinde. Teilzeitlandwirte, die Brot und Butter beim Discounter kaufen, sind eher Regel als Ausnahme. Im sanierten Brennhäusle steht der Zweitwagen. Nicht romantisch, aber praktisch und verständlich. Der Waldbauer mit Zündapp und Ohrenkappe ist ein Mythos, vorgestrig wie der netzeflickende Fischer aus dem alten Hellas.

S' gitt keine Bure meh' – der Seufzer eines Bernauer Senioren ist schon ein paar Jahre alt, aber er will mir nicht aus dem Kopf. Der gute Mann hat mir vor Jahrzehnten den Niedergang der ländlichen Eßkultur erläutert. Das Verschwinden von Holzofenbrot, Hausschwein und festem Speck. Dafür gibt es jetzt mehr Subventionsprofis und Dauerbedrohte, deren Höfe immer größer werden und einem Technopark gleichen, inklusive Ferienwohnungen mit Mikrowelle und Wlan. „Ferien auf dem Bauernhof" heißt das dann; natürlich gefördert.

Und es gibt Ausnahmen: Wache und Findige, die ökologisches Handeln nicht mit Rumwursteln und Moralpredigen verwechseln, die zeitgemäße Hofläden eröffnen, Erzeugermärkte wiederbeleben, Vermarktung selbst in die Hand nehmen.

Original Schwarzwälder Feinstaub **Realistischer als mancher Fotograf** von heute waren die Maler damals. Idealisiert wurde auch im späten 19. Jahrhundert. Aber die zeitgenössischen Bilder von Harzdieben, Glashütten, Spinnstuben, Hammerwerken, Köhlern, Schneidern und Reutebrennern, auch die Gesichtslandschaft eines Holzhauers aus der Nachkriegszeit, zeigen dem, der es sehen möchte, daß Handarbeit im Schwarzwald eine verdammte Schinderei zu Hungerlöhnen war. Ungemein fettarm und ballaststoffreich, aber längst nicht so gesund wie zentralbeheizte Städter und Landlust-Abonnenten annehmen.

Die Schadstoffwerte in einer ach wie romantischen, holz-

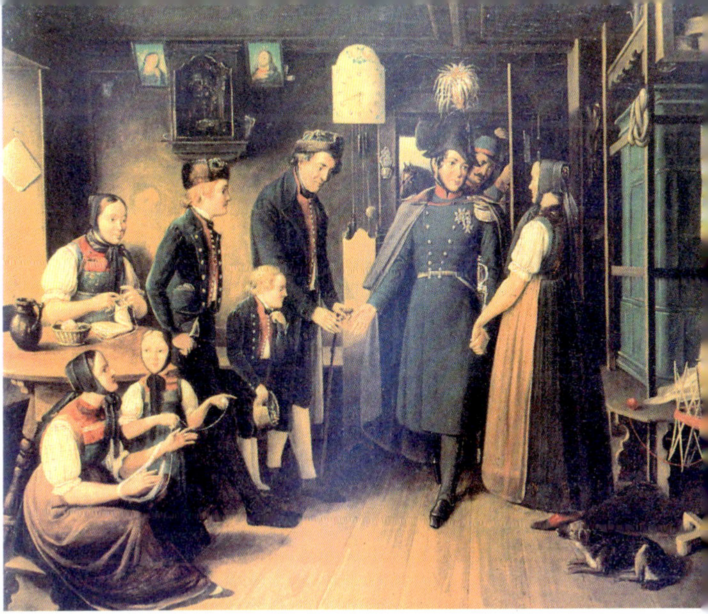

Rückkehr des Generals (mit Holzbein), Ignaz Weisser (1809-1880)

befeuerten, offenen Schwarzwälder Rauchküche würden in einer Tempo-30-Zone von heute Empörung auslösen. Sofortige Schließung der Kochstelle inklusive. So viel zur Korrektur eines Bildband-Schwarzwaldes, der nichts mit der Realität zu tun hat.

Ein so realitätsnahes und bitteres Bild wie das von *Ignaz Weisser* ist ebenfalls in keinem Fotoband zu finden: Es zeigt einen aus den Befreiungskriegen heimkehrenden Offizier, wie er die scheinbar intakte Idylle seiner Schwarzwälder Stube betritt. Wanduhr, Kachelofen und Spinnrad sind zu sehen; die nach sozialem Rang gruppierte Großfamilie im Sonntagsgewand begrüßt den Uniformierten. Der hat es im Krieg zum General gebracht – unter seinem Uniformmantel schaut ein kurzes Stück vom Holzbein heraus.

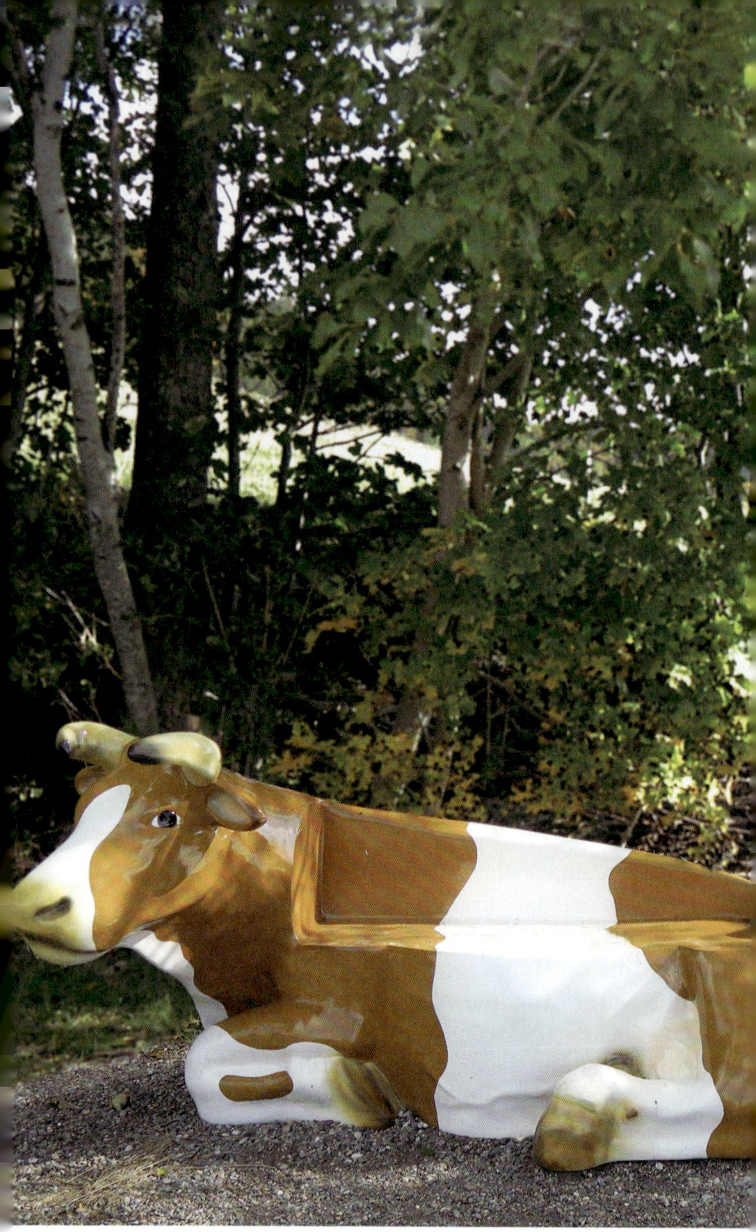

Mich fragt keiner – Wiederkäuer im Biosphärengebiet

Naturpark, Biosphäre, Zuschuß

Bereits zur Jahrtausendwende wurde der *Naturpark Südschwarzwald e.V.* gegründet. Mit 320.000 Hektar entstand damals der größte Naturpark in Deutschland. Akteure beim Zusammenschluß waren Gemeinden, Landkreise und das Freiburger Regierungspräsidium, also die untere und mittlere Verwaltungsebene. Nach dem Naturpark wurde ab 2009 in drei Landkreisen des Südschwarzwaldes das enger gefaßte und präziser konzipierte Biosphärengebiet Schwarzwald in einem jahrelangen Dialogverfahren konstituiert. 2017 erhielt eine 63.000 Hektar große Fläche die Anerkennung als UNESCO-Biosphärenreservat; in Deutschland gibt es 16 solcher Gebiete, sie umfassen etwa drei Prozent der gesamten Landesfläche.

Naturschutzgebiet, Nationalpark, Landschaftsschutzgebiet und Biosphärengebiet sind völlig unterschiedliche Konstrukte. Bei allen Formaten geht es neben dem Schutz von Natur oder Kulturlandschaft stets um die Sicherung von Zuschuß und Posten. Daß dies im Schwarzwald dank einer aktiven Lobby trefflich gelingt, läßt sich nicht nur an der intensiven

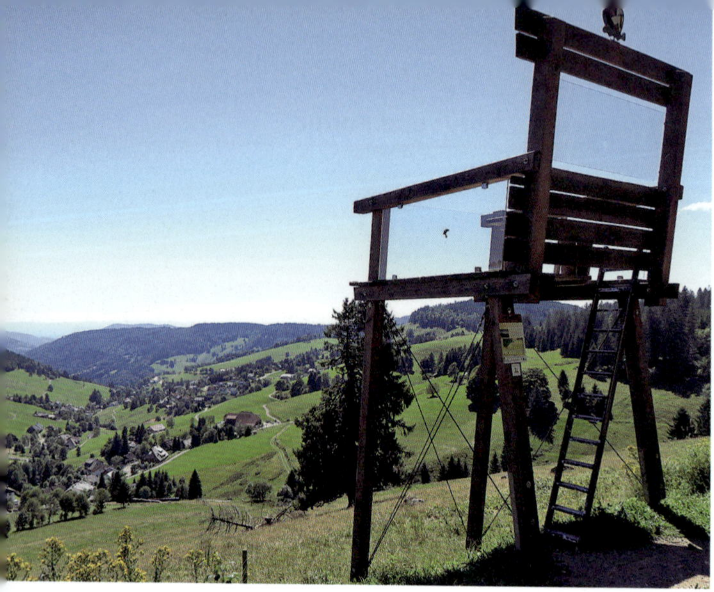

Moderne Freizeitmöblierung – Hochgestühl bei Todtnauberg

Möblierung und Beschilderung touristischer Brennpunkte erkennen. Auch die bürokratische Dimension eines sogenannten Lenkungskreises Biosphärengebiet ist beeindrukkend: 2021 wurden in einem Masterplan 88 Ziele und 290 Einzelmaßnahmen sowie 52 Leitprojekte in zehn Handlungsfeldern beschlossen. Und stets gilt: nach der Förderkulisse ist vor dem Förderprogramm.

Jede Gemeinde im Naturpark kann wie gehabt Gewerbegebiete ausweisen, Badeparadiese mit Karibikfeeling errichten (Neustadt) oder Kunstschneepisten in Höhenlagen um 1.000 Meter planieren lassen (am Notschrei).

Kuratierte Natur und Himmelsliege Anders als in einem Naturschutzgebiet soll in einem Natur- oder Biosphärenpark der Status nicht konserviert werden, es soll vielmehr Wirtschafts- und Landschaftsentwicklung austariert und weiter entwickelt werden. Das muß nicht schlecht sein und sicher hat sich manches im Südschwarzwald getan. Dazu

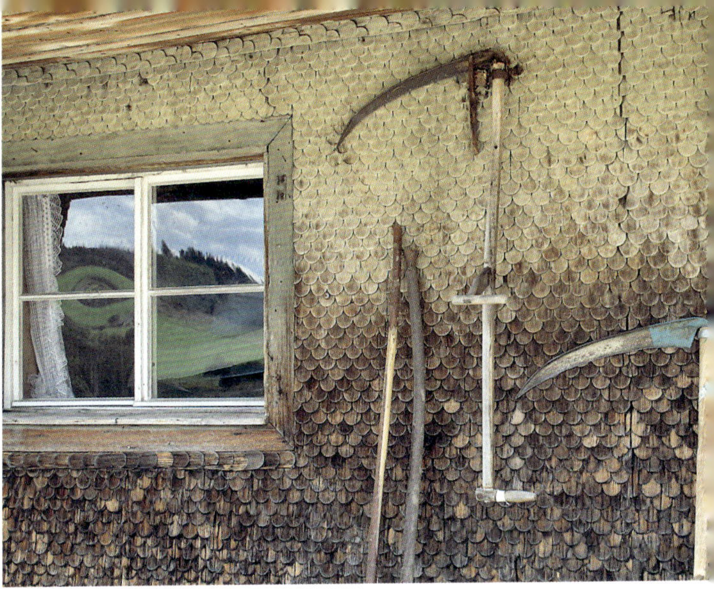

Alter Arbeitsplatz – im Langenordnachtal

zählt – dank Schwarzwaldverein – eine systematische und engmaschige Markierung der Wanderwege mitsamt einer brauchbaren Kartographie (vgl. S. 512).

Hinzu kommt die offenbar unverzichtbare touristische Aufwertung durch Themen- und Premiumwege. Oft begleitet von einer mit deutscher Gründlichkeit vollzogenen Möblierung mit Himmelsliegen etc. Elemente, die einem individuellen Naturerleben so zuwider sind wie die Massenbewanderung von Premiumwegen. Unerhört bleibt die Frage, ob ein Kuratieren von Naturräumen eigentlich stets amtlich beschlossen werden muß. Mit Geld, das man dem Bürger erst abnimmt, durch politische Systeme leitet und schließlich gönnerhaft verteilt.

Nutzviehhaltung ist Landschaftsschutz Was für Moralapostel pardox klingen mag, ist biologisch zwingend. Das animierende Landschaftsmosaik, die Biosphäre von Wald-, Weide- und Grünlandnutzung ist nicht naturgegeben.

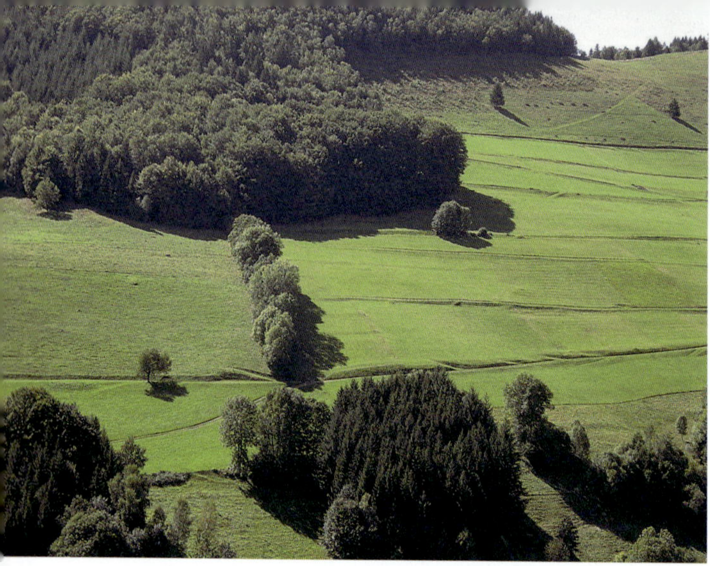

Wald, Wiese und Weide – im Wiesental bei Aitern

Artenreiche Dauerwälder und Weiden sind ein Ergebnis von Kultur. Ohne Land- und Forstwirtschaft wäre der Schwarzwald eine undurchdringliche Finsternis. Unbeweidete Hänge verbuschen, nach wenigen Jahren wird der schönste Ausblick durch Bäume verdeckt. Der Reiz der Kulturlandschaft Südschwarzwald wird bedroht durch nachlassende Landwirtschaft, fortschreitende Verwaldung und Windindustrie.

Wer im Südschwarzwald offenen Auges unterwegs ist, sieht, wie unbeweidete Flächen vom Adlerfarn erobert werden. Die Pflanze bildet auf aufgelassenen Weidefeldern geschlossene Bestände, die jede andere Pflanze unterdrücken. Adlerfarn wächst speziell auf alten Magerweiden zwischen 900 und 1.100 Metern Höhenlage, wie sie im oberen Wiesental verbreitet waren. Südlage fördert ebenfalls den Wuchs, vermutlich trägt auch eine frühere Brandnutzung zur Farnbesiedlung bei.

Wo Adlerfarn Monokulturen bildet – sie erscheinen im Herbst als rotbraune Flächen – ist Weideland praktisch nutz-

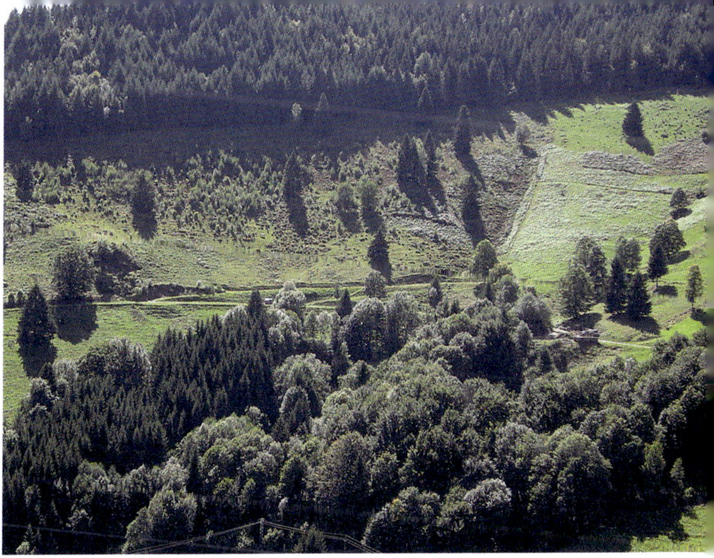

Der Wald kommt näher – ebenfalls bei Aitern im Wiesental

los. Rinder vertragen keinen Adlerfarn, eine radikale Rodung wäre extrem aufwendig und sie würde aufgewühltes Land hinterlassen. Die einzige Alternative, um Weideland zu erhalten, ist ein Mähen, was in Steillagen ebenfalls kostenintensiv ist, Kraftfutter aus dem Silo ist einfacher zu haben. Beim anhaltenden Rückgang der Großviehhaltung wird der Vormarsch des Adlerfarns zum Dauerproblem.

Derzeit wird die Beweidung kritischer Flächen durch Ziegenherden gefördert, diese sorgen durch Verbiß von Jungpflanzen für das Niederhalten der Vegetation. So wird die traditionelle Haltung von Weidevieh zu einer effektiven Methode der Landschaftspflege.

Schützen durch Nützen Mindestens so hilfreich wie die staatliche Intervention ist eine stete Nachfrage nach hochwertigen Regionalprodukten aus nachhaltiger Landwirtschaft. Nur eine extensive (mäßige, nicht intensive) Beweidung garantiert eine attraktive Kulturlandschaft. Jede blütenreiche Magerweide wird bei intensiver Grünland-

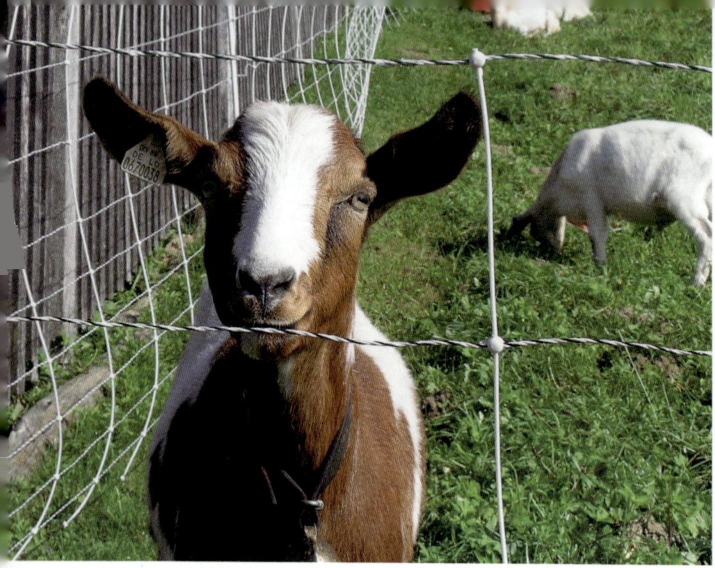

Ziegen sind Landschaftspfleger

wirtschaft mit hohem Düngereintrag zur löwenzahnsatten Fettwiese. Umgekehrt sorgt die Nachfrage nach Bergkäse und Ökofleisch nicht nur für artgerechte Weidewirtschaft, sondern auch für blühende Sommerwiesen. Über diesen Zusammenhang dürfen auch Veganer nachdenken: Ohne Nutztierhaltung fehlt der Kulturlandschaft Südschwarzwald ein Fundament.

Spitzenqualität liefert beispielsweise die Regionalsorte *Hinterwälder*, eine genügsame Rinderrasse, deren kleine Kühe mit 120 cm Schulterhöhe und 450 kg Gewicht optimal an die steilen Weiden angepaßt sind (eine *Vorderwälder*-Kuh wiegt ab 600 Kilo). Bei dem Preisdruck der Märkte und der Preisfuchserei der Kundschaft haben es regionale Kreisläufe dennoch schwer. So gilt: Der Wechsel zwischen Weide und Wald, warme Hänge und Aussichtsbänke – alles, was Wanderer schätzen – hängt vom Einkaufsverhalten ab. Schmelzkäse, Putenbrust und argentinische Rumpsteaks helfen der Blumenwiese nicht. Auch eine Wolfsromantik nicht, die Viehhal-

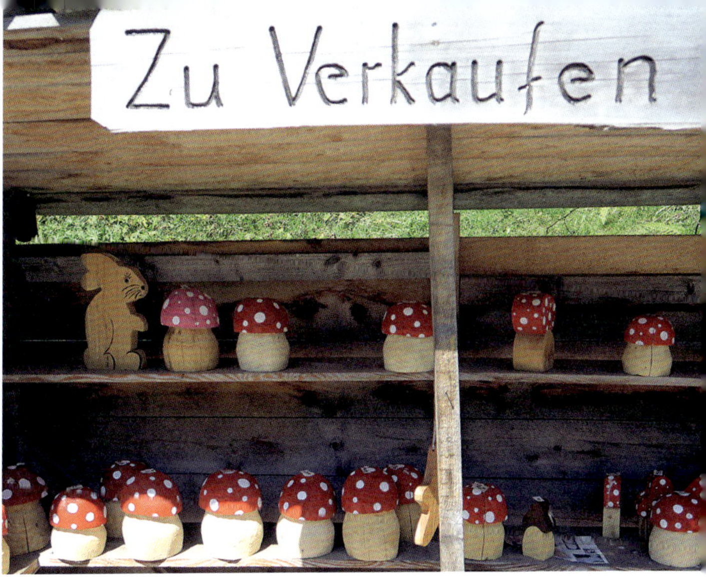

Souvenirs machen noch keine Biosphäre

ter zu alimentierten Experten für Herdenschutz umerziehen möchte. Nutztierhaltung und Raubtieransiedlung passen nur im grünen Utopia zusammen.

Die Erhaltung der Kulturlandschaft Südschwarzwald ist ohne Subventionen nicht denkbar. Ob es so weit kommen muß wie in der Schweiz, wo Landwirte praktisch als Staatsdiener Landschaftspflege (oder Landschaftsverhunzung) betreiben, ist eine andere Frage. Um so wichtiger sind Leuchtturmprojekte, etwa Berghütten mit Qualitätsangebot oder innovative Konzepte wie *Wälder:Genuß* (vgl. S. 257). Die öffentliche Hand kann ein Projekt ausloben und anschieben; nachhaltiger Erfolg bleibt privater Initiative geschuldet.

Literaturempfehlung Hoch Hinaus soll zum Entdecken und Erleben eines Natur- und Kulturraumes anregen. Wissenschaftliche Grundlagen des Biosphärengebietes Schwarzwald können auf meinen Touren zwangsläufig nur gestreift werden. Eine Ergänzung zu meiner subjektiven Sicht bieten **Werner Konold** und **Bernd-Jürgen Seitz** in ihrem Text-Bildband: **Das Biosphärengebiet Schwarzwald,** Mensch und Natur im Einklang. Silberburg Verlag, Tübingen, 2018. Ein profundes Werk, das sensibilisiert, informiert und Hintergründe offenbart.

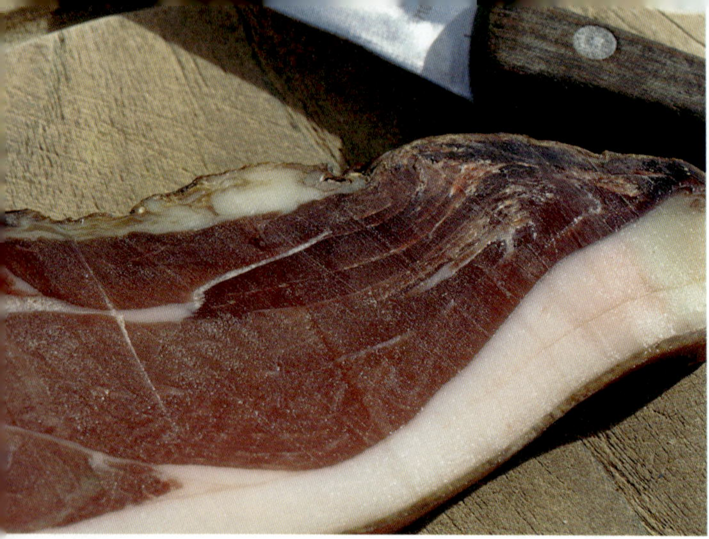

Lange Reife, schöne Fettauflage – so geht Schinkenspeck

Schinken und Speck verzweifelt gesucht Nur sehr wenige Schwarzwälder Landwirte halten noch Schweine und noch weniger halten diese so, daß Spitzenqualität heranwachsen kann. Vorbildlich, aber eine Ausnahme: das *Hofgut Silva* bei Oberkirch im Nordschwarzwald; andere produzieren nur kleinste Mengen Speck, etwa der *Ospelehof* in Hinterzarten (Hofläden, vgl. S. 233-234), aber das sind alles Raritäten.

Hinzu kommt, daß regionale Zucht- und Mastbetriebe aufgeben oder keine Nachfolger finden, auch die Schlachtung wird durch Auflagen weiter erschwert. Fazit: alle reden von Regionalität, der Schweinefleischmarkt wird aber immer überregionaler und internationaler. So mangelt es bereits am Grundprodukt für hochwertigen Schinken- und Speck.

Zur Wahrheit gehört auch, daß der größte Teil der jährlich knapp zehn Millionen Schwarzwälder Schinken nicht handwerklich, sondern industriell hergestellt wird. Andererseits ist eine Produktion unter kleinbäuerlichen Verhältnissen noch kein Garant konstante Qualität nach heutigen Maßstäben. Speck hergestellt wie früher schmeckt mitunter auch wie

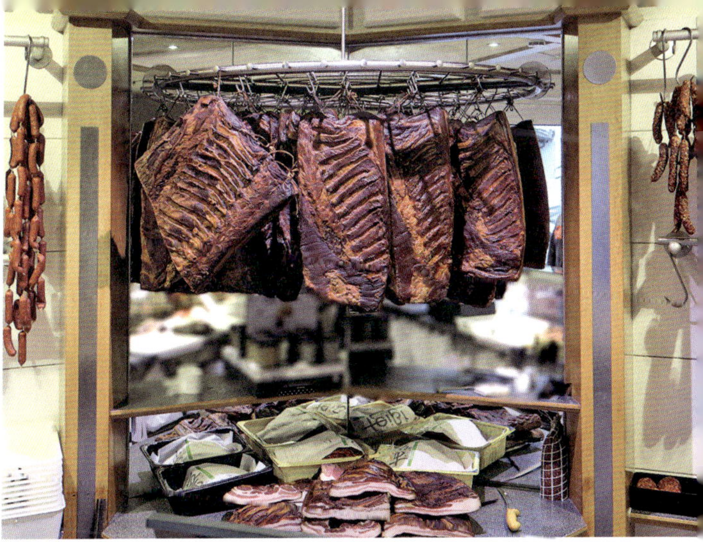

Auch Breisgauer Metzger können Speck – Feißt, Teningen

früher. Mal so, mal so, mitunter auch derb im Rauch und salzig. Um erstklassigen Schwarzwälder Schinken und Speck herzustellen, müssen die wenigen Ausnahmebetriebe das Salzen und kalt Räuchern beherrschen und sie müssen dem Schinken Zeit zur kontrollierten Reife lassen. Spezialisierte Metzger können dies oft besser, als die angebliche Geheimtip-Manufaktur hinten im Tal.

Gleich wie: gut gereifter Schinken und durchwachsener Speck ist eine Spezialität, ähnlich wie Holzofenbrot mit dunkler Kruste und lockerer Krume. Die Originalqualität, die den Ruhm des Produktes schuf, ist leider Legende oder Rarität. So ist es auch mit dem Schwarzwälder Schinken. Was landläufig verkauft wird, ist Massenware angereichert mit Mythen und Geschichten. Am ehesten wird man bei einem Metzger seines Vertrauens fündig werden.

Metzgereien Zur kleinen und reellen Landmetzgerei Peter **Reichenbach** in Oberried vgl. S. 23. Respektablen Schinken und Speck, auch Luftgetrockneten, gibt es beim Qualitätsmetzger **Feißt** in Teningen im Breisgau (metzgerei-feisst.de). Ein selten breites Sortiment bietet Markus **Dirr** in Endingen am Kaiserstuhl (auch Versand, metzgerei-dirr.de).

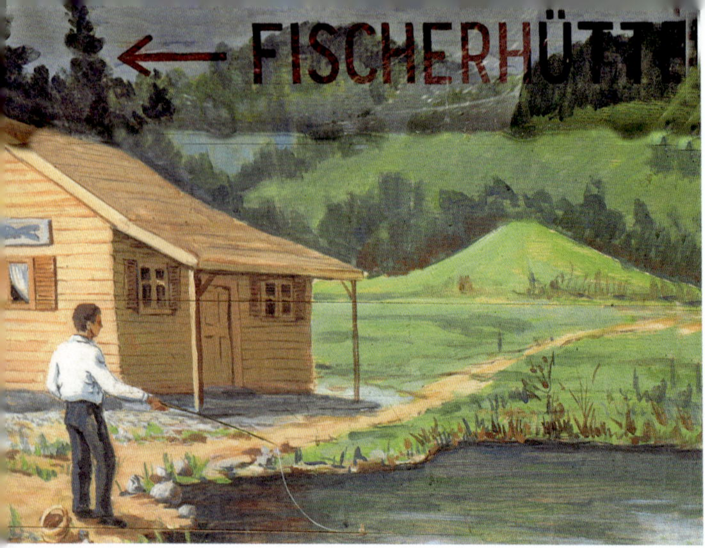

Vom Teich zum Teller – Fischerhütte Nonnenmattweiher

Die „lebendfrische" Schwarzwaldforelle stammt aus der Fischzucht, nicht aus dem Rauschebach. Neben den Kriterien bei der Zucht sind auch die Haltebedingungen unmittelbar vor der Zubereitung wichtig. Nur wenige Gasthäuser verfügen über das Ideal: einen klaren Bach hinterm Haus mit einem Becken, das Frischwasserzufluß hat. Wo Wasser ein Kostenfaktor ist, muffelt manche Forelle, als käme sie aus der Kläranlage – mehr leidend als lebendfrisch. Deshalb empfiehlt sich die Beobachtung des Forellenbeckens im Gasthof, und eben deshalb sind so wenig Forellenbecken zu sehen.

Wo nur Luft in trübes Wasser geblasen wird, kann die Forelle nicht schmecken. Denn es gilt bis zur Zubereitung, was für die Aufzucht gilt: „Wenn das Wasser stinkt, stinkt der Fisch". Andersrum: Wasser gut, Fisch gut. Schlaffes, muffiges Fleisch ist ein Zeichen für Sauerstoffmangel bei der Aufzucht oder Haltung, oder für eine schnelle Mast.

Zur Aufzucht: Eine Forelle wächst in kaltem Wasser langsamer. Je Grad Temperaturzunahme des Wassers steigt ihr Stoffwechsel um 10 %. Um 14° ist ein Optimum zwischen

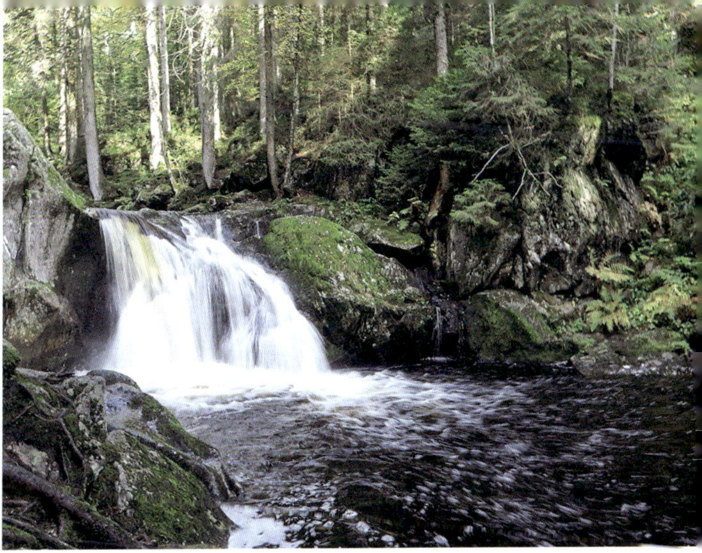

Wilder Bach allein macht noch keine gute Forelle

Sauerstoffgehalt im Wasser, Stoffwechsel und Gewichtszunahme erreicht. Ist das Wasser kälter (was im Schwarzwald vorkommt), muß mehr gefüttert werden, um gleiche Gewichtszunahme zu erreichen. Die Folge: Eine bei 14 Grad verhalten gefütterte Forelle wächst fast doppelt so schnell wie eine bei 7 Grad stramm gefütterte.

Mythos Bachforelle Die in Freiheit aufgewachsene Bachforelle schmeckt nicht per se besser als eine Zuchtforelle. Im Südschwarzwald sind die Fließgewässer rein, ihre ph-Werte sind sauer. Klares, saures Wasser ist arm an Fischnahrung, die Forelle verhagert. Ein Fischzuchtmeister vom Bodensee schrieb mir dazu: „Das war schon immer ein Schwarzwälder Problem (Steinforelle)." Fazit: Die „Schwarzwaldforelle" findet in guten Zuchtgewässern bessere Lebensbedingungen als im rauschenden Wildbach.

Forellenzucht Günther, Badenweiler-Schweighof, frische Forellen und gute geräucherte Filets vakuumiert. **Fischerhütte Nonnenmattweiher**, Neuenweg-Heubronn, Vesperhütte, selbstgeräucherten Forellen aus eigenem Teich (vgl. dazu S. 150 und 167).

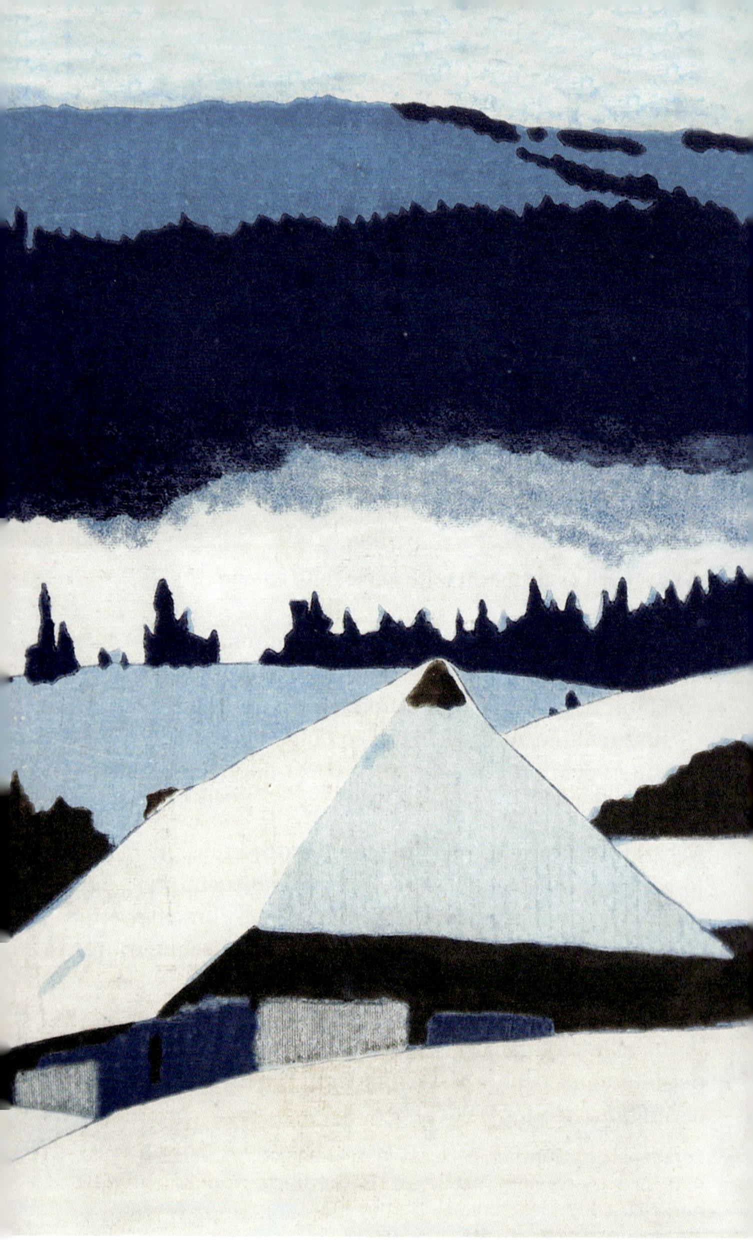

Unter Dach und Fach

Dach und Haus, Weide und Wald

Wie kein anderes Motiv weckt ein traditioneller Schwarzwaldhof romantische Vorstellungen. Mensch und Tier leben im Schutz der heruntergezogenen Walm, unter Dach und Fach. Wenn es ein Sinnbild für ganzheitliche Konzepte gibt, dann ist das Schwarzwaldhaus ein Ideal – ein Dach, ein Hof, ein Organismus; auch eine Projektionsfläche für verklärte Vorstellungen vom Landleben.

Und heute? Aus Stangenzäunen, welche die Bewegung der Weiden akzentuieren, wurden Elektrozäune, aus Wagenspuren im Gras Asphaltwege, aus Küchengärten Verbundstein-Parkplätze. Statt Holzfassaden verkleiden Dämmplatten die Front. Gasthausterrassen wurden zu Brauerei-Werbeflächen. Zur Kompensation gibt es Heimattage beim SWR, auf denen schunkelfähiges Liedgut emittiert wird.

Aber weshalb lamentieren? Wenn der Städter Schottergabionen, Pool und Carport neben sein Biotop setzt, kann der Wälder auch Kitsch an die Fassade tackern. Eine Baumarkttür fällt in einer 300 Jahre alten Fassade leider mehr auf.

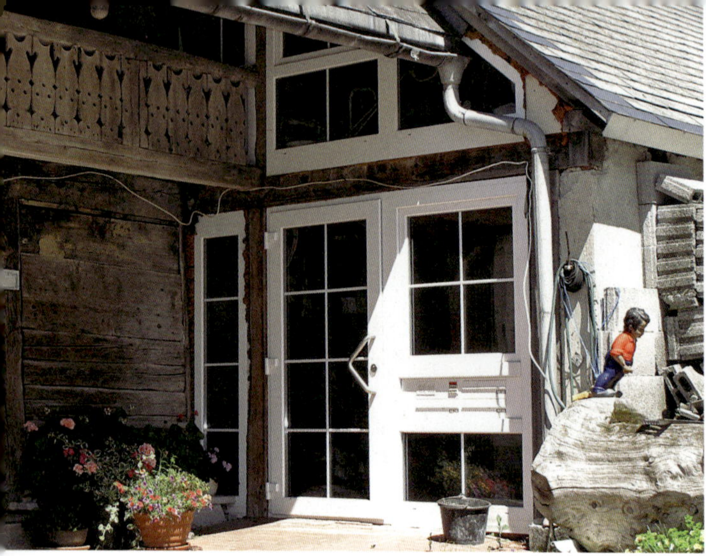

Mit der Tür ins Haus fallen – bei Obermünstertal

In der Enttäuschung über das Verschwinden der Schwarzwälder Romantik schwingt immer auch Hilflosigkeit mit. Trotz allem, auch mißlungene Veränderungen und erhaltene Restbestände lokaler Bauformen schärfen den Blick. Gelungene Renovierungen und einzelne Holz-Neubauten – wie zum Beispiel im Hochtal von Bernau – regen an. Das ist in Zeiten von uniform gedämmten Wohnkisten schon viel wert.

Mensch und Baum Wo der Wald ungenutzt bleibt, wächst Urwald. Urwald steht im Südschwarzwald nur auf wenigen Flächen, die extrem schwer zugänglich sind. Zum Beispiel in felsigen Steilwänden und Schluchten am Feldberg, im Hotzenwald oder dort, wo der Bann des Naturschutzes gilt. Zu den Bannwäldern gehören im Südschwarzwald größere Waldflächen über 100 Hektar beispielsweise im Wehratal und im St. Wilhelmer Tal bei Napf.

In den Bannwäldern stellt sich im Lauf von Jahrzehnten jene „natürliche" Waldgesellschaft ein, die dem Standort entspricht und ein Abbild der kleinklimatischen und geolo-

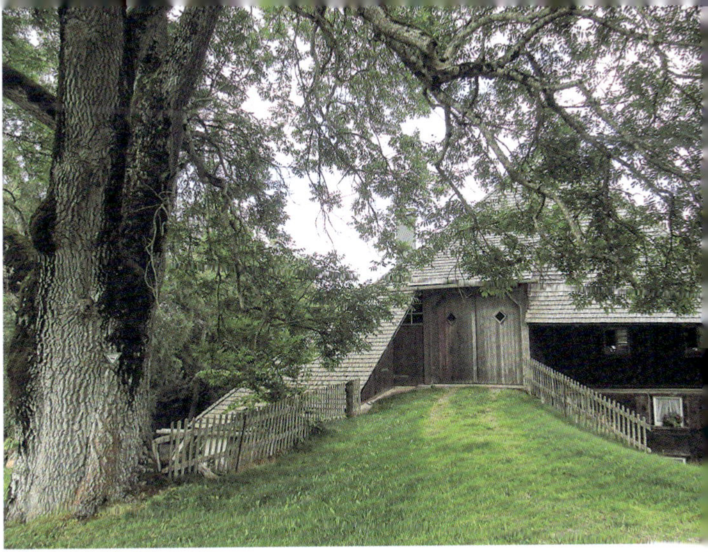

Die große Esche am Herchenhof, Hinterzarten

gischen Verhältnisse ist. Natürliche Waldgesellschaften sind aber nicht zwingend artenreicher als nachhaltig bewirtschaftete Wälder, in denen Naturverjüngung, Starkwetterereignisse und nachhaltige Holzernte sogar für eine höhere Biodiversität sorgen können als in Bannwäldern.

Im Gegensatz zu den Kulturformen Waldplantage, Feld oder Weide ist der Wald die einzige großflächige Vegetationsform, die sich selbst erhalten und regenerieren kann. Alle anderen Biotope würden ohne stete Pflege nach und nach verschwinden. Wo eine Wiese nicht gemäht, wo die Weide nicht beweidet wird, wächst Wald.

Ließe man den Wald wachsen, gäbe es im Südschwarzwald andere Waldgesellschaften als heute: Große Flächen des regenreichen Westabfalls wären mit Buchen-Tannen-Mischwäldern bestanden, die früher Höhen bis auf ca. 900 Meter dominierten. Unter idealen Bedingungen können dort auch einzelne Baumriesen heranwachsen, so steht eine der stattlichsten Tannen Westeuropas im Klemmbachtal nahe

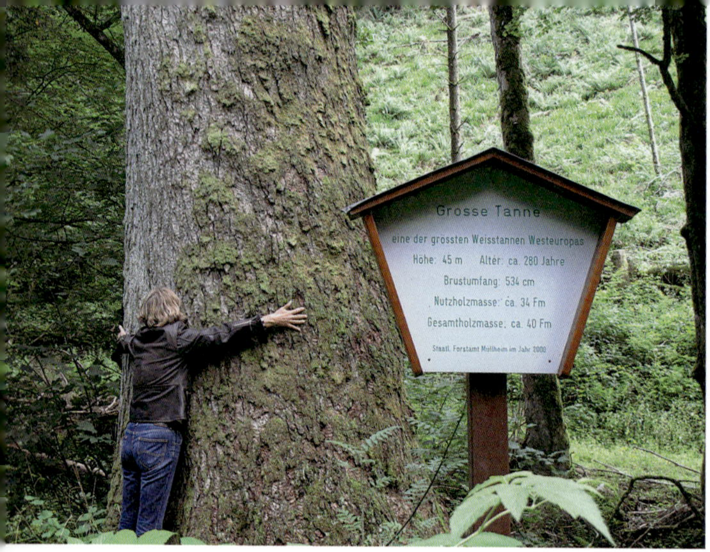

Mein Freund der Baum – die „Große Tanne" im Klemmbachtal

der Sirnitz: fast 290 Jahre alt, 45 m hoch. Ein Hinweis an der L 131, ca. 300 Meter unterhalb der Sirnitz, weist den Weg.

Wälder gehen mit der Zeit In den wärmeren Lagen des Südschwarzwaldes steigt der naturwüchsige Laubholzanteil, zur Buche kommen Ahorn, Eiche und Wildkirsche hinzu, in feuchten Regionen die Esche, in kalten die Fichte.

Auf der Höhe verändert sich die natürliche Waldgesellschaft in Richtung gemischter Buchen-Bergahorn-Tannen-Fichten-Bestände. Nur in Kaltluftwannen und an Nordhängen würden sich Fichtenwälder ausdehnen. Allerdings echte Fichtenwälder mit Krautschicht, Pilzen, Moosteppichen und Heidelbeergestrüpp.

Naturwüchsige Nadelwälder sind etwas anderes als dicht gepflanzte Fichtenäcker, die dem Hochschwarzwald im Osten einen teils uniformen Charakter geben. Noch extremer ist das Bild bekanntlich im Nordschwarzwald, wo auf fast 80 % der Fläche schnellwüchsiger Nadelwald steht, was riskant ist. Für jene lokal extremen Schadbilder, die der Bor-

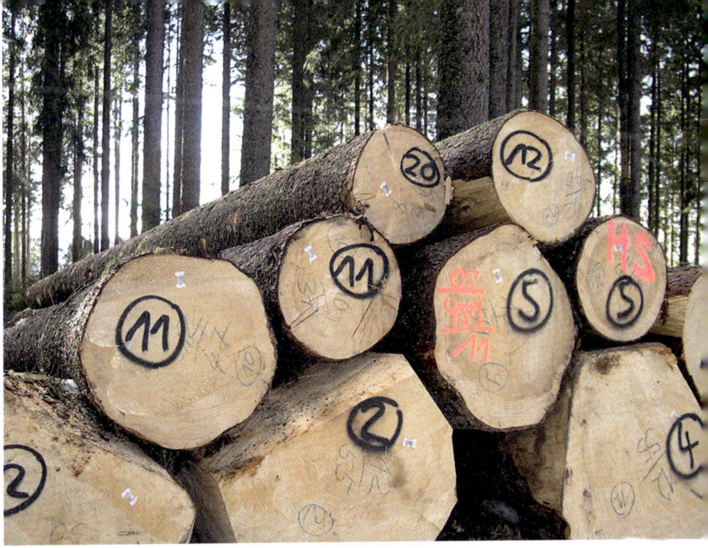

Stammholz aus der Waldplantage – bei Lenzkirch-Saig

kenkäfer während der Jahre 2018 bis 2020 in Fichtenwäldern verursacht hat, sind nicht nur Hitze und Trockenheit verantwortlich, sondern auch wenig standortgerechte Waldgesellschaften. Auch deshalb wird in Wirtschaftswäldern mittlerweile die widerstandsfähige Douglasie bevorzugt.

Für spirituelle Waldsurfer und Innenstadtförster mögen dichte Wälder das Symbol einer zivilisationsfernen, intakten Landschaft sein. Der Schwarzwald ist aber – wie alle mitteleuropäischen Landschaften – in Jahrhunderten geformtes Kulturland, Resultat lange andauernder, oft rigoroser Eingriffe. Die reichen vom Raubbau bis zur nachhaltigen Waldwirtschaft, von sporadischer Beweidung bis zur Zurichtung für die Bedürfnisse der Freizeit- oder Windkraftindustrie.

Waldweide, Glashütte, Fichtenplantage Der Schwarzwald wird seit 1000 Jahren bewirtschaftet. Über die frühe Waldwirtschaft gibt es kaum Belege, sicher wurden Wälder immer schon als Weide genutzt. Durch die Beweidung unterblieb die natürliche Verjüngung, der Wald überalterte, er wurde mit den Jahren licht. Radikaler als die sporadische Form der Waldnutzung veränderten die systematischen Rodungen im Mittelalter das Bild des Hochschwarzwaldes. Die Besiedlung wurde von den Klöstern vorangetrieben, die sich zunächst am Rand, später im Zentrum etablierten (St. Peter/St. Blasien). Die Rodungen dienten zunächst der Gewinnung von Siedlungs- und Weideland, bald auch der systematischen Holzgewinnung.

Den größten Anteil am holzverzehrenden Gewerbe hatten im 12. bis 16. Jh. der Bergbau und die Erzschmelze. Mit der beginnenden Industrialisierung stieg der Holzverbrauch immens an. Bald gehörten die Glashütten zu den größten Holzverbrauchern; war eine Region ausgebeutet, wurde wenig daneben mit dem Raubbau begonnen. Ortsnamen wie Altglashütten und Neuglashütten erinnern an die schrittweise Ausplünderung der Wälder.

Wald als Rohstoffquelle Holz wurde am Beginn des Industriezeitalters zu einem zentralen Rohstoff. Der Bedarf der Eisenwerke förderte zusätzlich die Köhlerei. Weil der Transport von Holzkohle in Säcken möglich war, konnten auch zuvor unzugängliche Steillagen abgeerntet werden, etwa an den Feldbergflanken oder am *Köhlgarten* bei Neuenweg-Heubronn, wo einst naturwüchsiger Buchenwald stand. Für die Köhlerei wurde überwiegend Buchenholz verwendet, so verringerte sich der natürlich hohe Laubholzanteil an den feuchten Südwestflanken des Schwarzwaldes auf ein Minimum. Zur Mitte des 19 Jh. war der Holzverbrauch pro Kopf der Bevölkerung achtmal so hoch wie heute. Als die Entwaldung ihrem Höhepunkt zustrebte, sorgte der aufkommende Kohlebergbau für ein rasches Ende des langen Holzbooms. 1870 wurde die Glashütte in Äule am Schluchsee stillgelegt. Damit endete die Epoche der Waldvernichtung durch Holzeinschlag; bis auf kurze Phasen während der Reparationsleistungen nach den Weltkriegen.

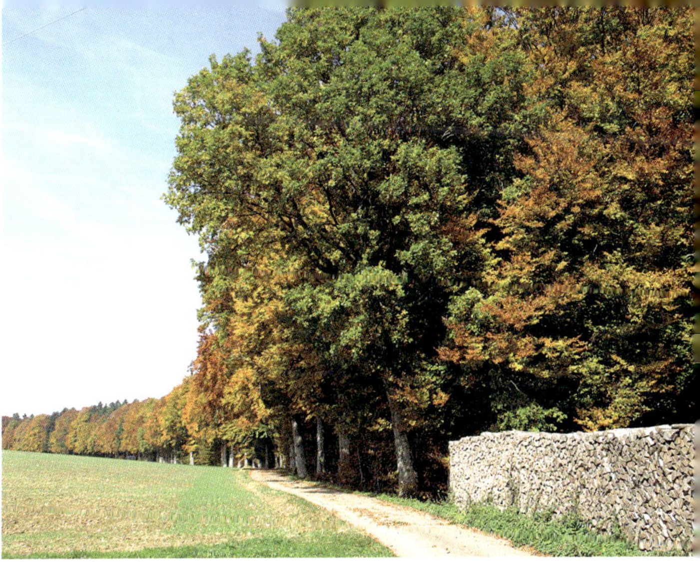

Heller Schwarzwald– Buchenwald bei Hartschwand

Der Siegeszug der Fichte ist eine Folge der Ausplünderung natürlicher Waldgesellschaften. Brachen werden schnell von Fichten besiedelt, ihre Samen sind flugfähiger als die anderer Bäume. Auf kahlen Flächen gewinnt die Fichte den Wettlauf gegen andere Bäume. Auch zur Aufforstung alter Bestände wurde meist die Fichte gewählt, erst später die aus Nordamerika stammende ebenfalls schnellwüchsige Douglasie. Die Fichten wurden dicht gesetzt, monotone Holzäcker ohne Unterwuchs sind die Folge. Plantagen, auf deren lichtlosem Grund fast nichts wächst.

Auch die Landwirtschaft hatte Anteil an der Auszehrung der Wälder. Lange Zeit wurden aufgelassene Weiden mit Fichten aufgeforstet. Die öffentlich geförderten Aufforstungswellen verliefen dabei parallel zu kritischen Phasen der Landwirtschaft. Gehen die Hektarerträge auf freiem Feld zurück, kommt Wald auf. Ein politisches Motiv für die Aufforstung von Weideland war sicher auch der drohende Milchsee im späten 20. Jahrhundert. Bis heute erstaunlich, daß zu-

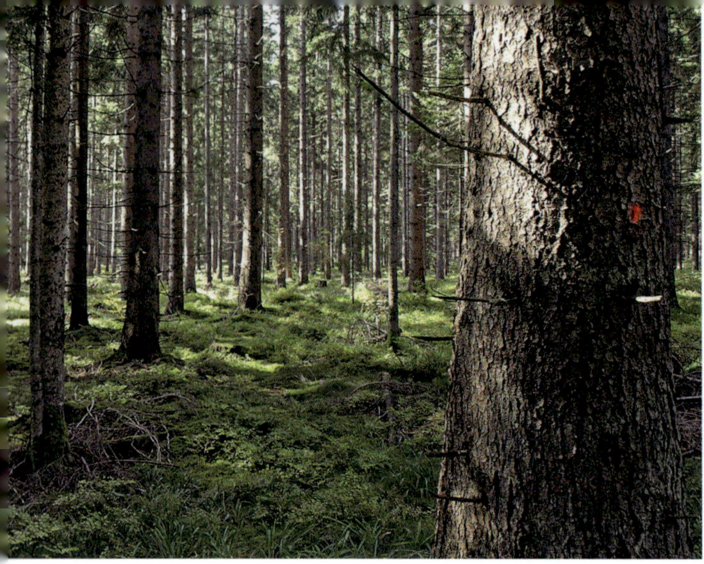

Fichtenacker, Kadettenwald – älterer Bestand bei Rothaus

gleich die Offenhaltung und Aufforstung der Landschaft zum staatlichen Fördergegenstand werden konnte.

Kadettenwald, Naturwald, Wild und Wald In der Forstwirtschaft vollzieht sich – auch ohne modische Baumanbetung – schon länger die Abkehr von den Monokulturen. Selbst regenerierender Mischwald mit natürlich gestuftem Altersaufbau ist das Ziel. Dabei ist der „Dauerwaldgedanke“ keinesfalls neu. Die sog. *Plenter*- oder *Femel*bewirtschaftung, bei der Jahr für Jahr geringe Mengen höherwertiger Stämme geschlagen werden, die natürliche Artenvielfalt aber erhalten wird, ist eine traditionelle Methode. In der Forstwirtschaft vor 100 Jahren hat das viel bemühte Prinzip der Nachhaltigkeit seinen Ursprung.

Nachhaltiges Wirtschaften folgt den Ansprüchen „des Waldbesitzers, der an seinem Wald persönlich hängt, alle Eingriffe sorgfältig selbst vornimmt, aus dem Walde lieber zuwenig als zuviel Holz herausholt und Wert darauf legt, zu allen Zeiten Holz für die verschiedensten Anforderungen seiner eigenen Wirtschaft zu haben." So ganzheitlich sah es jedenfalls Mitte letzten Jahrhunderts ein gewisser Forstmeister FEUCHT aus Gersbach.

Am Gersbacher Horn und in den Wäldern um Fetzenbach gab es damals und in Teilen auch heute Waldbestände mit mächtigen Weißtannen, die über 100 Jahre brauchen, um ihre volle Höhe zu erreichen. Diese Art der Waldwirtschaft setzt allerdings ausgebildete Forstleute und ökologisches Verständnis voraus.

In den wirtschaftlich kritischen Zeiten des letzten Jahrhunderts hatte es der Femelwald schwer. Ein mit der Schnur gesetzter Kadettenwald, bei dem allein der Holzertrag im Vordergrund steht, garantiert schnellen Profit. Bis heute werden ökologische Aspekte der Waldwirtschaft von ökonomischen überlagert: Teure Harvester, die automatisch fällen und entrinden, können besser in Waldplantagen eingesetzt werden. Manchem paßt auch die neue Richtung nicht. Bäume im Wildwuchs, schrecklicher Gedanke.

Durch die Stürme um die Jahrtausendwende und jüngste Trockenphasen wurde aber eine nachhaltige Denkweise forciert, hinzu kam die Wirtschaftsweise einiger Privatwaldbesitzer und Forstleute, die schon lange auf die Resistenz naturverjüngter Wälder setzen und damit höhere Erträge erzielen. Bundesweit stehen trotzdem nur auf etwa 17 % der Fläche Wälder mit mehr als drei Baumarten.

In Teilen des Südschwarzwaldes folgt man dem Prinzip des naturnahen Waldes schon lange. Auch dort, wo Privatwald durch Erbteilung in wenig profitable Kleinflächen zerfällt, haben naturnahe Wälder eine Chance. Für den Nachwuchs sorgt dort die Waldgesellschaft selbst. So entstehen mehrstufige Wälder, die bessere Holzqualität liefern und widerstandsfähiger gegen Sturm und Krankheiten sind. *„Willst du einen Wald vernichten, pflanze Fichten, Fichten, Fichten"*, spotteten Förster nach dem Orkan Lothar.

Sechsmal mehr Rehe als vor dem Krieg Der naturnahe Wald kann sich freilich nur dort durchsetzen, wo der Wildverbiß so gering bleibt, daß Bäume überhaupt hochkommen. Nun sind viele Wälder auch im Südschwarzwald mit Rehen überbesetzt, die den größten Schaden im Mischwald anrichten. Im Südwestschwarzwald gibt es zunehmend auch Probleme mit Gemsen und Wildsauen, letztere können besonders in der Vorbergzone zur Plage werden. Heute knabbern vermutlich sechsmal so viele Rehe am Wald wie vor dem 2. Weltkrieg. Und sie knabbern als Feinschmecker an den Trieben junger Laubbäume und Tannen. Die weit verbreiteten Fichten wollen nicht so munden. Forstleute sprechen von einer „Diktatur des Wildes“, letztlich geht es um die Frage: Wald vor Wild oder Wild vor Wald?

Und warum so viele Rehe, weshalb wurden lange Zeit Wildsaurotten auch noch gemästet? Natürlich gibt es mehrere Gründe, ein sozialer Zusammenhang ist aber kaum bekannt: Die seit 1848 freie Bauernjagd wurde von Reichsjägermeister GÖRING unter den Nationalsozialisten zum exklusiven Privileg erhoben und so blieb es bis heute.

Leidenschaft für die einen, Premiumhobby für andere. Dagegen wäre (aus Sicht der Bäume) wenig zu sagen, wenn die Wildpopulation in waldverträglichen Dimensionen gehalten würde. Natürlich gibt es unterschiedlich aktive Revierpächter, Pauschalurteile sind unsinnig, es geht nicht gegen die Jagd. Aber trophäenfixierte Prominenz schätzt einen stattlichen Wildbestand, einfach, weil dann mehr vor die Flinte läuft. Also werden Wildsauen mit Mais gemästet, also werden Jagdzeiten festgelegt, die eher Trophäenschußzeiten sind.

Auch Wälder bekommen einen Bauch Ein weiteres Problem sind Wälder, die als Freizeitpark mißbraucht werden. Im intensiv genutzten Wald läuft das Wild nicht mehr so leicht vor die Flinte, zugleich bekommt es – als Folge des naturnahen Waldaufbaus – mehr Verstecke. So kommt es zu scheinbar

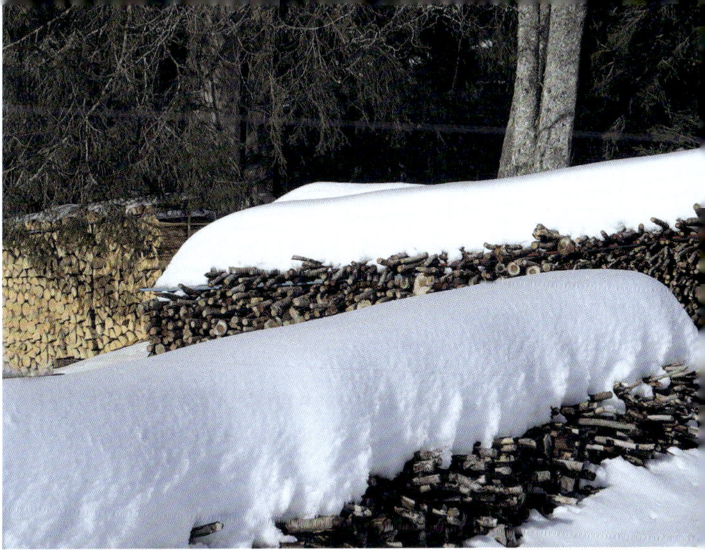

Macht dreimal warm – Fichten-Brennholz

paradoxen Jagdstrecken: geringe Beute bei hohem Bestand. Wälder sind ein Spiegel der Zeit, Wälder werden nicht mehr aus Not geplündert, aber Wälder wurden lange mit Fichten gemästet und das Wild konnte sich ungestört vermehren. Auch Wälder bekommen Wohlstandsbäuche.

Tanne oder Fichte, die Unterschiede Tannennadeln sind flach und breit, sie haben an der Unterseite zwei weiße Streifen (Weißtanne). Fichtennadeln sind dünn, vierkantig und stechend spitzig. Tannenzapfen stehen aufrecht wie Kerzen auf dem Zweig, Fichtenzapfen hängen.

Der Forstbotaniker Ludwig Klein schrieb 1908: „Die Weiß- oder Edeltanne ist, ähnlich der Eiche unter den Laubhölzern, durch den Adel der Gestalt wie durch das Alter und die riesige Dimension (...) unstreitig die Königin unserer Nadelhölzer.“ Solitäre Tannen können bis zu 50 Meter Stammhöhe erreichen, bei einem maximalen Alter von vierhundert Jahren. So hat die 290 Jahr alte „Große Tanne“ im Klemmbachtal noch Zeit (vgl. Bild S. 490).

Ein Fichtenstamm im eng stehenden Wirtschaftswald bringt nach knapp 80 Jahren gut zwei, drei Kubikmeter Holz, läuft im modernen Sägewerk problemlos durch die Gatter und liefert jene schmalen Profilbretter, mit denen heute Dachstuben ausgebaut werden. Noch früher geerntetes Industrieholz geht in die Zellstoff-, neuerdings auch in die Bekleidungsindustrie. Die produziert baumwollfreie, zertifizierte Ökotextilien aus industriell gewonnenen Rohstoffen.

Charakterbaum Weidbuche Die Weidbuche zählt zu den markantesten Baumgestalten des Südwestschwarzwaldes. Oft steht sie als Solitär auf einer Hochweide und prägt dort mit knorriger Gestalt die Landschaft. Auf den Hängen um Wieden und Rollsbach, oberhalb Schönenberg im Wiesental, bei Gersbach, stehen ein paar der prächtigsten Weidbuchen überhaupt. Einzelne Stämme sind über 300 Jahre alt, sie erreichen Umfänge bis sieben Meter, vereinzelt bis zehn Meter. Die typische Weidbuche ist aber nicht nur ein stattlicher Baum, sie ist auch ein historisches Dokument. Symbol für eine besondere Form der Weidewirtschaft.

Weidbuchen durchlaufen in ihrer Geschichte unterschiedliche Wachstumsphasen, ohne eine extensive, also schwache Beweidung kann auf keiner Weide eine Weidbuche gedeihen. In ihrer Jugend war die Weidbuche zunächst ein Zufallssämling, dann ein Stämmchen, das durch steten, aber nicht übermäßigen Viehverbiß zu Seitentrieben angeregt wurde. So entsteht zunächst der sogenannte *Kuhbusch*, der aus mehreren separaten Stämmchen besteht. Dieses Vorstadium der Weidbuche kann Jahrzehnte alt werden. Bonsais gleich kümmern und gedeihen die Kuhbüsche schier ohne Wachstum vor sich hin, werden bis zu 50 Jahre alt, ohne Höhe zu erreichen. Irgendwann ist ein Busch dann doch so breit oder der Verbiß so unbedeutend, daß ein Stämmchen aus der Mitte des Busches auswachsen kann.

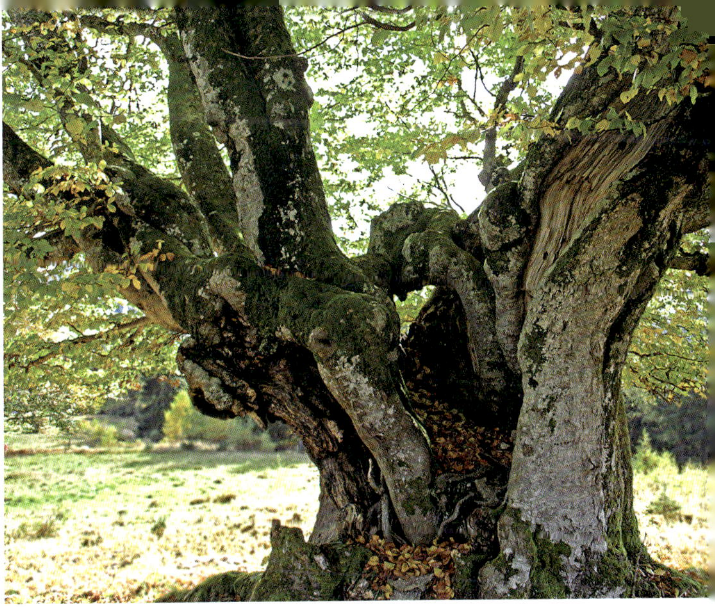

Steht seit Jahrhunderten – Weidbuche auf der Stuhlsebene

Nach 200 Jahren erwachsen Mit dem Aufwachsen des Kuhbusches beginnt ein neues Stadium der Weidbuche. Die Buche entwächst gleichsam ihren Geburtshelfern, denn ab einer Breite von zwei Metern kann kein Rindermaul die Mitte des Busches erreichen. Einzelne Stämme wachsen nun „im Schutze ihres eigenen Mantels“ nach oben. Über die Jahrzehnte verschmelzen dann die Einzelstämme. Zunächst nur an einigen Stellen, später bildet sich ein Stamm, an dessen Rinde noch die Struktur der Einzelstämme zu ahnen ist.

Nach 200 bis 250 Jahren ist die Weidbuche schließlich erwachsen. Auf einem gedrungenen Stamm sitzt eine weit ausladende Krone. Im Idealfall bildet sich ringförmig um diese Krone durch Versamung wieder Buchenjungwuchs, der zum Kuhbusch wird.

Irgendwann wird die Weidbuche zu alt, um den harten montanen Bedingungen zu widerstehen. Im Alter wird der Baum hohl, alte Weidbuchen können regelrecht in ihre Ein-

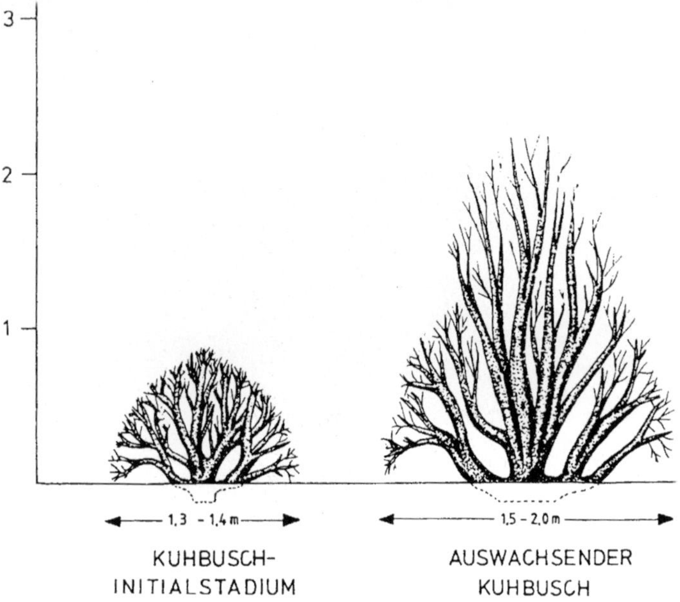

zelstämme zerfallen (wie auf voriger Seite zu sehen). Weidbuchen können auch durch den Winddruck bizarre Formen annehmen, wie jene an der Schauinsland-Paßstraße. Aber die spezielle Form entsteht initial nur durch extensive Weidewirtschaft. Bei intensiv bewirtschafteten Weiden wäre der Verbiß so stark, daß kein Sämling groß wird.

Das hohe Alter einiger Weidbuchen ist kein Zufall, denn die Bäume erzählen auch von einer Zeit im Schwarzwald, die von Kriegswirren und geringem Viehbestand geprägt war. Der schwache Viehbesatz war eine Bedingung für das Auswachsen der Stämme, er war auch ein Zeichen von Not und Entbehrung. Noch vor zwei, drei Generationen, vor dem Aufkommen von Elektrozäunen, waren Weidbuchen nicht nur Landmarken, sondern auch eine Anlaufstelle für Viehhirten. Die entfachten in den hohlen Stämmen alter Weidbuchen wärmende Feuer und fanden Schutz vor Wetter.

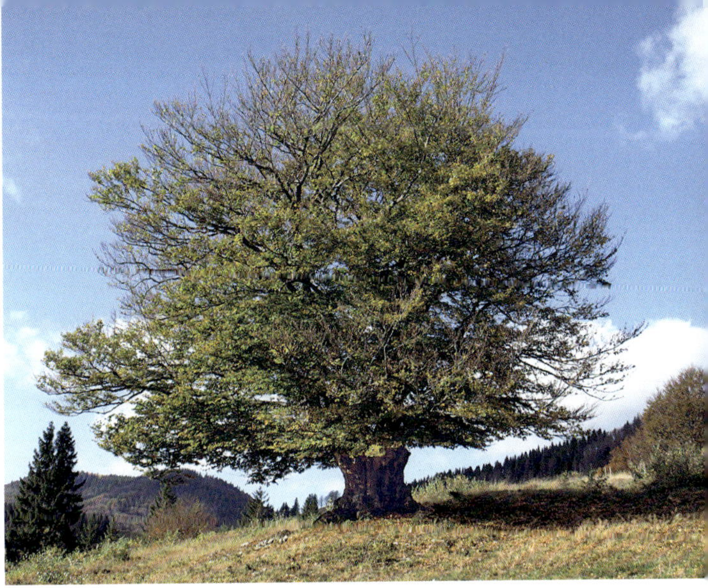

Im besten Alter – Weidbuche am Heuberg bei Rollsbach

Schwierig zu sagen, welche Augenblicke die Summe des Lebens ausmachen. Sicher gehören Momente im Spätherbst dazu, mit einer Weidbuche als Rückenlehne, der Blick vom Wiesental bis zu den Alpen – und alles bei komfortabler Hemdentemperatur.

Weidbuchen Touren Es gibt einen angelegten Weidbuchenpfad im Wiesental oberhalb von Schönau. Beginn bei der Unteren Stuhlsebene auf 860 m (oberhalb von Schönau-Schönenberg). Auf elf Stationen sind unterschiedliche Stadien von Entwicklung und Zerfall der Weidbuchen markiert.

Zauberhafte Exemplare stehen auch nahe der Route des Westwegs vom Wiedener Eck aufs Hörnle und weiter zum Trubelsmattkopf sowie auf den Weiden um Ungendwieden und am Heuberg oberhalb von Aitern-Unterrollsbach, zu erreichen über den Parkplatz „Auf den Winden" (vgl. dazu jeweils den betreffenden Ortstext).

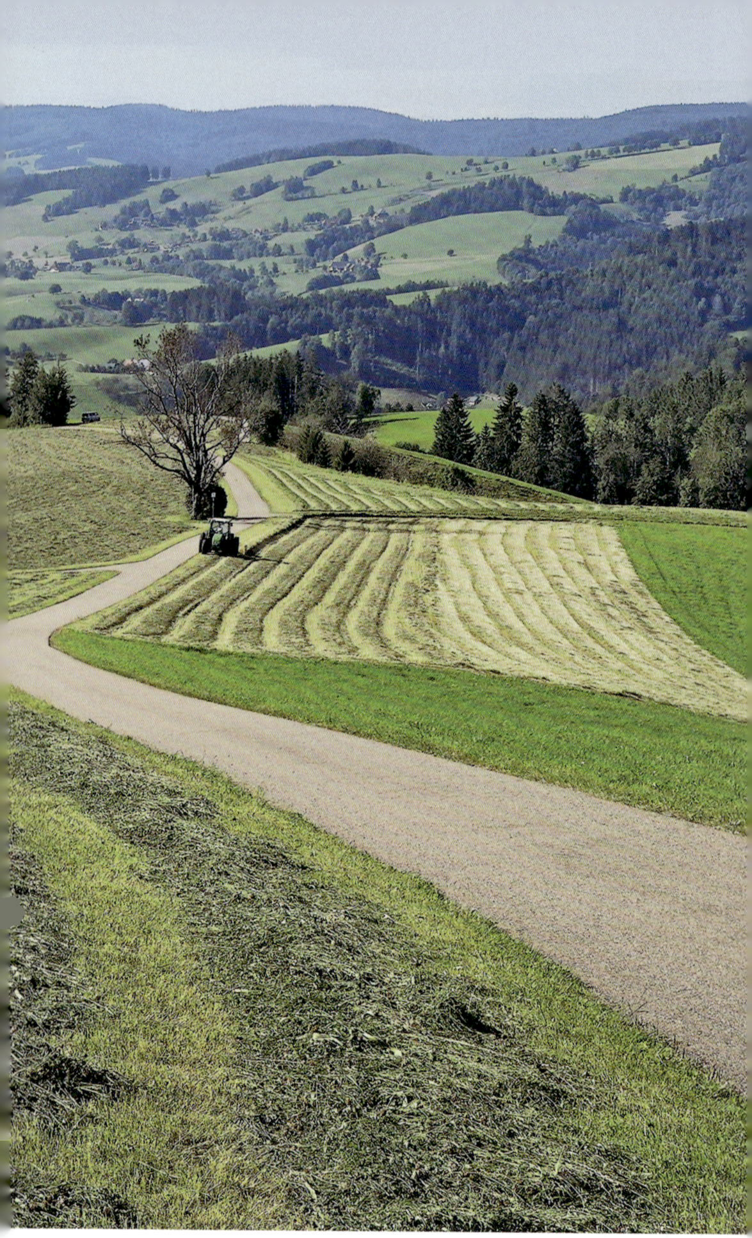

Eine Einheit – Land und Landwirtschaft

Weg, Feldweg und Landstraße

Über Jahrhunderte genutzte Wege haben ihren besonderen Reiz. Sie folgen der Landschaft, sie sind der Topographie oder einer Notwendigkeit angepaßt. Wie der alte Weidetriebweg, auf dem der Hirte mit dem Vieh auf die gemeinsame Allmendweide zog. Wie der *Steigweg*, der von Wagensteig hoch zum Thurner führt (vgl. S. 61). Berggänger und Vieh passen ihren Lauf dem Gelände an, Fuhrleute und Wagen-Steige auch. So entstanden Verbindungen mit der Landschaft, nicht gegen sie.

Der Steigweg ist längstenwegs glatt asphaltiert, moderne Schlepper und Mountainbiker nutzen die landschaftsnahe Route gleichermaßen; aber bis heute sieht man dem Weg seine historische Bedeutung als wichtige Verbindung zwischen Dreisamtal und Hochschwarzwald an. Wagenbreit und ökonomisch führt er in wenigen scharfen Kehren aus dem engen Kohlergrund auf die lichte Höhe *Auf der Spirzen*.

An manchem Weideweg, der später als Fahrweg befestigt wurde, haben sich Sträucher und Bäume angesamt. So eine Partie kann der Anfang eines natürlichen Parks sein, der Be-

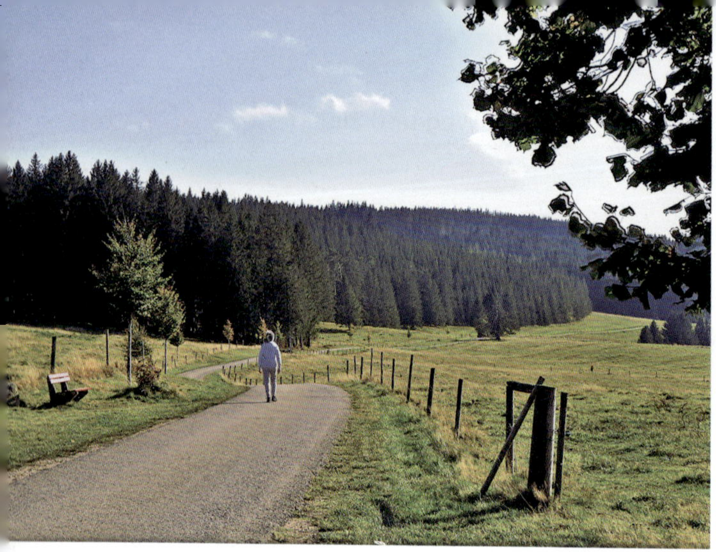

Kulturland Hochschwarzwald – Raitenbacher Höhe, Lenzkirch

ginn von Kulturlandschaft. Vielleicht kommt noch ein Mäuerchen aus Lesesteinen dazu, vielleicht eine Ruhebank oder ein Wegbogen zum nächsten Brunnentrog. Alte Wege erden im Wortsinne, sie bieten eine Beziehung zur Landschaft, sie verbinden und einen.

Sehr anders ist der Eindruck bei der Fortbewegung auf maschinengeschobenen Wegen oder Forststraßen, die nach den Erfordernissen der Langholzabfuhr angelegt wurden und festgelegten Steigungen und Kurvenradien folgen. Man geht auf diesen Wegen bequem und weit und spürt wenig.

Wiese, Weide und Hinterwälder Mähwiesen zur Futtergewinnung und Viehweiden bilden große Naturräume im Südschwarzwald. Ohne Beweidung oder Mahd würde offenes Land verbuschen, schließlich verwalden. Der Reiz des Wechsels zwischen Offenland und Wald ist ein kulturelles Erbe. Es wurde über Jahrhunderte erarbeitet, mit dem Schweiß der Bewohner und den Tränen ihrer Kinder. Diese einmalige Kulturlandschaft ist gefährdet durch den Rück-

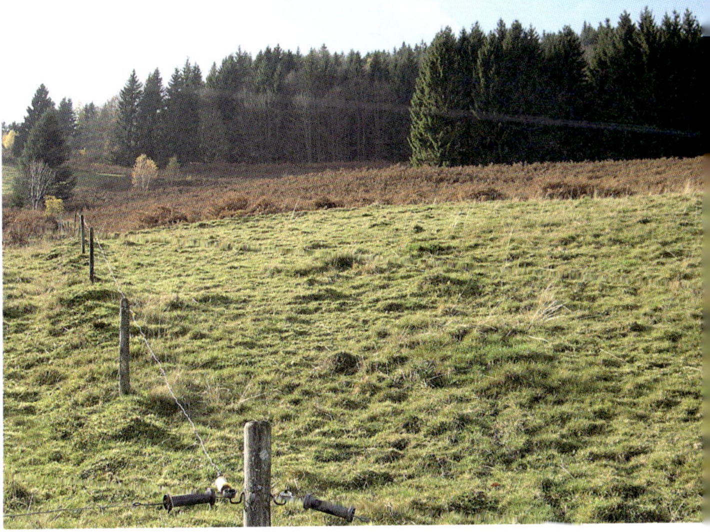

Bedrängte Viehweide: durch Wald und Adlerfarn

zug der Landwirtschaft, durch Verwaldung, Monokulturen, Wolfsansiedlung und windindustrielle Nutzung. Mit jeder billigen Packung H-Milch verschwindet letztlich auch ein Lieblingsplatz an der Sonne.

Viele Wiesen werden gedüngt und mehrmals im Jahr gemäht. Die Mahd liefert Heu oder Silage und damit Futter, oder Biogas-Substrat. Auf besonders intensiv genützten und gedüngten Wiesen können sich außer stark wachsenden Gräsern nur stickstoffliebende Pflanzen halten. Ein anderes Bild bieten ungedüngte Magerrasen in siedlungsfernen Hochlagen, auf denen artenreiche Biotope entstehen.

Ein Zeichen für intensive Düngung und Nutzung sind tiefgrüne, im Frühjahr mit Löwenzahn übersäte Wiesen in der Nähe von Höfen. Früher wurden Wiesen immer wieder für kurze Zeit als Acker genutzt. Wenn nach zwei, drei Jahren Kartoffeln oder Getreide nicht mehr wuchsen, wurden die Felder wieder zur Wiese. Selten erkennt man am Bodenbild oder an Mosaik-Strukturen noch eine frühere Nutzung einzelner Wiesen als Feld.

Auf extensiv genutzten Weiden sorgt das Vieh für ein Niederhalten der Vegetation. Auf solchen Weiden können sich seltene Biotope bilden: In das lückig wachsende Gras sind düngerfliehende Blütenpflanzen eingestreut, an Steinriegeln entstehen Inseln mit Sondervegetation. Blütenpflanzen locken Schmetterlinge und Insekten, diese ziehen Vögel an. Biologisch und ästhetisch betrachtet erscheint die extensiv genutzte Weide gegenüber der gedüngten Wiese wie ein Menü zum Eintopf.

Sonderform Allmende Die Allmendweide ist eine gemeinschaftlich genutzte Weide im „wilden Feld" oberhalb der Gemeinde (vgl. S. 509). Historisch war die Allmende eine Reaktion auf die im Südschwarzwald übliche Realteilung im Erbfall. Die Aufteilung der Wirtschaftsflächen wurde durch gemeinsam genutzte Weiden kompensiert. Eine Weideform, die sich im oberen Wiesental, auch im Münstertal, teils bis heute gehalten hat, zeitweilig wurden im Südschwarzwald 40% der Weidefläche als Allmendweiden genutzt.

Im Weiler Fröhnd-Hof wurden 1980 jeden Tag um halb acht nach dem Trompetensignal des Hirten 20 Kühe auf die Allmendweide geführt, in den 50er-Jahren waren es noch 70 Rinder und 30 Ziegen. An den Hängen um Fröhnd gibt es bis heute gepflegte Wiesen und Weiden, teils werden noch Reste der alten Bewässerungskanäle erhalten, die in Fröhnd-Hof noch bis zum Jahr 1995 genutzt wurden.

Zur extensiven Weidenutzung paßt *Hinterwälder* Vieh wie kein anderes. Die robuste Südschwarzwälder Lokalsorte ist mit einer Schulterhöhe von 1,20 Meter die kleinste Rinderrasse Europas. Wegen ihres geringen Gewichtes können Hinterwälder auf Steillagen und nassen Standorten weiden, ohne den Grund zu zertrampeln. Hinterwälder liefern bestes Fleisch, feinfasrig und marmoriert. Dank langer Anpassung ist ihre Milchleistung auch bei kargem Futter gut, die robusten Tiere können lange auf der Weide bleiben und sorgen

Gersbach und Anrainer

Im Schwarzwald haben sich noch zwei ursprüngliche Rassen halten können: in den tiefer gelegenen Gebieten die Vorderwälder und die Hinterwälder in den höheren Gebieten des Schwarzwaldes (Belchen und Feldberg). Jenseits des Rheins, in Frankreich, existiert auch noch eine lokale Rasse: das Vogesenrind. Alle drei sind an die Nutzung karger Weiden angepasst und zeichnen sich durch robuste Klauen, Langlebigkeit und eine, gemessen an der Futtergrundlage, gute Milchleistung aus. Sie gehören den klassischen Dreinutzungsrassen an, da sie ursprünglich neben der Milch und dem Fleisch auch zur Arbeit gebraucht wurden.

Vorderwälder

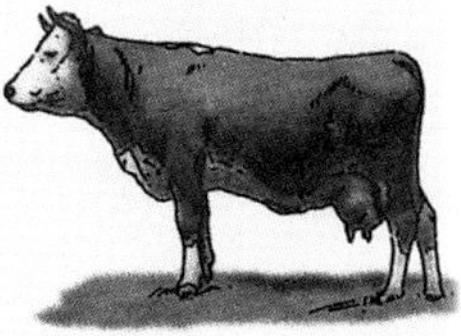

	Stier	Kuh
Widerristhöhe	145cm	135cm
Gewicht	1050kg	600kg

Leistung: Jahresmilchmenge im Mittel 5000kg bei 4,2% Fett und 3,3 % Eiweiss. Tägliche Zunahme von Mastbullen auf Stationen 1150g

Zuchtgeschichte: Urkundlich erstmals 1829 erwähnt, seit den 60er Jahren wurden verschiedene milchbetonte Rassen (Ayshire, Red-Holstein, Montbeliard) eingekreutzt .

Hinterwälder

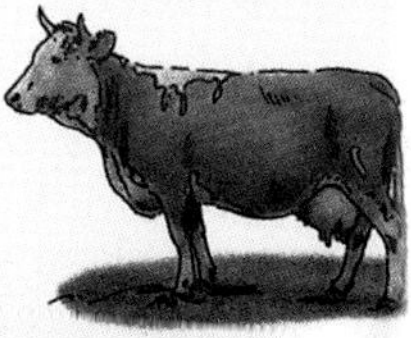

	Stier	Kuh
Widerristhöhe	130cm	115-125cm
Gewicht	750kg	430-480kg

Leistung: Jahresmilchmenge im Mittel 3200kg bei 4,1% Fett und 3,4 % Eiweiss. Tägliche Zunahme von Mastbullen auf Stationen 900g

Zuchtgeschichte: Herdbuchzucht seit 1880, kaum genetisch beeinflusst, kleinste Rinderrassse des europäischen Kontinents

für den Erhalt der Kulturlandschaft. Trotz dieser Vorteile wäre die Sorte fast verschwunden. 1975 gab es nur noch um die 1500 Hinterwälder, obwohl ihr Fleisch bis nach Frankreich exportiert wurde. Die Hinterwälder-Viehzucht erlebt seit Mitte der 90er-Jahre im oberen Münstertal und im Wiesental eine Renaissance, die überragende Qualität hat sich herumgesprochen. An manchem Stall hängt ein Schild, das auf Hinterwälderzucht hinweist.

Gasthöfe und Metzger, die auf regionale Viehzucht setzen, sollten vom Gast unterstützt werden. Mit argentinischen Steaks im Hochschwarzwald verhöhnt man sein eigenes kulturelles Erbe.

Erbrecht formt das Land Nördlich der Linie Freiburg-Höllental-Titisee galt historisch das *Anerbenrecht*. Der Hof wurde dabei geschlossen an einen Erben übergeben, die Geschwister mußten Arbeit suchen. So blieb es bei der großflächigen Bewirtschaftung des Landes, bei geschlossenen Hofgütern mit großen Parzellen, damit auch bei einer einheitlichen Struktur der landwirtschaftlichen Nutzung .

Anders im *Realteilungsgebiet* Südschwarzwald, wo die Erbaufteilung zu einer mehr und mehr zerstückelten Wirtschaftsweise führte. Noch heute sind die Erbfolgen auf dem Land an Waldflächen sowie am Hofgebäude abzulesen. Mancher Hof wurde durch Aufteilung, oft auch durch unorganische Anbauten, stark verändert. Auch das Land um die Höfe zeigt die Folgen der Erbteilung:

Wildes Feld, zahmes Feld, heißes Land Zahmes Feld wurde früher der Privatbesitz in Hofnähe genannt. Hier lagen im Wechsel gedüngtes Grasland (Dauerwiesen), Kartoffeln und Feldfrüchte, unterbrochen von Streuobstwiesen und etwas Gartenland – ein Mosaik der Kulturformen. Hangaufwärts beginnt das wilde Feld mit großen Weideflächen, die heute allenfalls noch extensiv bewirtschaftet werden.

Das wilde Feld ist oft im Gemeindebesitz (Allmendweiden) oder in genossenschaftlicher Nutzung. Manchmal wurde auch weit oben eine Jungvieh- oder Herderhütte für den Viehhüter errichtet. Die wird heute von einem Pächter betrieben, der auch wirtet (Höfener Hütte, Erlenbacher Hütte, Hinterwaldkopfhütte, Baldenweger Hütte etc.).

Die traditionelle Unterteilung in zahmes und wildes Feld ist heute meist verwischt, überbaut, verwachsen. Wildes Feld weiter draußen verwaldet. Das einst zahme Feld im Bereich der Höfe ist heißes Land geworden. Gegen den Neubau hat der Bauerngarten keine Chance. Die Struktur des alten Kulturlandes läßt sich heute da und dort aber noch erahnen, wie eine schwach durchgedrückte Blaupause.

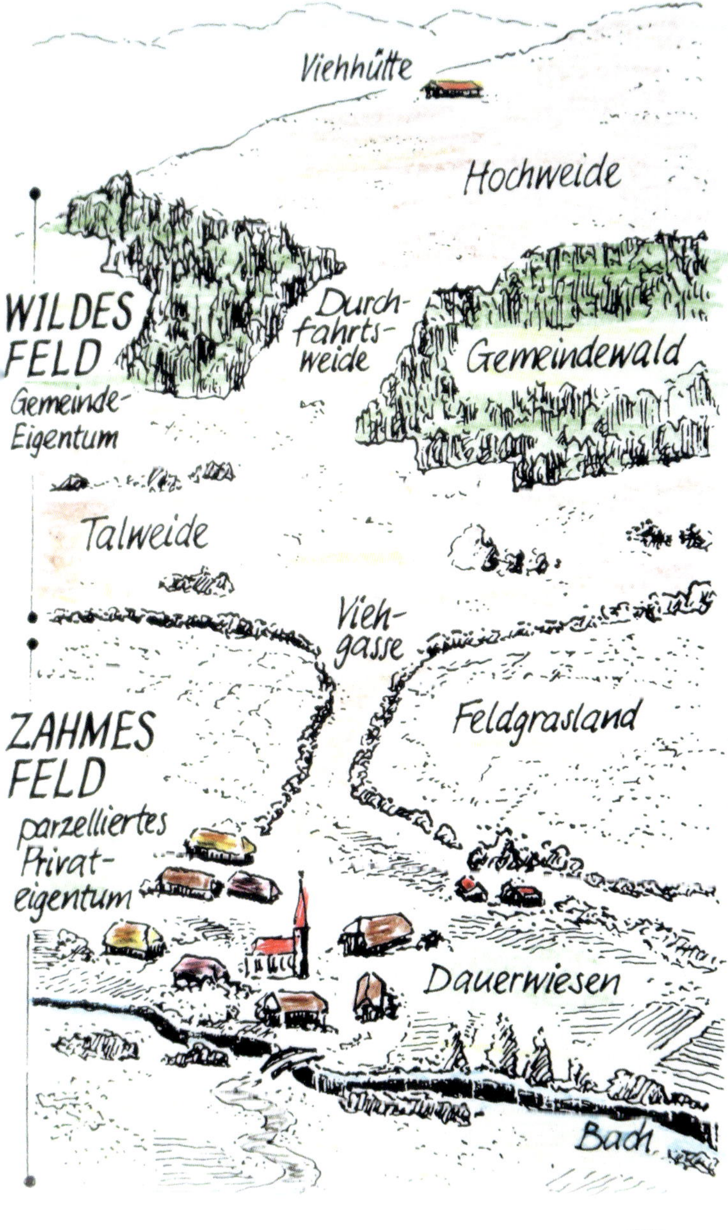

Historische Strukturen im Südschwarzwald

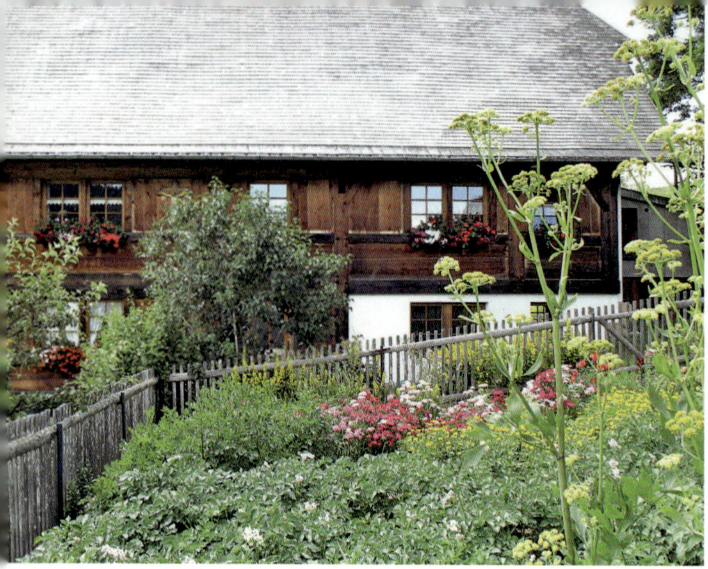

Alles drin – Küchengarten in Waldau

Bauerngärten Alte Küchen- und Hausgärten sind eine Welt für sich, oft in Jahrzehnten gewachsene Augenweiden, Salon unter freiem Himmel. Der Garten liegt in geschützter Lage, leicht geneigt, um die Sonneneinstrahlung besser zu nutzen. Ein Holzzaun, seltener eine Mauer, schützt den Garten vor Wild, Vieh und Federvieh. Oft wird der Garten von gekiesten Hauptwegen unterteilt, die sich in der Mitte treffen und dort ein kleines Rondell bilden. Da sind dann Blumen gepflanzt, manchmal wird das Rondell von nieder geschnittenen Buchshecken begrenzt, die auch die Wege begleiten können. Oft sorgt ein kleiner Obstbaum für Schatten, selten fehlt der Holunderbusch im Eck.

Buchs und Zierpflanzen erzählen bereits von einem gewissen Wohlstand und Sinn für das Schöne, denn für die Betonung des ästhetischen Aspektes blieb früher oft keine Zeit. Alte Aufnahmen aus dem Oberen Wiesental zeigen schlichte Bauerngärten, die allein nach Nutzwert angelegt waren. Zudem gab es früher bei Weitem nicht so viele wider-

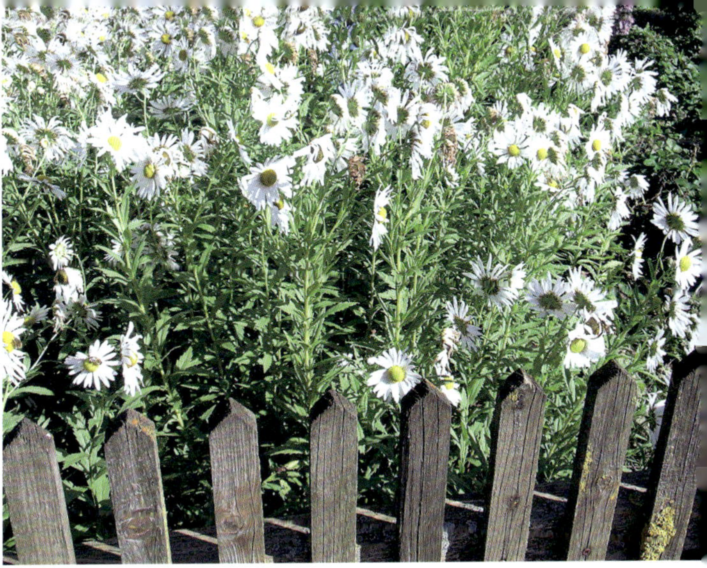

Der Herbst ist da

standsfähige Pflanzenzüchtungen. Oft bestimmte Kohl- und Wurzelgemüse das Bild hoch gelegener Gärten. Kein blumenreiches Idyll, sondern eine triste Pflanzung, sprichwörtlich wie „Kraut und Rüben". Erst im Wohlstand konnten Bauerngärten zur Zier eines Hofes werden .

Oben bei den Bifängen in Vogelbach bei Malsburg hat es ein paar besonders schöne und stille Hofgärten, in Lenzkirch-Kappel vor der *Blume* gibt es einen kapitalen Bauerngarten, der von einem Landschaftsgärtner gehegt und gepflegt wird. In Dachsberg-Urberg gibt es zauberhafte Gärten vor stattlichen Höfen, in einem kann man sogar Platz nehmen und Kaffee trinken.

Irgendwann altern Gärten mit dem Gärtner. Im Kleinen Wiesental, in Raich-Ried neben dem *Adler,* war lange ein Prachtexemplar. Dann sah ich die Gärtnerin kaum mehr im Garten, ihre Beete wurden zu Grasflächen. Manchmal wird Grünland zu Bauland, andernorts blüht es im Jahr darauf noch viel prächtiger.

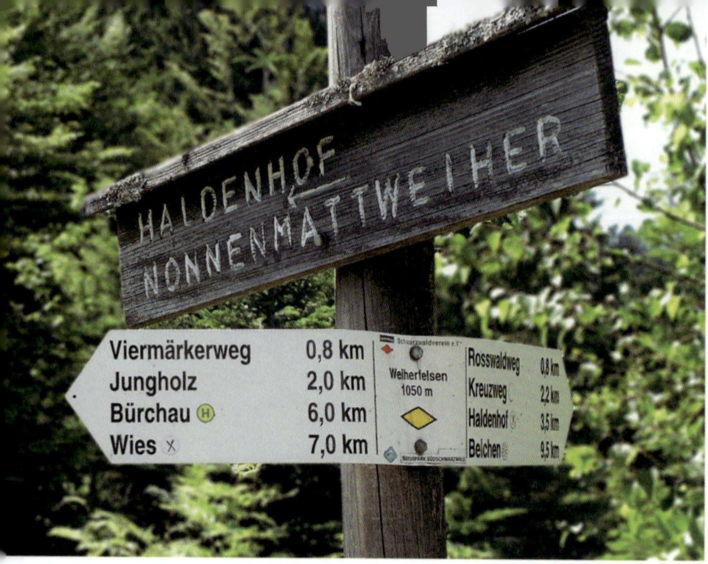

In der Mitte Standort und Höhe, rechts und links die Ziele

Gute Karte, besser wandern Trotz GPS, Mäusekino auf dem Smartphone und Download von Ausschnitten gilt: Eine detailgenaue Karte ist unerläßlich für fortgeschrittene Wandersleut', beim Erfassen des Gesamtbildes einer Region, zur Auswahl alternativer Wegoptionen. In diesem Sinne sind alle Tourenhinweise in diesem Buch für Leser gedacht, die mit einer Wanderkarte (zur Not mit GPS/App) sowie mit Landschaft, Tageszeit und Wetter umgehen können. Die Königstour vom sonnigen Herbstnachmittag kann, zu früh am Vormittag begonnen, ein Schattenmarsch werden. Empfohlen werden deshalb stets lohnende Ausgangspunkte, die mehrere Touren erschließen.

Wegweiser verstehen Die Beschilderung (manchmal: Verschilderung und Möblierung) des Südschwarzwaldes hat in den letzten Jahren weiter zugenommen. Fördermittel und regionale Initiativen sorgen für Themenwege, Premiumsteige, Infotafeln und Himmelsliegen allenthalben.

Fundamental wichtig bleibt das vom Schwarzwaldverein

zu Beginn der 2000er-Jahre eingeführte Wegweisersystem mit der *gelben Raute.* Im Gegensatz zu den alten und regionalen Schildern haben die neuen Wegweiser eine einheitliche Systematik. Dazu gehört das obligatorische *Standortfeld* in der Mitte mit dem Standortnamen (dient auch als Rettungspunkt, wird jeweils bei den Tourenhinweisen genannt) und der Höhenlage des Standortes.

Links und rechts vom Standortfeld weisen die Zielfelder den Weg. Ganz oben genannt ist immer der nächstliegende Wegweiserstandort mit Entfernungsangabe, darunter weitere Ziele, an denen sich wiederum Wegweiser befinden. Nächstliegende Verkehrsmittel und Aussichtspunkte sind mit Symbolen markiert. Steht der Wegweiser an einem Fernwanderweg, wird dies mit roter Raute angezeigt, bei regionalen Wanderwegen mit einer blauer Raute.

In deutscher Tradition wurde das Land mitunter sehr gründlich ausgeschildert, der Eindeutigkeit nützt das sicher. Unterwegs wäre zu beachten: Das wegweisende Gelbe-Raute-Schildchen wird nach abzweigenden Wegen in der Regel nach kurzer Distanz nochmals wiederholt. Falls nicht, ist man vom Weg abgekommen.

Wanderkarten sind viele auf dem Markt. Unübertroffen sind die 1:25 000-Karten mit den Weg-Signaturen des Schwarzwaldvereines, erstellt auf Grundlage offizieller Landeskarten (Hrsg.: LGL = Landesamt Geoinformation und Landesentwicklung in Zusammenarbeit mit dem Schwarzwaldverein). Für den Bereich dieses Buches sind vier Kartenblätter relevant, ab Nr. W 247 Freiburg. Die Güte der Kartendaten ist ohne Konkurrenz (es gibt die Blätter für Puristen und Feldjäger auch ohne die Wanderweg-Signaturen, natürlich auch digital). Gleich, in welcher Version, ein Kartensatz gehört eigentlich in die Hände jedes Naturfreundes, der im Südwesten öfter unterwegs ist.

Wer in fremdem Gelände nach Karte gehen kann, gewinnt Autonomie. Spezialkarten und Zusammensetzungen zu Wanderregionen und Sonderformen des menschlichen Bewegungsdrangs gibt es mittlerweile so viele, daß gültige Empfehlungen unmöglich sind. Als Übersichtskarte für Auto- und Radtouren in der Oberrheinregion (mit Elsass und CH) eignet sich die Michelin-Karte Nr. 131, Oberrhein/Schwarzwald, 1:200 000.

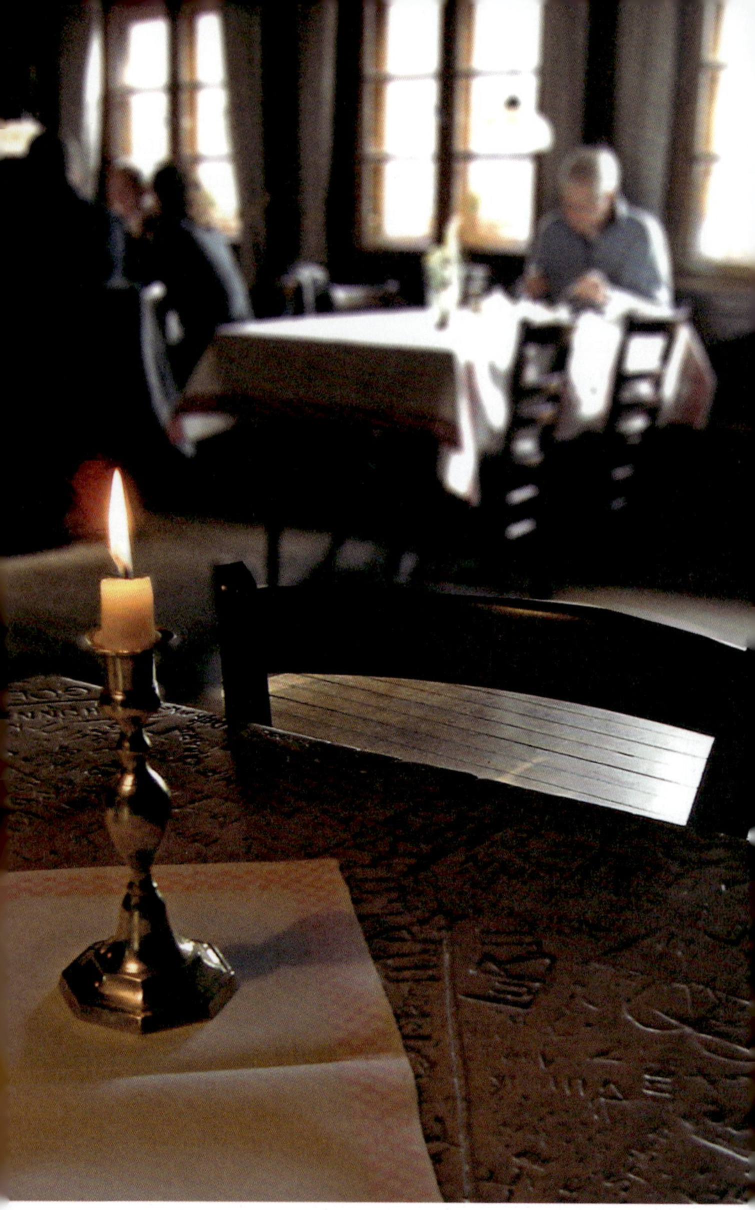

Bis heute eine der schönsten,
die Stube in der Halde auf dem Schauinsland.

Bitte vor dem Essen lesen

Die Gastronomie im Südschwarzwald ist ein weites, stellenweise auch heikles Feld. Natürlich fördert manches Panorama die kulinarische Attraktion. Mit Alpensicht schmeckt es besser. Auf der Ofenbank steigt das Wohlbefinden, schönes Holz und weißes Tischtuch sind Geschmacksverstärker, ein vitaler Stammtisch hat noch keinem Gasthaus geschadet. Und so sollte auch mancher Hinweis in diesem Buch gelesen werden. Als Empfehlung für gewisse Stunden, als Summe sinnlicher Erfahrungen.

Eine ältere Bedienung erzählte mir einmal „von wunderbar formulierten Holzbänken“, von den breiten Tannendielen und der Ofenbank in der Gaststube. Mittlerweile stehen dort Furniertische auf PVC-Boden und der Ofen ist aus. Immer wieder erstaunlich, wie das bürgerliche Fundament bei Gastgebern (und Gästen) erodieren kann. Ein Bergfreund sagt dazu: „Obacht, gerade wenn ‚Vesperstube‘ draufsteht.“

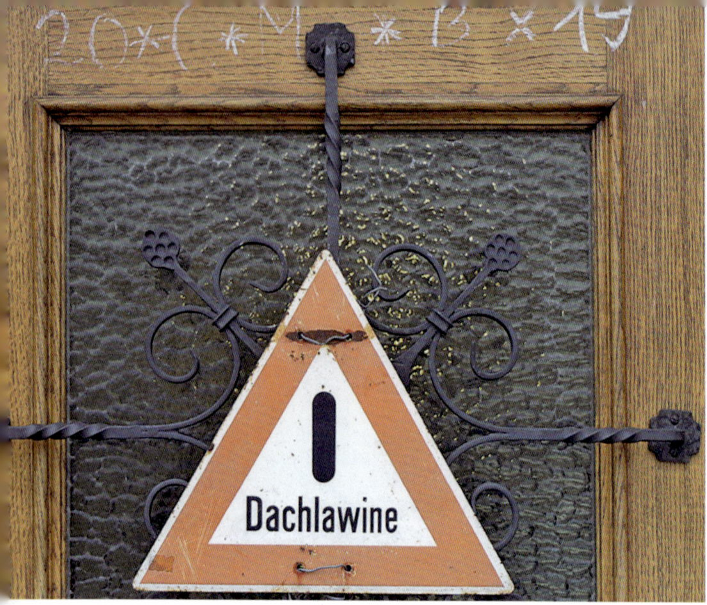

Ich versuche – unabhängig von der Klasse – Häuser vorzustellen, in denen die Basis stimmt: Brot statt Aufbackware, Produkte von nebenan, Forelle und Wild aus heimischem Revier. Dazu als Beilage eine Stimmung wie gewachsen, kein Musikantenstadel. Haltung statt Dirndl. Bitte beachten Sie:

Saison Gastronomie im Hochschwarzwald ist ein Saisongeschäft. Die stille Oase unter der Woche kann am Wochenende zur Nervenprobe werden, notorische Personalprobleme verstärken die Lage.

Gunst der Stunde Manche Orte entwickeln am kalten Winterabend ihren Charme, andere bei Inversionswetter. Im Schwarzwald sollte man mit dem Wetter und der Stimmung einkehren.

Winterschlaf Die tote Zeit in der Gastronomie beginnt im November, sie dauert bis kurz vor Weihnachten. Viele Betriebe haben dann zu, Ende November liegt der Schwarzwald im Tiefschlaf. Die wenigen im Buch genannten **Öffnungszeiten sind ohne Gewähr,** sie dienen allein der Beschreibung des Charakters einer Adresse. Öffnungszeiten bitte immer aktuell nachprüfen.

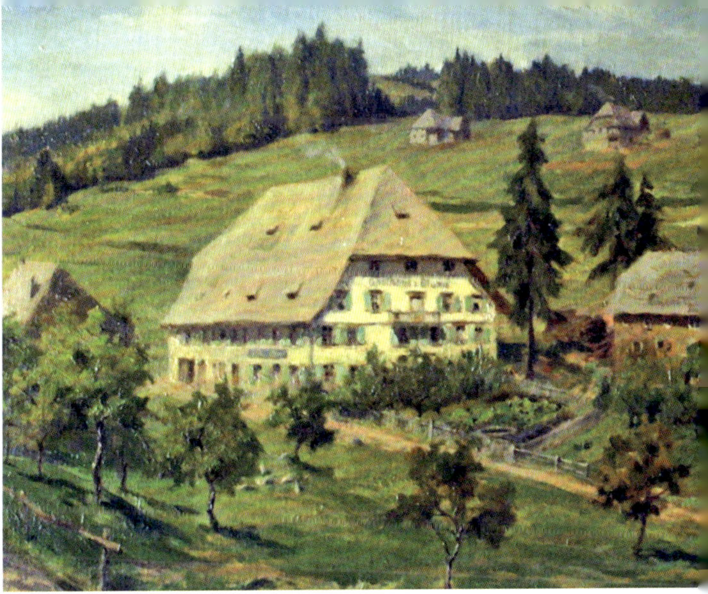

Ausgewählte Oasen

Die folgenden Adressen sind eine Auswahl, sie dienen der ersten Orientierung. Mehr Zwischentöne und Anregungen finden Sie in den einzelnen Kapiteln. Wichtig waren mir nicht allein gastronomische Kriterien, sondern eine Gesamtschau mit Lage, Stimmung und Betriebsablauf. Reihenfolge ohne Wertung, nach der Position im Buch.

Einkehren und Unterkommen

Sternen Post, Oberried Seite 24

Schäcks Adler, Oberprechtal 58

Halde, Schauinsland 88

Zähringer Hof, Stohren 91

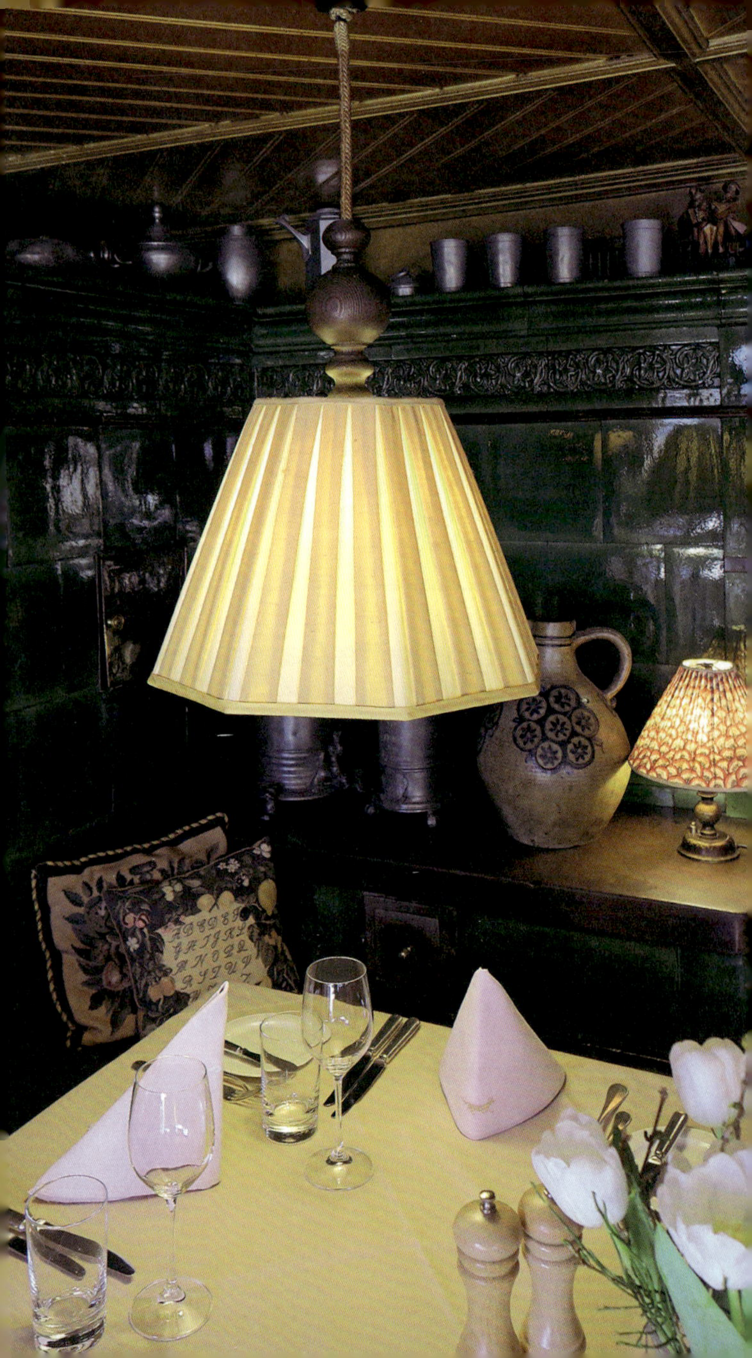

Café & Vesper, Hütte & Holzbank

< Spielwegstube, Obermünstertal

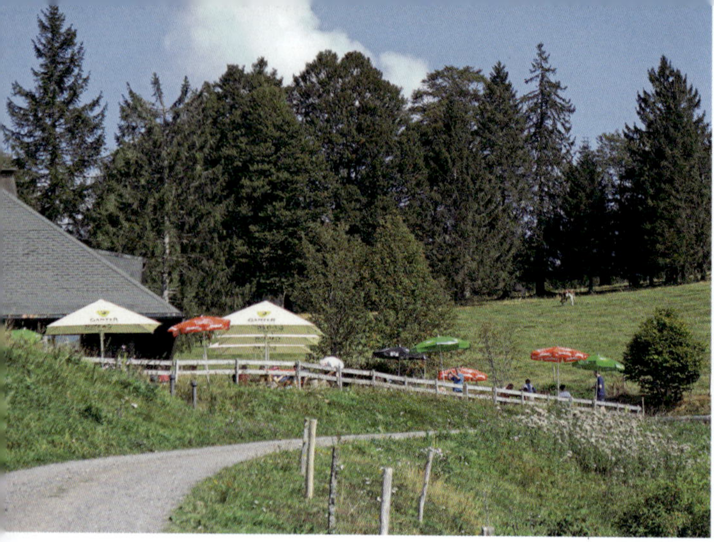

Auf dem Knöpflesbrunnen

Fischerhütte, Neuenweg-Heubronn 167

Hinterwaldkopfhütte, Alpersbach 248

Hirschen (Oberes Wirtshaus), Langenordnach 265

Ahorn, Schwärzenbach 273

Blume, Lenzkirch-Kappel 335

Knöpflesbrunnen, bei Utzenfeld 390

Holzer Kreuz, Fröhnd-Holz 410

Sattelhof (Café Reichert), Raitbach 427

Alter Engel, Urberg 453

Eichrüttehof, Hartschwand 456

Engel, Frohnschwand 466

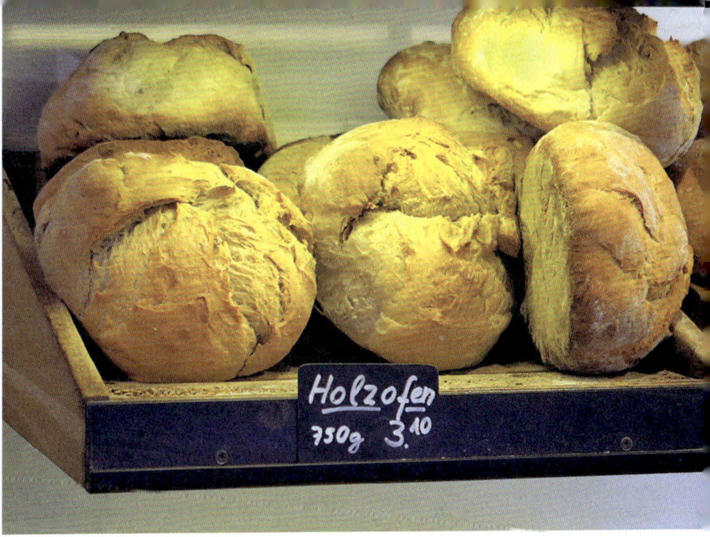

Einkaufen (Auswahl)

Bäckerei Baumgartner, Görwihl 459

Bäckerei-Café Stoll, Bernau 296

designimdorf, Bernau 296

Drechslerei Ortlieb, Bernau 295

Forellenzucht Günther, Badenweiler-Schweighof 150

Käserei Glocknerhof, Münstertal 126

Käserei Ospelehof (Hofladen), Hinterzarten 234

Käserei Till (Hofladen), Schluchsee-Äule 318

Käserei Vollmer, Lippisbacher Höfe 221

Kellers Hofladen, Außer Ay 466

Mathislehof (Hofladen), Hinterzarten 233

Metzgerei Reichenbach, Oberried 23

Novila Werksverkauf, Neustadt 267

Steierhartlehof (Hofladen), bei Oberried 26

Tantenmühle, Malsburg 209

Wälder:Genuss, Feldberg-Bärental 257

Ziegenhof Kaiser, Menzenschwand 304

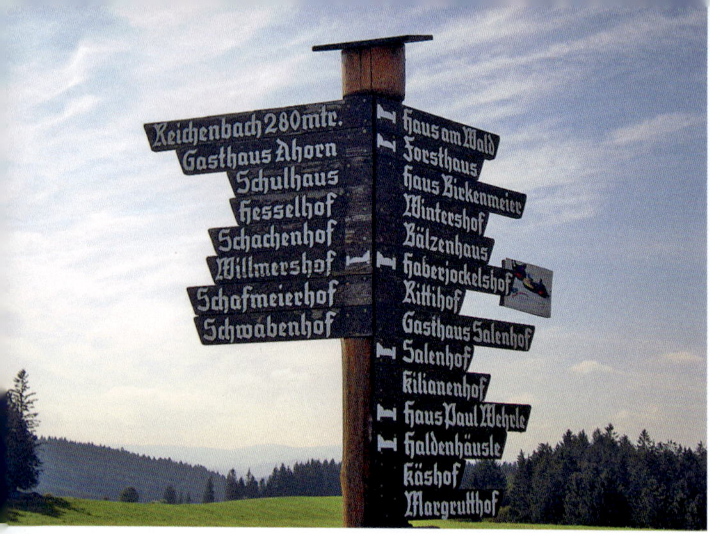
Reichenbach 280 mtr.
Gasthaus Ahorn
Schulhaus
Hesselhof
Schachenhof
Willmershof
Schafmeierhof
Schwabenhof
Haus am Wald
Forsthaus
Haus Birkenmeier
Wintershof
Bälzenhaus
Haberjockelshof
Kittihof
Gasthaus Salenhof
Salenhof
Kilianenhof
Haus Paul Wehrle
Haldenhäusle
Käshof
Margrutthof

Orte

Gasthäuser, Hotels, Hütten

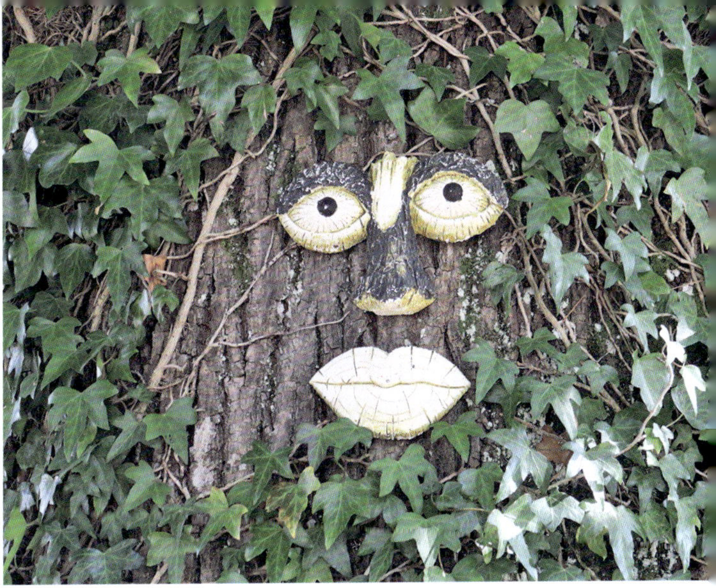

Alle Angaben in diesem Buch wurden vom Autor nach bestem Wissen erstellt und von ihm und dem Verlag mit Sorgfalt geprüft. Inhaltliche Fehler, auch unzutreffende oder geänderte Öffnungszeiten, sind dennoch nicht auszuschließen. Daher erfolgen alle Angaben ohne jede Gewähr des Verlags und des Autors. Beide übernehmen keinerlei Verantwortung oder Haftung für etwaige Unstimmigkeiten.

Bitte beachten Um Unannehmlichkeiten zu vermeiden, sollten Öffnungzeiten und Ruhetage immer aktuell überprüft werden. Angaben in einem Buch können die flexible Praxis vieler Häuser nicht zuverlässig abbilden. Hinweise finden Sie nur dort, wo sie zur Beschreibung der Art des Hauses beitragen.

Danke und Bitte Autor und Verlag danken allen Lesern, die mit Hinweisen und Korrekturen zu dieser Auflage beigetragen haben. Der Autor freut sich über weitere Anregungen und Hinweise. Für wichtige und verwertbare Anregungen bedanken wir uns mit einem Freiexemplar aus dem Verlagsprogramm.

Karten Grafik.Römer, Ihringen. Skizze S. 509: Franz Letsch.

Alle Fotos Wolfgang Abel und Archiv Oase

“Solche Reisebücher
wünscht man sich auch für andere Ziele.“
GEO SAISON

„Auf krummen Touren zu kleinen Tälern
und leisem Luxus.“
BADISCHE ZEITUNG über Hoch Hinaus

„Die Ernte von 30 Jahren.“
DER SONNTAG über Freiburger Wunder

„Ein Genuß für alle,
denen nicht nur der Weg das Ziel ist.“
BADISCHE ZEITUNG über Markgräflerland

„Ein recherchesatter Reiseführer,
der wie die meisten seiner Ziele ist – abseits der Masse.“
DIE ZEIT über Lago Maggiore

„Ein sinnvolles Buch. Das ist das höchste Lob.“
FRANKFURTER ALLGEMEINE über Spaniens Paradores

„Ein Plädoyer
für den kritischen Genießer."

FRANKFURTER ALLGEMEINE ZEITUNG

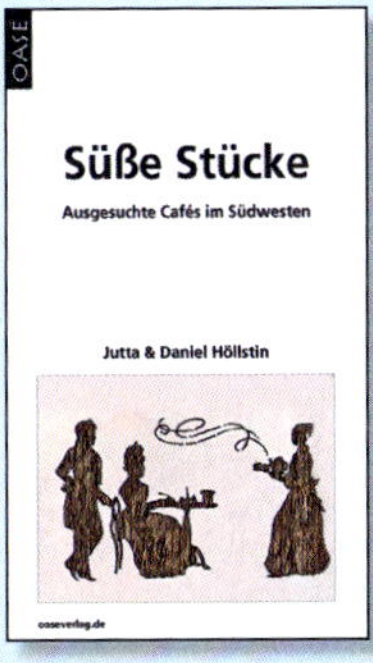

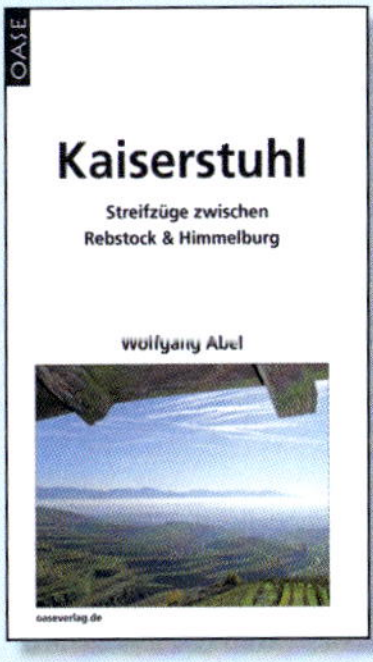

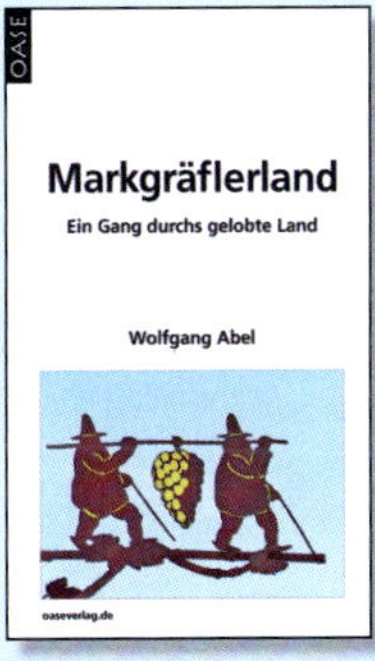

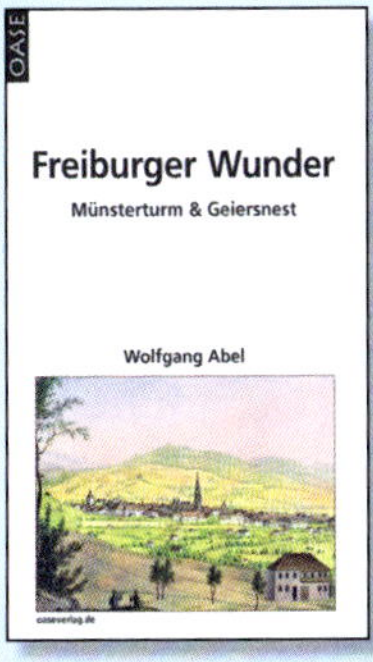

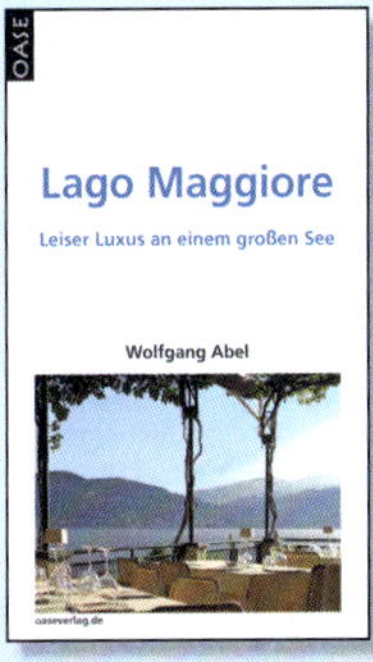

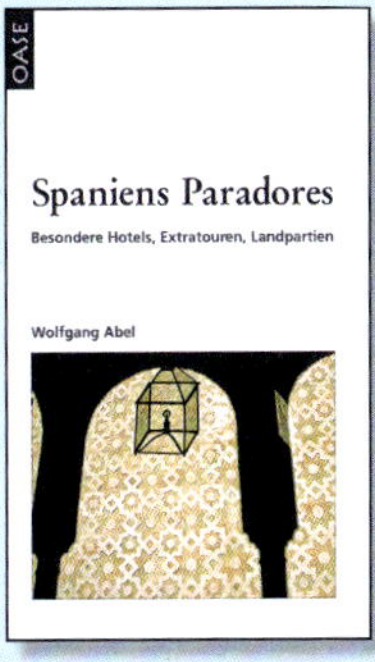

Mit Biss geschrieben, reich illustriert, gut gebunden

Gesamtprogramm, Leseproben:

www.oaseverlag.de

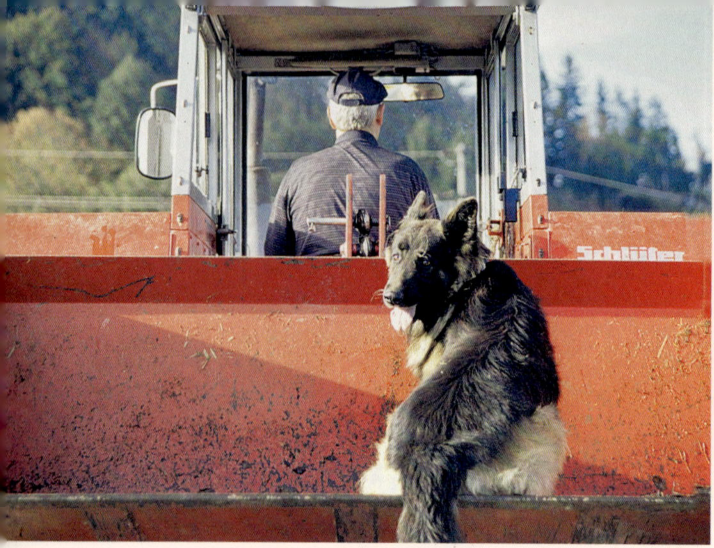

Oase Verlag
D-79410 Badenweiler

www.oaseverlag.de

Herstellung: Pustet, Regensburg

ISBN 978-3-88922-084-4 Alle Angaben ohne Gewähr